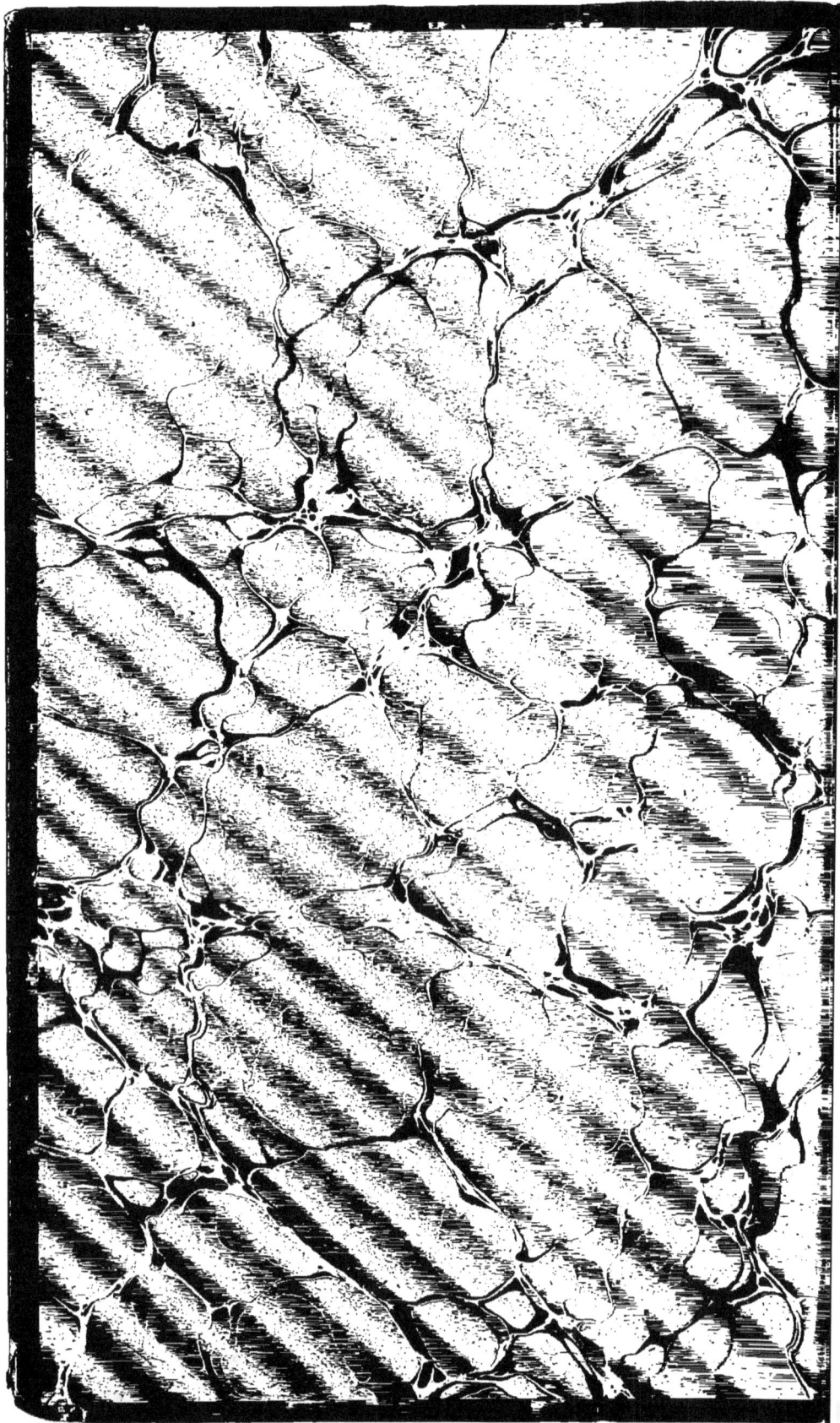

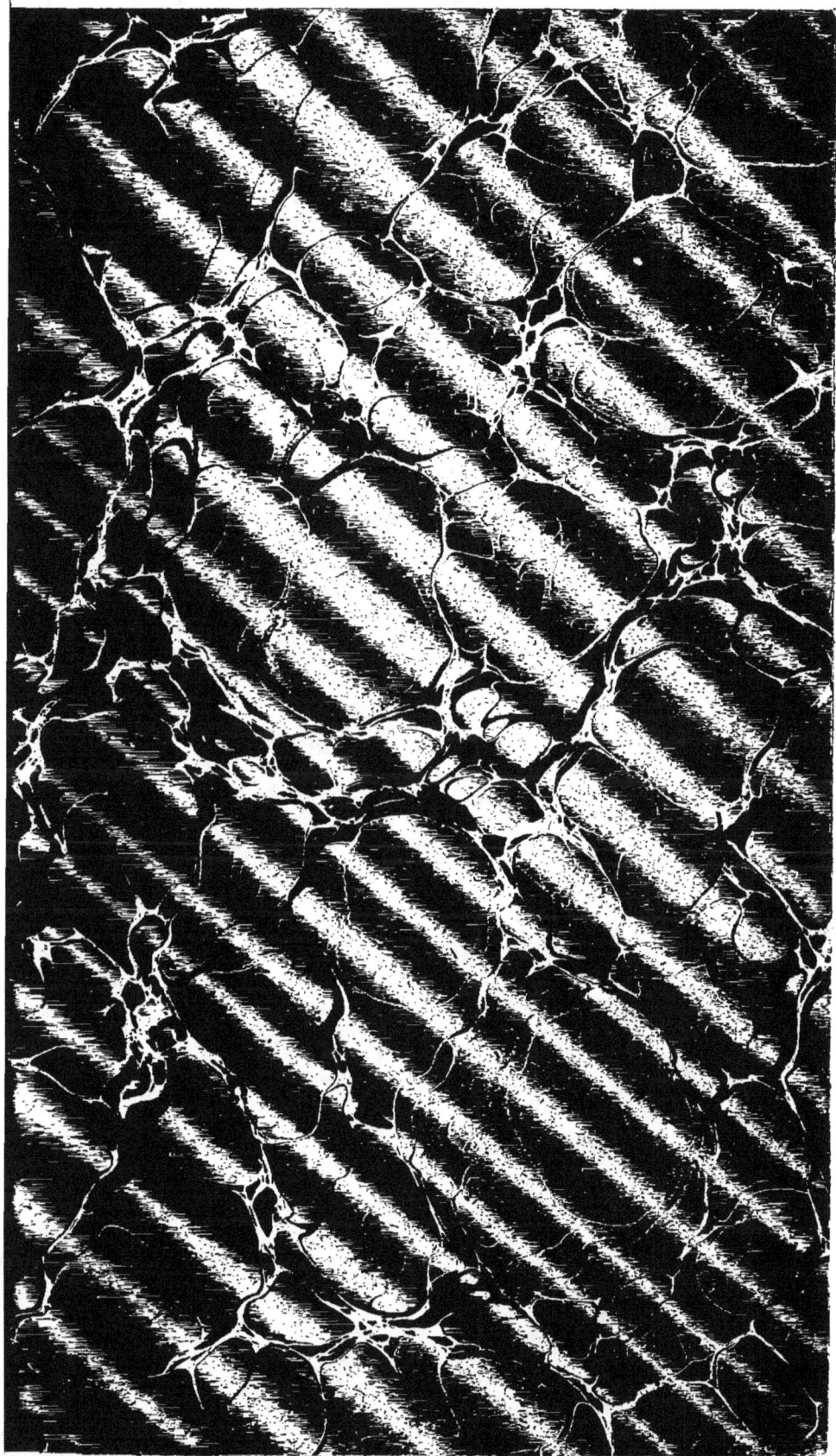

FORMULAIRE

DES CHANCELLERIES

Corbeil, typographie de Crété.

FORMULAIRE

DES CHANCELLERIES

DIPLOMATIQUES ET CONSULAIRES

SUIVI DU

TARIF DES CHANCELLERIES

ET DU

TEXTE DES PRINCIPALES LOIS,

ORDONNANCES, CIRCULAIRES ET INSTRUCTIONS MINISTÉRIELLES

RELATIVES AUX CONSULATS,

PUBLIÉ SOUS LES AUSPICES DU MINISTÈRE DES AFFAIRES ÉTRANGÈRES

PAR

M. ALEXANDRE DE CLERCQ

Sous-directeur des Consulats et Affaires Commerciales au Ministère des Affaires Étrangères,
Officier de la Légion d'honneur.

DEUXIÈME ÉDITION.

TOME II

PARIS

LIBRAIRIE DE GUILLAUMIN ET Cie

Éditeur du Journal des Économistes, de la Collection des principaux Économistes,
du Dictionnaire de l'Économie politique, etc.

RUE RICHELIEU, 14.

—

1853

TABLE

PAR ORDRE DE DATES

DES DOCUMENTS OFFICIELS

CONTENUS DANS LE SECOND VOLUME.

---

§ 1. — TARIF.

§ 2. — ÉDITS, LOIS, DÉCRETS, ORDONNANCES, INSTRUCTIONS GÉNÉRALES ET CIRCULAIRES SUR LE SERVICE DES CONSULATS,

II. A.

FIN DE LA TABLE.

TARIF DES CHANCELLERIES

DIPLOMATIQUES ET CONSULAIRES (1).

OBSERVATIONS GÉNÉRALES.

Les droits que les Chancelleries diplomatiques et consulaires sont autorisées à percevoir sont réglés par un tarif annexé à l'ordonnance du 6 novembre 1842 (2) ; ces droits varient suivant la catégorie dans laquelle se trouve classée la résidence des agents. Aux termes de l'art. 2 de l'Ordonnance, la première catégorie comprend les États d'Italie, l'Autriche, la Turquie, les États Barbaresques, la Grèce et l'Imanat de Mascate ; la deuxième comprend l'Espagne, le Portugal, la Belgique, la Hollande, la Prusse, les États de la Confédération Germanique, la Suisse, le Danemark, la Suède, la Russie, Malte et les îles Ioniennes ; et la troisième la Grande-Bretagne, ses possessions en Afrique, en Asie et en Amérique, Gibraltar, les États de l'Amérique Septentrionale et Méridionale, Haïti, les possessions espagnoles en Asie et en Amérique, les îles Sandwich et la Chine. Certains actes propres à quelques localités ou destinés à rémunérer des services spéciaux, tels que ceux d'experts, de médecins, etc., ne figurent pas dans le Tarif général ; mais l'établissement de taxes fixes pour les actes de cette espèce peut,

(1) V. *Guide pratique des Consulats*, p. 72.
(2) Voir ci-après cette ordonnance.

d'après l'art. 3 de l'Ordonnance, être autorisé par le Ministère
des Affaires étrangères, sur la proposition de chaque agent, et
donner lieu ainsi à un tarif annexe. En cas d'urgence, les droits
à percevoir dans les Chancelleries peuvent être modifiés par des
décisions du Ministre des Affaires étrangères; mais ces modifications partielles ne deviennent définitives que par la sanction
d'un décret impérial.

Le Tarif, par cela même que l'on a cherché à le rendre aussi
complet que possible, énumère une foule d'actes que les Agents
ne pourraient recevoir en tout pays : il va sans dire que ces
énonciations ne sauraient autoriser les agents à franchir les limites que les traités ou les usages ont tracées, dans chaque pays,
à leurs attributions. Les taxations du Tarif sont exprimées en
monnaies françaises ; c'était une nécessité qui résultait du système d'un tarif unique pour tous les Consulats : le taux auquel
doit s'opérer la conversion des monnaies françaises en monnaies
étrangères, pour la perception des droits, est réglé par arrêté du
chef de Mission ou du Consul au commencement de chaque trimestre, d'après les cours moyens officiels du trimestre précédent :
une expédition de cet arrêté doit être constamment affichée en
Chancellerie, et le taux de la conversion être mentionné sur l'é-
tat du trimestre dont il aura réglé les perceptions aussi bien que
les dépenses. Quant aux différences qui résultent des variations
du cours d'un trimestre à l'autre, sur les sommes acquises au
fonds commun des Chancelleries, et qui ne doivent y être versées
qu'à la fin de chaque exercice, elles viennent en augmentation de
recette ou de dépense, et figurent à ce titre dans l'état du dernier
trimestre.

TARIF

DES DROITS A PERCEVOIR

DANS LES CHANCELLERIES DIPLOMATIQUES ET CONSULAIRES (a).

N. B. Les droits à percevoir dans la première catégorie sont imprimés en *petits chiffres ;* ceux à percevoir dans la deuxième catégorie en *chiffres maigres*, et ceux a percevoir dans la troisième en *chiffres gros* Les observations générales placées en tête et les observations particulières imprimées à la suite sont officielles.

Observations générales.

I. *Tout acte non porté au tarif sera délivré gratuitement, conformément à l'article 2 de l'ordonnance du 23 août 1833.*

II. *Aucun acte taxé ne sera délivré gratis sans l'autorisation du chef de mission ou du consul.*

III. *Les rôles taxés dans le tarif sont de vingt-cinq lignes à la page et de douze syllabes à la ligne, ou évalués sur ce pied.*
Le droit entier est dû pour tout rôle commencé.

IV. *Les vacations sont de trois heures. Le droit entier est dû pour toute vacation commencée.*

V. *Il n'est pas dû de droit pour la minute des procès-verbaux dressés dans les vacations.*

VI. *Pour tous les actes taxés en minutes à un droit fixe, au rôle ou à la vacation, le droit d'expédition est dû sur toute expédition délivrée.*
Pour les actes taxés au droit proportionnel, le droit d'expédition n'est pas dû sur la grosse ou la première expédition.

Actes de l'état civil (1) (b).

1 Expédition d'un acte de naissance, de décès, *par acte*, 2 fr., 3 fr., 4 fr.

2 Expédition d'un acte de mariage, — d'un acte de reconnaissance d'enfant naturel, — d'un acte de naissance *avec mention* de reconnaissance d'enfant naturel faite par acte de mariage, — d'un acte d'adoption, *par acte*, 4 fr., 6 fr., 8 fr.

3 Expédition d'un acte de mariage comprenant reconnaissance d'enfant naturel, *par acte*, 6 fr., 9 fr., 12 fr.

4 Affiche d'acte de publication de mariage. — Certificat de publication et de non-opposition, *par acte*, 1 fr., 1 fr. 50 c., 2 fr.

(a) V. *Guide pratique des Consulats*, p. 72.
(b) Les renvois s'appliquent aux observations particulières imprimées à la suite du Tarif.

Actes de la juridiction civile et commerciale

5   Actes de consentement d'adoption, — d'émancipation. — Citations. — Significations. — Sommations. — Offres réelles. — Oppositions. — Déclarations. — Requêtes. — Actes de reconnaissance d'écritures. — Dépôts de procès-verbaux d'experts, de rapports d'arbitres ou interprètes. — Récusations de juges, arbitres ou experts. — Acceptation ou répudiation de successions. — Procès-verbaux de conciliation. — Certificats de non-conciliation. — Procès-verbaux de non-comparution des parties ou de refus de répondre. — Réception de cautions. — Dépôts de testaments et procès-verbaux de leur ouverture. — Dépôt et affirmation de sentences arbitrales. — Prestation de serment. — Cédules ou décrets du consul (3). — Ordonnances et jugements consulaires. — Exécutoires de frais. — Actes d'appel. — Et tous autres actes non dénommés de la juridiction civile et commerciale. *Minute ou original* (2) : *premier rôle*, 4 fr., 6 fr., 8 fr. *Chaque rôle en sus*, 2 fr. 50, 3 fr. 50 c., 4 fr. 50 c. *Expéditions ou extraits des mêmes actes, par rôle d'expédition*, 2 fr. 50 c., 3 fr. 50 c., 4 fr. 50 c. *Notification, signification, remise ou affiche des mêmes actes, premier rôle de copie,* 4 fr., 6 fr., 8 fr. *Chaque rôle de copie en sus*, 2 fr. 50 c., 3 fr. 50 c., 4 fr. 50 c.

6   Enquêtes, expertises ou interrogatoires faits hors l'audience. — Visites de lieux. — Descente de justice. — Apposition, levée ou reconnaissance de scellés. — Ouvertures de portes. — Saisies-exécutions. — Assemblées de famille, *par vacation*, 8 fr., 12 fr., 16 fr.

Actes de la juridiction criminelle.

7   Plaintes déposées par les parties. — Dénonciations. — Citations. — Significations. — Sommations. — Enquêtes. — Procès-verbaux d'audition de témoins. — Cédules ou décrets (3). — Ordonnances. — Jugements. — Procès-verbaux de visites de lieux. — Actes de dépôt de pièces. — Actes de cautionnement. — Dépôt de sommes versées à ce titre, ou du montant de condamnations pécuniaires. — Décharges et quittances. — Exécutoires de frais. — Actes d'appel. — Et tous autres actes non dénommés de la juridiction criminelle. *Minute ou original* (2), *premier rôle*, 1 fr. 50 c., 1 fr. 50 c., 1 fr. 50 c. *Chaque rôle en sus*, 1 fr., 1 fr., 1 fr. *Expéditions ou extraits des mêmes actes, par rôle d'expédition*, 1 fr., 1 fr., 1 fr. *Notification, signification remise aux parties ou affiche des mêmes actes, premier rôle de copie*, 1 fr. 50 c., 1 fr. 50 c., 1 fr. 50 c. *Chaque rôle en sus*, 1 fr., 1 fr., 1 fr.

8   Transport sur les lieux, expertises et enquêtes *faites hors l'audience*, dans la résidence, *par vacation*, 5 fr., 5 fr., 5 fr.

Actes notariés (4) et (5).

9   Compromis. — Révocation d'arbitres, *par acte*, 6 fr., 7 fr. 50 c., 12 fr. 50 c.

10   Rétablissement de communauté. — Donation entre époux. — Dissolution de société sans liquidation. — Séquestre conventionnel. — Et tous autres actes bilatéraux ou collectifs non dénommés du ministère du notariat, *par acte*, 10 fr., 15 fr., 25 fr.

11   Procuration générale. *Par acte en minute ou en brevet*, 9 fr., 10 fr., 20 fr.

12 Procuration spéciale. — Révocation de mandat. — Prorogation. — Rectification. — Décharge. — Avération. — Consentement à mariage. — Désistement ou mainlevée. — Protêt (6). — Aval. — Notoriété. — Et généralement tous autres actes unilatéraux non dénommés du ministère du notariat. *Par acte en minute ou en brevet*, 6 fr., 7 fr. 50 c., 12 fr. 50 c.

13 Bail. — Cession, résiliation et prolongation de bail. — Contrat de louage. *Sur la valeur de la location pendant une année* (7), 2 °/₀, 2 °/₀, 2 °/₀.

14 Vente d'immeubles (8) et de meubles (9) aux enchères. *Sur le prix, jusqu'à* 20,000 fr., 2 °/₀, 2 °/₀, 2 °/₀. *Sur le surplus*, 1 °/₀, 1 °/₀, 1 °/₀.

15 Acte de société (10). — Modification (10). — Continuation (10). — Liquidation et partage de société (10) et (11). — Compte de gestion, de tutelle. — Reddition de comptes par le chancelier. — Liquidation et partage de communauté, de succession (11). — Donation entre-vifs. — Constitution de rente. — Marché. — Contrat de vente. — Contrat d'échange (12). — Obligation. — Transport. *Jusqu'à* 20,000 fr. (8), 1 °/₀, 1 °/₀, 1 °/₀. *Sur le surplus*, ¹/₂ °/₀, ¹/₂ °/₀, ¹/₂ °/₀.

16 Prorogation d'obligation. — Cession de biens à des créanciers. — Cautionnement. — Garantie. — Nantissement. — Quittance. — Transaction. — Contrat de mariage (13). *Jusqu'à* 20,000 fr. (8), ¹/₂ °/₀, ¹/₂ °/₀, ¹/₂ °/₀. *Sur le surplus*, ¹/₄ °/₀, ¹/₄ °/₀, ¹/₂ °/₀.

17 Certificat de propriété *Jusqu'à* 20,000 fr. (7), ¹/₄ °/₀, ¹/₄ °/₀, ¹/₄ °/₀ *Sur le surplus*, ¹/₈ °/₀, ¹/₈ °/₀, ¹/₈ °/₀.

18 Testament. — Inventaire. — Actes respectueux. — Concordat. — Contrat d'union. — Compulsoire. — Et tous autres procès-verbaux du ministère du notariat, *par vacation*, 9 fr., 12 fr., 18 fr.

19 Expédition ou grosse de tout acte du ministère du notariat, *par rôle*, 3 fr., 4 fr. 50 c., 6 fr.

Actes relatifs à la navigation (14).

20 Expédition (15) d'un bâtiment qui a opéré son déchargement ou son chargement complet et partiel. *Droit fixe par navire*, 4 fr., 4 fr., 4 fr, *Droit proportionnel par tonneau jusqu'à* 300 tonneaux (16), 20 c., 20 c., 20 c.

21 Expédition (15) d'un bâtiment faisant échelle avec opération de commerce, s'il a déjà payé les droits entiers à une chancellerie consulaire, dans chacun des ports subséquents. *Droit fixe par navire*, 4 fr., 4 fr., 4 fr. *Droit proportionnel par tonneau jusqu'à* 300 tonneaux (16), 10 c., 10 c., 10 c.

22 Expédition (15) d'un paquebot à vapeur faisant un service régulier dans chaque port de la ligne *Droit fixe par navire*, 10 fr., 10 fr., 10 fr. *Droit proportionnel par tonneau* (16 bis et ter), 10 c., 10 c., 10 c.

23 Expédition (15) d'un bâtiment à voile ou à vapeur en relâche forcée ou volontaire qui n'a débarqué ou embarqué ni marchandises ni passagers, si la relâche a duré plus de vingt-quatre heures. *Droit fixe par navire au-dessous de* 100 tonneaux, 5 fr., 5 fr., 5 fr.; *de* 100 à 200 tonneaux, 10 fr., 10 fr., 10 fr.; *au-dessus de* 200 tonneaux, 15 fr., 15 fr., 15 fr.

Expédition (15) d'un bâtiment à voile ou à vapeur en relâche forcée ou volontaire qui n'a débarqué ou embarqué ni marchandises ni passagers, si la relâche a duré moins de vingt-quatre heures (17). Demi-droit, *demi-droit*, DEMI-DROIT.

24 Courtage et interprétation dans les cas prévus par les traités, et lorsqu'ils sont requis *Droit proportionnel par tonneau* (18), 10 c., 10 c., **10 c.**

25 Rédaction du manifeste de sortie lorsqu'il est demandé. *Droit fixe par navire au-dessous de* 20 *tonneaux*, 5 fr., 7 fr 50 c., 10 fr.; *de 20 à* 100 *tonneaux*, 10 fr , 15 fr., 20 fr.; *au-dessus de* 100 *tonneaux*, 15 fr., 22 fr. 50 c., **30 fr.**

26 Consulat ou rapport extraordinaire avec ou sans audition de l'équipage et des passagers. *Premier rôle*, 5 fr., 7 fr. 50 c., 10 fr. *Chaque rôle en sus*, 3 fr., 4 fr 50 c., **6 fr.**

27 Mouvement sur le rôle d'équipage (19) et (20). *Par marin débarqué ou embarqué*, 1 fr., 1 fr., **1 fr.**

28 Mention sur le rôle d'embarquement ou de débarquement de passagers (20 et (21), *par passager*, 2 fr., 2 fr., **2 fr.**

29 Certificat de visite d'un bâtiment, *par certificat*, 3 fr., 4 fr. 50 c., **6 fr.**

30 Addition de feuilles au journal de navigation ou au rôle d'équipage. — Remplacement (22), en cas de perte, d'un rôle d'équipage, *par feuille*, 2 fr., 3 fr., **4 fr.**

31 Remplacement (22), en cas de perte, d'un journal de navigation, d'un congé; *par pièce délivrée*, 5 fr., 7 fr. 50 c., **10 fr.**

32 Remplacement (22), en cas de perte, d'une patente de santé ; *par pièce délivrée*, 5 fr., 5 fr., **5 fr.**

33 Délivrance (22) d'un passavant avec rôle d'équipage dans le même cas *par pièce délivrée*, 10 fr., 15 fr., **20 fr.**

34 Visa de la patente de santé et des autres pièces de bord s'il devient nécessaire après la délivrance des expéditions ; *par visa*. 2 fr., 2 fr., **2 fr.**

35 Désarmement (23), armement ou réarmement (24) d'un bâtiment. *Droit fixe par navire*, 10 fr., 10 fr , 10 fr. *Droit proportionnel par tonneau jusqu'à* 300 *tonneaux* (16), 30 c., 30 c., **30 c.**

36 Ordonnance du consul en matière maritime. — Homologation d'un règlement d'avaries. — Procès-verbal de prestation de serment d'experts (25). — Rapport d'experts dressé par le chancelier. — Dépôt de rapport d'experts dressé par ceux-ci. — Acte de délaissement d'un navire ou de marchandises. *Premier rôle*, 3 fr , 4 fr. 50 c., 6 fr. *Chaque rôle en sus*, 2 fr., 3 fr., **4 fr.**

37 Contrat d'affrétement ou charte-partie. *Sur le prix convenu* (7), $1/4$ $^o/_o$, $1/4$ $^o/_o$, **$1/4$ $^o/_o$.**

38 Police de chargement (rédaction de) ou connaissement, *par exemplaire*, 50 c., 1 fr , **1 fr 50 c.**

39 Police ou contrat d'assurances maritimes. *par acte*, 10 fr , 15 fr., **20 fr.**

40 Résiliation. — Modification dudit contrat, *par acte*, 5 fr., 7 fr. 50 c., **10 fr.**

41 Contrat de prêt à la grosse aventure ou de prêt sur marchandises prévu par l'article 234 du Code de commerce. *Sur la valeur du prêt*, *jusqu'à* 20,000 *fr.* (7), $1/2$ $^o/_o$, $1/2$ $^o/_o$, $1/2$ $^o/_o$. *Sur le surplus*, $1/4$ $^o/_o$, $1/4$ $^o/_o$. **$1/4$ $^o/_o$.**

42 Vente aux enchères de marchandises dans le cas prévu par le même article (9), d'un bâtiment (8) ou d'une portion de bâtiment, d'embarcation, d'agrès et autres articles d'inventaire (9), *jusqu'à* 1,000 *fr.*, 1 $1/2$ $^o/_o$ 1 $1/2$ $^o/_o$ 1 $1/2$ $^o/_o$ *Sur le surplus*, 1 $^o/_o$, 1 $^o/_o$, **1 $^o/_o$.**

43 Vente par contrat d'un bâtiment (8) ou d'une portion de bâtiment, d'embarcation, d'agrès et autres articles d'inventaire (9), *jusqu'à* 1,000 *fr.*, 1 $^o/_o$, 1 $^o/_o$, **1 $^o/_o$.** *Sur le surplus*, $1/2$ $^o/_o$, $1/2$ $^o/_o$, **$1/2$ $^o/_o$.**

44 Droit de dépôt sur les sommes provenant de bris, naufrages et prises, *par* 100 *fr.*, 15 c., 15 c., 15 c.

45 Enregistrement littéral (26), copie collationnée, expédition, extrait littéral ou analytique, publication par affiches de procès-verbaux et autres pièces concernant la navigation, *par rôle*, 2 fr., 2 fr. 50 c., 4 fr.

Actes administratifs.

46 Passe-ports aux Français, *par acte*, 5 fr., 6 fr., 10 fr.
Passe-ports aux étrangers, *par acte*, 8 fr., 10 fr., 12 fr. 50 c.

47 Patente de santé pour un navire étranger, *par acte*, 6 fr., 8 fr., 10 fr. 50 c.

48 Certificats (27) d'immatriculation, de nationalité. — Patente de protection (27), *par acte*, 4 fr., 6 fr., 8 fr.

49 Certificats de vie pour perception de rentes, pensions annuelles ou sommes quelconques. *Au-dessus de* 1,000 *fr.*, 5 fr., 6 fr., 12 fr. 50 c. *De* 300 *fr. à* 1,000 *fr.*, 3 fr., 4 fr. 50 c., 6 fr. 25 c. *Au-dessous de* 300 *fr.*, 2 fr., 3 fr., 4 fr.

50 Certificats de vie pour motifs non énoncés, *par certificat*, 5 fr., 6 fr., 12 fr. 50 c.

51 Visa de passe-ports (27) de Français, *par visa*, 2 fr., 2 fr. 50 c., 5 fr.
Visa de passe-ports (27) d'étrangers, *par visa*, 3 fr., 5 fr., 10 fr. 50 c.

52 Visa de patente de santé d'un navire étranger, *par visa*, 5 fr., 5 fr. 10 fr. 50 c.

53 Visa de manifeste d'un navire étranger (lorsqu'il est requis), *par visa*, 5 fr., 8 fr., 10 fr. 50 c.

54 Visa (27) de certificat d'immatriculation, de nationalité, de patente de protection, — et tout autre visa non spécifié (27), *par visa*, 2 fr., 3 fr., 4 fr.

55 Certificat quelconque requis par l'autorité locale, *par certificat*, 2 fr. 50 c., 3 fr. 50 c., 5 fr.

56 Certificat d'origine, de destination, de débarquement, *par certificat*, 5 fr., 10 fr., 12 fr. 50 c.

57 Décharge d'acquit à caution, *par acte*, 4 fr., 5 fr., 6 fr.

58 Légalisation (28 et 28 *bis*), *par légalisation*, 5 fr., 6 fr., 12 fr. 50 c.

Actes divers.

59 Déclaration, — certificat, procès-verbal quelconque, dans tous les cas, non spécifiés. *Premier rôle*, 5 fr., 7 fr. 50 c., 10 fr. *Chaque rôle en sus*, 3 fr., 4 fr. 50 c., 6 fr.

60 Dépôt (29) de sommes d'argent, valeurs, marchandises ou effets mobiliers, *par acte de dépôt*, 5 fr, 7 fr. 50 c, 10 fr. *Droit de dépôt sur le montant de la somme ou de la valeur estimée*, 2 %, 2 %, 2 %

61 Dépôt, remise, retrait de pièces ou registres. Communication de pièces ou registres en chancellerie. — Remise de pièces aux intéressés, *par acte*, 3 fr., 4 fr. 50 c., 6 fr.

62 Actes énoncés dans l'article 61, s'il y a inventaire de pièces, *par rôle*, 3 fr., 4 fr. 50 c. 6 fr.

63 Enregistrement littéral (26), copie collationnée, expédition, extrait littéral ou analytique, publication par affiches de pièces ou actes quelconques, dans tous les cas non spécifiés. *Premier rôle*, 4 fr., 6 fr., 8 fr. *Chaque rôle en sus*, 3 fr., 4 fr. 50 c., 6 fr.

64 Copie en langue étrangère. *Premier rôle*, 5 fr., 7 fr. 50 c., **10** fr. *Chaque rôle en sus*, 3 fr., 4 fr. 50 c., 6 fr.

65 Traduction certifiée conforme. *Premier rôle*, 6 fr., 9 fr., **12** fr. *Chaque rôle en sus*, 4 fr., 6 fr., **8** fr.

66 Tenue d'un compte courant de recettes et dépenses en chancellerie, *par article de compte*, 50 c., 50 c., 50 c.

67 Vacations du chancelier dans tous les cas non spécifiés, *par vacation*, 8 fr., 10 fr., **12** fr.

68 Frais de voyage du consul, de l'élève consul ou du chancelier. *Le montant des déboursés* (30).

69 Frais de séjour du consul, *par journée d'absence*, 18 fr., 24 fr., **30** fr. Frais de séjour de l'élève consul ou du chancelier, *par journée d'absence*, **12** fr., **15** fr., **18** fr.

Observations particulières.

(1) La minute des actes de l'état civil ne donne lieu à aucune perception.

(2) Le droit de minute ou original ne sera pas perçu pour tous les actes que la partie dépose ou rédige elle-même, quand elle y est autorisée.

(3) Les décrets qui n'ont pour objet que la signification ou la transmission de requêtes ou de tous autres actes ne donnent lieu à aucune perception.

(4) Si le même acte contient plusieurs contrats, il n'est dû de droits que sur le contrat principal.

(5) La taxe proportionnelle sur tout acte accessoire d'un acte précédemment reçu en chancellerie ne sera perçue que pour la partie du capital ajoutée au capital primitif, et, s'il n'y est rien ajouté, il sera perçu un droit fixe de 15 fr.

(6) Si le protêt est fait pour plusieurs lettres de change tirées sur la même personne, il sera perçu 1 fr. 50 c. par chaque lettre en sus de la première.

Pour chaque présentation aux *indications au besoin*, ou intervenants quelconques, il sera aussi perçu un droit de 3 fr.

(7) Le droit proportionnel sera remplacé par une taxe fixe de 10 fr., 15 fr., **25** fr., quand il ne donnera qu'une perception inférieure à cette taxe combinée avec le droit d'expédition.

(8) Le droit proportionnel sera remplacé par une taxe fixe de 20 fr., 30 fr., **50** fr., quand il ne donnera qu'une perception inférieure à cette taxe combinée avec celle de l'expédition.

(9) Le droit proportionnel sera remplacé par une taxe fixe de 6 fr., 7 fr. 50 c., **12** fr. 50 c., quand il ne donnera qu'une perception inférieure à cette taxe combinée avec celle de l'expédition.

(10) Sur le capital social. La partie de ce capital excédant 100,000 fr. ne donne lieu à aucune perception.

(11) Sur la masse brute, dans laquelle ne sont pas comprises les valeurs fictives.

(12) Sur la valeur de l'immeuble le plus important.

(13) Sur l'apport dotal le plus fort.

(14) Les actes concernant la navigation non dénommés dans le présent chapitre payeront les droits spécifiés dans les autres chapitres du tarif. — Dans les opérations relatives à un naufrage, tout acte fait par le Consul ou Chancelier, comme remplissant à l'étranger les fonctions dont les commissaires des classes sont chargés en France, ne donne lieu à aucune perception (art. 76 de l'ordonnance du 29 octobre 1833).

(15) Comprenant l'ensemble des formalités et actes *ordinaires* qui peuvent être requis du consulat à l'arrivée et au départ, savoir : 1° consulat simple, ou rapport à l'arrivée ; 2° certificats d'arrivée et de départ ; 3° rapport concernant la santé ; 4° visa du journal, ou registre

de bord, du congé, du rôle d'équipage ; 5º visa et enregistrement des manifestes d'entrée et de sortie ; 6º déclaration de simple relâche ; 7º dépôt et procès verbaux du dépôt de tout acte dressé par le capitaine, pour cause de désertion, à l'occasion d'un crime, d'un délit, d'une naissance, d'un dépôt ; dépôt de testament, d'inventaires faits en mer, ainsi que des objets inventoriés ; 8º délivrance ou visa d'une patente de santé ; 9º acte de dépôt ou de cautionnement de sommes destinées aux frais de rapatriement, de maladie, d'enterrement de marins laissés à terre ; 10º certificat quelconque, exigé par l'autorité locale pour permettre la sortie du navire.

(16) Le droit proportionnel n'est pas dû sur les tonneaux qui excèdent 300.

(16 *bis*) Une ordonnance du 31 août 1846 a étendu la disposition qui précède aux paquebots à vapeur employés à un service régulier et périodique dans la Méditerranée.

(16 *ter*) Un décret du 25 octobre 1851 a réduit ces droits de moitié.

(17) Toute relâche ayant pour objet l'acquittement d'une taxe ou l'accomplissement d'une formalité quelconque imposée par l'autorité étrangère, et nécessitant l'intervention de la chancellerie, sera considérée comme ayant duré plus de vingt-quatre heures.

(18) Sont comprises dans ce droit la rédaction du manifeste, ainsi que les traductions et copies de cette pièce exigées par les autorités locales.

(19) Les mentions excédant le tiers du nombre des hommes de l'équipage ne donneront lieu à aucune perception.

(20) Pour les marins disgrâciés ou autres personnes embarquées ou débarquées, soit en vertu d'ordres des consuls, soit gratuitement et par humanité de la part du capitaine, le droit n'est pas dû.

(21) Le droit n'est pas applicable aux paquebots ni aux navires n'ayant à bord que des passagers.

Le consul aura la faculté de faire réduire à demi le droit pour les personnes peu fortunées, et de ne faire payer qu'un seul droit pour tous les membres d'une même famille qui seraient dans le même cas.

Au delà de *six* (ayant payé le droit entier), les mentions de débarquement ou d'embarquement sur le même navire seront gratuites.

(22) Sur la déclaration affirmée et signée du capitaine, en tête de la pièce donnée en remplacement.

(23) Comprenant l'ensemble des formalités et actes nécessaires pour le désarmement, savoir : 1º déclaration de désarmement ; 2º rôle de désarmement ; 3º acte de dépôt et visa de l'acte de francisation, du congé, du rôle d'équipage ; 4º apostille et visa du journal de navigation et de l'acte de propriété ; 5º expéditions des actes ci-dessus qui doivent être remises au capitaine.

NOTA. Le droit dit d'expédition (articles 20, 21, 22 et 23) n'est pas dû par le navire qui désarme, lorsque le désarmement a lieu immédiatement après l'accomplissement des formalités d'arrivée ; il est dû lorsque le désarmement a lieu après l'accomplissement des formalités de départ.

(24) Comprenant l'ensemble des formalités et actes nécessaires pour l'armement ou le réarmement, savoir : 1º déclaration d'armement ou de réarmement ; 2º délivrance et enregistrement d'un rôle d'équipage, d'un congé provisoire, d'un passavant, d'un journal de navigation coté et paraphé ; 3º tous actes ou formalités quelconques comprises dans les expéditions (note 15).

(25) Si l'intervention des experts est suivie de la réception d'un acte en chancellerie, la mention de prestation de serment sera insérée en tête de cet acte, et ne donnera lieu à aucun droit spécial.

(26) Cet enregistrement ne s'entend que des actes qui n'ont pas été reçus en chancellerie.

(27) Les consuls ont la faculté de faire délivrer les actes dont il s'agit à demi droit, lorsque l'état de fortune du redevable lui rendrait trop onéreux le payement du droit entier, et qu'il ne serait cependant pas dans le cas de les recevoir *gratis*.

(28) La légalisation par le consul d'un acte reçu par le chancelier, de même que celle d'un acte fait ou légalisé par un agent du consulat, ne donne lieu à aucune perception.

Lorsque le droit de légalisation d'un acte délivré par l'autorité étrangère excédera le chiffre du droit qui aurait été exigible sur le même acte, s'il eût été passé en chancellerie, ce dernier droit sera perçu.

Si le même acte est présenté, en même temps, à la légalisation en plusieurs expéditions, la première seulement donne lieu au payement du droit entier, et les suivantes au demi-droit.

(28 *bis*) L'article 58 du présent Tarif a été modifié par ordonnance du 27 avril 1847, qui permet la légalisation à *demi-droit* des actes destinés à être transmis au siège des compagnies d'assurances maritimes ou sur la vie établies en France, et légalement autorisées.

(29) Le droit proportionnel ne se perçoit que lors du retrait du dépôt, et l'acte de retrait ne donne lieu à aucun droit.

(30) Le compte de ces frais, que les agents s'efforceront, d'ailleurs, de renfermer dans les limites les plus étroites, sera affirmé par le consul, pour les dépenses qui le concernent, et visé par lui, pour celles qui concernent l'élève ou le chancelier.

N° 1.

*Édit du roi, du mois de juin 1778, portant règlement sur les
fonctions judiciaires et de police qu'exercent les consuls de
France en pays étrangers (1).*

Louis, par la grâce de Dieu, Roi de France et de Navarre, dauphin
de Viennois, comte de Valentinois et Diois, Provence, Forcalquier et
terres adjacentes ;

A tous présents et à venir : SALUT.

Parmi les fonctions que remplissent nos consuls dans les pays étrangers et particulièrement dans les échelles du Levant et de Barbarie,
pour y protéger le commerce de nos sujets, nous avons fixé nos regards
sur l'administration de la justice ; nous avons reconnu que d'après les
ordonnances rendues à cet égard, les affaires doivent être instruites
devant nos consuls par les voies les plus simples et les plus sommaires,
et que cependant les mêmes ordonnances ne les affranchissent pas
expressément des formalités observées dans notre royaume, qui sont
la plupart impraticables sous une domination étrangère. Voulant ne
rien laisser à désirer sur une matière aussi intéressante pour le commerce maritime, nous avons jugé qu'il était à propos d'établir sur la
juridiction qu'exercent nos consuls en pays étrangers, et sur les procédures civiles et criminelles qu'ils instruisent, des règles faciles à observer, et d'après lesquelles ils rendront la justice dans les différents
consulats, d'une manière uniforme et avec toute la célérité requise. A
ces causes, et autres à ce nous mouvant, de l'avis de notre conseil, et
de notre certaine science, pleine puissance et autorité royale, nous
avons dit, déclaré et ordonné, disons, déclarons et ordonnons, voulons
et nous plaît ce qui suit :

ART. 1er. — Nos consuls connaîtront en première instance, des contestations, de quelque nature qu'elles soient, qui s'élèveront entre nos
sujets négociants, navigateurs et autres, dans l'étendue de leurs consulats ; nosdits consuls pourvoiront, chacun dans son district, au maintien d'une bonne et exacte police entre nosdits sujets, de quelque qualité et condition qu'ils puissent être, soit à terre, soit dans les ports et
dans les différents mouillages et rades, où les navires du commerce
font leur chargement et leur déchargement : ordonnons à nosdits consuls, de rendre fidèlement la justice ; et attendu l'éloignement des

---

(1) **A** l'époque où cet édit fut rendu, les consulats relevaient du Ministère de la
Marine ; tout le service consulaire ayant été rattaché depuis lors au Ministère des
Affaires étrangères, c'est vis-à-vis de ce dernier département que les agents doivent
remplir les obligations que le texte de l'édit leur impose à l'égard du Ministère de la
Marine et sur lesquelles il n'a pas été statué par des lois ou ordonnances postérieures.

lieux où ils sont le plus souvent attachés au service des consulats, lors de leur nomination, les dispensons de prêter serment.

2. — Faisons très-expresses inhibitions et défenses à nos sujets voyageant, soit par terre, soit par mer, ou faisant le commerce en pays étrangers, d'y traduire, pour quelque cause que ce puisse être, nos autres sujets devant les juges ou autres officiers des puissances étrangères, à peine de quinze cents livres d'amende, au payement de laquelle les contrevenants seront condamnés et contraints par corps à la diligence de nos procureurs généraux de nos cours de parlement, où ressortiront les appels des sentences des consuls devant lesquels lesdits contrevenants eussent dû former leurs demandes ou porter leurs plaintes : et en cas d'exécution faite contre aucun Français, en vertu de jugement ou d'ordonnance émanés d'une autorité étrangère, seront en outre, ceux de nos sujets qui les auront obtenus, condamnés aussi par corps aux dépens, dommages et intérêts des parties qui en auront souffert en quelque manière que ce soit.

3. — Ordonnons à nos consuls, de constater les contraventions mentionnées en l'article précédent, par des procès-verbaux ou informations auxquels il sera procédé en présence des contrevenants ou iceux dûment appelés, et d'adresser lesdits procès verbaux et informations au secrétaire d'état ayant le département de la marine, qui les fera passer à nos procureurs généraux, chacun dans leur ressort.

4. — Les amendes qui seront prononcées pour raisons desdites contraventions, seront applicables; savoir, pour les Échelles du Levant et de Barbarie, à la chambre du commerce de Marseille ; et pour les autres consulats, aux chambres de commerce les plus proches des endroits où les contraventions auront été commises.

5. — Indépendamment des peines prononcées par les trois articles précédents, il nous sera rendu compte, par le secrétaire d'état ayant le département de la marine, des actes d'insubordination et de désobéissance qui seront commis contre l'autorité que nous avons confiée à nos consuls, et qui pourraient troubler la tranquillité et le commerce de nos sujets dans les pays étrangers, aux fins d'y être par nous pourvu avec toute la célérité possible.

6. — Nos consuls se feront assister, pour rendre toutes sentences définitives, en matière civile, de deux de nos sujets choisis parmi les plus notables qui se trouveront dans leurs consulats, et auxquels nous attribuons voix délibérative ; à l'effet de quoi lesdits notables prêteront au préalable, devant les consuls, le serment en tel cas requis, sans néanmoins qu'il soit nécessaire de réitérer le serment une fois prêté, lorsque les mêmes notables continueront à être adjoints aux consuls pour rendre la justice.

7. — Pourra néanmoins le consul, ou l'officier qui le représentera, rendre seul toute sentence dans les Échelles où il sera impossible de se procurer des notables de la nation ; et il sera toujours fait mention de cette impossibilité dans les sentences.

8. — Celui des officiers du consulat, commis à la chancellerie, remplira, sous la foi du serment qu'il aura prêté, les fonctions de greffier,

tant en matière civile qu'en matière criminelle, ainsi que celles de notaire ; il donnera en outre toutes les assignations, et fera en personne
toutes les significations, pour suppléer au défaut d'hussiers.

9. — Lorsqu'il s'agira de former quelques demandes, ou de porter
quelque plainte devant le consul, la partie présentera elle-même sa requête ; et en cas qu'elle ne le puisse faire, il lui sera loisible d'y suppléer par procureur légalement fondé, ou en faisant à la chancellerie
du consulat, sur l'objet dont il sera question, une déclaration circon-
stanciée, dont il lui sera délivré expédition, qui sera présentée au consul pour tenir lieu de ladite requête.

10. — Sur ladite requête ou déclaration en matière civile, le consul
ordonnera que les parties comparaîtront en personne, aux lieu, jour
et heure qu'il jugera à propos d'indiquer, suivant la distance des lieux
et les circonstances ; l'autorisant même à ordonner que les parties comparaîtront d'heure à autre, dans les cas qui lui paraîtront requérir
beaucoup de célérité ; ce qui sera exécuté dans tous les cas, nonobstant
opposition ou appellation quelconque.

11. — Ladite requête ou déclaration sera signifiée par l'officier qui
remplira les fonctions de chancelier, avec les pièces au soutien de la demande; et si elles sont trop longues, la partie pourra les déposer à la chancellerie, où il en sera donné communication au défendeur, sans déplacer.

12. — Cette signification sera faite en parlant à la personne du défendeur ou à son domicile, s'il en a un connu dans le consulat, et par
affiches dans la chancellerie du consulat, à ceux qui n'auront pas de
domicile, qui se seront absentés ou ne pourront être rencontrés : il sera
fait mention dans l'original et dans la copie, du nom du défendeur, de
la personne à laquelle la signification aura été laissée, ou de l'affiche
qui en aura été faite ; il sera donné assignation au défendeur à comparaître devant le consul aux jour, lieu et heure indiqués par son ordonnance : l'original et la copie seront signés de l'officier faisant fonctions
de chancelier, le tout à peine de nullité, et sans qu'il soit besoin d'observer d'autres formalités.

13. — Les navigateurs et les passagers qui n'auront d'autre demeure que
les navires, y seront assignés dans la forme prescrite par l'art. précédent.

14. — Les parties seront tenues de se présenter en personne devant le
consul, dans le lieu et aux jour et heure indiqués par son ordonnance.

15. Pourront néanmoins les parties, en cas de maladie, d'absence ou
autres empêchements, envoyer au consul des mémoires signés d'elles,
qui contiendront leurs demandes et défenses, et auxquels elles joindront
respectivement leurs pièces, si mieux n'aiment lesdites parties se faire
représenter par des fondés de pouvoirs, ou déclarations ad hoc et par
écrit, lesquels mémoires ou pouvoirs et déclarations seront déposés à
la chancellerie.

16. — Il sera, sur lesdites comparutions, ou sur les mémoires, pièces
ou déclarations envoyées, rendu sur-le-champ par le consul, assisté
de deux notables, une sentence définitive, si la cause leur paraît suffisamment instruite.

17. — Lorsqu'il sera jugé nécessaire d'entendre par sa bouche l'une

des parties ayant quelque empêchement légitime de se présenter en
personne, le consul commettra l'un des officiers de son consulat ou des
notables de la nation, pour interroger ladite partie sur les faits qui
exigeront des éclaircissements; et sera ledit commissaire assisté de l'officier faisant fonctions de chancelier pour rédiger l'interrogatoire par écrit.

18. — Dans les cas où il écherra de faire descente sur les lieux ou à
bord des navires, le consul pourra ordonner qu'il s'y transportera en
personne, ou nommer à cet effet un commissaire comme en l'article
précédent. Le consul fixera, par la même ordonnance ou sentence préparatoire, le lieu, le jour et l'heure du transport, auquel il sera procédé en présence des parties ou icelles dûment appelées par la signification de ladite ordonnance ou sentence préparatoire, en la forme
prescrite par les articles 11 et 12 du présent règlement ; de tout quoi
il sera dressé procès-verbal.

19. — Dans les affaires où il s'agira seulement de connaître la valeur,
l'état ou le dépérissement de quelques effets ou marchandises, le consul pourra se borner à nommer d'office, parmi ceux de nos sujets qui
se trouveront dans son consulat, des experts, qui, après avoir prêté le
serment requis, procéderont en présence des parties, ou icelles dûment
appelées, aux visites et estimations qui auront été ordonnées, dont ils
dresseront procès-verbal, qui sera déposé en la chancellerie.

20. — Il sera délivré aux parties qui le requerront, des expéditions
des procès-verbaux mentionnés aux articles précédents, et sur lesquels
elles pourront fournir leurs observations, sans qu'il soit nécessaire de
faire signifier lesdits procès-verbaux avant le jugement qui sera rendu
par le consul, assisté de notables, avec toute la célérité possible, soit
en présence des parties ou de leurs fondés de pouvoirs, soit après en
avoir délibéré.

21. — Si les parties sont contraires en faits dans quelques cas où la
preuve testimoniale soit admissible, elles seront tenues de nommer sur-
le-champ leurs témoins ; et le consul ordonnera que lesdits témoins seront assignés à comparaître devant lui aux jour et heure qu'il indiquera
par la même sentence ou ordonnance; et où l'enquête serait ordonnée
en l'absence des parties ou de l'une d'elles, le consul fixera, suivant les
circonstances, un délai pour remettre ou envoyer le nom des témoins
à l'officier faisant fonctions de chancelier, de manère qu'on puisse
avoir le temps d'assigner les témoins avant le jour fixé pour les entendre.

22. — Les Français indiqués pour témoins, seront assignés par ledit
officier, en vertu de la sentence ou de l'ordonnance du consul. Quant
aux étrangers, le consul fera, vis-à-vis des consuls étrangers, les réquisitions d'usage dans l'Echelle, pour obtenir l'ordre de les faire comparaître ; et en ce qui touche les sujets des puissances dans le territoire desquelles les consulats seront établis, les consuls se conformeront,
pour les faire comparaître lorsqu'ils le jugeront à propos ou nécessaire,
aux capitulations et usages observés dans les différents consulats.

23. — Les parties en présence desquelles la preuve par témoins aura
été ordonnée, seront tenues, sans qu'il soit besoin d'assignation, de
comparaître devant le juge, aux jour et heure qui auront été indiqués

pour recevoir la déposition des témoins ; et à l'égard des parties qui auront envoyé leur mémoire, ou se seront fait représenter par des fondés de pouvoirs, la seule signification de ladite sentence ou ordonnance, dans la forme prescrite par les articles 11 et 12 du présent réglement, leur tiendra lieu de sommation pour indiquer leurs témoins, et d'assignation pour être présentes à l'enquête.

24. — Enjoignons à nos sujets assignés comme témoins en pays étrangers, devant nos consuls, de se présenter exactement aux assignations ; seront les défaillants qui n'auront pas fait apparaître d'excuse légitime au consul, condamnés en trente livres d'amende pour le premier défaut, et en cent livres pour le second, lesquelles amendes seront applicables à la caisse des pauvres ; et seront les amendes, en cas de désobéissance réitérée par le même témoin, doublées pour chaque récidive, encore que ce fût dans différentes affaires. Nos consuls pourront aussi ordonner, même sur le premier défaut, que les défaillants seront contraints par corps à venir déposer, autant que la prudence pourra le permettre en pays étrangers, et dans les endroits où le Gouvernement est dans l'usage de leur prêter main-forte.

25. — Après que les parties ou leurs fondés de pouvoirs auront proposé verbalement leurs reproches, si aucuns elles ont, contre les témoins, et qu'il en aura été fait mention dans la sentence qui tiendra lieu de procès-verbal, lesdits témoins seront entendus sommairement, leurs dépositions seront rédigées dans ladite sentence ; et le consul, assisté de deux notables, pourra juger sur-le-champ la contestation, ou ordonner que les pièces seront laissées sur le bureau pour en être délibéré.

26. — Les étrangers qui ne sauront pas la langue française, seront assistés, pour faire leurs dépositions, d'un interprète qui prêtera au préalable, devant le consul, le serment en tel cas requis. Seront néanmoins les drogmans et autres interprètes attachés au consulat, et qui auront prêté serment lors de leur reception, dispensés de le réitérer.

27. — La seule signification faite aux parties condamnées, dans la forme prescrite par les articles 11 et 12 du présent règlement, des sentences définitives, contradictoires ou par defaut, tiendra lieu de toute sommation et commandement ; seront en conséquence lesdites parties contraintes à exécuter lesdites sentences par les voies usitées dans les différents consulats.

28. — Ceux contre lesquels il aura été rendu des sentences par défaut, pourront néanmoins présenter leur requête en opposition au consul, dans trois jours au plus tard après celui de la signification desdites sentences à la partie en personne, ou à son procureur fondé ; passé lequel temps aucune opposition ne pourra être reçue. Néanmoins, dans le cas où la partie condamnée serait absente et n'aurait pas de procureur fondé pour la représenter, le délai de l'opposition ne courra contre elle que du jour qu'il lui aura été donné connaissance de la condamnation ; et seront cependant les sentences par défaut exécutées sur les biens des défaillants, trois jours après la signification qui en aura été

faite à personne, domicile ou par affiche, conformément à l'article 12 ci dessus.

29. — Seront les instances sur les oppositions, vidées le plutôt qu'il sera possible, en observant, suivant les circonstances, les formes sommaires ci-dessus prescrites.

30. — Les sentences définitives rendues par nos consuls assistés de deux notables, sur des lettres de change, billets, comptes arrêtés ou autres obligations par écrit, seront exécutées par provision, nonobstant opposition et appellation quelconques, et sans y préjudicier, ce qui sera ordonné par lesdites sentences.

31. — Dans les affaires où il s'agira de conventions verbales ou de comptes courants, il sera ordonné par les sentences, qu'elles seront exécutées nonobstant l'appel, et sans y préjudicier, en donnant, caution qui sera reçue devant le consul.

32. — La partie qui voudra faire exécuter, en vertu de l'article précédent, une sentence dont la partie condamnée aura fait signifier l'appel, présentera au consul une requête par laquelle elle indiquera sa caution ; le consul ordonnera que les parties viendront devant lui, aux jour et heure qu'il indiquera, pour être procédé, s'il y a lieu, à la réception de ladite caution : cette requête et l'ordonnance étant en suite, seront signifiées au défendeur dans les formes prescrites par les articles 11 et 12 du présent règlement.

33. — Il suffira, pour admettre ladite caution, qu'elle soit notoirement solvable, sans qu'elle puisse être obligée de fournir un état de ses biens.

34. Pourront aussi les parties, pour suppléer à ladite caution, déposer le montant des condamnations dans la caisse du consulat ; et après la signification faite de la reconnaissance du trésorier, les sentences seront exécutées.

35. — Indépendamment de l'exécution des sentences de nos consuls par toutes les voies praticables dans les pays où elles auront été rendues, elles seront encore exécutées dans toute l'étendue de notre royaume, en vertu de *pareatis,* de même que les sentences rendues par nos autres juges.

36. Nosdits consuls prononceront la contrainte par corps, dans tous les cas prévus et énoncés dans nos ordonnances.

37. — Les appellations des sentences de nos consuls établis, tant aux Echelles du Levant qu'aux côtes d'Afrique, ressortiront à notre parlement d'Aix ; et quant aux autres consulats, à celui de nos parlements le plus proche du lieu où la sentence aura été rendue.

38. — Ordonnons que la justice soit rendue, en matière civile, à Constantinople, où nous n'avons pas établi de consul, par trois notables de la nation, qui seront nommés par notre ambassadeur commissaires d'office, et que nous dispensons de prêter serment. Par l'acte de nomination desdits commissaires, notre ambassadeur indiquera celui d'entre eux qui remplira les fonctions de consul, à l'effet de rendre les ordonnances sur requêtes ou déclarations ; l'officier faisant fonctions de chancelier à Constantinople, fera toutes les significations requises

en vertu desdites ordonnances, ainsi que les fonctions de greffier auprès desdits commissaires, qui se conformeront au surplus en tous points aux précédentes dispositions du présent règlement ; et ressortiront les appellations de leurs sentences en notre parlement d'Aix.

Les articles 39 à 81 inclusivement ont été abrogés par la loi du 28 mai 1836.

82. — Dans tous les cas qui intéresseront la politique ou la sûreté du commerce de nos sujets dans les pays étrangers, pourront nos consuls faire arrêter et renvoyer en France, par le premier navire de la nation, tout Français qui, par sa mauvaise conduite et par ses intrigues, pourrait être nuisible au bien général. Dans ce cas, nos consuls rendront un compte exact et circonstancié au secrétaire d'état ayant le département de la marine, des faits et des motifs qui les auront déterminés.

83. — Nos consuls, en faisant embarquer un sujet dangereux, donneront un ordre par écrit au capitaine ou maître du navire, de le remettre au premier port de notre royaume à l'intendant de la marine, ou au principal officier d'administration du port, qui le fera détenir jusqu'à ce qu'il ait reçu à cet égard les ordres du secrétaire d'état ayant le département de la marine : à cet effet, enjoignons à tous capitaines et maîtres de navires, d'exécuter ponctuellement les ordres des consuls, sous peine d'interdiction.

84. — Les vices-consuls ou autres officiers établis, sous quelque titre que ce soit, dans les différents consulats ou échelles, pour suppléer, pour remplacer et pour représenter les consuls, rempliront, à défaut de consul, toutes les fonctions mentionnées dans le présent règlement, auquel ils se conformeront en tous ses points.

85. — Seront au surplus l'ordonnance de 1681, et autres lois postérieures sur le fait des consulats, exécutées par nos consuls en pays étrangers, en ce qui n'y est pas dérogé ou innové par notre présent réglement, qui sera exécuté dans les pays étrangers où nous avons établi ou établirons des consuls ou d'autres officiers pour protéger le commerce de nos sujets, nonobstant toutes ordonnances et autres lois observées dans notre royaume auxquelles nous aurons dérogé et dérogeons pour ce regard seulement.

N° 2.

Ordonnance du 3 mars 1781, concernant les consulats, la résidence, le commerce et la navigation des sujets du roi dans les Echelles du Levant et de Barbarie. (Extrait.)

La sûreté des Français établis dans les Échelles du Levant et de Barbarie, et les avantages du commerce qu'ils y font, dépendent essentiellement d'une protection toujours active, et d'une administration fondée sur des principes relatifs au gouvernement du Grand-Seigneur et des princes de Barbarie, aux traités faits avec ces puissances, aux mœurs et aux usages de leurs sujets.

La convenance de ces rapports a décidé l'établissement des officiers de Sa Majesté qui résident dans les Echelles, et les lois qui ont été données successivement sur cette partie d'administration.

Quoique ces établissements et ces lois aient pour base les principes les plus sages et les plus constants, l'expérience a cependant indiqué la nécessité de les perfectionner.

C'est dans cette vue que Sa Majesté s'est déterminée à réunir dans une seule et même ordonnance les anciennes lois, et les nouvelles dispositions qu'elle a jugé à propos d'y ajouter, et de faire connaître ses intentions sur le service et les fonctions de ses officiers, sur la résidence, le commerce et la navigation de ses sujets, et sur la protection dont elle veut les faire jouir dans l'empire Ottoman et dans les Etats de Barbarie ; en conséquence, elle a ordonné et ordonne ce qui suit :

TITRE 1er. — DES CONSULS ET AUTRES OFFICIERS DE SA MAJESTÉ DANS LES ÉCHELLES DU LEVANT ET DE BARBARIE.

1. — Les établissements français, dans les Echelles du Levant et de Barbarie, seront divisés en consulats généraux, consulats et vice-consulats, conformément aux états qui seront arrêtés par Sa Majesté.

5. — A l'arrivée d'un consul, l'ancien consul, ou, à son défaut, le chargé des affaires du consulat, convoquera l'assemblée générale de la nation, pour y faire la publication des provisions du nouveau consul, lesquelles seront enregistrées dans la chancellerie du consulat.

7. — Les consuls exerceront dans leur département la justice, sommairement et sans frais ; y ordonneront de la police, et y rempliront toutes les fonctions qui leur sont attribuées par leurs provisions, et par les édits, déclarations, lettres patentes, ordonnances, réglements de Sa Majesté, et arrêts de son conseil.

8. — Sa Majesté prescrit à ses consuls de veiller avec attention à l'entière exécution des capitulations avec la Porte Ottomane, et des traités avec les princes de Barbarie.

9. — Les consuls feront enregistrer, dans la chancellerie de leur consulat, les ordonnances et décisions de Sa Majesté, qui leur seront transmises après les avoir fait publier dans une assemblée nationale.

11. — Ceux du Levant informeront l'ambassadeur de Sa Majesté à Constantinople, de tout ce qui se passera d'important dans leur département, et ils auront recours à ses offices et à sa protection dans toutes les occasions qui pourront l'exiger.

12. — Lorsqu'il arrivera des circonstances majeures et pressantes qui n'auraient pas été prévues par les ordonnances et instructions de Sa Majesté, dans lesquelles les consuls du Levant n'auraient pas le temps d'attendre les ordres du Roi pour agir, Sa Majesté les autorise à s'a-

dresser à son ambassadeur, qui leur donnera les instructions et les ordres provisoires qu'il jugera convenables, dont il rendra compte, ainsi que des motifs qui les auront déterminés.

13. — Les consuls tiendront bon et fidèle mémoire des affaires importantes de leur consulat, et l'enverront à la fin de chaque année au secrétaire d'État en y désignant les affaires qui auront été terminées, et celles qui ne le seront pas encore, à cette époque.

14. — Ils dresseront également, à la fin de chaque année, un mémoire, sur la situation de la navigation et du commerce des sujets de Sa Majesté dans leur département. Ils enverront, au secrétaire d'État ce mémoire, dans lequel ils développeront les moyens qui leur paraîtront les plus propres à procurer au commerce et à la navigation les avantages et l'extension dont ils sont susceptibles.

15. — Ils lui enverront, tous les trois mois, l'état du commerce d'entrée et de sortie de leur département, et un état général à la fin de chaque année.

16. — Ils informeront exactement le secrétaire d'État de l'arrivée de tous les vaisseaux et autres bâtiments français qui aborderont dans les ports de leur département; ils lui en adresseront tous les trois mois un état, et, à la fin de chaque année, un état général, dans lequel ils feront mention des bâtiments dont les congés seront expirés.

17. — Ils veilleront à ce que les officiers de leur département remplissent exactement les fonctions de leurs emplois; et, à la fin de chaque année, ils rendront compte au secrétaire d'État de la conduite, des talents, de l'application et des mœurs desdits officiers. Ils dresseront à cet effet un état, dans lequel ils comprendront également l'âge et l'ancienneté des services de chaque officier, lequel état sera certifié et signé par eux.

18. — Défend Sa Majesté à ses consuls d'accepter aucun titre de consul de la part des puissances étrangères, et enjoint à ceux qui, à quelque titre que ce soit, en exerceraient les fonctions, de les cesser, et de renvoyer leurs commissions ou brevets aux ministres des puissances qui les en auraient pourvus.

20. — Défend Sa Majesté aux consuls de faire aucun commerce directement ou indirectement, sous peine de révocation.

21. — Défend pareillement Sa Majesté aux consuls d'emprunter aucune somme des Turcs, Maures, Grecs, Juifs, et autres sujets du Grand-Seigneur, et des princes de Barbarie, sous peine de révocation.

22. — Sa Majesté leur défend, sous les mêmes peines, de se marier sans en avoir obtenu son agrément.

23. — Les consuls du Levant et de Barbarie ne pourront s'absenter de leur département, sans en avoir obtenu la permission de Sa Majesté.

25. — Tout consul, qui se trouvera dans le cas de quitter une place par retraite, ou pour passer à une autre destination, laissera la correspondance et tous les autres papiers concernant le service dont il était chargé, à l'officier qui viendra le remplacer. Ils en dresseront ensemble un inventaire, dont il sera fait trois copies qu'ils signeront, l'une desquelles sera envoyée au secrétaire d'État; l'autre sera gardée par

l'officier remplacé, pour lui servir de décharge, et la troisième sera jointe aux papiers du consulat.

26. — Lorsqu'un consul recevra des ordres pour s'absenter momentanément du lieu de sa résidence, ou qu'il sera obligé d'en partir avant l'arrivée de l'officier destiné à le remplacer, il laissera les papiers dont il était chargé, avec leur inventaire, à l'élève vice-consul résidant sur l'Echelle ; et, à défaut, il déposera lesdits papiers et inventaire en la chancellerie, pour être remis à l'officier destiné à remplir ses fonctions.

28. — Après le décès d'un consul, il sera fait, par le chancelier, un inventaire des papiers du consulat, en présence de l'élève vice-consul et des députés de la nation, pour être lesdits papiers remis à l'élève, avec copie en forme dudit inventaire ; et, s'il n'y a pas d'élève vice-consul, ils seront déposés en chancellerie, et remis ensuite à celui qui viendra exercer les fonctions de consul.

29. — Tout vice-consul employé dans le département d'un consul, sera subordonné audit consul.

31. — Il demandera les ordres du consul dans toutes les affaires importantes.

35. — Les dispositions de la présente ordonnance relatives aux consuls, seront communes aux vice-consuls dans tous les cas sur lesquels Sa Majesté n'a pas statué autrement.

36. — On ne pourra obtenir de brevet d'élève vice-consul que depuis l'âge de vingt ans jusqu'à l'âge de vingt-cinq ans.

38. — Dès qu'un élève sera nommé, il se rendra par la première occasion auprès du consul sous les ordres duquel il devra servir.

41. — Les élèves consuls assisteront à toutes les fonctions consulaires à côté des consuls ; mais ils n'en pourront exercer aucune, que par ordre exprès desdits consuls, ou en leur absence.

42. — Ils s'occuperont à acquérir toutes les connaissances relatives à l'administration des consulats, et prendront toutes les instructions qui leur seront indiquées par les consuls.

43. — Ils étudieront les langues orientales, et principalement la langue turque. Sa Majesté leur ordonne de prendre à leur arrivée un maître de langue turque, et enjoint expressément aux consuls de tenir la main à l'exécution de ces dispositions.

44. — Les consuls feront examiner en leur présence, à la fin de chaque année, les élèves par les drogmans, sur l'étude de la langue turque. Les drogmans, après l'examen, dresseront une attestation de l'intelligence, de l'application et des progrès que les élèves auront montrés dans l'examen. Ils signeront ladite attestation, et la remettront aux consuls qui l'adresseront au secrétaire d'Etat ayant le département de la marine.

45. — Les consuls feront transcrire par les élèves vice-consuls, et pour leur instruction, dans des registres, les lettres et mémoires que lesdits consuls feront ou qu'ils recevront, ayant pour objet le service du Roi, l'administration, le commerce et la navigation des sujets de Sa Majesté ; lesquels registres feront partie des papiers du consulat.

46. — Les élèves vice-consuls feront également, pour leur instruc-

tion, un extrait de toutes les affaires contentieuses qui auront été por :
tées par-devant les consuls, et des jugements qui seront intervenus; ils
les inscriront dans un registre qu'ils tiendront à cet effet, et qui fera
également partie des papiers de consulat.

52. — Sa Majesté défend aux élèves vice-consuls, sous peine de révocation, de se marier sans sa permission, et de faire aucun emprunt.

53. — Ils se tiendront vis-à-vis des consuls dans la subordination
la plus exacte, et seront révoqués pour la moindre insubordination.

54. — Sa Majesté leur enjoint de se conduire avec sagesse et hon-
nêteté; leur inconduite serait punie sévèrement, même par la révocation.

80. — Les drogmans seront choisis parmi les élèves entretenus en
Levant. Ils seront nommés provisoirement aux places vacantes dans les
Echelles du Levant, par l'ambassadeur du Roi à la Porte Ottomane,
qui rendra compte de leur nomination au secrétaire d'Etat ayant le
département de la marine, pour obtenir l'agrément de Sa Majesté.

81. — On n'aura égard qu'au mérite pour la nomination desdits
drogmans et pour leur avancement successif; mais, à mérite égal, les
plus anciens seront toujours préférés.

86. — Les drogmans exécuteront, sous peine de révocation, les ordres qui leur seront donnés pour le service par l'ambassadeur du Roi
à Constantinople; et, dans les autres Echelles, par les consuls et vice-
consuls.

87. — Ils rendront compte à l'ambassadeur, et aux consuls ou vice-
consuls, des affaires qu'ils auront traitées auprès des puissances du
pays, des propositions et des réponses qui auront été faites; leur enjoint, Sa Majesté, de rendre fidèlement les paroles qu'ils auront été
chargés de porter de part et d'autre, et de mettre la plus grande exactitude dans les traductions qu'ils feront, sous peine de punition.

88. — Défend, Sa Majesté, sous peine de désobéissance, aux drogmans, d'aller chez les puissances du pays, sans la permission ou les
ordres de l'ambassadeur et des consuls ou vice-consuls.

89. — Leur défend pareillement, Sa Majesté, de prêter leur ministère dans les affaires des particuliers sans leur réquisition, et sans y
être autorisés par l'ambassadeur et les consuls ou vice-consuls.

90. — Les drogmans remettront exactement dans la chancellerie,
les minutes de toutes les traductions qu'ils auront faites par ordre de
l'ambassadeur et des consuls ou vice-consuls pour le service, avec les
pièces originales, afin qu'on puisse y avoir recours au besoin.

92. — Défend, Sa Majesté, aux drogmans, sous peine de révocation,
de faire aucun commerce directement ou indirectement, d'emprunter
aucune somme des Turcs, Maures, Grecs, Juifs et autres sujets du
Grand-Seigneur et des princes de Barbarie, et de se marier sans la permission de Sa Majesté.

93. — Sa Majesté permet aux drogmans de continuer à porter, dans
les Echelles du Levant, l'habit oriental, ou de prendre un habit à la
française, tel qu'il sera désigné par l'article suivant; mais elle entend
que tous les drogmans d'une Echelle particulière y soient habillés de

la même manière. Ils pourront en conséquence opter pour l'un ou pour l'autre habillement, et, en cas de contestation entre eux à cet égard, elle sera décidée provisoirement par son ambassadeur à Constantinople, et par les consuls ou vice-consuls, dans les autres Echelles du Levant, qui en rendront compte au secrétaire d'Etat ayant le département de la marine.

100. — Les drogmans employés en Barbarie, seront tenus de se conformer à ce qui est prescrit par la présente ordonnance, pour les drogmans des Echelles du Levant.

102. — Ils ne pourront porter que l'habillement à la française, tel qu'il est réglé par l'art. 94.

103. — Sa Majesté se réserve de pourvoir, par un règlement particulier, à tout ce qui concerne les élèves qu'elle destine à remplir les places de drogmans, dont l'éducation doit être commencée en France et achevée en Levant.

104. — Les élèves seront choisis parmi les fils et petits-fils, et, à leur défaut, parmi les neveux des sectaires-interprètes de Sa Majesté, pour les langues orientales, et des drogmans, et ne seront admis en cette qualité que depuis l'âge de huit ans jusqu'à l'âge de douze ans.

106. — Les chancelleries du Levant et de Barbarie seront exercées à l'avenir par les drogmans employés auprès des consuls ou vice-consuls.

108. — Ordonne, Sa Majesté, que le drogman chargé de la chancellerie ne pourra, sous ce prétexte, se dispenser du service ordinaire de drogman.

109. — Dans les Echelles où le service de la chancellerie pourrait empêcher le chancelier de remplir les fonctions de drogman, il sera tenu d'avoir, aux frais de la chancellerie, un commis pour copier ses expéditions : enjoint, Sa Majesté, aux consuls et vice-consuls d'y tenir la main.

110. — Le drogman, chargé d'exercer la chancellerie, prêtera serment entre les mains de l'ambassadeur du Roi à Constantinople, et des consuls ou vice-consuls dans les autres Echelles.

111. — Il remplira les fonctions de greffier, tant en matière civile que criminelle, ainsi que celle de notaire ; il donnera, en outre, toutes les assignations, fera toutes les significations pour suppléer au défaut d'huissier, et toutes les autres fonctions attribuées aux chancelleries par l'édit du mois de juin 1778.

112. — Il aura cinq registres cotés et paraphés à chaque feuillet par l'ambassadeur, le consul ou vice-consul. Dans le premier, il écrira tous les actes, obligations et contrats qu'il passera. Dans le second, seront inscrits les procès-verbaux d'assemblée, et les délibérations de la nation. Dans le troisième, il transcrira toutes les ordonnances du Roi, les ordres de Sa Majesté, les décisions du secrétaire d'Etat ayant le département de la marine, et les ordonnances de l'ambassadeur et des consuls ou vice-consuls. Dans le quatrième, il inscrira tous les dépôts qui seront remis en chancellerie. Et dans le cinquième, il transcrira tous les manifestes d'entrée et de sortie.

113. — Il signera dans les registres, après les parties et les témoins, tous les actes, obligations et contrats qui seront passés par-devant lui.

114. — Il sera tenu de recevoir tous les actes et protestations qui seront faits contre les consuls ou vice-consuls, de les leur signifier, et d'en adresser des expéditions au secrétaire d'Etat ayant le département de la marine, sous peine de trois cents livres d'amende, applicable à la rédemption des captifs.

116. — Défend, Sa Majesté, à ses sujets, en pareil cas, d'avoir recours aux chancelleries étrangères.

118. — Le chancelier sera chargé par l'ambassadeur, le consul ou vice-consul, de vérifier les manifestes des bâtiments, et d'assister au débarquement des marchandises venant de France ou des autres pays d'Europe sur des bâtiments français, ainsi que de celles qui viendront à l'adresse des sujets du Roi sur des bâtiments étrangers.

119. — Il sera tenu de délivrer les expéditions aux bâtiments qui se disposeront à partir, vingt-quatre heures après que les manifestes de chargement leur auront été remis, sans que lesdits bâtiments puissent être retenus davantage, sous quelque prétexte et pour quelque cause que ce soit ; et les capitaines qui auront remis leurs manifestes les premiers, seront les premiers expédiés.

123. — En cas d'absence ou de mort, et à défaut de drogman pour remplacer celui qui faisait les fonctions de chancelier, le consul ou vice-consul subrogera à sa place un des sujets du Roi établis dans l'Echelle, pour exercer les fonctions de chancellerie pendant l'intérim ; et ledit subrogé jouira de tous les émoluments de la chancellerie.

DES CURÉS, CHAPELAINS, MISSIONNAIRES ET RELIGIEUX SOUS LA PROTECTION DE LA FRANCE.

134. — L'ambassadeur du Roi à Constantinople, les consuls et les vice-consuls dans les autres Echelles, protégeront tous les prêtres séculiers et réguliers qui se trouveront en Levant et en Barbarie, à titre de missionnaires, curés et chapelains français, et tous les religieux qui sont sous la protection de la France. Ils les feront jouir des égards dus à leur caractère, et des priviléges qui leur seront accordés par les capitulations avec la Porte Ottomane.

135. — Lesdits prêtres séculiers et réguliers et autres religieux, seront tenus de se conduire avec décence, suivant les règles et les devoirs de leur état ; leur défend, Sa Majesté, de s'immiscer dans les affaires de la nation française, des particuliers et des gens du pays, d'avoir des liaisons suspectes, d'intriguer, de causer du scandale et de troubler le bon ordre, à peine d'être renvoyés en chrétienté.

136. — Défend pareillement, Sa Majesté, tant aux prêtres et autres religieux français, qu'à ceux qui sont sous sa protection, de marier aucun de ses sujets, sans s'être assurés par l'ambassadeur et les consuls ou vice-consuls, faisant les fonctions de consuls, que lesdits sujets en auront obtenu la permission du secrétaire d'Etat ayant le département de la marine, à peine d'être renvoyés en chrétienté.

137. — L'ambassadeur et les consuls et vice-consuls faisant les fonctions de consuls, rendront compte au secrétaire d'État des ordres qu'ils auront donnés pour le renvoi des prêtres et autres religieux, et des motifs qui les auront déterminés.

138. — Tout prêtre ou autre religieux, qui aura été renvoyé en chrétienté, et dont le renvoi aura été ordonné ou approuvé par le secrétaire d'État ayant le département de la marine, ne pourra plus passer dans aucune Echelle du Levant ou de Barbarie ; en conséquence ledit secrétaire d'État enverra à l'ambassadeur, aux consuls et vice-consuls de toutes les Echelles, les noms et surnoms desdits prêtres ou religieux renvoyés, pour que l'ambassadeur et lesdits consuls et vice-consuls aient à les faire embarquer sur-le-champ, s'ils paraissaient dans leur Echelle.

139. — Les consuls et les vice-consuls feront tout ce qui dépendra d'eux pour entretenir la subordination des religieux envers leurs supérieurs.

140. — Défend Sa Majesté aux missionnaires français de faire en Levant et en Barbarie de nouvelles acquisitions, sans une permission expresse de sa part.

141. — Les religieux de Terre-Sainte faisant, dans certaines Echelles, le service des cures et des chapelles françaises, les supérieurs desdits religieux seront tenus d'employer à ce service des religieux français, lorsqu'ils en auront à leur disposition. Les consuls et vice-consuls rendront compte exactement, au secrétaire d'État de la négligence ou de la mauvaise volonté que lesdits supérieurs pourraient apporter à l'exécution du présent article.

DE LA PROTECTION ACCORDÉE AUX ÉTRANGERS.

144. — Les consuls et les vice-consuls faisant les fonctions de consuls, n'accorderont la protection du Roi qu'à ceux des sujets du Grand-Seigneur, qui seront employés pour l'utilité de la nation ; cette protection sera personnelle, et ne sera relative qu'aux affaires de la nation.

145. — Les consuls et les vice-consuls n'accorderont des lettres de protection qu'en conséquence des délibérations de la nation.

146. — Ceux pour lesquels on demandera des lettres de protection seront cautionnés par la nation en corps, ou par un négociant français, pour répondre de leur conduite et de leurs actions, et il en sera passé acte à la chancellerie.

DES CÉRÉMONIES PUBLIQUES.

147. — Lorsqu'un consul ou un vice-consul arrive dans l'Echelle où il doit résider, il fera prévenir de son arrivée l'officier chargé des affaires du consulat, pour qu'il fasse les démarches nécessaires, afin que ledit consul ou vice-consul soit reçu dans le pays suivant les usages.

148. — Toutes les fois qu'un consul, un vice-consul ou un élève vice-consul remplissant les fonctions de consul, sera dans le cas de

faire des visites de cérémonie aux puissances du pays, et de marcher avec le corps de la nation, toute la nation se rendra chez lui en habit décent pour l'accompagner. En partant de la maison consulaire, les drogmans le précéderont ; il sera suivi par les négociants, ayant à leur tête les députés ; après les négociants, marcheront les capitaines des bâtiments marchands et les commis, ensuite toutes les personnes attachées à la nation ; ce cortége le reconduira chez lui dans le même ordre.

149. — Pendant les visites, le même ordre de préséance sera observé, à l'exception des drogmans, qui viendront se placer sans distinction parmi les négociants ; si cependant leur ministère était nécessaire, ils prendraient la place la plus convenable pour remplir leurs fonctions.

150. — Lorsque le consul se trouvera dans des cérémonies publiques avec les commandants des bâtiments du Roi, l'élève vice-consul ne prendra aucun rang.

151. — Dans tous les cas où les consuls étrangers se trouveront assemblés avec le consul de France, l'élève vice-consul ne pourra également prétendre à aucun rang.

152. — Les jours de Pâques, Pentecôte, Assomption, Saint-Louis, la Toussaint et Noël, et dans les occasions de *Te Deum*, ou autres circonstances extraordinaires, le corps de la nation se rendra en habit décent chez le consul, vice-consul, où celui qui en remplira les fonctions, pour l'accompagner à l'église ou à la chapelle consulaire, et le reconduira après le service divin.

153. — Aucune personne du corps de la nation ne pourra se dispenser, sans motif valable, d'assister aux cérémonies publiques, conformément à la présente ordonnance, sous peine de trente livres d'amende applicables à la rédemption des captifs.

154. — Il n'y aura de place de distinction, dans l'église ou la chapelle consulaire, que pour le consul, le vice-consul, ou l'élève vice-consul lorsqu'il remplira les fonctions de consul ou de vice-consul.

155. — Dans les fêtes solennelles, les consuls et vice-consuls recevront l'eau bénite, l'Evangile à baiser, l'encens et le flambeau des mains des ministres de l'autel.

156. — Les consuls et vice-consuls pourront faire placer leurs femmes à côté d'eux, même sur leur prie-Dieu ; mais, dans aucun cas, elles ne recevront aucun honneur à l'église.

157. — En cas d'absence ou d'empêchement des consuls et vice-consuls, leurs femmes pourront prendre à l'église la même place qu'elles occuperaient si leurs maris étaient présents.

TITRE II. — DE LA RÉSIDENCE ET DU COMMERCE DES FRANÇAIS DANS LES ÉCHELLES DU LEVANT ET DE BARBARIE.

1. Sa Majesté fait très-expresses inhibitions et défenses à tous ses sujets, de passer dans les Echelles du Levant et de Barbarie sans avoir obtenu préalablement un passe-port, à peine d'être renvoyés en France,

et de cinq cents livres d'amende applicables à la rédemption des captifs.

2. — Défend, Sa Majesté, à tous capitaines, maîtres ou patrons de bâtiments français, de les recevoir à leur bord, qu'ils n'aient fait apparoir de leur passe-port, certificat ou permission, sous peine d'interdiction.

10. — Tout Français qui tenterait de se soustraire à l'autorité du Roi, en se mettant sous une protection étrangère, sera renvoyé en France : enjoint, Sa Majesté, à tous ses officiers employés en Levant et en Barbarie, de faire exécuter rigoureusement la présente disposition.

11. — Les étrangers vagabonds qui n'auront pas de consuls dans les Echelles, pourront être renvoyés par les consuls ou vice-consuls de Sa Majesté, aux frais de la nation, si leur séjour sur l'Echelle peut lui être préjudiciable.

12. — L'ambassadeur du Roi à Constantinople, les consuls et les vice-consuls rendront compte au secrétaire d'Etat des ordres qu'ils donneront pour renvoyer en France les sujets de Sa Majesté et les étrangers.

13. — Tout sujet du Roi renvoyé de quelque Echelle du Levant ou de Barbarie, par un ordre donné ou autorisé par le secrétaire d'Etat ne pourra plus être admis dans aucune autre Echelle.

DES IMMEUBLES.

26. — Défend Sa Majesté à ses sujets établis dans les échelles du Levant et de Barbarie, d'y acquérir aucun bien-fond et immeuble, *autre que les maisons, caves, magasins et autres propriétés pour leur logement, et pour leurs effets et marchandises*, sous peine d'être renvoyés en France. Ordonne Sa Majesté, sous les mêmes peines, à ceux de ses sujets qui auraient d'autres biens-fonds en Levant et en Barbarie, de s'en défaire dans l'espace de dix-huit mois.

27. — Leur permet néanmoins, Sa Majesté, en cas de mort ou à défaut de payement de leurs débiteurs sujets du Grand-Seigneur ou des princes de Barbarie, de faire vendre lesdits biens-fonds par autorité de justice, mais non de les garder en payement ou à hypothèque.

DES FERMES DU PAYS.

28. — Défend, Sa Majesté, à tous ses sujets de prendre des biens-fonds et autres objets à ferme, soit du Grand-Seigneur, soit des princes de Barbarie ou de leurs sujets, ni de faire des associations avec les fermiers, douaniers et autres, sous peine d'être renvoyés en France.

29. — Permet cependant, Sa Majesté, à ses sujets, de percevoir le revenu des biens-fonds et autres objets affermés à leurs débiteurs, et ce seulement en cas d'absolue nécessité. Enjoint, Sa Majesté, à son ambassadeur à Constantinople, aux consuls et aux vice-consuls des autres Échelles, de veiller particulièrement à ce qu'il n'y ait aucun abus à cet égard.

DES BATIMENTS DU PAYS.

30. Défend, Sa Majesté, à ses sujets établis en Levant et en Barbarie, et à tous ceux qui sont sous sa protection, d'avoir en propriété aucun vaisseau, saïque et autre bâtiment du pays, à peine contre les Français d'être renvoyés en France, et contre les protégés d'être privés de la protection.

31. — Défend pareillement Sa Majesté, aux consuls, vice-consuls et autres personnes chargées des affaires de la marine, d'expédier aucun certificat pour constater que les marchandises chargées sur les bâtiments du pays appartiennent aux sujets du Roi ou à ses protégés.

DE LA POLICE DANS LES ÉCHELLES.

32. — Défend, Sa Majesté, à ses sujets établis dans les Échelles du Levant et de Barbarie, d'avoir des lieux d'assemblée particulière sous le nom de *Cazin* ou autres, et de s'assembler sous quelque prétexte que ce soit, sans la permission de l'ambassadeur du Roi à Constantinople, et des consuls ou vice-consuls dans les autres Échelles.

33. — Défend, Sa Majesté, à tous ses sujets d'aller chez les puissances du pays, sans la permission de l'ambassadeur et des consuls ou vice-consuls.

34. — Défend également, Sa Majesté, à tous Français établis en Levant et en Barbarie, de jouer aux jeux de hasard, sous peine d'être renvoyés en France et d'être punis suivant les ordonnances. Enjoint, Sa Majesté, à son ambassadeur à Constantinople, aux consuls et aux vice-consuls des autres Echelles, d'informer le secrétaire d'Etat des contraventions commises à cet égard, soit à terre, soit à bord des bâtiments marchands français dans les rades et ports de leur département.

35. — Défend pareillement, Sa Majesté, à tous ses sujets qui se trouveront dans les Echelles du Levant et de Barbarie, de mettre dans les lettres qu'ils enverront en France ou en d'autres pays de chrétienté, pour être remises à leurs correspondants, lors de l'arrivée des bâtiments, ou envoyées à la poste, aucun échantillon de draps, étoffes, laine, coton, soie et autres objets susceptibles de communiquer la peste, sous peine d'être punis rigoureusement, suivant l'exigence des cas.

37. — Tous les événements, de quelque espèce qu'ils puissent être, comme avanies, emprunts demandés aux particuliers ou à la nation, sacs, incendies, révolutions, invasions, et généralement tous les autres cas et accidents imprévus qui pourront arriver dans les Echelles du Levant et de Barbarie, et tous les dommages, pertes, avances, dépenses et fournitures, seront entièrement à la charge des particuliers.

40. — Ordonne, Sa Majesté, à tous Français établis dans les Échelles du Levant et de Barbarie, et à tous capitaines, patrons, navigateurs et passagers, d'être réservés dans leur conduite, sous peine de punition exemplaire, contre ceux qui compromettraient la tranquillité de la nation et troubleraient l'ordre public.

DES ASSEMBLÉES NATIONALES.

41. — L'ambassadeur du Roi à Constantinople, les consuls et vice-consuls convoqueront l'assemblée de la nation de leur Echelle toutes les fois qu'ils le jugeront à propos pour le bien général et particulier. Dans les cas extraordinaires, il leur sera libre d'y appeler les capitaines et autres personnes qu'ils trouveront nécessaires.

42. — Les consuls et vice-consuls ne pourront jamais refuser de convoquer l'assemblée de la nation, quand ils en seront requis, et de signer les délibérations prises en leur présence, ils signeront également les lettres que la nation écrira en corps.

43. — Enjoint, Sa Majesté aux négociants et autres sujets du Roi de se rendre aux assemblées nationales où ils auront été appelés, sous peine de dix livres d'amende, applicables à la rédemption des captifs.

44. Les assemblées ordinaires seront composées des négociants établis dans les Echelles, et il n'y sera admis qu'un seul associé d'une maison.

45. — Les négociants qui auront fait faillite dans les Echelles, ne seront pas admis dans les assemblées.

46. — Le consuls et vice-consuls n'auront pas voix délibérative dans les assemblées de la nation. Sa Majesté les autorise seulement à rompre l'assemblée, lorsqu'ils s'apercevront qu'elle sera prête à prendre, malgré leurs observations, des délibérations contraires aux ordres du Roi, et ils en rendront compte au secrétaire d'Etat.

47. — Conformément à l'article 112 du titre 1er de la présente ordonnance, il sera tenu, par le chancelier de chaque Echelle, un registre coté et paraphé, dans lequel seront inscrits les procès-verbaux d'assemblées, lesquels procès-verbaux seront rédigés par le chancelier, et signés par tous ceux qui auront assisté à l'assemblée.

48. — Tous les sujets du Roi résidant en Levant et en Barbarie pourront adresser, en corps de nation ou en particulier, les plaintes qu'ils pourraient avoir à porter contre les consuls ou vice-consuls. Sa Majesté se réserve de punir sévèrement, sur le compte qui lui sera rendu, les consuls et vice-consuls qui auraient abusé de leur autorité, ou commis des injustices envers ses sujets; mais Sa Majesté ferait punir avec la plus grande rigueur ceux des susdits sujets qui auraient intenté calomnieusement et mal à propos de pareilles plaintes.

DES DÉPUTÉS DE LA NATION.

49. — Il sera procédé, au premier jour de décembre de chaque année, à l'élection des députés dans les Echelles du Levant et de Barbarie, lesquels entreront en fonction au 1er janvier suivant.

50. — Aucun négociant ne pourra être élu député, qu'il n'ait atteint l'âge de vingt-cinq ans, et qu'il n'ait résidé au moins deux ans dans les Echelles.

51. — Les négociants qui auront fait faillite dans les Echelles, ne pourront être élus députés, ni même assister à l'élection.

52. — L'élection des députés sera faite par scrutin dans une assemblée de la nation, tenue en présence de l'ambassadeur du Roi, et des consuls et vice-consuls.

53. — L'ambassadeur et les consuls ou vice-consuls ne pourront proposer aucun négociant pour être élu député, et laisseront la plus entière liberté à l'assemblée pour l'élection. Lorsqu'il y aura partage de voix entre deux ou plusieurs négociants, l'ambassadeur et les consuls ou vice-consuls décideront le partage en faveur de celui qu'ils jugeront le plus capable.

54. — Dans les Echelles où la nation sera composée de six établissements, il y aura toujours deux députés dont l'exercice durera deux années. Il n'en sera élu qu'un chaque année, de manière que le plus ancien sera premier député, et le second le remplacera en cette qualité l'année suivante, et ainsi successivement à chaque élection.

Dans les Echelles où la nation ne sera que de cinq négociants et au-dessous, il n'y aura qu'un député, qui sera remplacé tous les ans de la manière prescrite par les articles ci-dessus.

55. — En cas de mort ou de retour en France d'un député, pendant son exercice, il sera procédé incessamment à l'élection d'un sujet pour le remplacer.

56. — Aucun négociant ne pourra être de nouveau élu député que deux ans après être sorti d'exercice, à moins qu'il n'y eut pas sur l'Echelle d'autre sujet éligible.

57. — Lorsqu'un négociant se sera élu lui-même, ou se sera servi de voies illicites pour être élu député, il sera exclu pour toujours de la députation.

58. — Les députés seront chargés des affaires de la nation. Ils veilleront à l'intérêt du commerce. Ils pourront demander des assemblées lorsqu'ils le croiront nécessaire, et les consuls et vice-consuls conféreront avec eux sur tous les objets qui leur paraîtront respectivement intéresser la nation.

59. — Les députés informeront la chambre du commerce de Marseille des évènements qui pourront survenir dans les Echelles, et qui intéresseront le commerce et la navigation des sujets du Roi. Ils lui enverront tous les trois mois l'état du commerce d'entrée et de sortie de leur Echelle; et, à la fin de chaque année, l'état des dépôts faits en chancellerie.

DU DÉCÈS DES FRANÇAIS.

85. — En cas de décès d'un Français, le consul ou le vice-consul mettra le scellé sur ses meubles et effets, et ne souffrira pas que le scellé des officiers de la justice du pays y soit apposé.

86. — Il sera tenu de faire procéder incessamment à l'inventaire des biens et effets des Français qui seront décédés sans héritiers sur les lieux, dont il chargera le chancelier au bas de l'inventaire, en présence de deux principaux négociants qui le signeront.

87. — Si toutefois le défunt avait constitué, avant de mourir, un procureur pour recueillir ses effets, lesdits effets lui seront remis.

88. — Sera tenu, le consul ou le vice-consul, d'envoyer incessamment une copie de l'inventaire des biens du décédé au secrétaire d'Etat.

TITRE III. — DE LA NAVIGATION DES SUJETS DU ROI DANS LES ÉCHELLES DU LEVANT ET DE BARBARIE.

17. — Les consuls et vice-consuls auront la police sur les navires marchands, dans les ports et rades de leur département.

18. — Défend, Sa Majesté, à tous capitaines, maîtres, patrons, matelots et autres gens embarqués sur les bâtiments de ses sujets, naviguant dans les Echelles du Levant et de Barbarie, de se pourvoir, pour raison des différends qu'ils pourraient avoir dans lesdits pays, par-devant d'autres juges que les consuls et vice-consuls, *sauf auxdits consuls et vice-consuls d'agir en leur faveur, ou de leur permettre d'agir par-devant qui (t ainsi qu'il appartiendra, dans les cas où ils ne pourraient pas leur rendre justice eux-mêmes.*

19. — Défend, Sa Majesté, à tous capitaines, maîtres ou patrons français, étant dans les Echelles du Levant et de Barbarie, de laisser descendre leurs matelots à terre, sans la permission des consuls et vice-consuls et sans nécessité ; et, en ce cas, ils les feront surveiller par leurs offíciers.

20. — Défend pareillement, Sa Majesté, de laisser descendre à terre aucun mousse, sans le mettre sous la garde d'un officier ou d'un matelot de confiance, à peine de trois cents livres d'amende, applicables à la caisse des invalides de la marine.

21. — Défend, Sa Majesté, à tous navigateurs français, d'aller dans les auberges ou tavernes du pays, sous peine d'être punis suivant l'exigence des cas.

22. — Sa Majesté interdit à tous Français de tenir taverne dans les Echelles du Levant et de Barbarie ; elle autorise seulement les consuls et vice-consuls à permettre l'établissement d'une auberge nationale, pour les gens de mer, passagers, voyageurs ou autres sujets de Sa Majesté, dans les lieux où elle sera jugée absolument nécessaire. N'entend Sa Majesté que l'établissement d'aucune auberge nationale, dans les Echelles, puisse servir de prétexte à des abus qu'elle punirait avec la plus grande sévérité.

23. — Les auberges nationales seront toujours placées le plus à portée qu'il sera possible du logement des consuls ou vice-consuls auxquels Sa Majesté ordonne de surveiller ces établissements avec exactitude et rigidité, et d'y exercer la police la plus sévère.

24. — Défend Sa Majesté aux personnes qui tiendront lesdites auberges, d'admettre les gens du pays et les matelots étrangers.

25. — Toutes les avanies et dépenses occasionnées par les gens de mer, soit à terre, soit à bord, demeureront à la charge des capitaines, maîtres ou patrons, solidairement avec les armateurs des bâtiments.

29. — Les capitaines, maîtres ou patrons, qui laisseront dans les Echelles des gens de mer qui auront été débarqués malades, seront tenus de pourvoir aux frais des maladies contractées pendant le voyage, et à la dépense nécessaire pour mettre lesdits gens de mer en état de se conduire chez eux, ou pour fournir, en cas de mort, aux frais de leur enterrement. Ils déposeront pour cet effet, en la chancellerie, une somme suffisante, ou donneront une caution solvable, qui fera sa soumission, en chancellerie, de satisfaire auxdites charges.

31. — Ordonne, Sa Majesté, à tous capitaines, maîtres et patrons de bâtiments français, qui se trouveront dans les Echelles du Levant et de Barbarie, de recevoir à leur bord, lorsqu'ils seront prêts à faire leur retour en France, tous les passagers français dont l'embarquement sera ordonné par son ambassadeur à Constantinople, et par les consuls ou vice-consuls dans les autres Echelles.

36. — Veut Sa Majesté que si quelqu'un, à l'insu des capitaines, maîtres ou patrons, se trouvait ou se jetait à leur bord, ils soient tenus, sous peine de quinze cents livres d'amende applicables à la caisse des invalides de la marine, d'en aviser le commissaire des classes à leur arrivée en France, ou le consul de France à leur arrivée en pays de chrétienté, et de les consigner auxdits commissaire ou consul, après la quarantaine, afin qu'ils en disposent conformément aux ordres qu'ils demanderont au secrétaire d'Etat ayant le département de la marine. Veut encore, Sa Majesté, que, dans le cas où le bâtiment aborderait dans une Echelle du Levant ou de Barbarie, celui qui se trouverait embarqué à l'insu et sans la participation des capitaines, maîtres ou patrons, soit remis au consul ou vice-consul du lieu, qui, après s'en être assuré, en avisera le consul ou vice-consul du lieu de l'évasion, et fera embarquer le fugitif sur le premier bâtiment qui partira pour France.

38. — Les capitaines, maîtres ou patrons des bâtiments français naviguant dans les Echelles du Levant et de Barbarie, qui se noliseront aux gens du pays, seront tenus de passer leur contrat de nolissement en chancellerie, et d'en faire faire une copie en langue turque ou arabe, pour être remise entre les mains des nolisataires.

45. — Les capitaines, maîtres ou patrons, qui seront dans le cas de donner de l'argent aux gens de leur équipage, pour acheter des hardes ou pour tout autre besoin urgent, dans les Echelles du Levant et de Barbarie, ne pourront le faire qu'avec le consentement et la permission de l'ambassadeur du Roi à Constantinople, et des consuls et vice-consuls des autres Echelles, et ne pourront évaluer la monnaie du pays avec laquelle ils feront ces payements, qu'au prix du change fixé dans chaque Echelle pour toutes les opérations d'administration.

TITRE IV.— DE LA RELÂCHE DES BATIMENTS DU ROI DANS LES ÉCHELLES DU LEVANT ET DE BARBARIE.

17. — Dans les cas où les commandants des bâtiments du Roi prendront audience des princes de Barbarie, ils seront présentés par les chargés des affaires de Sa Majesté.

19. — Les consuls ou vice-consuls informeront les commandants des bâtiments du Roi de tout ce qui leur paraîtra intéressant pour le service

de Sa Majesté, et pour la sûreté de la navigation de ses sujets, afin que les commandants puissent faire tout ce qui dépendra d'eux pour l'avantage du service et du commerce, autant que la mission dont ils seront chargés le permettra.

25. — Sa Majesté attribue aux commandants de ses bâtiments la police dans les rades, sur tous les bâtiments marchands qui ne seront pas dans le cas des exceptions énoncées par les articles suivants ; mais ils ne permettront aux équipages desdits bâtiments d'aller à terre qu'autant qu'ils seront assurés, par les avis qu'ils auront des consuls ou vice-consuls, qu'il ne saurait en résulter d'inconvénient pour la tranquillité des Echelles.

26. — Pendant le séjour des bâtiments du Roi dans les Echelles, les consuls et vice-consuls ne conserveront la police que sur les bâtiments marchands qui seront dans les ports.

27. — Dans les Echelles où il n'y a pas de port, les consuls ou vice-consuls conserveront également la police sur les bâtiments marchands mouillés dans les rades, à portée des douanes, faisant leur chargement ou leur déchargement.

N° 3.

Instruction générale du 8 août 1814, pour les consuls de France en pays étrangers (1).

Pour que les Consuls puissent apporter, dans l'exercice de leurs fonctions, un esprit qui y soit approprié, il faut qu'ils aient une idée précise de la nature de leur mission et des attributions de leur charge.

Les Consuls n'ont point, comme les Ambassadeurs et autres Ministres publics un caractère représentatif qui les place sous le droit des gens ; ce sont des agents politiques, mais seulement en ce sens qu'ils sont reconnus par le souverain qui les reçoit comme officiers du souverain qui les envoie, et que leur mandat a pour principe soit des traités positifs soit l'usage commun des nations ou le droit public en général.

Les attributions de la charge des Consuls participent nécessairement de la nature de leur mission. Elles ne sont pas, comme celles des Ambassadeurs, définies par le droit des gens ; par conséquent, elles peuvent être étendues et limitées, dans les différents Etats, ou par les traités, ou selon les maximes de la législation de ceux de ces Etats avec lesquels nous n'avons pas de traité relativement à l'exercice des fonctions Consulaires. Ainsi, quoique les Consuls soient investis par leur nomination de toute l'autorité que les ordonnances ont attachée à

-----

(1) V. Guide pratique des Consulats, livre Ier.

cette charge, cependant, comme ils ont à la remplir sur un territoire étranger, et en vertu d'un acte émané du souverain territorial, l'exercice de cette autorité peut être plus ou moins restreint.

Là où les attributions des Consuls sont déterminées par des traités, ils doivent en jouir selon les stipulations desdits traités. Dans les États où nous n'avons point de ces sortes de conventions, les Consuls peuvent prétendre aux attributions Consulaires telles qu'elles sont établies par le droit commun de l'Europe et telles que la France les accorde aux Consuls étrangers sur son territoire.

Voici quelles sont ces attributions :

1° Ils ont le droit de juridiction, en matière civile, sur les négociants et autres nationaux, ainsi que sur les capitaines et matelots des bâtiments de commerce.

2° Ils ont le droit de police et d'inspection sur les gens de mer, et peuvent, en demandant l'assistance des autorités du pays, faire arrêter, quand le cas échoit, les capitaines et matelots, faire séquestrer les bâtiments de commerce français à moins que les gens du pays y soient intéressés.

3° Ils reçoivent les nolissements des capitaines, leurs déclarations et consulats, et font régler les avaries par les experts.

4° Ils procèdent aux inventaires des Français décédés, au sauvetage des bâtiments nationaux naufragés.

5° Ils peuvent établir des agents sur les points où il sera jugé nécessaire au bien du service.

6° Ils reçoivent tous les actes de leurs nationaux, délivrent les certificats de vie et légalisent les actes faits par les autorités du pays.

7° Ils jouissent de l'immunité personnelle, excepté dans le cas de crime atroce, et sans préjudice des actions qui seraient intentées contre eux pour les faits de commerce.

8° Ils sont exempts des charges royales et municipales quand ils ne possèdent pas de biens-fonds.

Si les autorités des lieux où résident les Consuls mettent obstacle à ce qu'ils jouissent des attributions qui auraient été accordées par les traités, ou qui auraient été réclamées par eux, comme fondées sur l'usage ou sur une sage réciprocité, ils en référeront à l'Ambassadeur, ou autre Ministre du Roi près le souverain du pays, et en rendront compte au Ministre Secrétaire d'État des Affaires Étrangères.

L'Edit du Roi, du mois de Juin 1778, portant règlement sur les fonctions judiciaires et de police des Consuls de France en pays étranger, l'ordonnance du 3 Mars 1781 et l'instruction donnée par le Roi, le 6 Mai de la même année, concernant les Consulats dans les échelles du Levant et de Barbarie, pays où cette institution est plus développée que partout ailleurs, contiennent toutes les dispositions propres à régler l'exercice des fonctions Consulaires.

Ces ordonnances et instructions doivent être observées par les Consuls employés en Levant et dans les États d'Afrique, sauf les modifications que le temps et les circonstances ont rendues indispensables ; elles doivent également servir de règle à tous les autres Consuls de

France en Chrétienté, sauf ces mêmes modifications et celles qui résultent du degré d'étendue laissé à leurs attributions, dans chacun de ces pays.

Il n'entre pas dans le plan de cette *Instruction générale* de spécifier les modifications dont est susceptible l'application de l'Edit de 1778, et de l'ordonnance de 1781, pour les différents cas et les différents lieux ; il y sera pourvu par des directions particulières, que donnera, à cet effet, le Ministre Secrétaire d'Etat des Affaires Etrangères, mais Sa Majesté veut que les Consuls trouvent dans la présente instruction un exposé des principes et des règles générales d'après lesquels ils devront se guider dans les diverses relations, auxquelles donne lieu l'exercice de leur charge.

Relations des Consuls avec les Autorités Étrangères. — Un des premiers devoirs des Consuls est le respect pour l'autorité du souverain dans les Etats duquel ils résident, ils doivent s'abstenir de l'exercice public de leurs fonctions, jusqu'à ce qu'ils aient reçu les lettres d'exequatur par lesquelles ils sont reconnus en leur qualité et admis à l'exercice des fonctions de leur charge. Ces lettres sont sollicitées auprès du souverain par le Ministre public du Roi, qui les adresse au Consul ; celui-ci en requiert l'exécution auprès de la principale autorité de la province qui forme son département.

Le but de l'institution des Consulats est de faire jouir notre commerce extérieur et notre navigation de la protection du Roi : les Consuls interviennent, à cet effet, auprès des autorités Etrangères.

Ils défendent auprès d'elles leurs nationaux lorsqu'on viole, à leur égard, soit la justice naturelle, soit les traités ; lorsqu'on s'écarte à leur détriment, soit des dispositions, soit des formes établies par les lois du pays, dans le cas où ils sont sujets à ces lois.

Ils réclament en faveur de nos négociants et de nos navigateurs, les droits et avantages qui ont été stipulés par les traités, et veillent à ce que ces stipulations ne soient pas éludées.

Ils sollicitent pour eux toutes les facilités qui, n'étant point accordées par les traités, peuvent être données, sans porter atteinte aux lois et aux intérêts du pays.

Ils pourvoient à ce que les affaires qui intéressent nos nationaux, et dont la décision appartient aux autorités étrangères, soient expédiées avec promptitude et conformément à la justice.

Ils s'appliquent à écarter tous les obstacles qui peuvent nuire au progrès de notre commerce en général et gêner les opérations particulières des négociants, surtout dans les rapports qu'ils ont avec les douanes.

Ils adresssent officiellement leurs représentations aux autorités compétentes sur ces divers objets, mais ils doivent toujours parler le langage de la modération ; les discussions portées au-delà des justes bornes sont plus nuisibles qu'utiles au succès des affaires. Lorsque leurs représentations n'auront pas été accueillies, les Consuls en informeront les Ministres du Roi, et en rendront compte au Ministre Secrétaire d'Etat des Affaires Etrangères. Au surplus c'est surtout par leur considération personnelle, par une conduite mesurée, et par un esprit conciliant, que les Consuls parviendront à aplanir les difficultés. Le Commerce est dans l'intérêt de tous les pays, de tous les hommes; et c'est pour des raisons tirées de cet intérêt, plutôt que par des exigences et des débats, qu'ils chercheront à obtenir pour nos nationaux les avantages dont il est à désirer de les faire jouir.

Tant dans leurs rapports avec les autorités que dans leurs rapports privés, les Consuls doivent toujours s'exprimer avec la plus grande circonspection; ils éviteront dans leurs discours et dans leur conduite, tout ce qui pourrait faire supposer des vues différentes des intentions pacifiques et bienveillantes de la France envers tous les autres Etats.

Relations des Consuls avec les Nationaux. — Les Consuls sont chargés de défendre les intérêts de leurs nationaux auprès des autorités étrangères, et il leur est recommandé d'apporter le plus grand zèle dans cette partie de leurs fonctions; cependant ils doivent se souvenir qu'ils ne sont pas agents du Commerce, mais agents politiques et magistrats. Leurs relations envers nos nationaux doivent s'établir sur ce pied.

Non-seulement ils ne déféreront pas aux demandes des négociants et navigateurs, qui auraient pour objet des choses contraires aux lois du pays ou à nos ordonnances et règlements, mais ils réprimeront avec soin de tels écarts et ils interdiront aux nationaux toute opération, toute démarche qui serait évidemment contraire à nos intérêts politiques et commerciaux.

Dans les pays où les Consuls ne peuvent exercer les fonctions de police, qui leur sont conférées par l'Edit de 1778 et par l'ordonnance de 1781, ils doivent suppléer à cette action par des avertissements et, s'ils n'en obtiennent pas l'effet désiré, il en sera rendu compte au Ministre Secrétaire d'Etat des Affaires Etrangères; ils lui feront connaître également ceux qui, en recourant aux tribunaux du pays, dans le cas où ils ne sont pas autorisés à le faire, se rendraient coupables de désobéissance et passibles de peines prononcées, pour ce cas, par l'art. 2 de l'Edit de 1778, qui recevra à cet égard sa pleine et entière exécution.

Plus est grande l'autorité confiée aux Consuls, plus ils doivent apporter de sagesse et de modération dans l'exercice de cette autorité. Les sujets français placés sous la protection d'un Consul, forment une famille dont il est le chef, et c'est surtout comme chef de famille qu'il doit s'attirer le respect et l'obéissance qui lui sont dus comme magistrat.

La disposition de nos ordonnances, qui défend aux consuls de prendre aucune part au commerce sous peine de révocation, sera rigoureusement observée. Aucun intérêt ne doit balancer dans un consul l'intérêt qu'il doit à ses nationaux et ceux-ci seront d'autant plus disposés au respect et à l'obéissance qu'ils n'apercevront aucun motif qui contrarie la justice et l'impartialité qu'ils ont droit d'attendre de leur Consul.

Relations des Consuls avec les autorités françaises. — Les Consuls ayant à exercer toute l'autorité que le gouvernement conserve sur les nationaux en pays étranger, leurs fonctions se rattachent à presque toutes les branches de l'administration générale de l'État; il résulterait de là qu'à raison de ces fonctions diverses, ils se trouveraient en rapport avec les divers départements ministériels; ainsi ils relèveraient de la chancellerie de France, comme juges, magistrats de police et officiers ministériels; des départements de l'intérieur et des finances, pour l'exécution de nos lois et règlements relatifs au commerce en général, aux fabriques et aux douanes; du département de la Marine pour la police de la navigation et le service des relâches des bâtiments de la Marine. Mais la plus éminente de leurs fonctions est de protéger le commerce extérieur auprès des autorités étrangères et de concourir à sa prospérité. Presque toutes leurs autres fonctions ne leur ont été attribuées que dans cette vue, et d'ailleurs ils ne peuvent exercer celles-ci qu'au moyen de nos relations politiques et avec l'assistance des Ministres publics du Roi près les souverains étrangers.

Relations avec le Ministre secrétaire d'État des Affaires Étrangères. — C'est par ces considérations que les consuls sont placés sous la direction du Ministre Secrétaire d'État des Affaires Etrangères, et il leur est recommandé de s'y maintenir exactement. La plus légère déviation de cette règle menacerait de graves inconvénients et notre politique et notre commerce extérieur dont les intérêts ni la direction ne peuvent être séparés. Ils rendront donc compte au Ministre des Affaires Etrangères de toutes leurs opérations, ne se permettront aucune démarche, aucune entreprise, aucune correspondance qui sortiraient de leurs attributions ordinaires, s'ils n'y ont été autorisés par ce Ministre; ils n'adresseront qu'à lui les informations que leur position les aura mis à même d'obtenir, concernant nos intérêts politiques et commerciaux; et dans la manière de recueillir et de transmettre ces informations, ils s'abstiendront avec soin de tout ce qui pourrait inquiéter sur les intentions du gouvernement Français; l'esprit de paix et de conciliation qui l'anime doit se manifester dans tous les actes, dans tous les discours de ses agents extérieurs.

L'article 14 du titre 1er de l'ordonnance de 1781 charge les consuls de rédiger des mémoires dans lesquels ils ont à développer les moyens qui leur paraissent les plus propres à procurer à notre Commerce et à notre Navigation les avantages et l'extension dont ils sont susceptibles; de ces travaux doit résulter la démonstration de nos intérêts commerciaux relativement à chaque puissance, et le gouvernement doit y trouver une partie des éléments des traités de commerce et même des autres actes de la politique, auxquels l'intérêt du Commerce et de l'industrie du Royaume ne peut être étranger. Il est donc expressément recommandé aux Consuls de se livrer aux recherches et aux études convenables pour se mettre en état de fournir au Ministre des Affaires Etrangères, ces documents avec l'exactitude et le degré de perfection que demande l'importance de leur objet.

Relations avec les Ministres du Roi en pays étrangers. — Les Consuls correspondront avec les Ministres du Roi en pays étranger dans les cas précédemment indiqués par la présente instruction; et ils sont également autorisés à le faire lorsqu'il se présentera des conjonctures extraordinaires et urgentes qui ne leur permettraient pas d'attendre les ordres de Sa Majesté. Ils se conformeront exactement aux directions provisoires qu'ils en recevront.

Relations avec le Ministre de la Marine. — Les Consuls correspondront directement avec le Ministre Secrétaire d'État de la Marine, et se dirigeront d'après ses instructions, en ce qui concerne la police de la navigation, les sauvetages, l'administration des prises (en temps de guerre), le service des bâtiments de l'État en relâche et les approvisionnements généraux dont ils pourraient être chargés. Ils rendront un compte sommaire au Ministre des Affaires Étrangères de leurs opérations relatives à ces objets. et ils lui présenteront, à la fin de chaque trimestre, leur état de situation en comptabilité à l'égard du Département de la Marine.

Les Consuls pourront encore correspondre avec les commandants des vaisseaux et des flottes du Roi, avec les Préfets maritimes sur les objets qui intéressent le service de la Marine, et avec les Préfets des Départements frontières, pour donner des avis convenables en ce qui concerne la salubrité publique, et, dans des circonstances extraordinaires, la sûreté de l'État.

Relations des consuls entre eux. — Les Consulats sont distribués en Établissements Consulaires répartis dans chacun des États politiques avec lesquels nous avons des relations de Commerce. Un Consul général ou un Consul, est placé à la tête de l'Établissement qui se subdivise en Agences particulières confiées, selon leur importance, à des Consuls ou à des Vice-Consuls. En Levant, vu l'organisation particulière de ce pays, l'Ambassadeur est le chef de l'administration Consulaire, et les Consuls généraux qui y sont employés se trouvent, à son égard, dans les rapports où sont, ailleurs, les autres agents à l'égard du Consul Général.

Le bon ordre et l'intérêt du service demandent qu'une exacte subordination soit maintenue entre les agents des différents grades ; mais cette subordination doit être réglée d'une manière analogue à la nature de l'office des Consuls. Tout Consul préposé à une agence, quelque soit son grade, correspond directement avec le Ministre des Affaires Étrangères et est soumis à sa direction ; comme il est seul accrédité auprès des autorités de la résidence, lui seul peut faire, auprès de ces autorités, les démarches nécessaires pour la protection du Commerce. Dans leurs fonctions judiciaires et dans celles relatives à l'État civil, les Consuls sont indépendants, parce qu'ils ont tous le même degré de juridiction.

Il en est de même des fonctions de police envers les nationaux, navigateurs ou autres, parce que la même autorité est remise à chacun d'eux, la partie administrative dont ils sont chargés, relativement à la Marine du Roi, ne comporte pas non plus une marche graduée, et chaque agent doit correspondre, sans intermédiaire, avec le Département de la Marine, à moins qu'un ordre différent n'ait été prescrit.

Les Consuls Généraux ou Consuls, placés à la tête des Établissements, n'ont donc pas à diriger les agents compris dans leurs arrondissements, relativement à ces divers objets ; mais comme chargés de la surveillance générale, ils doivent leur donner tous les avis qu'ils croient utiles au bien du service.

Lesdits Consuls généraux et Consuls exercent une inspection plus caractérisée sur les points qui se rapportent au régime intérieur de l'administration Consulaire. Ils doivent s'assurer que les dispositions des ordonnances et règlements qui s'y rapportent sont fidèlement observées ; ils feront connaître tous les abus qui parviendraient à leur connaissance.

A la fin de chaque année le Consul général ou Consul rédigera un rapport sur la situation des diverses agences formant l'Etablissement dont il est le Chef. Il y comprendra toutes les personnes employées, à quelque titre que ce soit, dans ces agences, et fera connaître l'opinion qu'il aura été à même de se former sur chacune d'elles. Ce rapport sera adressé au Ministre Secrétaire d'Etat des Affaires Etrangères, qui en rendra compte à Sa Majesté.

Dans les Affaires qui exigeront un recours à l'autorité du gouvernement du pays et qui devront, par conséquent, être traitées par le Ministre du Roi en résidence près le souverain, les Consuls et Vice-Consuls emploieront toujours l'intervention du Consul Général ou du Consul, chef de l'Etablissement, qui en référera audit Ministre, en lui présentant les observations dont l'affaire sera susceptible. Les Consuls et Vice-Consuls ne sont pas toutefois dispensés d'en rendre compte au Ministre Secrétaire d'Etat des Affaires Etrangères.

Les agents des Consulats et autres délégués ne seront établis et nommés que sur la proposition qui en sera faite au Ministre Secrétaire d'Etat des Affaires Etrangères, par le chef de l'Etablissement Consulaire.

Comme la rédaction des documents commerciaux recommandée plus haut aux Consuls, exige que toutes les notions recueillies sur les divers points de l'Etat politique qui est l'objet de leurs recherches, soient réunies, comparées et combinées, les Consuls et Vice Consuls adresseront leurs travaux particuliers au chef d'Etablissement Consulaire ; celui-ci, après en avoir vérifié l'exactitude par tous les moyens possibles, formera un mémoire général conformément aux vues et à la méthode qui lui auront été indiquées. Il est recommandé aux Consuls et Vice-Consuls de satisfaire avec empressement aux directions qui leur seront données sur cet objet par le chef d'Etablissement Consulaire. Ils adresseront copie de leurs travaux particuliers au Ministre Secrétaire d'Etat, afin qu'il puisse en apprécier le mérite.

Il est interdit aux Consuls de publier, sous quelque forme que ce soit, les résultats des informations qu'ils sont chargés de prendre sur nos intérêts politiques et commerciaux.

Le Vice-Consul, employé dans une résidence faisant partie du Département d'un Consul, lui est subordonné, comme celui-ci au Consul Général.

Un Vice-Consul placé près d'un Consul Général ou d'un Consul, est entièrement sous la direction de son chef.

Les Consuls Généraux, Consuls et Vice-Consuls en résidence doivent maintenir les drogmans dans la subordination que prescrivent les ordonnances et le bien du service, mais ils doivent aussi user envers eux des égards dus à des Officiers du Roi.

Les Consuls quelque soit leur grade et le Département où ils sont employés, pourront se donner réciproquement les informations qu'ils jugeront avoir quelqu'intérêt pour le service du Roi dans leurs résidences respectives ; ils observeront, d'ailleurs, dans cette correspondance, la circonspection qu'on a déjà eu occasion de leur prescrire.

(Signé), Le Prince DE BÉNÉVENT.

N° 4.

Instructions particulières du 8 août 1814, sur quelques objets faisant partie des fonctions consulaires.

Actes de l'Etat civil. — L'art. 48 du Code civil porte : que tout acte de l'Etat civil des Français en pays étranger sera valable, s'il a été reçu conformément aux lois Françaises par les Agents diplomatiques ou par les Consuls.

Cette disposition, en déléguant les fonctions de l'Etat civil aux agents extérieurs, leur impose un devoir d'autant plus important, que les premiers intérêts des familles reposent sur la régularité avec laquelle ce ministère sera rempli.

Les art. 40, 41, 43, 63, 166, 167 et 168 du Code sont les seuls qui aient paru pouvoir donner lieu à quelque difficulté ; et afin de prévenir, à cet égard, toute incertitude de la part des agents extérieurs, voici les règles auxquelles ils se conformeront :

1° En conséquence de l'art. 40, les actes de l'Etat civil seront inscrits sur un registre tenu double.

2° (Art. 41). Les agents diplomatiques et les Consuls coteront eux-mêmes par première et dernière et parapheront chaque feuille de ce double registre.

3° (Art. 43). Ces registres seront clos et arrêtés par eux à la fin de chaque année. L'un des doubles restera dans la Chancellerie de la Légation ou du Consulat, l'autre sera adressé au Ministère des Affaires Etrangères pour y être déposé.

MM. les Agents diplomatiques adresseront en outre, au Ministère des Affaires Etrangères, une expédition des actes qu'ils auront reçus, pour être transmise à l'officier de l'Etat civil du domicile de chaque partie ; ils se conformeront à cet égard à ce qui est prescrit par le chapitre v du titre II du Ier Livre du Code.

4° (Art. 63, 166, 167 et 168). Toutes les formalités prescrites par ces articles sont obligatoires pour les Français qui se marient en pays étranger. Ils doivent en conséquence rapporter le consentement de leurs parents et faire faire les publications dans leur dernier domicile en *France*, ou dans celui des ascendants dans les cas spécifiés aux articles 167 et 168 du Code civil.

Règle pour la tenue de la correspondance. — Toutes les dépêches des Agents consulaires seront exactement numérotées suivant l'ordre naturel des nombres, en sorte que l'on puisse vérifier si leur correspondance parvient avec régularité, et leur indiquer celles de leurs dépêches qui n'auraient pas été reçues.

Ils ouvriront une série particulière de numéros pour toutes les dépêches relatives à des objets de dépenses et de comptabilité.

Décès des Français. — Il est expressément recommandé aux Agents consulaires d'informer le Ministre secrétaire d'Etat des Affaires Etrangères de la mort des sujets Français, qui viendront à décéder dans le pays de leur résidence, et ils auront soin d'envoyer une copie de l'inventaire de leurs biens, ainsi qu'il est prescrit par l'art. 88 de l'ordonnance du 3 mars 1781.

Dépôts de Chancellerie. — Ils se conformeront, avec la même exactitude, aux dispositions de l'art. 132 de la même ordonnance en ce qui concerne l'envoi, à la fin de chaque année, d'un état des dépôts qui existaient à la fin de l'année précédente dans leurs Chancelleries, et de ceux qui auraient été faits dans le courant de l'année, en indiquant l'espèce et la date de chaque dépôt, ainsi que le nom de la personne par qui il aura été fait. Les articles qui auraient été retirés, vendus ou envoyés à une destination quelconque seront émargés de notes contenant les renseignements circonstanciés et la mention des pièces justificatives. Quant aux dépôts d'une certaine importance, qui seraient remis dans le cours de l'année, il en sera extraordinairement donné connaissance au Ministre Secrétaire d'Etat des Affaires Etrangères.

Passe-ports. — Les passe-ports qui seront délivrés par les Agents Consulaires, ou présentés à leur visa, devront contenir le signalement très-exact de l'individu porteur du passe-port et ils auront soin de ne pas omettre cette disposition qui, toutefois, ne s'applique pas aux personnes connues et distinguées, soit par leur rang, soit par leur état.

Certificats de vie. — Les certificats de vie pour les rentiers viagers et pensionnaires de l'Etat seront délivrés en pays étranger par les agents consulaires, qui doivent se conformer, à cet égard, aux dispositions de l'ordonnance du Roi, ainsi qu'au modèle de certificat ci-joint.

Certificats d'origine. — Quant aux certificats d'origine, qui avaient pour unique objet de constater que les marchandises importées de l'étranger ne provenaient ni des fabriques, ni du commerce de l'Angleterre, il n'en doit plus, dans aucun cas, être délivré.

Archives et papiers de la chancellerie. — Les Chancelleries consulaires, pouvant être considérées comme de véritables greffes, tous les actes originaux ou du moins tous les registres d'ordre et de comptabilité doivent y être scrupuleusement conservés, afin que l'on puisse dans tous les temps vérifier les opérations quelle qu'en soit l'époque. Les

Agents consulaires veilleront donc à ce qu'aucune des pièces existantes dans leurs Chancelleries n'en soit enlevée, et ils n'en doivent eux-mêmes déplacer aucune.

(Signé), Le Prince DE BÉNÉVENT.

N° 5.

Ordonnance du 31 juillet 1825, sur le drogmanat (1).

Art. 1er. — Les places de Secrétaires Interprètes du Roi pour les langues orientales sont fixées à quatre.

Un de ces officiers sera attaché à notre ambassade à Constantinople, les trois autres résideront à Paris, et l'un de ceux-ci portera le titre de premier secrétaire du Roi.

2. — Ils seront choisis parmi les drogmans du Levant et de Barbarie, et nommés par nous, sur la présentation de notre Ministre Secrétaire d'État au Département des affaires Étrangères.

3. — Nous nous réservons d'accorder le titre de Secrétaire Interprète du Roi, avec une augmentation annuelle de traitement de quinze cents francs, à chacun des deux drogmans qui se seront le plus distingués dans leur emploi.

Ce titre de Secrétaire Interprète du Roi, et cette augmentation de traitement ne pourront être accordés qu'aux drogmans en activité.

4. — Le nombre et la résidence des drogmans seront fixés par des ordonnances spéciales, suivant les besoins du service.

5. — Les drogmans seront nommés par nous parmi les élèves des langues orientales de Constantinople sur la présentation de notre Ministre des Affaires Étrangères.

6. — Les élèves des langues orientales de Constantinople seront nommés par arrêté de notre Ministre des affaires Étrangères parmi les élèves de l'école de Paris.

7. — Les élèves de l'École des langues orientales de Paris y seront admis par arrêté de notre Ministre des affaires Étrangères, et choisis principalement parmi les fils et petits-fils, ou, à défaut de ceux-ci parmi les neveux des Secrétaires Interprètes du Roi et des drogmans. Ils ne pourront être admis que depuis l'âge de huit ans, jusqu'à l'âge de douze ans.

8. — Les élèves des écoles de Constantinople et de Paris pourront cesser d'en faire partie et être rendus à leur famille par arrêté spécial du Ministre des Affaires Étrangères, pour cause d'inaptitude ou d'inconduite.

9. — Le nombre total des Élèves en langues orientales, répartis suivant leur degré d'instruction dans les deux Écoles de Constantinople et de Paris, n'excédera pas celui de douze.

(1) V. Guide pratique des Consulats, p 46 à 51.

10. — Les dépenses relatives à l'entretien des deux Ecoles de Paris et de Constantinople seront supportées par le budget des affaires Etrangères, et notre Ministre secrétaire d'Etat dans ce département fera les règlements convenables à ce sujet.

11. — Ceux des articles 76 à 105 de l'ordonnance du 3 mars 1781 auxquels il n'est pas dérogé par la présente, ou qui n'ont pas été modifiés par des ordonnances antérieures, continueront de recevoir leur exécution.

12. — Notre Ministre Secrétaire d'Etat des affaires Etrangères est chargé de l'exécution de la présente ordonnance.

N° 6.

Circulaire des Affaires Etrangères, du 30 septembre 1826, sur les actes de l'état civil (1).

Monsieur, la France a établi un mode qui lui est particulier de constater l'état civil, et l'on ne peut disconvenir qu'elle ne soit supérieure à tous les autres peuples sous le rapport de cette partie importante de la législation et de l'administration publique.

Dans toutes les Mairies, non-seulement des grandes villes, mais des plus petites communes, on trouve ces mêmes actes rédigés avec précision, avec exactitude et d'une manière uniforme. S'il en est ainsi, à plus forte raison, les Agents diplomatiques et les Consuls qui, dans le cas dont il s'agit, remplissent les fonctions de l'Etat civil, doivent ils veiller à ce qu'il soit apporté au moins les mêmes soins, la même clarté dans la rédaction des actes reçus dans leurs Chancelleries.

Je me suis fait représenter les registres de l'Etat civil des Français en pays étranger, et j'ai remarqué sur un assez grand nombre des irrégularités plus ou moins graves que je désire ne plus voir se reproduire, et qui m'ont déterminé à renouveler d'anciennes instructions données à ce sujet par mes prédécesseurs.

Tous les actes sont recueillis dans l'un de mes bureaux, ils y sont classés, répertoriés et mis dans un ordre propre à faciliter les recherches ; mais les lacunes nombreuses qui existent, mettent souvent dans l'impossibilité de satisfaire aux réclamations qui me sont adressées. De là cette nécessité de remonter à la source pour se procurer des actes qui devraient être dans ce même bureau ; de là cette multiplicité de demandes, et cette correspondance aussi fastidieuse que coûteuse pour mon département.

---

(1) V. Guide pratique des Consulats, p. 579.

Pour ce qui est de la rédaction des actes, j'ai pensé que de simples instructions seraient peut-être insuffisantes pour arriver au but que je me propose, et que je l'atteindrais plus sûrement en vous envoyant des modèles que vous trouverez ci-joints au nombre de huit (1). J'ai cherché à réunir dans ces modèles d'actes de naissance, de mariage et de décès, d'adoption et de reconnaissance d'enfants naturels, tous les cas prévus par le Code civil. Vous voudrez donc bien, Monsieur, les adopter et les faire servir de types aux actes qui désormais seront adressés à votre Chancellerie.

L'art. 77 du Code exige que l'officier de l'Etat civil s'assure par lui-même du décès d'un individu avant de rédiger l'acte qui doit le constater; mais cette assurance peut s'acquérir par le ministère d'un homme de l'art, sauf à lui allouer, s'il est nécessaire, une rétribution modérée.

S'il arrive que vous ne puissiez pas recueillir les renseignements nécessaires pour remplir certaine formalité, vous devrez en faire mention à l'endroit où cette formalité se trouve indiquée. Vous veillerez à ce que les noms des personnes soient très-lisiblement écrits, de même que les noms de lieux, et que ceux-ci soient toujours accompagnés de l'indication du département où ils se trouvent.

Le mode de rédaction ainsi déterminé, je vous recommanderai de m'adresser très-exactement le double de vos registres de naissances, mariages et décès, etc., au commencement de chaque année, ou de me prévenir, par une simple lettre d'avis, quand vous n'aurez pas eu occasion d'en délivrer.

Je vous recommanderai également de m'adresser une expédition de chacun des actes au fur et à mesure que vous les aurez reçus, pour que la transcription, sur les registres de l'Etat civil, ait lieu dans le plus court délai et que le vœu de la loi puisse être rempli.

Les actes sur les deux registres doivent être inscrits de suite et sans aucun blanc ; les renvois et les ratures doivent être approuvés et signés de la même manière que le corps de l'acte, et jamais on ne doit se permettre ni d'en préparer aucun en blanc, ni d'y insérer aucune clause, note ou énonciation autres que celles contenues aux déclarations qui seront faites. J'ajouterai que la plus grande régularité doit avoir lieu dans la rédaction des actes de l'Etat civil, et je vous recommanderai de la manière la plus expresse de n'y apporter aucun changement ultérieur, quels que soient les renseignements qui vous parviendraient par la suite, le droit de rectification n'appartenant qu'à l'autorité judiciaire.

Telles sont les formalités sur lesquelles j'ai cru devoir appeler plus particulièrement votre attention. Je me plais à penser que vous apprécierez toute l'importance de votre ministère comme officier de l'Etat civil, et que vous apporterez tous vos soins à la rédaction d'actes qui intéressent un si grand nombre de familles.

Je vous serai obligé de m'accuser réception de cette circulaire.

_____

(1) V. ces modèles dans le tome I du Formulaire.

N° 7.

Ordonnance du 18 août 1833, sur la conservation des archives (1).

ART. 1er. Les traités et conventions entre la France et les puissances étrangères, les correspondances, tant officielles que confidentielles, entre le Département des affaires étrangères et ses agents, les rapports, mémoires et autres documents par eux adressés ou reçus, en leur qualité officielle, sont la propriété de l'Etat.

2. Il sera tenu au Ministère des affaires étrangères et dans chaque résidence politique ou consulaire, un registre exact de toutes les pièces ci-dessus désignées, qui seront écrites ou reçues.

3. La nature et le contenu desdites pièces y seront sommairement énoncés ; il y sera fait mention de leur date, de leur lieu de départ, de leur numéro d'envoi et de réception.

4. Tout Ministre des affaires étrangères, tout agent politique ou consulaire, à l'expiration de ses fonctions, fera remise, soit à son successeur, soit à la personne chargée de gérer provisoirement son poste, de toutes lesdites pièces confiées à sa garde ou reçues par lui durant le cours de sa gestion, aussi bien que des minutes de toutes celles qu'il aura écrites.

5. Cette remise s'opérera au moyen d'une vérification contradictoire constatant que les pièces conservées dans les cartons du Ministère, de l'Ambassade, de la Légation ou du Consulat, sont au même nombre et dans le même ordre que les pièces enregistrées.

6. Il en sera dressé procès-verbal (2), que signeront le fonctionnaire sortant et son successeur, ou la personne gérant le poste par intérim.

7. Il sera fait mention au procès-verbal de la déclaration du fonctionnaire sortant qu'il ne garde aucun original des pièces ci-dessus énoncées, et, dans le cas où il en aurait fait prendre des copies, qu'il s'engage à n'en rien publier, ni laisser publier sans l'autorisation préalable du Gouvernement.

8. La minute de ce procès-verbal restera déposée aux archives du Ministère, de l'Ambassade, de la Légation ou du Consulat dans lequel il sera dressé.

9. Une copie régulière en sera donnée comme décharge au fonctionnaire sortant. Une autre copie sera transmise au Ministre lorsqu'il s'agira d'une vérification faite dans une résidence politique ou consulaire.

10. Les Agents chargés de missions extraordinaires et temporaires, déposeront aux archives du Ministère, lors de leur retour, toutes les pièces relatives à leur mission, en remplissant les formalités ci-dessus prescrites.

Notre Ministre Secrétaire d'Etat au Département des affaires étrangères est chargé de l'exécution de la présente ordonnance.

---

(1) V. Guide pratique des Consulats, p. 37.
(2) V. le modèle de ce procès-verbal au tome I du Formulaire.

N° 8.

Ordonnance du 20 août 1833, sur le personnel des consulats (1).

TITRE Ier. — DES CONSULS DE TOUT GRADE.

ART. 1er. Le corps des Consuls se compose de Consuls généraux, de Consuls de première et de seconde classe, et d'élèves-consuls.

Ils sont nommés par nous, sur la présentation de notre Ministre secrétaire d'Etat des affaires étrangères.

2. Les postes consulaires sont également divisés en Consulats généraux et Consulats de première et de seconde classe.

Des ordonnances spéciales régleront cette classification conformément aux besoins du service.

3. Le Consul général surveille et dirige, dans les limites de ses instructions, soit générales, soit spéciales, les Consuls établis dans l'arrondissement dont il est le chef.

Tous relèvent de lui au même degré, sans distinction de grade.

4. Dans les Etats où nous ne jugerons pas à propos d'établir un Consulat général, les attributions en seront réunies à celles de notre mission diplomatique.

5. Les Consuls généraux sont choisis parmi les Consuls de première classe, ceux-ci parmi les Consuls de seconde classe, et ces derniers parmi les élèves-consuls.

6. Les élèves devront avoir servi cinq ans au moins dans leur grade pour pouvoir passer à celui de Consul de seconde classe.

7. Les employés de la direction commerciale du Département des affaires étrangères concourront aux emplois consulaires à l'étranger, savoir : les sous-directeurs, aux Consulats généraux ; les rédacteurs, aux Consulats de première classe; les uns et les autres après cinq ans de services dans leur grade respectif ; et les autres employés, aux Consulats de seconde classe, après dix ans de services.

8. En cas de vacance d'un Consulat général par décès, maladie ou départ du titulaire, ou pour toute autre cause imprévue, l'officier le plus élevé en grade de la résidence remplira provisoirement le poste jusqu'à décision de notre Ministre des affaires étrangères.

En cas de vacance d'un Consulat pour les mêmes causes, il sera procédé provisoirement, comme il est dit ci-dessus, jusqu'à ce que le Consul général y ait pourvu de la manière qu'il jugera la plus conforme au bien du service.

9. Les fixations actuellement établies par les ordonnances pour les traitements d'inactivité et de retraite des vice-Consuls, et autres allocations attribuées à leur grade, s'appliqueront aux Consuls de seconde classe.

(1) V. Guide pratique des Consulats, livre II, p. 27.

TITRE II. — DES ÉLÈVES-CONSULS.

10. Le nombre des élèves-consuls est fixé à quinze.

11. Les élèves-consuls seront choisis de préférence parmi les fils et petits-fils des Consuls qui compteront vingt années de services au moins dans le Département des affaires étrangères.

Toutefois, chaque Consul ne sera admis à présenter au concours qu'un de ses fils ou petits-fils.

12. Les candidats aux places d'élèves-consuls devront être âgés de vingt ans au moins et de vingt-cinq ans au plus, être licenciés en droit, et satisfaire en outre aux conditions d'instruction qui seront déterminées dans un règlement soumis à notre approbation.

Les mêmes conditions d'âge et d'instruction seront exigées pour l'admission à un emploi rétribué dans la direction commerciale du Ministère des affaires étrangères.

13. Les élèves-consuls seront attachés aux Consulats généraux ou Consulats que désignera notre Ministre des affaires étrangères.

14. Ils sont placés sous l'autorité et la direction immédiate du Consul général ou Consul près duquel ils résident.

15. Tout acte d'inconduite tel que l'on puisse en inférer qu'un élève ne possède pas les qualités morales que demande l'emploi de Consul entraînera sa révocation.

TITRE III. — DES CHANCELIERS.

16. Il sera placé des Chanceliers, nommés et brevetés par nous, dans les postes consulaires où nous le jugerons utile.

17. Des Chanceliers seront également placés, quand l'intérêt du service l'exigera, près de nos missions diplomatiques qui réunissent à leurs attributions celles du Consulat général.

Nous nous réservons, lorsqu'il y aura lieu, de conférer à ces derniers, par brevets signés de nous, le titre honorifique de Consul de seconde classe.

18. Les officiers désignés dans les deux articles précédents devront être Français, et âgés de vingt-cinq ans accomplis.

Ils ne pourront être parents du chef de la mission diplomatique ou du Consul sous lequel ils sont placés, jusqu'au degré de cousin germain exclusivement.

19. Dans nos Consulats du Levant, les Chanceliers seront choisis par les Consuls parmi les drogmans ou interprètes de leur échelle, sans toutefois que le service de chancelier les dispense de celui de drogman.

20. Dans les postes consulaires où il n'aura pas été pourvu par nous à la nomination d'un Chancelier, le titulaire du poste est autorisé à commettre à l'exercice de sa Chancellerie, sous sa responsabilité, la personne qu'il en jugera le plus capable, à la charge par lui de la faire agréer par notre Ministre des affaires étrangères.

21. Les Chanceliers prêteront entre les mains de leur chef le serment de remplir avec fidélité les obligations de leur emploi.

22. Les Chanceliers ne seront pas admis à concourir aux emplois de la carrière des Consulats.

TITRE IV. — DES SECRÉTAIRES-INTERPRÈTES DU ROI POUR LES LANGUES ORIENTALES, ET DES DROGMANS.

23. Les secrétaires-interprètes et les drogmans seront nommés par nous, sur la présentation de notre Ministre secrétaire d'Etat des affaires étrangères.

24. Les places de secrétaires-interprètes du Roi pour les langues orientales sont fixées à trois, et l'un de ces officiers portera le titre de premier secrétaire-interprète du Roi.

Ils seront choisis parmi les drogmans du Levant et de Barbarie.

25. Nous nous réservons d'accorder le titre de secrétaire-interprète du Roi, avec l'augmentation de traitement qui s'y trouve attachée, à chacun des deux drogmans qui se seront le plus distingués dans leur emploi, et après dix années au moins de services effectifs dans les échelles.

Ce titre de secrétaire-interprète du Roi, et cette augmentation de traitement, ne pourront être accordés ni conservés qu'aux drogmans en activité.

26. Le nombre et la résidence des drogmans seront fixés par des ordonnances spéciales, suivant les besoins du service.

27. Les drogmans seront choisis parmi les élèves-drogmans employés en Levant.

28. Les élèves-drogmans seront nommés, par arrêté de notre Ministre secrétaire d'Etat des affaires étrangères, parmi les élèves de l'Ecole des langues orientales à Paris, dite *des Jeunes de langues.*

29. Les jeunes de langues seront nommés par arrêté de notre Ministre secrétaire d'Etat des affaires étrangères, et choisis principalement parmi les fils et petits-fils, ou, à défaut de ceux-ci, parmi les neveux des secrétaires-interprètes du Roi et des drogmans. Ils ne pourront être admis que depuis l'âge de huit ans jusqu'à l'âge de douze ans.

30. Les élèves-drogmans et les jeunes de langues pourront être révoqués ou rendus à leur famille, par arrêté spécial de notre Ministre secrétaire d'Etat au Département des affaires étrangères, pour cause d'inconduite ou d'inaptitude.

31. Le nombre total des élèves-drogmans employés en Levant, et des jeunes de langues entretenus à Paris, n'excédera pas celui de douze.

32. Il est interdit aux drogmans de visiter les autorités du pays sans les ordres ou la permission de l'Ambassadeur ou des Consuls.

33. Il leur est également interdit de prêter leur ministère dans les affaires des particuliers sans en avoir été requis par eux, et sans y être autorisé par l'Ambassadeur ou les Consuls.

TITRE V. — DISPOSITIONS GÉNÉRALES.

34. Défenses sont faites aux Consuls généraux, Consuls, élèves-consuls et drogmans, ainsi qu'aux Chanceliers nommés par nous, de faire

aucun commerce, soit directement, soit indirectement, sous peine de révocation.

35. Tout agent ci-dessus dénommé qui aura quitté son poste sans autorisation ou sans motif légitime sera considéré comme démissionnaire.

36. Celui qui se sera marié sans notre agrément encourra la révocation.

37. La même peine sera applicable aux élèves-consuls, drogmans on Chanceliers nommés par nous, qui se seraient rendus coupables d'insubordination à l'égard de leurs chefs.

38. Les congés seront accordés :

Aux Consuls généraux, Consuls et élèves-consuls, par notre Ministre secrétaire d'Etat des affaires étrangères ;

Aux drogmans employés en Levant par notre Ambassadeur à Constantinople, sur la proposition de leur chef.

Aux autres drogmans et aux Chanceliers, par le Consul dont ils dépendent, sous sa responsabilité, et à la charge par lui d'en faire connaître les motifs à notre Ministre des affaires étrangères.

TITRE VI. — DES AGENTS CONSULAIRES ET VICE-CONSULS.

39. Nos Consuls sont autorisés à nommer des délégués dans les lieux de leur arrondissement où ils le jugeront utile au bien du service. Toutefois ils ne pourront établir aucune agence, ni délivrer des brevets d'agent ou de vice-Consul, sans en avoir reçu l'autorisation spéciale de notre Ministre des affaires étrangères.

40. Ils choisiront, autant que possible, ces délégués parmi les Français notables établis dans le pays de leur résidence, et, à leur défaut, parmi les négociants ou habitants les plus recommandables du lieu.

41. Ces délégués porteront le titre d'*agents consulaires*.

Le titre de *vice-Consul* pourra leur être conféré lorsque l'importance du lieu, leur position sociale, ou quelque autre motif pris dans l'intérêt du service paraîtra l'exiger.

42. Les brevets d'agent et ceux de vice-Consul sont délivrés par les Consuls, d'après le modèle qui sera déterminé par notre Ministre des affaires étrangères.

43. Les agents et vice-Consuls agissent sous la responsabilité du Consul qui les nomme.

44. Les fonctions des agents et vice-Consuls ne donnent lieu à aucun traitement, et ne confèrent aucun droit à concourir aux emplois de la carrière des Consulats.

45. Les agents consulaires et vice-Consuls ne pourront accepter le titre d'agent d'aucune autre puissance, à moins que le Consul dont ils relèvent n'en ait obtenu pour eux l'autorisation de notre Ministre des affaires étrangères.

46. Il est défendu aux agents consulaires et vice-Consuls de nommer des sous-agents et de déléguer leurs pouvoirs sous quelque titre que ce soit.

47. Nos Consuls sont autorisés à suspendre leurs agents ou vice-Consuls; mais ceux-ci ne peuvent être révoqués qu'avec l'autorisation de notre Ministre des affaires étrangères.

TITRE VII. — DU COSTUME.

48. Le costume des Consuls et autres officiers consulaires sera déterminé par notre Ministre des affaires étrangères, dans un règlement soumis à notre approbation.

49. Notre Ministre secrétaire d'Etat au Département des affaires étrangères est chargé de l'exécution de la présente ordonnance.

N° 9.

Ordonnance du 23 août 1833, sur les recettes et les dépenses des chancelleries consulaires (1).

TITRE Ier. — COMPTABILITÉ DES CHANCELLERIES.

ART. 1er. Les recettes des Chancelleries consulaires se composent du produit des droits fixés par les tarifs existants, ou par ceux que nous approuverons ultérieurement, sur la proposition de notre Ministre secrétaire d'Etat des affaires étrangères.

Ces tarifs doivent être constamment affichés dans les Chancelleries.

2. Nos Consuls veilleront à ce qu'il ne soit pas perçu, dans leurs Chancelleries et dans leurs Agences, des droits plus forts que ceux que déterminent les tarifs.

Dans les cas où quelques actes y seraient omis, les Chanceliers seront tenus de les faire gratuitement, sauf à présenter à notre Ministre des affaires étrangères, par l'intermédiaire des Consuls, leurs observations sur la convenance d'une rectification ou d'une addition au tarif.

3. Les perceptions seront faites et les dépenses acquittées par le Chancelier exclusivement, sous la surveillance et le contrôle du Consul. Le Chancelier est seul comptable.

4. Lorsque les Chanceliers seront chargés de la gestion des Consulats, ils délégueront un commis qui les remplacera sous leur responsabilité personnelle.

5. Les recettes des Chancelleries sont affectées,

1° A l'acquittement des frais des Chancelleries ;

2° A l'allocation des remises proportionnelles aux Chanceliers, suivant le taux qui sera déterminé par nous dans une ordonnance spéciale ;

3° A la formation d'un fonds commun dont nous fixerons l'emploi dans la même ordonnance.

---

(1) V. Guide pratique des Consulats, p. 72, 87 et 178.

6. Les frais de Chancellerie seront réglés annuellement et à l'avance pour chaque poste, par notre Ministre des affaires étrangères, sur un rapport du Chancelier adressé au Consul, et transmis par ce dernier avec ses observations.

7. Les Chanceliers sont autorisés à prélever sur les fonds existant en caisse ;

1º Les dépenses de la Chancellerie, d'après le taux auquel notre Ministre des affaires étrangères les aura fixées pour chaque année ;

2º Leurs émoluments de chaque mois, suivant les proportions qui auront été déterminées.

Toutefois, si le service des Chancelleries venait à exiger quelques dépenses d'une nature imprévue et urgente, au delà du taux auquel notre Ministre des affaires étrangères les aura réglées, nos Consuls pourront, sous leur responsabilité, et sauf à en rendre compte immédiatement, autoriser provisoirement les Chanceliers à en prélever également le montant sur les fonds existant en caisse.

8. Nos Consuls donneront aux excédants restant en caisse, à la fin de chaque année, après les prélèvements autorisés par l'article précédent, la destination qui leur sera indiquée par notre Ministre des affaires étrangères ; et, en attendant ses instructions, ils les conserveront avec les formes prescrites pour les dépôts faits en Chancellerie.

9. En cas de changement des titulaires des Chancelleries, pour quelque cause que ce soit, le compte des recettes et dépenses des Chancelleries sera arrêté au jour de la cessation des fonctions. Les émoluments prélevés par le dernier titulaire, conformément à l'art. 7, lui demeureront acquis, et, d'un autre côté, il ne pourra réclamer aucun rappel sur les recettes ultérieures.

10. Les Chanceliers tiendront un registre de recettes conforme au modèle qui leur sera adressé par notre Ministre des affaires étrangères. Ce registre sera coté et paraphé par le Consul, et chaque perception y sera inscrite par ordre de date et de numéro, avec l'indication du paragraphe de l'article du tarif qui l'autorise et l'énoncé sommaire de l'acte qui y aura donné lieu, et des noms et qualités des requérants.

Il sera également fait mention, sur les minutes et sur chaque expédition des actes, du montant du droit acquitté, du paragraphe de l'article du tarif qui l'autorise, ainsi que du numéro sous lequel la perception aura été inscrite sur le registre.

Lorsque les actes auront été délivrés gratis, mention devra en être faite sur les actes.

11. Les Chanceliers inscriront leurs dépenses de toute nature, au fur et à mesure qu'elles seront faites, sur un registre spécial, également coté et paraphé par le Consul, et qui sera tenu par articles de dépenses.

12. Les registres de recettes et de dépenses seront arrêtés tous les trois mois, et clos à la fin de chaque année par les Consuls.

13. Les agents des Consulats percevront, pour les actes qu'ils sont autorisés à délivrer ou à viser, les droits indiqués par le tarif des Consulats dont ils dépendent. Un extrait de ce tarif, comprenant les actes

de leur compétence, et certifié conforme par le Consul, devra être constamment affiché dans leur bureau.

Ils se conformeront aux dispositions de l'article 10 pour l'inscription de leurs recettes sur un registre spécial, et pour la mention du payement des droits sur les actes qui y auront donné lieu.

14. Les agents des Consulats conserveront, tant pour leurs frais de bureau que pour leurs honoraires, la totalité des droits qu'ils auront perçus.

15. Ils devront envoyer, à la fin de chaque mois, au Consul dont ils relèvent, une copie certifiée par eux de leur registre de perception, ainsi qu'une déclaration de la retenue qu'ils auront faite de leurs recettes en vertu de l'article précédent.

16. Au commencement de chaque trimestre, les Chanceliers dresseront, dans la forme qui sera déterminée par notre Ministre des affaires étrangères, des états présentant la récapitulation des recettes et dépenses effectuées dans leurs Chancelleries et dans les agences dépendant du Consulat pendant le trimestre précédent. Ces états seront accompagnés des pièces justificatives des dépenses, et certifiés par les Consuls, qui les feront parvenir à notre Ministre des affaires étrangères.

17. Les Chanceliers établis près celles de nos missions diplomatiques qui réunissent à leurs fonctions celles du Consulat général, se conformeront aux obligations prescrites par la présente ordonnance aux autres Chanceliers, et les états qu'ils rédigeront seront certifiés et adressés à notre Ministre des affaires étrangères, par les chefs de nos missions diplomatiques sous les ordres desquels ils sont placés.

TITRE II. — COMPTABILITÉ CENTRALE DES CHANCELLERIES.

18. Notre Ministre des affaires étrangères fera vérifier et contrôler les bordereaux trimestriels qu'aux termes de l'art. 16 les Chanceliers doivent lui adresser, appuyés de pièces justificatives. Les redressements dont ils auront été susceptibles seront immédiatement opérés, et il en sera donné avis aux Chanceliers, afin qu'ils y conforment la minute des bordereaux restée entre leurs mains.

Les résultats des bordereaux, après avoir été rectifiés, s'il y a lieu, seront inscrits sur deux registres présentant, l'un le développement PAR TRIMESTRE des recettes et des dépenses effectuées par tous les postes consulaires ; l'autre le même développement PAR CHANCELLERIE, pour chacun des trimestres de l'année.

19. Les Chanceliers seront représentés, auprès de la Cour des comptes, par un agent spécial que désignera notre Ministre des affaires étrangères.

Dans les derniers mois de chaque année, cet agent spécial récapitulera en un seul bordereau les quatre bordereaux trimestriels adressés par chaque Chancelier pour l'année précédente, et y joindra les pièces justificatives de dépenses qui auront été déterminées par notre Ministre des affaires étrangères. Il formera ensuite de tous ces bordereaux annuels un compte général, qui sera soumis au jugement de la Cour des comptes avec les pièces à l'appui.

L'arrêt à rendre sur ce compte général sera collectif, mais les charges et injonctions y seront rattachées à la gestion du Chancelier qu'elles concernent.

L'agent spécial du Ministère des affaires étrangères demeure chargé de satisfaire aux dispositions de l'arrêt, et de les notifier à chacun des Chanceliers.

20. Les résultats du compte produit à la Cour des comptes, en conformité de l'article précédent, seront publiés comme annexe à la suite du compte que notre Ministre des affaires étrangères doit rendre à chaque session des Chambres.

21. Ces différentes mesures de comptabilité recevront leur exécution à partir du 1er janvier 1834.

Les recettes et les dépenses des Chancelleries seront désormais énoncées POUR ORDRE dans le budget général de l'Etat.

22. Notre Ministre secrétaire d'Etat au Département des affaires étrangères est chargé de l'exécution de la présente ordonnance.

N° 10.

[*Ordonnance du 24 août 1833, sur les remises accordées aux* *Chanceliers* (1).

Art. 1er. Les remises accordées par l'art. 5 de notre ordonnance du 23 de ce mois, aux Chanceliers de Consulats sur les perceptions faites par eux, après prélèvement des dépenses nécessaires à l'entretien des Chancelleries, seront annuellement :

1° De la totalité des droits que percevra le Chancelier jusqu'à concurrence d'une somme égale au cinquième du traitement du Consul sous les ordres duquel il est placé ;

2° De 50 centimes par franc sur les premiers 1,000 francs qui excéderont ce cinquième, de 45 centimes sur les seconds, de 40 centimes sur les troisièmes, et ainsi de suite, d'après la même proportion décroissante, de manière qu'elles ne seront plus que de 4 centimes par franc sur les dixièmes 1,000 francs.

Ce taux une fois atteint, les remises continueront d'être uniformément de 5 centimes par franc.

2. Lorsque les recettes seront entièrement absorbées par les frais, ou lorsque, après l'acquittement des frais, les remises fixées par l'article précédent ne se seront pas élevées, dans le courant de l'année, à 2,000 fr. au moins pour les Chanceliers nommés par nous, et à 1,000 fr. pour les Chanceliers nommés par nos Consuls, cette somme de 2,000 francs ou de 1,000 francs sera faite ou complétée à leur profit, en vertu de décisions de notre Ministre des affaires étrangères, sur le fonds commun créé par l'art. 5 de notre ordonnance du 23 de ce mois.

------

(1) V. Guide pratique des Consulats, p. 92.

3. Les sommes restées disponibles sur le fonds commun après les payements indiqués dans l'article précédent seront versées au Trésor.

4. Dans le cours de chaque année, notre Ministre des affaires étrangères présentera à notre approbation un état de l'emploi qui aura été fait du fonds commun pendant l'année précédente.

5. La disposition contenue dans l'article 2 de la présente ordonnance ne sera applicable ni aux drogmans qui remplissent les fonctions de Chanceliers dans les Consulats du Levant et de Barbarie, ni aux Chanceliers institués par nous près de nos missions diplomatiques qui réunissent à leurs fonctions celles du Consulat général ; mais les uns et les autres auront droit aux remises proportionnelles ci-dessus réglées, sauf que la première sera pour eux de la totalité des droits qu'ils percevront jusqu'à concurrence d'une somme égale à la moitié du traitement qui leur est accordé sur les fonds du Département des affaires étrangères.

6. Les dispositions qui précèdent seront mises à exécution à partir du 1er janvier 1834.

7. Dans les résidences où il n'existe pas de Chanceliers institués par nous, nos Consuls devront, immédiatement après la réception de la présente ordonnance, solliciter pour leurs Chanceliers l'agrément de notre Ministre des affaires étrangères.

8. Notre Ministre secrétaire d'État au Département des affaires étrangères est chargé de l'exécution de la présente ordonnance.

N° 11.

Ordonnance du 23 octobre 1833, sur l'intervention des consuls relativement aux actes de l'état civil des Français en pays étranger (1).

Art. 1er. Nos Consuls se conformeront, pour la réception et la rédaction des actes de l'état civil des Français, qu'ils sont autorisés à recevoir par l'article 48 du Code civil, aux règles prescrites par ce Code et par les lois sur cette matière.

2. Ces actes, sans distinction, seront tous inscrits de suite et sans aucun blanc, par ordre de date, sur un ou plusieurs registres tenus doubles, qui seront cotés par première et dernière, et paraphés sur toutes les pages par le Consul. Une expédition en sera en même temps dressée et immédiatement transmise à notre Ministre des affaires étrangères.

3. Les expéditions des actes de l'état civil, faites par les Chanceliers et visées par les Consuls, feront la même foi que celles qui sont délivrées en France par les dépositaires de l'état civil.

(1) V. Guide pratique des Consulats, p. 579, et Circulaire ministérielle du 30 septembre 1826, ci-dessus, p. 42.

4. Les Consuls se feront remettre, par les capitaines des bâtiments qui aborderont dans le port de leur résidence, deux expéditions des actes de naissance ou de décès qui auraient été rédigés pendant le cours de leur navigation, et ils se conformeront, dans ce cas, aux articles 60 et 87 du Code civil.

5. Lorsque, dans le cas prévu par le précédent article, les Consuls recevront le dépôt d'un acte de naissance ou de décès survenu pendant une traversée, ils auront soin, dans leur procès-verbal, de constater, à telles fins que de droit, les différentes irrégularités qu'ils y auront remarquées.

6. Si les Consuls découvrent, soit par le rapport, soit par l'interrogatoire des gens de l'équipage, ou par tout autre moyen, qu'un capitaine a négligé de dresser des actes de naissance ou de décès arrivés pendant la traversée, ils en rédigeront procès-verbal, dont expédition sera envoyée au Ministre de la marine, pour être pris, à l'égard du contrevenant, telles mesures qu'il appartiendra.

Ils recueilleront aussi les renseignements qui pourraient servir à constater ces naissances ou décès, feront signer le procès-verbal par les témoins qui leur auront révélé les faits, et l'adresseront au Ministre des affaires étrangères, pour que les avis nécessaires soient donnés, par ses soins, aux personnes intéressées.

7. Aucun acte de l'état civil reçu dans les Consulats ne pourra, sous prétexte d'omissions, d'erreurs ou de lacunes, être rectifié que d'après un jugement émané des tribunaux compétents. De même, lorsque, par une cause quelconque, des actes n'auront pas été portés sur les registres, le Consul ne pourra y suppléer, sauf également à être statué ce que de droit par les tribunaux compétents. Toutefois les Consuls recueilleront avec soin, et transmettront au Ministre des affaires étrangères, soit au moyen d'actes de notoriété, soit de toute autre manière, les renseignements qui pourraient être utiles pour rectifier les actes dressés dans leurs Consulats, ou pour y suppléer.

8. Les jugements de rectification des actes de l'état civil seront inscrits sur les registres courants, par les Consuls, aussitôt qu'ils leur seront parvenus, et mention en sera faite en marge de l'acte rectifié.

Notre Ministre secrétaire d'État des affaires étrangères tiendra la main à ce que la mention de la rectification soit faite d'une manière uniforme sur les deux registres tenus en double, et, s'il y a lieu, sur les registres de l'état civil de la commune française où une expédition de l'acte aura été transcrite.

9. Le 1er janvier de chaque année, les Consuls arrêteront, par procès-verbal, les doubles registres des actes de l'état civil de l'année précédente. L'un de ces doubles restera déposé à la Chancellerie, et l'autre sera expédié, dans le mois si faire se peut, à notre Ministre des affaires étrangères.

Si les Consuls n'ont rédigé aucun acte, ils en dresseront certificat qu'ils transmettront de même à ce Ministre.

10. Lorsque l'envoi sera fait par voie de mer, le Consul consignera les registres entre les mains du capitaine; il fera mention du dépôt

sur le rôle d'équipage, et procès-verbal en sera dressé en Chancellerie.

11. Lorsque les envois devront avoir lieu par la voie de terre, les Consuls prendront les précautions qui leur seront spécialement indiquées, suivant les lieux et les circonstances, par notre Ministre secrétaire d'État des affaires étrangères.

12. Notre Ministre des affaires étrangères chargera un ou plusieurs commissaires de dresser des procès-verbaux de vérification des registres de l'état civil déposés à ses archives, et, en cas de contravention, il prendra contre le Consul qui l'aura commise telle mesure qu'il appartiendra.

13. En cas d'accident qui aurait détruit les registres, le Consul en dressera procès-verbal, et il l'enverra à notre Ministre des affaires étrangères, dont il attendra les instructions sur les moyens à prendre pour réparer cette perte.

14. Les publications et affiches de mariage prescrites par le Code civil seront faites dans le lieu le plus apparent de la Chancellerie du Consulat.

Les publications seront transcrites à leur date sur un registre coté et paraphé, comme il est dit dans l'article 2 de la présente ordonnance.

Les Consuls se conformeront, à cet égard, aux règles prescrites par le Code civil.

15. Aucun Consul ne pourra célébrer un mariage entre Français, s'il ne lui a été justifié des publications faites dans le lieu de sa résidence, en outre de publications faites en France, lorsque les deux futurs, ou l'un d'eux, ne seront pas résidants et immatriculés depuis six mois dans le Consulat, ou si les parents, sous la puissance desquels l'une ou l'autre des parties se trouverait relativement au mariage, ont leur domicile en France.

16. Les procurations, consentements et autres pièces qui doivent demeurer annexées aux actes de l'état civil, après y avoir été énoncées, seront paraphées par la personne qui les aura produites et par le Consul, pour rester déposées en la Chancellerie du Consulat.

17. Nous autorisons nos Consuls à dispenser, pour des cas graves dont nous confions l'appréciation à leur prudence, de la seconde publication, lorsqu'il n'y aura pas eu d'opposition à la première, ou qu'une mainlevée leur aura été représentée.

18. Nous autorisons également nos Consuls généraux résidant dans les pays situés au delà de l'Océan Atlantique, à accorder des dispenses d'âge en notre nom, à la charge de rendre compte immédiatement à notre Ministre des affaires étrangères des motifs qui les auront portés à accorder ces dispenses.

Les mêmes pouvoirs pourront être conférés, par ordonnance spéciale, aux Consuls de première et de seconde classe résidant au delà de l'Océan Atlantique, lorsque nous le jugerons nécessaire.

19. Notre Ministre secrétaire d'Etat au Département des affaires étrangères est chargé de l'exécution de la présente ordonnance.

N° 12.

Ordonnance du 24 octobre 1833, sur les dépôts faits dans les chancelleries consulaires (1).

Art. 1er. Toutes les sommes d'argent, valeurs, marchandises ou effets mobiliers qui seront déposés en Chancellerie conformément aux lois et ordonnances, seront consignés par nos Consuls à leurs Chanceliers qui en demeureront comptables sous leur contrôle et surveillance.

2. Les Chanceliers de nos Consulats pourront, après en avoir préalablement obtenu l'autorisation de nos Consuls, recevoir le dépôt d'objets litigieux, ainsi que de tous autres effets mobiliers, sur la demande qui leur en sera faite par leurs nationaux ou dans leur intérêt.

3. Tout dépôt, ou retrait de dépôt en Chancellerie, devra être constaté dans un acte dressé par le Chancelier, en présence du Consul, sur un registre spécial, coté et paraphé par ce dernier.

4. Un lieu de la maison consulaire fermant à deux clefs différentes, l'une desquelles demeurera entre les mains du Consul et l'autre entre celles du Chancelier, sera spécialement affecté à la garde des marchanses ou effets déposés.

5. Les sommes d'argent, matières précieuses ou valeurs négociables, seront gardées dans une caisse placée dans la *maison consulaire* après avoir été préalablement renfermées dans des sacs ou enveloppes sur lesquels seront apposés les cachets du Consul et du Chancelier, et qui porteront des étiquettes indiquant les noms des propriétaires, et, suivant les cas, la nature des objets, ou l'espèce et le montant des monnaies ou valeurs déposées.

Cette caisse sera également fermée à deux clefs différentes, dont l'une restera entre les mains du Consul et l'autre entre celles du Chancelier.

6. Le Consul pourra ordonner la vente aux enchères des marchandises ou effets volontairement déposés, lorsqu'il se sera écoulé deux ans sans qu'ils aient été retirés ; il pourra même ordonner la vente avant ce terme, lorsqu'un procès-verbal d'experts déclarera qu'elle est nécessaire pour prévenir la perte de ces effets ou marchandises par détérioration ou autre cause ; cette double faculté laissée aux Consuls devra, en conséquence, être énoncée dans les actes de dépôts. Le produit de la vente sera versé dans la caisse des dépôts en Chancellerie avec les formalités prescrites par l'art. 5.

7. Tout Consul lorsque les intéressés se trouveront en France et qu'il n'existera aucune opposition entre ses mains, devra transmettre immédiatement à la caisse des dépôts et consignations établie à Paris, par l'intermédiaire du Ministre des affaires étrangères et dans les formes

_____

(1) V. Guide pratique des Consulats, p. 627.

qu'il lui indiquera, la valeur des dépôts opérés d'office dans sa Chancellerie.

8. Aucun dépôt fait d'office ou volontairement ne sera conservé dans les caisses consulaires au delà de cinq ans à compter du jour du dépôt ; à l'expiration de ce délai, la valeur en sera transmise, pour le compte de qui de droit, à la caisse des dépôts et consignations de Paris.

Cette disposition devra être relatée dans les actes de dépôts volontaires.

9. Les Chanceliers dresseront, tous les trois mois, en double expédition et d'après le registre indiqué dans l'article 3, un état des dépôts existant dans leurs Chancelleries ; ils feront mention, dans cet état, du nom des déposants, de la date et de la nature ou de la valeur des dépôts. Lorsqu'il n'existera aucun dépôt, ils dresseront également en double des états pour néant.

Ils émargeront dans ces états les articles qui auront été retirés ou vendus dans les trois mois, en indiquant la date du retrait ou de la vente, le prix de la vente, le nom de la personne à qui la remise en aura été faite et les titres qu'elle aura produits à l'appui de sa réclamation ; ils indiqueront aussi la date des envois à la caisse des consignations.

Ces états seront visés et certifiés par nos Consuls, qui les transmettront à notre Ministre des affaires étrangères.

10. Nos Consuls et les Chanceliers de nos Consuls se conformeront aux instructions de notre Ministre secrétaire d'État de la marine pour la conservation et l'envoi des dépôts ressortissant aux Caisses de l'établissement des Invalides de la Marine.

11. Hors le cas où les dépôts auront eu lieu d'office, le recours contre les Chancelleries consulaires ne sera assuré aux déposants qu'autant qu'ils se présenteront munis d'un extrait de l'acte de dépôt délivré par le Chancelier et visé par le Consul.

Toutes les règles du droit commun sur les obligations et la responsabilité des dépositaires seront, d'ailleurs, applicables aux dépôts faits dans les Chancelleries.

12. En cas d'enlèvement ou de perte du dépôt par force majeure, il sera dressé par le Chancelier un procès-verbal qui devra être certifié par le Consul, et transmis par ce dernier, avec ses observations et toutes les pièces à l'appui, à notre Ministre des affaires étrangères.

13. Notre Ministre secrétaire d'État au Département des affaires étrangères est chargé de l'exécution de la présente ordonnance.

N° 13.

Ordonnance du 25 octobre 1833, sur les attributions des Consuls relativement aux passeports, légalisations et significations judiciaires (1).

———

TITRE Ier. — DES PASSEPORTS.

ART. 1er. Nos Consuls sont autorisés à délivrer des passe-ports aux Français qui se présenteront pour en obtenir, après s'être assurés de leur qualité et identité.

Ils les délivreront dans les formes prescrites par les lois, ordonnances et règlements en vigueur en France : ils y énonceront le nombre des personnes auxquelles ils seront remis, leurs noms, âge, signalement, et feront signer celles qui le pourront, tant sur le registre constatant la délivrance que sur le passe-port.

2. Tout Français voyageant en pays étranger devra, à son arrivée dans les lieux où résident nos Consuls, présenter son passe-port à leur visa, afin de s'assurer leur protection; le visa ne sera accordé qu'autant que le passe-port aura été délivré dans les formes déterminées par les lois, ordonnances et usages du royaume.

3. Les Consuls devant lesquels des militaires français isolés se présenteraient pour retourner en France, leur donneront gratuitement les feuilles de route nécessaires.

4. Nos consuls sont autorisés, dans tous les cas où les lois et usages du pays dans lequel ils sont établis n'y font pas obstacle, à délivrer des passe-ports pour la France aux étrangers qui leur en demanderont; ils se conformeront, à cet égard, aux instructions qu'ils recevront de notre Ministre secrétaire d'Etat des affaires étrangères.

5. Ils viseront, en se conformant également aux instructions de notre Ministre secrétaire d'Etat des affaires étrangères, les passe-ports délivrés pour la France à des sujets étrangers, par des autorités étrangères, lorsque ces passe-ports leur paraîtront expédiés dans les formes régulières.

TITRE II. — DES LÉGALISATIONS.

6. Nos Consuls ont qualité pour légaliser les actes délivrés par les autorités ou fonctionnaires publics de leur arrondissement.

7. Lorsque nos Consuls légaliseront les actes des autorités ou fonctionnaires publics étrangers, ils auront soin de mentionner la qualité du fonctionnaire ou de l'autorité dont l'acte sera émané, et d'attester qu'il est à leur connaissance que ce fonctionnaire a actuellement, ou avait, lorsque l'acte a été passé, la qualité qu'il y prend.

8. Nos Consuls ne seront point obligés de donner de légalisation aux

———

(1) V. Guide pratique des Consulats, p. 610 et 619.

actes sous signature privée, sauf aux intéressés à passer, si bon leur semble, ces actes soit en Chancellerie, soit devant les fonctionnaires publics compétents. Toutefois, lorsque des légalisations ou attestations de signature auront été données sur des actes sous seing privé, soit par des fonctionnaires publics, soit par des agents diplomatiques ou consulaires du pays où nos Consuls sont établis, ils ne pourront refuser de légaliser la signature de ces fonctionnaires.

9. La signature de nos Consuls sera légalisée par notre Ministre secrétaire d'Etat des affaires étrangères, ou par les fonctionnaires qu'il aura délégués à cet effet.

10. Les arrêts, jugements ou actes rendus ou passés en France, ne pourront être exécutés ou admis dans nos Consulats qu'après avoir été légalisés par notre Ministre des affaires étrangères, ou par les fonctionnaires qu'il aura délégués, comme il est dit en l'article précédent.

TITRE III. — DE LA TRANSMISSION DES SIGNIFICATIONS JUDICIAIRES.

11. Nos Consuls feront parvenir aux parties intéressées, directement ou, s'ils n'ont reçu des ordres contraires, par l'intervention officieuse des autorités locales, sans frais ni formalités de justice et à titre de simple renseignement, les exploits signifiés, en vertu de l'art. 69 du Code de procédure civile, aux parquets de nos procureurs généraux et procureurs, dont notre Ministre secrétaire d'Etat au Département des affaires étrangères leur aura fait l'envoi.

Ils renverront à notre Ministre des affaires étrangères les actes dont ils n'auront pu opérer la remise, en lui faisant connaître les motifs qui s'y seront opposés.

12. Notre Ministre secrétaire d'Etat au Département des affaires étrangères est chargé de l'exécution de la présente ordonnance.

N° 14.

Ordonnance du 26 octobre 1833, sur les fonctions des vice-Consuls et agents consulaires (1).

ART. 1er. Les vice-Consuls et agents consulaires se conformeront entièrement aux directions du Consul dont ils sont les délégués; ils l'informeront de tout ce qui pourra intéresser le service de l'Etat ou le bien des nationaux.

Ils ne correspondront avec notre Ministre secrétaire d'Etat des affaires étrangères que lorsqu'il les y aura spécialement autorisés.

2. Ils n'auront point de Chancelier et n'exerceront aucune juridiction.
3. Ils doivent rendre aux Français tous les bons offices qui dépen-

---

(1) V. Guide pratique des Consulats, livre IX, p. 754.

dront d'eux, sans qu'ils puissent exiger aucun droit ni émolument pour leur intervention.

4. Ils viseront les pièces de bord et délivreront les manifestes d'entrée et de sortie. Ils pourront, s'ils y ont été préalablement autorisés par notre Ministre de la marine et des colonies, remplir en tout ou en partie les fonctions conférées aux Consuls comme suppléant à l'étranger les administrateurs de la marine. Ils instruiront les capitaines de l'état du pays ; ils les appuieront pour assurer le maintien de l'ordre et de la discipline, et pourront, d'accord avec eux, consigner les équipages à bord.

5. Ils veilleront, dans les limites des pouvoirs qui leur auront été conférés par autorisation spéciale de notre Ministre de la marine, à l'exécution des lois, ordonnances et règlements sur la police de la navigation.

6. En cas de décès d'un Français, les agents consulaires se borneront à requérir, s'il y a lieu, l'apposition des scellés de la part des autorités locales, à assister à toutes les opérations qui en seront la conséquence, et à veiller à la conservation de la succession, en tant que l'usage et les lois du pays l'autorisent.

Ils auront soin de rendre compte à nos Consuls des mesures qu'ils auront prises en exécution de cet article, et ils attendront leurs pouvoirs spéciaux pour administrer, s'il y a lieu, la succession.

7. Sauf les exceptions qui pourront être autorisées par nous, dans l'intérêt du service, les vice-Consuls et agents consulaires ne recevront aucun dépôt et ne feront aucun des actes attribués aux Consuls en qualité d'officiers de l'état civil et de notaires.

Ils pourront toutefois délivrer des certificats de vie, des passe-ports et des légalisations ; mais ces actes devront être visés par le Consul chef de l'arrondissement, sauf les exceptions qui auront été spécialement autorisés par le Ministre des affaires étrangères.

8. Lorsque, d'après nos décisions, des vice-Consuls et agents consulaires auront été autorisés à faire des actes de la compétence des notaires ou des officiers de l'état civil, une copie des arrêtés rendus à cet effet sera affichée dans leur bureau.

Ils se conformeront, dans ce cas, pour la tenue et la conservation de leurs registres, à ce qui est prescrit par les ordonnances, ainsi qu'aux instructions spéciales qui leur seront transmises par notre Ministre des affaires étrangères ou en son nom.

9. Nos Ministres secrétaires d'État aux Départements des affaires étrangères et de la marine et des colonies sont chargés, chacun en ce qui le concerne, de l'exécution de la présente ordonnance.

N° 15.

Ordonnance du 29 octobre 1853, sur les fonctions des Consuls dans leurs rapports avec la marine commerciale (1).

TITRE Ier. — DISPOSITIONS GÉNÉRALES.

ART. 1er. Nos Consuls tiendront la main à ce que le pavillon français ne soit employé que conformément aux lois et règlements. Ils ne pourront accorder aucune dispense ou exception à ces règlements sous quelque prétexte que ce soit, et dénonceront les abus qui pourraient exister ou s'introduire à cet égard.

Ils veilleront aux intérêts des navigateurs et commerçants, conformément à ce qui est déterminé dans les articles suivants.

2. Les Consuls assureront, par tous les moyens qui seront en leur pouvoir, l'exécution de la proclamation du 1er juin 1791, qui défend l'importation des navires ,de construction étrangères en France, ainsi que de la loi du 27 vendémiaire an II (18 octobre 1793), dont l'objet est d'empêcher que des navires étrangers, ou des navires français réparés en pays étranger, hors le cas d'exception prévu par l'article 8 de la même loi, ne soient admis aux priviléges des navires français. Ils donneront au Ministre de la marine les renseignements propres à l'éclairer sur les tentatives faites dans le but d'éluder ou de violer ces dispositions.

3. Dans le cas où des congés seraient envoyés aux Consuls pour servir éventuellement à des expéditions maritimes françaises, ils auront soin d'y insérer la clause que ces congés ne seront que provisoires, et valables seulement jusqu'à l'arrivée des navires dans le premier port de France, où il sera statué ainsi qu'il appartiendra sur la demande de nouveaux congés.

4. Si un Consul découvre qu'il se fait dans les ports de sa résidence des importations ou des exportations de nature à blesser les lois ou les ordonnances françaises rendues en matière de douanes, il aura soin d'en informer notre Ministre des affaires étrangères.

5. Nos Consuls concourront, en ce qui les concerne, à l'exécution des lois et ordonnances du royaume relatives aux pêches lointaines, et se conformeront à cet égard aux instructions spéciales qui leur seront adressées par nos Ministres secrétaires d'État aux départements des affaires étrangères et de la marine.

6. Nos Consuls sont expressément chargés d'assurer, par tous les moyens qui seront en leur pouvoir, l'exécution des lois et ordonnances, et notamment de la loi du 4 mars 1831, et de l'ordonnance du 18 janviers 1823, qui prohibent le commerce des esclaves et le transport pour le compte d'autrui d'individus vendus ou destinés à être vendus comme

---

(1) V. Guide pratique des Cousulats, livre V, chap. v, p. 303.

esclaves. Ils se conformeront, pour constater les contraventions à la loi et à l'ordonnance susdites, à toutes les instructions qui leur seraient transmises par nos Ministres secrétaires d'Etat des affaires étrangères et de la marine.

7. Nos Consuls tiendront registre des mouvements d'entrée et de sortie des navires français qui aborderont dans les rades et ports de leur arrondissement.

Tous les trois mois, ils adresseront à notre Ministre de la marine, le relevé de ce registre ; et si, indépendamment des cas particuliers mentionnés dans les articles suivants, des désordres ou des abus ont lieu à bord des navires français, ils lui en signaleront les auteurs.

TITRE II. — DE L'ARRIVÉE DES NAVIRES.

8. Les Consuls prendront les mesures nécessaires pour être promptement instruits de l'arrivée des navires français dans les rades et ports de leur arrondissement.

9. Si quelque maladie contagieuse ou épidémique règne dans le pays, le Consul aura soin d'en faire avertir à temps le capitaine.

10. Tout capitaine, arrivant au lieu de sa destination, sera tenu, en conformité des articles 242 et 243 du Code de commerce, après avoir pourvu à la sûreté de son bâtiment, et au plus tard, dans les vingt-quatre heures de son arrivée, de faire devant le Consul un rapport qui devra énoncer :

1° Les nom, tonnage et cargaison du navire ;

2° Les noms et domiciles de l'armateur et des assureurs, s'ils lui sont connus ; le nom du port de l'armement et celui du lieu du départ ;

3° La route qu'il aura tenue ;

4° Les relâches qu'il aura faites, pour quelque cause que ce soit ;

5° Les accidents qui auraient pu arriver pendant la traversée ;

6° L'état du bâtiment, les avaries, les ventes d'agrès ou marchandises, ou les emprunts qu'il aura pu faire pour les besoins du navire, les achats de vivres ou autres objets nécessaires auxquels il aura été contraint.

Le rapport du capitaine devra énoncer en outre :

Les moyens de défense du bâtiment, l'état des victuailles existant à bord, la situation de la caisse des médicaments ;

Les écueils qu'il aurait découverts et dont il aurait rectifié le gisement : les vigies, phares, balises, tonnes qu'il aurait reconnus ou dont l'établissement ou la suppression serait parvenue à sa connaissance ;

Les navires et barques abandonnés qu'il aurait reconnus, et les objets pouvant provenir de jets, bris ou naufrages qu'il aurait recueillis ou aperçus ;

Les flottes, escadres, stations, croisières françaises ou étrangères ; les navires de tous genres, suspects ou autres, les corsaires ou pirates qu'il aurait rencontrés ; les bâtiments avec lesquels il aurait raisonné ; les faits qui lui auraient été annoncés dans ces communications ;

Les changements apportés aux règlements de santé, de douane, d'ancrage dans les ports où il a relâché, enfin tout ce qu'il aurait appris qui pourrait intéresser notre service et la prospérité du commerce français.

Ce rapport, après avoir été affirmé par le capitaine, sera signé de lui, du Chancelier et du Consul.

11. Le capitaine déposera à l'appui de son rapport, 1° l'acte de propriété du navire; 2° l'acte de francisation; 3° le congé; 4° le rôle d'équipage; 5° les acquits-à-caution, connaissements et chartes-parties; 6° le journal de bord ou registre prescrit par l'article 124 du Code de commerce; 7° les procès-verbaux dont la rédaction est prescrite par les lois et règlements comme venant à l'appui des faits énoncés dans son rapport.

Le capitaine remettra également au Consul, conformément à l'article 244 du Code de commerce, un manifeste ou état exact des marchandises composant son chargement, certifié et signé par lui.

12. En cas de *simple relâche* dans le port où il existera un Consul, le capitaine lui remettra, conformément à l'article 245 du Code de commerce, une déclaration qui fera connaître les causes de sa relâche.

Si la relâche se prolonge au delà de vingt-quatre heures, le capitaine sera tenu de remettre au Consul son rôle d'équipage.

13. Dans les lieux, soit de destination, soit de relâche, où les capitaines ne sont pas astreints à faire des déclarations relatives à la santé publique devant les autorités locales connues sous le nom de conservateurs de la santé, bureaux ou magistrats de santé, et autres semblables dénominations, le capitaine présentera au Consul sa patente de santé, et fera connaître, indépendamment des détails contenus dans son rapport, quel était l'état de la santé publique du lieu d'où il est parti et de ceux où il a relâché, au moment où il a mis à la voile; s'il a fait viser en quelque lieu sa patente de santé; s'il a eu, pendant la traversée ou dans ses relâches, des malades à bord, et s'il en a encore; comment ces malades ont été traités; quelles mesures de purification il a prises par rapport aux couchages, hardes et effets de malades ou de morts; s'il a communiqué avec quelques navires; à quelle nation ils appartenaient; à quelle époque a eu lieu cette communication, en quoi elle a consisté: s'il a eu connaissance de l'état sanitaire de ces navires ou toute autre circonstance y relative; si dans ses relâches, ou même dans sa traversée, il a embarqué des hommes, des bestiaux, des marchandises ou des effets.

Le Consul pourra aussi interroger sur les mêmes objets les hommes de l'équipage et les passagers, s'il le juge convenable.

14. Si un capitaine a engagé, en cours de voyage, des gens de mer dans un pays étranger où il n'y a pas de consul, il en rendra compte à celui qui recevra son rapport ou sa déclaration, et les formalités prescrites par les articles 40 et 41 ci-après seront observées.

15. Le capitaine remettra au Consul, dans les lieux de destination et dans ceux où la relâche se serait prolongée au delà de vingt-quatre heures, les procès-verbaux qu'il aura dressés contre les marins déserteurs, et les informations qu'il aura faites à l'occasion de crimes ou délits commis par des matelots ou passagers pendant le cours de la navigation,

conformément à l'obligation que lui en impose l'ordonnance de 1681. Si la gravité du délit ou la sûreté de l'équipage a forcé le capitaine à ne pas laisser les prévenus en état de liberté, le Consul prendra telles mesures qu'il appartiendra à l'effet de les faire traduire devant les tribunaux français. Il rendra compte de l'affaire, savoir : pour ce qui concerne les marins, au Ministre de la marine, et, pour les passagers, au Ministre des affaires étrangères.

Si le Consul découvre qu'un capitaine a négligé de dresser acte des crimes ou délits commis à bord, il en rédigera procès-verbal, dans lequel il réunira, autant qu'il dépendra de lui, tous les renseignements propres à les constater, et il en adressera une expédition aux Ministres des affaires étrangères et de la marine.

16. Le capitaine remettra en même temps, conformément aux article 60, 87 et 991 du Code civil, et à ce qui est prescrit par l'article 4 de notre ordonnance du 23 de ce mois, deux expéditions des actes de naissance ou de décès qui auraient été rédigés, ainsi que les testaments des individus décédés, qui auraient été reçus pendant le cours de la navigation. Les effets et le prix de ceux qui, en exécution de l'article 7 du titre XI du livre III de l'ordonnance de 1681, auraient été vendus et payés comptant seront, ainsi que les papiers, déposés à la Chancellerie du Consulat. Un procès-verbal de ce dépôt sera rédigé, et une expédition en sera donnée au capitaine pour sa décharge.

Si l'individu décédé est un marin, le Consul fera parvenir, par la voie la plus prompte, une expédition de l'acte mortuaire à l'administration du port où l'embarquement de ce marin aura eu lieu, ou, s'il avait été engagé hors de France, à l'administration du port auquel il appartenait. Le Consul adressera de plus à notre Ministre de la marine tous les avis convenables.

17. Lorsqu'un capitaine aura éprouvé une capture en temps de guerre, ou un pillage de la part d'un pirate, il devra en faire un rapport circonstancié ; il en agira de même s'il a été obligé d'abandonner son navire par fortune de mer ou pour cause d'innavigabilité.

S'il a été capturé par un bâtiment ennemi, il déclarera quel en était le pavillon, et dans quel parage il a été pris.

Si son bâtiment a été relâché par l'ennemi, il exhibera le traité de rançon et toutes les pièces tendant à éclairer le Consul sur les circonstances de sa navigation et la date de sa capture. Si, après avoir été capturé par l'ennemi, le bâtiment a été l'objet d'une recousse, il en sera fait mention.

Dans le cas où le bâtiment aurait été pillé et l'équipage maltraité par un pirate, le capitaine donnerait tous les détails propres à signaler ce pirate, et, s'il est possible, à le faire capturer par les bâtiments de guerre français, auquel le Consul s'efforcerait de faire parvenir promptement, à cet effet, les communications nécessaires. Si le navire a été abandonné par fortune de mer, le capitaine fera connaître les circonstances et le lieu de l'événement.

S'il a été obligé de le vendre pour cause d'innavigabilité, il produira les procès-verbaux et les autorisations du magistrat local.

18. Si un capitaine ne s'est pas présenté au Consul dans les délais déterminés par l'article 10, ce dernier constatera les faits par un procès-verbal que le Chancelier signifiera au capitaine, à bord ou en personne ; au bas de cette signification, le Chancelier constatera la réponse qui lui aura été faite, et le Consul rendra compte de cette infraction à nos Ministres des affaires étrangères et de la marine.

TITRE III. — DU SÉJOUR DES NAVIRES.

19. Nos Consuls exerceront la police sur les navires de commerce français dans tous les ports de leur arrondissement, et dans les rades sur lesquelles il ne se trouverait pas de bâtiments de l'Etat, en tout ce qui pourra se concilier avec les droits de l'autorité locale, et en se dirigeant d'après les traités, conventions et usages ou le principe de la réciprocité.

20. En cas de contestation entre les capitaines et leurs équipages ou les passagers, les Consuls essayeront de les concilier.

Ils recevront les plaintes que les passagers pourraient avoir à faire contre les capitaines ou les équipages, et les adresseront au Ministre de la marine.

21. — Ils lui signaleront également les capitaines qui, par inconduite, imprévoyance ou ignorance, auraient notoirement compromis la sûreté de leurs équipages et les intérêts des armateurs.

22. — Lorsque des voies de fait, délits ou crimes, auront été commis à bord d'un navire français en rade ou dans le port, par un homme de l'équipage envers un homme du même équipage ou d'un autre navire français, le Consul réclamera contre toute tentative que pourrait faire l'autorité locale d'en connaître, hors le cas où par cet événement, la tranquillité du port aurait été compromise. Il invoquera la réciprocité des principes reconnus en France à cet égard par l'acte du 20 novembre 1806, et fera les démarches convenables pour obtenir que la connaissance de l'affaire lui soit remise, afin qu'elle soit ultérieurement jugée d'après les lois françaises.

23. — Lorsque les hommes d'un équipage français se seront rendus coupables de quelques voies de fait, délits ou crimes, hors du navire ou même à bord, mais envers des personnes étrangères à l'équipage, si l'autorité locale les arrête ou procède contre eux, le Consul fera les démarches nécessaires pour que les Français ainsi arrêtés soient traités avec humanité, défendus et jugés impartialement.

24. — Nos Consuls tiendront la main à la stricte exécution de l'article 270 du Code de commerce, qui interdit aux capitaines de congédier leurs matelots en pays étrangers. Ils dresseront procès-verbal de tous les faits de cette nature qui parviendront à leur connaissance, en donneront avis au Ministre de la marine, et pourvoiront, conformément aux articles 35, 36 et 37, au rapatriement des matelots délaissés par leurs capitaines. Ils pourront néanmoins, sur les plaintes ou demandes du capitaine ou des matelots, et après les avoir entendus contradictoirement, ordonner ou autoriser le débarquement d'un ou de plusieurs

matelots, pour des causes graves, sauf à en rendre compte au Ministre de la marine.

Ils décideront, dans ce cas, si les frais de retour des matelots seront à la charge de ces derniers ou à celle du capitaine, et, dans tous les cas, ils prendront des mesures pour effectuer leur renvoi en France, en se conformant aux règlements.

25. — Lorsqu'un homme de l'équipage désertera, le capitaine devra remettre au Consul une dénonciation indiquant les nom, prénoms et signalement du déserteur. Cette dénonciation sera certifiée par trois des principaux de l'équipage.

26. — Sur le vu de cette dénonciation, le Consul réclamera auprès des autorités locales l'arrestation et la remise des déserteurs ; et s'ils ne lui sont pas remis avant le départ du navire, il donnera au capitaine tous les certificats nécessaires, et signalera les coupables à l'administration de la marine du port de l'armement.

Dans le cas où le Consul éprouverait des refus ou des difficultés de la part des autorités locales, il ferait les représentations ou protestations convenables, et il en rendrait compte à nos Ministres des affaires étrangères et de la marine.

27. — Lorsque, par les ordres d'un gouvernement étranger, des navires français auront été retenus et séquestrés, nos Consuls emploieront les moyens convenables pour obtenir leur relaxation et des indemnités, s'il y a lieu ; ils feront, en attendant l'issue de leurs démarches, tout ce que pourront nécessiter la conservation des équipages et leur police à bord, ou la sûreté des hommes qui descendront à terre. Ils informeront de ces événements notre ambassadeur ou chef de mission près du souverain territorial, et ils en rendront compte aux Ministres de la marine et des affaires étrangères.

28. — Lorsqu'il y aura lieu de procéder à un règlement d'avaries communes, nos Consuls se conformeront avec exactitude aux dispositions du Code de commerce pour la vérification, l'estimation et la répartition, et veilleront, d'une manière spéciale, à la conservation des droits des propriétaires, chargeurs et assureurs absents. Ils recueilleront tous les renseignements qui leur paraîtront utiles pour découvrir si les jets et autres pertes sont véritables et ne masquent pas quelque fraude ou acte répréhensible de la part des capitaines et équipages.

Dans le cas où un capitaine s'adresserait au Consul pour déclarer des avaries et se faire autoriser à les réparer, cet agent s'assurera de la réalité de la dépense avant de donner ses autorisations, visa ou approbation.

29. — Si notre Consul découvre qu'un capitaine, en procédant à des réparations d'avaries ou à toute autre opération à la charge des armateurs ou des assureurs, a commis quelque fraude à leur préjudice, il recueillera les renseignements propres à constater la vérité, et les fera parvenir à nos Ministres secrétaires d'État des affaires étrangères et de la marine. Il est autorisé, en cas d'urgence, à donner directement les avis convenables aux parties intéressées, sous l'obligation d'en rendre compte aux deux départements.

30. — Lorsqu'un capitaine voudra faire des avances ou payer des à-

compte aux gens de son équipage, pour achat de vêtements ou pour tout autre besoin, le Consul ne donnera son autorisation qu'après s'être assuré de la nécessité de ces payements ; il les fera faire en sa présence ; il veillera à ce que la monnaie du pays ne soit évaluée qu'au prix réel du change, et il inscrira le montant des payements sur le livre de bord et sur le rôle d'équipage. Ces payements ne seront admis en compte, lors du désarmement, qu'autant qu'ils auront été apostillés par le Consul sur le rôle d'équipage.

31. — Lorsque, dans les cas prévus par l'article 234 du Code de commerce, le Consul aura donné à un capitaine l'autorisation, soit d'emprunter à la grosse sur les corps et quille ou sur les apparaux du bâtiment, soit de mettre en gage ou de vendre des marchandises pour les besoins du navire, il en donnera sur-le-champ avis au commissaire chargé des classes dans le port d'armement, qui en préviendra les parties intéressées.

32. — Pour assurer l'exécution de l'article 237 du Code de commerce, qui interdit au capitaine de vendre son navire sans pouvoir spécial des propriétaires, hors le cas d'innavigabilité bien constatée, le capitaine, s'il ne fait pas cette vente dans la Chancellerie du Consulat, devra préalablement se munir d'un certificat du Consul, attestant que le pouvoir est régulier. Le Consul signalera à notre Ministre des affaires étrangères toute contravention à la présente disposition.

Lorsque les ventes seront faites à la Chancellerie du Consulat, le pouvoir de vendre donné au capitaine sera annexé au contrat, après avoir été par lui certifié. Le Chancelier se dirigera, pour les formes de la vente, d'après les dispositions de la loi du 27 vendémiaire an II (18 octobre 1793) (1), et le Consul en donnera sur-le-champ avis à l'administration de la marine du port où le navire était immatriculé.

Si l'acheteur du navire est étranger ou n'est pas du nombre des Français établis en pays étranger à qui la loi précitée permet de posséder des navires jouissant des priviléges de la francisation, le Consul n'accordera son visa pour passer la vente hors de sa Chancellerie qu'en se faisant remettre les actes de francisation, passe-ports, congés et autres pièces constatant la nationalité. Il retiendra également ces pièces si le contrat est passé dans sa Chancellerie : dans l'un et dans l'autre cas, il les renverra à l'administration du port où le navire était immatriculé.

33. — Lorsqu'un navire français aura, par quelque cause que ce soit, été vendu, démoli ou détruit, le Consul en donnera avis à notre Ministre de la marine. Dans ce cas et dans celui de désarmement, il passera la revue de l'équipage, veillera à ce que le décompte soit fait et payé, s'il est possible, avec le produit du navire et des débris, ensemble le fret acquis. Les sommes revenant aux équipages pour leurs salaires seront versées à la caisse de la Chancellerie, et transmises aussitôt au trésorier général des Invalides, caissier des gens de mer, chargé d'en faire acquitter le montant aux marins dans les quartiers où ils sont respectivement classés.

---

(1) V. ci-après, p. 76.

Indépendamment de la solde due aux marins de l'équipage, le Consul prélèvera sur les produits ci-dessus mentionnés la somme estimée nécessaire pour leurs frais de rapatriement, tels qu'ils sont réglés articles 35, 36 et 38.

Il adressera, pour toutes ces opérations, au Ministre de la marine, des comptes établis dans les formes prescrites par les instructions de ce département.

34. — Quant aux marins étrangers provenant des navires français vendus, démolis ou détruits, le Consul, après s'être assuré s'il a été possible d'acquitter leurs salaires et de pourvoir à leurs frais de retour, les dirigera vers leurs Consuls respectifs.

35. — Dans tous les cas où un Consul devra assurer le rapatriement de marins français, il pourvoiera à leurs besoins les plus urgents, tant en subsistances que vêtements, chaussures et autres objets indispensables, et donnera sur-le-champ avis de cette dépense au Ministre de la marine, sur lequel il se remboursera, sauf le recours de droit à exercer ultérieurement par ce Ministre, dans l'intérêt de l'État.

36. — Quelle que soit la provenance des marins, si le retour a lieu par terre, les frais de conduite seront réglés conformément à l'arrêté du 5 germinal an xii (26 mars 1804), articles 7 et 8. S'il s'effectue sur des navires de commerce français, et que les hommes ne puissent pas être embarqués comme remplaçants, il sera payé au navire, après l'arrivée dans un port de France ou dans une colonie française.

Savoir : 1 franc 30 centimes par jour pour chaque capitaine, et 1 franc pour les autres personnes de l'équipage.

En ce qui touche les marins naufragés ou délaissés, si le retour a lieu sur les bâtiments de l'État, le passage sera gratuit.

37. — A défaut de navires français, le Consul pourra faire embarquer ces marins sur un navire étranger qui serait prêt à faire voile pour la France ou pour une colonie française ; il réglera alors le prix du passage, fera les avances et passera tout acte nécessaire pour que le capitaine qui aura ramené ces marins soit, à son arrivée en France, payé du prix de transport par les soins de l'administration du port où il abordera.

38. — Lorsqu'un marin français sera décédé, soit à terre, soit sur le navire dans le port, le capitaine sera tenu d'en donner sur-le-champ avis au Consul, qui dressera l'acte de décès. Dans ce cas, et dans celui où le marin étant décédé en rade, le capitaine aurait dressé l'acte mortuaire, le Consul fera les communications prescrites par l'article 16. Il prendra de plus, comme dans les circonstances prévues par ce même article, les mesures convenables pour qu'il soit fait dépôt en Chancellerie des effets appartenant au décédé, donnera au capitaine toutes les décharges nécessaires constatant cette remise, et enverra une copie de l'inventaire au Ministre de la marine, qui fera donner les avis et communications utiles à la famille des intéressés.

39. Si, un an après le dépôt, la famille des marins décédés ne réclame pas les effets en nature, ils seront vendus aux enchères publiques.

Le Consul pourra toutefois, faire vendre sur-le-champ les effets dépérissables, en rendant préalablement une décision motivée, qui sera inscrite sur ses registres.

Les fonds provenant de ces ventes seront versés à la caisse de la Chancellerie et transmis aussitôt au trésorier général des Invalides, caissier des gens de mer, ainsi qu'il est prescrit par l'article 33.

40. Le capitaine qui voudra engager des gens de mer pendant le cours d'un voyage, sera tenu de les présenter au Consul, qui interpellera les parties de lui déclarer si elles sont bien d'accord ; si aucune ne réclame, il inscrira le résultat de la convention sur le rôle d'équipage.

41. Le Consul ne pourra régler ou modifier les conditions des engagements, et laissera aux parties une entière liberté de faire telles conventions qu'elles jugeront à propos. En cas de contestation, il essayera de les concilier ; et, s'il n'y peut parvenir, il en fera mention dans son procès-verbal, sauf aux parties à se pourvoir devant les tribunaux compétents.

42. Lorsqu'il y aura lieu, en pays étranger, au remplacement du capitaine pour cause de maladie ou autre, le Consul, sur la requête à lui présentée par le consignataire ou par l'équipage, et après avoir pris tous les renseignements qu'il jugera convenables, approuvera ou rejettera la requête par une ordonnance qui sera signifiée tant au capitaine remplacé qu'au demandeur.

Dans ces cas, et lorsqu'il sera nécessaire de remplacer un capitaine décédé, les Consuls n'admettront, autant que faire se pourra, pour remplaçants, que les gens de mer ayant la qualité requise par l'ordonnance du 7 août 1823 pour commander un bâtiment de commerce.

TITRE IV. — DU DÉPART DES NAVIRES.

43. Lorsque des navires français destinés pour le long cours armeront ou réarmeront dans leur arrondissement, les Consuls tiendront la main à ce que ces navires, avant de prendre charge, soient soumis à la visite prescrite par l'art. 225 du Code de commerce et par la loi du 9 août 1791, titre III, art. 11 à 14.

44. Tout capitaine français prêt à quitter un port étranger remettra à la Chancellerie du Consulat un état exact des marchandises composant le chargement de son navire, signé et certifié par lui.

45. Il devra, conformément à l'art. 244 du Code de commerce, prendre un certificat du Consul constatant l'époque de son arrivée et celle de son départ, ainsi que la nature et l'état de son chargement.

Le Consul s'assurera de plus si le capitaine a envoyé à ses propriétaires, ou à leurs fondés de pouvoirs, le compte prescrit par l'art. 235 du même Code.

46. Le Consul sera tenu, sous sa responsabilité, de délivrer, en ce qui le concerne, les expéditions aux bâtiments prêts à faire voile, dans les vingt-quatre heures qui suivront la remise des manifestes. Les capitaines qui auront remis leur manifeste les premiers seront les premiers expédiés.

47. Le Consul, en délivrant ses papiers au capitaine, le préviendra

qu'aux termes de l'art. 345 du Code de commerce, tout homme de l'équipage et tout passager qui apportent des pays étrangers des marchandises assurées en France sont tenus d'en laisser au Consul un connaissement dans le lieu où le chargement s'effectue. Il l'interpellera en même temps de lui déclarer s'il connaît, parmi les gens de son équipage et ses passagers, des personnes qui soient dans ce cas, et lui prescrira de leur donner les avis nécessaires pour l'accomplissement de cette obligation.

48. Lorsqu'un Consul apprendra qu'un navire français, en relâche dans un port de son arrondissement, se dispose à se rendre dans un lieu dont l'accès offrirait de graves dangers par suite de l'état de la santé publique, d'une interdiction de commerce, d'un blocus ou autres obstacles, il en préviendra le capitaine, et lui fera connaître s'il y a quelque autre port de la même nation où il puisse aborder en sûreté.

49. S'il existe dans le pays des administrations sanitaires qui, d'après les règlements locaux, doivent délivrer aux capitaines partant des certificats ou patentes de santé, le Consul veillera à ce que le capitaine remplisse les formalités convenables, et visera la patente ou le certificat. S'il n'existe point d'administration de ce genre, le Consul délivrera une patente de santé, conformément à l'art. 15 de l'ordonnance du 7 août 1822 (1).

50. Le capitaine qui se croirait obligé de laisser dans un port étranger des gens de mer atteints de maladies contractées pendant le voyage, en demandera l'autorisation au Consul. Si cette autorisation lui est accordée, le capitaine déposera à la Chancellerie la somme que le Consul aura déterminée, à l'effet de couvrir les frais éventuels de maladie et de sépulture, comme aussi de mettre, selon le cas, les marins laissés à terre en état de rejoindre leur quartier. Au lieu d'effectuer ce dépôt, le capitaine pourra, avec l'agrément du Consul, donner une caution solvable, qui prendra l'engagement écrit de subvenir à ces différentes charges.

En cas de contravention à ces dispositions, le Consul en dressera procès-verbal et le transmettra au Ministre de la marine. Il pourvoira aux besoins des malades abandonnés, et il se remboursera de ses frais et avances sur le Ministère de la marine, chargé d'exercer ou de faire exercer, s'il y a lieu, dans l'intérêt de l'État, tout recours de droit contre les véritables débiteurs.

51. Tout navire français prêt à faire voile pour un des ports du royaume, ou pour une colonie française, sera tenu, à la réquisition du Consul, de recevoir les matelots naufragés ou délaissés à rapatrier, et les conditions de passage seront réglées comme il a été dit art. 36 ci-dessus.

Le capitaine sera tenu également de recevoir les marins ou passagers prévenus de délits qui, dans le cas prévu par l'art. 22, devraient être conduits en France.

Le Consul fera avec lui les conventions qu'il jugera les plus conve-

1) V. aussi ci-après le décret du 24 décembre 1850, sur la police sanitaire.

nables pour régler les frais de passage de ces prévenus ; il lui remettra copie de ces conventions, afin que les armateurs se pourvoient pour le payement auprès du Ministre de la marine, s'il s'agit de marins, et pour tous autres auprès du Ministre des affaires étrangères, sauf remboursement au crédit de ce Département par le Ministère débiteur. Le Consul fera même, si cela est nécessaire, des avances dont il se couvrira sur les fonds du Ministère des affaires étrangères, chargé d'exercer la répétition contre qui de droit.

52. Pour le placement sur les navires français des hommes à renvoyer en France, dans les divers cas prévus par la présente ordonnance, les Consuls se guideront d'après la prudence et l'équité.

En cas de représentations de la part des capitaines, ils dresseront un procès-verbal qu'ils transmettront au Ministre de la marine.

53. Tout capitaine partant d'un port étranger est tenu de recevoir, jusqu'au moment de mettre sous voile, les dépêches ou autres envois de papiers adressés par nos Consuls à nos Ministres et administrations publiques du royaume avec lesquelles ils doivent être ou sont autorisés à être en correspondance.

Les capitaines qui se rendront dans un port étranger seront également obligés de recevoir, jusqu'au moment de mettre sous voile, les dépêches et envois adressés aux Consuls ou aux Ambassadeurs et chefs de missions du Roi dans les pays où ce port est situé.

La remise des dépêches sera, dans ces deux cas, mentionnée au rôle d'équipage.

A l'égard de celles dont ils seront chargés par la direction générale des postes, ils se conformeront aux règlements particuliers sur cet objet.

54. Lorsqu'un marin qui se serait trouvé absent au moment de l'appareillage de son navire se présentera volontairement devant le Consul, dans le délai de trois jours, cet agent lui délivrera un certificat constatant le fait, et en rendra compte au ministre de la marine.

TITRE V. — DES NAVIRES NAUFRAGÉS.

55. Lorsqu'un capitaine arrivera dans un port où se trouve un Consul, après avoir éprouvé un naufrage ou un échouement avec bris, il devra en faire un rapport circonstancié.

En cas de naufrage, le capitaine indiquera, avec détails, le lieu du sinistre : il donnera les noms des marins ou passagers qui auraient péri ; il fournira des explications sur l'état du navire, barques ou embarcations qui en dépendaient ; sur les effets, papiers et sommes qu'il aurait sauvés.

S'il y a eu un échouement avec bris, le capitaine fera la même déclaration et, en outre, il sera tenu d'indiquer tout ce qui pourrait faciliter le sauvetage du navire et de la cargaison. Il devra énoncer toutes les circonstances, telles que les cas de fortune de mer, de voie d'eau, d'incendie, de poursuite par l'ennemi ou par un pirate qui l'auraient forcé ou déterminé à jeter le navire à la côte.

56. Aussitôt qu'un Consul aura été informé de cette manière, ou

par quelque autre voie que ce soit, du naufrage ou échouement d'un navire français dans son arrondissement, il se hâtera de prendre ou de provoquer les mesures convenables pour qu'il soit porté secours aux naufragés et procédé au sauvetage.

57. Si les premiers avis parviennent à un vice-Consul ou agent consulaire, il sera tenu, en prenant des mesures provisoires, de rendre compte de l'événement au Consul sous la direction duquel il est placé, et de se conformer ultérieurement aux ordres et instructions qui lui seront adressés.

58. Nos Consuls se conformeront, pour l'exécution des deux articles précédents, aux conventions faites ou usages pratiqués entre la France et les pays où ils résident, relativement aux soins à donner et aux mesures à prendre pour les secours et les sauvetages. Ils auront à se guider, en outre, d'après les règlements et les instructions du Ministère de la marine sur cette matière.

59. Dans les pays où les Consuls de France et leurs agents sont autorisés à donner exclusivement des ordres en matière de bris et naufrage, ils feront auprès de l'autorité locale qui les aurait devancés, les réquisitions nécessaires pour être admis à opérer directement et en toute liberté, et pour que toute personne non agréée par eux soit immédiatement obligée de se retirer. Ils se feront remettre les objets déjà sauvés.

Ils s'entendront avec l'autorité locale pour connaître les premières circonstances de l'événement et rembourser les frais qu'elle aura déjà faits.

60. Ils feront administrer tous les secours nécessaires aux personnes blessées ou noyées. Dans le cas où on ne pourrait les rappeler à la vie, ils feront ou inviteront l'autorité locale à faire tous procès-verbaux et enquêtes pour connaître l'identité de ces personnes, et donneront leurs soins pour que l'inhumation ait lieu après qu'un acte de décès aura été rédigé.

61. S'ils trouvent ou découvrent quelques papiers, tels que chartes-parties, connaissements, patentes de santé ou autres renseignements écrits, ils les recueilleront pour être déposés en leurs Chancelleries, après qu'ils les auront cotés et paraphés. Du reste, ils recevront tous rapports ou déclarations, feront subir d'office tous interrogatoires nécessaires aux capitaines, gens de l'équipage ou passagers qui auraient échappé au naufrage.

62. Dans les recherches qu'ils feront des causes du naufrage et de l'échouement, les Consuls s'occuperont spécialement du soin de connaître si l'accident peut ou non être attribué à quelque crime, délit ou autre baraterie de patron, ou à quelque connivence dans la vue de tromper les assureurs, et transmettront tous les renseignements nécessaires au Ministre de la marine qui les fera communiquer au procureur général près telle Cour qu'il appartiendra.

63. Ils nommeront, en se conformant aux conventions ou usages, tous séquestres, gardiens ou dépositaires des objets sauvés, et feront les marchés nécessaires avec les hommes du pays, soit pour obtenir leur assistance, soit pour se procurer des magasins où les objets sauvés puissent être mis en dépôt.

64. Aussitôt que le Consul pourra connaître les noms du navire, du capitaine, et les autres renseignements qu'il lui paraîtra utile de communiquer au public, il prendra les mesures convenables pour avertir les intéressés. Il en donnera avis, par les voies les plus promptes, au Ministre de la marine et à l'administration du port de départ et du port de destination.

65. Si, lors de l'échouement ou après, les propriétaires ou assureurs du navire et des marchandises y chargées, ou leurs correspondants, munis de pouvoirs suffisants, se présentent pour opérer le sauvetage par eux-mêmes, en acquittant les frais déjà faits et donnant caution pour ceux qui resteraient à faire, le Consul pourra leur laisser le soin de gérer le sauvetage. Il en sera de même lorsque le capitaine, le subrécargue ou quelque passager justifiera de pouvoirs spéciaux pour procéder au sauvetage en cas de sinistre.

Si le Consul refuse d'obtempérer à ces demandes, sa décision sera motivée, et il sera donné acte des dires et réquisitions des parties.

66. Le Consul se concertera avec l'autorité locale pour qu'elle lui prête son appui dans toutes les circonstances qui pourraient exiger l'emploi de la force publique. En cas de vol ou de tentative de vol, il signalera les coupables à la justice du lieu.

67. Si, à l'occasion du naufrage et des mesures de conservation et de sauvetage auxquelles le Consul doit se livrer, il est nécessaire de prendre quelques précautions à l'égard des administrations sanitaires du pays, ou de leur donner des avis, il veillera à ce que tout ce qui est convenable ou obligatoire soit exactement observé.

68. Les Consuls interposeront leurs soins et leurs bons offices auprès des autorités du pays pour obtenir la réduction ou la dispense des axes sur les marchandises qui se trouveraient avariées par l'effet du naufrage, ou que les circonstances obligeraient de vendre dans le pays.

69. En cas d'échouement sans bris, le Consul prendra les mesures nécessaires pour faciliter au capitaine les moyens de remettre le navire à flot. Il pourra ordonner que le navire soit démoli, si la nécessité de désobstruer l'entrée du port ou le lieu d'échouement était reconnue indispensable, ou si l'état des lieux, les règlements locaux, les déclarations ou réquisitions des autorités du pays ne permettaient pas qu'on eût le temps suffisant pour relever et dégager le navire.

Dans les décisions et déclarations relatives aux cas de l'espèce, il procédera, comme dans toute autre circonstance où il s'agit de statuer sur l'innavigabilité d'un navire, d'après l'avis d'experts assermentés, dont le procès-verbal sera annexé à la décision.

70. Le Consul pourvoira au payement des frais de sauvetage d'après une fixation amiable avec ceux qui y auront travaillé. En cas de difficultés, il en fera la taxe, si les soins ont été donnés par l'équipage du navire, et se conformera à celle qui aura été faite par l'autorité locale compétente, si les soins ont été donnés par des étrangers; il pourvoira également aux dépenses de nourriture et autres frais indispensables pour la conservation de l'équipage et son renvoi en France, de la manière réglée par les art. 35, 36 et 37 ci-dessus.

71. Lorsque des propriétaires, assureurs ou leurs fondés de pouvoirs, se présenteront pour obtenir la remise d'objets à l'égard desquels ils justifieront de leurs droits, la délivrance leur en sera faite par ordre du Consul, moyennant l'acquittement proportionnel des frais.

72. Afin d'acquitter, conformément à l'art. 70, les frais et dépenses du sauvetage, le Consul fera procéder, selon que l'urgence ou les circonstances pourront l'exiger, à la vente publique de tout ou partie des débris, agrès et apparaux sauvés.

Il pourra également, en cas d'avarie, et après avoir fait constater par des experts assermentés l'état des marchandises, faire procéder à la vente de celles qu'il y aurait de l'inconvénient à garder en magasin.

73. Il est interdit aux Consuls et Chanceliers de se rendre directement ou indirectement acquéreurs ou adjudicataires de quelque partie que ce soit de ces objets et de tous autres vendus d'après leurs ordres ou par leur entremise.

74. Dans le cas où, aucune partie de la cargaison n'ayant pu être sauvée, le seul produit des débris du navire ne suffirait pas pour acquitter les dépenses du sauvetage ainsi que les secours indispensables aux naufragés, et, s'il y a lieu, leurs frais de conduite, le Consul avancera le complément nécessaire, et s'en remboursera aussitôt par des traites sur le Trésor public, à viser pour acceptation par notre Ministre secrétaire d'Etat au Département de la marine et des colonies.

S'il y a eu des marchandises sauvées, le Consul pourra en faire vendre aux enchères jusqu'à concurrence de la part incombant à ces marchandises dans les frais généraux de sauvetage, d'après les comptes de liquidation.

75. Si contrairement soit aux traités ou conventions, soit au principe de la réciprocité, les autorités locales, dans les pays où elles sont en possession de donner exclusivement leurs soins au sauvetage des navires, exigeaient des droits autres que ceux fixés par les tarifs ou par l'usage, ou que, de toute autre manière, il fût porté atteinte aux droits de propriété des Français, nos Consuls feraient les représentations ou protestations convenables.

Ils agiraient de même si l'autorité locale leur contestait le droit de gérer librement le sauvetage des navires français dans les pays où ce droit leur est accordé, soit par les traités ou conventions, soit en vertu du principe de la réciprocité.

76. Lorsque les Consuls et Chanceliers seront obligés de se déplacer pour des opérations relatives à un naufrage, il leur sera alloué des frais de voyage et de séjour, conformément aux tarifs de chancellerie : toute autre perception, sous quelque forme ou dénomination que ce puisse être, pour leurs soins et leur travail, comme remplissant à l'étranger les fonctions dont les commissaires des classes sont chargés en France, leur est interdite.

77. Tous les trois mois, les Consuls adresseront au Ministre de la marine un compte présentant, par bâtiment, le résultat des opérations relatives au service des bris et naufrages. Ce compte sera appuyé de tous les procès-verbaux de sauvetage et de vente, ensemble de toutes

les pièces justificatives concernant les recettes et les dépenses propres à chaque bâtiment.

Le solde du compte sera remis sur-le-champ au ministre de la marine, soit en traite de toute solidité, soit en numéraire, s'il n'a pas été possible de se procurer des traites. Les traites ou connaissements seront à l'ordre du trésorier général de l'établissement des Invalides, qui est chargé d'en encaisser le montant et de le faire parvenir, sans retard et sans frais, au domicile des parties intéressées.

TITRE V. — DES ARMEMENTS EN COURSE ET DES PRISES.

78. Nos Consuls se conformeront, en ce qui les concerne, au règlement du 2 prairial an XI (22 mars 1803), lorsqu'il y aura lieu d'autoriser des armements en course dans leur arrondissement ; et lorsque des prises y seront conduites, ils se dirigeront d'après les prescriptions des arrêtés du 6 germinal an VIII (27 mars 1800) et du 9 ventôse an IX (28 février 1801).

79. Nos Ministres secrétaires d'Etat aux Départements des affaires étrangères et de la marine sont chargés, chacun en ce qui le concerne, de l'exécution de la présente ordonnance.

N° 14.

Actes ou extraits d'Actes cités dans l'Ordonnance du 29 octobre 1833,
sur les fonctions des Consuls dans leurs rapports
avec la marine commerciale.

N° 1. — A l'article 2.

Proclamation du 1er juin 1791, en exécution de la loi du 13 mai 1791,
relative aux navires et autres bâtiments de construction étrangère.

La loi du 13 mai dernier ayant prohibé l'importation de tous bâtiments de construction étrangère pour être vendus dans le royaume, le Roi a ordonné et ordonne, en conséquence, qu'aucuns navires et bâtiments ne seront enregistrés et inscrits comme français dans les registres des classes, dans ceux des amirautés ou tous autres, qu'après qu'il aura été constaté par des preuves légales, que lesdits navires et bâtiments ont été construits dans le royaume, à moins que leur propriété française n'eût été établie avant l'époque de la publication de ladite loi, suivant les règles et les formes prescrites. Fait Sa Majesté expresses défenses de délivrer à l'avenir aucunes expéditions pour des navires construits ou achetés en pays étrangers, et de donner aucuns congés pour amener lesdits navires dans les ports du royaume, suivant les formes qui avaient été établies par le règlement du 24 octobre 1681 et les lettres-patentes du 17 janvier 1703. Fait pareillement défense Sa Majesté aux Consuls de France et autres Agents nationaux en pays étrangers, d'autoriser ou permettre qu'il soit passé dans leurs Chancelleries aucunes polices de construction ou acte de vente de bâtiments étrangers, ni de légaliser lesdits actes.

Mande et ordonne Sa Majesté aux Intendants et Ordonnateurs de la marine, Consuls, Agents et Commissaires de la marine en pays étrangers, et à tous autres qu'il appartiendra, de se conformer à la présente proclamation, et de tenir la main à son exécution.

Nᵒ 2. — A l'article 2 et à l'article 32.

Décret du 27 vendémiaire an II (18 octobre 1793) contenant des dispositions relatives à l'acte de navigation.

Art. 1ᵉʳ. La laine non ouvrée d'Espagne ou d'Angleterre, la soie brute, les espèces d'or ou d'argent, la cochenille, l'indigo, les bijoux d'or ou d'argent, dont la matière vaut au moins trois fois le prix de la main-d'œuvre, et accessoires, ne sont pas compris dans la prohibition d'importation indirecte décrétée par l'acte de navigation.

2. En temps de guerre, les bâtiments français ou neutres peuvent importer indirectement d'un port neutre ou ennemi, les denrées ou marchandises de pays ennemi, s'il n'y a pas une prohibition générale ou partielle des denrées et marchandises du pays ennemi.

3. En temps de paix ou de guerre, les bâtiments français ou étrangers, frétés pour le compte de la République, sont exceptés de l'acte de navigation.

4. Les bâtiments au-dessous de trente tonneaux, et tous les bateaux, barques, allèges, canots et chaloupes employés au petit cabotage, à la pêche sur la côte, ou à la navigation intérieure des rivières, seront marqués d'un numéro et des noms des propriétaires et des ports auxquels ils appartiennent.

5. Les numéros et noms des propriétaires et des ports seront insérés dans un congé, que chacun de ces bâtiments sera tenu de prendre chaque année, sous peine de confiscation et de cent livres d'amende.

6. Ceux des bâtiments qui seront pontés payeront trois livres pour chaque congé; il ne sera payé que vingt sous pour celui des bâtiments non pontés.

7. Un bâtiment étranger étant jeté sur les côtes de France ou possession française, et tellement endommagé que le propriétaire ou assureur ait préféré le vendre, sera, en devenant entièrement propriété française, et après radoub ou réparation, dont le montant sera quadruple du prix de vente du bâtiment, et étant monté par des Français, réputé bâtiment français.

8. Les bâtiments français ne pourront, sous peine d'être réputés

bâtiments étrangers, être radoubés ou réparés en pays étranger, si les frais de radoub ou réparation excèdent six livres par tonneau, à moins que la nécessité de frais plus considérables ne soit constatée par le rapport, signé et affirmé par le capitaine et autres officiers du bâtiment, vérifié et approuvé par le Consul ou autre officier de France, ou deux négociants français résidant en pays étranger, et déposé au bureau du port français où le bâtiment reviendra.

9. Les bâtiments de trente tonneaux et au-dessus auront un congé où seront la date et le numéro de l'acte de francisation, qui exprimera les noms, état, domicile du propriétaire, et son affirmation qu'il est seul propriétaire (ou conjointement avec des Français dont il indiquera les noms, état et domicile); le nom du bâtiment et du port auquel il appartient; le temps et le lieu où le bâtiment a été construit, ou condamné, ou adjugé; le nom du vérificateur, qui certifiera que le bâtiment est de construction.., qu'il a... mâts..., ponts; que sa longueur, de l'éperon à l'étambot, est de... pieds... pouces; sa plus grande largeur est de... pieds... pouces; que sa hauteur entre les ponts est de... pieds... pouces; (s'il n'y a qu'un pont) que la profondeur de la cale est de... pieds... pouces; qu'il mesure... tonneaux, qu'il est un brick, ou navire, ou bateau; qu'il a ou n'a pas de galerie ou de tête.

10. Ces congés et actes de francisation seront délivrés au bureau du port ou district auquel appartient le bâtiment.

11. Le propriétaire donnera une soumission et caution de vingt livres par tonneau, si le bâtiment est au-dessous de deux cents tonneaux; et de trente livres par tonneau, s'il est au-dessus de deux cents tonneaux; de quarante livres par tonneau, s'il est au-dessus de quatre cents tonneaux. Les congés ne seront bons que pour un voyage.

12. Aucun Français résidant en pays étranger ne pourra être propriétaire, en totalité ou en partie, d'un bâtiment français, s'il n'est pas associé d'une maison de commerce française, faisant le commerce en France ou possession de France, et s'il n'est pas prouvé par le certificat du Consul de France dans le pays étranger où il réside, qu'il n'a point prêté serment de fidélité à cet État, et qu'il s'y est soumis à la juridiction consulaire de France.

13. Le serment à prêter par le propriétaire avant la délivrance des congés et actes de francisation sera en cette forme:

« (Le nom, état, domicile) jure et affirme que... (le nom du bâtiment, du port auquel appartient le bâtiment), est un... (espèce, tonnage du bâtiment et description, suivant le certificat du mesureur vérificateur), a été construit à... (lieu de construction), en... (année de construction, s'il a été pris ou confisqué, ou perdu sur la côte, exprimer le lieu, le temps des jugement et vente); que je suis seul propriétaire dudit bâtiment, ou conjointement avec... (nom, état, domicile des intéressés), et qu'aucune autre personne quelconque n'y a droit, titre, intérêt, portion ou propriété; que je suis citoyen de France, soumis et fidèle à la constitution des Français, ainsi que les associés ci-dessus .. (s'il y en a); qu'aucun étranger n'est, directement ou indirectement, intéressé dans le susdit bâtiment. »

14. Le préposé du bureau se transportera à bord du bâtiment pour en vérifier la description et le tonnage, et en sera responsable.

15. Tous ceux qui prêteront leur nom à la francisation de ces bâtiments étrangers, qui concourront comme officiers publics ou témoins aux ventes simulées ; tout préposé dans les bureaux, consignataire, agent des bâtiments et cargaison, capitaine et lieutenant du bâtiment, qui, connaissant la francisation frauduleuse, n'empêcheront pas la sortie du bâtiment, disposeront de la cargaison d'entrée ou en fourniront une de sortie, auront commandé ou commandent le bâtiment, seront condamnés, solidairement et par corps, en six mille livres d'amende, déclarés incapables d'aucun emploi, de commander aucun bâtiment français. Le jugement de condamnation sera publié et affiché.

16. Le propriétaire ou les propriétaires se soumettront, par le cautionnement qu'ils seront tenus de donner, sous peine de confiscation du montant des sommes énoncées audit cautionnement, outre les autres condamnations prononcées par le présent décret, à ne point vendre, donner, prêter, ni autrement disposer des congé et acte de francisation, à n'en faire usage que pour le service du bâtiment pour lequel ils sont accordés, à rapporter l'acte de francisation au même bureau, si le bâtiment est pris par l'ennemi, brûlé ou perdu de quelque autre manière, vendu en partie ou en totalité à un étranger ; et ce, dans un mois, si la perte ou vente de la totalité ou partie du bâtiment a eu lieu en France ou sur les côtes de France ; et dans trois, six ou neuf mois, suivant la distance des autres lieux de perte ou de vente.

Dans les mêmes cas et les mêmes détails, les passes pour la Méditerranée seront remises au bureau.

17. Les ventes de partie du bâtiment seront inscrites au dos de l'acte de francisation, par le préposé du bureau qui en tiendra registre et auquel il sera payé six livres pour chaque tel endossement.

18. Toute vente de bâtiment ou de partie de bâtiment contiendra la copie de l'acte de francisation, et sera faite par-devant un officier public, sans qu'il soit perçu plus de quinze sous pour droit d'enregistrement, quel que soit le prix de vente.

19. Les noms du bâtiment et du port auquel il appartient seront marqués à sa poupe en lettres blanches de quatre pouces de hauteur, sur un fond noir. Défenses sont faites d'effacer, couvrir ou changer les noms du bâtiment ou du port, sous peine de trois mille livres d'amende, solidairement et par corps, contre les propriétaires, consignataires, agent ou capitaine.

20. Si l'acte de francisation est perdu, le propriétaire, en affirmant la sincérité de cette perte, en obtiendra un nouveau, en observant les mêmes formalités et à la charge des mêmes cautionnement, soumission, déclaration et droits que pour l'obtention du premier.

21. Si, après la délivrance de l'acte de francisation, le bâtiment est changé dans sa forme, tonnage, ou de toute autre manière, on en obtiendra un nouveau ; autrement le bâtiment sera réputé bâtiment étranger.

22. Après la publication du présent décret, aucun bâtiment français

ne pourra sortir du port ou district auquel il appartiendra sans acte de francisation et congé, conformément au présent décret.

23. Le préposé du bureau laissera partir avec un ancien congé les bâtiments qui ne seront pas dans le port ou district auquel ils appartiennent, en exigeant une soumission et caution du quart de la valeur du bâtiment que ces actes seront pris au bureau où ils doivent l'être, dans un délai qui sera fixé selon la distance du lieu ou la longueur du voyage proposé.

24. Le préposé du port où sera le bâtiment transmettra, s'il en est requis, à celui du port ou district auquel appartient le bâtiment, l'état de description, mesurage et tonnage du bâtiment, par lui certifié.

25. Sur cet état ainsi certifié, qui sera déposé au bureau du port ou district auquel appartient le bâtiment, le préposé de ce bureau recevra du propriétaire du bâtiment les cautionnement, déclaration, soumission, affirmation ordonnés par le présent décret, et délivrera un acte de francisation, sur l'exhibition duquel le préposé du bureau du port où sera le bâtiment lui donnera un congé.

26. Il sera payé pour l'acte de francisation des bâtiments au-dessous de cent tonneaux, neuf livres; de cent tonneaux et au-dessous de deux cents, dix-huit livres ; de deux cents tonneaux et au-dessous de trois cents, vingt-quatre livres ; et en sus, six livres pour chaque cent de tonneaux au-dessus de trois cents. On payera six livres pour chaque congé.

27. Une moitié du produit des confiscations et amendes prononcées par le présent décret, frais déduits, sera donnée au dénonciateur ou aux préposés dans les bureaux saisissant et poursuivant ; l'autre moitié sera au profit de la République.

28. Les actes de francisation et congés seront, dans les vingt-quatre heures de l'arrivée du bâtiment, déposés au bureau, et y resteront jusqu'au départ.

29. Les droits de fret, ancrage, feux, phares, toues, balises, signaux, lestage, délestage, pontage, traversage, et tous autres de cette nature, sous quelque dénomination que ce soit, sont supprimés.

30. Les bâtiments français au-dessus de trente tonneaux, venant d'un port français sur l'Océan dans un autre sur l'Océan, ou d'un port français sur la Méditerranée dans un autre sur la Méditerranée, payeront trois sous par tonneau ; s'ils viennent d'un port français sur l'Océan dans un sur la Méditerranée, et *vice versâ*, ils payeront quatre sous par tonneau.

31. Les bâtiments français venant des colonies et comptoirs des Français en Asie, en Afrique, en Amérique, dans un port de France, payeront six sous par tonneau.

32. Les bâtiments français venant de la pêche, de la course ou d'un port étranger, ne payeront aucun droit.

33. Les bâtiments étrangers venant dans un port de France payeront cinquante sous par tonneau.

34. Le tonnage des bâtiments sera calculé ainsi : « Déduire de la

« longueur du maître-pont les trois cinquièmes du bau, multiplier le
« reste par la largeur du bau; multiplier encore par la moitié de la lar-
« geur du bau, pour la profondeur de la cale, puis diviser par quatre-
« vingt-quinze; si le navire n'a qu'un pont, multiplier sa longueur et
« largeur par la profondeur de la cale, et puis diviser par quatre-
« vingt-quinze. »

35. Les bâtiments étrangers payeront pour frais d'expédition, d'entrée et sortie, dix-huit livres, s'ils sont de deux cents tonneaux ou au-
dessous; trente-six livres, s'ils sont au-dessus.

36. Les bâtiments français de trente à cinquante tonneaux payeront
deux livres; de cent cinquante à trois cents, six livres; au-dessus de
trois cents, quinze livres.

37. Tous acquits, permis et certificats relatifs aux cargaisons étrangères, seront payés vingt sous; ceux pour cargaisons françaises, dix
sous.

38. Le registre pour entrée et sortie des bâtiments contiendra la
date d'arrivée ou départ, l'espèce, le nom du bâtiment, le nom du capitaine, le nombre des officiers et matelots, la nation dont ils sont, le
lieu d'arrivée ou destination, la date et le numéro du manifeste général des cargaisons, qui sera signé et déposé par les capitaines, dans les
vingt-quatre heures de l'arrivée et avant le départ, distinctement, et
en outre les déclarations à faire par les consignataires et parties intéressées à la cargaison, pour acquitter les droits.

39. Les actes de francisation seront extraits du registre où seront
inscrites les déclarations de construction, mesurage, description et
propriété, ordonnées par le présent décret.

40. Le treize du dixième mois de la seconde année de la République
française, le jaugeage des vaisseaux sera modifié suivant les nouvelles
mesures qui seront alors en vigueur; et toutes les dénominations relatives aux poids et mesures, mentionnées dans le présent décret, seront
rapportés aux poids et mesures uniformes pour toute la République.

N° 3. — A l'article 6.

Loi du 4 mars 1831 concernant la Répression de la traite des noirs.

Art. 1er. Quiconque aura armé ou fait armer un navire dans le but
de se livrer au trafic connu sous le nom de *traite des noirs*, sera puni
d'un emprisonnement de deux ans au moins à cinq ans au plus, si le
navire est saisi dans le port d'armement avant le départ. Les bailleurs
de fonds et assureurs qui auront sciemment participé à l'armement, le
capitaine et le subrécargue du navire, seront punis de la même peine.

La poursuite ne pourra avoir lieu que lorsque la preuve du but de
l'armement paraîtra résulter, soit des dispositions faites à bord, soit de
la nature du chargement.

2. Si le navire est saisi en mer avant qu'aucun fait de traite ait eu
lieu, les armateurs seront punis de dix ans de travaux forcés au moins

à vingt ans au plus. Les bailleurs de fonds et assureurs qui auront sciemment participé à l'armement seront punis de la réclusion. Le capitaine et le subrécargue seront punis de cinq ans de travaux forcés au moins, à dix ans au plus.

Les officiers seront punis de la réclusion. Les hommes de l'équipage seront punis d'un emprisonnement d'un an au moins à cinq ans au plus.

3. Si un fait de traite a eu lieu, le capitaine et le subrécargue seront punis de dix ans de travaux forcés au moins, à vingt ans au plus. Les officiers seront punis de cinq ans de travaux forcés au moins à dix ans au plus. Les hommes de l'équipage seront punis de la réclusion, ainsi que tous les autres individus qui auront sciemment participé ou aidé au fait de traite, sans préjudice des peines portées contre les armateurs, bailleurs de fonds et assureurs, par l'article précédent.

4. Les peines prononcées par les précédents articles contre le capitaine et le subrécargue, seront applicables aux individus qui, quoique non inscrits comme tels sur les rôles d'équipage, en auront rempli les fonctions.

L'aggravation des peines prononcées par l'art. 198 du Code pénal sera encourue par les fonctionnaires publics qui, chargés d'empêcher et de réprimer la traite, l'auraient favorisée ou y auraient pris part.

5. Dans tous les cas prévus par les articles ci-dessus, le navire et la cargaison seront saisis et vendus. Si le navire et la cargaison n'ont pas été saisis, les armateurs, bailleurs de fonds et assureurs seront solidairement condamnés à une amende égale à leur valeur. Dans tous les cas, les coupables pourront en outre être condamnés solidairement à une amende qui ne sera pas moindre de la valeur du navire et de la cargaison, et qui n'excédera pas le double de cette valeur.

6. Ne seront passibles d'aucune peine les hommes de l'équipage autres que les capitaines, officiers et subrécargues, qui, avant toute poursuite connue d'eux, et au plus tard dans les quinze jours après leur débarquement, soit dans les ports de France ou des colonies, soit dans ceux des pays étrangers, auront déclaré aux agents du gouvernement, ou, à leur défaut, devant l'autorité du lieu, les faits relatifs à la traite auxquels ils auraient participé.

7. Les crimes et délits commis à bord d'un navire contre les noirs embarqués seront punis des peines portées par le Code pénal.

8. Quiconque fabriquera, vendra ou achètera des fers spécialement employés à la traite des noirs, sera puni d'un emprisonnement d'un an au moins à deux ans au plus.

Quiconque posséderait, au moment de la promulgation de la présente loi, des fers de cette espèce, sera tenu d'en faire la déclaration dans le délai de quinze jours, et de les dénaturer dans le délai de trois mois, sous peine de six mois d'emprisonnement.

9. Quiconque aura sciemment recélé, vendu ou acheté un ou plusieurs noirs introduits par la traite dans une colonie depuis la promulgation de la présente loi, sera puni d'un emprisonnement de six mois au moins à cinq ans au plus. Les délits prévus et punis par le présent article se ·

ront prescrits, et aucune poursuite ne pourra être exercée, lorsqu'il se sera écoulé une année depuis l'introduction dans la colonie du noir recélé, vendu ou acheté.

10. Les noirs reconnus noirs de traite, dans les cas prévus par les articles 5 et 9 ci-dessus, seront déclarés libres par le même jugement.

Acte authentique de leur libération sera dressé et transcrit sur un registre spécial déposé au greffe du tribunal. Il leur en sera remis expédition en forme et sans frais.

11. Les noirs ainsi libérés pourront toutefois être soumis envers le gouvernement à un engagement dont la durée n'excédera pas sept ans, à partir de l'introduction dans la colonie, ou de l'époque où ils seront devenus adultes. Ils seront employés, pendant le cours de cet engagement, dans les ateliers publics.

12. Les dispositions de l'article précédent seront applicables aux noirs de traite provenant de saisies antérieures et actuellement en la possession du gouvernement. La durée de l'engagement auquel ces noirs seraient soumis sera comptée à dater de la promulgation de la présente loi.

13. Lorsque le fait incriminé aura été commis dans un port du territoire continental du royaume, et lorsque le navire aura été saisi ou conduit dans ce port, le jugement du crime ou délit sera attribué à la Cour d'assises du département.

14. Lorsque le fait incriminé aura été commis dans une colonie française, et lorsque le navire aura été saisi ou conduit dans un de ses ports, le jugement du crime ou délit sera attribué à la Cour d'assises de la colonie.

Les quatre assesseurs seront tirés au sort par le gouverneur, en séance publique, parmi les douze fonctionnaires de l'ordre administratif les plus élevés en grade. A cet effet, la liste de ces fonctionnaires sera dressée par le gouverneur et publiée au commencement de chaque année.

Au Sénégal, le jugement des crimes et délits commis en matière de traite des noirs continuera d'être attribué au Conseil d'appel.

15. Lorsqu'il pourra être nécessaire de réclamer le renvoi du jugement du crime ou du délit à une Cour autre que celle de la colonie, le procureur général, soit d'office, soit sur la réquisition du gouverneur, se pourvoira à cet effet devant la Cour de cassation. La poursuite sera suspendue jusqu'à la notification de l'arrêt de cette Cour.

16. Les fonds provenant de la vente des navires et cargaisons seront affectés, ainsi que le produit des amendes, à l'amélioration du sort des noirs libérés, sauf les droits attribués aux capteurs, conformément aux lois et règlements sur les prises maritimes.

17. Les arrêts et jugements de condamnation seront insérés dans le *Moniteur* et dans le Bulletin officiel de la colonie, par extraits contenant les noms des individus condamnés, ceux des navires et des ports d'expédition. Cette insertion sera ordonnée par les Cours et tribunaux, indépendamment des publications prescrites par l'art. 36 du Code pénal.

18. La loi du 25 avril 1827 est abrogée.

Nº 4. — A l'article 6.

Ordonnance du 18 janvier 1823, qui défend à tout armateur et capitaine français d'employer et d'affréter les bâtiments qui leur appartiennent, ou qu'ils commandent, à transporter des esclaves.

ART. 1er. Il est défendu à tout armateur et capitaine français d'employer et d'affréter les navires qui leur appartiennent, ou qu'ils commandent, à transporter des esclaves, quelles que soient l'origine desdits esclaves et la nation au pouvoir de laquelle ils sont tombés, et pour quelque lieu qu'ils soient destinés.

2. Les officiers commandant nos bâtiments arrêteront tout navire français à bord duquel des passagers traités comme esclaves se trouveraient ; ils les feront conduire et débarquer, le plus promptement qu'il sera possible, au premier port où la sûreté et la liberté de ces individus seront parfaitement garanties.

Lesdits commandants adresseront à notre Ministre secrétaire d'Etat de la marine et des colonies un rapport, signé des principaux officiers de l'état-major, sur les circonstances de l'arrestation du navire et du débarquement des passagers ; ils joindront à ce rapport l'interrogatoire qu'ils auront fait subir au capitaine, aux officiers, à l'équipage et aux passagers.

3. Si un de nos Consuls ou un agent consulaire de France est en résidence dans le port où lesdits passagers auront été débarqués, il sera procédé par lui à l'interrogatoire prescrit ci-dessus, en présence d'un ou deux officiers du bâtiment qui aura arrêté le navire, et de deux ou trois Français immatriculés au Consulat.

4. Le capitaine du navire qui aura été arrêté comme étant en contravention à la présente ordonnance, recevra l'ordre de retourner dans un port de France, aussitôt après le débarquement des esclaves passagers.

Le signalement du capitaine et celui du navire seront adressés, par le Consul qui aura eu le premier connaissance de la contravention, à notre Ministre secrétaire d'Etat de la marine et des colonies, et à tous nos Consuls en Levant et en Barbarie.

La cause de l'expulsion du navire et du capitaine sera notée, soit par l'officier commandant le bâtiment qui aura arrêté le navire, soit par le Consul de France, sur la commission du capitaine, sur le rôle d'equipage, l'acte de francisation et le congé de mer.

5. Tout capitaine qui aura contrevenu à la présente ordonnance, sera interdit pour toujours de la faculté de commander aucun navire français, pour quelque destination que ce soit. Toutes poursuites sont, en outre, réservées aux propriétaires et chargeurs du navire, en raison des pertes et dommages que l'infraction commise par le capitaine aura pu leur causer.

6. Si le capitaine délinquant est en même temps armateur et propriétaire du navire, l'acte de francisation et le congé de mer lui seront retirés dès qu'il sera arrivé dans un port de France ; et ni l'administration de la marine, ni celle des douanes, ne pourront lui délivrer ultérieurement, pour un armement quelconque, aucune des expéditions qui

constituent la nationalité d'un navire français, sans préjudice des poursuites qui pourraient être dirigées contre lui.

Les agents de ces deux administrations constateront par un procès-verbal le retrait desdites pièces, et il en sera fait mention sur les registres de l'inscription maritime.

7. Nos Ministres secrétaires d'Etat des affaires étrangères, de la marine et des finances, sont chargés, chacun en ce qui le concerne, de l'exécution de la présente ordonnance.

N° 5. — A l'article 15.

Extrait de l'Ordonnance de la marine de 1681.

LIVRE II. — TITRE Ier.

ART. 23. Et pour ceux qui seront prévenus de meurtres, assassinats, blasphèmes ou autre crimes capitaux commis en mer, les maître, contre-maître et quartier-maître seront tenus, à peine de cent livres d'amende solidaire, d'informer contre eux, de se saisir de leur personne, de faire les procédures urgentes et nécessaires pour l'instruction de leurs procès et de les remettre avec les coupables entre les mains des officiers de l'amirauté du lieu de la charge ou décharge du vaisseau, dans notre royaume.

N° 6. — A l'article 16.

Extrait de l'Ordonnance de la marine de 1681.

LIVRE III. — TITRE XI.

ART. 7. Pourra aussi vendre les hardes et meubles des mariniers et passagers, les faire apporter, pour cet effet, au pied du mât et les délivrer au plus offrant, dont sera tenu état par l'écrivain et compté par le maître.

N° 7. — A l'article 22.

Avis du Conseil d'Etat sur la compétence, en matière de délits commis à bord des vaisseaux neutres dans les ports et rades de France, approuvé le 20 novembre 1806.

Le Conseil d'Etat qui, d'après le renvoi à lui fait par Sa Majesté, a entendu le rapport de la section de législation sur celui du grand juge Ministre de la justice, tendant à régler les limites de la juridiction que les Consuls des Etats-Unis d'Amérique, aux ports de Marseille et d'Anvers, réclament, par rapport aux délits commis à bord des vaisseaux de leur nation étant dans les ports et rades de France ;

Considérant qu'un vaisseau neutre ne peut être indéfiniment considéré comme lieu neutre, et que la protection qui lui est accordée dans les ports français ne saurait dessaisir la juridiction territoriale, pour tout ce qui touche aux intérêts de l'Etat ;

Qu'ainsi le vaisseau neutre admis dans un port de l'Etat est de plein droit soumis aux lois de police qui régissent le lieu où il est reçu ;

Que les gens de son équipage sont également justiciables des tribunaux du pays, pour les délits qu'ils y commettraient, même à bord, envers des personnes étrangères à l'équipage, ainsi que pour les conventions civiles qu'ils pourraient faire avec elles ;

Mais que si jusque-là la juridiction territoriale est hors de doute, il n'en est pas ainsi à l'égard des délits qui se commettent à bord du vaisseau neutre, de la part d'un homme de l'équipage neutre envers un autre homme du même équipage;

Qu'en ce cas, les droits de la puissance neutre doivent être respectés, comme s'agissant de la discipline intérieure du vaisseau, dans laquelle l'autorité locale ne doit pas s'ingérer, toutes les fois que son secours n'est pas réclamé ou que la tranquillité du port n'est pas compromise;

Est d'avis que cette distinction, indiquée par le rapport du grand juge et conforme à l'usage, est la seule règle qu'il convienne de suivre en cette matière;

Et, appliquant cette doctrine aux deux espèces particulières pour lesquelles ont réclamé les Consuls des Etats-Unis;

Considérant que, dans l'une de ces affaires, il s'agit d'une rixe passée dans le canot du navire américain *le Newton*, entre deux matelots du même navire; et, dans l'autre, d'une blessure grave faite par le capitaine en second du navire *la Sally*, à l'un de ses matelots, pour avoir disposé du canot sans son ordre;

Est d'avis qu'il y a lieu d'accueillir la réclamation, et d'interdire aux tribunaux français la connaissance des deux affaires précitées.

N° 8. — A l'article 36.

Extrait de l'Arrêté relatif à la conduite des gens de mer naviguant pour le commerce, en date du 26 mars 1804 (5 germinal an XII) (1).

ART. 7. En cas de naufrage des navires, le produit des débris, agrès et apparaux, et le fret sur les marchandises sauvées étant spécialement affectés aux gages des équipages et aux frais de leur retour, les officiers mariniers, matelots et autres gens de mer seront traités, pour raison de la conduite dont ils auront besoin pour retourner chez eux, conformément aux dispositions du présent arrêté, tant qu'il y aura des fonds provenant desdits navires; ce qui sera exactement vérifié par les officiers ou fonctionnaires publics qui auront fait procéder au sauvetage et réglé le compte du produit des effets sauvés.

8. La conduite sera réglée, à proportion du chemin que les gens de mer auront à faire, lorsqu'ils seront obligés de se rendre par terre chez eux; et il leur sera payé, tant pour conduite que pour leur tenir lieu de logement en route et port de hardes, savoir :

Aux capitaines au long cours et au cabotage....	3 f. 00 c.	
Aux capitaines en second, lieutenants, subrécargues, chirurgiens et écrivains..............	2 00	
Aux maîtres de navires du petit cabotage et premiers maîtres dans les navires au long cours...	1 50	Par myriamètre ou deux lieues.
Aux officiers mariniers, pilotes côtiers et maîtres ouvriers................................	0 80	
Aux matelots et ouvriers marins..............	0 0	
Aux volontaires, novices, mousses, coqs, surnuméraires................................	0 50	

(1) V. Ordonnance du 12 mai 1836.

N° 9. — A l'article 42.

Extrait de l'Ordonnance sur les écoles d'hydrographie et sur la réception des capitaines du commerce, en date du 7 août 1825.

TITRE III.

Art. 21. Nul ne pourra aspirer aux grades de capitaine au long cours, ou de maître au petit cabotage, s'il n'est âgé de vingt-quatre ans accomplis ; s'il n'a fait soixante mois de navigation, dont douze au moins sur les bâtiments du Roi ; s'il n'a satisfait à des examens sur la pratique et la théorie de la navigation.

Il ne sera admis d'exception à la condition d'avoir servi sur les bâtiments du Roi, qu'en faveur des candidats qui, réunissant les soixante mois de navigation ci-dessus exigés, auront subi une détention de plus de deux années dans les prisons de l'ennemi, et de ceux qui auraient été jugés impropres au service de la marine royale.

32. Les candidats qui, après avoir satisfait aux conditions qui précèdent, auront en outre été déclarés admissibles lors des examens de pratique et de théorie, seront susceptibles d'obtenir du Ministre des brevets de capitaine au long cours, ou de maître au petit cabotage.

Le brevet de ces derniers indiquera pour laquelle des deux mers, soit de l'Océan, soit de la Méditerranée, il leur aura été délivré, et il leur sera interdit de commander dans l'une et l'autre, à moins de subir un nouvel examen.

33. Aucun navigateur ne pourra être admis au commandement des navires du commerce, s'il n'a été reçu aux examens généraux, conformément au mode de réception prescrit par la présente ordonnance.

N° 10. — A l'article 43.

Extrait de la Loi de police de la navigation et des ports de commerce, en date du 9 août 1791.

TITRE III.

Art. 11. Nul ne pourra être élu capitaine ou lieutenant de port, ni officier de visite, s'il n'a trente ans accomplis, et n'a le brevet d'enseigne dans la marine française.

12. Lorsqu'un capitaine ou armateur voudra mettre un navire en armement, il sera tenu d'appeler deux officiers visiteurs qui, après avoir reconnu l'état du navire, donneront leur certificat de visite, en exprimant brièvement les travaux dont le navire leur aura paru avoir besoin pour être en état de prendre la mer.

13. Lorsque l'armement sera fini et que le navire sera prêt à prendre charge, il sera requis une seconde visite : le procès verbal de la première sera représenté, et le certificat devra exprimer le bon état dans lequel se trouve alors le navire.

14. Ne seront assujettis à ces formalités que les navires destinés aux voyages de long cours ; et au moyen de ces dispositions, toutes autres visites ordonnées par les précédentes lois sont supprimées.

N° 11. — A l'article 49.

Extrait de l'Ordonnance qui, en exécution de la loi du 3 mars 1822, détermine des mesures relatives au régime et à la police sanitaires, en date du 7 août 1822 (1).

TITRE II.

ART. 15. Les patentes sont délivrées, en France, par les administrations sanitaires, et dans les pays étrangers, en ce qui concerne les bâtiments français, par nos agents consulaires.

N° 12. — A l'article 78.

Arrêté du 2 prairial an XI (22 mai 1803), contenant règlement sur les armements en course.

TITRE Ier. — ARMEMENTS EN COURSE.

CHAPITRE Ier. — DES SOCIÉTÉS POUR LA COURSE.

ART. 1er. Les Sociétés pour la course, s'il n'y a pas de conventions contraires, seront réputées en commandite, soit que les intéressés se soient associés par des quotités fixes ou par actions.

2. L'armateur pourra, par l'acte de Société ou par les actions, fixer le capital de l'entreprise à une somme déterminée, pour régler la répartition des profits ou la contribution aux pertes ; et si, d'après les comptes qui seront fournis, la construction et la mise hors ne montent pas à la somme déterminée, le surplus sera employé aux dépenses des relâches, ou, en cas de prise du corsaire, sera rendu aux actionnaires proportionnellement à leurs mises. Si au contraire les dépenses de la construction et mise hors excèdent la somme fixée, l'armateur prélèvera ses avances sur le produit des premières prises ; et en cas d'insuffisance, il en sera également remboursé par les actionnaires proportionnellement à leurs mises ; ce qui aura lieu pareillement pour les dépenses des relâches, lorsque le produit des prises ne sera pas suffisant.

3. Les armateurs seront tenus, dans les actions qu'ils délivreront aux intéressés, de faire une mention sommaire des dimensions du bâtiment qu'ils se proposeront d'armer en course, du nombre et de la force de son équipage et de ses canons, ainsi que du montant présumé de la construction et mise hors.

4. Le compte de la construction et mise hors, qui formera toujours le capital de l'entreprise, hors le cas prévu par l'art. 2 ci-dessus, sera clos, arrêté et déposé, avec les pièces justificatives, au greffe du tribunal connaissant des matières de commerce, dans le quinzième jour après celui auquel le corsaire aurait fait voile pour commencer la course ; sauf à n'employer que par évaluation les articles de dépenses qui, à cette époque, ne pourront pas être liquidés, lesquels seront ensuite al-

---

(1) Voir décret du 24 décembre 1851, sur la police sanitaire.

loués, dans le compte de construction et mise hors, pour leur vraie valeur, sur les pièces justificatives qui seront rapportées.

5. Il pourra néanmoins être accordé à l'armateur, sur sa demande, un second délai de dix jours, pour déposer le compte mentionné en l'article précédent ; mais, passé ce terme, si l'armateur n'y a pas satisfait, il sera privé de tous droits de commission, pour le seul fait de n'avoir pas déposé son compte. Cette disposition est applicable aux bâtiments armés en guerre et marchandises, comme à ceux armés en course.

6. Lorsque la construction d'un corsaire et sa mise hors ne pourront être achevées, soit par la conclusion de la paix, ou par quelque autre événement, la perte sera supportée proportionnellement par les intéressés et par les actionnaires ; et s'il n'y a pas eu de fixation pour le capital de l'entreprise, il sera évalué, par arbitres, à la somme que ladite entreprise aurait dû coûter si elle avait été achevée.

7. Le droit de commission ordinaire sera de deux pour cent sur le montant des dépenses de la construction, armements, relâches et désarmements ; il sera en outre alloué aux armateurs une semblable commission de deux pour cent, sur les prises rentrées dans le port de l'armement, dont ils auront eu l'administration particulière ; et à l'égard des prises qui auront été conduites dans d'autres ports, et qui auront été administrées par leurs commissionnaires, il sera alloué à ces commissionnaires deux pour cent, à l'armateur un pour cent, et au même un demi pour cent pour négociation des traites qui lui auront été remises pour la valeur des prises vendues dans un port autre que celui de l'armement.

8. Lorsque la course aura produit des sommes suffisantes pour réarmer, la Société sera continuée de droit, s'il n'y a pas de convention contraire ; et il sera loisible à l'armateur de s'occuper sur-le-champ d'un réarmement pour le compte des mêmes intéressés, qui ne pourront, dans ce cas, être remboursés du principal de leur mise, ni en demander le remboursement que de gré à gré.

Les armateurs sont dispensés de faire la vente du corps du bâtiment corsaire, pour la fixation des dépenses relatives à la liquidation des droits des Invalides de la marine ; mais si l'armateur juge à propos de requérir ladite vente, il sera tenu de se conformer aux formes prescrites pour la vente des vaisseaux, et d'en faire afficher le prospectus imprimé à la Bourse de Paris, et dans les principales villes maritimes où il y a des bourses de commerce ; et dans le cas où il resterait adjudicataire du bâtiment corsaire, à l'effet de le réarmer en course, les actionnaires seront libres d'y conserver leur intérêt, en le déclarant néanmoins dans un mois du jour de l'adjudication.

CHAPITRE II. — ÉQUIPAGES.

9. Il ne pourra être embarqué sur les bâtiments armés en course qu'un huitième de matelots inscrits et en état de servir sur les bâtiments de la République. En conséquence, les commissaires préposés à l'inscription maritime ne pourront recevoir d'enrôlements ni délivrer des permis-

sions d'embarquer pour la course, qu'autant que le nombre des matelots employés à ce service n'excédera pas le huitième de ceux inscrits.

Le Ministre de la marine pourra néanmoins autoriser l'embarquement d'un plus grand nombre de marins inscrits, lorsque les besoins du service le permettront.

10. Les armateurs de corsaires auront la faculté d'employer des marins étrangers, et ce, jusqu'aux deux cinquièmes de la totalité de l'équipage.

Ces marins étrangers, pendant le temps qu'ils seront employés sur les bâtiments armés en course, seront traités comme les marins français ; ils participeront aux mêmes avantages, et seront soumis à la même police et discipline.

11. Les capitaines de bâtiments armés pour la course présenteront au bureau de l'inscription maritime les marins qu'ils auront engagés ; et, sous peine de trois cents francs d'amende par chaque homme, ils ne pourront embarquer que les gens de mer qui auront été portés sur le rôle d'équipage. Ils présenteront également au bureau, pour y être inscrits sur le rôle des classes, les Français non classés, et les étrangers qui en feront partie.

12. Tout armateur ou capitaine de corsaire qui sera convaincu d'avoir favorisé la désertion d'un marin levé pour le service ou employé sur un bâtiment de l'Etat, qui recevra à bord des marins inscrits au delà du nombre autorisé pour les armements en course, sera poursuivi comme embaucheur, et sa lettre de marque sera immédiatement révoquée.

13. Les gens de mer engagés sur des bâtiments armés en course, qui auront déserté dans le port de l'armement et qui seront arrêtés avant le départ, seront remis aux capitaines pour faire le voyage auquel ils s'étaient engagés, et pendant lequel ils n'auront que la moitié des salaires ou parts qu'ils auraient dû gagner.

Si lesdits déserteurs ne sont arrêtés qu'après le départ du bâtiment, ils seront condamnés à huit jours de prison, à la restitution des avances envers le capitaine ou les armateurs, et ils feront une campagne extraordinaire de six mois sur les bâtiments de l'Etat, à deux tiers de solde.

Ceux qui déserteront pendant le voyage ou dans les relâches perdront les salaires, parts, et toutes les sommes qui pourront leur être dues, lesquelles seront confisquées au profit de la caisse des Invalides.

Lesdits déserteurs seront remis aux capitaines pour achever le voyage à demi-salaire, et feront, après leur retour, une campagne extraordinaire, de six mois, sur les bâtiments de l'Etat, à deux tiers de solde.

S'ils n'ont été arrêtés qu'après le départ du bâtiment auquel ils appartenaient, ils seront condamnés à huit jours de prison, à la restitution des avances qui pourraient leur avoir été faites, et à une campagne extraordinaire d'un an, à deux tiers de solde, sur les bâtiments de l'Etat.

Chacun des marins composant l'équipage d'un bâtiment armé en course, sera tenu de se rendre à bord vingt-quatre heures après l'avertissement qui aura été donné au son du tambour ou par le coup de canon de départ, à peine d'être puni comme déserteur.

Les marins qui prendraient un faux nom ou un faux domicile encourront la même peine.

14. Lorsque les équipages des corsaires seront de quinze hommes et au-dessus, les mousses compris, il sera embarqué un chirurgien.

Les coffres à médicaments seront composés comme ceux des bâtiments de la République, et à raison du nombre d'hommes de l'équipage.

CHAPITRE III. — LETTRES DE MARQUE ET CAUTIONNEMENT.

15. Les lettres de marque, soit pour des armements en course, soit pour des armements en guerre et marchandises, ne peuvent être délivrées en Europe que par le Ministre de la marine et des colonies.

Chaque lettre de marque sera accompagnée d'un nombre suffisant de commissions de conducteurs de prises.

Ces lettres de marque et ces commissions seront conformes aux modèles annexés au présent règlement.

16. Nul ne pourra obtenir des lettres de marque pour faire des armements en course, ou en guerre et marchandises, s'il n'est citoyen français, ou s'il n'est, en pays étranger, immatriculé comme citoyen français sur les registres des commissariats des relations commerciales.

17. S'il était reconnu qu'un armement en course a été fait et qu'une lettre de marque a été délivrée sous un nom autre que celui du véritable armateur, la lettre de marque sera déclarée nulle et retirée.

La peine de six mille francs d'amende prononcée par l'article 15 de la loi du 27 vendémiaire an II, relative à l'acte de navigation, sera appliquée à l'armateur et à l'individu qui lui aura prêté son nom. Le produit de cette amende sera versé dans la caisse des invalides de la marine.

18. Les demandes de lettres de marque seront faites aux administrateurs de la marine ou aux commissaires des relations commerciales, qui les transmettront au Ministre de la marine et des colonies ; mais lesdites lettres ne pourront être par eux délivrées aux armateurs qu'après qu'il aura été vérifié si le bâtiment est solidement construit, gréé, armé et équipé ; s'il est d'une marche supérieure ; si son artillerie est en bon état ; si le capitaine désigné par l'armateur est suffisamment expérimenté, et si l'armateur et ses cautions sont reconnus pour solvables.

La solvabilité de l'armateur et celle des cautions seront certifiées par les tribunaux connaissant des affaires de commerce. Dans les ports étrangers, cette solvabilité sera attestée par le commissaire des relations commerciales, et, autant que possible, par l'assemblée des négociants français immatriculés dans le lieu.

Les capitaines désignés pour commander des corsaires seront tenus de produire des certificats sur leur conduite et leurs talents, de la part des officiers sous les ordres desquels ils auront servi, ou des armateurs qui les auront déjà employés.

19. La durée des lettres de marque commencera à compter du jour où elles seront enregistrées au bureau de l'inscription maritime du port de l'armement.

D'après la nature des croisières, et sur les propositions transmises au Ministre par les administrateurs de la marine, ou les commissaires des relations commerciales, la durée des lettres de marque pourra être de six, douze, dix-huit et vingt-quatre mois.

20. Tout armateur de bâtiments armés en course, ou en guerre et marchandises, sera tenu de fournir un cautionnement par écrit de la somme de trente-sept mille francs. Et si l'état-major et la mestrance, l'équipage et la garnison comprennent en tout plus de cent cinquante hommes, le cautionnement sera de soixante-quatorze mille francs. Dans ce dernier cas, le cautionnement sera fourni solidairement par l'armateur, deux cautions non intéressées dans l'armement, et par le capitaine.

21. La même personne ne pourra servir de caution pour plus de trois armements non liquidés; et à chaque acte de cautionnement, la personne qui le souscrira sera tenue de déclarer ceux qu'elle aurait pu souscrire précédemment pour la même cause.

Lorsque les cautions ne seront pas domiciliées dans le port de l'armement, l'armateur sera tenu de produire un certificat du tribunal connaissant des affaires de commerce dans le lieu où seront domiciliées les cautions présentées, lequel certificat constatera leur solvabilité; et une copie légalisée du pouvoir donné par la caution absente à celui qui la représentera, restera annexée à l'acte de cautionnement.

Les noms, professions et demeures des personnes qui auront cautionné des armateurs de corsaires, seront désignés sur un tableau qui restera affiché dans le bureau de l'inscription maritime du port où les armements auront eu lieu.

Les actes de cautionnement seront déposés audit bureau et enregistrés à celui de l'inspection de la marine du lieu de la préfecture maritime.

22. Il est expressément défendu aux préfets, officiers supérieurs et agents civils, militaires et commerciaux de prolonger la durée d'une lettre de marque, sans y être spécialement autorisés par le Ministre de la marine et des colonies; et cette autorisation, lorsqu'elle sera accordée, sera, ainsi que sa date, mentionnée sur la lettre de marque.

23. Les administrateurs de la marine et les commissaires des relations commerciales seront personnellement responsables de l'emploi des lettres de marque qui leur seront envoyées par le Ministre de la marine, et qui ne seront, conformément à l'article 18 ci-dessus, par eux remises aux armateurs et capitaines, qu'après que les vérifications prescrites par cet article auront été remplies, l'acte de cautionnement souscrit, et le rôle d'équipage arrêté.

24. Tout individu convaincu d'avoir falsifié ou altéré une lettre de marque sera jugé comme coupable de faux en écritures publiques; il sera de plus responsable de tous dommages résultant de la falsification ou altération qu'il aura commise.

25. Tant qu'un bâtiment continuera d'être employé à la course, il est défendu de lui donner un autre nom que celui sous lequel il aura été armé la première fois; et si un même corsaire était réarmé plusieurs fois, chaque nouvel armement pour lequel il aurait été délivré une lettre de marque devra être indiqué numériquement sur la lettre de marque et sur le rôle d'équipage.

CHAPITRE IV. — ENCOURAGEMENTS.

26. Les gratifications suivantes seront payées pour les prises qui seront faites par des corsaires particuliers.

SAVOIR : *Navires de commerce chargés de marchandises.*

Quarante francs pour chaque prisonnier amené dans les ports.

Bâtiments dits lettres de marque, *armés en guerre et en marchandises.*

Cent dix francs pour chaque canon du calibre de 4 et au-dessus jusqu'à 12.
Cent soixante francs pour celui de 12 et au-dessus ;
Quarante cinq francs pour chaque prisonnier amené dans les ports.

Corsaires particuliers armés en guerre seulement, et petits bâtiments de l'État, tels que bricks, cutters, lougres, etc.

Cent soixante francs pour chaque canon du calibre de 4 à 12;
Deux cent quarante francs pour celui de 12 et au-dessus ;
Cinquante francs par prisonnier amené dans les ports.

Vaisseaux, frégates de guerre, et corvettes à trois mâts.

Deux cent quarante francs pour chaque canon du calibre de 4 à 12 ;
Trois cent soixante francs pour celui de 12 et au-dessus ;
Soixante francs pour chaque prisonnier amené dans les ports.

Le nombre et le calibre des canons seront constatés par le procès-verbal d'inventaire de la prise ; et celui des prisonniers, par les certificats des officiers, administrateurs ou agents auxquels ils auront été remis.

27. La totalité desdites gratifications sera répartie entre les capitaines, officiers et équipages, proportionnellement à la quotité des parts revenant à chacun dans le produit des prises.

28. Les gratifications allouées aux officiers et équipages des corsaires seront acquittées sur le fonds de la caisse des Invalides de la marine.

29. Les capitaines, officiers et volontaires des corsaires qui se seront distingués recevront, sur les propositions qui en seront faites par les préfets maritimes, les récompenses et avancements dont ils seront jugés susceptibles.

30. Les officiers et matelots des équipages des corsaires qui se trouveront hors d'état de continuer leurs services par les blessures qu'ils auront reçues dans les combats, participeront aux demi-soldes accordées aux gens de mer ; les veuves de ceux qui auront été tués, ou qui seront morts de leurs blessures, recevront des pensions.

CHAPITRE V. — POLICE DE LA COURSE ET RANÇONS.

31. Les lois et règlements sur la police et la discipline militaire seront observés à bord des bâtiments armés pour la course, ou en guerre et marchandises.

Les délits commis par les marins employés sur ces bâtiments seront jugés par les tribunaux institués pour l'armée navale.

32. Les armateurs seront civilement et solidairement responsables, avec leurs capitaines, des infractions que ceux-ci commettront contre

les ordres du gouvernement, soit sur la navigation des bâtiments neutres, soit sur les pêcheurs ennemis.

Les lettres de marque pourront même être révoquées, selon la nature des délits dont les capitaines se seront rendus coupables.

33. Les capitaines des bâtiments armés en course seront tenus d'arborer pavillon français avant de tirer à boulet sur le bâtiment chassé, sous peine d'être privés, eux et les armateurs, de tout le produit de la prise, qui sera confisquée au profit de la République, si le bâtiment capturé est ennemi; et si le bâtiment est jugé neutre, les capitaines et armateurs seront condamnés aux dépens, dommages et intérêts envers les propriétaires. Mais les équipages ne seront point privés de la part qu'ils auraient à la prise suivant leurs conventions avec les armateurs; et ils seront traités de même que si la prise était adjugée auxdits armateurs.

34. Dans le cas où une prise aurait été faite par un bâtiment non muni de lettre de marque, et sans que l'armateur eût fourni le cautionnement exigé, elle sera confisquée au profit de la République, et pourra même donner lieu à punition corporelle contre le capitaine du bâtiment capteur : le tout sauf le cas où la prise aurait été faite dans la vue d'une légitime défense, par un bâtiment de commerce, d'ailleurs muni de passe-port ou congé de mer.

Tout capitaine convaincu d'avoir fait la course sous plusieurs pavillons sera, ainsi que ses fauteurs et complices, poursuivi et jugé comme pirate.

35. Tout capitaine de navire armé en guerre qui aura fait des prisonniers à la mer, sera tenu de les garder jusqu'au lieu de sa première relâche dans un port de France, sous peine de payer, pour chaque prisonnier qu'il aura relâché, cent francs d'amende au profit de la caisse des Invalides de la marine, laquelle sera retenue sur les parts de prises ou salaires, et prononcée par le Conseil des prises.

36. Lorsque le nombre des prisonniers de guerre excédera celui du tiers de l'équipage, il est permis au capitaine preneur d'embarquer le surplus de ce tiers, et, dans le cas où il manquerait de vivres, un plus grand nombre, sur les navires des puissances neutres qu'il rencontrera à la mer, en prenant, au bas d'une liste des prisonniers ainsi débarqués, une soumission signée du capitaine du bâtiment pris et des autres principaux prisonniers, portant qu'ils s'engagent à faire échanger et renvoyer un pareil nombre de prisonniers français de même grade ; laquelle liste originale sera remise, à la première relâche dans les ports de France, à l'administrateur de la marine, et, dans les ports étrangers, au commissaire des relations commerciales de la République française.

37. Il est permis aux capitaines qui relâcheront dans les ports des puissances neutres d'y débarquer les prisonniers de guerre qu'ils auront faits, pourvu qu'ils en aient justifié la nécessité aux agents de la République, dont ils seront obligés de rapporter une permission par écrit, lesquels remettront lesdits prisonniers au commissaire de la nation ennemie, et en tireront un reçu avec obligation de faire tenir compte de l'échange desdits prisonniers par un pareil nombre de prisonniers français de même grade.

38. Dans l'un et l'autre cas, les capitaines preneurs seront obligés,

sans pouvoir s'en dispenser sous quelque prétexte que ce puisse être, de garder à leur bord le capitaine avec un des principaux officiers de l'équipage du bâtiment pris, pour les ramener dans les ports de France, où ils seront retenus pour servir d'otages jusqu'à ce que l'échange promis ait été effectué.

39. Il est expressément défendu à tous capitaines de bâtiments armés en course, ou en guerre et marchandises, de rançonner à la mer aucun bâtiment muni d'un passe-port émané d'une puissance neutre, lors même que ce passe-port serait suspecté de simulation, ou pourrait être considéré comme illégal ou expiré.

Ils ne pourront même rançonner un bâtiment évidemment ennemi sans l'autorisation de leurs armateurs, et autres formalités préalables ci-après indiquées, et ne sera à cet égard considéré évidemment ennemi que le bâtiment naviguant avec un passe-port émané d'une puissance ennemie.

40. Les armateurs qui voudront autoriser les capitaines de leurs corsaires à rançonner les bâtiments ennemis qu'ils auront arrêtés, en feront la déclaration par écrit à l'administrateur de la marine préposé à l'inscription maritime dans le port de l'armement, et demanderont à cet administrateur le nombre de traités de rançon qu'ils voudront remettre auxdits capitaines.

41. Les traités de rançon seront conformes au modèle annexé au présent règlement.

Les administrateurs de la marine tiendront un registre de la délivrance de ces traités, ainsi que des déclarations qu'ils auront reçues des armateurs, et tous les mois lesdits administrateurs adresseront un extrait de ce registre à l'inspecteur de marine de l'arrondissement dans lequel ils sont employés.

42. Lorsque les armateurs seront représentés par un fondé de pouvoir, ce dernier devra déposer au bureau de l'inscription maritime une copie légalisée de la procuration qu'il aura reçue.

43. Les capitaines de corsaires qui, après l'accomplissement des formalités ci-dessus, rançonneront à la mer un bâtiment ennemi, seront tenus de prendre pour otages de la rançon, et d'amener dans un des ports de la République, au moins un des principaux officiers du bâtiment rançonné, et, outre cet officier, cinq hommes en sus, lorsque l'équipage du navire rançonné sera composé de trente hommes ou plus ; trois, lorsqu'il ne sera que de vingt hommes jusqu'à vingt-neuf inclusivement ; et deux pour les autres cas ; lesquels hommes seront choisis, autant qu'il sera possible, parmi les marins de la plus haute paye.

Lesdits capitaines se feront donner par les commandants des bâtiments rançonnés des vivres en quantité suffisante pour la nourriture des otages jusqu'au port où ils devront être conduits, et se feront délivrer par lesdits commandants copie de leurs passe-ports ; ils remettront à ces derniers un double du traité de rançon.

44. Il est défendu à tous capitaines de corsaires ou bâtiments armés en guerre et marchandises de rançonner de nouveau un bâtiment ennemi qui a déjà subi une rançon, sous peine de nullité de la seconde

rançon, et d'une amende de cinq cents francs applicable à la caisse des Invalides, et dont les armateurs seront civilement responsables.

Mais le bâtiment rançonné et rencontré par un second corsaire pourra être pris et conduit, soit dans les ports de la République, soit dans des ports alliés ou neutres.

Dans ce dernier cas, les obligations souscrites lors de la rançon cesseront d'être exigibles vis-à-vis de ceux qui devaient les remplir; mais l'armateur du corsaire capteur en deviendra personnellement débiteur envers l'armateur du premier corsaire, si mieux il n'aime ensuite lui abandonner la prise. Les otages seront, audit cas de prise faite postérieurement à la rançon, rédimés des charges attachées au titre d'otages, et ne seront plus considérés que comme simples prisonniers de guerre.

45. Au retour de leurs croisières, les capitaines des corsaires déclareront par écrit, à l'administrateur de la marine préposé à l'inscription maritime, s'ils ont fait ou non usage des traités de rançon à eux délivrés avant leur départ; ils remettront les traités qui n'auront pas été employés, et qui seront immédiatement annulés. S'ils ont fait des rançons à la mer, ils remettront les otages aux administrateurs de la marine, qui en adresseront de suite la liste au ministre; ils présenteront aussi les traités souscrits par les commandants des navires rançonnés; et il en sera pris note par lesdits administrateurs, qui les viseront et les remettront aux capitaines.

46. Audit cas de rançon, les administrateurs procéderont immédiatement à l'interrogatoire des otages, ainsi qu'à celui des officiers, maître et équipage du corsaire, pour s'assurer si la rançon a été légalement exercée, et si, outre les sommes et effets portés au traité de rançon, le capitaine n'a pas exigé d'autres sommes ou effets particuliers, comme encore s'il n'a rien été pris ni détourné; de quoi il sera dressé procès-verbal.

Les actes, billets et obligations que les capitaines de corsaires auraient fait souscrire en contravention aux dispositions ci-dessus, seront paraphés par les administrateurs de la marine, et par eux remis aux trésoriers des Invalides, qui en resteront dépositaires jusqu'au jugement définitif.

47. Les capitaines qui, sans y être autorisés par leurs armateurs, et sans avoir reçu, avant leur départ, des traités de rançon, se permettront de rançonner à la mer des bâtiments même évidemment ennemis, et les capitaines qui, munis de ces autorisations et traités, en auraient abusé en rançonnant les bâtiments naviguant avec des passe-ports de puissances neutres, seront destitués de leur commandement : ils feront une campagne d'un an sur les bâtiments de l'Etat, à la basse paye de matelot, seront privés de leurs salaires et parts de prise, et déclarés incapables de jamais commander aucun navire armé en course, ou en guerre et marchandises.

A l'égard des rançons illégalement exigées, elles seront rendues aux rançonnés, s'ils justifient de leur neutralité, même avec dommages-intérêts auxquels l'armateur pourra être condamné solidairement; et, dans le cas contraire, elles seront confisquées au profit de la caisse des Invalides de la marine.

48. Le capitaine de corsaire qui aurait frauduleusement reçu des effets ou obligations autres que ceux exprimés au traité de rançon, pourra être poursuivi en restitution, à la requête des intéressés à l'armement, et, outre la restitution, condamné à cinq cents francs d'amende au profit de la caisse des Invalides de la marine, et en outre déclaré incapable de commander aucun corsaire pendant la guerre durant laquelle cette infidélité aura eu lieu.

49. Dans les cas prévus par les art. 47 et 48 ci-dessus, les pièces de la procédure commencée par les administrateurs de la marine contre les capitaines délinquants, seront adressées au Ministre de la marine, qui les transmettra au Conseil des prises, pour être, par ce Conseil, procédé au jugement desdits capitaines. Le jugement qui interviendra sera, aux frais des délinquants, affiché dans telles villes maritimes et en tel nombre d'exemplaires que le jugement désignera ; et il en sera inséré un extrait sur le registre du quartier de l'inscription maritime auquel le capitaine appartiendra.

50. Au surplus, les règles qui seront ci-après établies pour l'instruction, le jugement, la liquidation et la répartition des prises seront déclarées communes aux rançons.

TITRE II. — PRISES. — CHAPITRE Ier. — CAPTURE.

Art. 51. Seront de bonne prise tous bâtiments appartenant aux ennemis de l'Etat, ou commandés par des pirates, forbans, ou autres gens courant la mer sans commission spéciale d'aucune puissance.

52. Tout bâtiment combattant sous autre pavillon que celui de l'Etat dont il a commission, ou ayant commission de deux puissances différentes, sera aussi de bonne prise ; et, s'il est armé en guerre, les capitaines et officiers seront punis comme pirates.

53. Seront encore de bonne prise, soit les bâtiments, soit leurs chargements en tout ou en partie, dont la neutralité ne serait pas justifiée conformément aux règlements ou traités.

54. Si un navire français ou allié est repris par des corsaires sur les ennemis de l'Etat après qu'il aura été vingt-quatre heures entre les mains de ces derniers, il appartiendra en totalité auxdits corsaires ; mais dans le cas où la reprise aura été faite avant les vingt-quatre heures, le droit de recousse ne sera que du tiers de la valeur du navire recous et de sa cargaison.

Lorsque la reprise sera faite par un bâtiment de l'Etat, elle sera restituée aux propriétaires, mais sous la condition qu'ils payeront aux équipages repreneurs le trentième de la valeur reprise, si elle a été faite avant les vingt-quatre heures ; et le dixième, si la reprise a eu lieu après les vingt-quatre heures : tous les frais relatifs à cette reprise restituée seront à la charge des propriétaires.

55. Si le navire, sans être recous, est abandonné par les ennemis, ou si par tempête ou autre cas fortuit, il revient en la possession des Français avant qu'il ait été conduit dans un port ennemi, il sera rendu au

propriétaire qui le réclamera dans l'an et jour, quoiqu'il ait été plus de vingt-quatre heures entre les mains des ennemis.

56. Les navires et effets des Français ou alliés, repris sur les pirates, et réclamés dans l'an et jour de la déclaration qui en aura été faite, seront rendus aux propriétaires, en payant le tiers de la valeur du navire et des marchandises pour frais de recousse.

57. Tout navire qui refusera d'amener ses voiles, après la semonce qui lui en aura été faite, pourra y être contraint; et en cas de résistance et de combat, il sera de bonne prise.

58. Il est défendu à tous capitaines de bâtiments armés en guerre, d'arrêter ceux des Français, amis ou alliés qui auront amené leurs voiles et représenté leur charte-partie ou police de chargement; et, sous les peines corporelles prononcées par les lois, de prendre ou souffrir qu'il soit pris aucun effet à bord desdits bâtiments.

59. Aussitôt après la prise d'un navire, les capitaines capteurs se saisiront des congés, passe-ports, lettres de mer, chartes-parties, connaissements et autres papiers existant à bord. Le tout sera déposé dans un coffre ou sac, en présence du capitaine pris, lequel sera interpellé de le sceller de son cachet : ils feront fermer les écoutilles et autres lieux où il y aura des marchandises, et se saisiront des clefs des coffres et armoires.

60. Il est défendu à tous capitaines, officiers et équipages de vaisseaux preneurs, de soustraire aucun papier ou effet du navire pris, à peine de deux ans d'emprisonnement, conformément à l'ordonnance de 1681, et de peines plus graves dans les cas prévus par la loi.

61. Les capitaines qui auront fait des prises les amèneront ou enverront, autant qu'il sera possible, au port où ils auront armé ; s'ils sont forcés, par des causes majeures, de conduire ou d'envoyer leurs prises dans quelque autre port, ils seront tenus d'en prévenir immédiatement les armateurs.

62. Si le chef conducteur d'un navire pris, fait dans sa route quelques autres prises, elles appartiendront à l'armement dont il fait partie, ou à la division à laquelle il est attaché.

63. Le chef conducteur d'une prise qui, dans sa course, sera reprise par l'ennemi, sera jugé, à son retour, comme le sont en pareil cas les commandants des bâtiments de l'Etat.

64. Il est défendu, conformément à l'ordonnance de 1681, sous peine de la vie, à tous individus faisant partie de l'état-major ou de l'équipage d'un corsaire, de couler à fond des bâtiments pris, et de débarquer les prisonniers, sur des îles ou côtes éloignées dans le dessein de céler la prise.

Et au cas où les preneurs, ne pouvant se charger du vaisseau pris ni de l'équipage, enlèveraient seulement les marchandises ou relâcheraient le tout par composition, ils seront tenus de se saisir des papiers, et d'amener au moins les deux principaux officiers du vaisseau pris, à peine d'être privés de ce qui pouvait leur appartenir en la prise, même de punition corporelle s'il y échet.

65. Il est défendu de faire aucune ouverture des coffres, ballots, sacs,

caisses, barriques, tonneaux ou armoires, de transporter ni vendre aucunes marchandises de la prise, et à toute personne d'en acheter ou recéler, jusqu'à ce que la prise ait été jugée ou que la vente ait été légalement autorisée, sous peine de restitution du quadruple de la valeur de l'objet détourné, et de punitions plus graves suivant la nature des circonstances.

66. Aussitôt que la prise aura été amenée en quelque rade ou port de France, le chef conducteur sera tenu de faire son rapport à l'officier d'administration de la marine, de lui représenter et remettre sur inventaire et récépissé les papiers et autres pièces trouvées à bord, ainsi que les prisonniers faisant partie du navire pris, et de lui déclarer le jour et l'heure où le bâtiment aura été pris, en quel lieu ou à quelle hauteur ; si le capitaine a fait refus d'amener les voiles, ou de faire voir sa commission ou son congé ; s'il a attaqué ou s'il s'est défendu ; quel pavillon il portait, et les autres circonstances de la prise et de son voyage.

67. Toutes les prises seront conduites dans les ports, sans pouvoir rester dans les rades ou aux approches de ces ports au delà du temps nécessaire pour leur entrée dans ces mêmes ports.

Lorsque le capitaine d'un navire armé en course aura conduit une prise dans un des ports de France, il sera tenu d'en faire la déclaration au bureau de la douane.

68. Toutes les lettres, généralement quelconques, trouvées sur les bâtiments ennemis qui seront pris, seront immédiatement remises au fonctionnaire supérieur de la marine ou à l'agent commercial dans le port où la prise abordera : celui-ci les fera passer au Ministre de la marine et des colonies.

Les lettres trouvées sur des bâtiments neutres seront ouvertes et lues en présence de l'armateur ou de son représentant, et celles qui seront de nature à donner des éclaircissements sur la validité de la prise seront jointes à la procédure : les autres lettres seront adressées au Ministre de la marine et des colonies.

CHAPITRE II. — PROCÉDURES DES PRISES.

Art. 69. Après avoir reçu le rapport du conducteur de la prise, l'officier d'administration de la marine se transportera immédiatement sur le bâtiment capturé, dressera procès-verbal de l'état dans lequel il le trouvera, et posera, en présence du capitaine pris ou de deux officiers ou matelots de son équipage, d'un préposé des douanes, du capitaine ou autre officier du navire capteur, et même des réclamants s'il s'en présente, les scellés sur tous les fermants.

Ces scellés ne pourront être levés qu'en présence d'un préposé des douanes.

70. Le préposé des douanes prendra à bord un état détaillé des balles, ballots, futailles et autres objets qui seront mis à terre ou chargés dans les chalands et chaloupes : un double de cet état sera envoyé à terre, et signé par le garde-magasin, pour valoir réception des objets y portés.

A mesure du déchargement des objets, et au moment de leur entrée en magasin, il en sera dressé inventaire en présence d'un visiteur des douanes, qui en tiendra état, et le signera à chaque séance.

71. Il sera établi à bord un surveillant, lequel sera chargé, sous sa responsabilité, de veiller à la conservation des scellés et des autres effets confiés à sa garde.

72. L'officier d'administration de la marine du port dans lequel les prises seront amenées, procédera de suite, et au plus tard dans les vingt-quatre heures de la remise des pièces, à l'instruction de la procédure pour parvenir au jugement des prises.

73. Cette instruction consiste dans la vérification des scellés, la réception et l'affirmation des rapports et déclaration du chef conducteur, l'interrogatoire de trois prisonniers au moins, dans le cas où il s'en trouverait un pareil nombre ; l'inventaire des pièces, états ou manifestes de chargement qui auront été remis ou qui seront trouvés à bord ; la traduction des pièces du bord par un interprète juré, lorsqu'il y a lieu.

74. Si le bâtiment est amené sans prisonniers, charte-partie ni connaissements, l'équipage du navire capteur sera interrogé séparément sur les circonstances de la prise, pour faire connaître, s'il le peut, sur qui la prise aura été faite.

75. L'officier d'administration de la marine sera assisté, dans tous ses actes, du principal préposé des douanes, et appellera, en outre, le fondé de pouvoirs des équipages capteurs, s'il y en a : à défaut de fondé de pouvoirs l'équipage sera représenté par le conducteur de la prise, réputé fondé de pouvoirs.

76. Dans le cas d'avarie ou de détérioration de tout ou partie de la cargaison, l'officier d'administration de la marine, en apposant les scellés, ordonnera le déchargement et la vente dans un délai fixé. La vente ne pourra cependant avoir lieu qu'après avoir été préalablement affichée dans le port de l'arrivée et dans les communes et ports voisins, et après avoir appelé le principal préposé des douanes et le fondé de pouvoirs des équipages capteurs, ou, à son défaut, le conducteur de la prise.

Le produit de ces ventes sera provisoirement déposé dans la caisse des Invalides de la marine.

77. Sont maintenues toutes les dispositions de l'arrêté du 6 germinal an VIII, relatives à l'établissement d'un Conseil des prises.

CHAPITRE III. — DÉCHARGEMENT, MANUTENTION, VENTE ET LIQUIDATION
PARTICULIÈRE DES PRISES.

78. Aussitôt que la procédure d'instruction sera terminée, il sera procédé sans délai à la levée des scellés et au déchargement des marchandises, qui seront inventoriées et mises en magasin, lequel sera fermé de trois clefs différentes, dont l'une demeurera entre les mains de l'officier supérieur de l'administration de la marine, une seconde entre celles du receveur des douanes, et la troisième sera remise à l'armateur ou à celui qui le représentera.

79. Il sera aussi procédé sans délai à la vente provisoire des effets su-

jets à dépérissement, soit sur réquisition de l'officier d'administration, soit à la requête de l'armateur ou de celui qui le représentera.

Pourra même, l'officier supérieur de l'administration de la marine, lorsque les prises seront évidemment ennemies, permettre la vente tant du navire que des cargaisons, sans attendre le jugement de bonne prise ; laquelle vente se fera dans le délai qui aura été fixé par ledit officier supérieur, et toutefois après que les formalités prescrites par l'article 36 auront été remplies.

80. Si la prise a été faite sous pavillon neutre, ou n'est pas évidemment ennemie, la vente, même provisoire, ne pourra avoir lieu sans le consentement du capitaine capturé ; et, en cas de refus, s'il y a nécessité de vendre, cette nécessité sera constatée par une visite d'experts nommés contradictoirement par l'armateur ou son représentant et ce même capitaine, ou d'office par l'officier supérieur de l'administration de la marine.

81. S'il se présente des réclamants, les effets par eux réclamés pourront leur être délivrés par l'officier d'administration, suivant l'estimation qui en sera faite à dire d'experts, pourvu que lesdites réclamations soient fondées en titre, et à la charge, par celui qui les aura faites, de donner bonne et suffisante caution ; faute de quoi il sera passé outre.

82. Les armateurs seront tenus d'envoyer des états ou inventaires détaillés des effets qui composeront les prises, avec indication du jour de leur vente qui aura été fixé par l'officier supérieur de l'administration de la marine, dans les principales places de commerce, pour y être affichés à la Bourse ; et il en sera délivré, sur les ordres du préfet de police, à Paris, et des préfets de départements ou de leurs préposés, dans les places où il y a des Bourses de commerce, un certificat dont il sera fait mention dans le procès-verbal de vente.

83. Il sera procédé, par le Conseil des prises, au jugement d'icelles dans les délais et les formes prescrites par l'arrêté du 6 germinal an vIII.

84. Dans les huit jours qui suivront le jugement, le secrétaire général dudit Conseil sera tenu d'en envoyer l'expédition au Ministre de la marine et des colonies, qui la fera passer à l'officier d'administration, pour être ensuite procédé à la vente de la prise, si fait n'a été.

Les décisions du Conseil des prises ne pourront être exécutées à la diligence des parties intéressées, qu'avec le concours du principal préposé des douanes.

85. Les marchandises seront exposées en vente et criées par parties ou par lots, ainsi qu'il sera convenu entre les intéressés à la prise ; et, en cas de contestation, l'officier d'administration réglera la forme de la vente, qui ne pourra, dans aucun cas, être faite en bloc.

Le prix en sera payé comptant, ou en lettres de change acceptées à le satisfaction de l'armateur, et à deux mois d'échéance au plus tard.

La livraison des effets vendus et adjugés sera commencée le lendemain de la vente, et continuée sans interruption.

86. Dans le cas où quelque adjudicataire ne se présenterait pas à l'heure indiquée, ou au plus tard dans les trois jours après la livraison

faite des derniers articles vendus, il sera procédé à la revente, sur la folle enchère, des objets qui lui auraient été adjugés.

87. Les dispositions prescrites par les lois pour les déclarations à l'entrée et à la sortie, ainsi que pour les visites et payements de droits, seront observées, relativement aux armements en course et aux navires pris sur les ennemis de l'Etat, dans tous les cas où il n'y est pas dérogé par le présent règlement.

Les directeurs, inspecteurs et receveurs des douanes prendront les mesures nécessaires pour prévenir toutes fraudes ou soustractions, à peine d'en demeurer personnellement responsables.

Les droits sur les objets de prise sont à la charge des acquéreurs, et seront toujours acquittés avant la livraison, entre les mains du receveur des douanes, avec lequel l'officier supérieur de l'administration de la marine se concertera pour indiquer l'heure de la livraison.

Les marchandises dont l'entrée est prohibée ne pourront être vendues qu'à charge de réexportation.

88. Dans le mois qui suivra la livraison complète des effets vendus, l'armateur ou son commissionnaire déposera au greffe du tribunal connaissant des matières de commerce, le compte du produit de la prise, avec les pièces justificatives, sous peine de privation de son droit de commission, et même sous plus forte peine s'il y a lieu, dans le cas où le produit ne serait pas complet.

Ce tribunal pourra accorder à l'armateur, sur sa simple requête et sans frais, quinze autres jours pour rapporter les pièces manquantes.

89. Il devra être procédé à la liquidation particulière, dans le mois du jour du dépôt mentionné en l'article précédent, sans que l'arrêté de ladite liquidation puisse être suspendu sous prétexte d'articles qui ne seraient pas encore en état d'être liquidés, lesquels seront tirés pour mémoire, sauf à les comprendre ensuite dans la liquidation générale.

90. Les armateurs seront tenus de déposer au greffe du tribunal connaissant des matières de commerce du lieu de l'armement, une expédition de chaque liquidation particulière, aussitôt qu'elle leur sera parvenue et au plus tard dans un mois de sa date.

CHAPITRE IV. — LIQUIDATIONS GÉNÉRALES.

ART. 91. Le tiers du produit des prises qui auront été faites appartiendra à l'équipage du bâtiment qui les aura faites ; mais le montant des avances qui auront été payées sera déduit sur les parts de ceux qui les auront reçues.

92. Les équipages des bâtiments armés en guerre et marchandises n'auront que le cinquième des prises ; et il ne leur sera fait aucune déduction pour les avances comptées à l'armement, ou pour les mois payés pendant le cours du voyage.

93. Le coffre du capitaine pris, ni les pacotilles ou marchandises qui pourront lui appartenir, dans quelque endroit du bâtiment qu'elles soient chargées, ne pourront, dans aucun cas, être distribués au capitaine du corsaire qui aura fait la prise ; mais l'armateur pourra stipuler

en faveur du capitaine, et pour lui tenir lieu de dédommagement, une somme proportionnée à la valeur de la prise ; laquelle somme ne pourra toutefois excéder deux pour cent du montant net de la liquidation particulière de ladite prise.

94. Dans le mois après la course finie, ou lorsque la perte du corsaire sera certaine ou au moins présumée, l'armateur déposera au greffe du tribunal connaissant des matières de commerce du lieu de l'armement, les comptes de dépenses des relâches et du désarmement, pour être procédé à la liquidation générale du produit de la course, par les juges de ce tribunal, dans un mois après la remise de toutes les pièces et sauf à laisser pour mémoire les articles qui pourront donner lieu à un trop long retard, lesquels seront ensuite réglés par un supplément sommaire à la liquidation générale : faute par l'armateur de faire ledit dépôt, il sera privé de tout droit de commission.

95. Il ne sera fait d'autre retenue au profit des Invalides de la marine, que celle de cinq centimes pour franc, prescrite par la loi du 9 messidor an III : mais cette retenue aura lieu sur le produit des rançons faites à l'ennemi en mer, comme sur le produit des prises amenées et confisquées.

96. Les liquidations générales seront imprimées et il en sera envoyé des exemplaires au Ministre de la marine et des colonies, au greffe des tribunaux de commerce des villes dans lesquelles il y aura des actionnaires qui pourront en prendre communication *gratis* : il en sera envoyé en outre aux intéressés et actionnaires d'une somme de trois mille francs et au-dessus.

97. En cas de pillage, divertissement d'effets, déprédations ou autres malversations, il en sera informé par l'officier en chef de l'administration de la marine, à la requête de l'inspecteur, pour être lesdites procédures envoyées au Ministre de la marine et des colonies, et être par le Conseil des prises prononcé telle amende ou peine civile qu'il appartiendra ; auquel cas lesdites procédures demeureront comme non avenues : et où il écherrait de prononcer des peines afflictives, lesdites procédures seront renvoyées aux Cours martiales maritimes, pour y être le procès continué jusqu'à jugement définitif.

98. Les inspecteurs de la marine adresseront, dans les premiers jours de chaque mois, au Ministre de la marine et des colonies, un état dans lequel toutes les prises arrivées dans les ports de leur arrondissement continueront d'être employées jusqu'à ce qu'elles aient été liquidées, avec des notes et des observations sur l'état des procédures et les motifs qui occasionneront des retards, s'il y en a.

CHAPITRE V. — RÉPARTITION.

ART. 99. Il ne sera promis, avant l'embarquement, aucune part dans les prises, aux officiers-majors, officiers mariniers, volontaires, soldats, matelots ou autres ; mais elles seront réglées immédiatement après le retour du corsaire, à proportion du mérite et du travail de chacun, dans un conseil tenu à cet effet dans le lieu des séances du tribunal connaissant des matières de commerce, en présence des juges de ce tribunal et du commissaire de l'inscription maritime.

Ce Conseil sera composé du capitaine et des premiers officiers-majors, suivant l'ordre du rôle d'équipage, au nombre de sept, le capitaine compris, s'il se trouve assez de lieutenants pour compléter le nombre. Ces officiers prêteront devant les juges connaissant des matières de commerce, dans huit jours au plus tard après la course finie, le serment de procéder fidèlement et en leur âme et conscience au règlement et à la répartition des parts ; ledit règlement, signé par le président du tribunal et par le commissaire de l'inscription maritime, conjointement avec les capitaines et les officiers-majors, sera déposé au greffe dudit tribunal.

100. Si, par l'effet de la perte du corsaire, de son absence sans nouvelles, ou de la prise qui en aura été faite par l'ennemi, les officiers-majors ne pouvaient être rassemblés pour procéder audit règlement des parts, il y sera procédé à la requête du commissaire à l'inscription maritime, par un procès-verbal qui sera signé tant par lesdits juges que par ledit commissaire.

A la suite du procès-verbal, le tribunal rendra son jugement, qui énoncera les noms des officiers et équipage du corsaire, les qualités et le nombre des parts attribués à chaque grade, enfin le nombre d'heures qui aura été employé à cette opération, et qui ne pourra pas excéder celui de six.

101. Il ne pourra être accordé :

Au capitaine, plus de....	12	parts.
Au capitaine en second, plus de	10	
Aux deux premiers lieutenants, plus de	8	
Au premier maître, à l'écrivain ou commis aux revues, et aux autres lieutenants, plus de	6	
Aux enseignes, au maître chirurgien et au second maître..	4	
Aux conducteurs de prises, pilotes, contre-maîtres, capitaines d'armes, maîtres canonniers, charpentiers, plus de. ...	3	
Aux seconds canonniers, charpentiers, calfats, maîtres de chaloupes, voiliers, armuriers, quartiers-maîtres, et seconds chirurgiens	2	
Aux volontaires	1	part ou 2 au plus.
Aux matelots	1	part ou part 1/2.
Aux soldats	1/2	part ou 1 part.
Aux novices	1/2	part ou 3/4 de part.
Aux mousses	1/4	de part ou 1/2 part

suivant leurs services respectifs et leurs forces.

102. Le nombre de parts attribuées à chaque grade ne pourra être diminué qu'à la pluralité de deux voix ; mais la pluralité d'une seule suffira pour déterminer le plus ou le moins attribué aux volontaires, matelots, soldats, novices et mousses. En cas de partage d'avis, la voix du capitaine sera prépondérante. L'écrivain n'aura de voix que pour remplacer chacun des officiers-majors qui sera tenu de se retirer lorsqu'il s'agira de fixer ses parts.

103. Le règlement des parts assignera, sur le produit des prises, une somme aux officiers et autres gens de l'équipage qui auront été blessés

et estropiés dans les combats, et aux veuves et enfants de ceux qui auront été tués ou qui seront morts de leurs blessures. Lesdites sommes seront payées à ceux auxquels elles seront accordées, en sus de leurs parts de prises, pourvu que ces gratifications n'excèdent pas le double de la valeur desdites parts.

104. Le règlement des parts ainsi arrêté sera définitivement exécuté. Il est défendu à tous tribunaux d'admettre aucune action, plainte ni réclamation de la part des officiers ou gens de l'équipage à cet égard.

105. Dans la huitaine du jour où la liquidation générale des prises faites pendant la croisière aura été arrêtée par le tribunal connaissant des matières de commerce, l'armateur sera tenu de procéder au payement des parts de prises revenant à l'équipage : en cas de refus ou de plus long retard, il y sera contraint, à la requête de l'inspecteur ou sous-inspecteur de la marine, poursuites et diligences du commissaire à l'inscription maritime.

106. Le payement des parts de prises ne pourra se faire qu'au bureau de l'inscription maritime, et sur l'état conforme au modèle joint à l'arrêt du 15 décembre 1782, lequel sera émargé par ceux des marins de l'équipage qui sauront signer. A l'égard de ceux qui ne sauraient pas signer, le payement des parts qui leur reviendront sera certifié par le commissaire de l'inscription maritime.

Les à-compte payés pendant la croisière ou avant la répartition générale ne seront alloués à l'armateur qu'autant qu'ils auront été payés au bureau de l'inscription maritime, et certifiés par le commissaire chargé de ce service.

107. L'armateur est tenu de remettre entre les mains du trésorier des Invalides de la marine dans le port où l'armement a été fait, le montant des parts et portions d'intérêt dans les prises appartenant aux morts ou absents et faisant partie de l'équipage du corsaire, trois jours après la répartition qui aura été faite au bureau de l'inscription maritime, conformément à l'état qui en sera remis par le commissaire, de laquelle remise il sera donné décharge valable audit armateur par le trésorier des Invalides.

108. Les parts de prises appartenant aux officiers mariniers et matelots non résidant dans le port où la répartition aura été faite, seront envoyées dans les quartiers de leur résidence, ainsi qu'il se pratique pour la remise des parts de prises des gens de mer employés sur les vaisseaux de l'État.

109. Les inspecteurs de la marine sont spécialement chargés de poursuivre les armateurs qui ne se conformeraient pas aux dispositions du présent règlement, à l'effet de les faire condamner, tant à faire procéder aux liquidations générales qu'aux répartitions entre les preneurs, et au dépôt entre les mains des trésoriers des Invalides, des parts de prises revenant aux marins morts ou absents.

110. Il est expressément défendu aux marins employés sur les corsaires de vendre à l'avance leurs parts de prises, et à qui que ce soit de les acheter, sous peine de perdre les sommes qui pourraient avoir été payées pour cet effet. Les parts de prises ne seront payées qu'aux ma-

rins eux-mêmes ; et l'on n'aura aucun égard aux procurations qu'ils pourraient avoir données pour en retirer le montant, à des personnes étrangères à leurs familles.

111. Les parts de prises des marins, comme leurs salaires, sont déclarées insaisissables.

On n'aura aucun égard aux réclamations ou oppositions qui pourraient être formées par ceux qui se prétendraient porteurs d'obligations desdits marins, à moins que les sommes réclamées ne soient dues par eux ou par leurs familles, pour loyers de maisons, subsistances et vêtements qui leur auront été fournis du consentement du commissaire de l'inscription maritime, et que cette avance n'ait été préalablement apostillée sur les registres et matricules des gens de mer.

TITRE III. — DES ARMEMENTS EN COURSE ET DES PRISES DANS LES COLONIES ET DANS LES PORTS ÉTRANGERS.

112. Dans les colonies et établissements français situés au delà des mers, les capitaines généraux, ou ceux qui en remplissent les fonctions, pourront seuls délivrer des lettres de marque, ou proroger la durée de celles qui auraient été délivrées en Europe, toutefois en se conformant aux dispositions ordonnées par le présent règlement, dans le chapitre des lettres de marque et cautionnements.

113. Lorsque des prises seront conduites dans les ports des colonies françaises, le préfet colonial, ou celui qui en remplit les fonctions, chargera un officier d'administration de se transporter sans retard à bord des bâtiments capturés, à l'effet d'y procéder aux formalités ci-dessus prescrites pour les prises conduites dans les ports de France (chapitre II du titre II).

114. Le préfet colonial ou celui qui le remplace pourra, soit avant le jugement, en cas d'avaries ou détérioration, soit après le jugement, ordonner le déchargement ou la vente, en se conformant à ce qui est prescrit dans les chapitres II et III du titre II de ce règlement.

115. L'officier d'administration qui aura fait l'instruction la remettra, dans le plus bref délai, avec toutes les pièces y relatives, au préfet colonial, qui s'adjoindra le commissaire de justice, ou celui qui le représente, l'officier d'administration chargé de l'instruction, l'inspecteur de la marine et le commissaire de l'inscription maritime, de l'effet de statuer tant sur le mérite de la procédure que sur la validité de la prise.

116. La Commission, composée ainsi qu'il est dit ci-dessus, sera présidée par le préfet colonial et, en son absence, par le commissaire de justice : les décisions y seront prises à la pluralité des voix. Un secrétaire nommé par le préfet fera les fonctions de greffier.

117. Les jugements rendus dans les colonies sur les prises seront sujets à l'appel devant le Conseil des prises séant à Paris ; et néanmoins seront susceptibles d'exécution provisoire, à la charge par celle des parties qui aura requis ladite exécution de donner caution et en outre de demeurer responsable des dommages et intérêts.

118. Si, dans la quinzaine qui suivra les jugements, il n'est point in-

tervenu de réclamation de la part de l'une ou de l'autre des parties, ils deviendront définitifs, et, audit cas, il n'y aura lieu à aucun cautionnement.

Les réclamations, pour être valables, seront notifiées au greffier de la Commission qui sera tenu d'en donner un reçu.

119. Dans tous les cas, le préfet colonial adressera sans retard l'instruction, les pièces y relatives et le jugement rendu pour chaque prise, au Ministre de la marine et des colonies, qui les fera parvenir au secrétariat du Conseil des prises toutes les fois que l'affaire sera de nature à y être jugée; et attendu que les pièces originales pourraient être perdues, le préfet colonial sera obligé d'en garder des copies collationnées.

120. Au surplus, les dispositions ordonnées par le présent règlement, pour les armements en course, et pour les prises en France, seront exécutoires dans les colonies.

121. Il n'est rien innové, en ce qui concerne les prises conduites dans les ports étrangers, à ce qui est ordonné par l'arrêté du 6 germinal an VIII : néanmoins, en cas de vente de prises dans lesdits ports, lesdits commissaires des relations commerciales ne pourront prétendre qu'à une rétribution d'un demi pour cent qui sera prélevée sur le produit net de la vente.

TITRE IV. — DISPOSITIONS GÉNÉRALES.

122. Il est défendu sous peine de destitution et de plus grande peine, s'il y échet, à tous officiers, administrateurs, agents diplomatiques et commerciaux, et autres fonctionnaires appelés à surveiller l'exécution des lois sur la course et les prises, ou à concourir au jugement de la validité des prises faites par les croiseurs français, d'avoir des intérêts directs ou indirects dans les armements en course ou en guerre et marchandises. Il leur est également défendu de se rendre directement ou indirectement adjudicataires de marchandises provenant des prises, et mises par eux en vente.

123. Un exemplaire du présent règlement sera annexé à chaque lettre de marque.

N° 13. — A l'article 78.

Arrêté du 6 germinal an VIII (27 mars 1800), portant création d'un Conseil des prises.

ART. 1er. Il y aura à Paris un Conseil des prises ; il siégera dans le local qui lui sera désigné.

2. Ce Conseil connaîtra des contestations relatives à la validité et à l'invalidité des prises, et à la qualité des bâtiments échoués ou naufragés.

3. Ce Conseil sera présidé par un conseiller d'Etat, et composé, en outre, de huit membres. Il aura, de plus, un commissaire du Gouvernement, un secrétaire et deux huissiers.

4. Les membres qui composent le Conseil des prises sont à la nomination du premier Consul.

5. Les décisions du Conseil des prises devront être portées par cinq membres au moins.

6. En cas d'absence, maladie ou empêchement du commissaire du Gouvernement, il sera suppléé par l'un des membres au choix du président.

7. Le traitement des membres du Conseil des prises sera de dix mille francs par an, pour chacun d'eux ; celui du commissaire du Gouvernement, de quinze mille francs ; celui du secrétaire, de dix mille francs, en y comprenant tous les frais de commis et fournitures ; et celui des huissiers, de quinze cents francs.

8. L'officier d'administration de la marine du port dans lequel les prises maritimes seront amenées, ou le plus voisin de la côte où un navire ennemi ou neutre aura péri ou échoué, sera chargé : 1° de l'apposition et de la vérification des scellés à bord des bâtiments capturés soit par les vaisseaux de l'État, soit par les corsaires ; 2° de la réception et de l'affirmation des rapports et déclarations, de l'audition des témoins, de l'inventaire des pièces de bord, et de l'instruction ; 3° de tout ce qui a rapport aux bris, naufrage et échouement des bâtiments ennemis ou neutres.

Il sera assisté, pour tous ces actes, du principal préposé des douanes, et appellera, en outre, à ceux relatifs aux prises, un fondé de pouvoirs des équipages capteurs.

9. Lorsqu'il résultera de l'instruction faite en vertu de l'article précédent, que le bâtiment aura été pris sous pavillon ennemi, ou qu'il est évidemment ennemi, et que, dans le délai d'une décade après cette instruction, il n'y aura point eu de réclamation dûment notifiée à l'officier d'administration, qui sera tenu d'en donner un reçu, il sera statué sur la validité de la prise.

Pour cet effet, l'officier d'administration s'adjoindra l'officier chargé, dans le même port, des fonctions de contrôleur de la marine, et le commissaire de l'inscription maritime : leur décision sera portée à la pluralité des voix. L'officier d'administration enverra une expédition de cette décision au secrétariat du Conseil des prises.

10. Si la prise est conduite dans un port où l'officier d'administration ne puisse s'adjoindre les deux autres individus, il enverra son instruction et les pièces de bord dans le port le plus voisin où se trouveront les trois personnes désignées par l'article précédent, pour prononcer sur la prise.

11. Lorsqu'il aura été porté une décision qui déclarera le bâtiment de bonne prise, et si cette décision ne donne lieu, pendant le délai d'une décade, à aucune réclamation dans la forme prescrite par l'art. 9, il sera procédé à la vente ainsi qu'il est porté en l'art. 14 ci-après.

12. S'il y a une réclamation dans l'un des cas prévus par les art. 9 et 11, ou si la prise n'a pas été faite sous pavillon ennemi, ou n'est pas trouvée évidemment ennemie, ou si enfin le jugement porté en l'art. 10 ne prononce pas la validité de la prise, l'officier d'administration en-

verra, dans le délai d'une décade, au secrétariat du Conseil des prises, tous les actes par lui faits et toutes les pièces trouvées à bord.

13. L'instruction se fera devant le Conseil des prises, sur simples mémoires respectivement communiqués, par la voie du secrétariat, aux parties ou à leurs défenseurs, qui justifieront préalablement de leurs droits et de leurs pouvoirs.

Les délais pour cette instruction ne pourront excéder trois mois pour les prises conduites dans les ports de la Méditerranée, et deux mois seulement pour les autres ports de France, le tout à compter du jour où les pièces auront été remises au secrétariat du Conseil des prises.

Les conclusions du commissaire du Gouvernement seront toujours données par écrit.

14. Les décisions du Conseil des prises seront exécutées à la diligence des parties intéressées, mais avec le concours et la présence : 1° de l'officier d'administration de la marine ; 2° du principal préposé des douanes, et 3° d'un fondé de pouvoir des équipages capteurs.

15. Dans le cas où, conformément aux lois existantes, la vente provisoire des marchandises, en tout ou en partie, et même celle du bâtiment, devra avoir lieu, elle sera ordonnée par l'officier d'administration de la marine, après avoir appelé et le principal préposé des douanes, et le fondé de pouvoir des équipages capteurs. Le produit de ces ventes sera provisoirement déposé dans la caisse des Invalides de la marine.

16. Le Conseil d'administration des ports sera exclusivement chargé des liquidations, tant générales que particulières, des prises faites par les bâtiments de l'Etat.

Les contestations sur ces liquidations seront portées au Ministre de la marine.

17. Les liquidations, tant générales que particulières, des prises amenées par les corsaires seuls, ainsi que les contestations qui pourront s'élever sur ces liquidations, seront jugées dans la forme ordinaire.

18. Les liquidations des prises faites concurremment par des bâtiments de l'Etat et des corsaires, ainsi que les contestations qui pourront s'élever sur la part revenant à chacun, seront jugées comme celles mentionnées en l'art. 16.

Les liquidations et les contestations subsidiaires entre l'armateur du corsaire et les intéressés rentreront dans les dispositions de l'art. 17.

19. Lorsque des prises seront conduites dans les ports des colonies françaises, ou lorsqu'un bâtiment ennemi ou neutre échouera ou fera naufrage sur les côtes desdites colonies, il sera procédé conformément aux art. 8, 9, 10, 11 et 15 du présent règlement.

20. Dans tous les cas prévus par l'art. 12, l'officier d'administration des colonies remettra, dans le plus bref délai, à l'ordonnateur de la marine, chaque instruction et toutes les pièces relatives aux prises, ainsi que celles concernant les bris, naufrage et échouement : l'ordonnateur adressera le tout au Ministre de la marine, pour le faire parvenir au secrétariat du Conseil des prises.

Et attendu que les pièces originales pourraient être perdues, l'officier d'administration sera obligé de garder des copies collationnées desdites pièces originales.

21. Pourront néanmoins les agents particuliers et en chef du Gouvernement dans les colonies, et, à leur défaut, le commandant en chef et l'ordonnateur ou principal officier d'administration de la marine, dans le cas des réclamations indiquées dans les art. 9 et 11, et même lorsqu'il s'agira de prises faites sous pavillon neutre, ordonner, sur le vu de l'instruction, qu'il sera statué sur la validité de la prise, conformément aux art. 9 et 10, et ordonner ensuite l'exécution provisoire de la décision ; mais à l'égard des prises faites sous pavillon neutre, l'exécution provisoire ne pourra avoir lieu que sur la demande expresse de l'une des parties et à la charge par elle de donner bonne et suffisante caution, qui sera agréée par l'ordonnateur et reçue par l'officier d'administration de la marine, et, en outre, de demeurer responsable des dommages-intérêts.

22. Chacun des art. 16, 17 et 18 s'appliquera, selon le cas, aux liquidations, tant particulières que générales, qui seront faites dans les colonies.

23. Lorsque des prises seront conduites dans des ports étrangers, les commissaires des relations commerciales se conformeront exactement aux traités conclus entre la France et les puissances chez lesquelles ces commissaires seront établis, et aux instructions du Gouvernement.

Et, dans le cas où le présent règlement pourra y recevoir son exécution, ils rempliront toutes les fonctions dont il charge l'officier d'administration des ports de la République, en se faisant assister de deux assesseurs, choisis, s'il est possible, parmi les citoyens français immatriculés et établis dans le lieu de la résidence de ces commissaires.

24. Ils enverront, comme il est porté en l'article 20 ci-dessus, pour les colonies, l'instruction de la prise, et toutes les pièces devant servir à faire prononcer sur sa validité, au Ministre de la marine pour les ransmettre au Conseil des prises, et en garderont des copies collationnées.

25. Si la prise est déclarée valable par le Conseil des prises, le concours des commissaires des relations commerciales sera nécessaire pour les actes relatifs à l'exécution de la décision, et ils se feront assister comme il est porté en l'article 23.

26. Les commissaires des relations commerciales seront tenus de faire passer directement au Ministre de la marine toutes les pièces qui devront servir à la liquidation des prises qui auront été faites par les bâtiments de l'Etat seuls, ou concurremment par les bâtiments de l'Etat et par les corsaires, pour que le Ministre les envoie au Conseil d'administration du port où le bâtiment de l'Etat aura été armé.

27. En conformité de la loi du 26 ventôse dernier, le Ministre de la justice, celui de la marine et des colonies, et celui des relations extérieures, donneront, dans le plus bref délai, les ordres nécessaires pour que toutes les procédures de prises actuellement pendantes dans les divers tribunaux, ou devant les commissaires des relations commerciales,

leur soient adressées : ils les feront remettre au secrétariat du Conseil des prises.

28. Le Gouvernement déterminera l'époque à laquelle le Conseil des prises devra cesser ses fonctions.

29. Toutes dispositions contraires au présent règlement cesseront d'avoir aucun effet.

30. Le Ministre de la marine et des colonies, le Ministre des relations extérieures et le Ministre de la justice veilleront, chacun en ce qui le concerne, à l'exécution du présent règlement, qui sera inséré au *Bulletin des lois*.

N° 14. — A l'article 78.

Arrêté du 9 ventôse an IX (28 février 1801), sur les prises qui sont faites par les vaisseaux et autres bâtiments de l'Etat.

ART. 1er. Tous vaisseaux, frégates, et autres bâtiments de guerre ennemis qui seront pris par les vaisseaux, frégates et autres bâtiments de l'Etat, ainsi que leur artillerie, agrès, apparaux, vivres et munitions, et les marchandises, pierreries, matières d'or et d'argent, et autres effets chargés sur les bâtiments capturés, appartiendront en totalité aux individus composant les états-majors et équipages des bâtiments preneurs.

2. A l'égard des corsaires, bâtiments armés en guerre et marchandises, et navires marchands, pris également par les vaisseaux ou autres bâtiments de l'Etat, un tiers du produit net de la prise sera prélevé au profit de la caisse des Invalides de la marine ; et les deux autres tiers seront distribués entre les états-majors et équipages des bâtiments preneurs, conformément aux dispositions du présent arrêté.

3. Lorsque les besoins de la République exigeront d'acquérir, pour son service, les vaisseaux et frégates de guerre de vingt canons et au-dessus, enlevés aux ennemis, le prix en sera payé aux équipages des bâtiments preneurs, des fonds de la marine, dans trois mois au plus tard de leur acquisition; sur le pied,

Savoir : De cinq mille francs pour chaque canon monté sur affût, des vaisseaux de quatre-vingt-dix canons et au-dessus ; de quatre mille francs pour ceux de quatre-vingts jusqu'à soixante canons inclusivement ; et de trois mille cinq cents francs, pour ceux des vaisseaux et frégates de vingt canons et au-dessus, jusqu'à soixante.

4. Lorsque les vaisseaux ennemis mentionnés en l'article précédent auront été pris à l'abordage, le prix accordé aux équipages preneurs sera augmenté de deux cents francs par chaque canon.

5. Dans les prix ci-dessus fixés seront compris l'artillerie, les munitions de guerre et de bouche, la coque du vaisseau, les mâtures, agrès, apparaux et toutes les dépendances des vaisseaux de guerre et frégates pris sur les ennemis, à l'exception des pierreries, des matières d'or et d'argent, et autres marchandises faisant partie des cargaisons qui pourront se trouver à bord, lesquelles appartiendront aux équipages des vaisseaux preneurs, indépendamment du prix payé pour la valeur des bâtiments.

6. Pourront pareillement être acquis pour le service de la République tous autres bâtiments de guerre, corsaires et navires marchands ennemis, pris par les vaisseaux de l'Etat, ainsi que les canons, armes, agrès, apparaux, vivres et autres munitions ou marchandises, en tout ou partie, qui se trouveront à bord desdits bâtiments et qui pourront être employés utilement pour le service des arsenaux ; le prix en sera payé dans le terme de trois mois du jour de leur acquisition, des fonds de la marine, sur l'estimation qui en sera faite par les commissaires nommés à cet effet pour la République, par l'officier de l'administration de la marine du port où les prises seront vendues, de concert avec les experts nommés par les équipages preneurs, ou, à leur défaut, par le syndic des classes.

7. Tout ce qui ne sera pas acquis pour le service de la République sera vendu de la manière et en la forme ci-après prescrites ; et tous les frais de procédures, garde, magasinage et autres, seront prélevés sur le produit brut des évaluations, estimations et ventes.

8. A l'égard des vaisseaux, frégates et autres bâtiments de guerre, ainsi que des corsaires ennemis qui seront coulés bas, brûlés ou autrement détruits par les vaisseaux, frégates et autres bâtiments de la République, il sera payé, des fonds de la marine, aux équipages des vaisseaux et autres bâtiments qui les auront détruits ,

Savoir : Huit cents francs pour chaque canon monté sur affût, des vaisseaux de ligne ennemis ; six cents francs pour chaque canon de frégate et autres bâtiments de guerre ; et quatre cents francs pour chaque canon de corsaire particulier.

9. Le produit des prises et gratifications revenant soit à des armées navales, escadres ou divisions, soit à un vaisseau ou autre bâtiment de la République ayant une destination particulière, sera partagé,

Savoir : Un tiers entre les officiers généraux, les commandants de vaisseaux, frégates et autres bâtiments, et les officiers et autres personnes composant les états-majors ; et les deux tiers restants, entre les équipages.

10. Le tiers attribué aux officiers généraux , commandants et états-majors, ne fera, dans tous les cas, qu'une seule masse dans laquelle tous les officiers d'une armée navale, escadre ou division, ou ceux d'un vaisseau ou autre bâtiment ayant une destination particulière, auront les parts réglées ci-après pour leur grade, sans avoir égard à la force des bâtiments, savoir :

Le vice-amiral, commandant avec le titre d'amiral............	30	parts.
Le vice-amiral.......... { commandant en chef..............	20	
{ s'il ne commande pas en chef.......	15	
Le contre-amiral....... { commandant en chef..............	15	
{ s'il ne commande pas en chef.......	10	
Le capitaine de pavillon d'un officier général.................	5	
Le capitaine de vaisseau.. { commandant un vaisseau..........	5	
{ commandant une frégate..........	3 1/2	
Le capitaine de frégate... { commandant une frégate ou un autre bâtiment.....................	3	
{ employé en second et autrement.....	2	

Le lieutenant de vaisseau.	commandant une frégate ou autre bâ-timent....	2	parts.
	ne commandant pas..............	1	
L'enseigne de vaisseau....	commandant un bâtiment..........	1	
	ne commandant pas..............	« 1/2	
L'officier de santé de première classe......................		« 1/4	
L'agent comptable..		« 1/4	
L'aspirant de marine.....................................		« 1/8	

Les officiers d'administration de la marine et les officiers du génie maritime embarqués sur les bâtiments de l'Etat auront des parts de prises réglées d'après la correspondance de leur grade avec les grades militaires.

11. Les officiers promus à un nouveau grade dans le cours d'une campagne, ainsi que les gens de l'équipage qui seront avancés, jouiront du nombre de parts attribué à leur nouveau grade, pour les prises qui auront été faites depuis le jour qu'ils l'auront obtenu.

12. Les deux tiers appartenant aux équipages seront répartis comme il suit, SAVOIR :

Aux sergents-majors, quand ils feront les fonctions de capitaines d'armes............................	
Aux premiers maîtres de manœuvre..............	4 parts à chacun.
Aux premiers maîtres de canonnage..............	
Aux premiers maîtres de timonnerie....	
Aux sergents des troupes de marine..............	
Aux premiers maîtres de charpente...............	
Aux premiers maîtres de calfatage...............	
Aux premiers maîtres de voilerie................	
Aux seconds maîtres de manœuvre................	3 »
Aux seconds maîtres de canonnage..............	
Aux seconds maîtres de timonnerie..	
Aux pilotes-côtiers.............................	
Aux officiers de santé de seconde classe...........	
Aux seconds maîtres de charpentage.............	
Aux seconds maîtres de calfatage................	2 1/2 »
Aux seconds maîtres de voilerie..................	
Aux contre-maîtres............................	
Aux caporaux des troupes de marine..............	
Aux quartiers-maîtres.........................	
Aux aides de canonnage........................	
Aux aides de timonnerie.......................	
Aux aides de charpentage......................	2 »
Aux aides de calfatage.........................	
Aux aides de voilerie..........................	
Aux officiers de santé de 3e classe...............	
Aux maîtres armuriers et forgerons..............	
Aux matelots faisant les fonctions de gabiers........	2 1/2 »
Aux préposés des vivres	
A chaque matelot, soldat, tambour et musicien......	1 »
A chaque novice..............................	3/4 »
A chaque domestique et mousse..................	1/2 »

13. Les officiers de l'armée de terre embarqués sur des vaisseaux ou autres bâtiments de l'Etat, ou sur des transports frétés par lui et armés en guerre, auront part aux prises selon leur grade correspondant avec ceux de la marine ; et les sous-officiers et soldats des mêmes troupes seront traités comme les troupes de marine.

14. Dans toutes les expéditions où les troupes de terre agiront de concert avec les forces navales, soit contre une place, soit contre une colonie, le produit des prises faites, lors de l'attaque ou en vue du lieu qu'on devra attaquer, sera partagé en commun par tous les individus de terre et de mer, et par égale portion, à égalité de grade, sans que toutefois l'officier commandant les forces de terre en chef puisse, à raison de son grade, prétendre à une part plus forte que l'officier commandant les forces navales.

15. Le supplément de part attaché au commandement n'est alloué qu'à l'officier général, l'officier supérieur ou autre commandant en chef les forces de terre. Tout officier général, officier supérieur ou autre ne commandant point en chef, sera traité comme l'officier de mer du même grade, non commandant.

16. Lorsqu'une armée navale ou escadre sera à l'ancre dans un port ou une rade, s'il en est détaché, pour établir des croisières, une escadre ou division, et que ce détachement fasse des prises, le tiers de leur produit sera dévolu de droit aux vaisseaux détachés, sans partage avec le reste de l'armée ou escadre; et les deux autres tiers seront réunis à la masse générale du produit des prises, pour être partagés tant entre les vaisseaux qui auraient été détachés qu'entre ceux qui seraient restés à l'ancre.

17. Le produit des prises faites par quelques détachements de l'armée navale ou escadre qui sera en pleine mer appartiendra en commun à l'armée navale ou escadre, sans aucune distraction en faveur des vaisseaux qui auront fait ou amariné lesdites prises.

18. Toutes les fois que des divisions de bâtiments, ayant des instructions séparées, seront expédiées en même temps pour des missions différentes, les prises que chaque bâtiment ou chaque division pourra faire à la mer lui appartiendront en entier, sans partage avec les autres, lorsque les bâtiments preneurs ne seront plus en vue de ceux qui auront une autre destination.

19. Lorsqu'un ou plusieurs bâtiments seront détachés par le commandant d'une armée navale ou escadre, soit à l'ancre, soit à la mer, avec ordre de ne plus se réunir à l'armée ou escadre dont ils seront détachés, les prises qu'ils feront après leur séparation leur appartiendront en entier.

20. Dans le cas où, par des ordres subséquents, des divisions ou des bâtiments pourvus d'instructions séparées devront se réunir, les prises qu'ils feront de part et d'autre avant la réunion appartiendront, sans partage, à la division ou bâtiment qui les aura faites.

21. Si un vaisseau ou autre bâtiment destiné à faire partie d'une division ou escadre, est chargé par ordre du préfet maritime d'une mission particulière, les prises qu'il peut faire pendant le cours de cette mission lui appartiennent en entier, sans que la division ou escadre à laquelle il doit être réuni à son tour puisse y rien prétendre.

22. Si une division déjà en mer doit être jointe à une autre non encore expédiée ou ayant à remplir quelque mission avant que la réunion puisse s'effectuer, et qu'il soit fait des prises avant cette réunion, soit

II.   8

par la division déjà en mer, soit par celle qui doit aller la joindre, elles appartiennent à la division du bâtiment preneur, sans que l'autre division puisse former la prétention d'en partager le produit.

23. Lorsque les bâtiments armés en course par des particuliers auront été requis par les commandants des escadres, vaisseaux ou autres bâtiments de l'État, de sortir avec eux des ports ou de les joindre à la mer, dans ces cas seulement, lesdits bâtiments armés en course participeront aux produits des prises et aux gratifications pendant le temps qu'ils seront attachés aux escadres ou vaisseaux; et leur part sera fixée suivant le nombre de leurs canons montés sur affût, sans avoir égard à leur calibre ni à leur force d'équipage, et proportionnellement au nombre des canons des vaisseaux et autres bâtiments de l'État avec lesquels ils auront fait lesdites prises.

De sorte que si, par exemple, le bâtiment armé en course était de vingt canons, et que la division fût composée d'un vaisseau de quatre-vingts, d'un de soixante-quatorze, et d'une frégate de trente, il serait fait deux cent quatre parts, desquelles cent quatre-vingt-quatre appartiendraient à la division, et les vingt autres au bâtiment armé en course.

24. Dans le cas où lesdits vaisseaux ou autres bâtiments de l'État auraient été détachés d'une armée navale ou escadre mouillée dans le port, la part qui reviendra aux bâtiments armés en course sera réglée comme si les vaisseaux détachés formaient, eux seuls, une escadre particulière, sans avoir égard aux vaisseaux qui, étant restés à la mer, n'auraient pas contribué à la prise; et la part qui reviendra aux vaisseaux de l'État sera répartie de manière qu'ils auront le tiers comme preneurs, et qu'ils partageront les deux autres tiers avec le reste de l'escadre.

25. Dans tous les cas où les bâtiments armés en course, n'ayant pas été requis de se joindre aux vaisseaux de l'État, feront des prises en vue desdits vaisseaux, elles appartiendront en totalité aux bâtiments armés en course, qui, de leur côté, ne seront admis à aucun partage dans les prises que les vaisseaux de l'État pourraient faire à leur vue.

26. Les équipages des bâtiments de commerce employés pour le compte de l'État et soldés par lui auront pareillement part aux prises suivant le grade que chaque individu a au service.

Cependant la part de chacun des individus employés sur lesdits bâtiments ne pourra excéder, pour le capitaine du bâtiment de commerce, la part d'un enseigne; pour le second capitaine, la part d'un premier maître; pour les autres officiers, la part d'un aspirant; pour les premiers et second maîtres du bâtiment de commerce, la part d'un contre-maître; pour les autres hommes de l'équipage, la part d'un matelot.

27. Les bâtiments armés en guerre et marchandises, et destinés pour les colonies, auront part aux prises faites par les vaisseaux qui leur serviront d'escorte, lorsqu'ils coopéreront à les faire; ce qui sera constaté par la vérification et comparaison des journaux tant du vaisseau commandant que du bâtiment convoyé.

28. Les équipages des bâtiments dont la présence inopinée aura faci-

lité les prises seront traités dans le partage comme les équipages des bâtiments preneurs.

29. Les prises faites en commun par des armées combinées seront réparties à raison du nombre de vaisseaux de ligne, sans avoir égard aux frégates et autres bâtiments ; et comme cette répartition n'est que de nation à nation, les frégates et autres bâtiments n'auront pas moins la part qui leur revient dans la masse attribuée à chaque armée alliée.

30. Un officier général commandant une armée ou escadre, sous les ordres du commandant d'une armée ou escadre alliée, sera traité, dans la répartition, comme s'il commandait en chef.

31. Les héritiers des marins tués dans les combats ou morts des suites de leurs blessures toucheront les parts qui étaient dévolues aux marins dont ils héritent, non-seulement dans les prises faites avant leur mort, mais encore dans celles qui seront faites pendant le mois qui la suivra, pourvu que la campagne n'ait pas été interrompue.

32. Les marins débarqués pour cause de maladie ou de blessure auront part à toutes les prises qui seront faites après leur débarquement, s'ils retournent à leurs bords respectifs, ou s'ils réarment sur les bâtiments de l'escadre ou division d'où ils provenaient ; mais s'ils restent à terre ou s'ils passent sur d'autres bâtiments, ils ne participeront qu'aux prises faites dans l'espace d'un mois, à compter du jour de leur débarquement. Le même traitement sera accordé aux héritiers des officiers ou gens de l'équipage qui, étant débarqués pour rétablir leur santé, mourront des suites de leurs blessures.

33. Pour être à portée de pourvoir au sort des blessés ou veuves et enfants des gens de mer tués dans les combats ou morts des suites de leurs blessures, il sera arrêté, par les Conseils d'administration établis dans les ports, un état des gratifications qu'il conviendra de leur accorder sur la caisse des Invalides de la marine, indépendamment des demi-soldes ou pensions qui doivent être la récompense des blessés qui, par suite de leurs blessures, seront hors d'état de servir, ou celles qui seront accordées aux veuves dont la situation exigera ce secours.

34. En cas de vente des prises dans les ports étrangers, les commissaires des relations commerciales, chargés, par l'arrêté du 6 germinal an VIII, de remplir les fonctions des administrateurs de la marine, ne pourront prétendre qu'à une rétribution d'un demi pour cent qui sera prélevée sur le produit net de la vente.

35. Les ordonnateurs ou administrateurs de la marine dans les colonies, seront autorisés à poursuivre le jugement et à faire procéder à la répartition des prises qui y seront conduites ; mais la part du produit des prises revenant aux équipages preneurs ne pourra être employée dans les colonies pour les besoins du service que de leur consentement exprès et individuel.

36. Lorsque les prises auront été vendues dans les colonies et que leur répartition devra se faire en France, les récépissés des trésoriers particuliers sur le payeur général de la marine feront connaître les noms de tous les bâtiments copreneurs, ainsi que l'espèce des prises et les époques où elles auront été faites.

37. Le bordereau de la vente ainsi que l'état de répartition, seront imprimés et un exemplaire en sera envoyé à chaque quartier des classes auquel appartiendront les marins intéressés à la répartition, et un autre, dans le cas où des troupes auraient été embarquées, aux Conseils d'administration des corps auxquels elles appartiennent.

38. Lorsque la vente des prises faites sur l'ennemi aura eu lieu dans d'autres ports que ceux de la République, la part qui reviendra aux bâtiments preneurs sera versée dans les ports où les bâtiments auront été désarmés ; mais dans le cas où l'équipage aurait été congédié avant de pouvoir toucher la part de prise qui lui revient, chacun des hommes qui le composent touchera sa part sur la caisse de son quartier.

39. Lorsque des bâtiments français auront été repris par des bâtiments de l'État après avoir été vingt-quatre heures au pouvoir de l'ennemi, les bâtiments et leur cargaison appartiendront aux équipages preneurs, conformément aux articles 1 et 2 ; mais dans le cas où la reprise aura été faite avant les vingt-quatre heures, le droit de recousse ne sera que du tiers de la valeur du navire repris et du tiers de sa cargaison ; et si le bâtiment repris est un bâtiment de guerre, le tiers de sa valeur sera évalué suivant les dispositions de l'article 3.

40. Les procédures pour parvenir au jugement des prises faites par les escadres ou vaisseaux de la République seront commencées, dans les vingt-quatre heures qui suivront l'arrivée desdites prises, par l'officier d'administration de la marine du port de la République dans lequel elles auront été conduites pour y être vendues, ou par le commissaire des relations commerciales, si c'est dans un port étranger, conformément à l'arrêté du 6 germinal an VIII.

41. Les ventes définitives, les ventes provisoires s'il y a lieu, et les liquidations des prises, seront faites conformément aux dispositions de l'arrêté du 6 germinal an VIII.

42. Il est expressément défendu à tous individus composant les états-majors et équipages des vaisseaux, frégates et autres bâtiments de la République, comme à tous officiers, sous-officiers et soldats, soit de terre, soit de marine, embarqués comme garnison, de vendre à l'avance leurs parts éventuelles dans le produit des prises. Toute vente, cession ou transport qui en auraient été faits, seront nuls et de nul effet : l'acquéreur perdra toute somme qu'il aurait payée pour ce genre de transaction, et sera, en outre, condamné à une amende de mille francs au profit de la caisse des Invalides de la marine, pour chacune de celles qu'il se serait permises, conformément à la loi du 1er octobre 1793.

43. Le Ministre de la marine et des colonies est chargé de l'exécution du présent arrêté, qui sera inséré au *Bulletin des lois*.

N° 15. — Au titre des navires naufragés.

Arrêté du 7 mars 1801 relatif au sauvetage des bâtiments naufragés et à la vente de ces bâtiments et des prises.

ART. 1er. A défaut des armateurs, propriétaires. subrécargues ou correspondants, l'officier en chef d'administration de la marine, et, en son absence, celui qui le remplace dans l'ordre du service, sera chargé du sauvetage et de tout ce qui concerne les naufrages, quelle que soit la qualité du navire; il sera également chargé de la vente des prises, ainsi que l'était le juge de paix, dont il remplit toutes les fonctions à cet égard.

Les dispositions précédentes seront également appliquées aux navires étrangers, à moins que les traités ou conventions ne contiennent des dispositions contraires.

2. Si un navire fait naufrage, à quelque distance que ce soit du port dont il dépend, c'est à l'officier d'administration de ce port que doivent être adressés les premiers avis; et, jusqu'à son arrivée, les syndics des gens de mer donneront les premiers ordres, et requerront, en cas de besoin, l'assistance des autorités locales, soit pour pourvoir au sauvetage, soit pour empêcher le pillage.

3. Le produit de toutes les ventes provisoires, soit qu'il s'agisse de prises, soit que les effets proviennent de bâtiments naufragés, sera déposé à la caisse des invalides de la marine, sauf réclamation par qui il appartiendra, en se conformant à l'article 15 de l'arrêté du 6 germinal an VIII, portant création du Conseil des prises, et à l'article 5 de l'arrêté du 27 nivôse, relatif au mode d'exécution de la loi du 13 mai 1791 sur la caisse des prises.

4. L'équipage nommera ses fondés de pouvoirs pour le représenter dans les ports où les prises aborderont.

5. L'inspecteur qui a remplacé le contrôleur de la marine surveillera toutes les parties de ce service : il prendra communication de toutes les pièces de bord et d'instruction, et donnera ses conclusions avant que l'administrateur et celui qu'il est autorisé à s'adjoindre rendent leur décision. L'inspecteur surveillera l'exécution et toutes les opérations qui doivent en être la suite.

6. L'administration de la marine qui aura, ou présidé au jugement des prises faites par les corsaires dans le cas de l'article 9 de l'arrêté du 6 germinal, ou procédé à l'instruction dans tous les autres cas, l'inspecteur et le fondé de pouvoirs des équipages, veilleront de concert à ce que la liquidation en soit promptement terminée.

7. Il est accordé aux trésoriers des Invalides quinze centimes par cent francs pour toute indemnité des frais du travail et de la responsabilité que nécessite le dépôt dans leurs caisses des sommes provenant des ventes des prises ou des naufrages ; mais ce droit de dépôt ne sera perçu par eux que lors de la remise des fonds à qui de droit.

8. Les chanceliers et autres dépositaires, en pays étranger, du produit des ventes des prises, bris ou naufrages, jouiront de la même indemnité.

9. Le droit de commission et les gratifications qui seront accordées aux capitaines de corsaires et aux conducteurs de prises ne pourront, dans aucun cas, excéder les deux pour cent fixés par la déclaration du 24 juin 1778, et supporteront la retenue prescrite au profit

de la caisse des Invalides de la marine, conformément à ladite déclaration.

10. Le secrétaire ou l'employé qui, dans les grands ports, fera les fonctions de greffier près l'officier d'administration chargé du dépôt des pièces, délivrera *gratis* les expéditions qui lui seront demandées, et qui seront visées par l'administrateur : il ne lui sera accordé d'indemnités ou vacations que dans le cas de déplacement et au taux déterminé par le tarif.

11. L'officier d'administration ne pourra également réclamer de vacations que dans le cas où il serait obligé de sortir du lieu de sa résidence ; et alors il lui sera alloué des frais de voyage conformément audit tarif.

12. Les frais de timbre, d'enregistrement, et autres indispensables, seront avancés par le trésorier des Invalides, qui en sera remboursé sur le produit des prises.

13. Le Ministre de la marine et des colonies est chargé de l'exécution du présent arrêté, qui sera inséré au *Bulletin des lois*.

N° 17.

Ordonnance du 7 novembre 1833, sur les fonctions des Consuls dans leurs rapports avec la marine militaire.

TITRE Ier. DISPOSITIONS GÉNÉRALES.

ART. 1er. Le passage sur les bâtiments de guerre ne sera accordé aux Consuls qui se rendront d'un port du royaume à leur destination que d'après une demande adressée par le Ministre des affaires étrangères au Ministre de la marine et des colonies.

Il en sera de même, autant que possible, lorsque les Consuls auront à demander passage sur les bâtiments de guerre, soit pour satisfaire à des ordres de permutation, soit pour revenir en France.

La correspondance constatant le fait de cette demande officielle sera exhibée aux officiers commandants.

Toutefois, en cas de décès des Consuls à l'étranger, aucune justification analogue ne sera exigée pour assurer, s'il y a lieu, le retour de leur famille dans un port de France ou dans une colonie française.

2. Les Consuls généraux et Consuls admis à prendre passage sur les bâtiments de guerre y seront traités selon leur rang d'assimilation avec les officiers de la marine royale, qui est réglé ainsi qu'il suit :

Le Consul général aura rang de contre-amiral :

Le Consul de première classe, rang de capitaine de vaisseau ;

Et le Consul de seconde classe, rang de capitaine de frégate.

Les allocations pour le passage de ces agents continueront d'être payées aux officiers commandants sur les fonds de la marine, à charge de remboursement par le Département des affaires étrangères immédiatement après vérification.

3. Les Consuls qui croiraient devoir réclamer, en faveur de tierces personnes, le passage sur les bâtiments de guerre, pour revenir en France ou pour se rendre d'un point à un autre hors du royaume, devront toujours faire ces demandes *par écrit*.

Toute dépense de cette nature qui ne serait pas justifiée par une demande *écrite* des Consuls demeurera au compte de l'officier commandant.

Les frais de passage dûment justifiés seront supportés par le Département de la marine, s'ils concernent des hommes de mer, et, pour tous autres individus, ils seront remboursés par le Ministère des affaires étrangères, sauf recours contre qui de droit.

4. Lorsqu'un passage annoncé n'aura pas eu lieu, il sera payé à l'officier commandant, ou, selon le cas, à l'état-major du bâtiment, une indemnité égale à la moitié de l'allocation qui aurait été due d'après les tarifs si le fait du passage se fût accompli.

Cette dépense sera supportée par le Département des affaires étrangères, dans le cas où l'incident serait résulté soit d'une révocation de ses ordres, soit de ce que le passager annoncé n'aurait pas été rendu à bord à l'époque indiquée pour le départ ; elle demeurera à la charge du Département de la marine si le bâtiment a mis à la voile avant cette époque ou si la destination a été changée.

5. Les Consuls ne pourront obtenir aucune allocation directe ou indirecte, sur le budget de la marine, pour le service dont ils sont chargés en ce qui concerne les bâtiments du Roi.

Cependant notre Ministre des affaires étrangères, après s'être concerté avec notre Ministre de la marine, pourra nous présenter les propositions qu'il estimerait justes et convenables à l'effet d'indemniser les Consuls que le séjour prolongé des escadres ou divisions aurait pu constituer en dépenses extraordinaires.

6. Les visites officielles entre les Consuls et les officiers de la marine royale seront réglées ainsi qu'il suit :

Les Consuls généraux et Consuls feront la première visite aux commandants en chef de stations, escadres ou divisions, pourvus de commissions.

Cette visite sera faite aux Consuls généraux et Consuls par tout officier commandant un bâtiment isolé ou détaché. Si le commandant est capitaine de vaisseau, les officiers du consulat le recevront au débarcadère.

La visite officielle n'aura lieu de part et d'autre qu'à la première arrivée des bâtiments du Roi dans la rade ou le port de la résidence des Consuls.

Elle sera rendue dans les vingt-quatre heures, toutes les fois que le temps le permettra.

Les dispositions de l'ordonnance du 31 octobre 1827, sur les honneurs à rendre aux Consuls en fonctions lorsqu'ils viendront à bord des bâtiments de guerre pour la visite, continueront d'être observées (1).

TITRE II. — DE L'ARRIVÉE ET DU SÉJOUR DES BATIMENTS.

7. Lorsque des bâtiments du Roi se disposeront à entrer dans une rade ou dans un port étranger, le Consul, s'il y règne quelque maladie épidémique ou contagieuse, en donnera promptement avis aux officiers commandants.

Il fera, d'ailleurs, toutes les démarches nécessaires pour préparer et maintenir le bon accord entre les officiers commandants et les autorités locales.

Il éclairera les commandants sur les honneurs qui seraient à rendre à la place d'après les règlements ou les usages, et il les instruira de ce que font aussi, à cet égard, les principaux pavillons étrangers.

8. Si, malgré ces explications officieuses, le salut n'a pas été fait ou rendu à la commune satisfaction, les officiers commandants et les Consuls en informeront nos Ministres de la marine et des affaires étrangères.

9. Les Consuls et les officiers commandants auront soin de se communiquer réciproquement tous les renseignements qui pourraient intéresser le service de l'État et le commerce maritime.

10. Conformément à l'art. 19 de notre ordonnance du 29 octobre dernier, les Consuls devront remettre le *droit de police* sur les navires de commerce français en rade aux officiers commandants des bâtiments du Roi qui apparaîtront dans leur résidence.

Toutefois, si l'officier commandant, ayant à reprendre la mer dans un délai de moins de huit jours, s'abstient de revendiquer l'exercice de cette attribution, les Consuls en demeureront investis, à moins que, dans l'intérêt de la discipline et du bon ordre, ils ne croient indispensable que le commandant en soit chargé, auquel cas ils devront lui en faire la demande officielle.

Il en serait de même si les Consuls croyaient devoir, pour des motifs analogues, inviter le commandant à les seconder dans l'exercice de leur *droit de police* sur les navires du commerce stationnés dans le port.

11. Dans le cas de relâche, ainsi que dans les cas où les bâtiments de guerre viendraient en mission ou en station, le Consul, comme suppléant l'administration de la marine, fera pourvoir à leurs besoins de toute nature.

12. Le Consul ne procédera à ce service que sur des états de demandes dressés, soit par le Conseil d'administration du bord pour les bâtiments armés avec des équipages de ligne, soit par l'agent chargé de la comptabilité et par l'officier en second pour les bâtiments qui ne

---

(1) V. décret du 15 août 1851, sur le service des bâtiments de la flotte, qui a modifié sur ce point 'ordonnance de 1827.

seraient pas armés de cette manière. Les demandes devront être approuvées par l'officier commandant.

13. Après avoir examiné les demandes des bâtiments, le Consul se mettra en mesure d'y satisfaire dans les limites fixées par les règlements de la marine.

Il passera tous marchés nécessaires en présence de l'agent chargé de la comptabilité, et des officiers désignés par le commandant pour assister à cette opération. Les marchés devront être visés par le commandant. Le Consul se conformera et veillera à ce que l'on se conforme pour le nombre, la nature et la forme des pièces justificatives de la dépense, aux règlements et instructions sur la comptabilité de la marine.

14. A la fin de chaque trimestre, le Consul dressera un compte qu'il transmettra, par les voies les plus promptes, au ministre de la marine, avec les pièces justificatives à l'appui.

A la même époque, et pour payer les fournisseurs ou pour se rembourser des payements directs qu'il leur aurait faits, le Consul émettra, jusqu'à concurrence du montant de la dépense constatée, des traites sur le Trésor public à viser pour acceptation par le Ministre de la marine. Il se conformera ponctuellement, quant à cette émission de valeurs, aux instructions qui lui seront adressées par ce même Ministre.

15. Si des hommes désertent des bâtiments de guerre, le Consul, sur la dénonciation qui lui en sera faite dans les formes prescrites par les lois et règlements, interviendra auprès de l'autorité locale pour qu'ils puissent être poursuivis et arrêtés.

En cas d'arrestation, la prime sera immédiatement payée aux capteurs, s'ils la réclament, par les soins du Consul.

Le déserteur sera conduit à son bord, si le bâtiment auquel il appartient n'a pas repris la mer. Si ce bâtiment est parti et qu'il y ait sur rade d'autres bâtiments de guerre, le déserteur sera mis à la disposition de l'officier commandant en chef. A défaut de bâtiment de guerre, le Consul renverra le déserteur en France sur un navire du commerce, avec ordre écrit au capitaine de le remettre en arrivant à la disposition de l'administration de la marine, et il en rendra compte au Ministre.

Les frais de passage seront réglés, dans ce cas, comme il est dit aux art. 36 et 37 de notre ordonnance du 29 octobre dernier.

TITRE III. — DU CAS D'APPEL AUX FORCES NAVALES.

16. Lorsque, d'après la situation politique du pays, le Consul le croira nécessaire dans l'intérêt de l'État ou par suite de danger manifeste, soit pour la sûreté des personnes, soit pour la conservation des propriétés françaises, il pourra faire appel aux forces navales qui se trouveraient en rade ou dans des parages peu éloignés.

17. Si les bâtiments sont réunis en escadre ou division, cet appel,

toujours appuyé d'une communication en forme de note, sera adressé à l'officier général ou supérieur commandant en chef.

18. Si l'appel est adressé à un bâtiment détaché d'une escadre ou division, l'officier commandant devra en référer à l'officier général ou supérieur commandant en chef, à moins d'obstacles causés par l'éloignement ou par l'urgence.

19. Lorsque, par l'effet de ces obstacles, le commandant d'un bâtiment détaché sera forcé de prendre sous sa responsabilité personnelle une détermination immédiate, cet officier aura soin d'en informer, par les voies les plus promptes, l'officier général ou supérieur commandant en chef l'escadre ou division, et le Ministre de la marine.

20. L'officier commandant un bâtiment isolé qui se trouverait dans une situation analogue, rendra compte promptement des faits au Ministre de la marine.

21. Dans les communications qui seront échangées entre les agents des deux Ministères, pour les cas d'appel aux forces navales, les officiers de la marine devront avoir soin de faire connaître officiellement et par écrit aux Consuls si des ordres antérieurs leur avaient ou non assigné des missions que cet appel serait de nature à retarder ou à compromettre.

22. Si les bâtiments doivent être retenus dans les pays au delà des époques qui avaient été fixées par les ordres et instructions du Ministre de la marine, l'officier général ou supérieur commandant en chef, et, selon le cas, l'officier commandant un bâtiment isolé, se hâtera d'en rendre compte à ce Ministre, afin qu'il se mette en mesure d'assurer par d'autres combinaisons l'ensemble du service, et qu'il avise s'il y a lieu, de concert avec le Ministre des affaires étrangères aux moyens de subvenir à l'excédant de dépenses.

Le Consul rendra compte, de son côté, au Ministre des affaires étrangères de toutes les circonstances qui l'auront obligé à provoquer cette prolongation de séjour.

TITRE IV. — DES DISPOSITIONS ÉVENTUELLES A PRENDRE APRÈS LE DÉPART DES BATIMENTS.

23. Lorsque des marins appartenant aux bâtiments du Roi auront été laissés à terre pour cause de maladie, le Consul pourvoira à l'acquittement de la dépense qu'ils auront occasionnée. A défaut d'autres bâtiments de guerre ou présents ou annoncés pour une époque rapprochée, le Consul assurera le retour de ces marins en France par la voie des navires du commerce.

Il se remboursera de toutes ses avances sur le Ministère de la marine.

24. Si un bâtiment de guerre a été contraint par un appareillage subit, ou pour toute autre cause, d'abandonner des ancres, des chaînes, des embarcations, ou de laisser à terre des effets et munitions quelconques, le Consul prendra sur-le-champ telles mesures que lui indiqueront les instructions qui lui auraient été adressées, soit pour le cas

particulier, soit pour les faits de l'espèce en général, et, à défaut d'instructions, il se guidera d'après ce que la prudence lui suggérerait pour le bien du service. Il devra rendre compte des faits et des résultats au Ministre de la marine.

25. Si, d'après les instructions qui auront été données au Consul, ou d'après la détermination qu'il aura cru devoir prendre lui-même en raison, soit de l'état de dépérissement, soit de la cherté ou de la difficulté du transport, les objets provenant des bâtiments du Roi, doivent être vendus sur les lieux en tout ou en partie, la vente ne pourra se faire que par voie d'adjudication publique.

26. En cas de vente, il sera fait un procès-verbal détaillé que le Consul adressera avec toutes les pièces justificatives, à notre Ministre de la marine.

Il transmettra aussitôt le produit de la vente au même Ministre, qui en fera effectuer le versement au Trésor (recettes diverses), conformément aux prescriptions de l'ordonnance du 14 septembre 1822 sur la comptabilité publique.

27. Les dispositions mentionnées dans les art. 24, 25 et 26 sont applicables aux objets provenant d'un bâtiment de guerre qui aurait fait naufrage ou qui aurait été condamné pour cause d'innavigabilité.

TITRE V. — PRISES.

28. Lorsque des navires arrêtés, d'après les lois du 11 avril 1825 et du 4 mars 1831, par les bâtiments de guerre français, sous la prévention de piraterie ou de traite des noirs, relâcheront dans un port étranger, le Consul pourvoira aux besoins de ces navires, sur la demande de l'officier conducteur, dans les formes prescrites à l'égard des bâtiments du Roi.

29. Si ces navires sont hors d'état de reprendre la mer, le Consul fera constater, suivant les formes légales, le fait d'innavigabilité, et il fera procéder à la vente desdits navires, ainsi qu'au débarquement de la cargaison.

Il en rendra compte au ministre de la marine et lui transmettra les pièces de bord et les pièces relatives à l'instruction préparatoire.

30. Jusqu'à ce qu'il ait été statué par les tribunaux compétents sur la validité de la prise, les fonds provenant de la vente du navire seront conservés, à titre de dépôt, dans la caisse de la Chancellerie. Il en sera même du produit des marchandises dans le cas où leur état de détérioration obligerait à en faire la vente.

31. Quant aux prises faites et conduites, en temps de guerre, dans les ports étrangers par les bâtiments du Roi, les Consuls se conformeront, si les traités le permettent, aux dispositions de l'arrêté du 7 germinal an VIII (27 mars 1800), qui leur confèrent les attributions exercées, en pareil cas, par l'administration de la marine.

32. Nos Ministres secrétaires d'État au Département des affaires étrangères et de la marine et des colonies sont chargés, chacun en ce qui le concerne, de l'exécution de la présente ordonnance.

N° 18.

Actes ou extraits d'actes cités dans l'Ordonnance du 7 novembre 1833 sur les fonctions des Consuls dans leurs rapports avec la marine militaire.

N° 1. — A l'article 6.

Extrait de l'Ordonnance sur le service des Officiers, des Elèves et des Maîtres à bord des bâtiments de la Marine royale, en date du 31 octobre 1827 (1).

TITRE XVIII.

ART. 697. Dans les ports étrangers, lorsque les personnes désignées ci-après se transporteront à bord des vaisseaux de l'Etat, elles recevront les honneurs suivants :

Un Ambassadeur de France sera salué de *quinze* coups de canon ; il sera reçu au haut de l'escalier par le commandant en chef ; la garde portera les armes et le tambour battra au champ.

Les Ministres de France seront salués de *onze* coups de canon ; ils seront reçus au haut de l'escalier par le commandant en chef ; la garde portera les armes et le tambour rappellera.

Les chargés d'affaires de France seront salués de *neuf* coups de canon ; ils seront reçus au haut de l'escalier par le capitaine du bâtiment ; la garde portera les armes et le tambour fera un rappel de *trois* coups de baguettes.

Les Consuls généraux seront salués de *neuf* coups de canon ; ils seront reçus au haut de l'escalier par le capitaine du bâtiment ; la garde aura l'arme au pied, le tambour sera prêt à battre.

Les Consuls seront salués de *sept* coups de canon ; ils seront reçus sur le gaillard d'arrière par le capitaine du bâtiment ; la garde formée en haie sera sans armes.

Les vice-consuls seront salués de *cinq* coups de canon ; ils seront reçus sur le gaillard d'arrière par l'officier en second du bâtiment ; la garde ne s'assemblera pas.

698. Ces honneurs seront rendus aux agents diplomatiques et consulaires désignés dans l'article précédent, lorsqu'ils feront une visite officielle à bord des bâtiments de l'Etat, lorsqu'ils s'embarqueront pour revenir en France, lorsqu'ils quitteront le bâtiment qui les aura conduits à leur destination en pays étranger, et lorsqu'il n'y aura pas sur les lieux un agent d'un rang supérieur.

Il ne leur sera rendu aucun honneur au port de leur embarquement ou de leur débarquement en France.

---

(1) V. décret du 15 août 1851.

N° 2. — A l'article 26.

Extrait de l'Ordonnance concernant la comptabilité et la justification des Dépenses publiques, en date du 14 septembre 1822.

TITRE Ier.

ART. 3. Les Ministres ne pourront accroître par aucune recette particulière le montant des crédits affectés aux dépenses de leur service.

Lorsque quelques-uns des objets mobiliers ou immobiliers mis à leur disposition seront susceptibles d'être vendus, la vente ne pourra en être faite qu'avec le concours de la régie de l'enregistrement et dans les formes prescrites. Le produit de ces ventes, comme aussi la restitution des sommes qui auraient été payées indûment et par erreur sur leurs crédits, et que les parties prenantes n'auraient restituées qu'après la clôture du compte de l'exercice, et généralement tous autres fonds qui proviendraient d'une source étrangère aux crédits législatifs, seront versés à notre Trésor royal et portés en recette au chapitre des produits divers de l'exercice courant.

N° 3. — A l'article 28.

Loi du 11 avril 1825, pour la sûreté de la navigation et du commerce maritime.

TITRE PREMIER. — DU CRIME DE PIRATERIE.

ART. 1er. Seront poursuivis et jugés comme pirates, 1° tout individu faisant partie de l'équipage d'un navire ou bâtiment de mer quelconque, armé et naviguant sans être ou avoir été muni pour le voyage, de passe-port, rôle d'équipage, commissions ou autres actes constatant la légitimité de l'expédition ; 2° tout commandant d'un navire ou bâtiment de mer armé et porteur de commissions délivrées par deux ou plusieurs Puissances ou Etats différents.

2. Seront poursuivis et jugés comme pirates, 1° tout individu faisant partie de l'équipage d'un navire ou bâtiment de mer français, lequel commettrait à main armée des actes de déprédation ou de violence, soit envers des navires français ou des navires d'une puissance avec laquelle la France ne serait pas en état de guerre, soit envers les équipages ou chargements de ses navires ; 2° tout individu faisant partie de l'équipage d'un navire ou bâtiment de mer étranger, lequel, hors l'état de guerre et sans être pourvu de lettres de marque ou de commission régulières, commettrait lesdits actes envers des navires français, leurs équipages ou chargements ; 3° le capitaine et les officiers de tout navire ou bâtiment de mer quelconque qui aurait commis des actes d'hostilité sous un pavillon autre que celui de l'Etat dont il aurait commission.

3. Seront également poursuivis et jugés comme pirates, 1° tout Français ou naturalisé Français qui, sans l'autorisation du Roi, prendrait

commission d'une puissance étrangère pour commander un navire ou bâtiment de mer armé en course ; 2° tout Français ou naturalisé Français qui, ayant obtenu, même avec l'autorisation du Roi, commission d'une puissance étrangère pour commander un navire ou bâtiment de mer armé, commettrait des actes d'hostilité envers des navires français, leurs équipages ou chargements.

4. Seront encore poursuivis et jugés comme pirates, 1° tout individu faisant partie de l'équipage d'un navire ou bâtiment de mer français, qui, par fraude ou violence envers le capitaine ou commandant, s'emparerait dudit bâtiment ; 2° tout individu faisant partie de l'équipage d'un navire ou bâtiment de mer français, qui le livrerait à des pirates ou à l'ennemi.

5. Dans le cas prévu par le paragraphe 1er de l'article 1er de la présente loi, les pirates seront punis, savoir : les commandants, chefs et officiers, de la peine des travaux forcés à perpétuité, et les autres hommes de l'équipage, de celle des travaux forcés à temps.

Tout individu coupable du crime spécifié dans le paragraphe 2 du même article sera puni des travaux forcés à perpétuité.

6. Dans le cas prévus par les paragraphes 1er et 2 de l'article 2, s'il a été commis des déprédations et violences sans homicide ni blessures, les commandants, chefs et officiers seront punis de mort, et les autres hommes de l'équipage seront punis des travaux forcés à perpétuité.

Et si ces déprédations ou violences ont été précédées, accompagnées ou suivies d'homicide ou de blessures, la peine de mort sera indistinctement prononcée contre les officiers et les autres hommes de l'équipage.

Le crime spécifié dans le paragraphe 3 du même article sera puni des travaux forcés à perpétuité.

7. La peine du crime prévu par le paragraphe 1er de l'article 3 sera celle de la réclusion. Quiconque aura été déclaré coupable du crime prévu par le paragraphe 2 du même article sera puni de mort.

8. Dans le cas prévu par le paragraphe 1er de l'article 4, la peine sera celle de mort contre les chefs et contre les officiers, et celle des travaux forcés à perpétuité contre les autres hommes de l'équipage.

Et si le fait a été précédé, accompagné ou suivi d'homicide ou de blessures, la peine de mort sera indistinctement prononcée contre tous les hommes de l'équipage.

Le crime prévu par le paragraphe 2 du même article sera puni de la peine de mort.

9. Les complices des crimes spécifiés dans le paragraphe 2 de l'article 1er, le paragraphe 3 de l'article 2, le paragraphe 2 de l'article 3 et le paragraphe 2 de l'article 4, seront punis des mêmes peines que les auteurs principaux desdits crimes.

Les complices de tous autres crimes prévus par la présente loi seront punis des mêmes peines que les hommes de l'équipage : le tout suivant les règles déterminées par les articles 59, 60, 61, 62 et 63 du Code pénal, et sans préjudice, le cas échéant, de l'application des articles 265, 266, 267 et 268 dudit Code.

10. Le produit de la vente des navires et bâtiments de mer capturés

pour cause de piraterie sera réparti conformément aux lois et règlements sur les prises maritimes. Lorsque la prise aura été faite par des navires du commerce, ces navires et leurs équipages seront, quant à l'attribution et à la répartition du produit, assimilés à des bâtiments pourvus de lettres de marque et à leurs équipages.

TITRE II. — DU CRIME DE BARATERIE.

11. Tout capitaine, maître, patron ou pilote, chargé de la conduite d'un navire ou autre bâtiment de commerce, qui, volontairement et dans une intention frauduleuse, le fera périr par des moyens quelconques, sera puni de la peine de mort.

12. Tout capitaine, maître ou patron, chargé de la conduite d'un navire ou autre bâtiment de commerce, qui, par fraude, détournera à son profit ce navire ou bâtiment, sera puni des travaux forcés à perpétuité.

13. Tout capitaine, maître ou patron, qui, volontairement et dans l'intention de commettre ou de couvrir une fraude au préjudice des propriétaires, armateurs, chargeurs, facteurs, assureurs et autres intéressés, jettera à la mer ou détruira sans nécessité tout ou partie du chargement, des vivres ou des effets de bord, ou fera fausse route, ou donnera lieu, soit à la confiscation du bâtiment, soit à celle de tout ou partie de la cargaison, sera puni des travaux forcés à temps.

14. Tout capitaine, maître ou patron, qui, avec une intention frauduleuse, se rendra coupable d'un ou plusieurs des faits énoncés en l'article 236 du Code de commerce, ou vendra, hors le cas prévu par l'article 237 du même Code, le navire à lui confié, ou fera des déchargements en contravention à l'article 248, sera puni de la réclusion.

15. L'article 386, § 4 du Code pénal, est applicable aux vols commis à bord de tout navire ou bâtiment de mer par les capitaines, patrons, subrécargues, gens de l'équipage et passagers.

L'article 387 du même Code est applicable aux altérations de vivres et marchandises, commises à bord par les mêmes personnes.

TITRE III. — POURSUITES ET COMPÉTENCE.

16. Lorsque des bâtiments de mer auront été capturés pour cause de piraterie, la mise en jugement des prévenus sera suspendue jusqu'à ce qu'il ait été statué sur la validité de la prise. Cette suspension n'empêchera ni les poursuites, ni l'instruction de la procédure criminelle.

17. S'il y a capture de navires ou arrestation de personnes, les prévenus de piraterie seront jugés par le tribunal maritime du chef-lieu de l'arrondissement maritime dans les ports duquel ils auront été amenés.

Dans tous les autres cas, les prévenus seront jugés par le tribunal maritime de Toulon, si le crime a été commis dans le détroit de Gibraltar, la mer Méditerranée ou les autres mers du Levant, et par le tribunal de Brest, lorsque le crime aura été commis sur les autres mers.

Toutefois, lorsqu'un tribunal maritime aura été régulièrement saisi du jugement de l'un des prévenus, ce tribunal jugera tous les autres prévenus du même crime, à quelque époque qu'ils soient découverts et dans quelque lieu qu'ils soient arrêtés.

Sont exceptés des dispositions du présent article les prévenus du crime spécifié au paragraphe premier de l'article 3, lesquels seront jugés suivant les formes et par les tribunaux ordinaires.

18. Il sera procédé à l'instruction et au jugement conformément à ce qui est prescrit par le règlement du 12 novembre 1806.

Néanmoins, si, pour quelque cause que ce soit, des témoins ne peuvent être produits aux débats, il y sera suppléé par la lecture des procès-verbaux et de toutes autres pièces qui seront jugées par le tribunal maritime être de nature à éclaircir la vérité.

19. Les complices des crimes de piraterie spécifiés au titre Ier de la présente loi seront jugés par les tribunaux maritimes, ainsi qu'il est prescrit par les deux articles précédents.

Sont exceptés et seront jugés par les tribunaux ordinaires, les prévenus de complicité, Français ou naturalisés Français, autres néanmoins que ceux qui auraient aidé ou assisté les coupables dans le fait même de la consommation du crime.

Et dans le cas où des poursuites seraient exercées simultanément contre les prévenus de complicité compris dans l'exception ci-dessus, et contre les auteurs principaux, le procès et les parties seront renvoyés devant les tribunaux ordinaires.

20. Les individus prévenus des crimes ou de complicité des crimes spécifiés au titre II de la présente loi seront poursuivis et jugés suivant les formes et par les tribunaux ordinaires.

Dispositions générales.

21. Les lois et règlements auxquels il n'est point dérogé par la présente loi, notamment ceux relatifs à la navigation, aux armements en course et aux prises maritimes, continueront d'être exécutés en ce qui n'est pas contraire à la présente loi.

N° 19.

Extrait de l'Ordonnance de la Marine du mois d'août 1681.

TITRE IX. — DES CONSULS DE LA NATION FRANÇAISE DANS LES PAYS ÉTRANGERS.

ART. 1er. Aucun ne pourra se dire Consul de la nation française dans les pays étrangers sans avoir commission de nous, qui ne sera accordée qu'à ceux qui auront *l'âge de trente ans.*

2. Le Consulat venant à vaquer, le plus ancien des députés de la nation qui se trouvera en exercice fera la fonction de Consul jusqu'à ce qu'il y ait été par nous pourvu.

3. Celui qui aura obtenu nos lettres de Consul dans les villes et places de commerce des Etats du Grand-Seigneur appelées Echelles du Levant, et autres lieux de la Méditerranée, en fera faire la publication en l'assemblée des marchands du lieu de son établissement, et l'enregistrement en la Chancellerie du Consulat et aux greffes, tant de l'Amirauté que de la Chambre du commerce de Marseille, et prêtera le serment suivant l'adresse portée par ses provisions.

4. Enjoignons aux Consuls d'appeler aux assemblées qu'ils convoqueront pour les affaires générales du commerce de la nation, tous les marchands, capitaines et patrons français étant sur les lieux, lesquels seront obligés d'y assister, à peine d'amende arbitraire applicable au rachat des captifs.

5. Les artisans établis dans les Echelles, ni les matelots, ne seront admis aux assemblées.

6. Les résolutions de la nation seront signées de ceux qui y auront assisté, et exécutées sur les mandements des Consuls.

7. Les députés de la nation seront tenus, après leur temps expiré, de rendre compte au Consul du maniement qu'ils auront eu des deniers et affaires communes en présence des députés nouvellement élus et des plus anciens négociants.

8. Le Consul enverra, de trois mois en trois mois, au lieutenant de l'Amirauté et aux députés du commerce de Marseille, copie des délibérations prises dans les assemblées et des comptes-rendus par les députés de la nation, pour être communiqués aux échevins, et, par eux et les députés du commerce, débattus si besoin est.

9. Les Consuls tiendront bon et fidèle mémoire des affaires importantes de leur Consulat, et l'enverront tous les ans au secrétaire d'Etat ayant le Département de la marine.

10. Faisons défense aux Consuls d'emprunter au nom de la nation aucune somme des deniers des Turcs, Maures, Juifs ou autres, sous quelque prétexte que ce puisse être, et même de cotiser ceux de la nation, si ce n'est par délibération commune qui contiendra les causes et la nécessité, à peine de payer en leur nom.

11. Leur défendons en outre, à peine de concussion, de lever plus grands droits que ceux qui leur seront attribués, et d'en exiger aucun des maîtres et patrons de navires qui mouilleront dans les ports et rades de leur établissement sans y charger ni décharger aucunes marchandises.

12. Et quant à la juridiction, tant en matière civile que criminelle, les Consuls se conformeront à l'usage et aux capitulations faites avec les souverains des lieux de leur établissement.

13. Les jugements des Consuls seront exécutés par provision en matière civile, en donnant caution, et définitivement et sans appel, en matière criminelle, quand il n'écherra peine afflictive, le tout pourvu qu'ils soient donnés avec les députés et quatre notables de la nation.

14. Et où il écherrait peine afflictive, ils instruiront le procès et l'enverront avec l'accusé dans le premier vaisseau de nos sujets faisant son

II.   9

retour en notre royaume, pour être jugé par les officiers de l'Amirauté du premier port où le vaisseau fera sa décharge.

15. Pourront aussi les Consuls, après information faite et par l'avis des députés de la nation, faire sortir des lieux de leur établissement les Français de vie et de conduite scandaleuses. Enjoignons à tous capitaines et maîtres de les embarquer sur les ordres du Consul, à peine de cinq cents livres d'amende, applicable au rachat des captifs.

16. Les Consuls commettront, tant à l'exercice de la Chancellerie que pour l'exécution de leurs jugements et des autres actes de justice, telles personnes qu'ils en jugeront capables, auxquelles ils feront prêter le serment et dont ils demeureront civilement responsables.

17. Les droits des actes et expéditions de la Chancellerie seront par eux réglés, de l'avis des députés de la nation française et des plus anciens marchands ; le tableau en sera mis au lieu le plus apparent de la Chancellerie, et l'extrait en sera envoyé incessamment par chaque Consul au lieutenant de l'Amirauté et aux députés du commerce de Marseille.

18. Les appellations des jugements des Consuls établis tant aux Echelles du Levant qu'aux côtes d'Afrique et de Barbarie ressortiront au Parlement d'Aix, et toutes les autres au Parlement le plus proche du Consulat où les sentences auront été rendues.

19. En cas de contestation entre les Consuls et les négociants, tant aux Echelles du Levant qu'aux côtes d'Afrique et de Barbarie pour leurs affaires particulières, les parties se pourvoiront au siège de l'Amirauté de Marseille.

20. Le Consul sera tenu de faire l'inventaire des biens et effets de ceux qui décéderont sans héritier sur les lieux, ensemble des effets sauvés du naufrage, dont il chargera le Chancelier au pied de l'inventaire, en présence de deux notables marchands qui le signeront.

21. Si toutefois le défunt avait constitué un procureur pour recueillir ses effets, ou s'il se présente un commissionnaire porteur du connaissement des marchandises sauvées, les effets leur seront remis.

22. Sera tenu le Consul d'envoyer incessamment copie de l'inventaire des biens du décédé et des effets sauvés des naufrages aux officiers de l'Amirauté et aux députés du commerce de Marseille, auxquels nous enjoignons d'en avertir les intéressés.

23. Tous actes expédiés dans les pays étrangers où il y aura des Consuls ne feront aucune foi en France s'ils ne sont par eux légalisés.

24. Les testaments reçus par le Chancelier dans l'étendue du Consulat, en présence du Consul et de deux témoins, et signés d'eux, seront réputés solennels.

25. Les polices d'assurances, les obligations à grosse aventure ou à retour de voyage, et tous autres contrats maritimes, pourront être passés en la Chancellerie du Consulat, en présence de deux témoins, qui signeront.

26. Le Chancelier aura un registre, coté et paraphé en chaque feuillet par le Consul et par le plus ancien des députés de la nation, sur lequel il écrira toutes les délibérations et les actes du Consulat, enregistrera

les polices d'assurances, les obligations et contrats qu'il recevra, les connaissements ou polices de chargement qui seront déposés en ses mains par les mariniers et passagers, l'arrêté des comptes des députés de la nation, et les testaments et inventaires des délaissés par les défunts ou sauvés des naufrages, et généralement les actes et procédures qu'il fera en qualité de Chancelier.

27. Les maîtres qui abordent les ports où il y a des Consuls de la nation française seront tenus, en arrivant, de leur représenter leurs congés, de faire rapport de leur voyage, et de prendre d'eux, en partant, un certificat du temps de leur arrivée et départ, et de l'état et qualité de leur chargement.

N° 17.

Ordonnance du 28 novembre 1833, sur l'immatriculation dans les Chancelleries consulaires des Français résidant à l'étranger.

ART. 1er. Les Français résidant à l'étranger qui voudront s'assurer la protection du Consul dans l'arrondissement duquel ils sont établis, ainsi qu'un moyen de justifier de leur esprit de retour, et la jouissance des droits et priviléges déjà attribués ou qui pourront l'être à l'avenir, par les traités, les lois ou ordonnances aux seuls Français *immatriculés*, devront se faire inscrire, après la justification de leur nationalité, sur un *registre-matricule*, tenu à cet effet dans la Chancellerie de chaque Consulat.

2. Il ne sera perçu aucun droit pour l'inscription sur ce registre.

3. Des certificats d'immatriculation seront délivrés aux personnes inscrites qui en feront la demande.

4. Ne pourront être admis à l'immatriculation et seront rayés du registre, s'ils y ont été inscrits, les Français qui, d'après les lois du royaume, auront encouru la perte de la nationalité.

5. Notre Ministre secrétaire d'Etat au Département des affaires étrangères est chargé de l'exécution de la présente ordonnance.

N° 18.

Instruction spéciale du 29 novembre 1833 sur l'exercice de la juridiction consulaire en pays de chrétienté.

Les parties les plus importantes du service des Consuls viennent d'être réglées par des ordonnances de Sa Majesté, sans qu'on y trouve rien de relatif à la juridiction. Cette lacune, dont on pourrait s'étonner au premier coup d'œil, s'explique naturellement par cette circonstance, qu'après avoir soigneusement examiné toutes les questions qui se rattachent aux fonctions judiciaires des Consuls, la Commission chargée de reviser les règlements existants a reconnu à l'unanimité que leur juridiction ne pouvait être assise sur des bases nouvelles qu'avec le concours du pouvoir législatif.

Mais, en attendant une loi qui rapprocherait les anciennes ordonnances de la législation moderne et concilierait, autant que possible, avec les dispositions de cette dernière, les mesures exceptionnelles réclamées par l'intérêt des Français à l'étranger, le Roi veut mettre un terme à l'incertitude que témoignent la plupart des Consuls en pays de chrétienté, relativement à l'application de leur juridiction : l'objet de cette instruction spéciale est, en conséquence, de suppléer à ce que les instructions générales de 1814 laissent à désirer sur ce point, et de substituer aux indications qu'elles contenaient, des règles plus précises à la fois et plus en harmonie avec les idées qui viennent de présider à la réorganisation du service consulaire. Il doit être entendu, d'ailleurs, qu'il ne sera question ici que des Consulats en pays de chrétienté, et que ceux du Levant et de Barbarie continueront à se conformer aux prescriptions existantes ou recevront les directions particulières dont la nécessité serait reconnue.

Le principe du pouvoir de juridiction attribué aux Consul, et les limites dans lesquelles il convient d'en renfermer l'application, tels sont les deux points que l'on doit examiner.

Le pouvoir judiciaire des Consuls a des bases légales dans les articles 12, 13 et 18 du titre IX, livre Ier de l'Ordonnance de 1681, Ordonnance enregistrée à tous les Parlements du royaume, et qui s'exécute encore aujourd'hui dans toutes celles de ses dispositions auxquelles il n'a pas été formellement dérogé. Les différents actes qui successivement ont confirmé cette juridiction ou en ont réglé les formes, prouvent que, pendant tout le temps que les rois ont exercé seuls en France la puissance législative, on n'a cessé de voir dans les Consuls de véritables magistrats ; mais ces actes, bien qu'ils n'aient été abrogés, même implicitement, par aucune loi plus récente, ne sauraient être considérés comme ayant aujourd'hui la même force que l'Ordonnance de 1681 : les uns, en effet, tels que les ordonnances des 28 février 1687, 24 mai 1728 et 3 mars 1781, n'ont été enregistrés dans aucun des Parlements du royaume, et cette formalité n'a été remplie pour l'édit de 1778, le plus important de tous, qu'au seul Parlement d'Aix, qui recevait alors, comme la Cour royale de cette ville les reçoit encore aujourd'hui, les appels des jugements rendus dans les Consulats du Levant et de Barbarie. Aussi est-ce à ces Consulats que doit se borner l'effet actuel de cette sanction isolée, bien qu'un passage des instructions générales de 1814 ait pu faire supposer le contraire.

L'Ordonnance de 1681 étant donc la seule base légale de la juridiction consulaire, on ne saurait trop s'attacher aux termes de l'article qui l'établit ; il est ainsi conçu :

« Quant à la juridiction tant en matière civile que criminelle, les

« Consuls se conformeront à l'usage et aux capitulations (1) faites avec
« les souverains des lieux de leur établissement. »

La conséquence nécessaire de cet article est que, si le droit de juridiction est conféré aux Consuls, c'est à condition que l'exercice en demeurera subordonné soit à l'usage, soit aux traités existant entre la
France et les différentes puissances près desquelles les Consuls sont
établis. Cette restriction est juste et naturelle ; car l'exercice de la juridiction comprenant le droit de commandement, un souverain ne saurait l'assurer à ses Consuls en pays étrangers qu'avec l'agrément et
par délégation, en quelque sorte, du souverain territorial. Or, cette délégation doit être inscrite dans un traité pour créer un droit positif à
celui au profit duquel elle est faite, et par conséquent, en cas de traités, c'est dans les limites variables tracées par ces actes que s'exerce la
juridiction consulaire. Ainsi, et pour ne citer que deux exemples em-
pruntés à l'époque la plus rapprochée de celle où le pouvoir législatif
a changé de nature en France, on voit que le traité conclu le 11 janvier 1787, entre la France et la Russie, assure (article 7) aux Consuls
respectifs le droit de rendre des décisions sur les procès survenus entre leurs nationaux commerçants qui s'adresseront à eux d'un commun
accord ; et, bien qu'il leur reconnaisse, dans ce cas, le droit de demander main-forte au gouvernement, pour faire exécuter leurs sentences,
il ajoute cependant que, *si l'une des deux parties ne consent pas à recourir à l'autorité de son propre Consul, elle pourra s'adresser aux tribunaux ordinaires du lieu de sa résidence et que toutes deux seront
tenues de s'y soumettre.* Cette dernière stipulation, consentie par le cabinet de Versailles, est une dérogation formelle à la défense absolue faite
aux Français commerçants et voyageurs, par l'article 2 de l'édit de 1778,
de recourir, dans aucun cas, aux tribunaux étrangers ; et l'on voit un
peu plus tard, au contraire, le Gouvernement français obtenir des
États-Unis d'Amérique la sanction de cette défense, en faisant insérer
dans le traité du 14 novembre 1788, que *tous différends et procès entre
les sujets du Roi très-chrétien dans les États-Unis et les citoyens des
États-Unis en France, seront terminés par les Consuls respectifs, et
qu'aucun officier territorial ne pourra prendre une part quelconque à
l'affaire.* Il résulte donc bien clairement de ce rapprochement, que le
principe inscrit dans l'Ordonnance de 1681 a toujours été modifié,
comme il doit l'être encore aujourd'hui d'après les convenances politiques et les termes des traités, et que si un acte législatif donne aux
Consuls le caractère de juges, l'exercice de leur juridiction ne peut cependant être assuré et l'étendue de leur compétence positivement fixée
que par des stipulations diplomatiques.

Or, de pareilles stipulations n'existent pas aujourd'hui : les traités
qu'on vient de citer ont cessé d'être en vigueur, et les conventions ac-

---

(1) Le mot *capitulations*, comme cela résulte positivement d'ailleurs de l'art. 18
qui suit, doit être entendu dans un sens plus large qu'on ne le fait ordinairement,
c'est-à-dire appliqué aux conventions conclues, non-seulement avec la Porte-Otto-
mane, mais encore avec tous les souverains étrangers.

tuelles entre la France et les autres États chrétiens ne contiennent rien de relatif à la juridiction contentieuse (1) des Consuls : la seule règle à invoquer, aux termes de l'Ordonnance de 1681, pour essayer d'en déterminer l'exercice, est donc maintenant *l'usage* ou la jouissance des attributions habituellement reconnues aux Consuls par les différentes puissances. C'est une règle bien incertaine et bien variable sans doute ; mais on doit reconnaître pourtant qu'un *usage* devenu, en quelque sorte, de droit commun par son ancienneté et l'uniformité de sa pratique, donne autorité aux Consuls, non-seulement pour la police et l'inspection sur les gens de mer, comme l'a de nouveau consacré l'Ordonnance royale du 29 octobre dernier, mais aussi pour le jugement de toutes les contestations qui peuvent s'élever entre les capitaines et les matelots, et même entre les passagers français et les équipages. Cette espèce de juridiction est aussi la seule dont la plupart de nos Consuls en pays de chrétienté revendiquent encore l'exercice ; mais quelques-uns d'entre eux ayant essayé de l'étendre davantage, il n'est pas inutile de rechercher jusqu'à quel point il serait possible ou désirable qu'elle n'eût d'autres limites que les termes si généraux de l'Ordonnance de 1681.

Il convient d'abord d'écarter de la question tout ce qui concerne la juridiction criminelle ou correctionnelle : une telle restriction est évidemment commandée par le principe incontestable d'ordre et de droit public, d'après lequel les lois territoriales relatives à la police et à la sûreté, obligent, dans tous pays, ceux qui habitent ce pays. Aussi n'est-il pas un État chrétien qui consentît à s'en départir en attribuant à d'autres qu'aux juges du territoire où le délit a été commis le droit d'en punir l'auteur, à quelque nation qu'il appartienne. Nous avons inscrit cette règle dans nos Codes, et nous ne prétendrions certes pas, chez les autres, à une faculté que nous sommes si loin de vouloir accorder chez nous. Il en est de même du droit de haute police accordé d'abord aux Consuls dans des cas restreints, et sauf l'accomplissement de certaines formalités, par l'article 15 de l'Ordonnance de 1681, confirmé ensuite et fort étendu par l'article 82 de l'édit de 1778, droit en vertu duquel les Consuls pouvaient faire arrêter et renvoyer en France par le premier navire de la nation tout Français dont le séjour leur paraissait dangereux. L'intention du Roi est que ses Consuls en pays de chrétienté ne songent, dans aucun cas, à se prévaloir, comme quelques-uns d'entre eux en ont eu la pensée, de cette disposition à laquelle il leur serait d'ailleurs impossible, aux termes précis de l'Ordonnance de 1681, de recourir sans illégalité.

Reste la juridiction en matière civile ; mais est-il à souhaiter que cette juridiction elle-même soit reconnue aux Consuls dans toute son

---

(1) On appelle *juridiction contentieuse* celle qui a pour objet de décider les différends entre les parties qui recourent aux juges, pour qu'il soit statué sur ce qui les divise, et qui aboutit à un jugement en faveur de l'une ou au désavantage de l'autre. La juridiction volontaire est celle que le juge exerce entre des parties qui sont d'accord et pour des objets qui, par leur nature, n'offrent rien de contentieux.

étendue ? Rien, dans l'Ordonnance de 1681 ou même dans l'édit de 1778, ne limite la compétence de ces agents, ni sous le rapport du domicile, ni sous celui de la situation des objets litigieux, ni quant à la nature des contestations : faudrait-il donc que tous indistinctement puissent juger tous les procès survenant entre Français, depuis les dettes les plus minimes jusqu'aux litiges qui, intéressant le plus fortement la société, sont soumis, dans le royaume, à un appareil de procédure solennelle ; et que, par exemple, un Français de passage dans la résidence d'un Consul fût exposé à voir son état civil discuté devant cet agent ? Une pareille prétention serait trop choquante ; et, en admettant que l'on réduisît la question aux seuls intérêts pécuniaires, on trouverait encore que les avantages peu nombreux d'une telle attribution n'en balanceraient pas les inconvénients.

Il n'en serait pas de même, sans doute, si, en laissant de côté les affaires civiles proprement dites, il ne s'agissait que des contestations en matière purement commerciale, à l'égard desquelles nos Codes ont posé des principes particuliers : on peut dire que la législation moderne vient ici confirmer la législation ancienne ; et qu'en conférant aux Consuls, dans les cas d'avaries rappelés par l'article 28 de l'Ordonnance royale du 29 octobre dernier, certaines fonctions qui appartiennent, en France, à l'autorité judiciaire, les articles 414 et 416 du Code de commerce leur reconnaissent, à cet égard, le caractère de juges commerciaux, et semblent appeler le complément dont cette attribution est susceptible. Ce sont là des questions aussi graves qu'intéressantes pour les Français qui trafiquent à l'étranger ; et elles ne manqueront pas d'être examinées avec toute l'attention qu'elles réclament, lorsque le gouvernement du Roi s'occupera de la loi à intervenir sur la juridiction des Consuls. Mais pour le moment, ils ne doivent pas perdre de vue que, même dans les affaires commerciales intéressant des Français, l'exécution de la sentence a souvent besoin du concours de l'autorité territoriale : que si elle refuse, comme il y a lieu de le croire, le jugement consulaire n'aurait d'autre effet que d'éveiller les défiances ou la susceptibilité des Gouvernements étrangers, et de déconsidérer à la fois et le Consul et le pouvoir même dont il aurait voulu tenter un usage irréfléchi : que si, au contraire, comme on l'a vu quelquefois dans des pays où le cours de la justice et de l'administration est moins régulier qu'en France, il arrivait que l'autorité locale prêtât main-forte à l'exécution des sentences consulaires, on aurait alors à craindre que, prenant l'exigence de notre Consul pour la mesure des complaisances qu'aurait notre propre Gouvernement, elle ne vînt à réclamer, à son tour, pour les jugements rendus par ses agents sur notre territoire, l'assistance de notre justice ; et la réponse négative que nous serions obligés de faire pourrait amener des discussions fâcheuses.

L'intention de Sa Majesté est donc que les Consuls, s'abstenant désormais de tout essai inutile ou dangereux, se bornent à la juridiction contentieuse qui leur est généralement reconnue par l'usage, à celle qu'a implicitement consacrée chez nous l'avis donné par le Conseil d'Etat en 1806, et dont les articles 15, 19 et 22 de l'Ordonnance du

29 octobre dernier offrent une application ; à celle, en un mot, qui, ne devant avoir son effet que sur notre territoire ou sur des navires couverts de notre pavillon, ne peut, dans aucun cas, être contrariée par l'autorité locale, et qu'ils attendent pour réclamer, s'il y a lieu, des droits plus étendus, les traités qui peuvent être conclus avec la puissance dans les États de laquelle ils sont accrédités, ou les directions du Département des affaires étrangères. Ils songeront, si l'intérêt particulier vient quelquefois les solliciter de se départir de ces règles, qu'ils peuvent, en les perdant de vue, compromettre les intérêts généraux de leur mission, et s'exposer, par une démarche inconsidérée, au mécontentement du Roi.

Plus sera, d'ailleurs, limité l'exercice de leurs fonctions judiciaires, plus ils devront s'efforcer de terminer à l'amiable les contestations que les Français leur déféreront à titre de conciliation.

En cas de conciliation, ils feront signer aux parties des transactions dans les formes qui en garantissent le mieux la validité, et, s'il y a lieu d'en poursuivre l'exécution en France, ils en dresseront un acte authentique dans leur Chancellerie.

En cas de non-conciliation, au contraire, ils en rédigeront un procès-verbal sommaire, pour servir ce que de droit.

Les Consuls devront, même dans tous les cas non spécifiés par l'article 1004 du Code de procédure civile, se charger des arbitrages qui leur seront déférés par les Français voyageant ou résidant à l'étranger, afin que les nationaux aient un moyen efficace de terminer les différends survenus entre eux sans recourir à la justice territoriale, et en témoignant aux officiers du Roi la confiance qui leur est due. Le principal avantage de cette juridiction arbitrale, qui, suivant toute apparence, sera plutôt secondée que contrariée par les Gouvernements étrangers, consistant, d'ailleurs, à fournir aux parties un titre exécutoire à la fois dans le pays et en France, les compromis doivent être rédigés suivant les formes valables dans le pays; mais, pour éviter en même temps que les actes des Consuls soient soumis à des débats devant l'autorité territoriale, les compromis porteront expressément, et autant que possible, avec stipulation de dédits pour en assurer l'effet, renonciation à tout appel et recours devant les tribunaux du lieu, et ils autoriseront les Consuls à agir comme amiables compositeurs sans formalités de justice. Si leurs sentences doivent recevoir exécution en France, ils pourront en délivrer des expéditions auxquelles ils ajouteront le mandement d'exécution prescrit, pour les jugements rendus dans le royaume, par l'article 146 du Code de procédure civile.

Il est un autre point qui, sans tenir précisément à la juridiction des Consuls, s'y rattache cependant d'une manière assez directe et qui réclame quelques explications, c'est l'exécution des commissions rogatoires qui peuvent leur être adressées par les tribunaux du royaume, bien qu'en général ces tribunaux aient recours aux juges des lieux, comme pouvant plus efficacement arriver aux fins de la justice. Quoi qu'il en soit, lorsque des commissions rogatoires seront adressées aux Consuls par des juges ou autres autorités du royaume pour établir des enquêtes ou recevoir le serment, l'interrogatoire sur faits et articles, ou la déposition de Français établis ou résidant en pays étranger, et que la transmission de ces actes leur aura été faite par le Département des affaires étrangères, ils procéderont d'office et sans frais à l'exécution. Ils assigneront les Français qui devront être entendus, et, s'il est nécessaire de faire comparaître des étrangers, ils emploieront auprès de l'autorité locale les moyens qu'ils croiront les plus propres à décider ces étrangers à paraître devant eux. Si les personnes qui doivent être entendues n'ont pas comparu, et dans tous les cas où des obstacles de force majeure empêcheront l'exécution d'une commission rogatoire, ils en rédigeront un procès-verbal, et l'adresseront avec cette commission au Ministre des affaires étrangères, qui fera parvenir le tout à l'autorité dont l'acte sera demeuré sans exécution. Sa Majesté autorise, de plus, ses Consuls à déférer aux commissions rogatoires qui leur seraient adressées par des juges étrangers pour entendre des Français établis dans l'étendue de leurs Consulats.

Enfin, il est des actes conservatoires qu'ils doivent continuer à faire dans l'intérêt de leurs nationaux, et particulièrement des absents.

Ainsi, dans le cas où des Français, à qui des marchandises ou autres objets mobiliers auraient été envoyés de France ou de possessions françaises en pays étranger, voudraient, pour la conservation de leurs droits et pour justifier en temps et lieu leurs réclamations contre leurs expéditeurs, assureurs ou autres ayants droit, faire constater la nature, la quantité et la qualité des choses envoyées, les Consuls pourront faire procéder, à la demande des réclamants, aux vérifications et à la rédaction de tous procès-verbaux nécessaires, et ils prendront ou provoqueront, dans l'intérêt des ayants droit absents, toute mesure conservatoire, tels que dépôt, séquestre, transfert dans un lieu public.

Les Consuls prendront également, en cas de décès d'un Français dans leur arrondissement, tous les moyens que les lois du pays, les traités ou conventions consulaires, l'usage ou la réciprocité, leur permettront d'employer pour conserver l'intégralité de la succession dans l'intérêt des héritiers absents ou mineurs, soit en apposant les scellés seuls ou en concurrence avec les officiers des lieux, soit en faisant l'inventaire ou y assistant. Ils recueilleront, d'ailleurs, et feront parvenir au Ministre des affaires étrangères tous les renseignements nécessaires. De plus, si le défunt a laissé dans l'étendue du Consulat des enfants mineurs ou une veuve qui, d'après les lois du pays, serait encore *mineure*, les Consuls donneront les avis convenables aux officiers de justice des lieux chargés de la conservation des droits des mineurs, et même ils veilleront à la conservation de ces droits, lorsque les traités, conventions, usages ou le droit de réciprocité leur en donneront la faculté.

Lorsque le défunt aura fait un testament déposé au Consulat, les Consuls provoqueront l'ouverture de cet acte, soit par le juge compétent du lieu de la succession, soit par un délégué de ce juge; et ils donneront ensuite, s'il y a lieu, au Ministre des affaires étrangères, tous les renseignements qui pourront être utiles à la famille et aux intéressés. Ils en agiront de même lorsqu'ils auront connaissance du décès arrivé hors de leur arrondissement consulaire, d'un Français dont le testament serait déposé dans leur Chancellerie.

Chargés, en un mot, de veiller particulièrement à la conservation des droits des absents, ils feront dans ce but toutes les démarches que leur prudence leur suggérera, et recourront, s'il y a lieu, aux autorités locales chargées de la protection des absents, en se conformant, dans tous les cas, soit aux traités et conventions, soit aux lois et usages des pays respectifs. Ils ne perdront pas de vue, d'ailleurs, que, leur intervention ne pouvant être fondée que sur un intérêt général menacé dans celui d'un particulier, il leur est interdit d'accepter aucun mandat ou procuration, à moins qu'ils n'y aient été spécialement et préalablement autorisés par le Ministre des affaires étrangères.

Telles sont, sur les divers points traités dans cette instruction spéciale, les intentions du Roi, et les Consuls devront s'y conformer avec la plus grande exactitude.

Fait à l'hôtel du Département des affaires étrangères, le 29 novembre 1833.   (Signé) V. Broglie.

N° 19.

Instruction spéciale du 30 novembre 1833, relativement aux actes et contrats reçus dans les chancelleries consulaires.

Le droit qu'ont les Chanceliers de remplir les fonctions de notaires dans l'arrondissement du Consulat auquel ils sont attachés, est légalement fondé sur les articles 20, 24 et 25 de l'ordonnance de la marine de 1681 (au titre *Des Consuls*), et il leur a été successivement reconnu par celle du 24 mai 1728, par l'édit de 1778, par l'ordonnance et l'édit de 1781.

Les lois nouvelles n'ont porté aucune atteinte aux droits que l'ancienne législation conférait aux Chanceliers pour la rédaction des actes et contrats. Seulement, quelques doutes s'étant élevés, en 1815, sur le point de savoir si, en présence de l'article 999 du Code civil, ils pouvaient continuer à recevoir les testaments des Français dans la forme solennelle, le Département des affaires étrangères les invita à s'en abstenir provisoirement. Cette question grave et délicate, qui ne fut peut-être pas alors examinée avec toute la maturité désirable, va être discutée de nouveau et les Consuls seront informés de la solution qu'elle recevra. Sur les autres points d'ailleurs, les Chanceliers sont encore en possession des fonctions notariales, maintenues dans cette attribution par un usage non interrompu, une jurisprudence incontestée, et l'intérêt bien réel des Français à l'étranger.

Mais les anciennes ordonnances qui ont accordé ce pouvoir aux Chanceliers ne contenant qu'un très-petit nombre de dispositions relatives à la forme des actes et contrats qu'ils sont appelés à recevoir, le Roi a

pensé qu'il convenait de combler cette lacune et de leur tracer des règles fixes, uniformes et empruntées, autant que le permettent les spécialités de leur service, à la loi du 25 ventôse an XI (16 mars 1803),
qui régit les notaires du royaume : Sa Majesté les a fait rassembler, en
conséquence, dans la présente instruction, et les Consuls veilleront à
ce que leurs Chanceliers s'y conforment exactement.

Lorsque des Français résidant ou voyageant en pays étranger, qui
voudront passer des actes ou contrats authentiques, en assurer la date,
en faire conserver le dépôt et s'en faire délivrer des expéditions exécutoires ou des copies, s'adresseront dans ce but aux Chancelleries des
Consulats, les actes et contrats seront reçus ou délivrés par le Chancelier, sans l'assistance du Consul dans les résidences où les Chanceliers sont nommés par le Roi, et avec l'assistance du Consul dans les
postes où les Chanceliers sont nommés par les Consuls.

Les Chanceliers pourront aussi être autorisés par les Consuls, suivant
les circonstances que ces derniers apprécieront, à recevoir les actes et
contrats dont des étrangers voudraient assurer l'authenticité en France.
Dans tous les cas d'ailleurs, les actes et contrats devront être visés et
légalisés par les Consuls.

Les Chanceliers ne pourront exercer les fonctions de notaires hors de
l'arrondissement du Consulat auquel ils sont attachés, sous peine de
destitution et sans préjudice de tous dommages-intérêts envers les
parties.

Les Chanceliers ne pourront recevoir des actes dans lesquels leurs
parents ou alliés en ligne directe à tous les degrés, et en ligne colla-
térale jusqu'à celui d'oncle ou de neveu inclusivement, seraient parties, ou qui contiendraient quelque disposition en leur faveur.

Les Chanceliers ne recevront d'actes que pour les personnes dont l'i-
dentité leur sera suffisamment connue. Lorsqu'ils ne la connaîtront
pas, ils devront la faire attester par deux Français majeurs, ou, en cas
d'impossibilité, par deux sujets étrangers domiciliés, âgés de 25 ans,
qui leur seront connus, lesquels attesteront l'identité de la personne qui
se présentera.

Les actes continueront d'être reçus, conformément aux dispositions
de l'article 18 du titre IX du livre Ier de l'ordonnance de 1681, en présence de deux témoins, qui signeront. Ces témoins devront, autant
que possible, être Français et immatriculés au Consulat, conformément
à l'ordonnance royale du 28 de ce mois.

Les parents ou alliés soit des Chanceliers, soit des parties contractantes au degré ci-dessus prohibé, leurs commis ou serviteurs ne pourront être témoins.

Les actes seront inscrits en minute sur des registres doubles et seront écrits à la suite les uns des autres, sans aucun blanc ; ces registres
seront cotés et paraphés par le Consul et revêtus tous les trois mois de
son visa, à la suite de l'acte de la date la plus récente.

Les Chanceliers pourront néanmoins dresser des minutes sur feuilles
isolées, des actes dont la rédaction ne pourrait être faite en Chancellerie, ou délivrer en brevet ceux des actes dont les lois ou usages

exigeraient la représentation sous cette forme ; mais ces minutes ou brevets devront être transcrits, ou, dans tous les cas, enregistrés sommairement à la réquisition des parties ou par les soins du Chancelier.

Il ne pourra être inséré dans les actes et contrats passés dans les Chancelleries aucune convention, clause ni énonciation interdite par les lois.

Les actes seront écrits en un seul et même contexte, lisiblement, sans abréviation, blanc, surcharge ni interligne. Ils énonceront le jour, l'année et le lieu où ils seront passés, les nom, prénoms, qualités et résidence du Chancelier qui les recevra, du Consul qui y assistera, ainsi que les noms, prénoms, qualités et demeures des parties et des témoins. Ils exprimeront en toutes lettres les sommes et les dates. Si des parties sont représentées par des fondés de pouvoirs, les procurations seront transcrites à la suite de l'acte et l'original sera annexé à celui des deux registres qui devra demeurer en la Chancellerie. Le Chancelier signera les actes avec les parties et les témoins, après leur en avoir donné lecture, dont il sera fait mention.

Lorsque des parties ne sauront ou ne pourront signer, il sera fait mention, à la fin de l'acte, de leurs déclarations à cet égard.

Les renvois et apostilles ne pourront, sauf l'exception ci-après indiquée, être écrits qu'en marge. Ils seront signés ou paraphés tant par les Chanceliers que par les autres signataires. Si la longueur du renvoi exige qu'il soit transporté à la fin de l'acte, il devra être non-seulement signé ou paraphé comme les renvois écrits en marge, mais encore expressément approuvé par les parties.

Les mots qui devront être rayés le seront de manière que le nombre puisse en être constaté à la marge de la page qui les contient, ou à la fin de l'acte, et approuvés de la même manière que les renvois écrits en marge.

L'un des doubles du registre des actes demeurera dans la Chancellerie du Consulat ; l'autre sera clos tous les ans par le Chancelier ainsi que par le Consul, et ce dernier l'adressera immédiatement au Département des affaires étrangères. Il demeurera déposé dans les archives du Département, où il pourra en être délivré des expéditions ou extraits aux personnes intéressées en nom direct, leurs héritiers ou ayants droit, en vertu d'une autorisation spéciale du Ministre des affaires étrangères.

Les Chanceliers délivreront des grosses et des expéditions des actes reçus par eux ; elles devront être visées et légalisées par les Consuls.

Il ne sera délivré expédition, ni donné connaissance des actes reçus par les Chanceliers, à d'autres qu'aux personnes intéressées en nom direct, leurs héritiers ou ayants droit, à moins d'une ordonnance spéciale du Consul ou de tout autre juge compétent, qui sera mentionnée en marge de l'acte et inscrite sur le registre à ce destiné, sauf toutefois l'exécution des lois relatives aux actes qui doivent être publiés dans les tribunaux.

Les grosses seules seront délivrées en forme exécutoire ; elles seront intitulées et terminées de la même manière que les jugements et por-

teront le sceau du Consulat. Il sera fait mention sur la minute de la
délivrance d'une première grosse faite à chacune des parties intéressées. Il ne pourra en être délivré d'autre sans une ordonnance du Consul ou autre juge compétent, qui sera inscrite sur le registre à ce destiné, et dont mention sera faite en marge de l'acte.

Les Chanceliers pourront, avec l'autorisation des Consuls, recevoir
en Chancellerie le dépôt et délivrer des copies collationnées des originaux ou expéditions d'actes reçus ailleurs par des officiers publics
compétents ; ils pourront également recevoir le dépôt d'actes sous seing
privé, afin d'en assurer la date et la conservation, et ils pourront en
délivrer des copies. Dans l'un et l'autre cas, il devra être dressé un
acte de dépôt contenant la description des pièces déposées. Mention
du dépôt sera faite sur les pièces déposées, qui seront transcrites en
entier à la suite de l'acte, lorsqu'elles seront sous seing privé, ou que
la minute n'en sera point consignée dans un autre dépôt public. Aucune copie des actes consignés ne sera délivrée sans la copie textuelle
de l'acte de dépôt.

Les parties intéressées, leurs héritiers ou ayants cause, pourront retirer les actes ainsi déposés, en en donnant une décharge, dont il sera
dressé acte et fait mention, tant en marge des pièces, que des actes de
dépôt. Dans ce cas, il ne leur sera délivré aucune expédition des actes
de dépôt ni des pièces transcrites à la suite, sans la copie textuelle de
l'acte de décharge.

Les Français sont autorisés à déposer leurs testaments olographes à
la Chancellerie du Consulat, pour en assurer la conservation. Il sera
dressé acte du dépôt, dont expédition sera remise à la partie pour lui
tenir lieu de récépissé. Si le déposant veut retirer son testament, il lui
sera restitué après signature d'un acte de décharge, dont mention devra être faite en marge de l'acte de dépôt ; cette remise ne pourra être
effectuée entre les mains d'un fondé de pouvoirs, qu'autant qu'il sera
muni d'une procuration authentique et spéciale.

Les Consuls seront tenus, sur la transmission qui leur en sera faite
par le Ministre des affaires étrangères, de se conformer aux jugements
ou arrêts rendus par les tribunaux français qui ordonneraient l'envoi
en France des testaments déposés dans les Chancelleries de leurs Consulats. Ils prendront pour cet envoi les précautions qui leur seront indiquées par le Ministre des affaires étrangères.

Les certificats de vie des rentiers et pensionnaires résidant hors du
royaume continueront d'être délivrés dans les Chancelleries des Consulats, ou, lorsqu'ils seront délivrés par les magistrats du lieu, d'être
revêtus de la légalisation des Consuls, conformément à l'article 4 de
l'ordonnance du 30 juin 1814 (1).

---

(1) Cet article est ainsi conçu :
  « Les certificats de vie des rentiers et pensionnaires résidant hors du royaume
« continueront à être délivrés par les Chancelleries de nos Légations ou Consulats,
« ou par les magistrats du lieu, dans le cas où le domicile desdits rentiers et pen-
« sionnaires serait éloigné de plus de six lieues de la résidence de nos Ambassa-

Il convient d'ailleurs, dans l'intérêt des Français qui ont des actes à passer dans les Chancelleries, que la maison consulaire où elles devront être placées, sauf des cas exceptionnels qu'appréciera le Ministre des affaires étrangères, soit toujours située en ville, et, autant que possible, à proximité du port ou du quartier des affaires. Les Chancelleries seront ouvertes tous les jours, excepté les dimanches et jours fériés, et une décision du Consul, qui déterminera les heures d'ouverture et de clôture, demeurera affichée à l'entrée. Les actes de l'état civil et ceux relatifs à l'expédition des navires devront toutefois, en cas d'urgence, être faits par les Consuls, même les dimanches et jours fériés.

Fait à l'hôtel du Département des affaires étrangères, le 30 novembre 1833.   (Signé) V. Broglie.

N° 20.

Ordonnance du 18 avril 1835 sur les établissements français en Levant.

Art. 1er Il ne sera plus exigé d'autorisation ni de cautionnement des Français qui forment des établissements commerciaux aux Echelles du Levant et de la Barbarie, ou qui s'y rendent pour le fait de leur commerce.

2. Les souscripteurs et cautions d'engagements de cette nature en restent libérés à partir de la promulgation de la présente ordonnance.

3. Les dépenses relatives aux établissements publics des Echelles cesseront d'être portées au budget de la Chambre de commerce de Marseille.

4. Est supprimée la perception du droit ancien dit de Consulat, ou de 2 pour 100, levé dans le port de Marseille sur certaines marchandises provenant des Echelles du Levant et de la Barbarie, et conservé jusqu'à ce jour à titre de revenu spécial attribué à la Chambre de commerce de Marseille par application du décret du 23 décembre 1806.

5. Notre Ministre secrétaire d'Etat au département du commerce est chargé de l'exécution de la présente ordonnance.

« deurs, Envoyés, Consuls : ces certificats seront admis au Trésor royal, revêtus « de la légalisation de nos Agents diplomatiques, ou de ceux des puissances étran- « gères et amies résidant dans ces pays. »

N° 21.

Ordonnance du 12 mai 1836, sur les frais de passage et de conduite des Capitaines, Officiers et Marins du commerce naufragés ou délaissés en pays étrangers.

Louis-Philippe, etc.

Vu les ordonnances royales des 14 février 1686, 15 juillet 1698, et 9 avril 1704, qui obligeaient, sous peine d'amende, les capitaines des navires du commerce français à recevoir à leur bord, sans indemnité, pour les rapatrier, les marins naufragés ou délaissés en pays étrangers ;

Vu les ordonnances des 25 juillet 1719 et 3 mars 1781, qui, en maintenant cette obligation, ont fondé le principe d'une indemnité pour le passage des marins naufragés, sans nulle distinction de grades ;

Vu les art. 1, 7 et 8 de l'arrêté du 5 germinal an xii (26 mars 1804) sur la conduite à payer, dans les cas de naufrage ou de débarquement aux hommes de mer provenant des navires du commerce ;

Vu l'ordonnance du 29 octobre 1833, dont l'art. 36 règle les allocations pour frais de passage, et distingue, quant au taux de l'indemnité, entre les capitaines et les marins de leurs équipages à rapatrier ;

Vu l'avis des chambres de commerce des principales places maritimes du royaume ;

Sur le rapport de notre ministre de la marine et des colonies ;

Le conseil d'amirauté entendu ;

Nous avons ordonné et ordonnons ce qui suit :

1. Dans les cas de sinistres, le soin de diriger ou de protéger les opérations du sauvetage et de donner ou de faire donner des secours aux équipages naufragés, est confié à l'autorité maritime ou à l'autorité consulaire.

Les marins naufragés ou délaissés en pays étrangers, continueront d'être rapatriés d'après les ordres des consuls, agissant, lorsqu'il y aura lieu, de concert avec les commandants de nos bâtiments de guerre.

2. Si le retour des marins provenant des navires du commerce a lieu par terre, les frais de conduite continueront à être réglés conformément à l'arrêté du 5 germinal an xii (26 mars 1804), art. 7 et 8.

3. Quelle que soit la provenance des marins, si leur retour s'effectue sur les navires du commerce français et qu'ils ne puissent pas être embarqués comme remplaçants, il sera payé par jour, après l'arrivée dans un port de France ou dans une colonie française, savoir :

Pour les capitaines commandant au long cours, lorsqu'ils proviendront d'un navire ayant fait, soit la pêche de la baleine, soit la grande navigation, dans les mers de l'Inde, au delà des caps Horn et de Bonne-Espérance, et aux Antilles ci. . . . . 3 fr. 00

Pour les mêmes provenant de la navigation d'Europe. . 2 fr. 50

Pour les seconds capitaines, lieutenants et chirurgiens provenant soit de la pêche de la baleine, soit de la grande navigation dans les mers de l'Inde, au delà des caps Horn et de Bonne-Espérance, et aux Antilles. . . . . . . 2 fr. 00

Pour les mêmes et les maîtres au petit cabotage de la navigation d'Europe. . . . . 1 fr. 50

Pour tous les autres marins de l'équipage. . . . . 1 fr. 00

4. Si le retour s'opère sur les bâtiments de la marine royale, le passage ne donnera lieu à aucune demande de remboursement.

Les capitaines provenant de toute navigation au long cours seront admis à la table de l'état-major ; et les seconds capitaines, lieutenants, maîtres au petit cabotage et chirurgiens à la table des élèves ou à celle des premiers maîtres.

5. Si les capitaines, officiers ou marins rapatriés ne trouvent pas d'emploi immédiat dans le port où ils auront été débarqués, et s'ils demandent à retourner dans leurs quartiers d'immatriculation, il leur sera payé, à titre de frais de conduite, savoir :

Au capitaine provenant d'un navire expédié au long cours, par myriamètre. . . . . 3 fr. 00

Au second capitaine, au lieutenant et au chirurgien provenant de la même navigation. *Idem*. . . . . . . 2 fr. 00

Au capitaine provenant d'un navire armé pour le cabotage. *Idem*. . . . . 1 fr. 50

Aux maîtres d'équipages et aux autres hommes de la maistrance. *Idem*. . . . . 0 fr. 80

Aux matelots, novices et autres. *Idem*. . . . . . 0 fr. 60

Le payement de cette allocation aura lieu moitié lors du départ, le troisième quart à moitié route, si la partie déclare en avoir besoin, et le complément ou le dernier quart à l'arrivée à destination.

6. Toutes dispositions contraires à celles qui précèdent sont et demeurent abrogées.

7. Notre Ministre de la marine et des colonies est chargé de l'exécution de la présente ordonnance.

N° 22.

Loi du 28 mai 1836 sur la poursuite et le jugement des contraventions, délits et crimes commis par les Français dans les Échelles du Levant et de la Barbarie.

TITRE Ier. — DE L'INSTRUCTION.

ART. 1er. Dans les cas prévus par les traités et capitulations, ou autorisés par les usages, les Consuls des Echelles du Levant et de Barbarie continueront d'informer, soit sur plaintes ou dénonciations, soit d'office, et sans qu'il soit besoin du ministère public, sur les contraventions, délits et crimes commis par des Français dans l'étendue desdites Echelles.

2. En cas de vacance des Consulats, d'absence ou d'empêchement des Consuls, les officiers ou autres personnes appelées à remplacer, suppléer ou représenter les Consuls, exerceront les fonctions qui sont attribuées à ces derniers par la présente loi.

Les mêmes fonctions seront remplies à Constantinople par l'officier que le Roi aura désigné.

3. Toute personne qui se prétendra lésée par un crime, un délit ou une contravention, pourra en rendre plainte ; elle pourra, si bon lui semble, se constituer partie civile.

La partie civile qui ne demeurera point dans le lieu de la résidence du Consul saisi de la poursuite, sera tenue d'y élire domicile par déclaration faite à la Chancellerie du Consulat, faute de quoi elle ne pourra se prévaloir du défaut de signification d'aucun des actes de l'instruction.

4. Sur la plainte portée au Consul, soit par requête soit par déclaration faite à la Chancellerie, ou sur la connaissance qu'il aura, par la voix publique, d'un crime ou d'un délit qui aurait été commis par un Français, le Consul se transportera, s'il y a lieu, avec toute la célérité possible, assisté de l'officier qui remplira les fonctions de greffier, sur le lieu du crime ou du délit, pour le constater par un procès-verbal. Il saisira les pièces de conviction, et pourra faire toutes visites et perquisitions aux domicile et établissement de l'inculpé.

5. Lorsqu'il s'agira de voies de fait ou de meurtre, le Consul se fera assister d'un officier de santé qui, après avoir prêté le serment en tel cas requis, visitera le blessé ou le cadavre, constatera la gravité des blessures ou le genre de mort, et fera sur le tout sa déclaration au Consul. Cette déclaration sera insérée au procès-verbal, lequel sera signé du Consul, du greffier et de l'officier de santé.

6. Le Consul entendra, autant qu'il sera possible, les témoins sur le lieu du crime ou du délit, sans qu'il soit besoin d'assignation.

Toute information aura lieu tant à charge qu'à décharge.

7. Les agents consulaires dans les Echelles du Levant et de Barbarie donneront immédiatement avis au Consul des contraventions, délits et crimes qui y seraient commis ; ils recevront aussi les plaintes et dénonciations, et les transmettront à cet officier.

Ils dresseront, dans tous les cas, les procès-verbaux nécessaires ; ils saisiront les pièces de conviction et recueilleront, à titre de renseignements, les dires des témoins ; mais ils ne pourront faire, si ce n'est en cas de flagrant délit, des visites et perquisitions aux domiciles et établissements des inculpés, qu'après avoir reçu, à cet effet, une délégation spéciale du Consul ou de celui qui en remplit les fonctions.

8. Le Consul pourra, selon la nature des faits constatés par son procès-verbal, rendre une ordonnance pour faire arrêter le prévenu, de la manière usitée dans le pays de son Consulat.

II.   10

Le prévenu ne pourra être mis en détention que dans les cas suivants : 1° s'il s'agit d'un crime ; 2° s'il s'agit d'un délit emportant la peine de l'emprisonnement, et si, dans ce dernier cas, le prévenu n'est pas immatriculé, soit comme chef actuel ou ancien, soit comme gérant d'un établissement commercial.

9. En cas de prévention de délit, la mise en liberté provisoire pourra être accordée en tout état de cause à l'inculpé, s'il offre caution de se représenter et s'il élit domicile au lieu où siége le tribunal consulaire.

Le cautionnement, dans ce cas, sera fixé par le Consul.

S'il y a partie civile, le cautionnement devra être augmenté de toute la valeur du dommage présumé, telle qu'elle sera provisoirement arbitrée par le Consul.

Les vagabonds et les repris de justice ne pourront, en aucun cas, être mis en liberté provisoire.

10. Le prévenu contre lequel il n'aura pas été décerné d'ordonnance d'arrestation sera assigné aux jour et heure que le Consul indiquera par son ordonnance, pour être interrogé.

Lorsqu'un Français prévenu de crime ou de délit sera arrêté et mis en lieu de sûreté, soit à terre, soit dans un navire français de la rade, le Consul l'interrogera dans les vingt-quatre heures au plus tard.

L'interrogatoire sera signé par l'inculpé, après qu'il lui en aura été donné lecture, sinon il sera fait mention de son refus de signer ou des motifs qui l'en empêcheraient. Cet interrogatoire sera coté et paraphé à chaque page par le Consul, qui en signera la clôture avec le greffier.

11. Le Consul pourra réitérer l'interrogatoire de tout prévenu autant de fois qu'il le jugera nécessaire pour l'instruction du procès.

12. Lorsque le Consul découvrira des écritures et signatures privées dont il pourrait résulter des preuves ou des indices, il les joindra au procès, après les avoir paraphées ; elles seront représentées au prévenu lors de son interrogatoire ; le Consul lui demandera, s'il les a écrites ou signées, ou bien s'il veut ou s'il peut les reconnaître ; il sera, dans tous les cas, interpellé de les parapher.

13. Dans le cas où le prévenu refuserait de reconnaître les écritures et signatures saisies, le Consul se procurera, s'il est possible, des pièces de comparaison, qui seront par lui paraphées et jointes au procès, après avoir été représentées au prévenu dans la forme prescrite en l'article précédent et avec les mêmes interpellations.

La vérification de ces écritures et signatures sera faite devant les juges qui procéderont au jugement définitif, tant sur les pièces ci-dessus que sur toutes autres qui pourraient êtres produites avant le jugement.

14. Les écritures et signatures saisies par le Consul seront aussi représentées, lors de l'information, aux témoins, qui seront interpellés de déclarer la connaissance qu'ils peuvent en avoir.

15. En matière de faux, le Consul se conformera aux trois articles

précédents, sauf à être suppléé, autant que faire se pourra, aux autres formalités, par les juges du fond.

16. Tous les objets pouvant servir à la conviction de l'inculpé seront déposés à la Chancellerie, et il sera dressé de ce dépôt un procès-verbal qui sera signé du Consul et du greffier.

La représentation desdits objets sera faite à l'inculpé dans son interrogatoire, et aux témoins dans les informations ; les uns et les autres seront interpellés de déclarer s'ils les reconnaissent.

17. Pour procéder à l'information hors le cas prévu en l'art. 6 ci-dessus, le Consul rendra une ordonnance portant fixation du jour et de l'heure auxquels les témoins se présenteront devant lui.

En vertu de cette ordonnance, les Français indiqués pour témoins seront cités par l'officier faisant fonction de Chancelier.

Quant aux étrangers, le Consul fera, vis-à-vis des Consuls étrangers, les réquisitions d'usage dans l'Echelle, pour obtenir l'ordre de les faire comparaître ; et, en ce qui touche les sujets des puissances dans le territoire desquelles les Consulats seront établis, les Consuls se conformeront, pour les faire comparaître, aux capitulations et usages observés dans les différents Consulats.

18. Avant sa déposition, chaque témoin prêtera serment de dire toute la vérité, rien que la vérité ; le Consul lui demandera ses nom, prénoms, âge, qualité, demeure, s'il est domestique, serviteur, parent ou allié de la partie plaignante ou de celle qui a éprouvé le dommage, ou de l'inculpé.

Il sera fait mention de la demande et des réponses du témoin.

Dans le cas où la croyance religieuse d'un témoin s'opposerait à ce qu'il prêtât le serment ci-dessus prescrit ou à ce qu'il fît aucune espèce d'affirmation, le procès-verbal le constatera et il sera passé outre à son audition.

19. Les témoins déposeront oralement et séparément l'un de l'autre.

Chaque déposition sera écrite en français par le greffier ; elle sera signée, tant par le témoin après que lecture lui en aura été donnée et qu'il aura déclaré y persister, que par le Consul et le greffier ; si le témoin ne peut ou ne veut signer, il en sera fait mention.

20. Les procès-verbaux d'information seront cotés et paraphés à chaque page par le Consul, et seront clos par une ordonnance qu'il rendra, soit pour procéder à un supplément d'information, soit pour renvoyer à l'audience dans le cas où il s'agirait d'une peine correctionnelle ou de simple police, soit aux fins de procéder, selon les règles ci-après, au récolement et à la confrontation lorsqu'il y aura indice de crime passible d'une peine afflictive ou infamante.

Néanmoins le Consul pourra, dans tous les cas où il le jugera convenable, confronter les témoins au prévenu.

21. S'il y a lieu, en vertu de l'article précédent, de récoler les témoins en leurs dépositions et de les confronter au prévenu, le Consul fixera, dans son ordonnance, les jour et heure auxquels il y procédera.

22. Cette ordonnance sera notifiée au prévenu trois jours avant celui qu'elle aura fixé, avec copie de l'information. Le prévenu sera

averti de la faculté qu'il aura de se faire assister d'un conseil lors de la confrontation ; s'il n'use point de cette faculté, il pourra lui en être désigné un d'office par le Consul. Ce conseil pourra conférer librement avec lui.

23. Le Consul fera comparaître les témoins devant lui au jour fixé, de la manière prescrite en l'art. 17.

Il pourra se dispenser d'appeler les témoins qui auront déclaré, dans l'information, ne rien savoir ; toutefois, il les appellera si l'inculpé le requiert.

Les témoins français seront tenus, dans tous les cas prévus par les articles ci-dessus, de satisfaire à la citation. Les défaillants pourront être condamnés en une amende qui n'excédera pas cent francs.

Ils seront cités de nouveau ; s'ils produisent des excuses légitimes, le Consul pourra les décharger de cette peine.

Le Consul aura toujours le droit d'ordonner, même sur le premier défaut, que les défaillants seront contraints par corps à venir déposer.

24. Pour procéder au récolement, lecture sera faite, séparément et en particulier, à chaque témoin, de sa déposition, par le greffier, et le témoin déclarera s'il n'y veut rien ajouter ou retrancher, et s'il y persiste. Le Consul pourra, lors du récolement, faire des questions aux témoins pour éclaircir ou expliquer leurs dépositions. Les témoins signeront leurs récolements après que lecture leur en aura été donnée, ou déclareront qu'ils ne savent ou ne peuvent signer. Chaque récolement sera, en outre, signé du Consul et du greffier. Le procès-verbal sera coté et paraphé sur toutes les pages par le Consul.

25. Après le récolement, les témoins seront confrontés au prévenu. A cet effet, le Consul fera comparaître ce dernier, en présence duquel chaque témoin prêtera de nouveau serment de dire toute la vérité, rien que la vérité.

26. La déclaration du témoin sera lue au prévenu ; interpellation sera faite au témoin de déclarer si le prévenu est bien celui dont il a entendu parler.

Si le prévenu, ou son conseil, remarque dans la déposition quelque contradiction ou quelque autre circonstance qui puisse servir à le justifier, l'un et l'autre pourront requérir le consul d'interpeller le témoin à ce sujet.

Le prévenu et son conseil auront le droit de faire au témoin, par l'organe du Consul, toutes les interpellations qui seront jugées nécessaires pour l'éclaircissement des faits ou pour l'explication de la déposition.

Ils ne pourront interrompre le témoin dans le cours de ses déclarations.

Le conseil du prévenu ne pourra répondre pour celui-ci, ni lui suggérer aucun dire ou réponse.

27. Lorsqu'un témoin ne pourra se présenter à la confrontation, il y sera suppléé par la lecture de sa déposition. Cette lecture sera faite en présence de l'inculpé et de son conseil, dont les observations seront consignées dans le procès-verbal.

28. Le prévenu pourra, par lui-même ou par son conseil, fournir

des reproches contre les témoins. Il lui est permis de les proposer en tout état de cause, tant avant qu'après la connaissance des charges.

S'il en est fourni au moment de la confrontation, le témoin sera interpellé de s'expliquer sur ces reproches, et il sera fait mention, dans le procès-verbal, de ce que le prévenu et le témoin auront dit réciproquement à cet égard.

29. S'il y a plusieurs prévenus, ils seront aussi confrontés les uns aux autres, après qu'ils auront été séparément récolés en leurs interrogatoires, dans les formes prescrites pour le récolement des témoins.

30. Les confrontations seront écrites dans un cahier séparé, coté et paraphé à toutes les pages par le Consul. Chaque confrontation en particulier sera signée par le prévenu et le témoin, après que lecture leur en aura été faite par le greffier ; s'ils ne peuvent ou ne veulent signer, il sera fait mention de la cause de leur refus. Chaque confrontation sera également signée par le Consul et par le greffier.

31. L'inculpé aura, en tout état de cause, le droit de proposer les faits justificatifs, et la preuve de ces faits pourra être admise, bien qu'ils n'aient été articulés ni dans les interrogatoires, ni dans les autres actes de la procédure.

Dès qu'ils auront été proposés, le prévenu sera interpellé de désigner ses témoins ; il sera fait mention du tout dans un procès-verbal, au bas duquel le Consul ordonnera d'office que les témoins seront appelés et par lui entendus aux jour et heure qu'il indiquera, suivant les règles prescrites pour les informations.

32. Dans l'information à laquelle il sera procédé en vertu de l'article précédent, les témoins seront d'abord interpellés de s'expliquer sur les faits justificatifs énoncés dans le procès-verbal ; le Consul pourra ensuite faire aux témoins les questions qu'il jugera nécessaires à la manifestation de la vérité.

33. Il sera procédé aux informations, récolements et confrontations avec les témoins qui n'entendront pas la langue française, par le secours d'un interprète assermenté du Consulat, ou de tel autre interprète qui sera commis par le Consul. Dans ce dernier cas, le Consul fera prêter à l'interprète le serment de traduire fidèlement ; il en dressera procès-verbal qui sera joint aux pièces ; ce serment servira pour tous les actes de la même procédure qui requerront le ministère du même interprète.

Les informations, récolements et confrontations seront signés par l'interprète dans tous les endroits où le témoin aura signé ou déclaré ne le pouvoir.

Dans le cas où la croyance religieuse d'un interprète s'opposerait à ce qu'il prêtât le serment requis ou à ce qu'il fît toute autre affirmation, le procès-verbal constatera cet empêchement.

34. En cas de fuite ou d'évasion de l'inculpé, le Consul dressera un procès-verbal, signé de lui et du greffier, pour constater qu'il a fait d'inutiles perquisitions et qu'il ne lui a pas été possible de s'assurer de l'inculpé ; ce procès-verbal, joint aux pièces, tiendra lieu de toute autre formalité pour justifier de la contumace.

35. Le Consul s'assurera de tous les effets, titres et papiers appartenant à l'inculpé fugitif, après en avoir fait faire inventaire et description par le greffier.

36. La procédure par contumace s'instruira, avec toute la célérité
possible, par des informations, par le récolement des témoins et par la
représentation, auxdits témoins, des titres et autres objets qui pourront servir à conviction.

37. L'instruction terminée, l'affaire sera soumise au tribunal consulaire.

Ce tribunal sera composé du Consul ou de celui qui en remplira les
fonctions, et de deux Français par lui choisis parmi les notables qui
résideront dans le ressort du Consulat.

38. Ces deux notables seront désignés d'avance pour toute l'année.
Ils pourront être itérativement choisis.

En cas d'absence ou d'empêchement, ils seront temporairement
remplacés par tels autres notables que le Consul désignera, et mention
sera faite des causes de ce remplacement dans l'ordonnance ou le jugement du tribunal consulaire.

39. Les deux notables désignés par le Consul prêteront serment entre ses mains avant d'entrer en fonctions.

Ceux qui seront appelés à les suppléer prêteront également serment.

Il sera dressé procès-verbal de l'accomplissement de cette formalité
dans le registre des actes de la Chancellerie.

40. Dans le cas où il y aurait impossibilité de composer par des notables le tribunal consulaire, le Consul procédera seul, suivant les formes ci-dessous prescrites, à la charge de faire mention de cette impossibilité dans ses ordonnances et jugements.

41. Le tribunal consulaire, composé soit du Consul et des notables,
soit du Consul tout seul aux termes des articles ci-dessus, prononcera
ainsi qu'il suit :

Si le fait ne présente ni contravention, ni délit, ni crime, ou s'il
n'existe pas de charges suffisantes contre l'inculpé, le tribunal déclarera qu'il n'y a pas lieu à poursuivre.

Si le tribunal est d'avis que le fait n'est qu'une simple contravention,
l'inculpé sera renvoyé à l'audience, pour y être jugé conformément au
titre II ci-après.

Dans les deux cas ci-dessus, l'inculpé, s'il est en état d'arrestation,
sera mis en liberté, et, s'il avait fourni un cautionnement, il lui en sera
donné main-levée.

42. Si les juges reconnaissent que le fait constitue un délit et qu'il y
a charges suffisantes, le prévenu sera renvoyé à l'audience.

Dans ce dernier cas, si le délit peut entraîner la peine d'emprisonnement, le prévenu, s'il est en état d'arrestation, y demeurera provisoirement, à moins qu'il ne soit admis à fournir caution aux termes de
l'article 9.

Si le prévenu est immatriculé comme il est dit en l'article 8, ou si
le délit ne doit pas entraîner la peine d'emprisonnement, le prévenu

sera mis en liberté à la charge de se représenter au jour de l'audience.

43. Si le fait emporte peine afflictive ou infamante et si la prévention est suffisamment établie, le tribunal consulaire décernera une ordonnance de prise de corps contre le prévenu et il sera ultérieurement procédé selon les règles prescrites au titre III ci-après.

44. Lorsque le tribunal consulaire aura déclaré qu'il n'y a lieu à suivre, ou lorsqu'il aura renvoyé à la simple police un fait dénoncé comme crime ou délit, ou enfin lorsqu'il aura attribué à la police correctionnelle un fait qui aurait les caractères d'un crime, la partie civile aura le droit de former opposition à l'ordonnance, à la charge par elle d'en faire la déclaration à la Chancellerie du Consulat dans le délai de trois jours à compter de la signification qui lui sera faite de cette ordonnance.

La partie civile devra notifier son opposition au prévenu dans la huitaine suivante, avec sommation de produire devant la Chambre d'accusation tels mémoires justificatifs qu'il jugera convenables.

Cette opposition n'empêchera pas la mise en liberté de l'inculpé si elle a été ordonnée avant l'opposition de la partie civile ou si elle a été prononcée depuis, sans préjudice de l'exécution ultérieure de l'ordonnance de prise de corps qui pourrait être rendue par la Chambre d'accusation.

45. Le droit d'opposition appartiendra, dans tous les cas, au procureur général près la Cour royale compétente pour connaître des ordonnances du tribunal consulaire aux termes du titre III ci-après. Son opposition sera déclarée dans les formes et les délais réglés par l'article 79 de la présente loi.

TITRE II. — DU JUGEMENT DES CONTRAVENTIONS ET DÉLITS.

46. Le tribunal consulaire sera saisi de la connaissance des délits, soit par citation directe, soit par suite du renvoi qui lui aura été fait d'après les articles 20 et 42 ci-dessus.

Le Consul statuera seul en matière de simple police; il sera saisi, soit par citation directe, soit par suite du renvoi qui lui aura été fait d'après les articles 20 et 42. Il se conformera aux articles 47, 48, 49, 51 et 52 ci-après.

47. Le jour de l'audience sera indiqué par ordonnance du Consul; il y aura au moins un délai de trois jours entre la citation et le jugement, lorsque le prévenu résidera dans le lieu où est établi le Consulat. S'il n'y réside pas, l'ordonnance déterminera, d'après les localités, le délai pour la comparution.

48. La personne citée comparaîtra par elle-même ou par un fondé de procuration spéciale.

Toutefois, en matière correctionnelle, lorsque la loi prononcera la peine de l'emprisonnement, le prévenu devra se présenter en personne, et, dans les autres cas, le tribunal pourra ordonner sa comparution.

49. L'instruction à l'audience se fera dans l'ordre suivant :

Les procès-verbaux et rapports seront lus; les témoins pour ou contre prêteront serment et seront entendus; les reproches proposés seront jugés; lecture sera faite des déclarations écrites de ceux des témoins qui, à raison de leur éloignement ou pour tout autre cause légitime, ne pourraient comparaître. Les témoins défaillants, hors les cas ci-dessus, pourront être condamnés et contraints à comparaître, conformément à l'article 23. Les pièces pouvant servir à conviction ou décharge seront représentées aux témoins et aux parties; la partie civile sera entendue; le prévenu ou son conseil, ainsi que les parties civilement responsables, proposeront leur défense; la réplique sera permise à la partie civile, mais le prévenu ou son conseil aura toujours la parole le dernier; le jugement sera prononcé immédiatement, ou, au plus tard, à l'audience qui sera indiquée, et qui ne pourra être différée au delà de huit jours.

Le jugement contiendra mention de l'observation de ces formalités; il sera motivé, et, s'il prononce une condamnation, les termes de la loi appliquée y seront insérés.

Si le prévenu est acquitté, il sera mis en liberté sur-le-champ ou il lui sera donné mainlevée de son cautionnement.

50. Dans le cas où, par suite de l'instruction à l'audience, il serait reconnu que le fait imputé au prévenu a les caractères du crime, il sera procédé de la manière suivante :

Si le prévenu avait été cité directement à l'audience, en conformité de l'article 46, il sera renvoyé devant le Consul qui procédera aux informations, interrogatoires, récolement et confrontation, dans la forme prescrite au titre Ier de la présente loi.

Si le prévenu avait été traduit à l'audience par suite d'ordonnance, aux termes de l'article 20, il sera renvoyé devant le même Consul qui procédera à tel supplément d'information que bon lui semblera, et aux formalités du récolement et de la confrontation.

Enfin, si le prévenu n'avait été soumis aux débats qu'à la suite d'une instruction complète, le tribunal consulaire décernera contre lui une ordonnance de prise de corps et il sera ultérieurement procédé selon les règles prescrites par le titre III ci-après.

Dans le cas où, par suite de l'instruction à l'audience, il serait reconnu que le fait imputé au prévenu ne constitue qu'une contravention, le tribunal consulaire prononcera, conformément à l'article 54 de la présente loi, sans appel.

51. Les condamnations par défaut qui interviendront en matière correctionnelle et de simple police seront considérées comme non avenues si, dans les huit jours de la signification qui en aura été faite à la personne du condamné, à son domicile réel ou élu, même à sa dernière résidence lorsqu'il n'aura plus ni domicile ni résidence actuels dans le ressort du Consulat, il forme opposition à l'exécution du jugement par déclaration à la Chancellerie du Consulat.

Toutefois le tribunal pourra, suivant la distance du dernier domicile et le plus ou moins de facilité des communications, proroger, par son jugement, ce délai, ainsi qu'il lui paraîtra convenable.

En cas d'acquittement prononcé par le jugement définitif, les frais de l'expédition, de la signification du jugement par défaut et de l'opposition pourront être mis à la charge du prévenu.

52. L'entrée du lieu où siégera le tribunal consulaire ne pourra être refusée aux Français immatriculés durant la tenue des audiences, si ce n'est dans les cas où le droit commun de la France autorise le huis-clos.

Le Consul a la police de l'audience.

53. Dans les affaires correctionnelles, le procès-verbal d'audience énoncera les noms, prénoms, âges, professions et demeures des témoins qui auront été entendus; leur serment de dire toute la vérité, rien que la vérité; leurs déclarations s'ils sont parents, alliés, serviteurs ou domestiques des parties, et les reproches qui auraient été fournis contre eux; il contiendra le résumé de leurs déclarations.

54. En matière de simple police, le Consul prononcera définitivement et sans appel.

S'il y a partie civile et que la demande en réparation excède 150 francs, le Consul renverra cette partie à se pourvoir à fins civiles, et néanmoins statuera sur la contravention.

55. En matière correctionnelle, les jugements seront susceptibles d'appel.

Les appels seront portés à la Cour royale d'Aix.

La faculté d'appel appartiendra tant aux prévenus et aux personnes civilement responsables qu'au procureur général près la Cour royale d'Aix. Elle appartiendra également à la partie civile, quant à ses intérêts civils seulement.

56. La déclaration d'appel sera faite à la Chancellerie du Consulat, par l'appelant en personne ou par son fondé de pouvoirs dans les dix jours au plus tard après la prononciation du jugement, s'il est contradictoire. Pendant ce délai et pendant l'instance d'appel, il sera sursis à l'exécution du jugement de condamnation.

L'appel ne sera point reçu contre les jugements par défaut de la part du défaillant. Ces jugements ne pourront être attaqués par lui que par la voie du recours en cassation, s'il y a lieu.

57. La déclaration d'appel devra contenir élection de domicile dans la ville d'Aix, faute de quoi les notifications à faire à l'appelant pourront être faites au parquet du procureur général près la Cour royale d'Aix, sans qu'il soit besoin d'aucune prorogation de délai à raison des distances.

La déclaration d'appel de la partie civile sera, dans la huitaine, notifiée au prévenu, avec citation à comparaître devant la Cour royale.

L'appel du procureur général sera déclaré dans les formes et les délais réglés par l'article 79 ci-après.

58. La procédure, la déclaration d'appel et la requête, s'il en a été déposé une par l'appelant, seront immédiatement transmises au procureur général de la Cour royale d'Aix; le condamné, s'il est détenu, sera embarqué sur le premier navire français destiné à faire retour en France, et il sera conduit dans la maison d'arrêt de la même Cour.

59. Si la liberté provisoire est demandée en cause d'appel, le cautionnement sera au moins égal à la totalité des condamnations résultant du jugement de première instance, y compris l'amende spéciale autorisée par le second paragraphe de l'article 75 de la présente loi.

60. Immédiatement après l'arrivée des pièces et celle du condamné s'il est détenu, l'appel sera porté à l'audience de la Cour royale d'Aix, Chambre des appels de police correctionnelle. L'affaire sera jugée comme urgente.

61. S'il s'agit de l'appel de la partie civile, l'original de la notification de la déclaration d'appel, contenant citation, sera joint aux pièces qui doivent être transmises à la Cour.

62. Dans tous les cas ci-dessus, l'appel sera jugé suivant les formes prescrites par le Code d'instruction criminelle.

Néanmoins, le condamné non arrêté ou celui qui aura été reçu à caution, pourra se dispenser de paraître en personne à l'audience, et se faire représenter par un fondé de procuration spéciale.

63. Lorsque la Cour, en statuant sur l'appel, reconnaîtra que le fait sur lequel le tribunal consulaire a statué comme tribunal correctionnel constitue un crime, elle procédera ainsi qu'il suit :

Si l'information préalable a été suivie de récolement et de confrontation, la Cour statuera comme Chambre d'accusation et décernera une ordonnance de prise de corps.

Dans tous les autres cas, elle ordonnera un complément d'instruction, et, à cet effet, elle déléguera le Consul, sauf ensuite, lorsque la procédure sera complète, à prononcer comme dans le cas précédent.

TITRE III. — DE LA MISE EN ACCUSATION.

64. Lorsqu'il aura été déclaré par le tribunal consulaire, aux termes de l'article 43 ou de l'article 50, que le fait emporte peine afflictive ou infamante, l'ordonnance de prise de corps sera notifiée immédiatement au prévenu. Celui-ci sera embarqué sur le premier navire français destiné à faire retour en France, et il sera renvoyé avec la procédure et les pièces de conviction au procureur général près la Cour royale d'Aix.

Dans le plus bref délai, le procureur général fera son rapport à la Chambre d'accusation de la même Cour, laquelle procédera ainsi qu'il est prescrit par le Code d'instruction criminelle.

65. En matière de faux, la Chambre d'accusation procédera aux vérifications prescrites par les articles 13 et 15 de la présente loi.

66. Si la Chambre d'accusation reconnaît que le fait a été mal qualifié et ne constitue qu'un délit, elle annulera l'ordonnance de prise de corps et renverra le prévenu et la procédure devant le tribunal de première instance d'Aix, lequel statuera correctionnellement et sauf l'appel. Elle maintiendra le prévenu en état d'arrestation ou ordonnera sa mise en liberté, conformément à l'article 42.

Le tribunal saisi en vertu du présent article procédera suivant les dispositions du Code d'instruction criminelle, sauf les exceptions ci-après :

Il sera donné lecture à l'audience de la procédure écrite : les témoins, s'il en est produit, seront entendus sous la foi du serment.

Le prévenu, s'il a été mis en liberté, aura le droit de se faire représenter par un mandataire spécial.

Le tribunal aura la faculté de convertir la peine d'emprisonnement en une amende spéciale, conformément aux règles prescrites par le titre V de la présente loi.

67. Si la mise en accusation est ordonnée, l'arrêt et l'acte d'accusation seront notifiés à l'accusé et celui-ci sera traduit devant la première Chambre et la Chambre des appels de police correctionnelle réunies de la Cour royale d'Aix, lesquelles statueront dans les formes ci-après, sans que jamais le nombre des juges puisse être moindre de douze.

Lorsque la mise en accusation aura été prononcée par la Chambre des appels de police correctionnelle conformément à l'article 63, cette Chambre sera remplacée pour le jugement du fond par celle des mises en accusation.

68. Dans le cas d'opposition formée à l'ordonnance du tribunal consulaire par la partie civile ou par le procureur général, aux termes des articles 44 et 45 de la présente loi, les pièces de la procédure seront transmises, et la Chambre d'accusation statuera comme ci-dessus. Néanmoins, si la Chambre d'accusation met l'inculpé en simple prévention de délit, elle le renverra devant le tribunal consulaire.

TITRE IV. — DU JUGEMENT DES CRIMES.

69. L'accusé subira un premier interrogatoire devant un des conseillers de la Cour, délégué par le premier président; copie de la procédure lui sera délivrée en même temps; il sera interpellé de faire choix d'un conseil; faute par lui de faire ce choix, il lui en sera désigné un d'office et il sera fait mention du tout dans l'interrogatoire.

70. Le ministère public, la partie civile et l'accusé auront le droit de faire citer des témoins pour le jour de l'audience. Néanmoins, ils ne pourront user de ce droit qu'à l'égard de ceux qui seraient présents sur le territoire français.

Les noms, professions et résidences des témoins cités seront notifiés, vingt-quatre heures au moins avant l'audience, à l'accusé, par le procureur général ou la partie civile, et au procureur général par l'accusé.

71. Huitaine au moins après l'interrogatoire et au jour indiqué pour le jugement, le rapport sera fait par l'un des conseillers; la procédure sera lue devant la Cour séant en audience publique, l'accusé et son conseil présents. Le président interrogera l'accusé.

Les témoins, s'il en a été appelé conformément à l'article précédent, seront ensuite entendus. Néanmoins, l'accusé et le procureur général pourront s'opposer à l'audition d'un témoin qui n'aurait pas été indiqué ou qui n'aurait pas été clairement désigné dans la notification.

Le président pourra aussi, en vertu du pouvoir discrétionnaire, faire comparaître toutes personnes dont il jugera les déclarations utiles à la manifestation de la vérité, et la Cour devra les entendre.

Les témoins cités et les témoins appelés en vertu du pouvoir discrétionnaire prêteront le serment prescrit par l'article 18 de la présente loi.

72. La partie civile ou son conseil et le ministère public, seront entendus en leurs conclusions et réquisitions. L'accusé et son conseil proposeront leur défense. La réplique sera permise, mais l'accusé et son conseil auront toujours la parole les derniers.

Le président, après qu'il aura demandé à l'accusé s'il n'a plus rien à dire pour sa défense, posera les questions et en fera donner lecture par le greffier.

La Cour statuera sur les réclamations auxquelles pourrait donner lieu la position des questions.

73. Les questions posées seront successivement résolues; le président recueillera les voix.

La décision, tant contre l'accusé que sur les circonstances atténuantes, ne pourra être prise qu'aux deux tiers des voix, et, dans le calcul de ces deux tiers, les fractions, s'il s'en trouve, seront comptées en faveur de l'accusé.

Il en sera de même pour l'application de toute peine afflictive ou infamante.

L'arrêt sera prononcé publiquement; il contiendra les questions qui auront été posées, les motifs de la décision et le texte de la loi qui aura été appliquée.

Il constatera l'existence de la majorité ci-dessus requise.

S'il porte condamnation à une peine afflictive ou infamante, il sera affiché dans les Chancelleries des Consulats établis dans les Echelles du Levant et de Barbarie.

74. Si l'accusé est contumax, il sera procédé conformément aux articles 465 et suivants jusqu'à l'article 478 inclusivement du Code d'instruction criminelle.

Néanmoins, lorsque l'accusé sera domicilié dans les Echelles du Levant et de Barbarie, l'ordonnance de contumace sera notifiée tant à son domicile qu'à la Chancellerie du Consulat, où elle sera affichée.

TITRE V. — DES PEINES.

75. Les contraventions, les délits et les crimes commis par des Français dans les Echelles du Levant et de Barbarie seront punis des peines portées par les lois françaises.

Toutefois en matière correctionnelle et de simple police, après que les juges auront prononcé la peine de l'emprisonnement, ils pourront, par une disposition qui sera insérée dans l'arrêt ou jugement de condamnation, convertir cette peine en une amende spéciale, calculée à raison de dix francs au plus par chacun des jours de l'emprisonnement prononcé.

Cette amende spéciale sera infligée indépendamment de celle qui aurait été encourue par le délinquant aux termes des lois pénales ordinaires.

Les contraventions aux règlements faits par les Consuls pour la police des Echelles seront punies d'un emprisonnement qui ne pourra excéder cinq jours et d'une amende qui ne pourra excéder quinze francs. Ces deux peines pourront être prononcées cumulativement ou séparément.

TITRE VI. — DISPOSITIONS GÉNÉRALES.

76. Les arrêts de Cour royale rendus en vertu de la présente loi pourront être attaqués par la voie de cassation, pour les causes et selon les distinctions énoncées au titre III du livre II du Code d'instruction criminelle.

77. Si la cassation d'un arrêt est prononcée, l'affaire sera renvoyée devant une autre Cour royale, pour être procédé et statué de nouveau dans les formes prescrites par la présente loi.

78. Les Consuls enverront au Ministère des affaires étrangères un extrait des ordonnances rendues dans le cas des articles 41, 42 et 43, et des jugements correctionnels qui auront été prononcés, un mois, au plus tard, après que ces ordonnances et jugements seront intervenus. Ledit extrait sera transmis par le Ministre des affaires étrangères au Ministre de la justice.

79. Sur les instructions qui lui seront transmises par le Ministre de la justice, le procureur général près la Cour royale d'Aix aura le droit de se faire envoyer les pièces de procédure.

Lorsqu'il exercera son droit d'opposition ou d'appel, aux termes des articles 45 et 55, il devra en faire la déclaration au greffe de la Cour.

S'il s'agit d'une opposition, il la fera dénoncer à la partie, avec sommation de produire son mémoire, si elle le juge convenable.

S'il s'agit d'un appel, il fera citer la partie.

Les déclarations, notification et citation ci-dessus auront lieu dans le délai de six mois, à compter de la date des ordonnances ou jugement, sous peine de déchéance.

80. Lorsqu'il y aura lieu, conformément aux articles 58 et 64 de la présente loi, de faire embarquer un condamné ou un prévenu, ainsi que des pièces de procédure ou de conviction, sur le premier navire français, les capitaines seront tenus d'obtempérer aux réquisitions du Consul, sous peine d'une amende de cinq cents francs à deux mille francs, qui sera prononcée par le Consul, à charge d'appel devant la Cour royale d'Aix. Ils pourront, en outre, être interdits du commandement par arrêté du Ministre de la marine.

Les capitaines ne seront pas tenus d'embarquer les prévenus au delà du cinquième de l'équipage de leurs navires.

81. Les frais de justice faits en exécution de la présente loi, tant dans les Echelles du Levant et de Barbarie qu'en France, et dans lesquels devra être comprise l'indemnité due aux capitaines pour le pas-

sage des prévenus, seront avancés par l'Etat; les amendes et autres sommes acquises à la justice seront versées au Trésor public.

82. Sont abrogés les articles 39 et suivants jusques et y compris l'article 81 de l'édit de juin 1778.

Il n'est pas dérogé par la présente loi aux dispositions de celle du 10 avril 1825, relatives à la poursuite et au jugement des crimes de piraterie.

La présente loi, discutée, délibérée et adoptée par la Chambre des pairs et par celle des députés et sanctionnée par nous cejourd'hui, sera exécutée comme loi de l'Etat.

DONNONS EN MANDEMENT à nos Cours et tribunaux, préfets, corps administratifs et tous autres, que les présentes ils gardent et maintiennent, faisant garder, observer et maintenir, et, pour les rendre plus notoires à tous, ils les fassent publier et enregistrer partout où besoin sera; et afin que ce soit chose ferme et stable à toujours, nous y avons fait mettre notre sceau.

Fait à Paris, au palais des Tuileries, le 28e jour du mois de mai, l'an 1836.

Nº 23.

Circulaire des affaires étrangères du 15 juillet 1836, concernant l'exécution de la loi du 28 Mai 1836 sur la juridiction en Levant.

MONSIEUR, les changements survenus dans notre législation rendaient depuis longtemps impossible la répression des crimes et délits commis par des Français dans les Echelles du Levant et de Barbarie. Les accusés envoyés en France avec les pièces de l'instruction, en conformité de l'édit du mois de juin 1778, ne pouvaient plus y être jugés, attendu que nos lois actuelles exigent le débat oral entre le prévenu et les témoins et qu'il est de toute impossibilité de faire venir des témoins des Echelles pour déposer devant nos tribunaux.

Une loi sanctionnée par le Roi le 28 mai 1836 (1), vient de mettre un terme à un état de choses aussi affligeant pour la justice que pour la morale publique, et qui compromettait, en même temps, la conservation d'un des plus précieux priviléges que nous assurent nos traités avec les états musulmans. J'ai l'honneur de vous en adresser ci-joint, Monsieur, un exemplaire, ainsi qu'une nouvelle édition de l'édit de 1778 (2).

Cette loi ne se borne pas à remplir la lacune qui existait dans notre législation : elle reproduit, avec quelques modifications utiles, tous les articles de l'édit de 1778 en matière criminelle qui étaient susceptibles d'être maintenus ; elle détermine des formes de procédure et donne aux prévenus des garanties conformes à l'esprit général de notre légis-

---

(1) V. le texte de cette loi ci-dessus, p. 144.
(2) V. le texte de cet édit ci-dessus, p. 11.

lation actuelle : elle attribue aux consuls seuls le jugement, en dernier ressort, des contraventions, et aux tribunaux consulaires la double mission de remplir les fonctions qui appartiennent, dans nos tribunaux, aux chambres du conseil, et de juger toute espèce de délits en première instance ; elle constitue le tribunal qui devra connaître, en France, des appels contre les jugements rendus dans les Echelles en matière correctionnelle, et des crimes qui y auront été commis ; elle indique enfin les peines applicables à tous les genres de crimes, de délits ou de contraventions, le mode de pourvoi en cassation, ainsi que certains droits ou devoirs des consuls et du ministère public. Cette loi présente donc ainsi dans son ensemble une sorte de Code destiné à mettre en harmonie la législation ancienne avec la législation nouvelle ; mais le cadre étroit où elle a dû se renfermer n'a pas permis de tout prévoir, et, dans le silence de la loi, les consuls devront se conformer au Code d'instruction criminelle, dans tous les cas où les circonstances au milieu desquelles ils se trouvent placés le leur permettront.

Les dispositions de la nouvelle loi s'expliquent généralement d'elles-mêmes, et il n'y en a que quelques-unes sur lesquelles il y ait lieu d'appeler plus particulièrement l'attention des consuls de Sa Majesté.

1° Les articles 1, 2, 4 et 7 déterminent la compétence des fonctionnaires qui devront concourir, dans les Echelles, à l'instruction et à la poursuite des crimes, délits ou contraventions ; ils sont rédigés dans un sens assez étendu pour prévenir tous les doutes, de sorte que le cours de la justice ne soit jamais interrompu.

2° Bien que le texte des capitulations ne confère le droit de juridiction à l'autorité française qu'autant que le crime a été commis par un Français *à l'égard d'un Français*, l'usage a étendu cette concession à des cas où des étrangers s'y trouvent intéressés. Les consuls ont dû en conséquence être investis des pouvoirs nécessaires pour procéder dans ces cas, et faire profiter nos nationaux du bénéfice de la tolérance des autorités musulmanes ; mais ils ne sauraient s'autoriser de cette disposition pour donner à leur juridiction une portée que l'usage n'aurait pas bien positivement consacrée dans leur arrondissement, et tout acte qui dépasserait cette limite leur est sévèrement interdit.

3° En attribuant aux consuls la connaissance des crimes, délits et contraventions dans *l'étendue des Echelles*, l'article 1er n'a pas borné leur juridiction à ceux qui seraient commis à terre. Les puissances musulmanes s'étant départies, par l'article 15 des capitulations, de leur droit de police et d'action pour tous les lieux où ils auraient pu l'exercer, il est évident que les consuls, conformément à l'esprit de l'article 19 de l'ordonnance du 29 octobre 1833, doivent connaître de tous les faits qui se passent sur des bâtiments de commerce français dans les ports, mouillages et rades dépendant du pays dans lequel ils résident. Quant à ceux commis par des marins sur des bâtiments de l'État, il va sans dire que la connaissance en appartient exclusivement à nos autorités maritimes.

4° En exécution du second paragraphe de l'article 2, une ordonnance royale en date du 14 juillet 1836, et dont un exemplaire se trouve an-

nexé à la loi, a conféré au premier secrétaire de l'ambassade de France
à Constantinople, et, en son absence, à la personne appelée à le remplacer, l'exercice, dans cette Échelle, des fonctions judiciaires que la
loi attribue aux consuls.

5° D'après l'article 8 de l'édit du mois de juin 1778, le chancelier du
consulat remplit, sous la foi du serment qu'il a prêté, les fonctions de
greffier, tant en matière civile qu'en matière criminelle ; il donne, en
outre, toutes les assignations et fait en personne toutes les significations
pour suppléer au défaut d'huissier. Cette disposition restant inscrite
dans la législation spéciale du Levant, il eût été superflu de la reproduire dans la loi, et il demeure établi que les fonctions de greffier et
d'huissier seront remplies, au criminel comme au civil, par le chancelier
du consulat, et, en cas d'absence ou d'empêchement, par la personne
qui remplace cet officier, laquelle devra prêter serment.

6° Le serment que le chancelier et le Français qui le suppléera doivent prêter, s'ils ne l'ont déjà fait, est celui exigé de tous les fonctionnaires publics par l'article 1er de la loi du 31 août 1830 ; il est ainsi
conçu :

« Je jure fidélité au Roi des Français, obéissance à la Charte cons-
« titutionnelle et aux lois du royaume. »

7° L'article 7 détermine la part que les agents consulaires et vice-
consuls prendront à l'exécution de la loi. Il leur confère, dans l'intérêt
de la justice, des attributions qui ne leur avaient pas été reconnues jusqu'ici ; mais il impose, en même temps, aux consuls la double obligation d'exercer la plus sévère surveillance, pour que leurs délégués ne
s'écartent pas, dans l'exercice de ces fonctions, des limites posées par
la loi, et, d'autre part, de ne présenter à l'approbation du Gouvernement, pour les emplois d'agents consulaires et vice-consuls, que des personnes prudentes et dignes de remplir cette partie importante de leurs
attributions. Ils veilleront particulièrement à ce que, sauf le cas de
flagrant délit, ces agents ne puissent faire aucune visite ou perquisition
au domicile de l'inculpé, sans leur autorisation *spéciale*. S'il arrivait,
d'ailleurs, que les consuls, informant sur les plaintes qui leur seront
transmises par leurs agents et vice-consuls, décernassent des mandats
d'arrêt, ces derniers se trouveraient naturellement chargés de mettre
ces mandats à exécution.

Copie certifiée des dispositions de la loi relatives aux fonctions qu'elle
attribue aux agents consulaires sera transmise à ceux-ci, avec les instructions qu'elle comporte, par les consuls dont ils relèvent.

8° Une observation importante se présente dès l'article 3, qui forme
le point de départ de la procédure ; c'est que, pour arriver au moment
où un individu inculpé d'un délit ou d'une contravention sera condamné
ou absous, il n'est pas indispensable de passer par la filière des informations, des récolements, des confrontations et des renvois à l'audience
par décision du tribunal consulaire. Dès les premiers pas de la procédure, le consul peut rendre une ordonnance pour renvoyer directement le prévenu devant le tribunal ; il le fera, sans doute, toutes les
fois qu'il verra nettement, au premier abord, qu'il ne s'agit que d'un

délit, et lorsqu'il ne jugera pas opportun de procéder à une instruction préalable. Le consul a le même droit après l'information ; il peut ordonner le renvoi à l'audience au lieu de passer au récolement. D'un autre côté, si les poursuites sont faites par la partie civile, elle est autorisée à citer directement le prévenu à l'audience.

9° Le serment que doit prêter l'officier de santé qui assistera le consul (article 5) est formulé dans l'article 44 du Code d'instruction criminelle.

10° L'exercice du droit d'ordonner l'arrestation des prévenus (articles 8 et 42) était susceptible d'être soumis à des règles protectrices des intérêts des nationaux. Le second paragraphe de l'article 8 et le troisième de l'article 42 exemptent de toute détention préventive, pour cause de délits, les chefs et gérants immatriculés d'établissements commerciaux. C'est une garantie que l'intérêt général du commerce a paru réclamer, et qui, restreinte dans cette limite, étend encore l'affranchissement de détention à un plus grand nombre de cas que ne le fait le droit commun de la législation française.

11° En laissant aux consuls (article 9), par extension de notre droit commun, une complète latitude pour la fixation du chiffre du cautionnement moyennant lequel la mise en liberté provisoire pourra être accordée en cas de prévention de délit, la loi a eu égard aux difficultés matérielles que l'emprisonnement peut présenter dans certains consulats, à la position particulière où les justiciables français peuvent se trouver à l'étranger, et aux autres circonstances au milieu desquelles se rend la justice dans les Echelles : ces considérations ont paru exiger, dans l'intérêt du prévenu aussi bien que dans celui de la répression, que les agents de Sa Majesté pussent élever ou abaisser le montant du cautionnement selon qu'ils le jugeront à propos.

12° Si des empêchements de force majeure s'opposaient à ce que le prévenu fût interrogé dans le délai de vingt-quatre heures (article 10), le motif en devrait être mentionné dans le procès-verbal d'interrogatoire.

13° Bien que, d'après l'article 12, les écritures et signatures privées semblent seules devoir être jointes au procès, les écrits authentiques pouvant servir de preuves ou d'indices devront l'être également, en vertu de l'article 4, qui enjoint aux consuls de saisir toutes les pièces de conviction.

14° Le même article 12 n'a pas dû, d'ailleurs, reproduire la disposition de l'édit de 1778 d'après laquelle les écritures et signatures de main étrangère reconnues par l'accusé feraient foi contre lui, parce que, d'après notre droit criminel, les juges, en matière de conviction, ne doivent obéir qu'à leur conscience et qu'on ne peut leur imposer une preuve qui lui répugnerait.

15° Les moyens accordés aux consuls (article 17) pour obliger les témoins à comparaître sont indiqués par l'article 23, qui s'applique aux témoins assignés soit pour les informations, soit pour le récolement, soit pour l'audience.

16° L'article 19 ne s'explique pas sur le mode d'interprétation des

II. 11

dépositions de témoins qui n'entendraient pas la langue française ; mais ce mode se trouve réglé par l'article 33, où sont réunies toutes les dispositions relatives à l'intervention des interprètes.

17° L'article 22 consacre une des principales garanties que la loi nouvelle a voulu assurer au prévenu, et dont il était privé sous l'empire de la législation précédente : il lui donne la facilité d'avoir un conseil qui l'assistera dans les diverses périodes de la procédure. Mais cette garantie serait illusoire si l'on devait exiger que le défenseur fût gradué, car cette condition serait presque toujours impossible à remplir dans les Echelles. Toute latitude devra donc être laissée au prévenu pour la désignation de son défenseur, qui pourra même être choisi parmi les étrangers. Au surplus, nos Codes et la loi nouvelle, notamment l'article 52 relatif à la police de l'audience, donnent aux consuls tous les moyens de maintenir le défenseur dans le respect dû à la justice ; mais on n'a pu leur imposer l'obligation de donner un conseil d'office aux prévenus, parce qu'ils seraient sans moyens de contrainte s'ils éprouvaient un refus de la part du défenseur qu'ils désigneraient.

18° L'article 24 ne pouvait pas rappeler la disposition de l'édit de 1778 qui ordonnait des poursuites contre tout témoin qui, après son récolement, se rétracterait. A cet égard les témoins sont replacés dans le droit commun ; ils ne peuvent être poursuivis que comme faux témoins, *s'il y a motif suffisant.*

19° L'article 28 laisse au prévenu le droit de proposer des reproches contre les témoins *en tout état de cause, tant après qu'avant la connaissance de leurs dépositions.* Il modifie ainsi, d'une manière essentielle, les dispositions correspondantes de l'édit de 1778, contenues dans les articles 63 et 67, d'après lesquelles le prévenu était tenu de fournir ses reproches avant la lecture de la déposition du témoin. La nouvelle rédaction a le double objet de mettre, en tout temps, le prévenu en mesure de révéler à la justice les motifs de suspicion qui s'élèvent contre toute personne appelée en témoignage, et de consacrer le droit d'information générale du consul sur les faits qui motivent les reproches contre les témoins.

20° La formule du serment exigé de l'interprète (article 33) est indiquée par l'article 332 du Code d'instruction criminelle.

21° Le tribunal consulaire est constitué par les articles 37, 38, 39 et 40, dans un système conforme aux dispositions de l'édit de 1778 relatives au jugement des affaires civiles ; il se composera du consul et de deux Français par lui choisis parmi les notables qui résideront dans le ressort du consulat ; mais le consul procédera seul quand il y aura impossibilité de composer par des *notables* le tribunal consulaire.

22° Une expédition de l'arrêté du consul qui aura désigné les notables composant le tribunal devra demeurer affichée dans la chancellerie pendant toute la durée de leur exercice.

23° La loi ne détermine pas les conditions que devront remplir les Français pour être considérés comme notables, et pouvoir par conséquent être appelés à faire partie du tribunal consulaire. Ces conditions

sont nécessairement les mêmes que celles exigées jusqu'ici des assesseurs qui forment, avec le consul, le tribunal civil. On peut seulement
induire de l'article 8 de la loi que le degré de notabilité nécessaire
pour concourir à la formation du tribunal devra être reconnu à tout
Français immatriculé comme chef ou gérant d'un établissement commercial ; quant aux autres nationaux immatriculés, mais qui sont
étrangers à la profession du commerce, c'est au consul qu'est laissé le
soin de déterminer, par l'appréciation de leurs lumières, de leur position et de leur moralité, s'ils sont dignes de participer à l'administration
de la justice.

24° Toutefois, il importe que rien de vague ne subsiste sur la composition, dans chaque Echelle, du corps dans lequel doivent être choisis les notables appelés à former le tribunal. La liste en sera en conséquence arrêtée, au mois de décembre de chaque année, immédiatement avant la désignation des deux assesseurs entrant en exercice
le 1er janvier suivant. Cette liste qui indiquera à quel titre chaque
notable y aura été porté, sera régulièrement transmise au département
des affaires étrangères, et les consuls dans les Echelles desquels il y
aura impossibilité de composer par des notables le tribunal consulaire,
le feront également officiellement connaître, chaque année, à l'époque
indiquée.

25° Pour la présente année, la formation des listes, leur transmission au ministère des affaires étrangères et la désignation des deux
notables qui feront partie du tribunal consulaire, devra se faire aussitôt après la réception, dans chaque Echelle, de la nouvelle loi.

26° L'impossibilité de composer par des notables le tribunal consulaire peut, d'ailleurs, résulter d'autres causes que de l'absence de
Français réunissant toutes les conditions de la notabilité ; elle peut
aussi être la conséquence de récusations légitimes exercées soit par le
prévenu, soit par le consul, lorsque, par des motifs de parenté, d'intérêt, de haine, d'amitié ou de crainte, qui ne se produisent que trop
souvent dans les Echelles, les seuls assesseurs qui pourraient être appelés seraient évidemment privés du caractère d'impartialité indispensable dans des juges. Cette circonstance devra naturellement être mentionnée dans les ordonnances et jugements.

27° Les différents actes reçus dans les consulats n'étant pas transcrits
dans un registre unique, mais reportés, suivant leur objet, dans différents registres, le procès-verbal de prestation de serment des notables devra être inséré dans celui qui est consacré à des matières avec
lesquelles il a le plus de rapport, c'est-à-dire, dans celui qui doit recevoir la transcription des ordonnances des consuls.

28° Le serment que devront prêter les notables est celui exigé de
tous les fonctionnaires publics par l'article 1er de la loi du 31 août 1830.
Il se trouve indiqué plus haut, sous le n° 6.

29° Comme les contraventions résultent souvent de l'inobservation
d'ordonnances de police qui seraient plus du ressort de l'autorité locale
que du consul qui les a rendues, il importait que la répression en fût
assurée, prompte et définitive. C'est pour ce motif, et aussi en raison

du peu d'importance de ce genre de délits et de l'éloignement des juges auxquels il faudrait recourir, que la loi (articles 46 et 54) autorise les consuls à statuer seuls en matière de simple police et ne soumet leurs décisions ni à l'appel, ni au recours en cassation. Le second paragraphe de l'article 54 leur attribue même une juridiction plus étendue que celle reconnue en France aux magistrats qui connaissent des contraventions.

30° Les délits punissables de peines pécuniaires pouvaient seuls, d'après la législation précédente, être jugés dans les Echelles. La compétence des tribunaux consulaires s'étend désormais (article 55), en matière correctionnelle, à toute espèce de délits ; mais leurs décisions sont soumises à l'appel.

31° Le même article 55 et l'article 67 renferment les dispositions qui formaient l'objet essentiel de la loi ; ils constituent le tribunal devant lequel seront portés les appels de jugements rendus en première insance dans les Echelles, et celui qui devra connaître des crimes qui y auront été commis.

32° La publicité de l'audience du tribunal consulaire (article 52) est, dans la législation spéciale du Levant, une innovation qui a pour objet de mieux garantir la bonne administration de la justice et de donner plus de solennité à ses décisions. Mais en transportant ainsi sur un territoire étranger l'application d'un principe de notre législation, la loi n'a pas voulu fournir une occasion de trouble et de scandale ; elle n'a en conséquence ouvert le lieu où siégera le tribunal consulaire qu'aux Français immatriculés, en réservant expressément aux consuls la police de l'audience. Cette dernière disposition met entre les mains de ces agents tous les moyens nécessaires pour assurer le maintien du bon ordre et le respect dû à la justice : elle doit être entendue dans le sens le plus large. Selon que les localités ou les circonstances l'exigeront, l'admission pourra être limitée et même l'entrée de la maison consulaire réservée aux seuls notables ou aux gens connus comme amis de l'ordre.

33° L'article 56 refuse aux défaillants le droit d'appel, en matière correctionnelle, contre les jugements par défaut. Le but de cette disposition est d'empêcher que des Français, cités devant le tribunal consulaire, refusent de comparaître, dans le seul but de braver son pouvoir par une manifestation publique de désobéissance.

34° D'après les articles 58 et 64, les Français appelant d'un jugement du tribunal consulaire, en matière correctionnelle, s'il est détenu, et celui qui aurait été déclaré prévenu d'un fait emportant peine afflictive ou infamante, doivent être embarqués sur le premier navire français destiné à faire retour en France. S'il ne s'en trouvait pas dans le port et qu'il ne dût pas en venir prochainement, le consul devrait, plutôt que de garder indéfiniment les individus dont il s'agit en détention, aviser aux moyens de les faire passer dans l'Echelle la plus voisine où il y aurait un bâtiment français, soit de guerre, soit de commerce, sur lequel ils pourraient être transportés dans un des ports du royaume. La loi s'est bornée à prescrire qu'ils arrivassent en France sur un navire français; elle n'a pu que s'en rapporter, du reste, à la prudence des consuls sur les moyens d'éviter aux prévenus une détention préventive indéfinie, dans les Echelles, et, d'autre part, de les faire conduire, d'une manière sûre, devant le tribunal qui doit prononcer sur leur sort.

35° Si le navire sur lequel le prévenu devra effectuer son passage en France est un bâtiment de l'Etat, la demande de passage sera faite par le consul de la manière prescrite par l'ordonnance du 7 novembre 1833.

36° L'article 75 donne aux juges, en matière correctionnelle et de simple police, la faculté de convertir la peine d'emprisonnement en une amende spéciale, calculée à raison de 10 francs, au plus, par chacun des jours de l'emprisonnement prononcé. En ne fixant pas de minimum à cette amende spéciale, la loi a voulu que la condamnation pécuniaire pût être proportionnée aux moyens des individus. La faculté laissée au tribunal de convertir la peine a paru, d'ailleurs, commandée par les circonstances du pays où la loi doit recevoir son application. Il est possible, en effet, qu'il n'y ait pas de prison à la disposition du consul, ou qu'elle soit malsaine; il se peut aussi que la peine de l'emprisonnement soit une cause de ruine pour un Français qui est venu seul fonder un établissement dans un pays étranger où personne ne pourrait le remplacer dans la direction de ses affaires. Les juges apprécieront, dans ces différents cas, la convenance de substituer la peine pécuniaire à celle de l'emprisonnement ; mais, dans tout état de cause, cette substitution ne pourra s'effectuer qu'en vertu d'une disposition expresse du jugement même.

37° Les consuls auront soin (article 78) d'expédier, en duplicata et dans le délai fixé, au ministère des affaires étrangères l'extrait des ordonnances rendues dans le cas des articles 41, 42 et 43, et des jugements correctionnels qui auront été prononcés, afin que la connaissance puisse en être régulièrement portée au département de la justice.

38° Les consuls du Levant auront soin également d'informer l'ambassade du Roi à Constantinople de toutes les circonstances des affaires judiciaires de leur Echelle dont la connaissance pourrait lui être utile pour l'exercice de sa haute surveillance sur nos intérêts politiques et commerciaux dans les états ottomans.

39° Lorsqu'il y aura lieu, les frais de justice (article 81) seront avancés, dans les Echelles, par les consuls, et leur seront remboursés par le ministère des affaires étrangère, sur la production d'état distincts de ceux des frais de service de leur consulat. Quant au produit des amendes et autres sommes acquises à la justice, ils en feront successivement passer le montant au ministère des affaires étrangères, en traites de toute solidité, dont la valeur sera versée au trésor public.

40° Les articles 30 à 81 inclusivement de l'édit de 1778 sont seuls abrogés par la nouvelle loi (article 82). Quant à ceux qui concernent la procédure civile et l'exercice de la haute police consulaire, ils conservent force de loi et ils continueront d'être observés dans les Echelles comme ils l'ont été jusqu'ici.

La loi du 28 mai 1836 doit recevoir son exécution immédiate dans les Echelles. Vous voudrez bien, en conséquence, Monsieur, la faire enregistrer dans votre chancellerie ainsi que les présentes instructions, et m'accuser réception du tout.

Je m'assure que les consuls de Sa Majesté apprécieront toute l'étendue des nouveaux devoirs que cette loi leur impose, et qu'ils s'appliqueront à justifier la haute confiance que le législateur a mise dans leurs lumières et dans leur équité,

Recevez, etc.

Signé A. THIERS.

N° 27.

Circulaire de la marine du 17 octobre 1837 sur le nombre réglementaire des marins à rapatrier qui peuvent être embarqués d'office sur les navires de commerce.

Il s'est élevé à l'occasion du rapatriement des marins naufragés ou délaissés en pays étrangers, des doutes et des difficultés sur le nombre des passagers de cette classe qui pouvaient légalement être placés sur chacun des bâtiments du commerce national revenant en France ou dans une colonie française.

Toutefois, il existe à cet égard une législation ancienne mais toujours en vigueur

Je vais rappeler ici la date et la substance de ces actes (1) :

Deux ordonnances, l'une du 14 février 1686, l'autre du 15 juillet 1698, déterminent que sous peine d'une amende de 500 francs : « Tous « capitaines et maîtres de navires sont tenus de prendre à leurs bords « les matelots français qui leur seront donnés par les Consuls ; « savoir :

« Jusqu'à trois sur les navires au dessous de 100 tonneaux.

« Et jusqu'à six sur ceux de 100 tonneaux et au dessus. »

Une autre ordonnance du 25 juillet 1719 reproduit la même injonction sans relater le tonnage, mais en spécifiant « qu'il pourra « être embarqués de quatre à six matelots par vaisseau et de deux à « trois par barque. »

Ces dispositions, combinées avec celles de l'arrêté consulaire du 27 prairial an x (2) qui fixe le nombre des places disponibles pour les passagers du gouvernement à raison de deux par 100 tonneaux, n'ayant été abrogées par aucun acte subséquent, vous aurez à vous y confor-

---

(1) V. Valin, tome I, page 556. — On remarquera que la seconde ordonnance y est indiquée comme étant de 1688 ; mais c'est une faute de typographie. Ladite ordonnance est de 1698 et se trouve insérée dans les recueils du département.

(2) Recueil des lois de la marine, t. XII, p. 298.

mer, et vous veillerez à ce que les agents sous vos ordres se tiennent dans les mêmes limites lorsqu'ils auront à requérir les capitaines de recevoir à leur bord des marins naufragés ou délaissés.

La présente, dont vous m'accuserez réception, sera enregistrée dans votre Chancellerie.

Recevez, etc.   Signé, Rosamel,

N° 28.

Circulaire des affaires étrangères du 1ᵉʳ février 1838, sur le contre-seing des correspondances officielles.

Monsieur, je viens d'être informé par M. le Ministre de la Marine et des Colonies que les agents du Roi à l'étranger qui sont dans l'usage de transmettre leurs correspondances en France sous le couvert des chefs de service de la marine dans les ports ou sous celui des commissaires de l'inscription maritime, négligent généralement d'y apposer leur contre-seing. Les règlements de l'administration des postes n'accordant la franchise aux correspondances dont il s'agit qu'autant que la formalité du contre-seing a été accomplie, il en résulte pour la marine des frais de taxe considérables et d'autant plus onéreux qu'ils portent, le plus souvent, sur des dépêches qui intéressent d'autres départements ministériels.

Pour mettre fin à cet état de choses, je dois vous prier, Monsieur, à la demande de M. l'amiral Rosamel, de veiller à ce que, dorénavant, les paquets que vous serez dans le cas d'adresser aux autorités maritimes dans nos ports soient tous exactement revêtus de votre contre-seing et du sceau de votre Consulat. Vous pourrez, du reste, comme par le passé et lorsque la sûreté des expéditions vous paraîtra l'exiger, faire inscrire vos paquets sur le rôle d'équipage des navires à qui vous les confierez.

Recevez, etc.   Signé, Molé.

N° 29.

Règlement général du 20 septembre 1838, sur les frais de service des affaires étrangères.

TITRE 1ᵉʳ. DISPOSITIONS RÉGLEMENTAIRES.

Frais de correspondance. — Les frais de ports de lettres et paquets et *les étrennes aux facteurs*, sont remboursés aux agents comme frais de service. (*Art.* 1ᵉʳ *modifié du règlement du* 28 *mars* 1832.)

Courriers, messagers, guides et escortes. — Ces frais sont payés par le ministère, mais le remboursement des avances n'a lieu que sur la justification de l'utilité de la dépense (*Art.* 2 *du règlement de* 1832.)

Journaux et documents étrangers. — Ces journaux et documents, lorsqu'ils sont à l'usage des agents, sont payés comme frais de service : les journaux français ne sont pas compris dans cette allocation. (*Art.* 3 *idem.*)

Frais de bureau. — Ces frais sont à la charge des agents, de même que les gages des garçons de bureau, à moins qu'ils n'aient été autorisés par une décision formelle, auquel cas ils seraient imputés sur les produits de chancellerie. (*Art.* 4 *idem, et circulaire du* 31 *mai* 1838).

Frais de culte. — Dans les pays non catholiques, les dépenses que le ministère a jugées nécessaires au culte sont payées comme frais de service, mais toujours sur pièces justificatives.

Dans les résidences catholiques, les loyers des bancs d'église, aumônes, etc., seront payés par les agents. (*Art.* 5 *du règlement de* 1832.)

Loyers et réparations. Les loyers des maisons d'habitation des agents sont à leur charge.

Ils doivent subvenir à l'achat et à l'entretien de leur mobilier.

Les grosses réparations de clôture et de toiture des maisons appartenant à l'État ne pourront être exécutées, hors le cas d'urgence, sans l'approbation préalable du devis des dépenses par le ministre.

L'exécution en sera surveillée par un délégué spécial, qui dressera et certifiera l'état des travaux exécutés et du montant de la dépense. Cet état, vérifié et visé par l'agent, sera mis à l'appui du compte des frais de service dans lequel la dépense aura été comprise. (*Art.* 6 *idem.*)

Gages des concierges et autres gens de service. — Les gages de concierges des habitations appartenant au Gouvernement, ainsi que le salaire des gardiens du mobilier, sont à la charge du ministère.

Les gages de tous les autres domestiques sont payés par les agents. (*Art.* 6 *idem.*)

Fêtes et cérémonies. — Les bals, illuminations, dîners, rafraîchissements, etc., à l'occasion des fêtes et cérémonies *ordinaires*, sont à la charge des agents.

Les dépenses pour fêtes et cérémonies *extraordinaires* sont à la charge du ministère lorsqu'elles ont été préalablement ordonnées par lui. Le remboursement a lieu sur un état spécial appuyé de pièces justificatives, à moins qu'une somme fixe n'ait été allouée à l'agent sous forme d'abonnement à forfait. (*Art.* 7 *idem, et circulaire du* 31 *mai* 1838.)

Étrennes et donatives. — Les présents qu'un agent envoyé en Levant devra faire, selon l'usage du pays, en arrivant dans sa résidence, lui seront remis par le ministère. Dans toutes les circonstances où il pourrait y avoir lieu d'agir autrement, la somme affectée aux présents sera fixée d'avance et, sous aucun prétexte, elle ne sera dépassée.

Les donatives *ordinaires* faites à des époques fixes, et les donatives *accidentelles* faites dans l'intérèt du service et suffisamment justifiées, seront à la charge du ministère.

Solde, habillement, éclairage et chauffage des janissaires ; entretien du pavillon et loyers des logements des janissaires et des prisons. — Les frais ordinaires de cette nature sont à la charge du ministère ainsi que l'entretien du pavillon et les loyers des logements des janissaires et des prisons.

Frais de rapatriement de Français par voie de terre ou de mer.— Cette dépense n'étant, dans aucun cas, à la charge du budget des affaires étrangères, ne doit plus figurer parmi les frais de service des agents. Ils en dresseront un bordereau particulier qu'ils transmettront tous les trois mois au ministère pour que le remboursement soit demandé au ministère compétent.

Secours et aumónes. — Aucune pension ne peut être accordée sur les frais de service. Aucun secours *annuel* ne doit être donné sans une autorisation préalable du ministre.

En principe général, ces secours ne sont dûs qu'aux français indigents qui désirent rentrer dans leur patrie ou qui se trouvent dans l'impossibilité absolue d'y revenir.

La dépense devra toujours être appuyée d'un état spécial indiquant les noms des personnes secourues, leur profession, le lieu de leur naissance et les motifs de leur expatriation. (*Art.* 11 *du règlement,* de 1832.)

Traitements et allocations personnelles de toute nature imputés sur les frais de service. — Aucun traitement, de quelque nature qu'il soit, ne sera alloué sur les frais de service sans une autorisation préalable du ministère.

Bonification de 2 *p.* 100 *sur toutes les avances faites pour le service.* — Les agents ne pouvant recevoir le remboursement des avances faites pour le service qu'au moyen d'une opération de banque, qui entraîne un droit de commission, il leur est alloué pour cet objet une bonification de 2 p. 100 sur toutes les sommes portées dans leurs états de frais de service. (*Art.* 14 *du règlement de* 1832).

TITRE II. — JUSTIFICATIONS DES DÉPENSES.

Frais de correspondance. — Bordereaux quittancés des directeurs des postes.

Dans les résidences qui n'ont point de bureau de poste ou dont les usages ne se prètent point à cette formalité, un compte des lettres reçues et affranchies certifié par l'agent. (*Art.* 1er *du règlement de* 1832, *circulaire du* 20 janvier 1837.)

Courriers et messagers. — Quittances des parties prenantes, et, à défaut, *déclaration de l'agent.* (*Art.* 2 *idem, et circulaire idem.*)

Journaux étrangers. — Quittances des bureaux d'abonnement, ou quittance du libraire, *ou déclaration de l'agent.* (*Circulaire de* 1837.)

Documents statistiques et commerciaux. — Quittances des parties prenantes *ou déclaration de l'agent.* (*Idem.*)

Frais de culte. — Quittances des parties prenantes *ou déclaration de l'agent.* (*Circulaire de* 1837.)

Loyer du logement des chargés d'affaires par intérim. — Quittance du propriétaire, légalisée par l'agent. (*Idem.*)

Entretien et réparation du palais de France à Constantinople. — Mémoires des travaux exécutés, dressés par l'architecte et certifiés par l'ambassadeur. (*Idem.*)

Gages des concierges et autres gens de service. — Quittances des parties prenantes *ou déclaration de l'agent.* (*Idem.*)

Fêtes et cérémonies extraordinaires ordonnées par le ministère. — État spécial appuyé de pièces justificatives analogues à chaque espèce de dépense, lorsque la totalité des frais n'a pas été autorisée à forfait par le ministère. (*Idem.*)

Étrennes et donatives. — État certifié par l'agent *ou déclaration.* (*Idem.*)

Solde, habillement, éclairage et chauffage des janissaires. — Attestation du drogman pour chaque espèce de dépense, certifiée par l'agent titulaire du poste. (*Idem.*)

Loyer du logement des janissaires, des prisons et des magasins. Quittances des propriétaires *ou déclaration de l'agent.* (*Idem.*)

Entretien du pavillon. — Factures des fournisseurs, mémoires des ouvriers.

Secours et aumônes à des Français de passage. — État indicatif des nom, qualité ou profession, lieu de naissance et destination des personnes secourues. (*Art.* 11 *du règlement de* 1832 *et circulaire de* 1837.)

Secours et aumônes à des Français sédentaires. — État nominatif indiquant les causes qui empêchent ces individus de se rapatrier. (*Circulaire de* 1837.)

Frais de rapatriement de Français par voie de terre ou de mer. — Bordereau *particulier* établi par trimestre, lequel devra être accompagné,

Pour la voie de terre, des quittances des Français rapatriés ;

Et *pour la voie de mer,* de la quittance du capitaine qui aura opéré le rapatriement.

Un état général dressé par les soins de l'administration sera transmis, chaque trimestre, au ministère compétent, avec les bordereaux *particuliers* et pièces justificatives à l'appui. (*Circulaires du* 20 *janvier* 1837 *et du* 31 *mai* 1838.)

Traitements et allocations personnelles de toute nature imputés sur les frais de service. — Quittances des parties prenantes *ou déclarations* des motifs qui ne permettent pas de les produire. (*Circulaire du* 20 *janvier* 1837.)

DISPOSITIONS COMMUNES A TOUTES LES DÉPENSES DE FRAIS DE SERVICE.

Tout article de dépense doit toujours être appuyé de sa justification, c'est-à-dire du mémoire acquitté, ou du récépissé du créancier, ou d'une déclaration signée de l'agent, *expliquant les motifs qui s'opposent à cette justification.*

Les dépenses accidentelles de frais de service et celles toutes spéciales qui n'appartiennent qu'à tel ou tel poste doivent êtes justifiées par analogie avec les dépenses ordinaires.

Traductions certifiées. — Toute pièce en langue étrangère doit toujours être accompagnée de sa traduction certifiée. (*Art. 15 du règlement de 1832 et circulaire de 1837.*)

TITRE III. — FORMES DE LA COMPTABILITÉ DES FRAIS DE SERVICE.

L'état trimestriel des frais de service doit être dressé sur deux colonnes, qui portent toujours en tête le cours du change d'après lequel la monnaie étrangère a été convertie en francs. (*Art. 13 du règlement de 1832 et circulaire de 1837*).

Cet état sera établi conformément au modèle A ci-annexé(1), et divisé en *dépenses personnelles* et en *dépenses matérielles.*

Les dépenses *personnelles* embrassent la rémunération de tous les services rendus ; elles se composent :

De traitements, allocations fixes ou temporaires, gages, salaires, étrennes, donatives d'usage ou éventuelles, secours aux Français, aumônes, loyers, voyages, courses, frais de bateaux et autres dépenses de même nature.

Les dépenses *matérielles* se composent des réparations et de l'entretien des maisons et mobiliers appartenant à l'État, des frais de correspondance, d'entretien de pavillon et d'armes de France ; d'abonnement aux journaux étrangers, achats de documents pour le service du ministère, frais de copies, traductions, etc.

Les crédits ouverts par la loi annuelle de finances pour les dépenses de chaque exercice ne peuvent être employés aux dépenses d'un autre exercice (*Ordonnance du 14 septembre 1822.*)

Sont seuls considérés comme appartenant à un exercice les services faits et les droits acquis à l'État et à ses créanciers pendant l'année qui donne sa dénomination audit exercice. Ainsi les dépenses appartenant à des années ou exercices différents ne peuvent, dans aucun cas, être confondues dans un même état de frais de service. (*Circulaire de 1838.*)

Lorsqu'une dépense faite pendant l'année qui donne sa dénomination à l'exercice est payée dans le courant de l'année suivante, elle ne change pas pour cela d'origine : elle doit figurer dans un état séparé, dont le montant, après liquidation, sera ordonnancé sur le crédit de l'exercice auquel appartient réellement la dépense.

Les avances pour *courses, voyages* et pour le *service secret* ne doivent pas être comprises dans les frais de service ordinaires. Il en sera transmis au ministère des *états à part*, accompagnés des quittances et pièces à l'appui ; ces états seront en *double expédition*, et la lettre

_____

(1) V. ce modèle, tome I du Formulaire, p. 27.

d'envoi contiendra en outre tous les éclaircissements nécessaires à la justification de la dépense.

L'administration étant tenue de produire au trésor les états de frais de service, ainsi que les pièces de dépenses au moment même de l'émission des ordonnances de remboursement, les agents devront transmettre ces états de frais de service *en double expédition*, dont l'une restera déposée à la direction des fonds et comptabilité du ministère.

Cette obligation n'est applicable qu'aux *états de frais* et ne s'étend point aux pièces justificatives des dépenses.

N° 30.

Circulaire des affaires étrangères du 30 septembre 1838, sur les frais de service.

Monsieur, l'ordre que le Gouvernement désirait introduire dans la comptabilité des dépenses publiques a fait d'immenses progrès depuis quinze ans. L'honneur en est dû d'abord au Gouvernement qui a posé les principes, ensuite au concours empressé de tous les fonctionnaires, et, enfin, au zèle avec lequel la Cour des comptes s'est acquittée de l'honorable tâche qu'elle avait reçue de la loi.

Le service du département des affaires étrangères a ressenti l'effet de cette direction nouvelle : d'utiles mesures ont été adoptées, de graves abus ont été détruits. Les frais de service des agences politiques et consulaires étaient devenus l'objet particulier des censures de la Cour des comptes ; l'ordonnance du Roi, en date du 28 mars 1832, les a ramenés à des formes plus régulières, et ma circulaire du 20 janvier 1837 a précisé tous les points qui semblaient ne pas avoir été compris.

La plupart des agents de Sa Majesté se conforment maintenant aux prescriptions des ordonnances, mais ce devoir n'est pas encore généralement rempli : quelques dispositions de détail sont négligées ; *l'envoi des pièces justificatives reste souvent incomplet* ; des dépenses qui appartiennent à des exercices différents se trouvent quelquefois confondues sur un même état ; les cours du change, la conversion des monnaies étrangères en francs pour chaque article de dépense ne sont pas constamment indiqués ; la séparation des dépenses personnelles et des dépenses matérielles n'a pas lieu dans les états trimestriels ; les pièces originales en langue étrangère sont quelquefois envoyées au ministère sans traduction ; *les frais de courriers, les dépenses secrètes, les frais de rapatriement des Français qui n'appartiennent point au service du ministère* sont présentés pêle-mêle, tandis qu'ils devraient toujours former des états distincts, puisqu'ils n'entrent point dans la nomenclature des frais de service communs à toutes les agences et payés sur le crédit alloué à ce chapitre du budget.

Il m'a paru convenable de rassembler dans un seul règlement et de

coordonner toutes les dispositions éparses dans les différentes ordonnances et circulaires qui régissent cette partie du service. J'ai l'honneur, monsieur, de vous en adresser un exemplaire (1).

Il me paraît utile que vous le fassiez transcrire sur les registres de
votre chancellerie, afin qu'il serve invariablement de guide aux personnes placées sous vos ordres et à vos successeurs ; car il me sera
désormais impossible d'approuver les états de frais de service qui
n'auraient pas été rédigés et justifiés conformément à toutes les dispositions de ce règlement.

Recevez, etc.   Signé MOLÉ.

N° 31.

*Circulaire des affaires étrangères du 31 mars 1841, relative aux
tableaux et mémoires annuels sur le commerce et la navigation.*

Monsieur, la rédaction et l'envoi des documents commerciaux que
les Consuls du Roi sont chargés de fournir au Ministère des affaires
étrangères ne sont pas, de la part de quelques-uns d'entre eux, l'objet
d'une attention assez soutenue. L'intérêt que le Gouvernement de Sa
Majesté attache à ces informations m'engage à rappeler à ces agents
les obligations que les instructions leur imposent à cet égard, et à y
ajouter quelques recommandations nouvelles.

La forme des tableaux de commerce, de navigation, des cours du
change et des prix courants des marchandises, ainsi que l'époque de
leur envoi périodique à mon Ministère, ont été déterminées par diverses circulaires que vous connaissez. Plusieurs Consuls ont cru pouvoir s'écarter des modèles qui y sont annexés, et même s'abstenir de
transmettre quelques-uns des documents demandés. Cette partie du
service consulaire devant désormais être soumise, dans mes bureaux,
à un contrôle rigoureux, il importe que je sois mis immédiatement en
mesure d'apprécier la validité des motifs qui peuvent empêcher ces
agents de se conformer, sur ce point, à leurs instructions.

Dans plusieurs circonstances, des Consuls nouvellement arrivés à
leur poste ont cherché à justifier des lacunes dans la transmission des
états de commerce, en alléguant que leurs prédécesseurs avaient omis
d'en recueillir les éléments. Une négligence aussi blâmable devra, à
l'avenir, être constatée lors de la remise des affaires, et être signalée
à mon département.

Le Ministère n'a que trop souvent relevé, dans les tableaux envoyés
par les Consuls, des erreurs ou omissions de chiffres qui révélaient la
négligence avec laquelle ils avaient été rédigés, et dont la rectification
a nécessité des correspondances multipliées ; je vous recommande donc,
d'apporter le plus grand soin dans la vérification de ces documents.

Pour ce qui concerne les tableaux de commerce, en particulier, les

---

(1) V. ce règlement ci-dessus, p. 167.

Consuls qui en envoient avec régularité ne se sont eux-mêmes jamais expliqués sur les sources auxquelles ils en puisent les éléments, ni sur les bases qui ont été adoptées dans leur consulat pour l'évaluation des marchandises. Cependant la confiance qui s'attache à ces documents ne peut se mesurer que sur le degré d'authenticité des renseignements dont ils se composent, et, d'un autre côté, on ne saurait en apprécier exactement les résultats sans connaître le mode d'évaluation d'après lequel on a procédé ; ces résultats, en effet, varient essentiellement selon que les marchandises ont été estimées au cours du marché d'origine ou à celui du marché de destination, après ou avant l'acquittement des droits de douanes, ou enfin d'après une base d'estimation invariable anciennement établie dans le consulat. Vous voudrez-bien, me donner, sur tous ces points des explications positives.

Dans chaque pays, le chef du département consulaire est spécialement chargé du soin de porter à ma connaissance les actes du Gouvernement local qui sont relatifs au commerce ainsi que les conventions commerciales conclues par ce Gouvernement avec des nations étrangères, et de m'adresser, à cet effet, deux exemplaires du texte avec la traduction de ces divers documents. Les Consuls n'en sont pas moins tenus d'étudier, en outre, avec soin, tous ces actes et les conséquences qu'ils peuvent avoir ; leurs observations à cet égard, de même que toutes les informations qui intéressent le commerce national, doivent, selon l'urgence, être présentées soit dans leur correspondance habituelle, soit dans le rapport que l'Instruction royale du 8 août 1814 (1) ordonne aux Consuls d'adresser régulièrement, à la fin de chaque année, au Ministère des affaires étrangères. C'est, d'ailleurs, dans ce mémoire, complément nécessaire des relevés commerciaux, puisqu'il est destiné à en expliquer les résultats, que les Consuls doivent consigner leurs recherches sur l'état commercial, industriel et agricole du pays où ils résident.

Enfin, pour éclairer complétement le Gouvernement du Roi, sur nos intérêts commerciaux dans chaque pays, il est nécessaire que les notions recueillies par les Consuls, concernant leur résidence respective, soient réunies et comparées dans un rapport d'ensemble. C'est dans ce but que l'Instruction précitée du mois d'août 1814 prescrit à ces agents d'adresser leurs travaux particuliers au chef de l'établissement consulaire, et de lui fournir, à cet égard, tous les éclaircissements ultérieurs qu'il peut leur demander. Ces recommandations ne sont pas exactement observées et, par suite, les chefs de départements consulaires ont eux-mêmes négligé d'adresser au Ministère les rapports généraux dont la rédaction leur est confiée. Je désire que cette partie essentielle des instructions soit, à l'avenir, strictement exécutée.

Recevez, etc.

Signé GUIZOT.

---

(1) V. le texte de cette instruction ci-dessus, p. 32.

N° 32.

Circulaire des affaires étrangères du 31 décembre 1841, sur
les Etats de commerce et de navigation.

Monsieur, les relevés commerciaux que les Consuls du Roi adressent périodiquement au département des affaires étrangères m'ont paru comporter, dans leur rédaction, quelques modifications utiles.

Jusqu'ici, et conformément au vœu de la circulaire du 21 juin 1828, c'est en numéraire que, dans les états de commerce, est présentée l'évaluation des marchandises importées et exportées. L'indication des valeurs a cela d'avantageux, qu'elle permet, par la réunion des valeurs partielles, de déterminer l'importance du mouvement commercial et de faire d'utiles rapprochements entre les résultats constatés. C'est donc une base d'appréciation qu'il importe de conserver ; d'un autre côté, ce mode d'évaluation qui diffère nécessairement selon les temps et les lieux, donne des résultats incertains et mobiles, et n'a de signification précise qu'autant qu'elle est accompagnée d'un élément plus positif d'information qui est la *quantité*. Mais, comme l'indication des quantités ne saurait être portée sur les états en même temps que les valeurs, sans y causer une complication de chiffres nuisible à la clarté du travail, il suffira d'ajouter au cadre actuel la mention de la quantité totale, en unités françaises, de chaque espèce de marchandises expédiées ou reçues, en indiquant, dans un tableau particulier, les mouvements, en *valeurs* et en *quantités*, du très-petit nombre d'articles qui sont d'une importance spéciale pour chaque pays. Il importe également de rappeler dans ces divers états, dont je ne crois pas inutile de vous adresser ci-joint les modèles sous les n°ˢ 1, 2 et 3, (1) les quantités totales de l'année précédente, afin d'établir la comparaison des résultats de l'un et de l'autre exercices ; il est même à désirer qu'à l'égard du tableau n° 3, ce rappel puisse comprendre une série d'années antérieures. S'il était impossible d'indiquer les quantités, il va sans dire que la comparaison qui termine les tableaux devrait s'exercer sur les valeurs.

Le rappel du mouvement de l'exercice précédent devra également être présenté sur les tableaux de navigation (modèle n° 4) (2).

Sauf ces modifications, les dispositions des circulaires des 29 décembre 1827 et 21 juin suivant continueront d'être exactement observées.

Je vous rappellerai, à cette occasion, monsieur, tout l'intérêt que le département des affaires étrangères et celui du commerce attachent à recevoir, avec les relevés périodiques des Consuls, les éclaircissements propres à en faire ressortir les résultats. Privés de ces explications sur

(1) V. ces modèles au tome I du Formulaire, chap. iv.
(2) Id., id., id.

les causes et les effets des oscillations du commerce, les chiffres constatés dans les tableaux perdent une partie de leur valeur. L'examen
raisonné et critique des variations commerciales réclame donc votre
attention particulière, et je vous recommande, de la manière la plus
expresse, de joindre à chacun de vos envois des observations suffisamment développées.

Le Ministère du commerce vient, d'ailleurs, de me signaler quelques
points sur lesquels il lui paraît utile que les Consuls puissent, à l'a-
venir, fournir des renseignements positifs et réguliers. Il désirerait
d'abord savoir, ne fût-ce qu'approximativement, ce que chaque pays a
produit, dans l'année, de laines, bestiaux, tissus et autres principaux
articles de commerce, et, d'autre part, ce qu'il a consommé, tant de
ses produits nationaux, que des marchandises achetées par lui à l'é-
tranger. Ce double fait, placé en regard de l'importation, de l'exportation, de la réexportation et du transit, peut jeter beaucoup de jour
sur la situation commerciale et industrielle du pays. En second lieu,
M. le Ministre du commerce voudrait recevoir certaines informations
sur les principales branches d'industrie des pays étrangers ; sur le travail intérieur, sur l'emploi des forces mécaniques, le prix des transports, les constructions navales, la situation des banques et des
grandes compagnies, etc. M. Cunin-Gridaine a formulé ses indications
les plus essentielles dans deux tableaux, dont les modèles sont annexés à
cette dépêche sous les nᵒˢ 5 et 6 (1), et dont, au surplus, la forme pourra
et devra même, au besoin, être modifiée, d'après les circonstances
locales que les agents eux-mêmes apprécieront. Parmi les informations
que demande M. Cunin-Gridaine, le plus grand nombre rentre déjà
dans le cadre du mémoire statistique et commercial que les instructions
de mon département prescrivent aux Consuls de lui adresser à la fin
de chaque année; mais il est utile de réunir en tableaux spéciaux celles
de ces informations qui sont de nature à être résumées par des chiffres.
Je n'ignore pas que, sur d'autres points, notamment en ce qui concerne les données de statistique agricole et industrielle, les renseignements demandés ne sont, dans la plupart des pays, que difficile-
ment obtenus; vous vous efforcerez, monsieur, de surmonter ces
difficultés, pour satisfaire, autant que possible, aux désirs du Ministère du commerce. Vous aurez particulièrement soin de m'envoyer,
pour être transmis à ce département, les principales publications officielles, sur le commerce, la navigation et l'industrie.

Enfin j'ai pensé, avec M. Cunin-Gridaine, que pour mettre les Consuls du Roi à même de saisir l'esprit dans lequel doivent, en général,
être conçus et établis les documents et rapports qui leur sont demandés,
il serait utile de leur faire parvenir la publication mensuelle du Ministère du commerce, ouvrage dans lequel viennent se résumer les
renseignements que ces agents adressent au Gouvernement, et où ils
trouveront, en outre, à mesure qu'ils se publient, tous les actes de l'administration française relatifs à l'agriculture, au commerce et à l'industrie.

---

(1) V. ces modèles au tome I du Formulaire, chap. IV.

Les diverses recommandations que contient cette dépêche, vous prouveront, monsieur, toute l'importance que met le Gouvernement du Roi à être exactement informé de tous les faits qui se produisent dans les mouvements du commerce étranger. La connaissance de ces faits lui est indispensable pour l'appréciation des questions de commerce international qui l'occupent; elle n'est pas moins nécessaire pour répondre à ce besoin de recherches statistiques qui se manifeste chaque jour davantage au sein des Chambres et au dehors. Ces nouvelles nécessités vous imposent, monsieur, l'obligation de vous livrer avec plus de soin que jamais à l'examen raisonné des actes de l'administration ainsi que des faits commerciaux et industriels concernant le pays où vous résidez, et de présenter, avec tous les développements nécessaires, dans vos rapports périodiques, le résultat de vos investigations sur ces matières.

Recevez, etc.   Signé : GUIZOT.

N° 33.

Ordonnance du 6 novembre 1842 sur les droits de Chancellerie.

ART. 1er. A dater du 1er janvier 1843, les droits de Chancelleries consulaires seront perçus conformément au tarif joint à la présente ordonnance (1), et selon la catégorie dans laquelle chaque pays est classé par l'article suivant.

2. Sont compris dans la première catégorie : les Etats d'Italie, l'Autriche, la Turquie, les Etats Barbaresques, la Grèce et l'Imanat de Mascate ;

Dans la seconde catégorie : l'Espagne, le Portugal, la Belgique, la Hollande, la Prusse, les Etats de la Confédération Germanique, le Danemark, la Suisse, la Suède, la Russie, Malte et les îles Ioniennes.

Dans la troisième catégorie : la Grande-Bretagne, ses possessions en Afrique, en Asie et en Amérique, Gibraltar, les Etats de l'Amérique septentrionale et méridionale, Haïti, les possessions espagnoles en Asie et en Amérique, les îles de Sandwich et la Chine.

3. Les taxations des actes particuliers à certaines localités, et dont l'énonciation n'était pas susceptible d'être comprise dans la nomenclature du tarif général des Chancelleries consulaires, seront soumises par nos Consuls, sous forme de tarif-annexe, à l'approbation de notre Ministre secrétaire d'Etat au Département des affaires étrangères.

4. Le tarif des droits de Chancellerie, ainsi que le tarif-annexe, seront constamment affichés dans la Chancellerie, conformément à l'article 1er de l'ordonnance du 23 août 1833.

_____

(1) V. le tarif imprimé, page 3, qui ne diffère du tarif annexé à cette ordonnance que par sa disposition typographique.

5. Les droits de Chancelleries consulaires pourront, en cas d'urgence, être modifiés par décisions de notre Ministre secrétaire d'Etat au Département des affaires étrangères. Ces modifications partielles seront ultérieurement soumises à notre approbation.

6. Notre Ministre secrétaire d'Etat au Département des affaires étrangères est chargé de l'exécution de la présente ordonnance.

N° 34.

Circulaire des affaires étrangères, du 9 novembre 1842, concernant le nouveau tarif des chancelleries consulaires.

Monsieur, les tarifs de chancellerie actuellement en vigueur présentent, dans la plupart des départements consulaires, des lacunes et des imperfections qui ont provoqué de justes réclamations, tant de la part du commerce, que de celle des consuls eux-mêmes. J'ai jugé nécessaire de régulariser cette partie du service, et, sur ma proposition, le Roi vient d'approuver un tarif qui fixe les droits à percevoir dans toutes les chancelleries consulaires; ce tarif, ainsi que l'ordonnance royale à laquelle il est annexé, et qui en règle le mode d'exécution, répartissent les chancelleries en trois catégories, dans chacune desquelles les actes sont taxés uniformément, et qui ont, d'ailleurs, été déterminées d'après le prix habituel des objets de consommation dans les régions qu'elles embrassent.

J'ai l'honneur de vous adresser une expédition de l'ordonnance que Sa Majesté a rendu à ce sujet le 6 de ce mois (1), ainsi que plusieurs exemplaires du tarif applicable à la catégorie dans laquelle est classé le pays où vous résidez (2).

Conformément à l'article 1er de l'ordonnance, vous voudrez bien, Monsieur, prendre les mesures nécessaires pour que les nouvelles taxations soient perçues, à dater du 1er janvier prochain, dans votre Consulat aussi bien que dans les agences qui en dépendent. Vous aurez soin, selon le vœu de l'article 13 de l'ordonnance du 23 août 1833, d'envoyer aux titulaires de ces agences un extrait certifié par vous du tarif, comprenant les actes de leur compétence.

Certains actes propres à quelques localités ou destinés à rémunérer des services spéciaux, tels que ceux d'experts, de médecins, etc., n'étaient pas susceptibles de figurer au tarif général. L'établissement de taxes fixes pour les actes de cette espèce pourra, d'après l'article 3, être autorisé, sur la proposition de chaque consul, par le ministère des affaires étrangères.

---

(1) V. le texte de cette ordonnance ci-dessus, p. 177.
(2) Voir le tarif ci-dessus, p. 3.

L'article 4 prévoit le cas où, dans un intérêt urgent, il serait nécessaire d'apporter des modifications partielles au tarif.

Des observations générales et particulières, qui font partie intégrante de cet acte, en expliquent et en commentent les dispositions sur plusieurs points : il est essentiel que les consuls et leurs chanceliers se pénètrent des éclaircissements que présente cette partie du tarif, afin d'en faire une exacte application. Il est, d'ailleurs, une observation qu'il a paru superflu d'y insérer, parce qu'elle ressort des instructions générales données aux consuls, mais qui n'en est pas moins importante : c'est que la nomenclature du tarif, qu'on s'est appliqué à rendre aussi complète que possible, pour qu'elle fût commune à toutes les chancelleries, contient, par cela même, des énonciations d'actes qui, selon les pays, peuvent être étrangers à la compétence des consuls. Ces énonciations ne sauraient donc autoriser les agents à franchir les limites que les traités ou l'usage ont tracées, dans chaque pays, à leurs attributions.

Les consuls veilleront à ce que la multiplicité des actes inscrits au tarif ne devienne pas, sans nécessité, la cause de frais multipliés ; ils maintiendront les formes de procédure sommaires, et cependant régulières, qui pourraient être en usage dans leurs chancelleries pour certaines opérations.

Les taxations du tarif sont exprimées en monnaies françaises ; c'est une nécessité qui résulte du système d'un tarif commun à tous les pays de consulat et du principe même en vertu duquel la comptabilité des chancelleries fait aujourd'hui partie de la comptabilité générale de l'État. Le taux auquel s'opérera la conversion des monnaies françaises en monnaies étrangères pour la perception des droits, sera réglé par arrêté du consul, au commencement de chaque trimestre, d'après les cours moyens officiels du trimestre précédent ; une expédition de cet arrêté sera constamment affichée en chancellerie ; le taux de la conversion sera mentionné sur l'état du trimestre dont il aura réglé les perceptions aussi bien que les dépenses. Quant aux différences qui résulteront des variations du cours d'un trimestre à l'autre, sur les sommes acquises *au fonds commun des chancelleries consulaires* et qui ne doivent y être versées qu'à la fin de chaque exercice, elles viendront en augmentation de recette ou de dépense et figureront, à ce titre, dans l'état du dernier trimestre.

Dans le chapitre relatif à la navigation, les actes que nos lois et règlements rendent obligatoires, soit à l'arrivée, soit au départ des navires, réclament une attention particulière. Ces actes sont très-diversement taxés dans les tarifs actuels, et c'est précisément contre ce défaut d'uniformité que se sont élevées les réclamations les plus vives. Leur constante nécessité exige, d'ailleurs, que les taxes auxquelles ils donnent lieu soient aussi modérées que possible, afin qu'elles ne soient point onéreuses à la navigation. Ces motifs ont fait réunir tous les actes de cette espèce dans un seul et même article, dont la taxe, par exception au principe général qui a déterminé la classification des pays en plusieurs catégories, est uniforme dans tous les consulats :

elle se compose d'un droit fixe de 4 francs par navire, destiné à empêcher que, pour les bâtiments d'un faible tonnage, la perception ne s'abaisse à un taux qui serait hors de toute proportion avec le travail du chancelier, et d'un droit proportionnel de 20 centimes par tonneau, s'arrêtant à un maximum de 300 tonneaux, terme au delà duquel la perception deviendrait une charge trop lourde pour la navigation. La taxe s'abaisse, d'ailleurs, et se modifie dans les cas où les navires font seulement échelle, et dans ceux de relâche forcée ou volontaire. On a également placé dans une position exceptionnelle les paquebots à vapeur faisant un service régulier, et qui, à raison de la fréquence de leurs voyages, devaient conserver le privilége dont ils jouissent déjà, de payer des droits moins élevés.

L'application du nouveau droit aura généralement pour effet de réduire les perceptions des chancelleries sur ceux des actes relatifs à la navigation qui sont obligatoires; mais, dans quelques pays, le seul avantage que la mesure présentera à notre marine marchande sera celui d'une répartition plus équitable du droit. Ces résultats qui ne portent pas, au surplus, une atteinte grave à l'existence des chanceliers, sont ceux qu'on devait attendre d'une réforme provoquée par les justes réclamations de nos navigateurs.

Les taxations des autres chapitres du tarif ont été réglées de manière à maintenir, autant que possible, le produit des perceptions au taux actuel, tout en faisant disparaître les taxes exagérées ou mal assises que présentent quelques-uns des tarifs en vigueur. Pour un certain nombre de consulats, les recettes s'augmenteront du produit des actes qui ne figurent pas dans ces tarifs, et qui, aux termes de l'ordonnance du 23 août 1833, ne donnaient lieu à aucune perception.

Suivant le modèle annexé à la circulaire du 2 septembre 1833 (1), les états trimestriels de recettes de chancellerie doivent indiquer combien d'actes ont été délivrés *gratis*. Par le même motif, ces états devront indiquer désormais combien d'actes auront été délivrés *à demi-droit*, conformément à l'autorisation spéciale contenue dans les notes portées au nouveau tarif sous les nos 21, 27 et 28.

Je ne puis, d'ailleurs, que me référer, quant à présent, aux autres observations portées au tarif même.

Je vous recommande, Monsieur, d'apporter tous vos soins à ce que la substitution des nouvelles taxes à l'ancien système de perception s'opère, dans votre chancellerie, avec l'ordre et la régularité désirables, afin d'éviter toute méprise qui pourrait jeter du trouble dans la comptabilité générale des chancelleries. Vous voudrez bien faire enregistrer en chancellerie les présentes instructions, ainsi que les deux actes auxquels elles se rapportent.

Recevez, etc.　　　　　　　　　　　　　　Signé : GUIZOT.

---

(1) V. ce modèle dans le tome I, page 42, du Formulaire.

N° 35.

Ordonnance du 13 août 1844, sur l'organisation de l'Administration centrale du Ministère des affaires étrangères.

Louis-Philippe, etc.

Vu la loi du 24 juillet 1843, portant fixation du budget des dépenses de l'exercice 1844, et dont l'art. 7 est ainsi conçu :

« Avant le 1er janvier 1845, l'organisation centrale de chaque ministère sera réglée par une ordonnance royale insérée au *Bulletin des lois* : aucune modification ne pourra y être apportée que dans la même forme et avec la même publicité ; »

Sur le rapport de notre Ministre des affaires étrangères.

Nous avons ordonné et ordonnons ce qui suit :

Art. 1er. L'administration centrale du Ministère des affaires étrangères est organisée ainsi qu'il suit :

Le Cabinet du Ministre et le Secrétariat ;

La Direction politique ;

La Direction commerciale (1) ;

Le bureau des affaires de l'Amérique et des Indes (2) ;

La Direction des Archives et de la Chancellerie ;

Le bureau du Protocole (3) ;

Le bureau du Contentieux (4) ;

La Direction des Fonds et de la Comptabilité.

2. Le Cabinet du Ministre est chargé des travaux réservés, de la correspondance personnelle du Ministre, des audiences. Il centralise le travail du Roi et les relations du Ministre avec les Chambres.

Le Secrétariat comprend :

Le bureau du départ et de l'arrivée de la correspondance.

Le bureau du chiffre et les traducteurs.

3. La Direction Politique traite des affaires politiques proprement dites ; de celles relatives à des intérêts privés qui ressortissent à des agents diplomatiques, lorsqu'elles n'ont pas un caractère contentieux ; des questions de limites et d'extradition ; des conventions de poste, etc., etc. ; le personnel des Agents diplomatiques est compris dans ses attributions. Elle est formée de deux sous-directions (5).

La 1re sous-direction est chargée de la correspondance et des travaux concernant la Grande-Bretagne, la Russie, la Prusse, l'Autriche, les

---

(1) Devenue Direction des Consulats et Affaires commerciales.

(2) Supprimé, et réuni partie à la Direction politique, partie à la Direction des Consulats et Affaires commerciales.

(3) Réuni depuis lors au Cabinet.

(4) Réuni à la Direction politique en 1853.

(5) En 1853 on y a ajouté une troisième sous-direction, spécialement chargée des affaires politiques d'Orient et une 4e sous direction pour le contentieux.

divers Etats Allemands, la Belgique, les Pays-Bas, la Suède et le Danemark (1).

La seconde sous-direction est chargée de la correspondance et des travaux concernant l'Espagne, le Portugal, les Etats Italiens, la Suisse, la Grèce, l'Empire Ottoman et ses dépendances, le Maroc et la Perse (2) , sauf les exceptions qui résultent de la nature des affaires et de leurs rapports simultanés avec plusieurs puissances.

4. La direction commerciale traite les affaires commerciales, prépare les traités de commerce et de navigation, instruit les questions relatives à la protection du commerce français dans les pays étrangers, et celles qui résultent des réclamations du commerce étranger envers le gouvernement français. Elle règle la comptabilité des chancelleries consulaires.

Le personnel des agents consulaires et des drogmans de consulat est dans ses attributions. Elle est formée de deux sous-directions.

La 1re sous-direction est chargée de la correspondance et des travaux concernant la Grande-Bretagne, la Russie, la Prusse, l'Autriche, la Suisse, les divers Etats Allemands, la Belgique, les Pays-Bas, la Suède et le Danemark (3).

La 2e sous-direction est chargée de la correspondance et dés travaux concernant l'Espagne, le Portugal, les Etats Italiens, la Grèce, l'Empire Ottoman et ses dépendances, le Maroc et la Perse (4), sauf les exceptions qui résultent de la nature des affaires et de leurs rapports simultanés avec plusieurs puissances.

5. Le bureau des affaires de l'Amérique et des Indes (5) est spécialement chargé de la correspondance et des travaux pour les affaires politiques ou commerciales qui concernent les Indes Orientales et la Chine, les Etats de l'Amérique du Nord et du Sud, et les pays d'Afrique qui ne font point partie de l'Empire Ottoman ou du Maroc. Le chef de ce bureau est placé sous les ordres du directeur de la direction politique et du directeur de la direction commerciale, lesquels soumettent à la signature du Ministre les décisions et la correspondance relatives aux affaires du bureau, chacun dans le cercle des attributions générales de sa direction.

6. La direction des Archives et de la Chancellerie est chargée de la

---

(1) Depuis 1848, les affaires concernant les possessions coloniales de ces États sont traitées dans la même sous-direction.

(2) Par suite de la suppression du bureau de l'Amérique et des Indes, en 1848, cette sous-direction traite d'une part les affaires coloniales de ces mêmes États, et d'autre part l'ensemble de la correspondance politique pour les deux Amériques. La correspondance relative à l'empire ottoman, ses dépendances et les régences barbaresques, a été détachée en 1853 et constitue les attributions de la nouvelle sous-direction d'Orient.

(3) Depuis 1848, il faut ajouter à cette nomenclature les affaires coloniales de toutes ces puissances, et la correspondance commerciale avec les États-Unis et le Mexique.

(4) Cette Sous-Direction s'occupe en outre de toutes les affaires coloniales et transatlantiques qui ne sont pas expressément dévolues à la première.

(5) Ce bureau a été supprimé en 1848.—V. ci-dessus la note relative à l'art. 1er de cette ordonnance.

conservation et du classement de toutes les correspondances du Ministère, dont elle établit la table analytique ; de la collection des traités et
documents diplomatiques de tout genre ; du dépôt des ordonnances
royales et des décisions ministérielles ; de la recherche de tous les documents et renseignements demandés pour le service du département,
et pour tout autre service public et privé.

Elle est formée de la sous-direction des Archives et du bureau de la
Chancellerie.

Le bureau de la Chancellerie délivre les passe-ports autres que les
passe-ports de cabinet ; il est chargé des légalisations, des visas et de
la perception des droits qui en résultent ; de la transmission des actes
judiciaires et des commissions rogatoires ; de la discussion des questions touchant à l'état civil, et de l'instruction des réclamations relatives à des matières d'intérêt privé, telles que les successions ouvertes en
pays étranger, les recouvrements sur particuliers, etc., etc.

7. Le bureau du Protocole expédie les traités et les conventions, les
pleins-pouvoirs, les commissions, brevets, provisions, les exequatur, les
ratifications du Roi, les lettres de notification, de créance, de rappel
et de récréance. Il instruit pour le Ministre les questions relatives au
cérémonial et au protocole, aux priviléges, immunités et franchises diplomatiques des Ambassadeurs et des Ministres étrangers. Il prépare
les audiences diplomatiques, etc., etc.

8. Le bureau du Contentieux (1) traite les affaires contentieuses qui
doivent être appréciées d'après les dispositions des actes diplomatiques et celles qui résultent des réclamations des Français contre les
gouvernements étrangers ou des réclamations d'étrangers contre le
gouvernement Français.

Le chef du bureau du contentieux remplit les fonctions de secrétaire
près du comité consultatif du contentieux attaché au Département des
affaires étrangères.

9. La direction des fonds et de la comptabilité exécute les travaux
généraux et particuliers relatifs aux dépenses du Ministère. Elle correspond avec les agents politiques et commerciaux sur toutes les matières de comptabilité et sur tout ce qui s'y rapporte. Elle tient les écritures en partie double, ainsi que les livres et registres prescrits par les
ordonnances et les règlements spéciaux ; elle fait la liquidation des
frais de service de tous les agents, celle des indemnités de voyage, et
des frais de courriers, etc., etc. Les dépenses secrètes, les présents diplomatiques, les secours et les pensions de retraite, font également partie de ses attributions.

10. Le personnel des bureaux de l'administration centrale est formé.

De directeurs, de sous-directeurs, de chefs de bureau, de rédacteurs,
de commis-principaux, de commis-expéditionnaires.

11. Le chef du bureau des affaires de l'Amérique et des Indes, le
chef du bureau du Protocole et le chef du bureau du Contentieux, sont

---

(1) Ce bureau a été réuni depuis à la direction politique et en forme la 4e sous
direction.

assimilés, quant au rang, aux sous-directeurs et peuvent en obtenir le titre.

12. Les directeurs sont nommés par nous, sur la proposition de notre Ministre et secrétaire d'État au Département des affaires étrangères, qui pourvoit directement à tous les autres emplois ou qui en révoque les titulaires s'il y a lieu.

13. Les traitements sont fixés ainsi qu'il suit :

Traitement du chef du cabinet, 10,000 francs.

Traitement des directeurs, maximum 20,000 fr., minimum 15,000 fr.

Traitement des sous-directeurs, maximum 12,000 francs, minimum 8.000 francs.

Traitement des chefs de bureau, maximum 10,000 francs, minimum 6,000 francs.

Traitement des rédacteurs, maximum 6,000 fr., minimum 4,000 fr.

Traitement des commis principaux, maximum 5,000 francs, minimum 3,000 francs.

Traitement des commis-expéditionnaires, maximum 4,000 francs, minimum 1,500 francs.

14. Indépendamment des employés, il pourra être admis, dans les bureaux du Département des affaires étrangères, des *surnuméraires* ou *attachés* qui ne recevront point de traitement et dont le nombre sera limité par les besoins du service. Nul ne pourra être nommé surnuméraire ou attaché s'il n'est licencié en droit.

15. La moitié des vacances survenues dans les emplois de rédacteur, de commis-principal sera attribuée, à titre d'avancement, aux employés du rang immédiatement inférieur à celui du titre vacant.

16. Nul ne pourra être promu à un emploi supérieur qu'après avoir exercé au moins pendant deux années, les fonctions du grade dont il est titulaire. Néanmoins il pourra être dérogé à cette règle lorsqu'il s'agira de récompenser un service spécial constaté par une décision du Ministre.

17. Les augmentations de traitement accordées aux employés seront au moins de trois cents francs.

18. La présente ordonnance sera exécutée dans toutes ses dispositions à partir du 1er janvier prochain.

19. Notre Ministre secrétaire d'État au Département des affaires étrangères est chargé de l'exécution de la présente ordonnance qui sera insérée au *Bulletin des Lois*.

N° 36.

Ordonnance du 26 avril 1845 sur le personnel des Consulats.

ART. 1er. Nul Consul de première classe ne peut être nommé Consul général, et nul Consul de seconde classe ne peut être promu à la première classe, qu'après deux ans au moins de services dans son grade.

Nul élève consul ne peut être appelé à un Consulat de seconde classe, qu'après cinq ans de services en qualité d'élève.

2. Nul ne sera nommé élève consul, s'il n'est âgé de vingt ans au moins et de vingt-cinq ans au plus, licencié en droit, et s'il n'a été jugé admissible par une Commission spéciale.

La composition de cette Commission, le mode et les conditions de l'examen, seront déterminés par un règlement que notre Ministre secrétaire d'Etat au département des affaires étrangères soumettra à notre approbation.

3. Indépendamment des délégués nommés par nos Consuls dans leurs arrondissements respectifs, en vertu du titre VI de notre ordonnance du 20 août 1833, notre Ministre secrétaire d'Etat au département des affaires étrangères est autorisé à nommer, dans les lieux où il n'existera pas de poste consulaire et où les besoins l'exigeront, des agents consulaires ou vice-Consuls, qui correspondront directement avec lui et seront rétribués sur le budget de son Département. Ces agents cesseront leurs fonctions, si, dans les cinq ans, nous n'avons point confirmé leur nomination.

4. Sont admis à concourir aux postes consulaires, dans la proportion ci-après déterminée, savoir :

Aux Consulats généraux ;

1° Les sous-directeurs du Ministère des affaires étrangères ;

2° Les premiers secrétaires de nos ambassades et de nos légations, les uns et les autres après cinq ans de services, dont trois au moins dans leur grade respectif.

Aux Consulats de première classe ;

1° Les chefs de bureau et les rédacteurs de l'administration centrale du Ministère des affaires étrangères ;

2° Les secrétaires de nos légations et les seconds secrétaires de nos ambassades, les uns et les autres après cinq ans de services, dont trois au moins dans leur grade respectif.

Aux Consulats de seconde classe ;

1° Les commis principaux de l'administration centrale du Ministère des affaires étrangères, après cinq ans de services rétribués, dont trois au moins dans leur grade ;

2° Les attachés payés de nos ambassades et de nos légations après cinq ans de services rétribués en cette qualité ;

3° Les agents consulaires institués par l'art. 3 ci-dessus, après cinq ans de services et de résidence en cette qualité, lorsque leur nomination aura été confirmée par nous, depuis trois ans au moins ;

4° Les Chanceliers de nos ambassades et de nos légations, après huit ans d'exercices dans leurs fonctions, soit dans une mission diplomatique, soit dans un Consulat général ou de première classe, dont quatre ans au moins en vertu d'un brevet royal ;

5° Les chanceliers de nos Consulats généraux et de nos Consulats de première classe qui justifieront de dix ans d'exercice, dont cinq ans au moins en vertu d'un brevet royal, pourvu qu'ils aient en outre, en cette qualité, géré pendant douze mois au moins un poste consulaire;

6° Les premiers drogmans de nos Consulats généraux et le second drogman de notre ambassade près la Sublime Porte, après vingt ans de services dans la carrière du drogmanat, dont trois au moins dans leur grade respectif.

5. Les fonctionnaires dénommés en l'article précédent ne peuvent concourir que pour les deux cinquièmes, au plus, des postes vacants dans la carrière consulaire.

Les trois cinquièmes de ces postes restent exclusivement attribués aux Consuls de première et de deuxième classe, et aux élèves consuls, aux conditions réglées par l'art. 1er ci-dessus.

6. Dans nos Consulats du Levant, les fonctions de Chancelier seront confiées de préférence au drogman de l'Echelle, sans toutefois, que le service de Chancelier le dispense de celui de drogman.

7. Sont et demeurent abrogés les art. 5, 6, 7, 11, 12, 19 et 22 de notre ordonnance du 20 août 1833.

8. Notre Ministre secrétaire d'Etat au Département des affaires étrangères est chargé de l'exécution de la présente ordonnance, qui sera insérée au *Bulletin des lois*.

N° 37.

Ordonnance du 17 janvier 1846, relative aux bateaux à vapeur qui naviguent sur mer.

LOUIS-PHILIPPE, etc.

Sur le rapport de notre Ministre des travaux publics;

Vu les ordonnances des 2 avril 1823 et 25 mai 1828, sur les bateaux à vapeur;

Les rapports de la commission centrale des machines à vapeur établie près notre ministre des travaux publics;

Notre Conseil d'Etat entendu,

Nous avons ordonné et ordonnons ce qui suit :

1. La construction et l'emploi des bateaux à vapeur français qui naviguent sur mer sont assujettis aux dispositions suivantes.

TITRE PREMIER. — DES PERMIS DE NAVIGATION.

SECTION PREMIÈRE. — FORMALITÉS PRÉLIMINAIRES.

2. Aucun bateau à vapeur ne pourra naviguer sur mer sans un permis de navigation, et ce indépendamment de l'exécution des conditions imposées à tous les navires de commerce français, tant par le Code de commerce que par les lois et règlements sur la navigation.

3. Toute demande en permis de navigation sera adressée, par le propriétaire du bateau, au préfet du département où se trouvera le port d'armement.

4. Dans sa demande le propriétaire fera connaître,

1º Le nom du bateau ;

2º Ses principales dimensions, son tirant d'eau à vide, et sa charge maximum, exprimée en tonneaux de 1,000 kilogrammes :

3º La force de l'appareil moteur, exprimée en chevaux (le cheval-vapeur étant la force capable d'élever un poids de 75 kilogrammes à un mètre de hauteur dans une seconde de temps) ;

4º La pression, évaluée en nombre d'atmosphères, sous laquelle cet appareil fonctionnera ;

5º La forme de la chaudière ;

6º Le service auquel le bateau sera destiné ;

7º Le nombre maximum des passagers qui pourront être reçus dans le bateau.

Un dessin géométrique de la chaudière sera joint à la demande.

Cette demande sera renvoyée par le préfet à la commission de surveillance instituée conformément à l'article 47 de la présente ordonnance.

SECTION II. — VISITES ET ESSAIS DES BATEAUX A VAPEUR.

5. La commission de surveillance visitera le bateau à vapeur, à l'effet de s'assurer.

1º S'il est construit avec solidité, s'il réunit les conditions de stabilité nécessaires pour la navigation maritime et si l'on a pris toutes les précautions requises pour le cas où il serait destiné à un service de passagers ;

2º Si l'appareil moteur a été soumis aux épreuves voulues et s'il est pourvu des moyens de sûreté prescrits par la présente ordonnance;

3º Si la chaudière, en raison de sa forme, du mode de jonction de ses diverses parties, de la nature des matériaux avec lesquels elle est construite, ne présente aucune cause particulière de danger ;

4º Si on a pris toutes les précautions nécessaires pour prévenir les chances d'incendie.

6. Après la visite, la commission assistera à un essai du bateau à vapeur. Elle vérifiera si l'appareil moteur a une force suffisante pour le service auquel ce bateau sera destiné, et elle constatera,

1º Le tirant d'eau du bateau ;

2º La vitesse du bateau dans les différentes circonstances de l'essai;

3º Les divers degrés de tension de la vapeur, dans l'appareil moteur, pendant la marche du bateau.

7. La commission dressera un procès-verbal de la visite et de l'essai du bateau à vapeur, et adressera ce procès-verbal au préfet du département.

8. Si la commission est d'avis que le permis de navigation peut être accordé, elle proposera les conditions auxquelles ce permis pourra être

délivré; elle indiquera notamment les agrès et instruments et le nombre des embarcations dont le bateau devra être pourvu.

Dans le cas contraire, elle exposera les motifs pour lesquels elle jugera qu'il est convenable de surseoir à la délivrance du permis, ou même de le refuser.

SECTION III. — DÉLIVRANCE DES PERMIS DE NAVIGATION.

9. Si, après avoir reçu le procès-verbal de la commission de surveillance, le préfet reconnaît que le propriétaire du bateau à vapeur a satisfait à toutes les conditions exigées par la présente ordonnance, il délivrera le permis de navigation.

10. Dans le permis de navigation seront énoncés,

1° Le nom du bateau et le nom du propriétaire ;

2° La hauteur de la ligne de flottaison, rapportée à des points de repère invariablement établis à l'avant, à l'arrière et au milieu du bateau ;

3° Le service auquel le bateau est destiné ;

4° Le nombre maximum des passagers qui pourront être reçus à bord ;

5° La tension maximum de la vapeur, exprimée en atmosphères et en fractions décimales d'atmosphère, sous laquelle l'appareil moteur pourra fonctionner ;

6° Les numéros des timbres dont les chaudières, tubes bouilleurs, cylindres et enveloppes de cylindre auront été frappés, ainsi qu'il est prescrit à l'article 21 ;

7° Le diamètre des soupapes de sûreté et leur charge, telle qu'elle aura été réglée conformément aux articles 26 et 27 ;

8° Le nombre des embarcations, ainsi que les agrès et instruments nécessaires à la navigation maritime, dont le bateau devra être pourvu.

Le préfet prescrira, en outre, dans le permis, toutes les mesures d'ordre et de police locale nécessaires. Il enverra copie de son arrêté à notre ministre des travaux publics.

11. Si le préfet reconnaît, d'après le procès-verbal dressé par la commission de surveillance, qu'il y a lieu de surseoir à la délivrance du permis, ou même de le refuser, il notifiera sa décision au propriétaire du bateau, sauf recours devant notre ministre des travaux publics.

SECTION IV. — DES AUTORISATIONS PROVISOIRES DE NAVIGATION.

12. Si le bateau a été muni de son appareil moteur dans un département autre que celui où il doit entrer en service, le propriétaire devra obtenir du préfet du premier de ces départements une autorisation provisoire de navigation, pour faire arriver le bateau au lieu de sa destination. La commission de surveillance sera consultée sur la demande.

SECTION V. — DISPOSITION TRANSITOIRE.

13. Il est accordé aux détenteurs actuels de permis de navigation un délai de trois mois, à dater de la publication de la présente ordonnance,

pour se conformer aux dispositions qui précèdent, et demander un nouveau permis qui leur sera délivré, s'il y a lieu, par l'autorité compétente. Passé ce délai, les anciens permis de navigation seront considérés comme non avenus.

TITRE II. DES MACHINES A VAPEUR SERVANT DE MOTEURS AUX BATEAUX.

SECTION PREMIÈRE. — DISPOSITIONS RELATIVES A LA FABRICATION ET AU COMMERCE DES MACHINES EMPLOYÉES SUR LES BATEAUX.

14. Aucune machine à vapeur, destinée à un service de navigation, ne pourra être livrée par un fabricant si elle n'a subi les épreuves prescrites ci-après.

15. Les épreuves seront faites à la fabrique, par ordre du préfet, sur la déclaration du fabricant.

16. Les machines venant de l'étranger devront être pourvues des mêmes appareils de sûreté que les machines d'origine française et subir les mêmes épreuves. Ces épreuves seront faites au lieu désigné par le destinataire dans la déclaration qu'il devra faire à l'importation.

SECTION II. — ÉPREUVES DES CHAUDIÈRES ET DES AUTRES PIÈCES CONTENANT LA VAPEUR.

17. Les chaudières à vapeur, leurs tubes bouilleurs et les réservoirs à vapeur, les cylindres en fonte des machines à vapeur et les enveloppes en fonte de ces cylindres, ne pourront, sauf l'exception portée à l'article 25, être établis à bord des bateaux sans avoir été préalablement soumis par les ingénieurs des mines, ou, à leur défaut, par les ingénieurs des ponts et chaussées, à une épreuve opérée à l'aide d'une pompe de pression.

L'usage des chaudières et des tubes bouilleurs en fonte est prohibé dans les bateaux à vapeur.

18. La pression d'épreuve prescrite par l'article précédent sera *triple* de la pression effective, ou autrement, de la plus grande tension que la vapeur pourra avoir dans les chaudières, leurs tubes bouilleurs et autres pièces contenant la vapeur, diminuée de la pression extérieure de l'atmosphère.

19. On procédera aux épreuves en chargeant les soupapes de sûreté des chaudières de poids proportionnels à la pression effective, et déterminés suivant la règle indiquée en l'article 28.

A l'égard des autres pièces, la charge d'épreuve sera appliquée sur la soupape de la pompe de pression.

20. L'épaisseur des parois des chaudières cylindriques, en tôle ou en cuivre laminé, sera réglée conformément à la table n° 1, annexée à la présente ordonnance.

L'épaisseur de celles de ces chaudières qui, par leurs dimensions et par la pression de la vapeur, ne se trouveraient pas comprises dans la table, sera déterminée d'après la règle énoncée à la suite de ladite table ; toutefois cette épaisseur ne pourra dépasser 15 millimètres.

Les épaisseurs de la tôle devront être augmentées s'il s'agit du chaudières formées, en partie ou en totalité, de faces planes ou bien de conduits intérieurs, cylindriques ou autres, traversant l'eau ou la vapeur, et servant soit de foyers, soit à la circulation de la flamme. Ces chaudières et conduits devront de plus être, suivant les cas, renforcés par des armatures suffisantes.

21. Après qu'il aura été constaté que les parois des chaudières ont les épaisseurs voulues, et après l'épreuve, on appliquera aux chaudières, à leurs tubes bouilleurs et aux réservoirs de vapeurs et aux cylindres en fonte des machines à vapeur et aux enveloppes en fonte de ces cylindres, des timbres indiquant, en nombre d'atmosphères, le degré de tension intérieure que la vapeur ne devra pas dépasser. Ces timbres seront placés de manière qu'ils soient toujours apparents.

22. L'épreuve sera renouvelée après l'installation de la machine dans le bateau, 1° si le propriétaire la réclame ; 2° s'il y a eu pendant le transport ou lors de la mise en place, quelques avaries ; 3° s'il a été fait à la chaudière des modifications ou réparations quelconques depuis la première épreuve ; 4° si la commission de surveillance le juge utile.

23. Les chaudières à vapeur, leurs tubes bouilleurs et autres pièces contenant la vapeur, devront être éprouvés de nouveau toutes les fois qu'il sera jugé nécessaire par les commissions de surveillance.

Quand il aura été fait aux chaudières et autres pièces des changements ou réparations notables, les propriétaires des bateaux à vapeur seront tenus d'en donner connaissance au préfet. Il sera nécessairement procédé, dans ce cas, à de nouvelles épreuves.

24. L'appareil et la main-d'œuvre nécessaires pour les épreuves seront fournis par les propriétaires des machines et des chaudières à vapeur.

25. Les chaudières qui auront les faces planes seront dispensées de l'épreuve ; mais sous la condition que la force élastique ou la tension de la vapeur, ne devra pas s'élever, dans l'intérieur de ces chaudières, à plus *d'une atmosphère et demie*.

SECTION III. — DES APPAREILS DE SÛRETÉ DONT LES CHAUDIÈRES A VAPEUR DOIVENT ÊTRE MUNIES.

§ 1er. — Des soupapes de sûreté.

26. Il sera adapté à la partie supérieure de chaque chaudière deux soupapes de sûreté. Ces soupapes seront placées vers chaque extrémité de la chaudière et à la plus grande distance possible l'une de l'autre.

Le diamètre des orifices de ces soupapes sera réglé d'après la surface de chauffe de la chaudière et la tension de la vapeur dans son intérieur, conformément à la table n° 2, annexée à la présente ordonnance.

27. Chaque soupape sera chargée d'un poids unique, agissant soit directement, soit par l'intermédiaire d'un levier.

Chaque poids recevra l'empreinte d'un poinçon apposée par la commission de surveillance. Les leviers seront également poinçonnés, s'il en est fait usage. La quotité du poids et la longueur du levier seront énoncées dans le permis de navigation.

28. La charge maximum de chaque soupape de sûreté sera déterminée en multipliant 1^k, 033 par le nombre d'atmosphères mesurant la pression effective, et par le nombre de centimètres carrés mesurant l'orifice de la soupape.

La largeur de la surface annulaire de recouvrement ne devra pas dépasser la trentième partie du diamètre de la surface circulaire exposée directement à la pression de la vapeur, et cette largeur, dans aucun cas, ne deva excéder deux millimètres.

29. Il sera de plus adapté à la partie supérieure des chaudières à faces planes, dont il est fait mention à l'article 25, une soupape atmosphérique, c'est-à-dire ouvrant du dehors au dedans.

§ 2. — Des manomètres.

30. Chaque chaudière sera munie d'un manomètre à mercure, gradué en atmosphères et en fractions décimales d'atmosphère, de manière à faire connaître immédiatement la tension de la vapeur dans la chaudière.

Le tuyau qui amènera la vapeur au manomètre sera adapté directement sur la chaudière, et non sur le tuyau de prise de vapeur ou sur tout autre tuyau dans lequel la vapeur serait en mouvement.

Le manomètre sera placé en vue du chauffeur.

31. On fera usage du manomètre à air libre, c'est-à-dire ouvert à sa partie supérieure, toute les fois que la pression effective de la vapeur ne dépassera pas deux atmosphères.

32. On tracera sur l'échelle de chaque manomètre, d'une manière très-apparente, une ligne qui répondra au numéro de cette échelle que le mercure ne devra pas habituellement dépasser.

§ 3.—De l'alimentation et des indicateurs du niveau de l'eau dans les chaudières.

33. Chaque chaudière sera munie d'une pompe alimentaire bien construite et en bon état d'entretien.

Indépendamment de cette pompe, mise en mouvement par la machine motrice du bateau, chaque chaudière sera pourvue d'une autre pompe pouvant fonctionner soit à l'aide d'une machine particulière, soit à bras d'homme, et destinée à alimenter la chaudière, s'il en est besoin, lorsque la machine motrice ne fonctionnera pas.

34. Le niveau que l'eau doit avoir habituellement dans la chaudière sera indiqué, à l'extérieur, par une ligne tracée d'une manière très-apparente sur le corps de la chaudière, ou sur le parement du fourneau.

Cette ligne sera d'un décimètre au moins au-dessus de la partie la plus élevée des carneaux, tubes ou conduits de la flamme et de la fumée dans le fourneau.

35. Il sera adapté à chaque chaudière, 1° deux tubes indicateurs en verre, qui seront placés un à chaque côté de la face antérieure de la chaudière ; 2° l'un des deux appareils suivants, savoir : un flotteur d'une

mobilité suffisante ; des robinets indicateurs, convenablement placés à des niveaux différents. Les appareils indicateurs seront, dans tous les cas, disposés de manière à être en vue du chauffeur.

SECTION IV. — DES CHAUDIÈRES MULTIPLES.

36. Si plusieurs chaudières sont établies dans un bateau, elles ne pourront être mises en communication que par les parties toujours occupées par la vapeur, et cette communication sera disposée de manière que les chaudières puissent, au besoin, être rendues indépendantes les unes des autres.

Dans tous les cas, chaque chaudière sera alimentée séparément et devra être munie de tous les appareils de sûreté prescrits par la présente ordonnance.

SECTION V. — DE L'EMPLACEMENT DES APPAREILS MOTEURS.

37. L'emplacement des appareils moteurs devra être assez grand pour qu'on puisse facilement faire le service des chaudières et visiter toutes les parties des appareils.

Cet emplacement sera separé des salles des passagers par des cloisons en planches, très-solidement construites et entièrement revêtues d'une doublure en feuilles de tôle à recouvrement, d'un millimètre d'épaisseur au moins.

TITRE III. — DES ÉQUIPAGES ET DU SERVICE DES BATEAUX À VAPEUR.

38. Indépendamment du capitaine, maître ou timonier, et des matelots formant l'équipage, il y aura à bord de chaque bateau au moins un mécanicien et autant de chauffeurs que le service de l'appareil moteur l'exigera.

39. Le capitaine, indépendamment du brevet, soit de capitaine au long cours, soit de maître au cabotage, dont il devra être pourvu en raison de la distination du bâtiment, devra, conformément au mode qui sera déterminé par notre ministre des travaux publics, justifier qu'il possède les connaissances nécessaires pour diriger la marche d'un bâtiment à vapeur et surveiller les opérations du mécanicien.

40. Nul ne pourra être employé en qualité de mécanicien s'il ne produit des certificats de capacité, délivrés dans les formes qui seront déterminées par notre ministre des travaux publics.

41. Le mécanicien, sous l'autorité du capitaine, présidera à la mise en feu avant le départ ; il entretiendra toutes les parties de l'appareil moteur ; il s'assurera qu'elles fonctionnent bien, et que les chauffeurs sont en état de bien faire leur service. Pendant le voyage, il dirigera les chauffeurs et s'occupera constamment de la conduite de la machine.

42. Le capitaine inscrira sur le journal de bord toutes les circonstances relatives à la marche de l'appareil moteur qui seront dignes de remarque.

43. Il est défendu aux propriétaires de bateaux à vapeur et à leurs

agents de faire fonctionner les appareils moteurs sous une pression supérieure à la pression déterminée dans le permis de navigation, et de
rien faire qui puisse détruire ou diminuer l'efficacité des moyens de
sûreté dont ces appareils seront pourvus.

44. Il est interdit de laisser aucun passager s'introduire dans l'emplacement de l'appareil moteur.

45. Il sera ouvert dans chaque bateau un registre dont toutes les
pages seront cotées et paraphées par la maire de la commune où est situé le port d'armement, et sur lequel les passagers auront la faculté de
consigner leurs observations en ce qui pourrait concerner le départ,
la marche du bateau, les avaries ou accidents quelconques, et la conduite de l'équipage : ces observations devront être signées par les passagers qui les auront faites. Le capitaine pourra également consigner
sur ce registre les observations qu'il jugerait convenables, ainsi que
tous les faits qu'il lui paraîtrait important de faire attester par les passagers.

46. Dans chaque salle où se tiennent les passagers, il sera affiché une
copie du permis de navigation et un tableau indiquant,

1° La durée moyenne des voyages ;

2° La durée des relâches ;

3° Le nombre maximum des passagers ;

4° La faculté qu'ils ont de consigner leurs observations sur le registre
ouvert à cet effet ;

5° Le tarif des places.

TITRE IV. — DE LA SURVEILLANCE ADMINISTRATIVE DES BATEAUX A
VAPEUR.

47. Une commission de surveillance sera instituée, par le préfet du
département, dans chaque port où la navigation à la vapeur est en
usage.

Les ingénieurs des mines et les ingénieurs des ponts et chaussées en
résidence dans les ports, les officiers du génie maritime, le commissaire ou préposé à l'inscription maritime, et le capitaine, lieutenant ou
maître de port résidant sur les lieux, feront nécessairement partie de ces
commissions.

48. Les commissions de surveillance, indépendamment des fonctions
qui leur sont attribuées par les articles 5, 6, 7 et 8 ci-dessus, visiteront
les bateaux à vapeur au moins tous les trois mois, et chaque fois que le
préfet le jugera convenable.

Les membres de ces commissions pourront, en outre, faire indivi-
duellement des visites plus fréquentes.

49. La commission de surveillance s'assurera, dans ses visites, que
les mesures prescrites par la présente ordonnance et par le permis de
navigation sont exécutées.

Elle constatera l'état de l'appareil moteur et celui du bateau ; elle se
fera représenter le journal de bord et le registre destiné à recevoir les
observations des passagers.

50. La commission adressera au préfet le procès-verbal de chacune de ces visites. Dans ce procès-verbal, elle consignera ses propositions sur les mesures à prendre si l'appareil moteur ou le bateau ne présentent plus des garanties suffisantes du sûreté.

51. Sur les propositions de la commission de surveillance, le préfet ordonnera, s'il y a lieu, la réparation ou le remplacement de toutes les pièces de l'appareil moteur ou du bateau dont un plus long usage présenterait des dangers. Il pourra suspendre le permis de navigation jusqu'à l'entière exécution de ces mesures ; il révoquera le permis si la machine ou le bateau sont déclarés hors de service par la commission.

52. Dans tous les autres cas où, par suite de l'inexécution des dispositions de la présente ordonnance, la sûreté publique serait compromise, le préfet suspendra et, au besoin, révoquera le permis de navigation.

53. Les préfets prescriront, dans chaque port de commerce, les dispositions nécessaires pour éviter les accidents auxquels le stationnement, le départ et l'arrivée des bateaux à vapeur pourraient donner lieu. Dans les ports militaires, il sera pourvu à ces dispositions par les préfets maritimes.

54. Les maires, adjoints ou commissaires de police, les officiers et maîtres de port, les inspecteurs de la navigation, exerceront une surveillance de police journalière sur les bateaux à vapeur, tant aux points de départ et d'arrivée qu'aux lieux de relâche intermédiaires.

55. Si, avant le départ ou après l'arrivée, il était survenu des avaries de nature à compromettre la sûreté de la navigation, l'autorité chargée de la police locale pourra suspendre la marche du bateau : elle devra sur le champ en informer le préfet.

En cas d'accident, elle se transportera immédiatement sur les lieux, et le procès-verbal qu'elle dressera de sa visite sera transmis au préfet, et, s'il y a lieu, au procureur du Roi.

La commission de surveillance se rendra aussi sur les lieux sans délai, pour visiter les appareils moteurs, en constater l'état et rechercher la cause de l'accident : elle adressera, sur le tout, un rapport au préfet.

56. Dans chaque port des colonies françaises, la surveillance dont les articles ci-dessus font mention sera exercée par une commission spéciale, nommée à cet effet par le gouverneur ou le commandant de la colonie.

57. La même surveillance sera exercée dans les ports étrangers par les soins des consuls et agents consulaires français, assistés de tels hommes de l'art qu'ils jugeront à propos de désigner. Le capitaine devra représenter au consul, en même temps qu'il lui fera le rapport exigé par l'article 244 du Code de commerce, le permis de navigation qui lui aura été délivré.

Les hommes de l'art qui seront chargés, dans les ports étrangers, de procéder aux visites et vérifications prescrites par la présente ordonnance recevront des frais de vacation. Les dispositions qu'il serait nécessaire d'ajouter, à cet égard, au tarif des chancelleries, fixé par notre ordonnance du 6 novembre 1842, seront, pour chaque port, arrêtées par notre ministre des affaires étrangères, sur la proposition du consul, conformément à l'article 3 de ladite ordonnance.

TITRE V. — DISPOSITIONS GÉNÉRALES.

58. Si, à raison du mode particulier de construction de certaines machines ou chaudières à vapeur, l'application à ces machines ou chaudières d'une partie des mesures de sûreté prescrites par la présente ordonnance devenait inutile, le préfet, sur le rapport de la commission de surveillance, déterminera les conditions sous lesquelles ces appareils seront autorisés. Dans ce cas, les permis de navigation ne seront délivrés par le préfet que lorsqu'ils auront reçu l'approbation du ministre des travaux publics.

59. Les propriétaires de bateaux à vapeur seront tenus d'adapter aux machines et chaudières employées dans ces bateaux les appareils de sûreté qui pourraient être découverts par la suite et qui seraient prescrits par des règlements d'administration publique.

60. Il sera publié par notre ministre secrétaire d'Etat au département des travaux publics une instruction sur les mesures de précaution habituelles à observer dans l'emploi des machines et des chaudières à vapeur établies sur des bateaux.

Cette instruction devra être affichée à demeure dans l'emplacement où se trouvent ces machines et chaudières.

61. La navigation et la surveillance des bateaux à vapeur de l'Etat sont régies par des dispositions spéciales.

62. Les ordonnances royales des 2 avril 1823 et 25 mai 1828, concernant les bateaux à vapeur et les machines et les chaudières à vapeur employés sur les bateaux, sont rapportées.

63. Nos ministres secrétaires d'Etat aux départements des travaux publics, des affaires étrangères, de la guerre, de la marine et des colonies, sont chargés, chacun en ce qui le concerne, de l'exécution de la présente ordonnance, qui sera insérée au Bulletin des lois.

Table n° 1.

FORMULAIRE DES CHANCELLERIES.

TABLE Nº 1.

TABLE des épaisseurs à donner aux chaudières à vapeur cylindriques en
tôle ou en cuivre laminé (1).

DIAMÈTRES des CHAUDIÈRES.	NUMÉROS DES TIMBRES						
	EXPRIMANT LES TENSIONS DE LA VAPEUR.						
	2 atmosph.	3 atmosph.	4 atmosph.	5 atmosph.	6 atmosph.	7 atmosph.	8 atmosph.
mètres	millim.	millim.	millim.	millim.	millim.	millim.	millim.
0 50	3 90	4 80	5 70	6 60	7 50	8 40	9 30
0 55	3 99	4 98	5 97	6 96	7 95	8 94	9 93
0 60	4 08	5 16	24	7 32	8 40	9 48	10 56
0 65	4 17	5 34	6 51	7 68	8 85	10 02	11 19
0 70	4 26	5 52	6 78	8 04	9 30	10 56	11 82
0 75	4 35	5 70	7 05	8 40	9 75	11 10	12 45
0 80	4 44	5 88	7 32	8 76	10 20	11 64	13 08
0 85	4 03	6 06	7 59	9 12	10 65	12 18	13 71
0 90	4 62	6 24	7 86	9 48	11 10	12 72	14 34
0 95	4 71	6 42	8 13	9 84	11 55	13 26	14 97
1 00	4 80	6 60	8 40	10 20	12 00	13 80	15 60

(1) Pour obtenir l'épaisseur que l'on doit donner aux chaudières, il faut multiplier le diamètre de la chaudière, exprimé en mètres et fractions décimales du mètre,
par la pression effective de la vapeur exprimée en atmosphères et par le nombre
fixe 18 ; prendre la dixième partie du produit ainsi obtenu et y ajouter le nombre
fixe 3. Le résultat exprimera, en millimètres et en fractions décimales du millimètre, l'épaisseur cherchée.

TABLE N° 2.

Table pour régler les diamètres à donner aux orifices des soupapes de sûreté (1).

SURFACES de chauffe des chaudières.	NUMÉROS DES TIMBRES INDIQUANT LES TENSIONS DE LA VAPEUR.									
	1 1/2 atmosph.	2 atmosph.	2 1/2 atmosph.	3 atmosph.	3 1/2 atmosph.	4 atmosph.	4 1/2 atmosph.	5 atmosph.	5 1/2 atmosph.	6 atmosph.
mèt. car.	centim.	centim.	centim.	centim.	centim.	centim.	centim.	centim.	centim.	centim.
1	2,493	2,063	1,799	1,616	1,479	1,372	1,286	1,214	1,152	1,100
2	3,525	2,918	2,544	2,285	2,092	1,941	1,818	1,716	1,630	1,555
3	4,517	3,573	3,116	2,799	2,563	2,377	2,227	2,102	1,996	1,905
4	4,985	4,126	3,598	3,232	2,959	2,745	2,572	2,427	2,305	2,200
5	5,374	4,613	4,023	3,614	3,308	3,069	2,875	2,714	2,578	2,459
6	6,106	5,054	4,407	3,958	3,624	3,362	3,149	2,973	2,823	2,694
7	6,595	5,458	4,760	4,276	3,914	3,631	3,402	3,211	3,045	2,910
8	7,050	5,835	5,089	4,571	4,185	3,882	3,637	3,433	3,260	3,111
9	7,478	6,189	5,398	4,848	4,438	4,117	3,857	3,611	3,458	3,299
10	7,882	6,524	5,690	5,110	4,679	4,340	4,066	3,838	3,645	3,478
11	8,267	6,843	5,967	5,360	4,907	4,552	4,265	4,025	3,823	3,648
12	8,635	7,147	6,233	5,598	5,125	4,754	4,454	4,204	3,993	3,810
13	8,987	7,439	6,487	5,827	5,334	4,949	4,636	4,376	4,156	3,965
14	9,325	7,720	6,732	6,047	5,536	5,138	4,811	4,541	4,312	4,124
15	9,654	7,990	6,968	6,259	5,730	5,316	4,980	4,701	4,464	4,259
16	9,970	8,253	7,197	6,464	5,918	5,490	5,143	4,854	4,610	4,399
17	10,277	8,506	7,418	6,663	6,100	5,659	5,302	5,004	4,752	4,534
18	10,575	8,753	7,633	6,841	6,277	5,823	5,455	5,149	4,890	4,666
19	10,865	8,993	7,842	7,014	6,449	5,982	5,605	5,290	5,024	4,794
20	11,147	9,227	8,046	7,227	6,616	6,138	5,750	5,428	5,154	4,918
21	11,423	9,454	8,245	7,389	6,780	6,289	5,892	5,561	5,282	5,040
22	11,691	9,677	8,439	7,580	6,939	6,437	6,031	5,692	5,406	5,158
23	11,954	9,894	8,629	7,750	7,095	6,582	6,167	5,820	5,527	5,274
24	12,211	10,107	8,814	7,917	7,248	6,723	6,299	5,945	5,646	5,388
25	12,463	10,316	8,996	8,080	7,397	6,862	6,429	6,069	5,763	5,499
26	12,710	10,520	9,174	8,240	7,544	6,998	6,556	6,188	5,877	5,608
27	12,952	10,720	9,349	8,397	7,776	7,132	6,681	6,366	5,989	5,715
28	13,190	10,917	9,520	8,551	7,828	7,262	6,804	6,422	6,099	5,819
29	13,423	11,110	9,689	8,703	7,967	7,391	6,924	6,535	6,207	5,922
30	13,653	11,300	9,855	8,851	8,103	7,517	7,043	6,648	6,313	6,024

(1) Pour déterminer les diamètres des soupapes de sûreté, il faut diviser la surface de chauffe de la chaudière, exprimée en mètres carrés, par le nombre qui indique la tension maximum de la vapeur dans la chaudière, préalablement diminué du nombre 0,412 ; prendre la racine carrée du quotient ainsi obtenu, et la multiplier par 2,6 : le résultat exprimera, en centimètres et en fractions décimales du centimètre, le diamètre cherché.

N° 38.

Ordonnance du 31 août 1846, sur les droits de chancellerie pour les paquebots à vapeur.

LOUIS-PHILIPPE, etc.

Vu l'article 5 de notre ordonnance du 6 novembre 1842 et les tarifs annexés à ladite ordonnance,

Sur le rapport de notre Ministre des affaires étrangères,

Nous avons ordonné et ordonnons ce qui suit :

1. La disposition énoncée dans la note 16 des tarifs de nos Chancelleries consulaires, annexés à notre ordonnance du 6 novembre 1842, disposition portant que le *droit proportionnel n'est pas dû sur les tonneaux qui excèdent trois cents*, est étendue aux paquebots à vapeur employés à un service régulier et périodique dans la Méditerranée.

2. Notre ministre secrétaire d'Etat des affaires étrangères est chargé de l'exécution de la présente ordonnance.

N° 39.

Ordonnance du 27 avril 1847 sur le droit de légalisation pour les actes destinés aux compagnies d'assurances.

(Circulaire du 10 mai 1847.)

LOUIS-PHILIPPE, etc.

Vu l'article 5 de notre ordonnance du 6 novembre 1842 et les tarifs annexés à ladite ordonnance,

Sur le rapport de notre ministre des affaires étrangères,

Nous avons ordonné et ordonnons ce qui suit :

1. Il ne sera perçu, à l'avenir, dans les Chancelleries de nos consulats, pour la légalisation des actes destinés à être transmis au siége des compagnies d'assurances maritimes ou sur la vie établies en France et légalement autorisées, que la moitié du droit porté à l'article 58 du tarif des Chancelleries consulaires annexé à notre ordonnance du 6 novembre 1842.

2. Notre ministre des affaires étrangères est chargé de l'exécution de la présente ordonnance.

N° 40.

Ordonnance du 4 août 1847 sur le personnel des Consulats.

ART. 1er. Le nombre des brevets de première classe attribués à nos Consuls est fixé à quarante. La classe sera désormais attachée à la personne de l'agent, indépendamment de la résidence à laquelle il sera appelé.

2. Les articles de nos ordonnances des 21 et 22 août 1833, contraires à la présente disposition, sont rapportées.

3. Notre Ministre secrétaire d'État au département des Affaires étrangères est chargé de l'exécution de la présente ordonnance.

N° 41.

Circulaire des Affaires étrangères, du 12 août 1847, sur la comptabilité des Chancelleries.

Monsieur, une ordonnance royale du 15 février 1847 a appelé la Cour des comptes à certifier, par des déclarations annuelles de conformité, les résultats de chaque exercice soumis au contrôle législatif pour le règlement du service des Chancelleries consulaires que l'article 17 de la loi du 9 juillet 1836 a rattaché, pour ordre, au budget général de l'État.

Pour se conformer aux dispositions de cette ordonnance et se trouver en mesure de prononcer ses déclarations sur toutes les parties de cette comptabilité, la Cour des comptes a besoin de documents qui lui permettent de vérifier au moyen de rapprochements avec les tarifs, l'exactitude des droits constatés et recouvrés dans chaque Chancellerie consulaire. Elle demande, à cet effet, qu'un bordereau récapitulatif des recettes et des dépenses des quatre états trimestriels, ainsi qu'un certificat de conformité émané du Consul du Roi, lui soient transmis en même temps que le compte général annuel dressé par mon Ministère.

En présence des nouvelles obligations imposées à la Cour par l'ordonnance précitée, le Ministère des Affaires Étrangères n'a pu se refuser à produire, à partir de l'exercice de 1847, les documents qui lui sont demandés. Je dois donc vous inviter, Monsieur, à m'adresser avec les comptes du quatrième trimestre de cette année, un bordereau récapitulatif des recettes et des dépenses des quatre états trimistriels, ainsi qu'une attestation de conformité dont je vous adresse la formule (1).

---

(1) V. ce modèle au tome Ier du Formulaire, p. 48.

Il sera également nécessaire de joindre à ces pièces, un certificat du cours du change ou une déclaration du Consul.

Les bordereaux récapitulatifs devant être désormais transmis à la Cour des comptes, à la fin de chaque exercice, je dois appeler votre attention particulière sur le soin avec lequel ces documents devront être dressés, et vous rappeler que tous les actes donnant lieu à des perceptions devront y être mentionnés avec le numéro et la dénomination qu'ils portent au tarif, et que toutes les taxations, ainsi que les perceptions, devront également y être indiquées en monnaies du pays et en monnaies françaises avec la plus grande exactitude.

Il sera essentiel, en ce qui concerne les actes dont les Consuls autorisent la délivrance gratuite, d'indiquer les motifs de cette exception, qui ne devra s'appliquer que rarement et demeurer limitée aux indigents.

Enfin il conviendra de joindre désormais aux états trimestriels des recettes et des dépenses, une traduction de toutes les pièces justificatives produites à l'appui des frais de Chancellerie.

Vous voudrez bien, Monsieur, m'accuser réception de cette circulaire, dont les dispositions ont été concertées entre mon département et celui des finances, et prendre immédiatement les mesures que vous jugerez convenables pour qu'elle reçoive une complète exécution.

Recevez, etc.   Signé : Guizot.

N° 42.

Règlement du 5 octobre 1847, concernant l'examen des candidats au grade d'Élève Consul, avec le Rapport au Roi et les pièces annexes.

RAPPORT AU ROI.

Sire, votre Gouvernement s'est préoccupé, depuis plusieurs années, du soin de mettre le corps consulaire en mesure de remplir, de la manière la plus utile à tous les intérêts français au dehors, les devoirs non moins importants que divers qui lui sont imposés par son institution. En même temps qu'elles organisaient toutes les parties du service dans leurs rapports avec le Département des affaires étrangères et celui de la marine, les ordonnances de 1833 avaient réglé les conditions d'admission et d'avancement dans la carrière des Consulats, en les rattachant, autant que le comportait la différence des temps, à celles qui avaient été déterminées par l'ordonnance de 1781.

Après une expérience de douze années, j'ai dû proposer à Votre Majesté, dans le cours de 1845, de modifier, sur quelques points seulement, un état de choses qui, dans son ensemble, satisfaisait aux besoins du service, en même temps qu'il donnait aux agents eux-mêmes les garanties désirables. L'ordonnance royale du 26 avril 1845 a maintenu les règles principales consacrées par celle du 20 août 1833, en élargissant les bases de la carrière consulaire, en lui assurant des moyens de recrutement réclamés quelquefois par les intérêts du commerce, de la science ou de la politique. La création d'un certain nombre d'agences consulaires, qui donneront accès aux Consulats de deuxième classe après un exercice de cinq années, ouvrira la carrière à des hommes spéciaux, à quelques explorateurs habiles placés en dehors des conditions de la hiérarchie, sans affaiblir en rien cette hiérarchie elle-même, dans les principes qui la constituent et qu'il importe de maintenir.

Pour lui donner une stabilité plus forte encore et pour lui assurer toute l'autorité morale qui lui appartient, j'ai proposé à Votre Majesté de décider qu'une Commission spéciale déterminerait le mode et les matières de l'examen imposé à quiconque aspirera au grade d'élève consul. Aux termes de l'art. 2 de l'ordonnance du 26 avril 1845, le projet de règlement préparé par cette Commission était appelé à recevoir la sanction royale : je viens le soumettre aujourd'hui à l'approbation de Votre Majesté.

La Commission, composée de membres des deux Chambres et des principaux chefs de service des Départements des affaires étrangères, de la marine et du commerce, a accompli, avec un soin consciencieux, la tâche qui lui était confiée.

M. le baron de Bussierre, votre ministre près la cour des Pays-Bas, auquel j'en avais déféré la présidence, a consigné dans un rapport que j'ai l'honneur de mettre sous les yeux du Roi, les résultats du travail auquel elle s'était livrée. Le projet rédigé par elle satisfait à toutes les exigences, et, par la spécialité des matières autant que par la précision des questions, il échappe, je crois, aux reproches qu'avait pu encourir le programme antérieurement rédigé pour l'usage de mon Département. L'étude des matières indiquées préparera efficacement à une carrière qui exige une diversité de connaissances en rapport avec la diversité des devoirs. Le soin qu'a pris la Commission d'élaguer toutes les questions théoriques sans application immédiate à l'exercice des fonctions consulaires garantit, d'ailleurs, que ce programme n'excédera pas la mesure d'intelligence ordinaire chez des jeunes gens de vingt-deux à vingt-cinq ans, déjà pourvus des grades de bachelier ès-lettres et ès-sciences physiques et de licencié en droit.

En même temps que les matières de l'examen ont été déterminées, des dispositions heureusement combinées ont donné au jury d'examen une consistance et une stabilité qui lui avaient manqué jusqu'ici, et sa composition offrira désormais au gouvernement aussi bien qu'aux aspirants eux-mêmes les plus sûres garanties.

Je prie Votre Majesté de vouloir bien revêtir de son approbation le projet de règlement que j'ai l'honneur de lui soumettre.

Signé : GUIZOT.

RÈGLEMENT DU 5 OCTOBRE 1847.

Nous, ministre secrétaire d'État au département des affaires étrangères ;

Vu l'art. 2 de l'ordonnance royale du 26 avril 1845, ainsi conçu :

« Nul ne sera nommé élève consul s'il n'est âgé de vingt ans au moins et de vingt-cinq ans au plus, licencié en droit, et s'il n'a été jugé admissible par une Commission spéciale ;

« La composition de cette Commission, le mode et les conditions de l'examen, seront déterminés par un règlement que notre ministre secrétaire d'État au Département des affaires étrangères soumettra à notre approbation » ;

Voulant pourvoir à l'exécution de cette disposition, avons arrêté et arrêtons ce qui suit :

ART. 1er. L'époque des examens prescrits pour l'admission dans la carrière consulaire, et le nombre des candidats qui pourront être déclarés admissibles en raison des besoins du service, seront déterminés, tous les deux ans, par un arrêté rendu par nous.

Le cadre des élèves consuls demeure fixé à quinze, et les trois cinquièmes des postes vacants dans les consulats de seconde classe seront attribués aux élèves consuls, conformément aux dispositions de l'art. 5 de l'ordonnance précitée.

2. Les aspirants au grade d'élève consul joindront à la lettre par laquelle ils nous feront connaître leur intention de se présenter à l'examen, leur acte de naissance et le diplôme de licencié en droit.

A partir du mois de novembre 1849, les candidats devront joindre à ce diplôme celui de bachelier ès sciences physiques. Leur demande à fin d'admission et les pièces à l'appui demeureront déposées à la direction commerciale de notre département.

3. La Commission d'examen sera composée des directeurs des travaux politiques, des affaires commerciales et des archives et chancelleries du département des affaires étrangères, du directeur du commerce extérieur au ministère de l'agriculture et du commerce, d'un commissaire général de la marine ou d'un commissaire de première classe désigné par le Ministre secrétaire d'État de la marine et des colonies, et d'un Consul général ou Consul de première classe désigné par nous.

4. L'examen aura lieu conformément au programme qui demeure annexé au présent arrêté (1). Il se composera d'une épreuve écrite et d'une épreuve orale. Nul ne sera admis à l'épreuve orale avant d'avoir été déclaré admissible sur l'épreuve écrite.

L'épreuve écrite consistera en une dissertation sur une ou plusieurs des questions principales comprises au programme, et en un exercice de traduction constatant que le candidat possède la langue anglaise et l'une des langues italienne ou espagnole. Il devra faire par écrit une

---

(1) V. le Programme ci-après, p. 207.

version et un thème, en présence des traducteurs de notre ministère désignés à cet effet.

Il sera tenu compte aux candidats des connaissances qu'ils pourraient posséder dans une ou plusieurs des autres langues vivantes.

L'épreuve orale portera sur toutes les parties du programme, et comportera la traduction d'une pièce écrite en langue étrangère après lecture de l'original à haute voix.

Approuvé, Signé : LOUIS-PHILIPPE.

Signé : GUIZOT.

RAPPORT ADRESSÉ A M. LE MINISTRE DES AFFAIRES ÉTRANGÈRES

PAR LA COMMISSION CHARGÉE DE PRÉPARER LE RÈGLEMENT ET LE PROGRAMME POUR LES EXAMENS DES ÉLÈVES CONSULS.

Monsieur le Ministre, l'art. 2 de l'ordonnance du 26 avril 1845 concernant l'organisation consulaire est ainsi conçu :

« Nul ne sera nommé élève consul, s'il n'est âgé de vingt ans au moins et de vingt-cinq ans au plus et licencié en droit, et *s'il n'a été jugé admissible par une Commission spéciale.*

« La composition de cette Commission, le mode et les conditions de l'examen, seront déterminés par un règlement que notre Ministre secrétaire d'État au Département des affaires étrangères soumettra à notre approbation. »

L'exécution de ce dernier paragraphe soulevait des questions nombreuses et délicates. Vous en avez renvoyé l'étude et la discussion à une Commission spéciale, que vous avez en même temps chargée de vous proposer un projet de règlement.

J'ai l'honneur de vous soumettre aujourd'hui le résultat des travaux de cette Commission, et j'espère que les décisions qu'elle a prises obtiendront votre sanction, puisque toutes ont également pour but d'augmenter les garanties de capacité dont l'administration doit pouvoir s'entourer dans chacun de ses choix.

Il est impossible de méconnaître l'insuffisance des épreuves auxquelles ont été soumis jusque dans ces derniers temps les candidats au grade d'élève consul. La Commission s'est efforcée d'y substituer un programme d'examen mieux approprié à l'état général des études comme aux besoins particuliers du service consulaire. L'ancien programme demandait à la fois trop et pas assez ; il imposait aux candidats, qu'il me soit permis de le dire, un véritable luxe de science ; mais en même temps il passait trop légèrement sur ces connaissances pratiques qui font l'agent capable et le fonctionnaire utile. Les notions essentielles de l'économie politique, l'étude des tarifs et des traités de commerce, celle des questions industrielles, occupaient à peine une place au milieu des conditions, d'ailleurs très-étendues, que chaque aspirant devait remplir. Nous avons pensé, monsieur le Ministre, qu'il conviendrait au contraire

de placer en première ligne ces connaissances spéciales et positives ;
car ce sont elles qui feront véritablement du corps consulaire ce qu'il
doit être sur tous les points du globe, le gardien vigilant et éclairé de
nos intérêts commerciaux, industriels et maritimes. C'est donc de ce
côté que le nouveau programme nous a paru devoir porter ses principales exigences ; nous nous sommes d'ailleurs efforcés d'établir une
juste proportion entre les divers éléments dont il se compose et de
n'exclure aucun de ceux qui doivent essentiellement concourir à la
préparation des candidats.

En mettant au nombre des conditions d'admissibilité la production
du diplôme de licencié en droit, l'ordonnance du 26 avril 1843 nous a
permis d'affranchir les candidats de tout examen nouveau sur cette partie de leurs études générales ; nous avons conséquemment laissé le
droit et même le droit commercial en dehors du programme ; mais en
même temps nous avons dû considérer qu'il est bien peu de jeunes
gens qui soient pourvus du diplôme de licencié avant leur vingt-
deuxième année ; et comme cette même ordonnance fixe à vingt-cinq
ans l'âge au delà duquel toute nomination d'élève consul cesse d'être
possible, il nous a paru nécessaire que les études spéciales dont les
candidats auraient à justifier, trouvassent très-largement leur place
entre ces deux limites qui nous étaient tracées d'avance.

Les proportions du cadre ainsi déterminées, nous avons soigneusement recherché ce qu'il était indispensable d'y faire entrer. Le titre
de chacun des chapitres dont se compose le programme que j'ai l'honneur d'adresser à Votre Excellence indique suffisamment le but que
la Commission s'est proposé et les motifs qui l'ont guidée.

Elle a cru pouvoir demander, en premier lieu, que chaque candidat
possédât deux langues étrangères, savoir : 1. l'anglais ; 2. l'italien ou
l'espagnol. Ne pas faire de l'étude spéciale de l'anglais une condition
obligatoire, ce serait méconnaître l'importance du rôle qu'il joue aujourd'hui dans toutes les relations commerciales. La langue anglaise
peut, d'ailleurs, servir d'introduction à toutes les langues d'origine germanique ; et quoiqu'elle en soit assurément la moins riche, elle en fa-
cilite singulièrement l'étude. Quant aux langues d'origine latine, nous
pensons qu'au point de vue de l'utilité pratique, l'italien et l'espagnol
peuvent être placés sur la même ligne. Les candidats devront être exa-
minés, à leur choix, sur l'un ou l'autre. Dans le cas où ils posséderaient
en outre quelque autre langue vivante, nous croyons qu'il sera juste
de leur en tenir compte.

La Commission a jugé nécessaire, en second lieu, de donner dans le
programme une place considérable à tout ce qui concerne l'institution
consulaire et son objet, l'organisation des consulats, les attributions,
devoirs et fonctions des consuls, leurs relations avec les gouvernements étrangers, leurs rapports avec la marine militaire et la marine
marchande, etc. Il serait superflu d'expliquer et de justifier, à cet égard,
les vues de la Commission.

Elle a pareillement pensé qu'une partie notable de l'examen devait
porter sur le droit des gens et sur l'étude approfondie des principes

consacrés, soit par les traités généraux, soit par les conventions particulières de navigation et de commerce. Ces importantes questions forment la matière du titre III du programme.

Le titre IV résume les notions fondamentales de l'économie politique. Votre Excellence jugera sans doute que, malgré le soin que nous
avons pris de nous maintenir, à cet égard, dans la sphère des idées
générales, nous avons atteint, ou peu s'en faut, la limite des exigences auxquelles de jeunes esprits peuvent être raisonnablement soumis.

Les éléments de statistique commerciale forment toute la matière du
titre V. Nous avons un moment songé à faire entrer dans cette partie
du programme toute une série de questions qui eussent imposé aux
candidats l'obligation de certaines connaissances technologiques. Nous
n'avons pu méconnaître en effet, combien il était important qu'un
agent consulaire fût en mesure de saisir les divers procédés de fabrication et d'apprécier, au moins dans leurs résultats, les découvertes nouvelles ou les progrès de l'industrie et des arts mécaniques. Nous avons
craint, toutefois, de surcharger le programme et de compliquer la tâche
des examinateurs et des candidats, alors surtout qu'il nous était possible d'atteindre le but proposé par une autre voie, et nous nous sommes
bornés à demander qu'à partir du 1er novembre 1849, les aspirants
fussent tenus de joindre au diplôme de licencié en droit celui de bachelier ès sciences physiques. C'est une condition que la plupart d'entre
eux seraient probablement en mesure de remplir dès aujourd'hui ; nous
avons voulu la rendre obligatoire, afin d'assurer une satisfaction suffisante à l'intérêt spécial que je viens d'indiquer.

Tel est, monsieur le Ministre, l'ensemble du programme que nous
avons résolu de soumettre à votre approbation. Un travail de ce genre,
au surplus, doit attendre son complément de la pratique, et ses perfectionnements de l'application même. C'est aux examinateurs qu'il appartient véritablement d'en faire ce qu'il doit être, d'en adoucir les exigences là où il pourra être sévère, d'en étendre le sens et la portée là
où il paraîtrait vague ou défectueux.

Il nous reste maintenant à vous entretenir des déterminations auxquelles la Commission s'est arrêtée en ce qui touche la forme et l'époque des examens. Le projet de règlement que j'ai l'honneur de vous
adresser a été longuement délibéré par elle : c'est à l'unanimité qu'elle
vous en propose l'adoption.

Nous avons pensé, quant au mode, que chaque examen devait se
composer d'une épreuve écrite et d'une épreuve orale, et que nul ne
devait être admis à l'épreuve orale si l'épreuve écrite n'avait préalablement donné des résultats satisfaisants. L'épreuve écrite se compo-
serait elle-même d'une dissertation sur une ou plusieurs des questions
comprises au programme, et d'un double exercice de traduction dans
chacune des deux langues étrangères que le candidat doit posséder.
Nous pensons que Votre Excellence donnera son assentiment à ces
dispositions.

Pour ce qui concerne la composition de la Commission d'examen,
nous avons supposé, monsieur le Ministre, qu'il vous conviendrait d'y

appeler en premier lieu MM. les directeurs du Département des affaires étrangères et de leur adjoindre le directeur du commerce extérieur au Département du commerce et de l'agriculture, l'un de MM. les commissaires généraux de la marine désigné par le secrétaire d'Etat de ce Département, ainsi qu'un Consul général ou un Consul de première classe désigné par vous-même. Sur tous ces points, monsieur le Ministre, aucune difficulté ne s'est élevé au sein de la Commission.

Une seule question a donné lieu à quelques débats : c'est celle de la périodicité des examens. Cette périodicité devait-elle être absolue et indépendante des besoins du service? à quelles époques la Commission devait-elle s'assembler? convenait-il de la réunir chaque année? ne valait-il pas mieux mettre entre chaque examen un intervalle de deux ou trois ans? Le nombre des élèves consuls demeurant fixé à quinze, nous avons dû commencer par nous rendre compte, en moyenne hypothèse, du nombre de vacances qui pouvaient, chaque année, s'opérer sur cette liste. L'art. 5 de l'ordonnance du 26 avril 1845 réserve aux élèves consuls les trois cinquièmes des postes vacants dans les consulats de deuxième classe. Supposer que trois élèves pourront être placés chaque année, c'est aller, sans contredit, jusqu'à l'extrême limite du possible. Il n'y a donc pas nécessité de réunir tous les ans la Commission d'examen pour tenir la liste au complet.

Nous avons, en outre, reconnu qu'il pouvait y avoir un inconvénient sérieux à ce que les examens se renouvelassent aussi fréquemment ; nous avons craint que les candidats malheureux dans une première épreuve ne s'abandonnassent trop facilement à la pensée d'en tenter une seconde, s'ils l'entrevoyaient comme prochaine : faculté dangereuse, et dont le seul résultat serait de retenir plus longtemps sur le seuil d'une carrière si lente et si étroite, des jeunes gens qui n'ont presqu'aucune chance d'y être admis. Entretenir dans leur esprit des espérances qui doivent les empêcher de porter ailleurs leurs vues et leurs efforts, ce ne serait pas assurément leur rendre service ; ce serait presque leur tendre un piége. Il convient donc, à notre avis, de mettre entre les examens un intervalle assez long pour que l'aspirant qui n'a pas réussi renonce de lui-même à se présenter.

Mais quel doit être cet intervalle ? faut-il le porter à trois années, comme l'avaient d'abord proposé quelques membres de la Commission? Evidemment il y aurait ici un inconvénient d'une autre nature. Le candidat qui n'aurait terminé ses études de droit qu'après vingt-deux ans (et il en est ainsi pour un grand nombre de jeunes gens) pourrait, dans cette hypothèse, atteindre la limite déjà fixée par l'ordonnance royale, avant d'avoir trouvé l'occasion de paraître devant la Commission d'examen. Nous avons dû repousser jusqu'à la possibilité de cette exclusion indirecte qui, par la seule combinaison des époques, frapperait infailliblement un certain nombre de candidats, et nous avons adopté, d'un commun accord, le terme de deux années. Nous pensons que Votre Excellence donnera une entière adhésion aux considérations qui nous ont déterminés.

En remettant entre vos mains ces résultats de ses longs travaux, la

Commission, dont je suis en ce moment l'interprète, monsieur le Ministre, s'estimerait heureuse d'avoir pu répondre entièrement à vos intentions et à la pensée qui a dicté l'ordonnance du 26 avril 1845. Pour moi, je conserverai toujours un souvenir reconnaissant de l'honneur que vous m'avez fait en m'appelant à la présider, et de tous mes rapports avec les hommes éminents dont vous l'aviez composée.

Signé : Baron DE BUSSIERRE.

PROGRAMME GÉNÉRAL D'EXAMEN

POUR LES CANDIDATS AU GRADE D'ÉLÈVE CONSUL (1).

L'examen roulera sur les langues étrangères, sur l'administration consulaire, sur le droit des gens, sur l'économie politique, sur la technologie et la statistique commerciales, conformément aux cinq programmes suivants :

I. PROGRAMME DE L'EXAMEN SUR LES LANGUES ÉTRANGÈRES.

Tout candidat doit faire la preuve qu'il possède deux langues, savoir : 1º l'anglais ; 2º l'italien ou l'espagnol.

Si pourtant un candidat a déclaré qu'il possède une ou plusieurs autres langues vivantes, et s'il en justifie par l'examen, il lui sera tenu compte de ce résultat.

L'examen, pour chaque langue, consistera dans les deux épreuves suivantes :

1º Faire par écrit une version et un thème, en présence de la personne déléguée à cet effet ;

2º Faire, en présence de la commission d'examen, la traduction orale d'une pièce écrite en langue étrangère, en lisant l'original à haute voix.

3º Les morceaux à traduire seront désignés, en temps opportun, par la commission d'examen.

II. PROGRAMME DES QUESTIONS D'ADMINISTRATION CONSULAIRE.

TITRE Ier.—DE L'INSTITUTION CONSULAIRE FRANÇAISE.

Objet de l'institution.

1. — Comment elle se distingue de la mission diplomatique en ce qui concerne :

---

(1) Pour l'étude des matières auxquelles se rapporte ce programme d'administration consulaire, les candidats ne peuvent mieux faire que de consulter les documents officiels qui composent le tome II du Formulaire, et la bibliographie consulaire qui termine notre Appendice.

1° Le consentement du gouvernement étranger auprès duquel le consul est accrédité;

2° La nature de ses fonctions politiques;

5° Les attributions spéciales à la charge du consul.

2. L'autorité et la protection de notre Gouvernement et de nos lois suivent les Français et leurs intérêts en pays étrangers. — Limites que rencontre cette action de la puissance française. — Modifications qui en résultent dans la manière dont notre institution consulaire fonctionne dans chaque pays. — Pays où cette institution fonctionne avec le plus de latitude. — Utilité de l'influence morale.

3. Comment cette institution est mise à profit pour éclairer les peuples étrangers en ce qui touche la France, et réciproquement la France en ce qui touche chaque pays étranger 1° par la manière dont elle fonctionne au milieu de ces peuples; 2° par les informations réciproques auxquelles le consulat sert d'intermédiaire.

4. Uniformité des attributions conférées à chaque consul par le fait de sa charge. — Diversités pratiques selon le lieu où chacun d'eux les exerce.

Attributions consulaires.

5. Le Consul étant chef unique du service dans son consulat, ses attributions appartiennent à trois ordres distincts de fonctions; — d'où dérivent ses fonctions politiques; — objet de ses fonctions administratives; — objet de ses fonctions judiciaires.

6. Établissement des chancelleries comme conséquence des fonctions consulaires.

TITRE II. — ORGANISATION CONSULAIRE A L'EXTÉRIEUR.

Circonscriptions consulaires.

7. Consulats particuliers. — Consulats généraux. — Postes consulaires; étendue du ressort de chaque poste; subdivisions du ressort d'un consulat particulier; subdivisions du ressort d'un consulat général; — cas où une légation fait office de consulat général. — Comment l'ensemble des postes consulaires français dans un même pays forme un seul établissement consulaire (en entendant par pays la totalité des territoires placés sous l'autorité souveraine ou la direction politique d'un même gouvernement). — Quel est le ressort d'une chancellerie; ses succursales.

8. Règles relatives à la détermination de chaque ressort consulaire et de chaque subdivision d'un ressort; 1° en ce qui dépend du Gouvernement du Roi; 2° en ce qui dépend du gouvernement étranger.

Personnel de l'administration consulaire extérieure.

9. Dans quelles attributions est placé le personnel des consulats.

10. Titulaires des charges et emplois. — Composition du corps consulaire. — Officiers et employés de consulat : 1° chancelier en titre et commis de chancellerie; 2° drogmans, élèves, interprètes auxiliaires;

3° censaux ou courtiers. — Agents consulaires rétribués et non rétribués. — Curés et chapelains recevant un traitement. — Conditions d'admissibilité aux grades du corps consulaire et du drogmanat et aux emplois de chancelier et d'agent consulaire.

11. Intérimaires, suppléants et délégués. — Cas dans lesquels un consul est remplacé, suppléé ou représenté, c'est-à-dire, 1° cas où il y a lieu à gérance ; comment on devient gérant et comment on cesse de l'être ; 2° dans quels cas et par qui le consul est suppléé ou représenté. — Agents consulaires : 1° par intérim ; 2° provisoires. Comment on le devient et comment on cesse de l'être. — Chanceliers : 1° provisoires ; 2° par intérim ; en 3° empêchement. — Remplacement temporaire des autres employés d'un consulat. — Occasions où les intérimaires suppléants et délégués prêtent serment ; obligation, lorsqu'ils signent, de rappeler leur qualité. — Aptitude de l'élève consul à remplir les fonctions d'intérimaire, de suppléant et de délégué.

12. — Auxiliaires de l'administration d'un consulat, c'est-à-dire personnes qui lui prêtent leur concours sans y être attachées comme officiers ou comme employés.

TITRE III. — SERVICE CONSULAIRE EN TURQUIE, EN ÉGYPTE ET EN BARBARIE.

CHAPITRE PREMIER. — ADMINISTRATION D'UN CONSULAT.

13. Définition générale de ce qui constitue l'administration d'un consulat.

14. Devoirs généraux du chef de cette administration en ce qui concerne les personnes placées sous ses ordres ou sous son contrôle, soit par rapport au service de son consulat, soit à l'égard du ministre, soit envers ces personnes elles-mêmes, soit par rapport à ses administrés, en ce qui concerne particulièrement : 1° sa chancellerie ; 2° les drogmans et interprètes ; 3° l'élève consul ; 4° les employés secondaires ; 5° les agences consulaires.

15. Devoirs généraux du consul comme chef de la colonie française — sous le rapport de la protection et de l'assistance dues aux personnes et aux intérêts pour ce qui touche à la tranquillité ou à la sûreté de la colonie ; — en ce qui concerne les obligations à remplir par les divers membres de cette colonie ; — en ce qui regarde les établissements possédés.

16. Devoirs généraux du consul en ce qui concerne les étrangers protégés.

17. Devoirs généraux du consul envers la religion catholique ; — soit du point de vue de la protection due aux droits et intérêts de la religion et du clergé ; — soit du point de vue de la surveillance à exercer tant sur la conduite du clergé séculier ou régulier, que pour l'observation des règles extérieures à suivre dans l'exercice du culte ; — soit en ce qui concerne les églises, couvents et autres établissements religieux.

II.   14

18. Devoirs généraux du consul en ce qui concerne les établissements possédés ou entretenus, subventionnés par l'État.

19. Outre les devoirs ci-dessus qu'il a à remplir dans l'arrondissement dont il est le chef immédiat, le consul général a des devoirs généraux à remplir : — par rapport aux consulats particuliers compris dans son département ; — par rapport à la mission diplomatique ; — à l'égard du Gouvernement du Roi ; — Énumérer ces devoirs.

CHAPITRE II. — FONCTIONS POLITIQUES.

20. Protection des droits et intérêts des particuliers vis-à-vis des autorités du pays et des agents des puissances tierces. — Soin de faire respecter le Gouvernement du Roi, le pavillon français et les droits de la France. — Maintien des droits, fonctions, attributions et prérogatives qui lui appartiennent, ainsi qu'aux personnes agissant pour le service de la France. — Bases des droits de la France, de ceux des particuliers et des siens propres à l'égard du pays étranger.

21. Démarches auprès des autorités locales compétentes, but et nature de ces démarches. — Démarches auprès des agents des puissances tierces, but et nature de ces démarches. — Mesures politiques diverses. — Cas extrêmes. — Relations entre sa chancellerie et celles des consulats étrangers.

22. Objets des communications politiques du consul : avec le ministre des affaires étrangères ; avec la mission diplomatique et le consul général dont il relève ; avec les autres agents diplomatiques et consulaires de France, ainsi qu'avec les commandants de nos forces de terre et de mer, ou concours à leur prêter.

23. Règles de conduite générales ou particulières, positives ou d'induction, résultant soit d'actes ou documents publics, soit d'instructions écrites ou verbales, soit des mœurs, usages et traditions, soit des maximes des publicistes. — Appréciations des circonstances et des moyens.

24. Fonctions politiques du consul dans ses rapports avec la marine commerciale. — Cas où il y a lieu à l'intervention de la police ou de la justice locale au sujet de voies de fait, délits ou crimes commis à bord d'un navire français ; démarches à faire quand la juridiction appartient à l'autorité locale. — Démarches au sujet des déserteurs. — Démarches quand les navires français sont retenus ou séquestrés par l'autorité étrangère. — Naufrage ou échouement ; rapports avec l'autorité locale, selon que le consul peut ou non donner exclusivement des ordres pour le sauvetage ; secours et direction des sauvetages ; mesures en cas de décès ; assistance de la force publique ; avis sanitaires ; démarches relatives aux taxes ; fixation des frais ; réclamations et protestations. — Armements en course et prises ; communications à faire ; réclamations, protestations. — Douanes étrangères ; surveillance spéciale quant à l'application des tarifs ; avis à donner à ce sujet au Gouvernement du Roi, aux capitaines et au commerce. — Assistance aux parties intéressées.

25. Fonctions politiques des consuls en ce qui concerne la marine militaire. — Démarches auprès des autorités locales à l'arrivée d'un bâtiment du Roi ; honneurs à rendre à la place. — Démarches au sujet des déserteurs. — Démarches au sujet d'ancres ou autres objets abandonnés par un bâtiment de l'État ou provenant de naufrage. — Cas d'appel aux forces navales. — Démarches relatives aux prises amenées en temps de guerre par les bâtiments du Roi.

CHAPITRE III. — FONCTIONS ADMINISTRATIVES.

Relations des Consuls avec les départements ministériels et avec les fonctionnaires, administrations ou institutions qui en dépendent, ou avec les particuliers qui ne sont pas au nombre de leurs administrés.

26. Ministres avec lesquels le consul a des relations officielles directes. — Règles quant à la forme ou à la conservation de la correspondance et des documents. — Division de la correspondance d'après l'organisation centrale du ministère des affaires étrangères et de celui de la marine. — Relations avec les autres départements ministériels. — Mode de payement et de recouvrement des sommes à verser ou à recevoir par le consul.

27. Relations officielles d'un consul avec la mission diplomatique et avec le consul général. — Position du consul à l'égard de l'une et de l'autre.

28. Relations officielles avec les autres consuls et les agents des autres consulats. — Relations avec des personnes accréditées ou recommandées par le ministre des affaires étrangères, comme chargées d'une mission spéciale.

29. Relations officielles avec les diverses missions diplomatiques françaises :

1° Pour affaires du service consulaire ;

2° Pour des communications politiques à faire ou à demander.

30. Fonctionnaires de la marine avec lesquels le consul a des relations officielles, 1° habituellement ; 2° dans des cas particuliers. — Personnes accréditées par le ministre de la marine comme chargées de missions spéciales.

31. Relations officielles 1° avec des fonctionnaires qui n'appartiennent ni au ministère des affaires étrangères ni à celui de la marine ; — 2° avec les chambres de commerce. — Transmission des pétitions adressées par ses administrés à des administrations ou fonctionnaires en France.

32. Relations officielles du consul avec les particuliers qui ne sont ni en résidence ni de passage dans son consulat, 1° s'ils se trouvent en France ; dans quel cas il en a de directes ; 2° s'ils se trouvent à l'étranger. — Procurations en blanc adressées au consul.

33. Relations semi-officielles. — Relations confidentielles. — Billets et notes d'un caractère privé.

État civil des Français.

34. Compétence du consul pour faire les fonctions d'officier de l'état civil à l'égard des Français en résidence ou de passage dans le consulat.

— Règles à suivre dans l'exercice de ces fonctions. — Cas où ces fonctions peuvent être remplies dans un consulat par un autre que le titulaire. — Actes concernant les Français, reçus selon la loi du pays ; conditions de validité ; transcription sur les registres du consulat.

35. Rôle de la chancellerie en ce qui concerne l'état civil des Français en résidence ou de passage.

36. Formalités relatives aux actes de l'état civil concernant des Français : 1º lorsqu'ils sont déposés par les capitaines de commerce ; 2º lorsqu'il est remis au consul par les autorités locales des expéditions authentiques d'actes reçus selon la loi du pays.

37. Dispenses d'âge ou de publication.

38. Transmission en France des actes ainsi dressés ou déposés ou remis au consulat. — Usage en France des expéditions ainsi transmises.

Rapports avec la marine militaire.

39. Premiers soins à prendre et premiers avis à donner par le consul à l'arrivée d'un bâtiment du Roi. — Renseignements à échanger entre le consul et l'officier commandant. — Visites officielles à échanger.

40. Intervention officieuse du consul dans les opérations relatives au ravitaillement et aux réparations. — Entente au sujet du droit de police sur les navires de commerce. — Soins à prendre et avances à faire par le consul au sujet des déserteurs. — Demande de passage pour des personnes tierces.

41. Formalités à remplir par le consul et l'officier commandant, l'un envers l'autre et envers leurs supérieurs, en cas d'appel aux forces navales.

42. Mesures et avances relatives aux marins malades laissés à terre. — Mesures relatives aux objets provenant d'un bâtiment de guerre pour cause d'abandon, naufrage ou innavigabilité.

43. Besoins des navires capturés comme pirates ou négriers et amenés par un officier conducteur. — Mesures relatives au cas d'innavigabilité desdits navires et au produit des ventes.

44. Cas où le consul fait les fonctions d'administrateur de la marine à l'égard des prises amenées en temps de guerre par un bâtiment du Roi ; — besoins de la prise ; — procédure ; — mesures relatives à la conservation des objets et au cas de vente.

Rapports avec la marine commerciale.

45. Devoirs du consul en ce qui concerne : — l'emploi du pavillon, — la prohibition d'importer en France des navires de construction étrangère, — les moyens d'empêcher la jouissance abusive des priviléges de la nationalité, — les congés en blanc, — les fraudes qui

peuvent être pratiquées dans un consulat, au préjudice de nos douanes ou d'intéressés absents, notamment des propriétaires, armateurs, chargeurs, assureurs, etc., — les pêches lointaines, — la répression de la traite des noirs, — les prohibitions relatives au commerce des esclaves et au transport de personnes vendues ou destinées à l'être, — les registres d'ordre et relevés relatifs aux navires français entrés et sortis.

46. Précautions relatives à l'arrivée des navires. — Rapports des capitaines à leur arrivée, et autres pièces à remettre en même temps par eux. — Formalités en cas de relâche. — Formalités à l'arrivée devant le consul faisant fonctions d'intendant de la santé, là où il n'existe point d'autorité locale compétente. Procès-verbaux dressés pendant le voyage, à déposer au consulat; mesures à prendre par le consul, en cas de crimes ou délits commis à bord pendant ce temps. — Formalités à remplir en cas de décès survenus à bord pendant le voyage. — Rapports et pièces à produire par le capitaine, en cas de capture, de pillage, d'abandon ou de vente du navire, en cours de voyage; avis à donner par le consul, en cas de pillage. — Cas où le capitaine ne se présente pas. — Mesures d'inspection.

47. Police sur les navires pendant leur séjour. — Contestations entre les capitaines et leurs équipages ou les passagers. — Engagement de gens de mer, en voyage et depuis l'arrivée. — Conduite des capitaines. — Crimes ou délits commis pendant le séjour; 1° à bord, envers un homme du navire ou d'un autre navire français; 2° à bord ou hors du navire envers d'autres personnes. — Débarquement des gens de mer. — Payements d'à-comptes et avances aux gens de mer. — Déserteurs, remplacement du capitaine. — Mesures en cas 1° de vente; 2° de démolition ou destruction; 3° de désarmement d'un navire; avis à donner; marins étrangers. — Secours aux marins français et rapatriement. — Décès d'un marin français, 1° à terre ou dans le port; 2° en rade. — Mesures relatives à la succession.

48. Formalités au départ d'un navire; visite, mesures d'inspection, expédition, avis à donner; malades laissés à terre; passagers par ordre du consul; correspondance et papiers envoyés par les consuls; marins absents.

49. Bris, naufrage et échouement: Premières formalités à remplir par le capitaine. — Premières mesures à prendre par le consul; par l'agent consulaire. — Documents recueillis. — Procédure préliminaire. — Recherches des causes de naufrage ou d'échouement; mesures relatives au sauvetage. — Avis à donner. — Remise de la direction du sauvetage ou des objets sauvés à un fondé de pouvoirs; refus de remise. — Précautions sanitaires. — Mesures relatives à l'échouement sans bris. — Fixation et payement des frais de sauvetage. — Ventes d'objets sauvés appartenant au navire ou au chargement; interdiction concernant les consuls et les chanceliers. — Avances à faire par le consul et mode de remboursement. — Frais à allouer au consul et au chancelier. — Comptabilité et remises.

50. Armements en course et prises. — Autorisation d'armement.

— Lettre de marque. — Débarquement des prisonniers. — Procédure des prises, compétence, assesseurs. — Déchargement, manutention, vente et liquidation. — Rétribution sur le produit des prises en faveur du consul. — Transmission des pièces d'instruction au conseil des prises (comité du contentieux du conseil d'État). — Envoi des pièces nécessaires à la liquidation des prises. — Intervention relative au ravitaillement des prises. — Défenses faites aux consuls relativement aux armements et aux objets provenant des prises.

Police sanitaire.

51. Informations que le consul doit posséder. — Rédaction des patentes. — Formalités et précautions. — Renseignements et avis à donner ; de quelle espèce ; à qui.

52. Distinction entre les mesures prises : contre la peste, contre la fièvre jaune, contre les autres maladies qui donnent lieu à des précautions sanitaires.

Rapports spéciaux avec les militaires français en résidence ou de passage dans le Consulat.

53. Secours et rapatriement ; comptabilité ; remboursement.

54. Formalités relatives à la jouissance des pensions militaires.

55. Engagements militaires.

Actes divers.

56. Objet des légalisations. — Légalisation par le consul : de signatures publiques, de signatures privées, de la signature du chancelier, des officiers du consulat et des agents consulaires. — Légalisations données : par le chancelier ou par d'autres personnes, remplaçant, suppléant ou représentant le consul ; par les agents consulaires. — Légalisations nécessaires sur les pièces présentées au consul pour qu'il les reconnaisse comme authentiques.

57. Objet des certificats de vie. — Pensions civiles et militaires et rentes viagères sur l'État. — Droits d'une autre espèce.

58. Objet des certificats d'origine. — Règles à suivre pour les délivrer.

59. Entremise des consuls pour les significations judiciaires ; cas où elle est employée ; formalités.

Renseignements, envois et achats.

60. Nature des renseignements pour lesquels les consulats servent d'intermédiaires. — Travaux statistiques préparés au consulat : 1° ordinaires : sujets et rédaction ; 2° extraordinaires : sujets et rédaction. — Mémoire annuel composé par le consul : objets à traiter ; méthode.

61. Envois de documents et d'objets obtenus gratuitement ou à prix d'argent ou par voie d'échange, savoir : 1° principaux documents ; 2° principaux objets.

62. Documents envoyés aux consuls : 1° pour les archives du consulat : 2° pour être remis aux capitaines ou pour être communiqués aux Français ou autres personnes intéressées ; 3° pour être remis aux autorités locales bénévolement ou à titre d'échange, ou aux consulats étrangers.

Dépôts d'argent ou autres valeurs.

63. Objets reçus en dépôt dans la chancellerie. — Comment ils sont gardés. — Formalités à la réception et à la sortie. — Comptabilité. — Définir la responsabilité du consul et celle du chancelier.

64. Etats de dépôts. — Envoi en France des valeurs déposées ou de leur produit.

Frais de service.

65. Dépenses comprises sous le nom de frais de service ; frais ordinaires ; frais extraordinaires.

66. Comptabilité. — Remboursement.

Comptabilité des recettes et dépenses.

67. Recettes et dépenses dont le consulat est comptable conformément aux règles de la comptabilité publique. — Rôle de la chancellerie. — Rôle et responsabilité du consul. — Opérations et responsabilité de l'agent consulaire.

68. En quoi consistent les recettes et dépenses en nature ; comment il en est rendu compte.

69. Enumérer 1° les diverses sortes de recettes en espèces ou signes monétaires ; 2° les diverses sortes de dépenses (emplois de deniers ou avances). — Opérations ; comptabilité ; recouvrements.

69 *bis*. Intervention du consul dans des opérations de recettes ou de dépenses qui ne se font point par l'entremise du consulat.

CHAPITRE IV. — JURIDICTION CONSULAIRE.

70. Bases politiques et législatives de la juridiction consulaire telle qu'elle est exercée en Levant et en Barbarie. — Nature et étendue de cette juridiction. — Rôle de la chancellerie et du chancelier. — Compétence des intérimaires, suppléants et délégués. — Moyens d'exécution.

71. Juridiction civile. — Sa nature. — Composition du tribunal et tenue des audiences. — Règles de la procédure : pour l'instruction et le jugement ; pour l'exécution des jugements ; pour l'appel. — Dispositions légales et usages d'après lesquels doivent être jugées au fond : 1° les questions de compétence ; 2° les causes civiles ; 3° les causes commerciales. — Enumération des attributions judiciaires diverses exercées par le consul en dehors de l'instruction et du jugement des causes ; usages et dispositions sur lesquels il se règle ; actes auxquels les dispositions de l'instruction royale du 29 novembre 1833 sont applicables en Levant et en Barbarie ; protection des intérêts des absents.

72. Juridiction criminelle. — Sa nature : quant aux justiciables ; quant aux contraventions et délits ; quant aux crimes. — Contraventions et délits ; 1° composition du tribunal et tenue des audiences ; procédure pour l'instruction et le jugement ; manière de procéder des agents consulaires ; peines ; 2° appel : cas où il peut avoir lieu ; devant quel tribunal ; formalités à remplir dans le consulat ; procédure devant la cour royale d'Aix. — Intervention du procureur général. — Crimes : poursuites, procédure : de prime abord ; en cours d'instruction correctionnelle ou de simple police ; sur décision des juges d'appel ; peines. — Droits de la partie civile. — Règles concernant les témoins. — Recours en cassation.

73. Procédures particulières tenant aux rapports des consuls avec la marine commerciale. — Compétence en fait de règlements d'avaries communes ; manière d'y procéder. — Autorisation d'emprunts à la grosse ; visa ou approbation. — Jugement des contestations entre les capitaines et leurs passagers.

74. Police du consulat. — Personnes sur qui elle s'étend. — Droit de prendre des mesures et arrêtés de police, seul ou en commun avec les autorités locales et les consuls étrangers. — Immatriculation, jouissance du droit de protection. — Mesures de contrainte. — Lieux surveillés. — Mesures relatives au culte, aux décès et à la salubrité. — Police commerciale. — Passeports.

CHAPITRE V. — DEVOIRS ET FONCTIONS DES ÉLÈVES CONSULS, CHANCELIERS, DROGMANS, AGENTS CONSULAIRES, MISSIONNAIRES ET ECCLÉSIASTIQUES.

Élèves Consuls.

75. Nature de leur service auprès du consul. — Fonctions qu'ils sont aptes à remplir. — Leurs obligations envers le consul. — Leurs études comme élèves.

Chanceliers.

76. Des fonctions du chancelier comme secrétaire administratif, comme greffier, comme huissier, comme receveur et gardien des dépôts, comme conservateur des archives du consulat et du mobilier de son office, comme spécialement chargé des fonctions notariales. — Opérations de son ministère. — Registres et minutes. — Copies authentiques. — Traductions. — États officiels. — Pièces à délivrer. — Rapports avec la marine commerciale. — Écritures judiciaires. — État civil. — Formules et traditions. — Protestations contre les consuls.

77. De la chancellerie en elle-même. — Local et matériel. — Rapports avec le consul. — Rapports avec le public. — Service intérieur.

78. Droits de chancellerie. — Actes taxés : 1° tarif général ; divisions de la nomenclature ; taxations ; catégories ; application ; tarifs annexes ; 2° perceptions, où versées et pour quel compte ; débiteurs des taxes ; exemptions ; dépenses ; affectation des recettes ; droits personnels du chancelier ; salaires des commis ; comptabilité. — Actes et écritures non taxés.

Drogmans, interprètes.

79. Interprétation orale. — Traduction. — Devoirs envers le consul.
— Devoirs spéciaux quant à leurs rapports avec les autorités et les

— Justice arbitrale; extension de compétence; formes; exécution. — Commissions rogatoires; actes conservatoires et attributions judiciaires diverses. — Interdiction relative aux mandats ou procurations; manière de procéder à l'égard des testaments à ouvrir.

Fonctions administratives.

87. Généralement les mêmes qu'en Levant et en Barbarie; modifications spéciales à certains pays; indiquer de quoi celles-ci résultent; quelles sont les principales.

88. Officiers du consulat : modifications dans le personnel des consulats en raison de celles apportées aux fonctions consulaires; conséquences en ce qui concerne les fonctions du chancelier.

89. Résultats généraux : — quant à la pratique des fonctions consulaires dans les pays de chrétienté ; — quant à la composition, aux droits et aux devoirs de la colonie française dans chacun d'eux.

TITRE V. — PRÉROGATIVES, ÉTIQUETTE, PRIVILÈGES.

90. Uniformes. — Rang des membres du corps consulaire et des officiers du consulat. — Passage à bord des bâtiments de l'Etat.

91. Etiquette internationale ou entre Français. — Utilité de l'observer. — Indication des règles officiellement établies soit par des actes réglementaires, soit par des conventions. — Etude des usages.

92. Priviléges. — Leurs motifs. — Bases législatives et diplomatiques. — Droit d'exterritorialité; dans quels pays. — Usage du pavillon français et des armes de France. — Immunités personnelles. — Immunités relatives aux lieux et aux objets. — Protection spéciale pendant le voyage d'aller et de retour.

TITRE VI. — PRISE DE POSSESSION.

93. — Exequatur : objet ; demande ; présentation. — Formalités relatives à la remise des affaires. — Visites et cérémonial à l'arrivée.

TITRE VII. — DEVOIRS GÉNÉRAUX ET RESPONSABILITÉ.

94. Défenses communes faites aux consuls de tout grade, aux drogmans et aux chanceliers, et pénalités. — Pénalités en cas d'insubordination de la part des élèves et officiers du consulat. — Congés. — Responsabilité des consuls, chanceliers et drogmans, pour fait de leurs fonctions : envers le Gouvernement ; envers l'Etat ; envers les particuliers ; selon la fonction à laquelle le fait appartient.

III. PROGRAMME DES QUESTIONS DE DROIT DES GENS.

CHAPITRE PREMIER. — DÉFINITIONS GÉNÉRALES.

95. Définition sommaire de ce qu'on entend — par droit des gens naturel, — par droit des gens positif, — par droit public d'une nation, — par droit public de l'Europe, — par droit maritime.

96. Droit maritime international : — Définition sommaire, — de la liberté des mers ; principes généraux sur lesquels elle est fondée, — ce qu'on entend par mer territoriale, — nationalité des navires du commerce ; nature des conditions d'usage ; nature des pièces probantes. — Droit de visite ; dans quel cas l'exercice en est autorisé ; ce qu'on entend par contrebande de guerre. — Blocus ; principes de la France ; conséquences que peut avoir la violation d'un blocus. — Course maritime ; définition ; dans quels cas elle est autorisée ; nature des conditions qui lui donnent un caractère légitime. — Piraterie ; définition ; principes admis quant à la répression de la piraterie.

97. Objet des missions diplomatiques permanentes ou temporaires. — Composition du personnel de ces missions. — Objet des congrès ; leur composition. — Principaux objets en vue desquels ont été faits les traités modernes.

CHAPITRE II. — TRAITÉS CONCLUS PAR LA FRANCE CONCERNANT : LE COMMERCE ET LA NAVIGATION ; LA TRANSMISSION DES CORRESPONDANCES ET IMPRIMÉS ; LA PROTECTION DE LA PROPRIÉTÉ LITTÉRAIRE ET ARTISTIQUE ; LA TRAITE DES NOIRS.

§ 1. — *Traités de commerce et de navigation.*

Traités avec les pays de chrétienté, savoir : 1º avec les Etats limitrophes de la France ; 2º avec les autres Etats européens ; 3º avec les Etats transatlantiques.

Traités avec les Etats non chrétiens, savoir : 1º avec l'empire ottoman, la régence de Tunis et l'empire du Maroc ; 2º avec la Chine et l'iman de Mascate.

Le candidat donnera une explication sommaire du régime résultant de chacun des traités qui lui seront désignés en ce qui concerne :

98. La durée du traité et la manière dont il cesse d'être en vigueur ou dont il peut être augmenté ou modifié ; les garanties générales (telles que celle de la réciprocité, du traitement national, du traitement de la nation la plus favorisée, etc., etc.) que se donnent les parties contractantes touchant leurs relations mutuelles et leurs relations actuelles ou à venir avec les pays tiers, ainsi que les réserves relatives à ces garanties.

99. Les droits, privilèges et devoirs habituels des sujets d'une des parties contractantes en résidence ou de passage dans les Etats de l'autre : Quant à leurs personnes. — Quant à leurs affaires et propriétés et à la défense de leurs intérêts en justice. — Quant aux héritages qu'ils ont à laisser ou à recueillir. — Quant aux impôts et charges. — En ce qui se rapporte au culte.

100. Les conditions constitutives de la nationalité des bâtiments ; le mode de l'établir et de la reconnaître. — La navigation libre et la navigation réservée. — Les importations, exportations et réexportations permises ou prohibées. — Les dispositions relatives à l'entrepôt et au transit. — Les dispositions spéciales aux colonies et aux possessions y assimilées.

101. La navigation fluviale et la navigation dans les mers particulières. — Le droit de pêche et les bateaux ou navires pêcheurs.

102. L'établissement et l'admission des consuls. — Les privilèges quant aux personnes, aux lieux et aux choses. — La nature et l'étendue de la juridiction propre des consuls ; leur participation ou leur intervention à l'égard de la juridiction territoriale. — La police des ports et mouillages. — Les déserteurs des bâtiments de commerce.

103. Les cas de bris, naufrages, échouements, périls de mer et relâches forcées.

104. En matière de douanes : — Les moyens à employer pour prévenir ou pour punir la contrebande. — Les formalités à remplir vis à vis ou de la part des douanes à l'arrivée, pendant le séjour, ou au départ des navires. — Les droits établis sur le corps du navire. — Les formalités à la frontière, soit à l'entrée, soit à la sortie — Les tarifs de douane sous le rapport : des conditions à remplir par les marchandises pour que le traité leur soit applicable ; du mode de taxation ; de la manière de régler le montant des droits ; des faveurs accordées à certains articles et des conditions à remplir pour les en faire jouir ; des changements qui peuvent être apportés à ces tarifs.

105. Ce qui a trait aux devoirs et aux droits des sujets, ainsi qu'à la navigation marchande et aux opérations commerciales dans les clauses concernant : — La neutralité d'une des parties contractantes en cas de guerre entre l'autre partie et une puissance tierce. — Les embargos et les cas où des navires sont retenus pour un service forcé. — Les prises faites par des pirates. — Les armements en course et les prises faites par des corsaires. — Le droit de refuge ou d'asile. — Les délais ou facultés accordés pour le cas de rupture.

§ 2. — *Autres conventions.*

106. Conventions postales. — Objet. — Indication sommaire des bases générales sur lesquelles reposent ces conventions. — Clauses remarquables concernant les paquebots.

107. Conventions relatives à la propriété littéraire et artistique. — Objet. — Indication sommaire des bases générales sur lesquelles reposent ces conventions.

108. Conventions relatives à la répression de la traite des noirs. Principes reconnus par le congrès de Vienne. — Puissances avec lesquelles la France a conclu des conventions. — Droit de visite. — Dans quels parages ; croiseurs autorisés à l'exercer ; formalités ; privilèges des bâtiments de guerre pour eux-mêmes et en ce qui concerne les navires de commerce placés sous leur escorte. — Juridiction et tribunaux compétents. — Droit de prise. — Présomption légale. — Ses conséquences. — Débarquement et affranchissement des esclaves trouvés à bord. — Pièces de procédure et vente des navires. — Stipulations spéciales avec la Grande-Bretagne : 1° Durée de ces stipulations ; suspension temporaire et cas d'abolition des conventions de 1831 et de 1833 ; 2° Etablissement d'une croisière commune, manière dont elle doit procéder ; 3° Négociations avec les princes africains pour la

suppression de la traite ; 4° Instructions aux croiseurs, concernant l'exercice du droit d'enquête à l'égard du pavillon ; 5° Engagements de chacune des parties en ce qui concerne ses colonies.

IV. PROGRAMME DES QUESTIONS D'ÉCONOMIE POLITIQUE.

I. Notions fondamentales. — Richesse. — Valeur. — Capital.

De la mesure des valeurs. — Monnaies ; métaux précieux ; monnaies de compte ; monnaie de papier ; artifices commerciaux pour remplacer les métaux précieux ; comptes courants, revirements.

Variations des valeurs exprimées en métaux précieux. — Quelle en est la cause. — Quantité de ces métaux produite par les mines d'Amérique et par celles de l'Asie boréale.

Comment se règlent les prix. Influence du rapport entre l'offre et la demande. Influence déterminante des frais de production.

II. La production a trois grands instruments : le travail, le capital et la terre considérée comme l'ensemble des forces naturelles.

Manière dont le travail du savant, de l'inventeur, de l'entrepreneur d'industrie, de l'ouvrier, contribue à la production des richesses. — Partage entre l'industrie agricole, l'industrie manufacturière et l'industrie des échanges.

De la division du travail. — Exposé des idées d'Adam Smith. — Grande et petite fabrication ; avantages de la première. — Grande et petite culture ; comparaison des résultats économiques de l'une et de l'autre.

Division du travail entre les nations ; comment elle se modifie. — De l'excédant naturel de la production manufacturière chez les unes, agricole chez les autres.

La division du travail est aussi l'association des efforts. — Des principes d'association. — Des sociétés commerciales. — De la participation des ouvriers aux profits. — De l'association agricole.

De l'association dans la consommation ; grande économie qui en résulte.

Du système colonial de l'Europe envisagé comme une forme de la division du travail sous la condition de restrictions réciproques.

Liberté du travail. — Comparaison entre le travail libre et le travail esclave. — Comparaison entre les corporations et le système de concurrence. — Du système réglementaire en général. — Des marques de fabrique ; de l'inspection à la sortie.

De l'apprentissage ancien. — De l'enseignement professionnel ; cours gratuits ; écoles spéciales.

III. Du capital ; comment il se forme ; ce qui le caractérise. — Influence considérable de l'épargne sur le progrès des sociétés. — Diverses natures du capital ; du capital immatériel.

Des machines ; elles naissent du capital et l'engendrent. — Effet des machines : effet transitoire ; effet permanent. — Services qu'elles rendent à la classe ouvrière. — Influence sur la puissance productive des peuples.

Du rapport entre la population et le capital. — Théorie de la population de Malthus. — Taxe des pauvres.

Des institutions de crédit ; de l'essence du crédit. — Du taux de l'intérêt ; ne peut être fixé d'une manière absolue.

Banques commerciales ; utilité des billets de banque ; limites de cette utilité. — Banques actuelles de France et d'Angleterre. — Banque d'Écosse.

En quoi le papier-monnaie émis par les gouvernements diffère des billets de banque.

De l'impôt. — Nature et effet. — Assiette de l'impôt.

Des emprunts des États. — Système moderne des émissions de rentes. — De l'amortissement des rentes.

IV. De la terre. — Théorie de Ricardo sur le revenu de la terre. — Comment la terre peut être considérée comme un capital.

V. Circulation de la richesse. Débouchés, marché, échange. — Les produits ne se payent qu'avec les produits. Transport maritime ; chemins de fer. — Comment le perfectionnement des moyens de transport influe sur l'abaissement des prix. — Influence de l'abaissement des prix et de l'aisance générale sur la consommation, sur la production et sur l'extension du marché.

VI. Ce qu'on entend par liberté du commerce. — De la protection : par les prohibitions ou l'élévation des droits ; par l'amélioration des conditions du travail en elles-mêmes.

V. PROGRAMME DES QUESTIONS DE TECHNOLOGIE ET DE STATISTIQUE COMMERCIALES.

1° Quel sens attache-t-on aux expressions suivantes dans le langage des douanes et de la statistique commerciale ?

1° Commerce général ; 2° Commerce spécial ; 3° Importation ; 4° Exportation ; 5° Réexportation ; 6° Entrepôt ; 7° Transit ; 8° Préemption ; 9° Droits différentiels ; 10° Surtaxes ;

2° Qu'entend-on, en douane, par droits à la valeur et par droits spécifiques ?

3° Qu'entend-on par valeur officielle et par valeur déclarée ?

4° Quelle influence exerce sur les résultats statistiques le mode d'évaluation des importations et des exportations en valeurs officielles ?

5° Qu'entend-on par drawback et prime, et quelles sont les principales marchandises françaises jouissant à l'exportation du drawback ou de la prime ?

6° Quels sont l'ordre et la classification générale du tableau de commerce des douanes ?

7° Quel est, en France, le régime des grains, des sels, des tabacs et des vins ?

8° Qu'entend-on par la franchise de Marseille ? Indiquer ce que signifie le mot de *port franc*.

Nommer les principaux ports franc.

9° Définir l'origine des douanes entre la France et ses colonies.

10° Qu'entend-on par : Navigation réservée ? Navigation de concurrence ? Pavillon national ? Pavillon de la puissance ? Pavillon tiers ?

11° Comment notre marine marchande est-elle protégée dans nos ports contre la concurrence des marines étrangères ?

12° Quelles sont les causes générales de la cherté habituelle de notre fret maritime, comparé au fret étranger ? Indiquer les conditions premières du développement de toute marine marchande.

13° Quelles sont nos principales marchandises d'encombrement pour l'exportation maritime ?

Même question pour les principaux pays, notamment pour l'Angleterre, les Etats-Unis, les pays de la Baltique, etc.

14° Quelle est, en valeur officielle, l'importance de notre commerce extérieur, en distinguant le commerce général du commerce spécial, ainsi que la valeur du transit et de la réexportation ? Indiquer les progrès accomplis depuis dix ans.

15° Quelles sont les principales marchandises d'importation et d'exportation dans notre commerce total ?

16° Quels sont nos principaux articles d'importation et d'exportation avec les principaux pays ?

17° Quelle est la valeur de notre commerce de mer ? de notre commerce de terre ? Laquelle de ces deux divisions du commerce présente, depuis dix ans, le plus d'accroissement ?

18° Quelle est, dans les principaux pays, la production des grands articles de consommation ?

19° Quels sont, en dehors de ces grands articles, ceux dont la production est spéciale aux principaux pays ;

20° Quels sont sur les continents européen et asiatique les principaux marchés et foires périodiques ? Quelle est la nature et l'importance des principales transactions qui s'y opèrent ?

21° Définir le caractère et l'importance de certaines natures de commerce spéciales à quelques contrées, comme : la *traite des gommes* au Sénégal, la troque des côtes occidentales d'Afrique, le commerce de *caravane* en Afrique et en Asie ; le commerce de *troc* par Kiaktha, etc.

22° Qu'est-ce que le zollverein ou association allemande ? Exposer son organisation, ses résultats.

23° Qu'est-ce que le *change* avec l'étranger ? Indiquer les causes principales d'influence sur son cours.

24° Quels sont les livres nécessaires pour la tenue régulière des livres de commerce ?

Qu'entend-on par les mots *partie double* ?

N° 43.

Circulaire des affaires étrangères du 15 avril 1848, sur les frais de service.

Monsieur, un de mes premiers devoirs, dans les circonstances actuelles, est de réduire à leur juste mesure les dépenses du département qui m'est confié.

Les frais de service des Résidences politiques et consulaires ont dû attirer mon attention spéciale. Je m'en suis fait rendre compte, j'ai fait apprécier, *poste par poste*, les besoins réels comparativement avec les dépenses faites dans les années précédentes, et j'ai reconnu que, dans beaucoup de Résidences, des abus avaient aggravé les charges de l'Etat.

J'ai reconnu également que, dans divers postes, plusieurs articles de dépense, qui auraient toujours pu être justifiés par des pièces probantes, n'étaient jamais appuyés que d'une déclaration sommaire, non motivée, de l'Agent réclamant ou d'un de ses subordonnés.

Sans doute, appréciées au point de vue de leur valeur *morale*, les déclarations des Agents peuvent, dans certains cas exceptionnels, suppléer les pièces probantes; le règlement du 6 novembre 1840 en a maintenu le principe pour les cas où il y a impossibilité absolue de se procurer la quittance des ayants-droit.

Mais aux yeux du Trésor et de la cour des Comptes, qui doivent faire abstraction du caractère officiel dont l'Agent réclamant est revêtu, pour ne voir en lui qu'un créancier de l'Etat et apprécier la légitimité de ses droits en raison des preuves produites, sa déclaration, qui n'est rien autre qu'un titre émané de lui-même en faveur de lui-même, est évidemment sans valeur légale.

Les déclarations faites par des Agents subordonnés, dans lesquelles ils certifient, soit qu'ils ont reçu de leur chef telle somme pour en faire tel ou tel emploi, soit qu'ils ont acquitté cette dépense, ne présentent pas un caractère de régularité plus satisfaisant.

De semblables attestations ne sont pas la preuve réelle, légale du payement fait. Il est donc incontestable qu'elles ne peuvent, les unes et les autres, être admises que dans les cas où, toute autre preuve régulière de la créance étant impossible à obtenir, l'attestation de l'Agent réclamant doit être la seule garantie que l'Etat puisse exiger.

Je n'ai pas été moins frappé de l'élévation du chiffre des dépenses faites par les Agents politiques ou consulaires, sous leur responsabilité, pour *secours, aumônes, étrennes et donatives de toute nature, documents et renseignements secrets, etc.*

L'Etat, quelque désir qu'il puisse avoir de soulager les infortunes et de rétribuer les services rendus, doit, avant tout, restreindre ses libéralités dans la mesure de ses moyens.

Les frais de ports de lettres, de messagers, courriers ou exprès, de bateaux, etc., m'ont paru aussi, dans quelques résidences politiques et consulaires, d'une exagération abusive.

Enfin, plusieurs allocations ou traitements accordés, sur le chapitre des frais de service, à des commis ou chanceliers ou drogmans ne m'ayant pas semblé justifiés par les besoins du service, je les ai supprimés.

En résumé, il a été constaté, par les appréciations qui ont eu lieu, que, tout en faisant la part des nécessités véritables du service, de notables économies peuvent être facilement réalisées.

Je vous demande, Monsieur, le concours de tous vos efforts pour atteindre ce but. Vous y parviendrez, pour ce qui concerne le poste que vous occupez, en supprimant tout ce qui n'est pas nécessaire, en réduisant, dans une juste mesure, tout ce qui dépasse les limites des besoins réels.

Le *maximum* de votre dépense annuelle, pour frais de service, ne devra, en aucun cas, excéder la somme de   et je compte sur vos efforts pour rester le plus possible au-dessous de ce chiffre.

Je vous recommande maintenant de noter les dispositions réglementaires qui suivent :

Dispositions réglementaires. — 1° Toute dépense faite par un agent politique ou consulaire, sous sa responsabilité, c'est-à-dire sans avoir été préalablement autorisée, sera soumise à une appréciation rigoureuse par le Département. Si cette dépense n'est pas jugée avoir été nécessaire, elle sera complétement rejetée ; si elle dépasse, au point de vue d'utilité, les limites que l'agent aurait dû s'imposer, elle sera réduite de toute la portion qui sera excédant.

2° Quelles que soient les dispositions des règlements antérieurs, les déclarations des agents ou de leurs subordonnés ne seront admises, en remplacement des quittances des parties directes, pour toute espèce de dépense, soit de service, de voyage ou autres, que lorsqu'il y aura eu, pour l'agent qui aura désintéressé ou fait désintéresser les ayants droit, impossibilité absolue de se procurer leurs reçus. Les motifs de cette impossibilité seront expliqués et certifiés par l'agent, et le Ministère, auquel l'appréciation de ces motifs est réservée, admettra ou écartera la dépense en raison de l'appréciation faite. Lorsque la somme constatée par la déclaration se composera d'éléments partiels, cette déclaration devra toujours être accompagnée d'un bordereau détaillé indiquant séparément la nature et la quotité de chacun des articles partiels qui formeront la somme totale. A défaut de ce bordereau, la liquidation de la dépense sera ajournée, car ni le Trésor ni la Cour des comptes ne peuvent admettre que l'État paye sans examen une somme dont le créancier réclamant ne le met pas à même de vérifier et discuter les éléments et le chiffre total.

3° Des articles de dépense d'une *nature différente* ne devront jamais être confondus ensemble. La quotité de chaque article sera toujours indiquée séparément, afin que la liquidation puisse également la saisir et l'apprécier distinctement.

II.   15

4º Toute pièce quelconque produite par un agent doit être certifiée par lui sincère et véritable.

5º Les quittances des banquiers ou autres intermédiaires qui ont payé des dépenses faites ou prescrites par un agent, ne dispensent pas de produire les reçus et mémoires donnés à ces intermédiaires par les ayants droit qu'ils ont désintéressés.

Veuillez, dès que cette circulaire vous sera parvenue, m'en accuser réception *par lettre spéciale sous le timbre de la Direction des fonds.*

Recevez, etc. *Signé,* LAMARTINE.

N° 44.

Instructions générales du Ministère de la marine, en date du 31 août 1848, sur le service dont les Consuls sont chargés comme suppléant, en pays étrangers, les administrateurs de la marine, et comme remplissant les fonctions de trésoriers des Invalides.

Citoyen, des ordonnances, instructions et circulaires ont réglé, à diverses époques, les attributions dont sont investis les Consuls de France, tant comme suppléant à l'étranger les administrateurs de la marine, que comme remplissant les fonctions de trésoriers des Invalides.

Ces actes, dont plusieurs sont d'une date déjà ancienne, ont été imprimés dans le temps, et la plupart ont été insérés soit au Bulletin des lois, soit aux Annales maritimes.

Par suite de nombreuses mutations dans le personnel consulaire et de nouvelles créations d'emploi, quelques chancelleries se trouvent dépourvues desdits documents, dont il n'existe plus d'exemplaires en quantité suffisante dans mes bureaux pour être remis aux Consuls qui en font la demande.

Cet état de choses ayant fait perdre de vue des dispositions essentielles qu'il importe de maintenir, il m'a paru utile de résumer sommairement les principales règles de la matière, en ce qui concerne le service de l'établissement des Invalides.

Les points sur lesquels je me propose d'appeler l'attention sont :

1º Les armements et désarmements en pays étrangers ;

2º Les engagements de marins en cours de voyage et les débarquements de marins, soit pour cause de maladie, soit pour tout autre motif ;

3º Le payement des salaires et les apostilles sur les rôles d'équipages ;

4º Le rapatriement des marins disgraciés ;

5º Les successions maritimes et la remise de leurs produits en France ;

6° Le sauvetage des navires naufragés et toutes les opérations qui s'y rattachent.

Je vais présenter successivement, dans l'ordre indiqué ci-dessus, les dispositions relatives à ces diverses parties du service.

ARMEMENTS ET DÉSARMEMENTS.

Les articles 43, 44, 45, 46 et 47 de l'ordonnance du 29 octobre 1833 déterminent les règles à suivre par les Consuls lors des armements et des désarmements des navires français à l'étranger.

Ces dispositions comprennent, savoir :

La visite prescrite par l'article 225 du Code de commerce et par la loi du 9 août 1791, titre III, articles 11 et 14 ;

La remise au Consulat d'un état des marchandises composant le chargement du navire ;

La délivrance d'un certificat du Consul constatant l'époque de l'arrivée du bâtiment et celle de son départ, ainsi que la nature et l'état de son chargement ;

L'envoi en France, par le capitaine, du compte prescrit par l'article 235 du Code de commerce.

Enfin, la remise au Consulat des connaissements de marchandises provenant de l'étranger et assurées en France.

Toutes ces prescriptions, qui ne sont rappelées ici que pour mémoire, sont encore en vigueur, et doivent être rigoureusement exécutées.

Quant aux désarmements, ils ont lieu soit par suite de vente volontaire, soit par suite de condamnation pour cause d'innavigabilité, ou bien encore par suite de naufrage.

On sait qu'il ne peut être procédé à une vente volontaire que sur un certificat du Consul attestant que le pouvoir du vendeur est régulier, et que si l'acquéreur est étranger ou ne jouit plus de la qualité de Français, le Consul doit retenir tous les papiers de bord et les renvoyer à l'administration du port où le navire est immatriculé (article 32 de l'ordonnance du 29 octobre 1833.)

Dans le cas où le navire vendu ne perd pas sa nationalité, le Consul doit également faire le renvoi en France de tous les papiers de bord, tels que rôle d'équipage, acte de francisation, congé et feuille d'inventaire, et en même temps il délivre un rôle d'équipage provisoire sur lequel doivent être mentionnés le changement de propriétaires et les conditions de réexpédition. Ledit navire, réexpédié pour France, ne peut être autorisé, sauf le cas de force majeure, qu'à faire une ou deux escales au plus dans le cours de la traversée de retour (circulaire du Département des affaires étrangères, dont les dispositions ont été concertées avec les Départements des finances et de la marine, en date des 24 novembre 1845, 12 octobre 1846 et 28 juillet 1848).

La règle veut encore que la vente pour cause d'innavigabilité soit autorisée par une ordonnance consulaire, après que des experts ont été appelés à donner leur avis sur l'état du navire et sur l'impossibilité de le réparer.

Des réclamations ayant été adressées au Département de la marine par les compagnies d'assurances maritimes au sujet de la trop grande facilité avec laquelle seraient souvent prononcées les condamnations de navires en pays étrangers, il importe que, tout en prenant les mesures convenables pour que la sûreté des équipages et les intérêts des armateurs et chargeurs ne soient pas compromis, les Consuls exercent une active surveillance tant sur le choix des experts que sur les résultats de leurs opérations.

Ces formalités accomplies, il est procédé, s'il y a lieu, à la vente du navire, dans la forme usitée en pareil cas.

Puis viennent les opérations de désarmement qui sont prescrites par l'article 33 de l'ordonnance précitée du 29 octobre 1833. D'après ledit article, le Consul doit passer la revue de l'équipage, veiller à ce que le décompte soit fait et payé avec le produit de la vente, ensemble le fret acquis ; faire verser à la Chancellerie le montant des salaires de l'équipage, ainsi que le montant des frais approximatifs de rapatriement, calculés comme il sera expliqué ci-après, et enfin faire remise desdits fonds au Département de la marine.

Ces dispositions s'appliquent également aux ventes volontaires de navires.

Je rappellerai, en ce qui concerne les rôles de désarmement, que les avances ou à-compte aux marins en cours de voyage ne sont réputés valables qu'autant qu'ils ont été inscrits sur les rôles de bord par les administrateurs de l'inscription maritime ou par les Consuls qui en ont autorisé le payement, ce payement devant, d'ailleurs, être fait en leur présence. Les déclarations des capitaines pour de prétendues avances payées aux marins avant leur désertion ne sauraient être admises par les Consuls ; c'est à l'administration du port de désarmement qu'il appartient d'apprécier les payements allégués par lesdits capitaines, ou d'en référer, s'il y a lieu, au Ministère de la marine.

Des doutes se sont élevés sur l'application de l'article 252 du Code de commerce, lequel stipule une indemnité en faveur des matelots loués au mois, lorsqu'il y a rupture de voyage. D'après les termes clairs et précis dudit article, pour que l'allocation soit due, il faut que *le voyage soit rompu par le fait des propriétaires, capitaines ou affréteurs.* Hors de là, il ne saurait y avoir titre à une indemnité, et dès lors, il n'y a pas lieu d'en accorder lorsqu'un bâtiment est vendu pour cause d'innavigabilité survenue par un cas de force majeure qui ne peut être imputé aux propriétaires, affréteurs ou capitaine.

Je renouvelle les recommandations contenues dans les circulaires des 4 décembre 1835 et 12 août 1836, insérées aux Annales maritimes, et d'après lesquelles il doit être adressé avec exactitude, tous les trois mois, à mon Département, sous le timbre de la direction des Invalides, les expéditions de rôles, pièces ou avis qui se rapportent aux navires désarmés dans les Consulats, afin qu'on puisse tenir au courant, dans chaque quartier, la matricule des navires, et vérifier si la caisse des Invalides a reçu le montant intégral de ses droits. L'absence desdits documents est doublement regrettable ; elle expose les marins à perdre une partie de la navigation exigée pour leur ouvrir le droit à pension, et de plus, elle laisse de l'incertitude sur le sort des bâtiments.

ENGAGEMENT ET DÉBARQUEMENT DES MARINS EN COURS DE VOYAGE.

En principe, l'administration de la marine ne peut régler les conditions des engagements des marins, ni exercer aucune autorité à cet égard, une entière liberté devant être laissée aux capitaines et gens de mer de faire telles conventions qu'ils jugeront à propos (article 11, titre XIV, de l'ordonnance du 31 octobre 1784, et article 40 de l'ordonnance du 29 octobre 1833).

Toutefois, comme il lui appartient de mentionner les conditions desdits engagements, après que les marins en ont entendu la lecture et ont déclaré y adhérer (article 10, titre XIV, de l'ordonnance précitée de 1784), il s'ensuit que son devoir est d'éclairer, au besoin, les gens de mer sur la portée des engagements qu'on pourrait vouloir leur faire accepter, et de prévenir par là des réclamations lorsque, le jour du désarmement venu, il y aurait à liquider les salaires pour régler ce qui revient à la caisse des Invalides.

Ces obligations, qui sont également imposées aux Consuls comme suppléant à l'étranger les administrateurs de la marine, ne devront pas être perdues de vue. En cas de contestation, si les Consuls ne parvenaient pas à concilier les parties, mention en sera faite dans un procès-verbal, sauf aux parties à se pourvoir devant les tribunaux compétents (article 40 de l'ordonnance du 29 octobre 1833).

Les Consuls devront avoir soin d'indiquer sur les rôles le nom du dernier bâtiment sur lequel ces nouveaux marins étaient embarqués, le capitaine qui le commandait et le port d'où il avait été expédié.

Il importe également, dans l'intérêt du Département de la marine, que les Consuls s'assurent si sur tout navire français il a été embarqué un mousse par dix hommes d'équipage. Ils devront en informer le Ministre de la marine dans le cas où ces dispositions auraient été éludées (ordonnance du 17 juillet 1784). Cette règle n'est pas applicable aux bâtiments armés pour la pêche de la baleine, les mousses pouvant être remplacés par un nombre égal de novices (loi du 22 avril 1832, article 6, 3ᵉ paragraphe).

Les débarquements des marins en cours de voyage ne peuvent avoir lieu que pour des causes valables et sur l'autorisation du Consul, qui doit inscrire le mouvement sur le rôle d'équipage et en indiquer le motif.

Le cas de débarquement pour cause de maladie est prévu par l'article 50 de l'ordonnance du 29 octobre 1833. Cet article dispose que, le débarquement étant autorisé par le Consul, le capitaine doit verser à la Chancellerie la somme jugée nécessaire pour couvrir les frais éventuels de maladie, ainsi que les frais approximatifs de rapatriement. Le même article permet au capitaine, avec l'assentiment du Consul, de substituer à ce dépôt en numéraire, une caution solvable qui prendra l'engagement écrit de subvenir à toutes ces charges.

Les salaires d'un marin laissé à terre, soit dans l'intérêt de l'armement, soit pour blessures ou maladies contractées au service du navire, sont dus jusqu'au jour du désarmement du navire, sauf le cas où ledit marin aurait trouvé à contracter un nouvel engagement à salaires sur un autre navire. Dans ces divers cas, il n'y a pas lieu d'exiger que ses salaires acquis jusqu'à l'époque de sa mise à terre soient déposés dans la caisse de la Chancellerie, le décompte de ce qui lui revient devant être établi au port d'armement. En effet, comme le navire est le seul gage des salaires, il n'est rien dû à l'équipage, advenant le cas de perte totale de ce navire. Dès lors il ne serait pas équitable de payer, même en partie, le marin délaissé pour les causes indiquées ci-dessus, tandis que le restant de l'équipage, qui a supporté, jusqu'au moment du sinistre, les fatigues et les dangers de la navigation, se trouverait privé de la totalité de ses salaires.

Cette disposition ne s'applique pas aux autres cas de débarquement.

Il est arrivé que des Consuls ont cru devoir remettre aux capitaines, à titre de dépôt, le montant des salaires de marins débarqués en cours de voyage. Ce mode de procéder présente des inconvénients : d'une part, le dépôt se trouve ainsi exposé à toutes les éventualités d'un voyage de mer ; et, d'une autre part, si le dépôt est fait en argent du pays où les matelots sont débarqués, la différence du change, presque toujours défavorable, cause une perte réelle aux marins. Le moyen d'éviter ces inconvénients consiste, ainsi que le prescrivent d'ailleurs les règlements, à faire déposer lesdites sommes au Consulat, pour être remises ensuite au Département de la marine.

Je rappellerai, à cette occasion, que les Consuls doivent s'abstenir de tout recouvrement partiel des droits de la caisse des Invalides sur les payements faits en cours de voyage ; que, lorsqu'il s'agit du désarmement d'un navire vendu ou détruit à l'étranger, ils doivent se borner à transmettre en France, comme il est expliqué ci-dessus, le montant brut des salaires de l'équipage, et que c'est au port d'armement, lors du décomptage des rôles, que doivent être réglées les diverses perceptions revenant à l'établissement, et, en cas de désertion, pour une partie aux armateurs.

PAYEMENT DES SALAIRES ET APOSTILLES SUR LES ROLES D'ÉQUIPAGE.

En règle générale, il est interdit aux Consuls de payer aux marins la totalité des gages acquis, que ces marins soient en cours de voyage, qu'ils aient fait naufrage, ou bien qu'ils soient débarqués pour une cause quelconque. C'est au port d'armement que le payement final doit être effectué.

Cette mesure protége tous les intérêts : elle a pour objet de prévenir les désertions, d'empêcher les marins de dissiper leurs salaires sans profit pour leurs familles ; de plus, elle donne au commissaire de l'inscription maritime du port d'armement les moyens d'opérer les retenues pour la prestation des Invalides, pour les délégations souscrites par lesdits marins avec le consentement de l'autorité maritime, et pour le payement des dettes privilégiées.

D'après le principe rappelé dans l'article 37 du règlement du 17 juillet 1816, les décomptes de solde et les parts de prises ne peuvent être payés qu'aux marins eux-mêmes ou sur des procurations données à des membres de leurs familles, à moins d'une décision spéciale du Ministre de la marine. Le but de cette disposition est de sauvegarder le pécule du marin contre les agioteurs de créances. Dès lors, les Consuls ne doivent pas admettre ni délivrer des actes pour cession, à des tiers, de droits de cette nature.

Pour que l'autorité maritime, en France, puisse reconnaître avec exactitude si les salaires des marins débarqués pendant le voyage ont été versés, en tout ou en partie, dans la caisse de la Chancellerie du Consulat, et s'il avait été réellement donné des à-compte aux hommes décédés ou désertés, il est indispensable que les rôles d'équipage contiennent toutes les indications utiles.

Je renouvelle la recommandation qui a déjà été faite dans les Consulats par les circulaires des 4 décembre 1835 et 12 août 1836, de constater sur les rôles de bord, par des apostilles soigneusement écrites, sans *abréviations* et signées en *toutes lettres*, tout ce qui se rapporte au débarquement, à la désertion ou au décès des marins.

RAPATRIEMENT DES MARINS.

Les ordonnances font une obligation aux Consuls de rapatrier, le plus promptement possible, les marins qui, par suite des circonstances de la navigation, se trouvent délaissés en pays étrangers.

Autant que faire se peut, le rapatriement doit être effectué par la voie de mer sur des navires français, ou, à défaut, sur des navires étrangers.

Un capitaine de navire français est tenu de recevoir à son bord les marins disgraciés, à raison de deux hommes par 100 tonneaux (circulaire du 17 octobre 1837), soit à titre de remplaçants, soit comme passagers.

Si c'est à titre de remplaçants, le Consul inscrit les marins sur le rôle d'équipage, en mentionnant leur solde, qui ne doit jamais excéder celle qu'ils avaient à bord du bâtiment d'où ils proviennent.

Si les hommes sont placés comme passagers, le Consul les inscrit également sur le rôle d'équipage, en indiquant l'indemnité que le capitaine a reçue ou doit recevoir après l'arrivée dans un port de France ou dans une colonie française.

Cette indemnité est fixée par homme et par jour, d'après l'ordonnance du 12 mai 1836 (1).

Lorsqu'à défaut de navires français le renvoi est effectué par navire étranger, le Consul doit régler le plus économiquement possible, avec le capitaine dudit navire, le prix du passage, et ce prix doit être l'objet d'un contrat fait double, dont l'un est remis au capitaine et l'autre reste déposé dans la Chancellerie. A son arrivée en France ou dans une

_____

(1) V. ci-dessus, N° 24.

colonie française, le capitaine est payé du prix de transport par les soins de l'administration du port où il aborde (ordonnance du 29 octobre 1833, article 37).

Enfin, s'il ne se présentait pas d'occasion de mer assez prochaine et si les localités permettent d'expédier les marins par terre, le Consul leur délivre une feuille de route et leur paye, tant pour conduite que pour indemnité de port de hardes et de logement en route, l'indemnité réglée par l'ordonnance du 12 mai 1836.

Les Consuls ont également à pourvoir aux besoins les plus urgents des marins, tant en subsistances que vêtements, chaussures et autres objets indispensables ; mais ils doivent user de la plus sévère économie, et adresser l'état de ces dépenses, dûment justifiées, au Département de la marine, qui en rembourse le montant aux fondés de pouvoirs des Consuls, sauf le recours, s'il y a lieu, contre qui de droit, dans l'intérêt de l'État.

Tous les frais de rapatriement et d'entretien de l'équipage d'un navire désarmé à l'étranger sont à la charge de l'armement (Voir ci-dessus le titre *Armements et désarmements*).

Quant à ceux qui concernent l'équipage d'un bâtiment naufragé, il sera expliqué plus loin, à l'article des naufrages, comment il devra être pourvu à ces dépenses.

SUCCESSIONS MARITIMES.

Les formalités à remplir en cas de décès de marins ou de passagers sont déterminées par la circulaire du 1er octobre 1814, par l'ordonnance du 29 octobre 1833, articles 16, 38 et 39, et par une circulaire du 6 novembre 1844.

L'article 16 de ladite ordonnance est relatif à la remise au Consulat des actes de l'état civil et des testaments, ainsi que des effets des marins ou passagers décédés en cours de navigation.

Le même article enjoint de faire parvenir, par la voie la plus prompte, une expédition de l'acte mortuaire à l'administration du port où l'embarquement du marin a eu lieu. C'est à tort que, dans divers Consulats, des pièces de cette nature ont été transmises directement au Département des affaires étrangères.

L'article 38 se rapporte aux marins décédés soit à terre, soit sur le navire dans le port.

L'article 39 traite : 1° de la vente des effets aux enchères publiques, si, un an après le dépôt, lesdits effets ne sont pas réclamés en nature ; 2° de la vente immédiate des effets dépérissables ; 3° et de la remise des fonds en France.

Enfin, la circulaire du 6 novembre 1844 prescrit d'indiquer dans les actes de l'état civil le nom et le port d'armement du navire où le marin était embarqué et, autant que possible, le quartier d'inscription, avec ses folio et numéro de matricule, afin que l'identité ne laisse aucune incertitude, et que le Département de la marine, après en avoir fait faire apostille sur la matricule du quartier, puisse faire remettre l'acte mortuaire à l'officier de l'état civil du domicile du défunt, en conformité de l'article 87 du Code civil. Il est recommandé aux Consuls de s'assurer si les actes dressés à bord des navires du commerce, et déposés dans leurs Chancelleries sont libellés dans la forme voulue par la loi, ainsi que le rappelle l'instruction spéciale du 2 juillet 1828, dont un exemplaire doit se trouver à bord de chaque navire. Il est essentiel que, dans tous les actes, les signatures des officiers instrumentaires soient légalisées par les Consuls.

Les Consuls devront se conformer exactement à ces dispositions, et adresser promptement au Département de la marine, avec lesdits fonds, la liquidation de chaque succession, ainsi que les inventaires, procès-verbaux de vente, pièces justificatives de dépense, etc.

L'article 82 du règlement du 17 juillet 1816, qui accorde aux Consuls une rétribution de 2 1/2 p. 0/0 sur le montant net de leurs recettes, a donné lieu à diverses interprétations. Dans quelques Consulats, on a remis en France les produits de succession, en imputant sur les fonds de l'établissement des Invalides le montant de la prestation dévolue aux Consuls ; dans d'autres localités, au contraire, le prélèvement de ce droit a été fait sur les produits mêmes de succession.

Cette dernière manière d'opérer est plus conforme aux principes.

En effet, s'il est rationnel que l'établissement des Invalides supporte les frais pour des recettes qui lui sont propres et dont il doit profiter, il ne saurait en être ainsi pour des fonds privés (et c'est le cas de l'espèce) qui sont versés à titre de dépôt dans la caisse des gens de mer. Il n'y a donc pas lieu de mettre lesdites dépenses, pas plus que les frais de vente, à la charge de l'établissement des Invalides, lequel, aussitôt que les fonds lui sont parvenus, les fait payer *sans frais* au *domicile* des *intéressés*, quelle que soit la résidence des ayants droit. Les dépenses dont il s'agit devront figurer dans les liquidations, et c'est seulement le produit net, défalcation faite de tous frais dans les Consulats, qui devra être remis au Département de la marine.

Si les objets en nature sont envoyés en France, il convient de les placer, autant que possible, à bord des bâtiments de l'Etat, afin d'éviter aux familles des frais de transport, qui, dans certains cas, pourraient se trouver excéder la valeur desdits objets.

Quant à la remise des fonds, il a été remarqué que des Consuls transmettent au Ministère des affaires étrangères, pour être déposés à la caisse des consignations, les fonds provenant de successions maritimes, et que d'autres Consuls adressent, pour le même objet, des traites *directement* au trésorier général des Invalides, bien que, dans l'ordre du service, ces valeurs ne doivent parvenir au comptable que par l'intermédiaire de mes bureaux. Cette double déviation devra être évitée.

SAUVETAGE DES NAVIRES NAUFRAGÉS.

Le titre V de l'ordonnance du 29 octobre 1833, articles 55 à 77, contient le résumé de la législation en vigueur en matière de naufrage.

En consultant lesdits articles, on verra quelles sont les formalités à remplir par les capitaines naufragés qui arrivent dans un port où se trouve un Consul (article 55), et quelles sont les obligations qui sont imposées à ce Consul.

Ces obligations consistent notamment :

A prendre en toute hâte ou à provoquer les mesures convenables pour qu'il soit porté secours aux naufragés et procédé au sauvetage (article 56) ;

A recueillir, pour être déposés en la Chancellerie, tous les papiers de bord, connaissement, etc., à recevoir toutes déclarations, faire subir tous interrogatoires (article 61) ;

A rechercher avec soin les causes du naufrage et faire connaître au Ministre de la marine, après les investigations les plus sévères, si le sinistre peut être attribué à quelque crime ou délit (article 62) ;

A remettre, sur leur demande, la direction du sauvetage aux propriétaires, correspondants ou assureurs, munis de pouvoirs suffisants, c'est-à-dire représentant, sans exception, tous les intérêts, sauf à exiger d'eux le remboursement des frais faits, et une garantie pour les frais restant à faire (article 65) ;

A pourvoir aux frais de sauvetage si le Consul reste chargé de diriger le sauvetage en l'absence d'un seul des intéressés ou de son représentant (article 70).

D'autres dispositions sont relatives, savoir :

A la remise des objets en nature, moyennant l'acquittement proportionnel des frais (article 71) ;

A la vente, selon l'urgence, des débris, agrès et apparaux pour acquitter les frais, et à la vente des marchandises sauvées, lorsque leur état d'avarie est dûment constaté par des experts (article 72) ;

Aux avances à faire par les Consuls, en cas de perte totale de la cargaison et en cas d'insuffisance du produit des débris du navire pour payer les dépenses de sauvetage et autres (article 74) ;

Enfin, les articles 76 et 77 traitent des frais de voyage et de séjour alloués aux Consuls, de la reddition des comptes de sauvetage, et de la remise des fonds en France.

Par une circulaire du 8 octobre 1839, des éclaircissements ont été adressés pour préciser certaines dispositions qui n'avaient pas reçu partout une application complète et uniforme.

Dans ladite circulaire, il est rappelé que le premier avis du naufrage, accompagné autant que possible d'une expédition du rapport du capitaine, doit être adressé au Ministre sous le timbre du bureau des prises, bris et naufrages, et que les communications à faire directement aux ports ou aux intéressés doivent se borner à des avis et renseignements, sans qu'aucun envoi de pièces, de compte ou valeurs s'effectue autrement que par l'entremise du Ministère de la marine.

Il est expliqué également que, tout en laissant à qui de droit la direction du sauvetage (article 65 de l'ordonnance de 1833), le Consul doit en surveiller les résultats ; car il est évident que si les intéressés qui ont demandé et obtenu la direction du sauvetage déguisaient certains produits, exagéraient certaines dépenses, le Trésor, en cas d'excédant de dépenses, pourrait être conduit à supporter cet excédant : ce qui n'aurait pas eu lieu si les opérations avaient été régulières. De là le droit et le devoir, pour les fonctionnaires publics, d'exercer une surveillance tout à la fois discrète et réelle sur toutes les opérations, comme cela se pratique en France.

La même circulaire recommande de ne procéder qu'avec beaucoup de ménagements à la vente des marchandises non réclamées, et d'attendre autant que possible, comme le prescrit la circulaire du 5 mai 1837, n° 845, que les parties intéressées aient fait connaître leurs intentions ; mais il est bien entendu que la vente doit avoir lieu immédiatement, si l'état d'avarie des marchandises est dûment constaté par deux experts assermentés, s'il y a impossibilité d'en opérer le bénéficiement et de les conserver en magasin sans que leur valeur soit à peu près absorbée ou par une détérioration reconnue inévitable ou par les frais de loyer.

Au fur et à mesure du sauvetage, le Consul doit avoir soin de dresser un inventaire exact et détaillé des objets sauvés, avec indication des numéros et des marques des colis. Ces renseignements sont indispensables pour que l'on puisse régler les droits des divers chargeurs et faire la répartition du produit.

Compte de liquidation. — Le compte de liquidation ne saurait être fait avec trop d'attention et présenter trop de détails. Un des points importants est d'établir une distinction bien précise entre les opérations afférentes au navire et celles qui sont relatives à la cargaison ; puis, ensuite, d'indiquer exactement l'imputation proportionnelle, partielle ou totale des frais sur le produit ou la valeur de chaque espèce d'objets sauvés.

Afin de faciliter l'exécution de ces diverses dispositions, et pour qu'il puisse être procédé partout d'une manière uniforme, il m'a paru utile de faire dresser un modèle de liquidation complète qui est annexé à la présente dépêche (1).

Ce modèle s'applique tout à la fois au service *Invalides* et au service *Marine,* pour les cas où la liquidation ferait ressortir soit un excédant de recette, soit un excédant de dépense à la charge du budget du Département. Dans ces diverses prévisions, on y fait figurer : 1° à la recette, le montant du fret acquis et payé sur les marchandises remises en nature, et le montant des salaires de l'équipage porté également en dépense dans la proportion des fonds disponibles sur le produit du navire et du fret ; 2° et à titre de renseignements, à la fin de la liquidation, le montant du fret acquis sur les marchandises sauvées, y compris celles remises en nature. Cette fixation du fret, qui devra être établie par espèce de marchandises, par marques ou colis, sera justifiée par un état détaillé et signé par le Consul.

En se reportant, d'ailleurs, aux indications contenues dans ce modèle, les Consuls trouveront tous les renseignements propres à les guider dans l'accomplissement de cette partie de leurs obligations.

Ordre de payement des dépenses privilégiées. — La circulaire du

(1) V. ce modèle, t. 1 du Formulaire, n° 39.

23 octobre 1824 et tous les actes qui l'ont suivie avaient déterminé le rang dans lequel devaient être payées les dépenses privilégiées ; et, par ces dépêches, la priorité avait été donnée aux dépenses d'entretien et de rapatriement sur les salaires de l'équipage naufragé.

Un examen plus attentif des termes de l'article 259 du Code de commerce, combiné avec l'article 7 de l'arrêté du 5 germinal an XII, a fait reconnaître que cette disposition devait être modifiée dans un sens plus équitable et en même temps plus favorable à la population maritime, déjà si maltraitée par les sinistres, et qui, à juste titre, mérite toute la sollicitude du Département.

En conséquence, par une circulaire du 19 mai 1848, il a été décidé que, désormais, l'ordre des dépenses privilégiées serait établi ainsi qu'il suit, savoir :

1° Frais de sauvetage proprement dits, ensemble tout ce qui s'y rapporte ;

2° Salaires de l'équipage échus au moment du sinistre, déduction faite des avances payées ;

3° Dépenses de nourriture, vêtements, entretien et rapatriement de l'équipage naufragé.

En ce qui concerne les dépenses de la 1re et de la 3e catégorie, les Consuls devront y pourvoir avec les fonds provenant de la vente du navire et de la cargaison ; puis ils auront à remettre immédiatement à mon Département l'excédant disponible.

Lesdits comptes devront être accompagnés d'une liste exacte des marins rapatriés, indiquant la provenance de ces marins, les navires sur lesquels ils sont rapatriés, et les ports de destination où les frais de passage doivent être payés.

Les dépenses pour frais de sauvetage proprement dits ne sont passibles d'aucune retenue au profit de la caisse des Invalides, et c'est à tort que, dans divers consulats, la retenue a été opérée sur les dépenses de cette nature.

Quant aux autres dépenses pour salaires de l'équipage et pour frais de rapatriement, la prestation des Invalides doit être exercée dans les ports : les Consuls n'auront donc pas à s'en occuper.

C'est également en France, au port d'armement, que sera établi le règlement général et définitif des opérations relatives au naufrage, lesquelles se composeront :

1° Des résultats consignés dans la liquidation du Consulat, sauf redressement, s'il y a lieu ;

2° Et des payements faits dans les ports pour frais de passage et de conduite des marins rapatriés.

Ces divers éléments réunis permettront de déterminer quelles sont les dépenses à la charge de l'armement, celles incombant à la cargaison, et enfin celles qui devront être supportées par le Département de la marine, en cas d'insuffisance du produit des débris du navire et du fret acquis sur les marchandises sauvées ; mais, pour atteindre ce but, il est essentiel que les documents fournis par les Consuls présentent toutes les indications utiles.

Dans l'hypothèse où les dépenses à faire dans les Consulats ne pourraient pas être couvertes par les produits du sauvetage, l'excédant de dépense serait avancé par les Consuls. Le montant en serait ensuite ordonnancé à Paris sur le vu des pièces justificatives, et payé à leurs fondés de pouvoirs avec la bonification admise de 2 p. 0/0.

Les dispositions contenues dans le paragraphe qui précède ne s'appliquent pas au cas où les dépenses *matérielles* de sauvetage excéderaient le produit net des objets sauvés. Dans ce cas, il serait du devoir de l'autorité consulaire, ainsi que cela se pratique en France par les soins des commissaires de l'inscription maritime, d'abandonner en nature aux sauveteurs ceux de ces objets dont la valeur ne saurait couvrir le montant desdits frais.

J'insiste pour que les dispositions ci-dessus rappelées soient strictement exécutées, et pour que, dans aucun cas, les fonds provenant d'un navire ne soient employés à acquitter des dépenses concernant un autre navire.

Allocations aux Consuls, Chanceliers et agents consulaires. — D'après l'article 76 de l'ordonnance du 29 octobre 1833 et les tarifs de Chancellerie annexés à l'ordonnance du 6 novembre 1842, il est accordé aux Consuls et aux Chanceliers des frais de voyage et de séjour lorsqu'ils sont obligés de se déplacer pour des opérations relatives à un naufrage. Mais, pour que ces indemnités soient acquises, il faut que la distance parcourue de la résidence consulaire à l'endroit du naufrage ne soit pas moindre de cinq kilomètres : autrement, le déplacement ne comporte aucune indemnité (décret du 20 floréal an XIII, article 4).

Les Chanceliers ont droit, en outre, à une allocation de 15 centimes par 100 francs sur le dépôt, fait dans leurs caisses, des sommes provenant de ventes de bris et naufrages (article 82 du règlement du 17 juillet 1816 et tarifs de Chancellerie).

Toute autre perception est interdite relativement à l'administration des naufrages et aux actes qui en sont la conséquence : ainsi, la rédaction et l'expédition des procès-verbaux de sauvetage, la conservation et la vente des objets sauvés, les comptes de liquidation, la taxe et la répartition des frais, etc., ne donnent ouverture à aucun droit de Chancellerie, sous quelque forme ou dénomination que ce puisse être. Tout ce travail, pour lequel les Consuls suppléent à l'extérieur les administrateurs de la marine, doit être fait sans rétribution dans les Consulats, comme il l'est dans les quartiers d'inscription maritime de la République (circulaire du 8 octobre 1839).

Toutefois, des réclamations ont été adressées à mon Département, ainsi qu'au Département des affaires étrangères, au sujet de ces dispositions qui sont relatives tout à la fois aux consuls et aux agents Consulaires. On faisait remarquer que les agents consulaires qui, pour la plupart, sont des négociants et ne jouissent d'aucun traitement, se trouveraient obligés de négliger leurs affaires personnelles pour ne s'occuper exclusivement que des intérêts du commerce national et des secours à donner aux naufragés ; on ajoutait que ce service leur serait surtout très-préjudiciable dans les cas où, les naufrages ayant lieu près de leur résidence, ils ne pourraient prétendre à aucune indemnité, ainsi que le prescrivent les actes ci-dessus rappelés.

Les motifs sur lesquels s'appuient les réclamants m'ont paru de nature à être pris en considération.

En conséquence, j'admets pour l'avenir qu'indépendamment des frais de voyage et de séjour, tels qu'ils sont déterminés par les tarifs de Chancellerie, ils era désormais alloué aux agents consulaires *deux pour cent* sur les sommes nettes déposées dans leurs caisses comme provenant de ventes de bris et naufrages. Les Consuls étant responsables des actes des agents consulaires qui sont sous leur dépendance, le payement de la prestation dont il s'agit ne pourra avoir lieu qu'après que les Consuls se seront assurés que toutes les dispositions prescrites par les règlements ont été ponctuellement exécutées.

Économie dans les dépenses. — Il est un point sur lequel je dois particulièrement appeler l'attention des Consuls, c'est d'apporter, dans la gestion des naufrages, la plus stricte économie, à laquelle, du reste, se trouvent intéressés tout à la fois les équipages, les armateurs et l'État : les équipages, parce que, le plus ordinairement, dénués de toutes ressources après le naufrage, ils n'ont d'autre garantie, pour le payement de leurs salaires, que le produit net des débris du navire et le fret acquis sur les marchandises sauvées ; les armateurs, parce que toute dépense inutile ajoute encore aux pertes qui proviennent pour eux du sinistre ; et l'État, parce qu'en définitive, si les produits sont insuffisants pour solder les dépenses, le découvert reste à sa charge, ainsi que les frais de rapatriement de l'équipage disgracié.

Justifications des dépenses. — Il est essentiel que toutes les dépenses soient justifiées par des pièces régulières, revêtues de l'acquit des parties prenantes. Dans le cas où les parties ne sauraient signer, mention doit en être faite sur les pièces, avec certification du payement, en présence du Consul. Cette mesure est prescrite par les règlements sur la comptabilité publique, et son application doit avoir lieu dans les Consulats comme en France. Tous les calculs devront être faits en monnaie de France, et tous les documents, tels que rapports, procès-verbaux, inventaires, pièces de dépenses, etc., qui seraient rédigés en langue étrangère, devront être traduits et dûment légalisés.

Remises des fonds en France. — La rentrée et la distribution des fonds étant toujours attendues avec impatience par le commerce, j'invite les Consuls à faire remise des produits sans attendre l'expiration du trimestre. Ces envois devront avoir lieu au département de la marine, soit en numéraire par les bâtiments de guerre en relâche dans le port et en partance pour France, soit en traites sur le Trésor public, que le Consul pourra se procurer, lesquelles traites, provenant de dépenses effectuées pour le service de la flotte, seront passées à l'ordre du trésorier général des Invalides de la marine, qui est chargé, par les règlements, de suivre les recouvrements des fonds, ou bien, à défaut de ces deux moyens, en traites commerciales passées également à l'ordre dudit comptable.

Toutefois, avant de prendre des traites du commerce, le Consul devra s'enquérir de l'état de la place, et n'accepter que les effets dont les tireurs présenteraient des garanties suffisantes de solvabilité, en cas de non-payement en France. Autant que possible, lesdites traites devront être tirées à de courtes échéances.

Dans le cas où des doutes existeraient sur la solidité des garanties, le Consul devra conserver les fonds dans la caisse de la Chancellerie, et en informer de suite le Département de la marine, qui mettrait alors les ayants droit en demeure de faire connaître leurs intentions sur le mode d'envoi desdits fonds.

Telles sont les règles que j'ai jugé utile de rappeler ou de prescrire, en les résumant dans un seul et même travail, pour en faciliter l'étude et l'exécution.

Je vous invite à faire enregistrer la présente dans votre Chancellerie, où elle devra faire partie des archives; vous aurez à vous conformer strictement aux dispositions qu'elle contient, et vous m'en accuserez réception.

Salut et fraternité.   *Signé*, VERNINAC.

N° 45.

Arrêté du Ministre des affaires étrangères, en date du 1ᵉʳ octobre 1848, sur l'inventaire du mobilier et des objets matériels appartenant à l'État.

Art. 1ᵉʳ. Dans tout poste politique et consulaire où un inventaire des objets mobiliers et matériels appartenant à l'État n'a pas encore été fait, il sera procédé immédiatement à cet inventaire, qui devra être dressé en la forme authentique de procès-verbal. Un double de cet inventaire sera transmis, sans délai, au Département.

2. L'inventaire, dans toutes les résidences politiques et consulaires, sans exception, sera récolé à la fin de chaque année et à chaque mutation de titulaire chef de poste. Un double du procès-verbal de récolement sera, chaque fois, envoyé au Département.

3. Tout objet acquis aux frais de l'État, soit qu'il ait été payé sur le chapitre des frais de service, ou sur les produits des droits de Chancellerie, ou sur tout autre fonds, sera soigneusement porté à cet inventaire, qui devra énoncer : 1° le N° d'ordre; 2° la date de l'inscription ; 3° la désignation de l'objet; 4° le montant du prix d'achat ; 5° la destination et le lieu d'emplacement; 6° enfin, dans une colonne réservée aux *observations*, les mutations, détériorations, etc., avec indication des motifs.

Dans les résidences politiques et consulaires où le mobilier appartenant à l'État se compose, non-seulement des objets affectés au service de la Chancellerie et des Archives, mais aussi de meubles meublants et de valeurs mobilières quelconques, le mobilier de Chancellerie devra être rassemblé, dans l'inventaire, en une section séparée, de telle sorte que les autres meubles meublants et valeurs mobilières forment une catégorie complétement distincte et qui sera elle-même subdivisée, s'il y a lieu, par sections suivant l'analogie des objets et l'ordre des lieux d'emplacement.

4. A dater des présentes, chaque fois qu'il y aura acquisition d'un objet mobilier quelconque, un certificat de l'inscription de cet objet à l'inventaire devra être envoyé au Département avec les pièces justificatives du prix d'achat.

A défaut de ce certificat d'inscription, la dépense, lors même qu'elle aurait été autorisée ou qu'elle serait de nature à être approuvée par le Département, ne sera pas admise à remboursement.

5. Les agents sont responsables de tout mobilier ou matériel appartenant à l'État dans le poste respectif qu'ils dirigent. Ils ne peuvent en vendre, changer, supprimer, ni acheter aucune partie sans autorisation.

Dans les cas où il y aura translation ou suppression d'un poste politique ou consulaire, le chef du poste transféré ou supprimé rendra compte du mobilier. Lorsque ce mobilier ou une portion quelconque de ce mobilier aura dû être vendu, l'agent justifiera du produit par procès-verbal de vente, en forme authentique. Le montant de ce produit, après vérification et approbation par le département, des pièces justificatives, sera versé au Trésor, et l'agent en sera déchargé sur remise faite à la direction des fonds par lui ou son fondé de pouvoirs, du récépissé du caissier central.

6. L'inventaire des papiers et documents composant les archives n'a rien de commun avec celui des meubles et valeurs mobilières. Il sera récolé séparément à chaque mutation de titulaire, et un double de ce récolement sera transmis au Ministère comme par le passé.

Signé, JULES BASTIDE.

N° 46.

Circulaire du Ministère de la marine, en date du 31 mars 1849, sur la comptabilité des agents diplomatiques et consulaires pour le service MARINE.

Messieurs, l'ordonnance royale du 7 novembre 1845 a consacré les dispositions de la circulaire ministérielle du 22 avril 1841, d'après lesquelles les agents diplomatiques et les Consuls ont été exonérés de l'obligation qui leur était antérieurement imposée de pourvoir, à l'aide de traites sur le Trésor public, aux dépenses qu'occasionnent, dans les ports de leur résidence, les bâtiments de l'État, et d'en justifier selon les formes réglementaires (1).

---

(1) « A l'avenir, les Consuls ne pourront plus tirer de traites pour les besoins des

Cette modification capitale de leurs relations avec le département de la marine, sous le rapport de la comptabilité, a nécessairement restreint les règles qui leur avaient été tracées, à diverses époques, en ce qui concerne ce service ; cependant, bien qu'elles n'aient aujourd'hui dans les Légations et les Consulats qu'une beaucoup moindre importance, ces règles y ont encore applicables en partie ; mais, comme elles sont disséminées dans de nombreuses instructions ou circulaires dont les Chancelleries se trouvent, pour la plupart, dépourvues, j'ai jugé indispensable de réunir, de coordonner en une seule et même instruction celles desdites dispositions restées en vigueur et de les compléter sur quelques points (1).

En l'état actuel des choses, les agents français à l'extérieur sont spécialement appelés à subvenir non-seulement aux frais de subsistance, d'entretien, de maladie et de rapatriement des marins naufragés ou délaissés, aux arrestations de déserteurs, et à divers autres frais se rattachant à la navigation commerciale, mais encore à certaines dépenses qu'en des cas exceptionnels les administrations des bâtiments de la marine militaire seraient dans l'impossibilité de régler et de payer, telles que frais de pilotage, loyers de magasins ou de bateaux, achats de charbon, etc., etc.

Aux termes de la circulaire et de l'ordonnance précitées, ces agents sont remboursés par mon Département de ces différentes dépenses, après production et examen des pièces justificatives, au moyen d'ordonnances directes délivrées à leur profit, avec bonification de 2 p. 0/0 sur les sommes par eux avancées, et dont le payement s'effectue entre les mains de leurs fondés de pouvoirs à Paris.

Or, il convient, pour faciliter les liquidations et pour éviter les re-

---

« bâtiments de guerre, ainsi qu'ils y avaient été autorisés par l'article 1er de notre « ordonnance du 13 mai 1838. » (Article 7 de l'ordonnance du 7 novembre 1845.)

(1) En dispensant les agents des affaires étrangères de concourir à l'acquittement et à la justification des dépenses des bâtiments de la flotte, la circulaire du 22 avril 1841 leur a conservé en ces termes la participation aux opérations qui s'y rattachent : « Quant à la passation des marchés, elle sera dévolue, dans le nouveau « système, aux administrations de bord ; seulement, comme elles peuvent recueillir « de la part de ces agents des notions utiles, tant sur les moyens de ravitaille-« ment que sur le plus ou moins de probabilité d'obtenir de tels ou tels soumission-« naires un bon service, c'est en leur chancellerie, c'est en leur présence que tous « les marchés (et ces actes en contiendront la mention expresse) devront être « passés. Les Consuls continueront d'y apposer leur signature et le sceau du Con-« sulat. Une expédition desdits marchés ou conventions, plus un certificat énonçant « la manière dont chaque soumissionnaire aura accompli ses engagements, resteront » déposés à la Chancellerie, pour y être, au besoin, consultés par les commandants « des bâtiments qui viendraient successivement dans ces parages.

« Au nombre des pièces justificatives à produire par les administrations de bord, « il en est qui, pour présenter le caractère d'authenticité et de régularité conve-« nable, ont besoin de l'attache des Consuls ou agents diplomatiques.

« Ainsi, les signatures des agents de change ou négociants qui délivrent les cer-« tificats constatant le cours du change devront toujours être légalisées par eux.

« Quant aux pièces écrites en langue du pays, il conviendra d'y joindre, comme « les règlements le prescrivent, une traduction faite par le Chancelier ou l'inter-« prète du consulat, dont il faudra légaliser aussi les signatures. »

tards qu'éprouvent parfois les remboursements lorsque les pièces produites sont irrégulières ou insuffisantes, que ces avances soient toujours constatées selon les règles de la comptabilité publique et d'après un mode uniforme.

Dans ce but, j'ai fait dresser, et vous trouverez à la suite de cette instruction, avec un extrait de la nomenclature des dépenses de la marine que vous pouvez avoir à effectuer, des formules d'états dont vous aurez dorénavant à faire usage (1).

La nomenclature contient les indications propres à vous diriger soit dans la classification, soit dans la justification desdites dépenses, et, comme leur prompt ordonnancement dépend de l'observation rigoureuse de ces prescriptions, vous ne sauriez apporter, dans l'intérêt de la régularité et dans votre propre intérêt, trop de soins à vous y conformer.

La formule portant le n° 2 (2) est disposée de manière à présenter, en regard de chaque article de dépense qui doit y figurer, tant en monnaie du pays qu'en monnaie française, l'énonciation de son objet et le nombre de pièces fournies à l'appui.

Mais il est à remarquer que, parmi les dépenses à comprendre dans ce cadre, les unes, celles du personnel, sont assujetties à la retenue de 3 p. 0/0 en faveur de la caisse des Invalides de la marine, tandis que les autres, celles du matériel, en sont exemptes : elles devront néanmoins y être portées indistinctement en sommes nettes, afin d'obvier à toute erreur dans la perception de cette retenue. Lorsqu'il y aura lieu, le bureau liquidateur en ajoutera le produit dans la colonne établie à cet effet, et, par suite, il sera pourvu, au moyen de l'ordonnancement, à ce qu'il en soit tenu compte à ladite caisse. Vous êtes donc entièrement dispensé d'intervenir à cet égard.

La spécialité des exercices et des chapitres du budget étant de règle fondamentale, vous aurez à former par exercice, d'après le modèle dont il s'agit, autant d'états séparés qu'il se trouvera de chapitres où les dépenses seront imputables. Conséquemment, c'est au titre de l'exercice pendant lequel les droits ont été acquis ou le service exécuté qu'elles doivent se classer, alors même que le payement s'en effectuerait dans le cours d'un exercice subséquent, ce qui peut arriver en quelques circonstances.

Quant aux justifications à rattacher à ces états partiels, quoique elles soient déterminées par la susdite nomenclature, il est utile de consigner ici, sous ce rapport, des explications complémentaires.

Au nombre de ces productions, la plus essentielle consiste, vous le savez, dans l'acquit régulier des parties prenantes : si elles sont illettrées, elles devront, suivant l'usage, apposer une croix au bas de leur quittance dressée dans la Chancellerie, en présence de deux témoins

---

(1) V. ces états au Formulaire, , tome I, n°s 36, 37, 42 et 46.
(2) V. Formulaire, tome I, n° 36.

qui attesteront qu'elles ne savent pas signer, et cette pièce sera visée par vous.

Dans le cas où il serait absolument impossible de se procurer aucune espèce d'acquit, vous y suppléeriez par une déclaration énonçant les motifs de l'empêchement.

Lorsque vous aurez remboursé les vice-consuls ou agents consulaires placés sous vos ordres des avances faites avec leur entremise, outre les pièces justificatives de ces dépenses, vous aurez toujours soin de joindre à vos comptes, soit leur reçu, soit la traite acquittée qu'ils auraient tirée sur vous pour se couvrir ; toute omission à cet égard serait de nature à arrêter votre propre remboursement.

Il arrive assez souvent que des factures ou mémoires sont quittancés, en l'absence des créanciers réels, par leurs mandataires ou leurs associés, sans que la qualité de ces derniers soit constatée. Il est de règle qu'elle le soit par un extrait de l'acte légal en vertu duquel ils sont aptes à recevoir les sommes dues ; mais, à défaut de cette constatation, qui peut parfois rencontrer des obstacles insurmontables, vous devrez certifier, au pied de la quittance même, que la partie prenante est notoirement accréditée par le titulaire de la créance.

Le Trésor public et la Cour des comptes n'admettent, comme valables, que les pièces comptables originales. Ce serait donc une erreur de penser que des copies de ces pièces peuvent en tenir lieu. Il convient qu'elles soient établies en double expédition : l'une me sera adressée ; l'autre restera déposée à la Chancellerie, pour m'être, au besoin, également transmise, si la première expédition venait à s'adirer.

Il faut, en outre, observer soigneusement le principe suivant lequel toute surcharge et tout grattage sont rigoureusement interdits sur ces mêmes pièces : ce peut être une cause de rejet si l'on ne remédie à l'erreur commise par une rectification dûment approuvée et signée en marge.

Quelle que soit la nature des documents à produire, s'ils sont écrits en langue étrangère, il est indispensable qu'ils soient accompagnés d'une traduction dont vous constaterez la fidélité. Quand le document sera d'une trop grande étendue, il suffira d'en donner, en français, un résumé analytique, clair et précis.

Il est des dépenses dont la plupart des agents à l'extérieur ne justifient pas avec l'exactitude et la régularité désirables : ce sont les frais d'embarcation ou de bateau, les frais de correspondance, les fournitures de bureau et autres menus frais d'administration.

Je rappellerai d'abord que ces dépenses ne doivent être mises à la charge de la marine qu'autant qu'elles concernent exclusivement son service.

En ce qui touche les frais d'embarcations, le chancelier en dressera un état spécial énonçant le but de chaque déplacement ou de chaque voyage, état qui sera revêtu de votre attache, et, autant que possible, appuyé des reçus des patrons.

A l'égard des frais de correspondance, ils seront détaillés dans un état analogue indiquant la date et le timbre de chaque dépêche reçue, ou le destinataire, si le pli est adressé sous votre couvert soit à un officier commandant une station navale ou un bâtiment de la République, soit au gouverneur d'une colonie ou à un fonctionnaire quelconque de la marine en mission dans le ressort de votre résidence. Il en sera de même pour les affranchissements que nécessiteraient les lettres ou paquets expédiés par vous.

Quant aux fournitures de bureau et autres menues dépenses à la charge de la marine, le Chancelier les détaillera également dans un état qu'il signera comme chargé de l'exécution, en y joignant les mémoires quittancés, ou déclarations motivées tenant lieu d'acquits, et cet état, comme les précédents, portera votre certification.

Ainsi que je l'ai déjà dit, dans les circonstances rares où les administrations de bord n'auront pu régler et acquitter, en raison du départ inopiné des bâtiments, ou pour tout autre motif d'urgence, des dépenses faites pour leur service, vous en comprendrez le montant dans vos comptes ; mais il ne faut jamais omettre de rapporter à l'appui les certificats signés du commis d'administration, de l'officier en second et du commandant, constatant le service fait et la somme à payer ; et, s'il s'agit d'une fourniture, le récépissé des objets livrés, avec la mention de prise en charge par le commis ou maître comptable : cette justification est essentielle.

Si un bâtiment de l'État était forcé, par un appareillage précipité, d'abandonner une ou plusieurs ancres, ou de laisser à terre des munitions et effets, les Consuls ou chefs de légation feront retirer les ancres et veilleront à la conservation des effets, qu'ils feront passer dans le port français le plus voisin, par la première occasion qui se présentera. Ils sont néanmoins autorisés à vendre les objets trop défectueux ou trop avariés pour pouvoir être encore employés ; ils peuvent également les faire vendre, si les frais de leur envoi dans un port de France ne devaient pas être au moins compensés par l'utilité dont ces objets pourraient encore être pour le service.

Ils agiront de même dans le cas de sauvetage d'effets provenant d'un bâtiment de guerre naufragé, et, suivant l'importance des cas ou la difficulté du transport, ils en rendront compte au Ministre pour obtenir l'autorisation de la vente ou les ordres pour l'expédition.

Les ventes qui pourraient avoir lieu seront faites publiquement aux enchères : il en sera dressé procès-verbal, et le produit en sera envoyé en une traite sur Paris, à l'ordre du caissier central du Trésor public.

Dans les circonstances où des Agents diplomatiques ou des Consuls seraient exceptionnellement autorisés à acquitter certaines dépenses extraordinaires, à l'aide de traites sur le caissier-payeur central du Trésor, agissant pour le compte de l'agent comptable des traites de la marine, dépenses que peuvent motiver, soit des achats spéciaux d'approvisionnements ordonnés par le Ministre, soit l'affrètement de navires pour ramener en France les équipages des bâtiments de l'État naufragés, soit enfin les missions politiques ou scientifiques données à des officiers et agents de la marine, ces dépenses seront comprises dans des états semblables au modèle ci-annexé sous le nº 2 (1), lesquels seront alors arrêtés ainsi qu'il suit :

« Arrêté à la somme de. . . . .
« comprise dans la traite nº . . . . émise le. . . . .
« à l'ordre de M. . . . . . . »

Toutefois, ils s'abstiendront d'y porter la bonification de deux pour cent qui ne leur est allouée qu'autant qu'ils sont remboursés par voie d'ordonnances directes, payables entre les mains de leurs fondés de pouvoirs.

Si cependant la négociation de leurs traites occasionnait des frais de banque ou de courtage, ils en feraient article de dépense au chapitre xvIII, *Frais de voyage*, etc., et de dépenses diverses, en rapportant à l'appui le bordereau de négociation.

J'ajoute que ces traites, dont vous trouverez ci-joint le modèle sous le nº 3 (2), devront être émises par première et deuxième, à un mois de vue, et présenter en marge la division par chapitres de la somme qui en formera le montant. En outre, chaque traite devra être numérotée, et la série des numéros commencera et finira avec l'exercice dont la traite sera timbrée.

Il est utile de prévoir ici le cas où des navires arrêtés comme négriers ou pirates par des bâtiments de la flotte, ou bien quelque prise faite en temps de guerre, seraient amenés dans un port étranger sous le commandement d'un seul officier, aspirant ou officier marinier, et y donneraient lieu à des dépenses de ravitaillement ou de réparation d'avaries.

Comme, dans une telle circonstance, les formalités à remplir ne pourraient l'être par l'autorité du bord que d'une manière insuffisante, l'intervention de l'agent de la République résidant en ce port devient nécessaire : il aurait à pourvoir, avec le concours du capitaine, à la passation des marchés et à l'acquittement desdites dépenses, en employant le moyen exceptionnel dont il vient d'être question. Outre sa signature, les traites émises, selon les indications qui précèdent, porteraient celle de l'officier conducteur du navire capturé. L'avis collectif de ces émissions me serait immédiatement adressé, et l'envoi des pièces justificatives me serait fait dans le plus court délai possible.

Dans les cas exceptionnels dont il s'agit, si les traites sont données en payement aux fournisseurs titulaires des marchés, il suffira qu'ils apposent, au bas de chaque état de dépense, le reçu de la traite y mentionnée, lequel reçu constituera, dès lors, un acquit régulier.

Mais si les dépenses sont payées au moyen de fonds réalisés dans les mains des agents tireurs, outre le reçu des traites émises à exiger des bailleurs de fonds, il sera indispensable de produire les factures ou mémoires quittancés des fournisseurs directs que la Cour des comptes regarde, avec raison, comme étant les créanciers réels du Trésor.

_____

(1) V. Formulaire, tome I, nº 36.
(2) V. Idem, nº 46.

A l'égard des marchés, les règlements exigent qu'il en soit toujours passé pour les fournitures dont le montant excède la somme de 500 francs. Il y a donc lieu de se conformer, dans tous les cas, à cette prescription, à moins que les circonstances n'y mettent un obstacle absolu, ce qu'il faudrait alors constater, par une déclaration, sur la pièce de dépense.

Indépendamment des états dressés par chapitre, vous aurez à m'adresser un état général, conforme au modèle n° 4, (1) dans lequel seront récapitulés le montant de ces divers états partiels et le nombre des pièces produites. Ce bordereau récapitulatif sera arrêté à la somme totale des dépenses effectuées, et accompagné d'un certificat authentique du cours du change.

Vous continuerez, suivant ce qui s'est pratiqué jusqu'ici, à m'envoyer trimestriellement vos comptes sous le timbre de la présente instruction (2); mais, si la quotité de vos avances vous paraissait exiger un plus prompt remboursement, il vous sera facultatif d'abréger ce délai.

Telles sont les formes de comptabilité que les agents français à l'extérieur auront à suivre désormais, afin de justifier régulièrement de l'ensemble des dépenses qu'ils sont chargés d'acquitter pour le service de la marine.

Je passe maintenant à la partie de ces dépenses dans lesquelles ils ont le plus habituellement à intervenir ; je veux parler des frais de rapatriement des hommes de mer naufragés ou délaissés en pays étrangers.

Il serait superflu de revenir sur les prescriptions récemment rappelées à ce sujet dans la circulaire de mon prédécesseur, en date du 31 août 1848, timbrée Invalides (3).

Toutefois, en insistant de nouveau sur ces prescriptions règlementaires, j'ajouterai ici quelques recommandations et éclaircissements que leur exécution m'a paru comporter.

Les liquidations de sauvetage des navires naufragés affectant des intérêts mixtes, et la comptabilité ainsi que le contentieux des naufrages étant dans les attributions de la direction des Invalides, il importe que les comptes à dresser en cette matière, suivant le modèle annexé à ladite circulaire (4), me soient toujours transmis sous le timbre de cette direction ; mais comme ces comptes spéciaux peuvent solder simultanément par un excédant de recette au profit des ayants droit à la cargaison et par un excédant de dépense à la charge du Trésor public, dont vous auriez été amené à faire l'avance, il suffira de mentionner dans votre comptabilité *marine* le chiffre de ce dernier excédant, avec la date de l'envoi distinct des pièces y relatives, lesquelles seront rattachées après vérification, à l'ordonnance de remboursement à délivrer conformément au mode énoncé plus haut.

---

(1) V. Formulaire, tome I, n° 37.
(2) Direction de la comptabilité, bureau des dépenses d'outre-mer.
(3) V. cette circulaire ci-dessus, p. 226.
(4) V. Formulaire, tome I, n° 39.

Dans quelques cas de sinistres, des capitaines ont prolongé, postérieurement au renvoi en France de l'équipage, leur séjour en pays étranger, pour y suivre, soit leurs propres affaires, soit celles des armateurs, chargeurs ou assureurs. Il est évident que les dépenses qu'occasionneraient ces capitaines, en pareille occurrence, ne sauraient être légalement portées au compte de mon Département, à moins qu'il n'existât des produits où elles fussent ultérieurement imputables.

Sauf cette restriction, vous devrez donc cesser d'y subvenir, du moment où, des occasions s'offrant de les rapatrier, en temps opportun, par des navires nationaux, ils refuseraient d'en profiter.

Si leur retour s'effectuait plus tard à bord d'un navire étranger, la différence entre le prix de ce passage et le montant de celui qui serait à payer selon l'ordonnance du 12 mai 1836 (1) tomberait, dès lors, à leur charge personnelle ou à celle de l'armement. Vous auriez soin d'en donner avis à l'administration du port de débarquement, afin de la mettre en mesure de faire rembourser cette différence par qui de droit.

Aux termes de la circulaire du 17 octobre 1837 (2), les capitaines des bâtiments du commerce français sont obligés de recevoir à leur bord, à raison de deux hommes par 100 tonneaux, les marins disgraciés à rapatrier, et la dépense qui en résulte est acquittée d'après les allocations fixées par la même ordonnance. Il peut arriver, toutefois, que les agents appelés à appliquer ces dispositions se trouvent dans la nécessité d'embarquer sur lesdits navires un nombre de marins excédant la proportion prescrite. La règle veut expressément, en ce cas, que le prix du passage de ceux-ci soit préalablement débattu et arrêté avec le capitaine. Ce soin ne doit jamais être laissé à l'administration du port, qui demeure seulement chargée de pourvoir au payement, soit sur l'apostille régulièrement portée au rôle d'équipage, soit sur la production d'une convention en due forme.

Il est entendu que ce moyen ne doit être adopté qu'à défaut de toute occasion prochaine de rapatriement, suivant le mode tracé par la circulaire du 17 octobre 1837 et l'ordonnance ci-dessus mentionnée.

S'il s'agit de rapatrier des officiers et officiers mariniers ou matelots provenant de bâtiments de la République, le prix de leur passage devra être également l'objet d'une stipulation préalable entre l'agent français et le capitaine du navire, qui sera payé, comme dans ce cas exceptionnel, à l'arrivée à destination.

Néanmoins, à l'égard de ces derniers, l'agent devra, toutes les fois qu'il en aura la possibilité, les embarquer, à titre de remplaçants, sur les navires qui opéreront directement leur retour en France, en mentionnant leur position, comme marins de l'État, au rôle d'équipage.

---

(1) V. ci-dessus, p. 143.
(2) Les dispositions de cette circulaire sont basées sur celles des ordonnances des 15 février 1686, 15 juillet 1698 et 25 juillet 1719, et de l'arrêté consulaire du 27 prairial an x.

Le Trésor public et les armateurs ayant souvent à supporter, en définitive, les dépenses auxquelles ont donné lieu les marins du commerce naufragés ou délaissés, je rappelle que la plus stricte économie doit être apportée dans ces dépenses, et notamment dans les fournitures d'objets d'habillement, qui ont excédé parfois les besoins réels et ont constitué de véritables abus.

Sans doute, les agents à l'extérieur doivent regarder comme une obligation d'accorder aux gens de mer dénués de ressources l'assistance qu'exige leur position ; mais ce serait outre-passer ce devoir, au détriment du double intérêt de l'État et des armements, que d'étendre ces secours au delà de ce qui est absolument indispensable.

Une autre recommandation est celle de s'abstenir de remettre aux capitaines les sommes destinées aux achats divers à faire pour eux-mêmes et pour leur équipage. Cette manière de procéder est complétement irrégulière : c'est par les soins directs desdits agents que ces achats doivent s'effectuer.

Des doutes se sont élevés relativement à l'application des dispositions de l'article 2 de l'ordonnance du 12 mai 1836, portant ce qui suit :

« Si le retour des marins naufragés ou délaissés a lieu par terre,
« les frais de conduite continueront à être réglés conformément à l'ar-
« rêté du 5 germinal an XII (art. 8). »

On a demandé si ces frais de conduite doivent être fixés d'après la qualité ou la nature de l'emploi desdits marins à bord des navires auxquels ils ont appartenu, ou d'après leur grade au service de l'État.

Cette question trouve sa solution dans le texte même de l'ordonnance précitée.

En effet, elle spécifie, elle distingue dans ses articles 3 et 4 les fonctions remplies et la provenance, qui déterminent, soit la base des allocations à payer pour les frais de passage à bord des navires marchands, soit la table où sont admis les capitaines et officiers, lorsqu'ils sont rapatriés par des bâtiments de guerre.

En maintes occasions, ces derniers n'appartiennent à l'inscription maritime qu'à titre de simples matelots.

Ainsi, la fonction exercée et le genre de navigation, on le voit, servent uniquement de règle dans l'un et l'autre cas.

Il s'ensuit donc que le grade acquis au service disparaît devant cette interprétation rationnelle, et qu'il y a pareillement lieu de n'en point faire acception dans l'espèce.

Tel est le vœu de cet ordonnance, rendue dans un esprit de bienveillante équité pour la marine commerciale.

Parmi les dépenses que nécessitent les marins disgraciés ou délaissés, quelle que soit la cause du délaissement, il en est qui sont de nature à être répétées sur les armateurs ou sur ces marins eux-mêmes. Ce sont spécialement :

Les frais faits pour la subsistance, l'entretien, etc., des équipages des navires naufragés, dont les liquidations de sauvetage présentent, après le prélèvement des salaires dus (circulaire du 19 mai 1848), des produits applicables au remboursement de ces frais;

Les dépenses auxquelles donnent lieu les marins débarqués pour cause de maladie, d'insubordination ou de mauvaise conduite;

Enfin, les frais de capture, de geôle et autres occasionnés par les déserteurs.

Dans ce but, les agents par les soins desquels s'effectuent ces diverses dépenses sont tenus de fournir toutes les indications propres à en assurer le recouvrement ou la retenue dans les proportions règlementaires.

La circulaire *Invalides* du 31 août 1848, déjà citée, leur prescrit de transmettre un état nominatif des marins naufragés qui motivent en partie les avances dont il s'agit. Afin d'uniformiser et de généraliser les renseignements qu'il convient d'y consigner, je joins ici une dernière formule (n° 5), (1) d'après laquelle devra être dressé cet état, qui me sera envoyé sous le présent timbre à l'expiration de chaque trimestre.

Je termine en rappelant que les dépenses étrangères au service de la marine et des colonies ne doivent jamais figurer dans vos comptes avec mon Département : c'est auprès des ministères respectifs qu'elles concerneraient par leur nature qu'il convient d'en réclamer le remboursement.

J'appelle votre attention constante sur les différentes dispositions dont je viens de vous entretenir, et je vous en recommande l'exacte et ponctuelle exécution.

Veuillez, je vous prie, m'accuser réception de la présente circulaire, qui devra rester déposée dans votre chancellerie.

    Salut et fraternité.

                      Signé V. TRACY.

---

(1) V. Formulaire, N° 42.

NOMENCLATURE.

EXTRAIT de la nomenclature des dépenses du département de la marine, portant indication de la nature des pièces à produire à l'appui des paiements effectués.

NOTA. Cet Extrait a été établi d'après la nomenclature de l'exercice 1853. Comme les numéros des chapitres peuvent ultérieurement varier, il est important d'en indiquer toujours les titres.

Afin de distinguer les dépenses du *matériel* de celles du *personnel*, les premières sont désignées par la lettre M, les secondes par la lettre P.

DIVISION par CHAPITRES.	INDICATION DES PIÈCES A PRODUIRE à l'appui des dépenses.	OBSERVATIONS.
CHAPITRE III. 1re SECTION. — OFFICIERS MILITAIRES ET CIVILS. — Solde à terre............ (P.)	Copie ou extrait, dûment certifié, de la dépêche ministérielle ou de l'ordre de service autorisant la dépense. Etat nominatif émargé ou quittance des parties prenantes.	Aucun paiement de cette nature ne doit être fait sans une autorisation spéciale du ministre ou, par exception, sans un ordre écrit de l'officier général ou supérieur commandant en chef les forces navales.
CHAPITRE III. 2e SECTION. — SOLDE ET HABILLEMENT DES ÉQUIPAGES ET DES TROUPES. — Solde à la mer............ (P.)	Pour mémoire............	Les dépenses pour solde à la mer, en pays étranger, sont exclusivement du ressort de l'administration du bord. Les consuls et agents diplomatiques n'ont donc point à y pourvoir.
CHAPITRE IV. HOPITAUX. — Journées de malades et frais de sépulture des marins provenant des bâtiments de l'Etat. (M.) Frais de quarantaine...... (M.)	Demande faite par le commandant du bâtiment pour le traitement des marins à l'hôpital. Etats ou mémoires acquittés par les directeurs ou économes des établissements où les malades ont été traités. Certificat de l'autorité du bord constatant le service fait.— Reçus des gardes de santé ou, à leur défaut, déclarations motivées dûment certifiées.	Les dépenses de cette nature, pour les marins provenant des navires du commerce naufragés, étant considérées comme se rattachant aux dépenses de rapatriement, doivent être classées au chap. XVIII, Frais de voyage, etc.

DIVISION des CHAPITRES.	INDICATION DES PIÈCES A PRODUIRE à l'appui des dépenses.	OBSERVATIONS.
CHAPITRE V. VIVRES. Achats de vivres pour les bâtiments de l'Etat et autres dépenses s'appliquant aux vivres, telles que fournitures d'eau, de combustibles, etc. (M.)	Copie ou extrait du marché dûment certifié.—Etat détaillé de la fourniture constatant la prise en charge, par le commis comptable, des vivres embarquées.—Quittance du fournisseur.	Les agents diplomatiques ou consulaires ne doivent intervenir dans le paiement de ces fournitures que dans les cas rares où le compte n'aurait pu en être réglé avant le départ du bâtiment. Ils auront donc à réclamer, avant de pourvoir au paiement, les pièces dont le détail est mentionné ci-contre.
CHAPITRE VI. JUSTICE MARITIME. Frais de recherche et de capture des déserteurs provenant des bâtiments de l'Etat. (P.) Frais de geôlage......... (M.) Frais de procédures....... (M.)	Signalement du déserteur signé par l'autorité du bord, ou déclaration de l'agent expliquant les motifs de la non-production de cette pièce. Quittance des parties ayant droit au paiement, soit pour la capture, soit pour les frais de prison, ou déclarations motivées. S'il y a lieu, certificat de l'officier chargé du détail constatant la réception du déserteur à bord du bâtiment. Copie ou extrait certifié du jugement; mémoires acquittés	Les dépenses de l'espèce, pour les marins provenant des navires du commerce, doivent être classées au chapitre XVIII, Frais de voyage, etc. (Voir, à cet égard, l'observation faite au chapitre VI, Hôpitaux).
CHAPITRE VII. SALAIRES D'OUVRIERS. Façons d'ouvrages pour le service de la flotte, matières et main-d'œuvre comprises. (M.)	Marchés ou conventions, s'il en est passé pour cet objet. Etat détaillé de la fourniture, au pied duquel sera apposée, s'il y a lieu, la signature du maître responsable avec mention de la prise en charge. Quittance des parties prenantes.	Les dépenses de ce chapitre sont acquittées à l'aide de traités de bord. C'est par exception à la règle, et dans les cas rares où le compte n'aurait pu en être réglé avant le départ du bâtiment, que les agents politiques ou consulaires sont autorisés à intervenir dans le paiement de ces fournitures, sur la production des pièces mentionnées ci-contre, lesquelles devront leur être remises par l'administration de bord.

DIVISION des CHAPITRES.	INDICATION DES PIÈCES A PRODUIRE à l'appui des dépenses.	OBSERVATIONS.
CHAPITRE VIII. APPROVISIONNEMENTS GÉNÉRAUX DE LA FLOTTE.		
Achats de matières (Bois, métaux, etc., et objets confectionnés. (M.)	Marchés ou conventions, s'il en est passé pour cet objet. État detaillé de la fourniture constatant, s'il y a lieu, la prise en charge par le maître responsable. Quittance du fournisseur.	Même observation que dessus au chap. IX.
Sauvetage de munitions.... (M.)	Marchés ou conventions, s'il en est passé pour cet objet. État des objets sauvés, indiquant, autant que possible, leur provenance. Quittances des parties prenantes ou declarations motivées.	
CHAPITRE IX. TRAVAUX HYDRAULIQUES ET BATIMENTS CIVILS.		
Achats de matières (Pouzzolane, etc.) (M)	Marchés ou conventions passés pour cet objet. — Copie de la dépêche ministérielle ou de l'ordre en vertu duquel la fourniture a été faite. — État des objets fournis, au pied duquel sera donné l'acquit du fournisseur.	
Loyers de maisons, de magasins, de terrains, pour le service de la marine.	Copie de la décision ministérielle qui a autorisé la dépense. — Copie certifiée des baux. — Quittance du proprietaire.	
CHAPITRE XIII. AFFRÉTEMENTS ET TRANSPORTS PAR MER.		
Affrétements de navires pour le service de la marine. (M.)	Contrat d'affrétement ou simple connaissement portant l'indication des prix. Quittance du capitaine du navire affreté ou de la partie ayant droit au payement.	

DIVISION par CHAPITRES.	INDICATION DES PIECES A PRODUIRE à l'appui des dépenses.	OBSERVATIONS.
CHAPITRE XIII (Suite). Frais de chargement et de déchargement. (M.) Loyers de bateaux, de gabares et d'embarcations dans les ports et rades. (M.) Frais d'avaries.......... (M.)	Etat des journées employées, avec indication des prix. — Quittances des parties prenantes, ou, à leur défaut, déclaration motivée. Etat indiquant les motifs de la location, le but du voyage et le prix arrêté. — Quittances des parties prenantes ou déclaration motivée de l'agent. Copie certifiée des procès-verbaux d'avarie et d'expertise, ou, à leur défaut, déclaration motivée.—Mémoires acquittés.	
CHAPITRE XVI. FRAIS DE VOYAGE, VACATIONS ET DÉPENSES DIVERSES. — Frais de voyage des officiers militaires ou civils, vacations allouées pour missions spéciales. (P.) Frais de rapatriement de marins naufragés, déserteurs ou délaissés. (P.)	Copie de la dépêche ministérielle ou de l'ordre de service dont est porteur l'officier militaire ou civil en voyage ou en mission. — Reçus des parties prenantes. Factures ou mémoires acquittés ou déclarations motivées de l'Agent. Si les marins proviennent de navires de commerce naufragés ayant donné lieu à opérations de sauvetage, joindre aux pièces ci-dessus : Procès-verbaux de vente des objets sauvés. Etat de liquidation conforme au modèle annexé à la circulaire du 31 août 1848 (Invalides), avec les pièces justificatives mentionnées. (V. Formulaire, t. I, no 39.)	Aucun payement sur cet article, sans la production de la décision ministérielle ou de l'ordre de service mentionné ci-contre. Cet article de dépense comprend les frais de subsistance, de logement, d'habillement, ainsi que les frais de conduite, de maladie et tous autres frais occasionnés par des marins provenant des navires du commerce et qui sont à rapatrier. Aux termes de l'ordonnance du 12 mai 1836, les frais de conduite doivent être réglés par l'arrêté du 5 germinal an XII; mais, comme ces frais sont supportés tantôt par l'Etat, tantôt par l'armement, qui les acquitte sans retenue, pour que, dans l'un et l'autre cas, les parties prenantes soient traitées de la même manière, il convient de leur payer intégralement ces allocations.

DIVISION par CHAPITRES.	INDICATION DES PIECES A PRODUIRE à l'appui des dépenses.	OBSERVATIONS.
CHAPITRE XVI. (Suite.)		
		Les frais de maladie et de désertion occasionnés par des marins provenant de bâtiments de l'Etat sont classés aux chapitres suivants (hôpitaux et justice maritime).
		Nota. C'est sous le timbre de la direction des Invalides que devront toujours être transmis les comptes de sauvetage, soit qu'il en résulte un excédant de recette au profit des armateurs ou assureurs, ou un excédant de dépense à la charge du budget de la marine.
		Dans ce dernier cas, le renvoi des pièces constatant ledit excédant sera fait, après examen par cette direction, à la direction chargée de l'ordonnancement.
Frais de pilotage des bâtiments de l'Etat. (P.)	Certificat de l'autorité de bord constatant le service fait. — Reçu du pilote ou déclaration motivée de l'Agent.	
Fournitures de bureau..... (M.)	Factures et mémoires acquittés.	
Récompenses pour faits de sauvetage, gratifications diverses. (P.)	Copie de la décision ministérielle. — Reçus des parties prenantes ou déclarations motivées de l'Agent.	A l'exception des donatives en usage dans quelques localités du Levant, il ne doit être fait de payement sur cet article qu'en vertu d'une autorisation spéciale. Les abonnements aux journaux étrangers ne doivent avoir lieu qu'en vertu d'une décision ministérielle.
Abonnements aux journaux étrangers. — Frais d'insertion, d'annonce dans les journaux et frais d'affiche autres que ceux relatifs à la justice maritime et aux navires naufragés, lesquels doivent être classés les uns au chapitre VIII, art. 1er, les autres au chapitre XVIII, art. 2. (M.)	Copie de la dépêche ministérielle qui a autorisé la dépense. — Quittance des parties prenantes.	

N° 47.

Tarif arrêté le 25 avril 1849, par le ministre des Affaires étrangères, pour les frais de voyage en poste ou en chemins de fer, alloués aux agents politiques et consulaires (1).

GRADES DES AGENTS.	1re CATEGORIE. VOYAGES D'AGENTS se rendant, pour la première fois, à leur résidence officielle ou la quittant définitivement. Allocations par myriamètre pour parcours		2me CATEGORIE. VOYAGES DE SERVICE (c'est-à-dire, voyages d'agents se déplaçant temporairement de leur poste pour affaires de service). Allocations par myriamètre pour parcours	
	en poste.	en chemin de fer.	en poste.	en chemin de fer.
	fr. c.	fr. c.	fr. c.	fr. c.
Ambassadeurs......................	30 »	24 »	20 »	14 »
Envoyés extraordinaires et Ministres plénipotentiaires à Londres, St Pétersbourg, Vienne, Madrid, Rome, Constantinople, Berlin..........	28 »	22 »	18 »	12 »
Envoyés extraordinaires et Ministres plénipotentiaires à Turin, Naples, Bruxelles, Berne, La Haye, Stockholm, Copenhague, Munich, Dresde, Francfort, Lisbonne, Washington, Rio-Janeiro, Mexico, Hanovre, Athènes, Stuttgardt......	22 »	18 »	16 »	10 »
Envoyés extraordinaires et Ministres plénipotentiaires à Hambourg, Florence, Carlsruhe, Cassel........	18 »	15 »	14 »	8 »
Envoyés, chargés d'affaires en titre..	16 »	12 80	12 »	7 »
Secrétaires d'ambassade et de légation.	10 »	8 »	9 »	4 50
Attachés ou aspirants diplomatiques.	9 »	6 40	9 »	4 50
Consuls généraux.................	16 »	12 80	12 »	7 »
Consuls de première classe	12 50	10 »	10 »	5 50
Consuls de deuxième classe........	12 »	9 50	9 50	5 »
Premier drogman, secrétaire interprète, et deuxièmes drogmans de l'ambassade ou légation à Constantinople................. Premiers drogmans de consulats généraux et de missions diplomatiques. Chanceliers de missions diplomatiques revêtus du titre de consul honoraire.	10 »	8 »	9 »	4 50
Élèves-consuls .... Agents consulaires............... Drogmans et chanceliers autres que ceux désignés ci-dessus.........	9 »	6 40	9 »	4 50

N° 48.

Circulaire des affaires étrangères du 16 mai 1849, sur la divi-
sion et le numérotage des correspondances officielles (Extrait).

Dans diverses circonstances, des Consuls, malgré leurs instructions
générales et les recommandations spéciales qui leur avaient été adressées, ont correspondu directement avec d'autres Départements ministériels que celui des affaires étrangères, soit pour porter à leur connaissance des informations, soit pour solliciter d'eux des directions qu'ils
ne doivent recevoir que par l'intermédiaire de mon Département. Ces
communications sont irrégulières. Je vous invite de la manière la plus
formelle, à vous en abstenir, sauf, toutefois, les exceptions prévues
par les règlements, notamment en matière sanitaire, et pour le service
du Département de la marine et des Colonies.

Je dois également vous rappeler, Monsieur, les dispositions de l'article 35 de l'ordonnance du 20 août 1833 en vertu desquelles tout
agent qui aura quitté son poste sans autorisation ou sans motif légitime, sera considéré comme démissionnaire. Cette disposition a été
appliquée dans ces derniers temps, et je n'hésiterai pas, quoiqu'à regret, à user de la même sévérité, si de semblables infractions venaient
à se reproduire. A cette occasion je ne saurais m'empêcher de blâmer,
Monsieur, la détermination que quelques agents paraissent avoir prise,
de résider sur un point plus ou moins rapproché du lieu où ils doivent
remplir leurs fonctions. L'intérêt du service exige, au contraire, qu'ils
ne s'éloignent point du centre des affaires ni de leurs nationaux auxquels leur présence peut être à tout moment nécessaire. Si des considérations particulières tenant aux localités étaient de nature à justifier
une exception à cette règle, les motifs de cette dérogation devraient
être soumis à l'appréciation de mon Département.

Il résulterait, en outre, d'informations parvenues à mon ministère,
que des Consuls se sont crus autorisés à faire usage des recettes effectuées en vertu du tarif des Chancelleries consulaires pour solder des
dépenses étrangères à cette comptabilité, et notamment celles qui se
rapportent aux frais dits de service. Cependant, aux termes de l'article 8 de l'ordonnance du 23 août 1833 et de la circulaire ministérielle
du 2 septembre suivant, les fonds provenant des recettes dont il s'agit
doivent rester dans la caisse de la Chancellerie pour recevoir la destination ultérieurement indiquée par mon Département, et, sous aucun
prétexte, il ne saurait en être distrait une partie quelconque pour payer
des dépenses étrangères au service de la Chancellerie. Il ne vous aura
pas échappé, d'ailleurs, que si l'article 3 de l'ordonnance précitée, a
déclaré que le Chancelier était comptable, dans ce cas la responsabilité du Consul n'en est pas moins gravement engagée, puisque c'est
sous sa surveillance et son contrôle que les perceptions sont faites et
les dépenses acquittées.

Enfin les circulaires des 26 août 1829 et 30 septembre 1834, contiennent des directions aussi précises que possible en ce qui concerne la répartition de la correspondance des agents entre les diverses parties de l'administration centrale, le numérotage de cette correspondance, les analyses marginales et l'obligation de faire mention, lorsqu'il y a lieu, du compte rendu de telle ou telle affaire au Ministère de la marine et des colonies. Il importe, Monsieur, pour le bon ordre et pour la prompte expédition des affaires, que ces dispositions soient observées avec soin.

    Recevez, etc.   Signé, DROUYN DE LHUYS.

N° 49.

Circulaire des affaires étrangères du 19 mai 1849, sur les frais de voyages et de courriers.

Monsieur, l'Assemblée nationale, adoptant les propositions de la Commission du budget de 1849, a décidé qu'une réduction notable serait opérée sur les tarifs des allocations accordées aux agents politiques et consulaires pour leurs frais de voyages et de courses en poste et en chemin de fer.

J'ai l'honneur de vous adresser ci-joint un exemplaire imprimé des nouveaux tarifs adoptés (1). Je vous prie de les faire transcrire en Chancellerie.

Vous remarquerez que ces nouveaux tarifs se divisent en deux catégories. La première s'applique uniquement aux voyages d'agents se rendant pour la première fois à leur résidence officielle ou la quittant définitivement (et ayant, en conséquence, à transporter avec eux leur famille, leurs gens, leurs bagages et leur établissement) ; la seconde catégorie concerne les voyages de service, c'est-à-dire les déplacements temporaires que des nécessités absolues de service peuvent éventuellement imposer aux agents politiques et consulaires.

Je dois vous rappeler que les voyages de cette deuxième catégorie, lorsqu'ils n'ont pas été préalablement prescrits ou autorisés, ne peuvent être entrepris par les agents que sous leur responsabilité, et que le remboursement, par le Département, de la dépense qu'ils occasionnent ne peut être accordé que lorsque la nécessité de ces voyages de service a été constatée.

J'appelle votre sérieuse attention sur les *frais de courriers*. Depuis plusieurs années la Cour des comptes et les Commissions de finances n'ont cessé de signaler, dans leurs rapports au Aouvernement et aux Assemblées législatives, la fréquence et la trop grande facilité des expéditions de courriers. Il importerait que de semblables observations ne

---

(1) V. ce tarif ci-dessus, p. 255.

II.   17

se reproduisissent pas. Je crois pouvoir en prévenir le retour par les dispositions que j'ai l'honneur de vous communiquer.

Tout envoi de courrier ou d'agent expédié en courrier ne doit avoir lieu que pour satisfaire à une nécessité de service urgente et absolue qui ne permet pas d'attendre ou d'employer les voies ordinaires de communication par la poste. En dehors de cette nécessité, il y a dépense inutile et purement onéreuse que l'Etat ne doit pas accepter.

J'ai décidé, en conséquence, et je vous prie de vouloir bien en faire prendre note dans votre Chancellerie, que désormais aucune dépense pour course de courrier ou d'agent expédié en courrier ne serait remboursée si elle n'était appuyée d'un certificat délivré par le chef de la mission et constatant que la course prescrite (et qui devra être spécifiée) a été uniquement et absolument motivée par une indispensable nécessité de service.

Recevez, etc.   Signé, DROUYN de LHUYS.

N° 50.

Circulaire des affaires étrangères du 12 janvier 1850 sur les dépenses pour les actes de l'état civil.

Monsieur, les agents de mon Département à l'étranger ne font pas toujours usage d'un mode régulier de classification dans leur correspondance. Leurs dépêches sont quelquefois revêtues d'un timbre portant une fausse indication de la direction à laquelle appartient l'examen des affaires qui y sont traitées. Ces dépêches sont néanmoins classées, à leur arrivée, d'après les indications du timbre, et, lorsque l'erreur de l'agent est reconnue, elles sont renvoyées tardivement au bureau compétent. L'inconvénient que je vous signale se présente principalement dans la transmission des dépêches qui ont pour objet des réclamations relatives aux comptes ou aux dépenses des agents. Il en résulte un embarras pour le service, et souvent un préjudice notable pour les intérêts privés des agents, dont les avances, dans ce cas, sans même qu'ils puissent en soupçonner la cause, ne peuvent être remboursées qu'après un ajournement plus ou moins long.

Je vous prie, en conséquence, Monsieur, chaque fois que vous aurez, à l'avenir, à traiter avec le Département une question pécuniaire, quelle qu'elle soit, sauf pour ce qui tient aux Chancelleries consulaires proprement dites, de vouloir bien m'adresser votre dépêche sous le timbre seul de la *Direction de la Comptabilité et du Contentieux.* L'expédition des affaires en sera plus rapide, et vous ne serez plus exposé à voir une dépense régulièrement faite ou autorisée, nonobstant l'insuffisance des crédits, tomber dans les exercices clos, ce qui augmente les charges déjà très-réelles des agents auxquels est imposée l'obligation de faire des avances pour le compte du Gouvernement.

J'ai remarqué aussi que quelques agents négligent, lorsqu'ils adressent à la Direction des Archives et Chancelleries des actes demandés pour des particuliers, d'en faire connaître le coût par la dépêche même de transmission. Cet oubli enlève au Département tout moyen de réclamer aux parties intéressées les sommes avancées pour leur compte, et les actes leur sont délivrés gratuitement. Plus tard, les agents portent ces mêmes sommes sur leurs états trimestriels, et le chapitre des frais de service se trouve, sans nécessité, grevé d'une dépense relativement assez forte.

Je vous prie, en conséquence, de ne plus adresser d'actes au Ministère sans y joindre le détail des frais qu'ils auront occasionnés, soit dans votre Chancellerie, soit auprès des autorités locales.

Vous ferez en outre dresser, tous les trois mois, un état, conforme au modèle ci-annexé (1), de tous les actes transmis par vous à mon Département. Cet état, en double expédition, devra être annexé aux pièces justificatives de vos frais de service, et son total devra former un des articles de votre état général de dépenses.

Je n'ai pas besoin de vous dire, Monsieur, que ma circulaire de ce jour n'apporte, quant à ces dernières prescriptions, aucune dérogation à celle du 12 août 1831 : vous aurez, comme par le passé, à vous abstenir de toute correspondance directe avec les fonctionnaires ou les administrateurs français, à l'exception du Ministre de la marine seul, et vous continuerez à regarder comme non avenue toute demande d'actes qui vous parviendrait autrement que sous le cachet des affaires étrangères. Cette prohibition, vous le concevrez aisément, ne s'étend pas aux actes dont la délivrance est requise par des Français domiciliés en pays étranger.

Je vous prie de m'accuser réception de cette circulaire.

Recevez, etc.   Signé: DE LAHITTE.

N° 51.

Circulaire des affaires étrangères du 28 mars 1850, concernant la transmission plus fréquente de renseignements ou de bulletins commerciaux; la subdivision et le classement des correspondances; l'interprétation de certaines parties du tarif des Chancelleries, etc.

Monsieur, la réunion et l'envoi au Ministère des affaires étrangères des documents qui se publient dans les pays étrangers sur le commerce

_____

(1) V. ce modèle au Formulaire, tome I, n° 20, page 38.

et l'industrie, ainsi que l'appréciation des faits commerciaux qui s'y produisent, constituent, vous le savez, une des attributions les plus sérieuses des agents du service extérieur. A diverses époques, mon Département s'est attaché à leur rappeler les dispositions des règlements relatives à cet objet, et à fixer leur attention sur la gravité des intérêts qui se trouvent attachés à leur entière et exacte observation. Un certain nombre de Consuls, cependant, ne paraissent pas avoir attaché à ces recommandations toute l'importance qu'elles comportent, et, dans bien des circonstances, le commerce français n'a dû qu'à des communications indirectes faites par la voie des journaux, ou à sa correspondance particulière, la connaissance tardive des faits pour la publication desquels il était en droit de compter sur la sollicitude du Gouvernement. Je crois donc devoir, Monsieur, à l'exemple de plusieurs de mes prédécesseurs, vous entretenir, avec une nouvelle insistance, de la nécessité d'imprimer à la partie commerciale de votre correspondance un surcroît d'activité en m'adressant, non-seulement les rapports périodiques qui embrassent d'une manière générale et étendue l'examen du mouvement commercial et maritime du pays que vous habitez, mais tous les faits particuliers, tous les incidents exceptionnels et anormaux qui pourraient inopinément survenir dans le commerce ou l'industrie, aussi bien que dans la législation douanière des pays et des localités, et qu'il importe de faire immédiatement connaître aux manufacturiers ou commerçants français. Une circonstance récente vient, d'ailleurs, donner à ces instructions un caractère tout particulier d'opportunité.

M. le Ministre de l'agriculture et du commerce, justement préoccupé d'assurer à notre commerce et à notre industrie tout leur développement, a pensé que l'un des moyens d'atteindre le but qu'il se propose était de s'attacher à porter rapidement à la connaissance des négociants et industriels, soit par le moyen du recueil mensuel des *Documents sur le commerce extérieur*, soit par la voie du *Moniteur universel*, les communications qu'il reçoit du Ministère des affaires étrangères sur la situation commerciale et industrielle des pays étrangers.

Frappé de l'intérêt et de l'utilité de ces publications, M. Dumas a tenu à donner de l'extension à celles qui se font par le *Moniteur*, et les dispositions nécessaires ont, en conséquence, été prises pour qu'elles devinssent plus fréquentes et en même temps plus promptes.

Le commerce, d'ailleurs, paraît avoir goûté ce mode de communication, et il ne se passe pas de jours, depuis que cette résolution a été adoptée, que M. le Ministre du commerce ne reçoive, de la part des négociants les plus élevés du pays, et au nom du commerce tout entier, des témoignages non équivoques de gratitude. Leur reconnaissance, du reste, ne s'adresse pas seulement à lui ; les Consuls ne sont pas oubliés, et on peut prévoir, dès aujourd'hui, que toute l'estime du haut commerce sera acquise aux agents du service extérieur, s'ils entrent complétement dans les vues du Gouvernement.

Vous comprendrez, je n'en doute pas, Monsieur, la nécessité de lui prêter à cet égard un concours empressé, et de lui faciliter, autant qu'*il* dépendra de vous, la tâche qu'il a entreprise. J'ai déjà caractérisé les faits sur lesquels j'appelle prompte et fréquente information, en énonçant qu'il s'agit de ceux qui, par leur nature, sont exceptionnels et surviennent à l'improviste au milieu du mouvement général habituel du commerce et des industries.

Néanmoins, pour mieux faire saisir ma pensée et citer quelques exemples, j'indiquerai, comme rentrant dans cet ordre de faits, les hausses ou baisses subites survenues dans les prix, soit du fret maritime, soit de telles grandes marchandises spéciales à nos échanges; les accidents des récoltes, des grandes denrées ou matières premières; l'annonce de telles ventes publiques importantes ou de telle grande exploitation tentée par l'industrie locale ; la découverte ou le perfectionnement de tel procédé industriel ; la création projetée ou préparée de tel nouveau service de navigation ; les modifications subites de tarifs ou de règlements de douanes ; en un mot, tout ce qui ne rentre pas nécessairement, je le répète, dans le cadre habituel des transactions générales tracé par les précédentes instructions de mon Département.

Ainsi que me l'a fait observer avec raison M. le Ministre du commerce, l'actualité constitue presque entièrement le mérite de ces sortes de communications. Pour leur conserver le plus possible ce caractère, il conviendra de me les adresser sous forme de *bulletins séparés* et simplement annexés à la lettre d'envoi, de manière à ce qu'ils puissent être immédiatement détachés et transmis *in extenso* au Département du commerce. Destinés à recevoir une publicité immédiate, il faut nécessairement que ces bulletins ne renferment aucune observation, aucune réflexion étrangère à leur objet. Les agents de la République s'abstiendront donc d'y insérer aucune réflexion politique; ils se borneront à l'exposé succinct des faits, en écartant tous détails et tous développements inutiles, et se dispenseront également d'indiquer, en dehors des publications et des documents officiels, les sources auxquelles ils auraient pu puiser.

Je ne saurais trop insister sur ce point, que ce qui importe surtout, c'est que la transmission de ces renseignements s'opère avec rapidité, et que le Gouvernement soit informé, sinon avant, au moins en même temps que les premières maisons de commerce, des incidents commerciaux qui surgissent dans les pays étrangers. Les Consuls mettront donc à profit tous les moyens de communication qui pourront s'offrir à eux. Dans les ports où il existe un service régulier de paquebots à vapeur ou à voiles en correspondance directe avec la France ou l'Europe, ils devront spécialement prendre toutes les mesures nécessaires pour faire coïncider l'envoi de leurs bulletins avec le départ périodique de ces paquebots.

Il est, Monsieur, d'autres instructions transmises par mon Département, dans diverses circonstances, aux agents du service extérieur, qui n'ont pas été toujours, de leur part, l'objet d'une attention suffisamment soutenue. Je citerai en première ligne la circulaire du 10 mars 1846, qui est relative à l'envoi d'un tableau constatant le cours moyen du fret maritime. Le Gouvernement, pour l'étude des questions commerciales, et, en particulier, pour celles qui ont trait aux négociations internationales, éprouve le besoin d'être exactement renseigné sur le prix du fret dans les ports étrangers. Un tableau dressé d'après les indications fournies par le Ministère du commerce, et annexé à la circulaire précitée du 10 mars 1846, indiquait d'une manière précise la nature des informations qu'il s'agissait de recueillir. Toutefois, depuis 1848, les agents de la République se sont abstenus, sauf de-très-rares exceptions, d'envoyer des états périodiques du cours du fret. L'expérience n'a fait que rendre plus évidente, cependant, la nécessité pour nous d'être tenus au courant des variations qui s'y produisent ; les conditions du fret maritime, c'est-à-dire sa cherté ou son bas prix, sont certainement l'un des plus utiles renseignements pour apprécier la situation de notre marine marchande et mettre sur la voie des causes qui peuvent déterminer ou entraver ses progrès.

Je désire donc, Monsieur, que vous vous attachiez désormais à me fournir régulièrement des relevés conformes, autant que possible, au tableau modèle qui accompagnait la circulaire précitée. J'attacherais du prix à recevoir pareil état, rempli avec exactitude, tous les trois mois, s'il se peut, ou du moins tous les six mois, et sans préjudice, bien entendu, des communications qui, en dehors de ces renseignements périodiques, se trouveraient commandées par tels incidents exceptionnels et d'un intérêt tout d'actualité dans les opérations de la navigation. Je n'ai pas besoin de rappeler que la distinction en bâtiment français et bâtiment étranger est ici d'une haute importance.

La transmission à mon Département des informations relatives à l'état de la santé publique dans les contrées étrangères et aux modifications si fréquentes que subit au dehors le régime des quarantaines, ne se fait pas partout avec la régularité et la rapidité désirables ; c'est là, Monsieur, un point que je recommande à votre sérieuse attention. Afin de vous faciliter, d'ailleurs, l'accomplissement de la tâche qui vous est imposée à cet égard, je vous invite à détacher, à l'avenir, de votre correspondance courante les nouvelles purement sanitaires et à me les dresser sous forme de bulletins annexes séparés, susceptibles d'être immédiatement communiqués au Ministère de l'agriculture et du commerce, ainsi que cela a déjà lieu pour les bulletins de céréales.

Les rapports des Consuls avec la marine commerciale sont réglés, vous ne l'ignorez pas, Monsieur, par l'ordonnance du 29 octobre 1833. Parmi les dispositions qu'elle renferme, se trouve l'obligation imposée aux Consuls de transmettre immédiatement au Ministère de la marine, en traites de toute solidité passées à l'ordre du trésorier général de la caisse des Invalides ou en numéraire, les sommes provenant soit de la vente des navires français ou des effets ayant appartenu à des marins décédés à l'étranger, soit des bris et naufrages. Quelques agents, cependant, négligent de se conformer strictement à cette ordonnance en ce qui concerne la transmission immédiate du produit de ces ventes, et, bien que M. le Ministre de la marine ait dû leur rappeler les exigences des règlements à cet égard, je n'ai pas moins cru devoir en faire l'objet d'une mention spéciale dans cette circulaire et insister sur la nécessité d'apporter plus de régularité dans cette partie du service.

Cette observation s'applique également à l'envoi direct au Ministère de la marine des renseignements qui peuvent plus particulièrement l'intéresser, tels que les relâches avec ou sans avarie, les naufrages et autres accidents de mer. Je ne puis trop vous recommander, Monsieur, de n'apporter aucune négligence dans leur transmission, et surtout d'indiquer avec le plus grand soin, lorsque des informations de même nature sont reproduites sommairement dans votre correspondance avec mon Département, qu'il en a déjà été donné connaissance à la marine. Je ne crois pas inutile de revenir aussi sur quelques autres détails du service consulaire qui concernent plus particulièrement la partie matérielle de la correspondance des agents, et qui leur ont été plusieurs fois rappelés, soit dans les instructions générales, soit dans des communications spéciales. Il s'agit de la répartition des correspondances par séries distinctes et tout à fait séparées entre les quatre grandes directions du Département, du numérotage régulier des dépêches, de l'indication à la marge de l'objet dont elles traitent, ainsi que du rappel sur les annexes du numéro et de la date de la lettre dont elles font partie. Ces formalités rendent plus faciles les recherches, préviennent les erreurs et sont indispensables au classement méthodique de la correspondance. Je vous invite à veiller à ce qu'elles soient strictement observées à l'avenir dans votre résidence.

J'ai pu remarquer aussi, dans ces derniers temps, qu'un grand nombre d'agents négligeaient d'accompagner d'une traduction le texte des documents officiels en langue étrangère, tels que lois, décrets, tarifs, décisions nouvelles ou circulaires de douanes qu'il leur a, à diverses reprises, été recommandé de transmettre en *double exemplaire* à mon Département. Je vous prie, Monsieur, de donner tous vos soins à cette partie du service, dont l'importance ne saurait vous échapper, et de ne point perdre de vue les autres recommandations que renferment à cet égard les circulaires antérieures, plus particulièrement celle du 16 mai 1849 (1).

Enfin, Monsieur, j'appellerai, en terminant, votre attention sur les règles applicables à la comptabilité des Chancelleries consulaires. Les ordonnances de 1833, je dois le reconnaître, sont maintenant suffisamment comprises et convenablement appliquées par la plupart des Chanceliers ; il y a cependant certaines dispositions du tarif qui paraissent présenter de l'obscurité, et sur lesquelles quelques éclaircissements me semblent nécessaires.

C'est surtout l'application des notes 7, 8 et 9 qui donne lieu aux plus fréquentes erreurs. Ces notes, vous le savez, ont pour objet la substitution, dans certains cas spécifiés, d'une taxe fixe au droit proportionnel. Pour bien comprendre leur véritable sens, il faut d'abord se reporter à la sixième observation générale, qui dispose que « pour tous les « actes taxés en minute à un droit fixe, au rôle ou à la vacation, le droit « d'expédition est dû sur toute expédition *délivrée*. »

---

(1) V. circulaire ci-dessus, p. 256.

« Pour les actes taxés au droit proportionnel, le droit d'expédition
« n'est pas dû sur la grosse ou la première expédition réclamée. » De
là, la conséquence toute naturelle que, dans les cas où le droit proportionnel est appliqué, le droit d'expédition n'est pas dû, et que, dans
les cas, au contraire, où le droit d'expédition est remplacé par la taxe
fixe, le droit d'expédition devient exigible. Il est donc tout simple, dès
lors, que ce droit d'expédition se combine avec la taxe fixe pour déterminer la somme que doit au moins atteindre le droit proportionnel
pour ne pas tomber sous l'application des notes 7, 8 ou 9.

L'article 60 du tarif est aussi un de ceux qui sont souvent mal interprétés. Cet article établit les droits à percevoir sur les dépôts qui sont
faits dans les Chancelleries consulaires. Ces droits sont de deux sortes :
le premier, qui est un droit fixe, est exigible au moment de l'entrée du
dépôt dans la caisse de la Chancellerie ; il représente le coût de l'acte
qui est dressé à cette occasion et qui constate l'encaissement. Mais il
arrive souvent que cet acte n'est pas dressé ou délivré, soit parce que
le dépôt a été fait d'*office*, soit parce que la partie intéressée ne l'a pas
exigé ; dans ces deux cas, le droit n'est pas dû. Le second, le droit
de 2 p. 0/0, représente l'indemnité qui est accordée au Chancelier
comme compensation de la responsabilité à laquelle il a été soumis
par suite de la présence du dépôt dans la caisse ; c'est donc seulement
lorsque cette responsabilité a cessé, c'est-à-dire lorsque le dépôt a été
retiré, que le prélèvement du droit de 2 p. 0/0 peut être légalement
fait. Les opérations de la caisse des dépôts sont constatées par un état
spécial qui est transmis en double expédition à mon Département, en
même temps que les états de comptabilité ; il doit mentionner l'entrée
et la sortie des dépôts, ainsi que les droits de Chancellerie qui ont été
perçus, et j'appelle votre attention sur la nécessité de l'exacte transmission de cette pièce justificative, ainsi que sur la parfaite concordance qui doit exister entre elle et les états ordinaires de comptabilité.

Il est, en outre, une formalité plus récente dont l'accomplissement rencontre encore, dans quelques postes, des difficultés. Je veux parler du
bordereau récapitulatif dont la circulaire du 12 août 1847 prescrit l'envoi à la fin de chaque exercice. Destiné à être soumis à l'examen et au
contrôle de la Cour des comptes, ce bordereau doit être dressé avec le
plus grand soin et *dans la même forme* que les états trimestriels dont
il a pour objet de totaliser les résultats partiels. Il faut donc qu'il con-
tienne, comme eux, l'indication du tonnage des bâtiments sur lesquels
les droits de Chancellerie ont été perçus, le nombre des actes délivrés
gratuitement et la cause de cette faveur, qui doit être, comme vous le
savez, réservée aux seuls indigents. Dans les postes qui présentent un
excédant de recettes, et où, par conséquent, le Chancelier a droit à une
remise proportionnelle, cette remise doit figurer sur le bordereau récapitulatif parmi les dépenses et à la suite du prélèvement des honoraires fixes. Quant à la déclaration de conformité émanée des Consuls ou
des chefs de mission, et dont le modèle se trouve à la suite de la circulaire du 12 août, elle remplace le simple *vu et certifié* des états trimestriels, et ne dispense pas le Chancelier d'arrêter et de signer le

bordereau dans la forme ordinaire. Je vous signale tout particulièrement ce point, qui donne lieu aux plus fréquentes erreurs.

La comptabilité des Chancelleries consulaires étant centralisée dans un bureau particulier de *la Direction commerciale*, et devant être, par conséquent, séparée des autres parties de la correspondance officielle, il conviendrait de vous abstenir désormais de comprendre les dépêches qui s'y rapportent dans la série des *Numéros* adoptés pour les communications ordinaires et de me les adresser avec une simple analyse marginale.

Telles sont, Monsieur, les diverses recommandations qu'il m'a paru utile de vous rappeler. Vous savez que mon Département a constamment tenu grand compte, dans ses propositions d'avancement, du mérite et du zèle dont les Consuls avaient fait preuve dans l'accomplissement de la partie commerciale de leurs attributions. Je n'ai pas besoin d'ajouter qu'il en sera, plus que jamais, ainsi à l'avenir. Vous me trouverez, d'ailleurs, toujours disposé à accueillir et à apprécier vos travaux, ainsi qu'à faire valoir auprès du Président de la République les titres qu'ils vous donneront à la bienveillance et à l'intérêt du Gouvernement.

Vous voudrez bien m'accuser réception de cette circulaire et la faire enregistrer dans votre Chancellerie.

Recevez, etc.   Signé : DE LAHITTE.

N° 52.

Décret du 11 août 1850, sur la comptabilité publique et la durée des exercices.

LE PRÉSIDENT DE LA RÉPUBLIQUE,

Vu les articles ci-après de l'ordonnance du 31 mai 1838, portant règlement général sur la comptabilité publique, savoir :

« Art. 3. Sont seuls considérés comme appartenant à un exercice, « les services faits et les droits acquis à l'Etat et à ses créanciers pen« dant l'année qui donne sa dénomination audit exercice.

« Art. 4. La durée de la période pendant laquelle doivent se con« sommer tous les faits de recette et de dépense de chaque exercice « peut, toutefois, se prolonger jusqu'au 1er mars de la seconde année, « pour achever, dans la limite des crédits ouverts, les services du ma« tériel, dont l'exécution n'aurait pu, d'après une déclaration de l'or« donnateur énonçant les motifs de ces cas spéciaux, être terminée « avant le 31 décembre.

« Art. 90. Toutes les dépenses d'un exercice doivent être liquidées « et ordonnancées dans les neuf mois qui suivent l'expiration de « l'exercice.

« Art. 91. L'époque de la clôture du payement à faire par le Trésor

« public, sur les ordonnances des Ministres, est fixée au 31 octobre de
« la seconde année de l'exercice.

« Art. 92. Faute par les créanciers de réclamer leur payement avant
« le 31 octobre de la deuxième année, les ordonnances et mandats dé-
« livrés à leur profit sont annulés, sans préjudice des droits des créan-
« ciers, et sauf réordonnancement jusqu'au terme de déchéance. »

Vu l'article 102 de la loi du 15 mai 1818, portant : « Le règlement
« définitif des budgets fera l'objet d'une loi particulière ; les comptes
« des Ministres seront joints à la présentation de cette loi. »

Vu l'article 11 de la loi du 9 juillet 1836, portant :

« La présentation du projet de loi pour le règlement définitif du
« budget du dernier exercice clos et la production des comptes à l'ap-
« pui ont lieu dans les deux premiers mois de l'année qui suit la clô-
« ture de cet exercice. »

Vu l'arrêté du Chef du Pouvoir exécutif du 21 novembre 1848, portant :

« Art. 7. La Cour des comptes délivrera, en audience solennelle,
« une déclaration générale pour attester l'accord des comptes minis-
« tériels d'exercice avec les résumés généraux et les arrêts prononcés
« sur les comptes individuels. Cette déclaration sera adressée au Mi-
« nistre des finances pour être imprimée et communiquée à l'Assemblée
« nationale, avant qu'elle ne statue sur le projet de règlement définitif
« du budget de l'exercice auquel s'appliquera la déclaration. »

Vu le référé adressé par la Cour des comptes au Gouvernement, le
1er mai 1850, où il est dit que, pour que tous les contrôles auxquels la
Cour est tenue de procéder, avant de rendre sa déclaration sur les
comptes définitifs de chaque exercice, soient régulièrement accomplis,
il devient indispensable d'abréger la durée actuelle de l'exercice ;

Considérant qu'il ne peut y avoir, en effet, que des avantages à ac-
célérer l'apurement et la clôture des budgets, et que, pour y parvenir,
il est nécessaire d'abréger à la fois les délais accordés par les règlements ci-dessus, soit pour compléter les dépenses de l'année, soit pour
ordonnancer les créances et pour acquitter les ordonnances ministérielles ;

Considérant, en outre, que cette mesure, en imprimant une marche
plus rapide aux liquidations et en contribuant à l'ordre de la comptabilité, ne porte aucun préjudice aux créanciers de l'État, dont tous les
droits demeurent conservés,

DÉCRÈTE :

ART. 1er. Le délai exceptionnel accordé par l'article 4 de l'ordonnance du 31 mai 1838, pour achever les services du matériel qui n'auraient pas été terminés avant le 31 décembre, est limité au 1er février
de l'année suivante.

2. Les époques déterminées par les articles 90 et 91 de la même ordonnance, en ce qui concerne la clôture de l'ordonnancement et du
payement, sont et demeurent fixées, savoir :

Au 31 juillet de la seconde année de l'exercice pour l'ordonnancement des dépenses ;

Au 31 août suivant pour le payement des ordonnances ministérielles.

3. Faute par les créanciers de réclamer leur payement avant le 31 août de la deuxième année, les ordonnances et mandats délivrés à leur profit seront annulés, sans préjudice des droits de ces créanciers et sauf réordonnancement jusqu'au terme de déchéance.

4. Les dispositions ci-dessus seront applicables à l'exercice 1850 et aux exercices suivants.

5. Nos Ministres, chacun pour son Département respectif, sont chargés de l'exécution du présent décret.

N° 53.

Circulaire des affaires étrangères du 15 septembre 1850, sur la durée des exercices financiers, et sur l'envoi des pièces justificatives de dépenses (Extrait).

Monsieur, un décret de M. le Président de la République, en date du 11 août dernier, vient d'abréger les délais accordés jusqu'à présent, par nos règlements de comptabilité publique, pour compléter les opérations relatives à la liquidation, à l'ordonnancement et au payement des dépenses de chaque exercice. D'après ce décret,

1° Le délai accordé par l'article 4 de l'ordonnance du 31 mai 1838, pour achever les services du matériel dont l'exécution n'aurait pu être terminée avant le 31 décembre, est limité au 1er février, au lieu du 1er mars, de la seconde année ;

2° Le délai accordé par l'article 90 de la même ordonnance, pour la liquidation et l'ordonnancement des dépenses de chaque exercice, est réduit à sept mois au lieu de neuf, c'est-à-dire au 31 juillet au lieu du 30 septembre de la seconde année ;

3° Enfin l'époque de la clôture des payements, qui était fixée par l'article 91 de la même ordonnance, au 31 octobre de la seconde année, est ramenée au 31 août.

Ainsi, la durée des exercices financiers est abrégée de deux mois. Cette nouvelle mesure sera appliquée à l'exercice 1850 et aux exercices suivants.

Vous comprendrez, Monsieur, d'après ces nouvelles dispositions, combien il importera aux agents politiques et consulaires de faire en sorte que les pièces justificatives de leurs dépenses de service, et notamment de celles faites pendant le quatrième trimestre de chaque année, parviennent au Département *le plus tôt possible et en bonne règle.* J'insiste sur ces derniers mots : *et en bonne règle.* Je les recommande à l'attention de tous les agents, et je les signale surtout à ceux qui occupent les postes les plus éloignés. En effet, par suite des distances à franchir, leurs pièces de dépenses du quatrième trimestre de chaque année n'arrivent au Département qu'en mars ou avril de l'année suivante. Or, si ces pièces étaient insuffisantes ou irrégulières, et que le Ministère dût en demander de nouvelles ou renvoyer celles à rectifier, le temps nécessaire pour le double trajet de l'aller et du retour excéderait évidemment les délais restants, et la clôture de l'exercice aurait devancé le moment où l'administration recevrait de nouveau ces pièces. La dépense à laquelle elles se rapporteraient tomberait donc dans l'arriéré, et ne pourrait plus être remboursée que dans le courant de la troisième année, au plus tôt.

Je vous rappelle également que l'État, comme de raison, n'accepte à sa charge que les dépenses dont il a été mis à même d'apprécier la cause et l'utilité. Ainsi les motifs de toute dépense non autorisée, quelle qu'elle soit, doivent être expliqués. Il en est de même de tout voyage de service que vous auriez cru devoir entreprendre ou faire exécuter. Ces explications, évidemment, doivent être adressées à la direction qui est appelée à connaître de la dépense. Il faut qu'elle soit mise, par les réclamants, en mesure d'examiner leurs droits, de prendre les ordres du Ministre, et de justifier ses propres actes aux yeux de la Cour des Comptes et des Commissions de finances qui la contrôlent.

Recevez, etc.   Signé : DE LAHITTE.

N° 54.

Circulaire du Ministre de la marine en date du 8 novembre 1850, sur la clôture des opérations financières de chaque exercice.

Messieurs, un décret rendu le 11 août dernier, sur le rapport de M. le Ministre des finances, dispose qu'à partir de l'exercice 1850, les époques déterminées par les articles 90 et 91 de l'ordonnance du 31 mai 1838, en ce qui concerne la clôture de *l'ordonnancement* et du *payement* des dépenses de chaque exercice, sont et demeurent fixées, savoir :

« Au 31 juillet de la seconde année de l'exercice, pour *l'ordonnancement ;*

« Au 31 août suivant, pour le *payement* des ordonnances ministérielles. »

Ainsi, désormais la durée légale de l'exercice, dont le terme, pour l'ordonnancement était le 30 septembre, et pour le payement, le 31 octobre, sera abrégée de deux mois.

Cette disposition ajoute aux difficultés qu'éprouvait déjà le Département de la marine pour la préparation et la reddition de ses comptes d'exercice.

Il convient donc d'obvier, autant que possible, à ces difficultés, en fournissant à mes bureaux, dans le moindre délai, les moyens de pourvoir, en temps opportun, à la régularisation des dépenses faites à l'extérieur, et d'en comprendre ensuite les termes dans les comptes définitifs à soumettre à l'Assemblée nationale.

Les règlements ont déjà prescrit de rechercher et de saisir les plus prochaines occasions pour adresser directement au Ministre les pièces justificatives de celles de ces dépenses qui s'acquittent à l'aide de traites sur le Trésor public.

Aujourd'hui que, par suite du décret du 11 août, de nouveaux devoirs sont imposés à l'administration pour une plus prompte liquidation de ses dépenses, je rappelle expressément qu'aucune occasion de me faire parvenir, avec toute la célérité désirable, les justifications des traites émises ne doit être négligée.

Afin qu'au besoin on puisse profiter de la voie des paquebots anglais, il sera incessamment envoyé aux bâtiments qui auraient à user de cette voie des formules d'états conformes aux modèles annexés à l'instruction du 30 novembre 1845, imprimées sur papier léger.

Les officiers commandants devront veiller personnellement, dans tous les cas, à la plus prompte transmission des pièces dont il s'agit, *en ayant soin d'y joindre toujours des lettres d'envoi spéciales portant le timbre de la présente* (1). Je profite de l'occasion pour signaler à cet égard des omissions qui ne sont pas sans gravité, car, en exposant ces pièces à recevoir une fausse direction, elles peuvent empêcher d'en constater régulièrement l'arrivée, et même, par suite, en causer l'adirement.

Les recommandations faites ici aux commandants des bâtiments s'adressent également aux agents diplomatiques et consulaires, en ce qui a trait aux dépenses auxquelles ils ont à subvenir pour le compte de mon Département.

Au surplus, je les invite de nouveau à se conformer ponctuellement aux prescriptions de l'instruction du 31 mars 1849 (2), afin d'éviter toute irrégularité qui mettrait obstacle à la liquidation et à l'ordonnancement de ces dépenses dans les nouveaux délais fixés par le décret du 11 août.

Je les prie, en outre, de prêter, à l'occasion, tout leur concours aux officiers commandants, pour faciliter l'envoi des comptabilités de bord.

J'ajoute qu'indépendamment des pièces justificatives des émissions de traites, les conseils d'administration des bâtiments doivent, aux termes des articles 217 et 219 de l'ordonnance du 11 octobre 1836, faire parvenir avec la plus grande promptitude aux ports comptables, tous les états et renseignements relatifs aux payements de la solde et accessoires de la solde faits à l'extérieur, notamment les feuilles de journées, dont il est indispensable qu'ils soient saisis en temps utile pour pouvoir procéder au décomptage des rôles et aux diverses opérations qui en sont la conséquence.

_____

(1) Direction de la comptabilité, bureau des dépenses d'outre-mer.
(2) V. cette circulaire ci-dessus, p. 240.

Les nouveaux délais de clôture rendent évidemment plus impérieuse encore que par le passé l'obligation d'établir ces derniers documents dans *les dix premiers jours* qui suivent le terme de l'exercice de fait (31 décembre), date à laquelle la même ordonnance prescrit d'en arrêter les résultats. Je recommande de la manière la plus formelle de n'opérer désormais au delà de ce terme aucun payement de l'espèce.

Afin de prévenir toute cause de retard de ce côté, il importe donc de tenir rigoureusement la main à ce que les commis d'administration chargés de dresser les feuilles de journées apportent, dans ce travail, une diligence égale au soin et à l'exactitude qu'il exige. Je ne saurais trop insister à cet égard, et les commandants, d'ailleurs responsables de la transmission de ces éléments essentiels de comptabilité, me signaleront ceux desdits agents qui, sous ce rapport, n'auraient pas strictement rempli leur devoir.

Recevez, etc.   Signé : ROMAIN-DESFOSSES.

N° 55.

Rapport du 24 décembre 1850, sur la police sanitaire, adressé au Président de la République, par M. le ministre de l'agriculture et du commerce.

Monsieur le Président, depuis quelques années, le crédit affecté aux dépenses du service sanitaire organisé sur le littoral de la France, a été réduit dans des proportions considérables, et mon Département a dû s'occuper de rechercher les modifications qu'il, était possible d'introduire dans ce service, pour en diminuer les dépenses sans porter atteinte aux garanties que réclame le double intérêt de la santé publique et de nos relations internationales.

L'examen de cette question a bientôt démontré qu'on ne pouvait songer à obtenir des économies de quelque importance sans modifier profondément l'organisation donnée à nos institutions sanitaires par l'ordonnance royale du 7 août 1822, et dont une expérience de près de trente années a fait ressortir d'ailleurs les graves imperfections. En conséquence, le comité consultatif d'hygiène publique, établi près de mon Ministère, a été appelé à préparer les bases d'une organisation nouvelle. Mais, comme dans une matière aussi délicate, il importe de n'accueillir qu'avec une extrême réserve les innovations qui semblent le mieux justifiées, il m'a paru convenable, avant d'adopter aucune résolution, de faire étudier sur place, par M. le préfet des Bouches-du-Rhône et par le commissaire actuellement chargé du service sanitaire à Marseille, les différentes questions que pouvait soulever l'application du projet élaboré dans le sein du comité d'hygiène.

Le décret que j'ai l'honneur de soumettre aujourd'hui à votre sanction, Monsieur le Président, est le résultat de cette double étude, et j'ai la confiance qu'il répondra à toutes les exigences du service, en même temps qu'il permettra de réaliser d'une manière définitive les économies commandées par les votes de l'Assemblée constituante et de l'Assemblée législative.

Vérifier l'état sanitaire des navires, de leurs équipages et de leurs passagers au moment où ils arrivent dans nos ports ; leur accorder, suivant les cas déterminés par les règlements, la libre entrée immédiate ou les soumettre à une séquestration plus ou moins longue, et dont la durée varie en raison du degré de suspicion de la provenance ou du danger qu'elle peut présenter pour la santé publique ; arrêter, sous l'approbation de l'autorité supérieure, les règlements locaux relatifs à la police sanitaire du littoral, et notamment ceux qui concernent la police des lazarets ; prendre les dispositions nécessaires pour empêcher les communications suspectes, soit dans l'intérieur de ces établissements, soit au dehors ; remplir, dans les lazarets et autres lieux réservés, les fonctions judiciaires déterminées par la loi du 3 mars 1822, ainsi que les fonctions d'officier de l'état civil ; enfin, certifier, au moment du départ de chaque navire, l'état sanitaire du port d'embarquement, afin d'éclairer les administrations étrangères sur le régime auquel les provenances de notre pays doivent être soumises, et entretenir au besoin et dans le même but une correspondance directe avec nos agents diplomatiques ; telles sont, en substance, les attributions des autorités sanitaires établies sur nos côtes.

Aujourd'hui, l'organisation de ces autorités consiste dans un système d'intendances et de commissions, sous la juridiction desquelles tout le littoral est placé pour l'exercice de la police sanitaire. Instituées dans les principaux ports, les intendances sont composées de huit membres au moins et de douze au plus (celle de Marseille seule en comptait seize) ; ces membres sont nommés par le Ministre du commerce ; les commissions sont formées de quatre membres au moins et de huit au plus, nommés par les préfets. Des agents supérieurs des administrations de la guerre, de la marine et des douanes sont en outre autorisés à assister, avec voix délibérative, aux séances de celles de ces administrations collectives dans le ressort desquelles ils sont employés. Le personnel des intendances et des commissions est renouvelé tous les trois ans par moitié, et les membres sortants peuvent être réélus. Les commissions sont, en général, placées sous l'autorité des intendances : quelques-unes seulement relèvent directement des préfets. Les fonctions des membres des intendances et des commissions sont gratuites ; mais elles ont sous leurs ordres des agents salariés qui sont chargés de tous les détails du service.

Créée en 1822, cette organisation n'est à peu de chose près que la généralisation de celle qui existait depuis plusieurs siècles sur le littoral de la Méditerranée, où elle s'était formée en quelque sorte d'elle-même et pouvait trouver sa raison d'être dans les institutions du pays à l'époque où elle a pris naissance ; mais si l'extension qui lui a été donnée en 1822 peut s'expliquer par les tendances politiques du moment, il n'en est pas moins vrai qu'une pareille organisation est loin d'être en harmonie avec le système administratif qui a prévalu en France depuis un demi-siècle.

Le système des administrations collectives a été expérimenté dans notre pays sur une très-grande échelle pendant les premiers temps qui ont suivi la révolution de 1789 : l'épreuve ne lui a pas été favorable, et si, dans l'application qui en a été faite jusqu'à ce jour au service sanitaire, il n'a pas présenté plus d'inconvénients, peut-être faut-il l'attribuer à ce que, habituellement, il n'a été qu'une fiction? On ne pouvait exiger, en effet, qu'une intendance composée de neuf, douze et même seize personnes, ayant pour la plupart des affaires personnelles qui absorbent presque tout leur temps, se réunît chaque jour pour s'occuper gratuitement de la direction d'un service public. Aussi l'ordonnance du 7 août 1822 défère-t-elle ce soin à un président *semainier* qui doit, comme son titre l'indique, être renouvelé tous les huit jours. Le pouvoir exécutif des intendances est donc confié à tour de rôle à un seul de leurs membres; et, pour peu qu'on ait quelque expérience des affaires administratives, pour peu qu'on ait été à même de constater quelle est l'influence de la personne, de l'administrateur sur la direction du service dont il est chargé, il y a lieu d'être étonné tout d'abord qu'avec un changement si fréquent dans le personnel dirigeant, on ait pu obtenir quelque esprit de suite dans l'application des mesures sanitaires. Mais, on l'a déjà dit, les intendances et les commissions ont des employés salariés; elles ont un secrétaire chargé du soin de leur correspondance, de la direction de leurs bureaux et de la conservation de leurs archives; elles ont des officiers, des agents qui ont pour mission de veiller à l'accomplissement de toutes les règles sanitaires, de les faire exécuter, d'en constater l'infraction, et c'est entre les mains de ces divers agents salariés, véritables dépositaires de la tradition, que se trouve concentrée en grande partie l'action administrative. Ainsi, par la force même des choses, il s'est formé au-dessous des intendances une hiérarchie permanente, dont la responsabilité vis-à-vis du Gouvernement est couverte par celle d'un corps contre lequel il ne possède aucun moyen de coercition efficace.

Au point de vue des principes d'une bonne administration, c'est un état de choses qu'il importe de faire cesser, et, sous le rapport de l'économie, il a été reconnu que cet ensemble d'administrations collectives gratuites, entouré d'un personnel nombreux, nommé par elles et rétribué sur les fonds de l'Etat, est loin d'être avantageux au Trésor public.

Une considération d'un ordre plus élevé commandait, d'ailleurs, l'abandon d'un pareil régime.

La question sanitaire, la question des quarantaines, se lie trop étroitement aux intérêts généraux du pays pour pouvoir être subordonnée à des intérêts de localité.

L'objet principal de toutes les précautions sanitaires est de prévenir l'introduction des maladies épidémiques dont on suppose que le germe peut être transporté d'un pays dans un autre par les personnes, les marchandises ou les bâtiments qui leur servent de véhicule. Les villes de l'intérieur ne sont donc guère moins intéressées que celles du littoral à la stricte exécution des lois et règlements sanitaires, et pour ne citer qu'un exemple, si la marche du choléra pouvait être arrêtée par les quarantaines, qui aurait plus d'intérêt à ce qu'elles fussent rigoureuse· ment observées que la ville de Paris, qui, dans une période de moins de vingt années, a payé deux fois un si large tribut au fléau.

Cependant, dans l'état actuel de l'organisation du service, à qui l'exé-cution des décisions émanées de l'autorité centrale est-elle confiée? A des corps, à des administrations collectives, dont les membres sont as-surément fort honorables, mais qui, par l'effet même de leur situation, peuvent être entraînés à retarder ou à entraver l'application de toutes les mesures qni contrarient des intérêts ou des préjugés locaux.

Il est vrai que jusqu'à présent cet état de choses n'a eu aucune con-séquence fâcheuse pour la santé publique ; il est vrai qu'en général les intendances ont été portées à exagérer plutôt qu'à diminuer les précau-tions prescrites par les règlements ; mais il ne faut pas se dissimuler que si, sur certains points du littoral, le Gouvernement a trouvé de la ré-sistance toutes les fois qu'il a voulu réformer les anciennes règles sani-taires, il n'en rencontrerait peut-être pas moins de la part des autori-tés sanitaires d'autres ports, s'il jugeait nécessaire de revenir à un sys-tème de précautions plus sévères. Qui pourrait garantir d'ailleurs que dans les localités mêmes où l'on attache aujourd'hui tant d'importance à certaines précautions, il ne s'opérera pas d'ici à quelques années un de ces retours d'opinion, un de ces brusques changements qui ne sont que trop fréquents dans le monde, et qu'on ne se passionnera pas avec la même vivacité pour des idées tout opposées à celles qui prévalent au-jourd'hui ? Dans tous les cas, il est hors de doute qu'indépendamment de ce qu'elle est contraire aux règles d'une bonne administration, la position indépendante des autorités chargées de l'exécution des mesures sanitaires n'offre pas, à beaucoup près, tous les gages de sécurité dési-rables.

Il est en outre à considérer que les précautions sanitaires n'ont pas exclusivement pour but la préservation de la santé publique ; elles peu-vent, dans certaines circonstances, être dictées par l'intérêt de notre commerce maritime et de nos relations internationales. Nous sommes, à la vérité, parfaitement libres d'accorder aux navires qui abordent dans nos ports toutes les facilités que nous jugeons sans péril pour l'état sanitaire de notre pays ; mais nous ne pouvons contraindre les autres nations à partager notre sécurité ; nous sommes donc obligés de tenir compte de leurs susceptibilités, de leurs opinions, de leurs préjugés mêmes, pour ne pas exposer notre marine marchande à être repoussée des ports étrangers ou à y subir des quarantaines qui lui causent un préjudice considérable, et, sous ce point de vue, il est également de la plus haute importance que l'application des mesures adoptées par le Gouvernement ne puisse pas être entravée par la résistance d'intérêts de localités.

La conséquence des considérations qui précèdent est facile à tirer : c'est qu'en matière sanitaire, comme dans toutes les autres branches des services publics, l'exécution des lois et règlements doit être confiée à des fonctionnaires, à des agents spéciaux qui relèvent de l'administration centrale et soient placés sous son autorité.

Mais, d'un autre côté, bien que l'application des précautions sanitaires ait un caractère incontestable d'utilité générale, bien qu'en admettant toute l'efficacité qu'on leur attribue, la société tout entière ait un intérêt réel à ce qu'elles soient scrupuleusement observées, on ne saurait méconnaître néanmoins que les villes du littoral n'en aient un plus prochain, plus direct, plus sensible que celui des autres localités ; car, sous ce rapport, elles sont placées, pour ainsi dire, à l'avant-garde du pays ; en pareille matière il semble donc parfaitement convenable de les associer, dans une certaine mesure, à l'action de l'autorité centrale.

L'expérience l'a d'ailleurs depuis longtemps démontré : l'application des mesures sanitaires soulève, surtout dans les grands ports, des questions délicates, imprévues et dont cependant la solution ne saurait être ajournée. Il pourrait y avoir de sérieux inconvénients à abandonner à un seul agent la décision de ces questions, dans lesquelles, la plupart du temps, des intérêts de plusieurs ordres se trouvent engagés. Il est donc nécessaire qu'à côté de chaque fonctionnaire chargé de faire exécuter les lois et règlements sanitaires, il y ait une commission locale, aux lumières de laquelle il puisse recourir dans les circonstances graves, et qui, dans les cas d'urgence, puisse arrêter, au moins provisoirement, les résolutions à prendre.

Cette nécessité reconnue, il restait à déterminer quelle serait la composition de ces commissions, et, en examinant de près la nature des questions dont elles auront à s'occuper, il a paru naturel d'en demander les éléments aux corps qui sont plus particulièrement appelés à représenter et à défendre l'intérêt de la cité, l'intérêt du commerce et celui de l'hygiène publique.

Telles sont, Monsieur le Président, les principales considérations qui ont inspiré le projet que j'ai l'honneur de présenter à votre approbation, et dans lequel on s'est appliqué constamment à concilier les droits de l'autorité, les droits du Gouvernement avec ce que les prétentions des populations du littoral peuvent avoir de légitime, avec ce que leurs susceptibilités, leurs préjugés mêmes, peuvent avoir de respectable.

D'après la nouvelle organisation, l'exercice de la police sanitaire serait confiée à des commissions et à des agences constituées de la manière suivante.

Dans chaque Département maritime, il y aurait au moins un agent principal nommé par mon ministère. Il serait chargé de l'exécution des lois, décrets et règlements sanitaires, en un mot, de toute la partie administrative du service, et il aurait sous sa direction tous les agents sanitaires de la circonscription qui lui serait assignée. Ces agents seraient nommés par le préfet sur la présentation de l'agent principal, qui, dans les ports à lazaret, où le service a beaucoup plus d'importance, prendrait le titre de directeur de la santé.

A côté de chaque agence, il y aurait une commission composée de rois membres au moins et de six au plus : un tiers des membres serait nommé par le conseil municipal, un tiers par la chambre de commerce, ou, à son défaut, par le tribunal de commerce, et un tiers par le conseil d'hygiène publique et de salubrité : les choix ne pourraient porter que sur des personnes faisant partie des corps qui les nommeraient et ayant leur résidence dans le lieu où siége la commission.

Quant aux commissions à établir dans les petits ports qui n'ont ni chambre, ni tribunal de commerce, ni conseil d'hygiène, mais dans lesquels aussi le service a généralement très-peu d'importance, attendu qu'il n'y vient la plupart du temps que des caboteurs, elles seraient entièrement élues par le conseil municipal. Toutes les commissions seraient nommées pour trois ans et renouvelées par tiers chaque année ; mais les membres sortants seraient rééligibles.

Dans toutes les localités, le maire aurait le droit d'assister aux séances de la commission avec voix délibérative, et il en serait de même à l'égard de quelques fonctionnaires ou chefs de service qui, à raison de leur position dans l'administration, dans l'armée de terre ou dans la marine, peuvent avoir des intérêts à défendre au sein des commissions ou des éclaircissements à leur donner. Du reste, sous ce rapport, le nouveau décret ne fait guère qu'appliquer à l'organisation nouvelle ce qui a lieu déjà depuis longtemps ; mais il autorise une nouvelle adjonction sur laquelle je crois devoir appeler particulièrement votre attention.

Vous savez, Monsieur le Président, combien notre commerce maritime a eu à souffrir pendant ces quatre derniers mois, des quarantaines qui lui ont été imposées dans les ports de l'Espagne et de l'Italie, à l'occasion de l'apparition de la fièvre jaune au Brésil et du choléra sur plusieurs points du littoral de la Méditerranée. Nous nous sommes hâtés de prendre les mesures qui nous ont paru propres à faire cesser les appréhensions des administrations étrangères ; mais, soit que ces mesures n'aient point paru suffisantes, soit qu'on craignît que, n'étant point dictées par la conviction de leur efficacité, elles ne fussent pas appliquées avec assez de sévérité, cette déférence de notre part pour les susceptibilités de nos voisins n'a pas eu tous les bons résultats qu'on était en droit d'en attendre. Dans cette occasion, la France a porté la peine de griefs déjà anciens. Depuis quinze ans elle s'est efforcée d'introduire dans son régime sanitaire toutes les améliorations qui lui ont paru autorisées par l'expérience, par les progrès de la raison publique et par l'autorité des corps savants ; et il en est résulté contre elle, de la part des nations qui ne l'ont pas suivie dans cette voie, une sorte d'état permanent de suspicion.

Dans une pareille situation, il m'a semblé qu'un des meilleurs moyens de faire cesser d'injustes préventions était d'initier le plus qu'il serait possible les gouvernements étrangers au mécanisme de notre organisation sanitaire, et de les mettre à même de juger par leurs propres yeux de l'étendue des garanties que nous exigeons et de la conscience avec laquelle nous faisons exécuter les mesures dictées par des craintes que nous ne partageons pas toujours. C'est dans cette pensée, Monsieur le Président, que j'ai fait insérer dans le décret une dispo-

sition portant que, sur tous les points du littoral où les nations étrangères entretiennent des Consuls, ceux-ci seront invités à se réunir au commencement de chaque année pour désigner l'un d'entre eux, qui aura
la faculté d'assister aux délibérations de la commission sanitaire avec
voix consultative. Nous avons pu juger déjà nous-mêmes par ce qui se
passe dans les ports du Levant tous les avantages qu'on peut retirer
d'une disposition analogue. J'ai l'espérance que les gouvernements
étrangers s'empresseront de répondre par une mesure semblable à cet
acte de franchise et de loyauté. Dans tous les cas, la présence des consuls étrangers dans nos commissions sanitaires contribuera très-cer-
tainement à détruire bien des préjugés qui nous sont défavorables et à
préparer les voies à une entente qu'il serait si désirable de voir régner
entre toutes les puissances qui ont des possessions sur la Méditerranée.

En effet, bien que les nouvelles commissions n'aient pas des pouvoirs aussi étendus que ceux des intendances, elles auront cependant
des attributions fort importantes. Indépendamment de ce qu'elles seront appelées à préparer les règlements locaux concernant le service
sanitaire, indépendamment de ce qu'elles seront consultées sur toutes
les questions hygiéniques et sanitaires relatives au régime intérieur des
lazarets, elles auront, dans certains cas de maladie suspecte constatés,
soit dans l'intérieur de ces établissements, soit à bord des navires, le
pouvoir de déterminer les mesures d'urgence que pourrait réclamer la
préservation de la santé publique ; elles auront d'ailleurs des réunions
périodiques et pourront même, en cas d'épidémie, désigner un de leurs
membres pour assister aux opérations du service confié au directeur
de la santé. Ainsi, les consuls étrangers, qui seront associés à leurs
travaux, seront à même d'édifier complétement leurs gouvernements
sur l'état sanitaire de notre pays et sur les précautions prises pour le
sauvegarder, et les populations de notre littoral trouveront un gage de
sécurité de plus dans la vigilance des commissions composées d'hommes investis de leur confiance.

Je crois inutile, Monsieur le Président, d'entrer ici dans des explications étendues sur les autres dispositions du projet : elles sont en
grande partie empruntées à l'ordonnance du 7 août 1822, que le nouveau décret doit remplacer ; les autres sont la conséquence de la nouvelle organisation qu'il s'agit de substituer à celle qui existe aujourd'hui.
Il n'a pas paru nécessaire de reproduire dans le nouveau décret les dispositions de l'ordonnance relatives aux provenances arrivant par la voie
de terre. Il n'a jamais existé de service sanitaire organisé d'une manière permanente sur notre frontière de terre, et si quelque circonstance extraordinaire commandait de prendre temporairement des précautions, le Gouvernement trouverait dans la loi du 3 mars 1822 les
pouvoirs nécessaires pour satisfaire à toutes les exigences du moment.

Sous le point de vue de l'économie, la nouvelle organisation, qui
place sous l'action directe du Gouvernement le personnel purement
administratif des autorités sanitaires, permettra de réduire le nombre
des agents du service au chiffre strictement nécessaire. Elle fera plus :
déjà, sur quelques points du littoral, l'accomplissement des formalités

sanitaires est confié à des agents du service des douanes. Le nouveau
décret permettra de généraliser autant que possible cet usage qui, dans
l'état actuel des choses, ne pouvait recevoir une très-grande extension.
Il a été reconnu, en effet, que sur une grande partie de nos côtes on
pourrait charger les employés de la douane de l'exécution des mesures
sanitaires ; un léger supplément de traitement imputé sur le budget de
mon ministère suffirait pour les indemniser du surcroît de travail qui
leur serait imposé, et il ne resterait qu'un petit nombre de ports où il
serait nécessaire de prendre les agents du service en dehors de l'administration des douanes et de leur allouer un traitement plus élevé. On
pourra, d'ailleurs, trouver dans ces ports des auxiliaires utiles parmi
les officiers de port et les agents du ministère de la marine. C'est ainsi
qu'il sera possible de réaliser les économies poursuivies avec tant de
persistance par nos Assemblées législatives, tout en conservant un
vaste système de surveillance qui embrassera tout le littoral.

Il me reste, Monsieur le Président, à dire quelques mots d'une disposition qui se rattache à l'ensemble du projet et dont je n'ai pas encore
parlé.

Depuis trois ans, la France a modifié profondément le système des
précautions qu'elle prenait à l'égard des provenances du Levant. Une
enquête sérieuse sur les nouvelles institutions sanitaires de l'empire
Ottoman, et les savantes recherches de l'Académie nationale de médecine sur la question de la peste, particulièrement sur la durée de
l'incubation de cette maladie, ont conduit l'administration à reconnaître qu'il y aurait un grand avantage pour notre sécurité et pour la facilité de nos communications avec le Levant à reporter sur les lieux
mêmes où la peste peut se produire une partie de la surveillance concentrée jusqu'alors tout entière sur notre littoral. De là l'institution des
médecins sanitaires français établis dans les principaux ports du Levant
et qui ont surtout pour mission de surveiller constamment l'état de la santé
publique dans ces contrées, et de déclarer à nos Consuls, au départ de
chaque navire, si on peut délivrer des patentes nettes, en d'autres termes si l'état sanitaire du pays ne donne lieu à aucun motif de suspicion. C'est à la condition d'être munis d'une semblable patente que les
navires à voiles sont affranchis de toute quarantaine dans nos ports ;
mais pour les bâtiments à vapeur qui font le service de la Méditerranée,
et dont la navigation est si rapide, cette garantie n'a pas paru suffisante,
et l'on exige de plus, non-seulement que le voyage ait duré au moins
huit jours, terme indiqué par l'Académie de médecine comme étant celui de l'incubation de la peste, mais encore que la traversée ait eu lieu
sous la surveillance d'un médecin commissionné par le Gouvernement.
Ce régime particulier aux provenances du Levant résulte d'une ordonnance royale du 18 avril 1847, et du décret que vous avez rendu le 10
août 1849, et il m'a paru qu'il devait prendre place dans un acte destiné
à embrasser notre organisation sanitaire dans son ensemble. Le nouveau décret ajoute seulement aux obligations des médecins embarqués
sur les paquebots, celle de remettre à l'autorité sanitaire du lieu de débarquement un rapport relatant toutes les circonstances du voyage de-

puis le départ jusqu'à l'arrivée. C'est ce qui se fait depuis quelque temps déjà ; mais je crois qu'il est bon de donner une consécration légale à cet usage.

Vous avez pu juger, Monsieur le Président, par l'exposé qui précède, de l'importance de la réforme qu'il s'agit d'opérer et du soin scrupuleux avec lequel mon administration s'est appliquée à résoudre dans un esprit de conciliation toutes les difficultés qu'elle présentait. Si vous approuvez les propositions que j'ai l'honneur de vous soumettre, je vous prierai de vouloir bien revêtir de votre signature le projet de décret ci-joint.

Veuillez agréer, etc.

Le Ministre de l'Agriculture et du Commerce,

Signé J. DUMAS.

N° 56.

Décret du 24 décembre 1850, sur la police sanitaire.

TITRE Ier. — RÈGLES GÉNÉRALES DE LA POLICE SANITAIRE.

1. Les provenances par mer ne sont admises à la *libre pratique* qu'après que leur état sanitaire a été reconnu par les agents préposés à cet effet.

2. Sont dispensés de toute reconnaissance les bâtiments dénommés au tableau A ci-annexé, tableau qui pourra être, suivant les circonstances, modifié par arrêté du Ministre de l'agriculture et du commerce, le comité consultatif d'hygiène publique établi près de son département entendu.

3. Tout bâtiment venant d'un port étranger ou d'une colonie française sera, sauf les cas d'exception énoncés au tableau B ci-annexé, porteur d'une patente de santé, laquelle fera connaître l'état sanitaire des lieux d'où il vient et son propre état sanitaire au moment où il est parti.

Ce tableau pourra être modifié par arrêté du Ministre de l'agriculture et du commerce, le comité consultatif d'hygiène publique établi près de son département entendu.

4. Tout navire qui n'aura pas de patente de santé, lorsqu'à raison de sa provenance il devrait en être muni, sera tenu en réserve pour la vérification de son état sanitaire, et il pourra être soumis à une quarantaine d'observation de trois à cinq jours.

Les cas de force majeure seront appréciés par l'autorité sanitaire.

5. Dans les pays étrangers, les patentes sont délivrées aux bâtiments

français par nos agents consulaires. Là où il n'existe pas d'agent consulaire français, les patentes doivent être demandées aux autorités du pays.

6. Dans les cas de relâche en cours de voyage, la patente sera visée par les autorités énoncées en l'article 5. S'il s'écoulait plus de cinq jours entre la date du visa et le départ du navire, la patente serait visée de nouveau.

7. Les navires porteurs de patentes raturées, surchargées ou présentant toute autre altération d'un caractère suspect, seront soumis à une surveillance particulière et aux mesures jugées nécessaires, sans préjudice des poursuites à diriger, selon les cas, contre le capitaine ou le patron, et, en outre, contre les auteurs desdites altérations.

8. Il est défendu à tout capitaine : 1° De se dessaisir de la patente prise au point de départ, avant d'être arrivé à sa destination; 2° De prendre et d'avoir à bord d'autre patente que celle qui lui a été délivrée audit départ; 3° D'embarquer sur son bord aucun passager ou autre individu qui paraîtrait atteint d'une maladie pestilentielle.

Il est enjoint à tout officier de santé d'un navire, et à défaut, au capitaine ou patron, de prendre note sur le journal de bord de toutes les maladies qui pourraient s'y manifester.

Il leur est également prescrit de tenir note, sur ledit journal, de toute communication qui aurait eu lieu en mer, et de tout événement de nature à intéresser la santé publique.

9. En cas de décès, après une maladie pestilentielle, les effets d'habillement ou de literie qui auraient servi au malade dans le cours de cette maladie seront brûlés si le navire est au mouillage, et, s'il est en route, jetés à la mer avec les précautions suffisantes pour qu'ils ne puissent surnager.

Les autres effets du même genre dont l'individu décédé n'aurait point fait usage, mais qui se seraient trouvés à sa disposition, seront soumis immédiatement à l'évent ou à toute autre purification.

Il sera fait mention, dans le journal de bord, de l'exécution de ces mesures.

10. Tout capitaine arrivant dans un port français est tenu : 1° D'empêcher toute communication avant l'admission à libre pratique; 2° De se conformer aux règles de la police sanitaire ainsi qu'aux ordres qui lui sont donnés par les autorités chargées de cette police; 3° D'établir son navire dans le lieu réservé qui lui est indiqué; 4° De se rendre, aussitôt qu'il y est invité, auprès des autorités sanitaires, en attachant à un point apparent de son canot, bateau ou chaloupe, une flamme de couleur jaune, à l'effet de faire connaître son état de suspicion et d'empêcher toute approche; 5° De produire auxdites autorités tous les papiers de bord ; de répondre, après avoir prêté serment de dire la vérité, à l'interrogatoire qu'elles lui font subir, et de déclarer tous les faits et donner tous les renseignements venus à sa connaissance qui peuvent intéresser la santé publique.

11. Peuvent être soumis à de semblables interrogatoires et obligés.

sous serment, à de semblables déclarations, les gens de l'équipage et les passagers, toutes les fois qu'il est jugé nécessaire.

12. Doivent se conformer aux ordres et aux instructions des autorités sanitaires les pilotes qui se rendent au-devant des navires pour les guider, ainsi que toutes les embarcations qui, en cas de naufrage ou de péril, iraient à leur secours.

13. Les défenses résultant, soit du présent titre, soit des titres suivants, ne feront pas obstacle aux visites des agents des douanes, soit dans les ports, soit dans le rayon de deux myriamètres des côtes, sauf toute application que de droit auxdits agents et à leurs embarcations, si par ces visites ils perdent leur état de libre pratique.

14. Les provenances des pays habituellement et actuellement sains sont admises à la libre pratique, immédiatement après la reconnaissance sanitaire, à moins d'accidents ou de communications de nature suspecte survenus depuis le départ.

15. Les quarantaines et les mesures particulières auxquelles doivent être soumises les provenances des pays suspects de maladies pestilentielles sont fixées, par décret, conformément à l'article 1er de la loi du 3 mars 1822.

Un tableau des quarantaines, conforme au tableau C ci-annexé, sera publié et affiché dans tous les lieux où existe une commission ou agence sanitaire.

16. En cas d'urgence, les autorités sanitaires peuvent prendre les dispositions nécessaires, qui sont immédiatement soumises à l'approbation du Ministre de l'agriculture et du commerce.

Leurs décisions sont accompagnées de l'énoncé des motifs qui les ont déterminées : elles sont rendues et notifiées sans retard.

Elles sont transcrites sur un registre spécial, chacune d'elles est signée séparément.

17. Les provenances des pays placés sous le régime de la patente brute ne sont admises que dans les ports ou rades spécialement désignés par le Ministre de l'agriculture et du commerce.

18. Si une maladie pestilentielle se manifeste à bord d'un bâtiment, même muni d'une patente nette, le capitaine du navire se rend dans l'un des ports désignés en vertu de l'article précédent, et s'il est forcé de relâcher dans un autre port ou rade, il est tenu en état de séquestration jusqu'à ce qu'il puisse reprendre le large.

19. Les lazarets et autres lieux réservés sont placés sous le même régime sanitaire que les provenances qu'ils renferment ou avec lesquelles ils sont en libre communication.

20. Les membres ou agents des autorités sanitaires ont seuls l'entrée des lazarets ou autres lieux réservés pendant la séquestration.

En cas de communication suspecte de leur part, ils sont considérés comme appartenant à la provenance avec laquelle ils ont communiqué, et ils en subissent le sort.

21. L'entrée desdits lazarets et lieux réservés peut, en cas de nécessité, être accordée à toute autre personne, par les agents sanitaires principaux dont il sera question au titre ci-après. La permission est

toujours donnée par écrit. Le permissionnaire est considéré comme
faisant partie de la provenance avec laquelle il communique, et il en
subit le sort.

22. Les autorités sanitaires déterminent autour des lazarets et autres
lieux réservés placés sous leur direction la ligne où finit la libre
pratique.

TITRE II. — ATTRIBUTIONS ET RESSORT DES AUTORITÉS SANITAIRES.

23. La police sanitaire est exercée par des commissions ou des
agences dont la composition et les attributions sont ci-après déterminées.

Indépendamment de ces agences ou commissions, et conformément
à l'ordonnance du 18 avril 1847, et du décret du 10 août 1849, des
médecins français établis en Orient, et des médecins commissionnés
par le ministre de l'agriculture et du commerce, et embarqués sur les
bâtiments à vapeur, sont chargés, pour la garantie de la santé publique, de concourir à l'exercice de la police sanitaire en ce qui concerne
les provenances du Levant.

24. Il y a des agents principaux et des agents ordinaires du service
sanitaire. Ils sont nommés par le Ministre de l'agriculture et du commerce.

Dans chaque Département maritime, il y a au moins un agent principal qui a sous sa direction tous les agents ordinaires du service sanitaire de la circonscription qui lui est assignée.

Dans les ports où il existe des lazarets, l'agent principal du service
sanitaire prend le titre de *directeur de la santé*.

La circonscription attribuée à chacun desdits agents est déterminée
par un arrêté du Ministre de l'agriculture et du commerce.

25. Les agents principaux du service sanitaire sont chargés de veiller à l'exécution et au maintien des lois, décrets, arrêtés et règlements
sanitaires.

Dans les ports où ils résident, ils reconnaissent ou font reconnaître
l'état sanitaire des provenances, et leur donnent la libre entrée, s'il y
a lieu. Ils font exécuter les règlements ou décisions qui déterminent la
quarantaine et les précautions particulières auxquelles les provenances
infectées ou suspectées doivent être soumises.

Les agents principaux pourvoient, en outre, dans les cas urgents,
aux dispositions provisoires qu'exige la santé publique, et provoquent
extraordinairement, au besoin, après en avoir donné avis au préfet ou
au sous-préfet, la réunion de la commission sanitaire, dont la composition est ci-après indiquée.

Ils délivrent ou visent les patentes et bulletins de santé dans les ports
où ils résident, ils les font délivrer ou viser dans les autres ports de
leur circonscription par les agents sanitaires placés sous leurs ordres.

Les directeurs de la santé sont en outre chargés de faire observer
l'ordre et la discipline dans les lazarets et autres lieux réservés.

26. Font partie de droit desdites commissions avec voix délibérative :

1° Le directeur de la santé ou l'agent principal du service sanitaire ;
2° Le maire ; 3° Le plus élevé en grade d'entre les officiers généraux
ou supérieurs attachés à un commandement territorial ; 4° Dans les
ports militaires, le préfet maritime, le major général, le président du
conseil de santé de la marine, et, dans les ports de commerce, le commissaire chargé du service maritime ; 5° Le directeur ou inspecteur des
douanes, et, à défaut, le plus élevé en grade des employés dans ledit
service ; 6° Dans les chefs-lieux de préfecture, deux conseillers de
préfecture.

Sur tous les points du littoral où les nations étrangères entretiennent
des Consuls, les Consuls seront invités à se réunir, au commencemen
de chaque année, pour désigner l'un d'entre eux qui aura la faculté
d'assister aux délibérations de la commission sanitaire, avec voix consultative.

27. Les commissions sanitaires renferment, en outre, trois membres
au moins et six au plus, désignés par l'élection : un tiers d'entre eux
est nommé par le conseil municipal, un tiers par la chambre de commerce, ou, à son défaut, par le tribunal de commerce du ressort, et
un tiers par le conseil d'hygiène publique et de salubrité de la circonscription.

Les choix ne peuvent porter que sur des personnes faisant partie du
corps qui les nomme, et ayant leur résidence dans le lieu où siége la
commission.

S'il n'existe pas de chambre de commerce dans la localité, le conseil municipal nommera, outre les membres choisis dans son sein, un
tiers des membres de la commission, choisi parmi les négociants.

S'il n'existe pas de conseil d'hygiène, il sera également chargé de
nommer le dernier tiers, qui sera choisi parmi les médecins.

28. Les membres de la commission sont nommés pour trois ans et
renouvelés par tiers chaque année ; pendant les deux premières années, les membres sortants sont désignés par le sort et ensuite par l'ancienneté. Ils sont indéfiniment rééligibles.

Les préfets et sous-préfets sont présidents nés de la commission
établie au siége de leur résidence ; ils peuvent déléguer leurs fonctions.

29. Les commissions sanitaires ont des réunions périodiques dont le
nombre est fixé par le préfet. Dans les ports de la Méditerranée, elles
se réunissent au moins deux fois par mois.

Les commissions sont convoquées d'urgence toutes les fois qu'une
circonstance de nature à intéresser la santé publique paraît l'exiger.
Elles transmettent, après chaque séance, un rapport sommaire sur la
situation sanitaire, au ministre de l'agriculture et du commerce.

Elles sont consultées sur les questions hygiéniques et sanitaires relatives au régime intérieur des lazarets, au choix des emplacements affectés aux navires mis en quarantaine ou en réserve ; enfin, sur les
plans et projets de constructions à faire dans les lazarets ou autres établissements sanitaires.

Toutes les fois que les commissions auront été convoquées pour des cas de maladie suspecte survenue, soit à bord d'un bâtiment, soit à l'intérieur du lazaret, les mesures qui, dans ce cas, pourront être nécessaires, seront arrêtées conformément aux délibérations prises par les commissions.

Elles proposent au préfet, pour être soumis à l'approbation du Ministre de l'agriculture et du commerce, les règlements locaux concernant le service sanitaire de leur circonscription. En cas d'urgence, ces règlements sont provisoirement exécutoires sur l'autorisation des préfets.

Lesdites commissions pourront, en cas d'épidémie, après délibération spéciale approuvée par le préfet, déléguer un de leurs membres pour assister aux opérations sanitaires du service confié au directeur de la santé, telles qu'elles sont définies dans l'article 25, et, en cas de dissentiments avec ce directeur, provoquer auprès du préfet la réunion immédiate de la commission, qui devra statuer sur la question soulevée, sauf à en référer, sans délai, au Ministre dans les cas douteux ou imprévus.

30. Les agents ordinaires du service sanitaire sont chargés, sur les différents points du littoral où ils sont placés, de veiller à l'exécution des règlements sanitaires, d'en empêcher l'infraction, de constater les contraventions par procès-verbal, d'avertir et d'informer le chef de service dont ils relèvent, et, en cas d'urgence, le maire de la commune où ils exercent leurs fonctions, de tout ce qui peut intéresser la santé publique.

Ils peuvent être chargés, par délégation de leurs chefs de service, de procéder à la reconnaissance sanitaire des navires, d'accorder la libre pratique et de délivrer des patentes et des bulletins de santé.

31. Conformément à l'ordonnance du 18 avril 1847, les médecins sanitaires français établis dans le Levant constatent, avant le départ des bâtiments, l'état sanitaire du pays : les patentes de santé sont délivrées sur leur rapport. Les médecins sanitaires embarqués à bord des bâtiments à vapeur surveillent, pendant le voyage, la santé des équipages et des passagers, tiennent note exacte, et jour par jour, des maladies observées, et en font l'objet d'un rapport embrassant toutes les circonstances du voyage, depuis le départ jusqu'à l'arrivée : ce rapport est remis à l'autorité sanitaire au moment de l'arraisonnement.

32. Les agents ordinaires et les employés du service sanitaire seront pris, autant que possible, parmi les agents du service des douanes; ils recevront, en qualité d'agents sanitaires, une indemnité sur les fonds affectés aux dépenses sanitaires.

33. Ont droit de requérir la force publique pour le service qui leur est confié : les directeurs de santé, les agents principaux et ordinaires du service sanitaire. Les mêmes ont le droit de requérir, mais seulement dans les cas d'urgence et pour un service momentané, la coopération des officiers et employés de la marine, des employés des douanes et des contributions indirectes, des officiers des ports de commerce, des commissaires de police, des gardes champêtres et forestiers, et au besoin, de tous les citoyens.

Ne pourront lesdites réquisitions d'urgence enlever à leurs fonctions habituelles des individus attachés à un service public, à moins d'un danger assez imminent pour exiger le sacrifice de tout autre intérêt.

34. Les directeurs de la santé et autres agents principaux du service sanitaire seront nommés par le ministre de l'agriculture et du commerce. Si ces agents appartiennent au service des douanes, leur nomination aura lieu sur la désignation du ministre des finances.

35. Les agents ordinaires du service sanitaire sont nommés par les préfets, sur la présentation du directeur de la santé ou de l'agent principal, et du consentement du directeur des douanes si l'agent désigné appartient à ce service.

36. Les autres employés, à divers titres, du service sanitaire, sont nommés par le préfet, sur la présentation de l'agent principal ou du directeur de la santé.

37. Les médecins attachés au service sanitaire des lazarets et du littoral sont nommés pour quatre ans par le ministre de l'agriculture et du commerce, sur une liste de trois candidats dressée par le préfet. Ils peuvent être continués dans leurs fonctions.

38. Les agents des lazarets exclusivement réservés pour les bâtiments de guerre sont nommés par le ministre de l'agriculture et du commerce, sur la désignation du ministre de la marine.

TITRE III. — POLICE JUDICIAIRE. — ÉTAT CIVIL. — JUGEMENTS DE SIMPLE POLICE.

39. Les fonctions de police judiciaire attribuées par l'article 17 de la loi du 3 mars 1822 aux membres des autorités sanitaires seront exercées par les agents principaux et les agents ordinaires du service sanitaire dans leurs circonscriptions respectives.

Les uns et les autres ne pourront exercer lesdites fonctions qu'après avoir prêté serment devant le tribunal civil.

40. Les jugements à rendre par lesdites autorités en matière de simple police et en vertu de l'article 18 de la même loi, le seront par le directeur de la santé, assisté de deux délégués de la commission sanitaire, le ministère public étant rempli par un troisième délégué de la commission, et les fonctions de greffier par un agent ou un employé du service sanitaire.

41. Les citations aux contrevenants et aux témoins seront faites par un simple avertissement écrit par le directeur de la santé, conformément aux articles 169 et 170 du Code d'instruction criminelle.

42. Le contrevenant devra comparaître par lui-même ou par un fondé de pouvoir. En cas de non-comparution, si elle n'est pas occasionnée par un empêchement résultant des règles sanitaires, il sera jugé par défaut. Si le contrevenant est empêché par cette cause, il sera sursis au jugement jusqu'à la fin de la quarantaine, à moins que ce ne soit un employé du lazaret ou de tout autre lieu réservé, obligé, par la nature de ses fonctions, à une séquestration habituelle, auquel cas,

s'il n'a pas désigné de fondé de pouvoirs, il lui en sera donné un d'office.

43. Un garde de santé commissionné à cet effet par le directeur de la santé sera chargé de notifier les citations et les jugements.

44. Seront au surplus observés en tout ce qui ne sera pas contraire au titre III de la loi du 3 mars 1822 et aux présentes dispositions, les articles 146, 147, 148, 149, 150, 151, 153, 154, 155, 156, 157, 158, 159, 160, 161, 162, 163, 164 et 165 du Code d'instruction criminelle.

45. Les fonctions de l'état civil, objet de l'article 19 de la loi du 3 mars 1822, seront remplies par le directeur de la santé, assisté d'un agent ou employé du service sanitaire faisant les fonctions de secrétaire.

TITRE IV. — DISPOSITIONS GÉNÉRALES.

46. Il est enjoint à tous les agents de la France au dehors de se tenir informés et d'instruire le Ministre de l'agriculture et du commerce, par la voie du Département dont ils relèvent, des renseignements qui importeront à la police sanitaire et à la santé publique de la France : s'il y avait péril, ils devraient en même temps avertir l'autorité française la plus voisine ou la plus à portée des lieux qu'ils jugeraient menacés.

Il est pareillement enjoint aux autorités sanitaires de se donner réciproquement les avis nécessaires au service qui leur est confié, à toutes les autorités de l'intérieur de prévenir qui de droit des faits à leur connaissance qui intéresseraient la santé publique.

Les chambres de commerce, les capitaines et patrons des navires arrivant de l'étranger, et généralement toutes les personnes ayant des renseignements sur les quarantaines, sont invitées à les communiquer au directeur de la santé.

47. Tous dépositaires de l'autorité et de la force publique, tous agents de l'autorité, soit au dehors, soit au dedans, qui seraient avertis d'infractions aux lois et règlements sanitaires, sont tenus d'employer les moyens en leur pouvoir pour les prévenir, pour en arrêter les effets et pour en procurer la répression.

48. En attendant que le service sanitaire soit organisé d'après le présent décret, les administrations sanitaires existantes continueront leurs fonctions conformément aux lois, ordonnances et règlements aujourd'hui en vigueur.

49. Le Ministre de l'agriculture et du commerce est chargé de donner les ordres nécessaires à l'exécution des présentes dispositions.

Les Ministres sont chargés, chacun en ce qui le concerne, de l'exécution du présent décret.

TABLEAUX.

TABLEAU C.

TABLEAU *des quarantaines*

1°

PAYS DE PROVENANCES.	NATURE de LA PATENTE de santé.	PAYS D'ARRIVÉE.	RÉGIME	
			NAVIRES A VOILES et leurs passagers.	MARCHANDISES.
Turquie d'Europe. Turquie d'Asie... Égypte......... Régence de Tripoli.	Patente nette.	Ports de la Méditer.	Libre pratique.	Libre pratique......
		Ports de l'Océan...	Idem..........	Idem.............
	Patente brute.	Ports de la Méditer.	Quarantaine de 10 jours pleins à partir de l'arrivée........	Quarantaine de 5 jours pleins à dater du déchargement au Lazaret, pour les marchandises dites *susceptibles.*
		Ports de l'Océan...	Idem.........	Idem.............

2° FIÈVRE

PAYS DE PROVENANCES.	NATURE de LA PATENTE DE SANTÉ.	PAYS D'ARRIVEE.
Pays où règne la fièvre jaune...	Patente brute..............	Ports de la Méditerranée...... Ports de l'Océan..., ...

3° CHOLERA

PAYS DE PROVENANCES.	NATURE de LA PATENTE DE SANTÉ.	OBSERVATIONS.
Pays où règne le choléra	Patente brute..............	Ports de la Méditerranée...... Ports de l'Océan............

iblies en France.

ESTE.

NITAIRE.		DESIGNATION des decrets et ordonnances en vertu desquels les quarantaines sont établies.	OBSERVATIONS.
ᴀᴠɪʀᴇꜱ ᴀ ᴠᴀᴘᴇᴜʀ ᴇᴛ ʟᴇᴜʀꜱ ᴘᴀꜱꜱᴀɢᴇʀꜱ.			
Àyaut un médecin sanitaire (1).	Sans médecin sanitaire.		
ꞗre pratique lorsqu'il est écoulé 8 jours ꞓeins à partir du départ. ꞗre pratique.......	Observation de 3 jours.......... Libre pratique....	Décret du 10 août 1849.	(1) Les médecins sanitaires doivent être commissionnés par le ministre de l'agriculture et du commerce.
arantaine de 10 jours ꞓeius à partir de l'arrivée. ꞓm...............	Quarantaine de 10 jours pleins à partir de l'arrivée. Idem...........	Ordonnance du 18 avril 1847.	

ᴜNE.

RÉGIME SANITAIRE.		DESIGNATION des décrets et ordonnances en vertu desquels les quarantaines sont établies.	OBSERVATIONS.
NAVIRES ꞓt leurs passagers.	MARCHANDISES.		
arantaine de 3 à 10 ꞓurs pleins (1). ꞗre pratique quand n'y a eu à bord ni orts ni malades de fièvre jaune pendant s 10 derniers jours ꞓ la navigation.	Libre pratique ... Idem...........	Décret du 4 août 1850. Ordonnance du 20 mai 1845.	(1) Si, pendant la durée de la quarantaine, il s'est manifesté des cas de fièvre jaune, cette quarantaine pourra être prolongée de 10 jours à partir de la terminaison de la maladie dans le dernier cas constaté.

ORBUS.

REGIME SANITAIRE.		DESIGNATION des decrets et ordonnances en vertu desquels les quarantaines sont établies.	OBSERVATIONS.
NAVIRES ꞓt leurs passagers.	MARCHANDISES.		
arantaine d'observa-on de 3 à 5 jours cins (1). arantaine de 3 à 5 ꞓurs quand il y aura ꞓ un ou plusieurs ꞓs de choléra depuis départ.	Libre pratique... Idem..........	Décret du 24 juillet 1850. Décret du 25 octobre 1848.	(1) Si, pendant la durée de la quarantaine, il s'est manifesté des cas de choléra, cette quarantaine pourra être prolongée de 5 jours à partir de l'invasion du choléra chez le dernier malade.

— TABLEAU A. —

Nomenclature des navires qui sont dispensés (en temps ordinaire) des vérifications
sanitaires, au moment de leur arrivée dans les ports de France.

1° Les bateaux pêcheurs. — 2° Les bâtiments des douanes. — 3° Les
navires qui font le petit cabotage d'un port français à un autre. —
4° Les paquebots arrivant à des jours déterminés de la Belgique, de
la Hollande et de la Grande-Bretagne. — 5° Les bateaux à vapeur qui
naviguent de Marseille à Toulon, d'Arles à Marseille, de Port-Vendres
à Antibes. — 6° Tous paquebots à voile ou à vapeur dont le trajet
n'excède pas 12 heures de navigation, et qui sont porteurs d'une patente de santé : *valable pour un an.*

Nota. Ces navires sont tenus d'arborer, à leur entrée dans le port
français, un signal indiqué d'avance par l'administration sanitaire locale. S'ils interrompent leurs voyages réguliers pour desservir, même
momentanément, une autre ligne, ils doivent faire renouveler leur patente, et payer un nouveau droit pour continuer de jouir de l'exemp-
tion de l'arraisonnement.

— TABLEAU B. —

Nomenclature des navires qui sont dispensés (en temps ordinaire) de représenter
une patente de santé à leur arrivée dans les ports de France.

1° Ceux qui naviguent au grand cabotage des ports français de l'O-
céan et de la Manche aux ports français de la Méditerranée, et *vice
versa.* — 2° Les navires provenant de l'Angleterre, de la Belgique, de
la Hollande et des états du nord de l'Europe. — 3° Les bâtiments qui
vont faire la pêche de la Morue à Terre-Neuve, au Doggers-Bank et
dans les mers d'Islande. — 4° Les navires baleiniers. — 5° Les bateaux corses qui font habituellement le commerce du bétail sur les
côtes de Sardaigne.

N° 57.

*Circulaire des affaires étrangères du 30 avril 1851 sur l'apure-
ment de la comptabilité et la justification des recettes et dépenses
des chancelleries.*

Monsieur, l'amendement inséré dans la loi portant fixation du budget
des recettes de l'année 1834, et en vertu duquel les droits perçus dans
les Chancelleries consulaires qui jusqu'alors n'avaient été établis que
par ordonnance, ont été rangés au nombre des perceptions autorisées
par la loi, a eu pour conséquence d'appeler l'attention de la cour des

comptes sur cette comptabilité toute spéciale et de provoquer de sa part la demande de documents qui lui permissent de prononcer son jugement sur les opérations effectuées par les Chancelleries diplomatiques et consulaires.

Ces documents lui ont été, en effet, régulièrement transmis depuis cette époque, à la fin de chaque exercice, mais, se fondant sur leur insuffisance, elle en avait ajourné l'examen. Toutefois, en 1847, des mesures ayant été concertées entre mon Département et celui des finances, dans le but de rendre plus facile le contrôle des droits constatés et recouvrés dans les Chancelleries d'après leur rapprochement avec les fixations du tarif légal, et ces mesures, qui ont fait l'objet de la circulaire ministérielle du 12 août de la même année ayant paru présenter des garanties suffisantes d'ordre et de régularité pour l'avenir, les dispositions réglementaires ont pu être intégralement appliquées à la vérification des comptes des Chancelleries.

La Cour des comptes a, en effet, rendu, le 14 janvier dernier, un arrêt provisoire qui comprend les comptes des exercices de 1834 à 1847.

Comme on devait s'y attendre, les imperfections qui existent encore dans le service des Chancelleries diplomatiques et consulaires n'ont pas échappé à son attention et ont été signalées à mon prédécesseur par une lettre de M. le premier Président qui a, en même temps, pour objet de réclamer le concours du Département des affaires étrangères, pour amener cette comptabilité à une situation plus régulière.

Diverses mesures nouvelles sont proposées dans ce but et s'appliquent principalement aux dépenses des Chancelleries qui n'ont pas encore semblé à la Cour appuyées de pièces justificatives suffisantes.

Elle a remarqué d'abord un défaut complet d'uniformité entre les divisions des comptes individuels des Chanceliers et celles du compte général de l'agent spécial du Ministère des affaires étrangères. Les chapitres ne se produisant pas d'une manière identique dans ces divers documents, il en résulte que, s'il y a accord sur l'ensemble du chiffre dans les deux termes de comparaison, il y a dissemblance dans les subdivisions, et cette différence complique et retarde le contrôle. La Cour exprime donc le désir qu'il soit prescrit aux Chanceliers de se servir, pour le classement des pièces de dépenses, de modèles de bordereaux combinés de manière à reproduire exactement les divisions du compte de l'agent spécial, et elle recommande les projets de modèles que vous trouverez ci-joints (1), et qui me paraissent en effet remplir à tous égards les conditions désirables.

Vous remarquerez, Monsieur, que le premier de ces modèles, intitulé *bordereau de détail*, devra renfermer les pièces justificatives des états trimestriels auxquels elles s'appliquent, c'est-à-dire qu'il doit être *détaché*; le second, qui résume simplement les pièces transmises trimestriellement, peut figurer au dos de l'état récapitulatif prescrit par la circulaire du 12 août 1847, à la place qu'occupe, dans l'état actuel

---

(1) V. ces modèles au tome Ier du Formulaire, nos 25, 26 et 27.

de choses, le chapitre des dépenses; le bordereau récapitulatif étant mis, comme vous le savez, sous les yeux de la Cour des comptes avec toutes les pièces à l'appui de la comptabilité, la Cour se trouvera munie de cette manière de tous les éléments de contrôle dont elle a besoin. Il n'est rien changé, du reste, aux dispositions de la circulaire du 12 août 1847, en ce qui concerne le certificat de conformité émanant du chef de mission ou du Consul. Ce certificat devra seulement figurer désormais à la suite des recettes, qui seront, d'ailleurs, également arrêtées par le Chancelier dans la forme ordinaire.

L'une des principales dépenses des Chancelleries consiste dans les remises allouées aux Chanceliers en vertu de l'article 5 de l'ordonnance du 23 août 1833. La Cour des comptes a remarqué une grande diversité dans le mode de justification de cette dépense; par sa nature cependant et à raison des règles précises qui la déterminent dans chaque Chancellerie, elle comporte évidemment une justification uniforme. L'établissement d'un seul modèle a donc paru nécessaire à la Cour, et elle en propose le cadre sous la forme de l'annexe n° 3 (1). Par la circulaire en date du 2 septembre 1833 (2), mon Département avait transmis à tous les Consuls un modèle de tableau qu'ils devaient joindre aux états de comptabilité du quatrième trimestre et qui remplissait jusqu'à un

---

(1) V. ce modèle au tome 1er du Formulaire, N° 30.
(2) Au lieu de reproduire cette circulaire à sa date et à la suite des ordonnances des 23 et 24 août 1833, nous avons préféré la placer ici en *note*, qu'elle sert à commenter, afin que les agents trouvassent ainsi réunies les deux instructions générales qui concernent la comptabilité des Chancelleries.

CIRCULAIRE *des affaires étrangères du 2 septembre 1833, sur la comptabilité des Chancelleries.*

Monsieur, le Département des affaires étrangères avait reconnu depuis quelques années, qu'il était indispensable de soumettre à des mesures d'ordre plus sévères les recettes et les dépenses des Chancelleries consulaires : les prescriptions de l'ordonnance royale du 8 août 1814 et de la circulaire du 18 octobre 1827 n'étaient plus exécutées, par un assez grand nombre de Consuls, que d'une manière tardive ou incomplète, et ces prescriptions elles-mêmes n'offraient pas, à beaucoup près, toutes les garanties qui doivent résulter d'une comptabilité régulière.

Une circonstance récente est venue rendre plus urgente la nécessité de modifier l'état de choses actuel : en vertu d'un amendement qu'a inséré la Chambre des députés dans le budget des recettes pour 1834, les droits de Chancellerie qui, jusqu'à présent, n'avaient été établis que par ordonnance, ont été rangés au nombre des perceptions autorisées par la loi : on devait prévoir, dès lors, que l'attention des Chambres et celle de la Cour des comptes ne tarderaient pas à se porter sur les formes qui accompagnent et suivent l'acquittement des droits, ainsi que sur l'emploi qui en est fait.

J'ai donc pensé qu'il était impossible de différer plus longtemps d'assujettir ces perceptions à un système de comptabilité régulière, aussi rapproché de celui de la comptabilité générale de l'État que le permettent les spécialités inhérentes au service des Consulats, et, sur ma proposition, le

certain point le but que la Cour veut atteindre. Toutefois, les dispositions de cette circulaire n'étant pas également observées par tous les

---

Roi vient d'approuver les deux ordonnances ci-jointes, qui sont rédigées dans
ce but (1).

La première règle la comptabilité des Chancelleries, la seconde fixe les
remises accordées aux Chanceliers, après l'acquittement des frais, sur les
droits qu'ils perçoivent, et détermine l'emploi d'un fonds commun qui sera
formé de l'excédant des recettes.

L'importance des modifications apportées à l'état actuel des choses, en
ce qui concerne le partage des produits, réclame d'abord quelques explications.

Le premier principe à établir, comme fondement d'une comptabilité régulière, c'était qu'à côté du Chancelier chargé de percevoir les droits, se trouvât
un contrôleur de la perception. Ces contrôleurs ne pouvaient être que les
Consuls, et, pour que leur surveillance ne fût pas considérée comme illusoire,
il fallait qu'ils n'eussent point part aux recettes. Aussi, les deux ordonnances
ci-jointes ne leur en laissent-elles aucune, et elles priveront, par conséquent,
quelques agents d'émoluments plus ou moins considérables. Mais le traitement fixe qui leur est alloué suffira toujours pour leur assurer une existence
honorable.

D'un autre côté, les recettes des Chancelleries n'ayant d'importance que
dans un petit nombre de postes et se trouvant, dans tous les autres, complétement ou presque complétement absorbées par les frais, il résulte
du mode d'après lequel s'opère actuellement la répartition des produits,
que quelques Chanceliers touchent des émoluments trop élevés, tandis que
ceux de la plupart des autres sont très-faibles ou absolument nuls. Le Roi
a jugé équitable et conforme à l'intérêt du service de faire disparaître, autant que possible, cette inégalité, en réduisant, d'après certaines proportions, les émoluments des Chanceliers les plus favorablement placés, et
en formant, tant des produits de ces réductions que de la totalité des sommes
que les Consuls cesseront de toucher, un fonds commun sur lequel il pourra
être annuellement payé deux mille francs à ceux des Chanceliers qui sont
institués par Sa Majesté et mille francs à ceux qui sont nommés par les
Consuls, avec l'agrément du Ministre des affaires étrangères.

Quant aux sommes restées disponibles sur le fonds commun, après l'acquittement de ces honoraires, elles seront versées au trésor.

Au moyen de ces éclaircissements, il vous sera facile, Monsieur, de saisir
toute l'économie des deux ordonnances.

Le second paragraphe de l'article 1er de celle du 23 août porte que les
tarifs doivent être constamment affichés dans les Chancelleries : c'est la
reproduction d'une prescription déjà faite par l'ordonnance du 8 août 1814;
mais quelques Consuls négligeaient de l'observer, et, sous aucun prétexte,
ils ne doivent se dispenser maintenant de s'y conformer : vous voudrez bien,
d'ailleurs, m'envoyer immédiatement une copie certifiée du tarif en vigueur
dans votre Consulat, en me faisant connaître depuis quelle époque il y est
observé et à quelle date il a été approuvé par le Ministère.

Le second paragraphe de l'article 2 tend à modifier l'usage qui s'était
introduit dans plusieurs Chancelleries, de faire payer les actes omis dans les
tarifs aux prix fixés pour ceux qui paraissaient analogues, ou du moins

(1) V. ci-dessus, p. 49 et 52, le texte de ces deux ordonnances, portant la date des
23 et 24 août 1833.

Chanceliers, et le modèle que propose la Cour étant d'ailleurs conçu à un point de vue plus général, puisqu'il est indistinctement applicable

---

comme les actes tarifés le plus bas : les actes omis devront désormais être délivrés *gratis*.

L'article 3, conformément au principe fondamental ci-dessus établi, porte que le Chancelier est seul chargé de faire les perceptions et d'acquitter les dépenses, sous le contrôle du Consul ; c'est dire implicitement qu'aucun droit ne pourrait être perçu dans les postes où le Chancelier viendrait à manquer.

En autorisant les Chanceliers, par l'article 4, à déléguer un commis qui les remplacera, lorsqu'ils seront chargés de la gestion du consulat, l'intention de Sa Majesté est que leur choix tombe, autant que possible, sur un Français, et que, dans tous les cas, ce commis soit âgé de plus de 21 ans. Ces recommandations, ainsi que la disposition même de l'article 4, sont applicables aux cas où les Chanceliers viendraient à s'absenter par congé.

L'article 5 indique la destination que recevront, en conformité des nouvelles règles indiquées plus haut, les recettes de Chancelleries ; vous remarquerez qu'elles s'accordent avec les anciennes, en ce point que l'acquittement des frais figure toujours au premier rang.

Il résulte de l'article 6 que les frais de Chancellerie seront réglés annuellement et à l'avance, pour chaque poste, par le Ministre des affaires étrangères : vous aurez donc, Monsieur, à m'envoyer immédiatement un rapport de votre Chancelier sur les dépenses à faire dans la Chancellerie, pendant l'année 1834. Je désire que la plus grande économie préside à ces évaluations, et je dois vous prévenir que je les soumettrai moi-même à un contrôle sévère. Ainsi, Monsieur, non-seulement elles ne devront dépasser dans aucun poste la somme pour laquelle elles ont figuré dans les états de la Chancellerie de ce même poste, pendant les dernières années, mais, même, il conviendra de la réduire, autant que possible, notamment en ce qui concerne le loyer de la Chancellerie : en effet, l'intention du Roi est que la Chancellerie soit établie dans la maison consulaire, sauf des exceptions très-rares, qui devront être appuyées sur les explications les plus positives ; hors de ces cas, il n'y aura jamais lieu à l'allocation d'un loyer pour la Chancellerie, et comme, dans le très-petit nombre de postes pour lesquels l'exception sera admise, le loyer devra être strictement borné aux pièces qu'exigera le service, il ne pourra jamais dépasser un taux relativement très-modique.

Vous êtes particulièrement chargé, Monsieur, de surveiller les prélèvements que votre Chancelier, en vertu de l'article 7, est autorisé à faire sur les fonds existant en caisse.

Toutes les dépenses devront être acquittées immédiatement sur quittances. Quant aux émoluments attribués à votre Chancelier par l'article 1er de l'ordonnance du 24 août, ils seront perçus par lui, à la fin de chaque mois, et tant qu'il n'aura pas touché une somme égale, soit au cinquième de votre traitement, soit, s'il est drogman, à la moitié du traitement qu'il reçoit en cette qualité, vous vous bornerez à veiller à ce qu'il laisse dans la caisse une somme suffisante pour solder les frais du mois ou des mois suivants, si les recettes probables de ces mois ne vous semblaient pas devoir suffire pour balancer les dépenses. Mais une fois qu'il aura touché une somme égale au cinquième de son traitement, ou, s'il est drogman, à la moitié du sien, vous aurez de plus à vous assurer qu'il ne prélève réellement que les à toutes les Chancelleries, je vous invite à le substituer à celui qui a été en vigueur jusqu'ici.

---

remises qui lui sont attribuées, conformément au taux proportionnel fixé par les deuxième et troisième paragraphes de l'article 1er de l'ordonnance précitée.

Les prélèvements exceptionnels qu'autorise, pour dépenses imprévues, la dernière partie de l'article 7 de l'ordonnance du 23 août, ne peuvent se présenter que fort rarement, et ils auront besoin d'être justifiés par l'intérêt urgent du service.

Il résulte de l'article 8 que vous devez conserver dans votre caisse, et en observant les formes prescrites pour les dépôts, les excédants des recettes sur les dépenses, jusqu'à ce que le Ministère vous ait donné l'ordre, soit de les lui transmettre, soit de les conserver définitivement, en déduction des sommes qui vous seraient dues par le Ministère.

L'article 9 a pour but de prévenir, par une règle générale dont l'application peut être favorable, tantôt pour le Chancelier remplacé, tantôt pour son successeur, toute discussion entre eux sur leur part d'émoluments; mais le cas prévu par cet article ne pourra jamais diminuer les sommes qui doivent revenir au fonds commun et au trésor; ainsi donc, s'il arrive, par exemple, qu'un Chancelier soit remplacé au moment où il a déjà touché le cinquième du traitement du Consul, le successeur n'aura plus droit qu'aux remises décroissantes de 50, 45, 40 pour 100, etc., fixées par les troisième et quatrième paragraphes de l'ordonnance du 24 août, de manière que la somme totale prélevée pendant l'année, par les deux Chanceliers pour les émoluments, restera la même que s'il n'y avait pas eu de changement.

Vous trouverez ci-joint, Monsieur, sous le no 1er, le modèle annoncé dans l'article 10 de l'ordonnance du 23 août (1), pour les nouveaux registres de recettes, et vous aurez soin de vous y conformer : vous veillerez, d'ailleurs, d'après le vœu de cet article et des deux suivants, à ce que les registres des recettes et des dépenses soient tenus avec la plus grande exactitude.

D'après l'article 13 relatif aux perceptions des agents consulaires, vous aurez à leur envoyer une copie du modèle ci-joint, accompagné des instructions nécessaires; vous voudrez bien aussi m'adresser immédiatement une note des actes que les agents placés sous votre dépendance ont été autorisés à faire, afin que je sois à même de m'assurer qu'aucun de ces actes n'excède la compétence qu'il convient de leur reconnaître.

L'abandon fait par l'article 14 aux agents consulaires, de la totalité des droits qu'ils perçoivent, les engagera sans doute à redoubler de zèle dans l'exercice de leurs fonctions, et doit, en même temps, ôter tout prétexte aux demandes de traitement ou d'indemnité que quelques-uns de ces agents croyaient pouvoir former, contre le vœu des règlements.

Vous veillerez, Monsieur, à ce que vos agents vous envoient exactement les pièces prescrites par l'article 15 et vous ne perdrez pas de vue que les irrégularités commises par eux, sur ce point comme sur les autres, pourraient retomber sur vous, puisque vous êtes responsable de leur gestion.

J'ai l'honneur de vous adresser, sous le no 2, le modèle des états dont parle l'article 16 (2), tant pour vous-même, Monsieur, que pour vos agents. Les états que rédigeront ces derniers ne devront point être réunis, comme

(1) V. ce modèle au tome Ier du Formulaire, no 6, p. 16.
(2) V. ce modèle au tome Ier du Formulaire, no 24, p. 42.

Tels sont, Monsieur, les documents nouveaux dont la production a paru nécessaire à la Cour des comptes pour régulariser complétement

---

par le passé, à ceux de votre Consulat, mais faire l'objet d'un tableau séparé où vous les porterez à la suite les uns des autres : les pièces justificatives des dépenses se composeront non-seulement des reçus des propriétaires, fournisseurs, gens de service, et autres personnes qui, à un titre quelconque, peuvent avoir touché quelque partie de la somme absorbée par les frais, mais encore des reçus du Chancelier lui-même pour ses émoluments et de la déclaration de retenue prescrite aux agents par l'article 15. Enfin, le peu d'importance des recettes ne saurait vous empêcher d'adresser régulièrement les états aux époques prescrites, et, lors même qu'elles seraient nulles, vous auriez encore à transmettre des états *pour néant.*

Les articles 18 à 21 concernent la comptabilité centrale des recettes et dépenses des Chancelleries, et je n'ai à signaler particulièrement à votre attention, Monsieur, que les dispositions dont il résulte que cette comptabilité sera désormais soumise à la Cour des comptes, ainsi qu'aux Chambres, et figurera dans le budget général de l'État : c'est vous dire, Monsieur, que, devenu, ainsi que votre Chancelier, comptable de la Cour des comptes, vous encourez tous deux une très-grave responsabilité; l'espèce de négligence qu'apportaient, dans ces derniers temps, quelques Consuls à se conformer aux prescriptions établies pour la comptabilité de leurs Chancelleries pouvait se concevoir, bien que peu excusable, alors que la totalité des perceptions devait se partager entre eux et leurs Chanceliers; mais il est évident qu'elle ne saurait plus être tolérée, du moment que des tiers et l'État lui-même seront intéressés au partage des produits. Aussi, suis-je persuadé, Monsieur, que vous sentirez toute l'importance de vos nouvelles obligations, et que vous mesurerez l'étendue des conséquences qu'entraînerait l'inobservation des règles qui vous sont tracées.

Après avoir, au commencement de cette dépêche, expliqué les motifs qui ont porté Sa Majesté à former un fonds commun des recettes de Chancellerie, il me reste peu de chose à vous dire sur l'ordonnance du 24 août.

Le tableau ci-joint, sous le n° 3 (1), indique l'application à une somme de 15,000 francs des remises décroissantes fixées par les troisième et quatrième paragraphes de l'article 1er : la proportion en est très-simple et très-facile à saisir.

Dans le cas prévu par l'article 2, vous aurez soin d'indiquer à la colonne d'*observations* de vos recettes et dépenses pour le quatrième trimestre de l'année, la somme que, d'après l'insuffisance de ses perceptions, votre Chancelier aura droit de toucher sur le fonds commun : cette somme lui sera transmise par votre intermédiaire, aussitôt que le montant du fonds commun sera connu du Département.

Les dispositions des deux ordonnances devant, d'après les articles 21 de la première et 6 de la seconde, n'être mises à exécution qu'à partir du 1er janvier 1834, l'emploi des produits de votre Chancellerie continuera d'être réglé, jusqu'à cette époque, par l'ordonnance du 8 août 1814. L'état des recettes et dépenses que vous rédigerez pour l'année 1833 devra être, en conséquence, conforme au modèle annexé à la circulaire du 18 octobre 1827, et vous aurez soin de me l'envoyer dans le courant du mois de janvier prochain.

Enfin, Monsieur, si le Chancelier placé sous vos ordres n'a pas été nommé

---

(1) V. ce tableau au tome Ier du Formulaire, n° 30.

la comptabilité des Chancelleries diplomatiques et consulaires. Vous voudrez en faire immédiatement adopter l'usage dans la Chancellerie de votre....., et veiller à ce que le bordereau de détail soit joint aux états de comptabilité du prochain trimestre.

La lettre de M. le premier Président renferme, en outre, une série de recommandations qui ont déjà fait l'objet, de la part de mon Département, d'instructions souvent répétées et sur lesquelles cependant je ne crois pas inutile de revenir.

Ainsi, aux termes de la circulaire précitée du 12 août 1847, les Chanceliers doivent produire, à l'appui de leurs comptes annuels, un certificat du cours de change ou une déclaration du chef sous les ordres duquel ils se trouvent placés. Cette prescription est très-importante, et l'efficacité du contrôle exige qu'elle soit exactement suivie ; je vous prie donc, Monsieur, d'avoir soin qu'il y soit régulièrement satisfait.

Mon Département a eu, à diverses reprises, l'occasion d'appeler l'at-

---

par le Roi, vous voudrez bien vous conformer immédiatement à l'article 7 de l'ordonnance du 24 août dernier, soit en me proposant la confirmation de celui qui réside déjà près de vous, soit en me désignant toute autre personne que vous jugerez capable de bien remplir cet emploi qui, d'après l'esprit de l'ordonnance du 23 août, ne doit plus rester vacant dans aucun Consulat. Votre demande devra être appuyée de renseignements sur la position et la moralité de celui que vous choisirez : il est fort à désirer, d'ailleurs, que ce soit un Français ; mais, dans tous les cas, il doit être âgé de plus de 21 ans, et, conformément au second paragraphe de l'article 18 de l'ordonnance du 20 août dernier, sur le personnel, il ne peut être votre parent jusqu'au degré de cousin germain exclusivement.

Je dois ajouter, à ce sujet, qu'il résulte d'informations parvenues au Département, qu'en ce moment quelques Consuls ne laissent pas aux Chanceliers qu'ils ont nommés la totalité des émoluments qu'attribue à ces derniers l'article 9 de l'ordonnance du 8 août 1814. Le Ministère a cru, jusqu'à présent, pouvoir fermer les yeux sur ces arrangements particuliers, bien qu'il les trouvât peu convenables ; mais les ordonnances ci-jointes étant basées sur le principe que les Consuls ne doivent toucher aucune part dans les recettes, toute transaction qui blesserait indirectement cette règle fondamentale doit être sévèrement interdite ; aussi, Monsieur, la connaissance acquise par le Ministère de tout arrangement par suite duquel un Consul retiendrait, à son profit, une portion des émoluments attribués, soit à son Chancelier, soit à ses agents, par les ordonnances du 23 et du 24 août dernier, serait immédiatement suivie de la révocation des uns et des autres.

Telles sont, Monsieur, les explications que m'ont paru réclamer ces deux ordonnances : elles me semblent assez détaillées pour prévenir les doutes que vous auriez pu concevoir sur quelques-unes de leurs dispositions ou de leurs conséquences ; toutefois, si vous en conserviez encore, j'aurais soin de vous adresser les nouveaux éclaircissements qui vous seraient nécessaires : vous voudrez bien, d'ailleurs, m'accuser immédiatement réception de cette dépêche ainsi que des pièces qu'elle contient, et les faire enregistrer dans votre Chancellerie.

Recevez, etc.   *Signé :* V. BROGLIE.

tention des agents du service extérieur sur la nécessité de restreindre le plus possible la délivrance des actes gratuits ou à demi-droit. L'examen des comptes a fait cependant reconnaître à la Cour que dans plusieurs résidences, les abandons de droits se pratiquaient dans d'assez larges proportions, et lui a fait exprimer le désir que de nouvelles invitations fussent adressées à tous les chefs de missions diplomatiques ou consulaires, pour les engager à borner autant que possible aux personnes dont l'indigence aurait été bien et dûment constatée, la remise entière ou partielle des droits portés au tarif. J'ajouterai que le nombre des actes de cette nature doit toujours figurer sur les états de comptabilité, avec l'indication des motifs qui en ont déterminé la délivrance.

Certains Chanceliers négligent de faire suivre les pièces jointes aux états trimestriels, et qui sont rédigées en langue étrangère, d'une traduction qui explique la nature de la dépense à laquelle elles servent de justification. Cette omission a pour résultat d'entraver le contrôle qu'il importe, au contraire, de faciliter le plus possible, et c'est un détail que je vous prie également de ne pas perdre de vue. Je vous ferai remarquer, en outre, que ce sont les quittances mêmes des fournisseurs et parties prenantes qui doivent être transmises, et non de simples déclarations du Chancelier, ainsi que cela se pratique dans quelques postes. Je dois vous prévenir que ces sortes de justifications ne seront plus admises à l'avenir.

Je crois devoir, d'un autre côté, insister d'une manière toute particulière sur la nécessité pour les Chanceliers de s'en tenir, pour leurs dépenses, aux limites fixées au commencement de chaque exercice par le Département des affaires étrangères. L'art. 6 de l'ordonnance du 23 août 1833 prescrit l'envoi annuel d'un rapport du Chancelier adressé au Consul et transmis par ce dernier avec ses observations. Il convient que cette transmission ait lieu assez à temps pour que le budget puisse être fixé avant l'ouverture de l'exercice auquel il s'applique. Il est surtout nécessaire que les Chanceliers, en établissant leur rapport, tiennent compte des ressources éventuelles de leur Chancellerie de manière, à baser leurs propositions de dépenses sur leurs recettes probables. L'un des principes fondamentaux sur lesquels repose l'organisation des Chancelleries, consiste dans la parfaite concordance qui doit exister entre les recettes et les dépenses. Les Chancelleries se suffisent à elles-mêmes, elles font face aux charges qui les grèvent au moyen des recettes qu'elles effectuent ; mais comme ces charges sont uniquement causées par l'exercice des attributions confiées aux Chanceliers, c'est-à-dire par la délivrance des actes de leur ministère, il en résulte que dans les postes où aucun acte ne serait délivré et où par conséquent les perceptions seraient nulles, il ne pourrait y avoir lieu à aucune dépense, attendu qu'il n'existe dans le budget des affaires étrangères aucun fonds sur lequel il serait possible de les imputer. C'est un point que paraissent ignorer un certain nombre de Chanceliers, et surtout ceux qui sont appelés à diriger les Chancelleries de nouvelle création.

Aux termes de l'art. 15 de l'ordonnance du 23 août 1833, les agents

consulaires sont tenus d'adresser chaque mois aux Consuls dont ils
relèvent, une copie certifiée par eux de leur registre de perception ainsi
qu'une déclaration de la retenue qu'ils ont faite de leurs recettes en
vertu de l'art. 14 de la même ordonnance. Ces pièces doivent être ensuite envoyées à mon Département par les chefs de mission et Consuls
en même temps que les états trimestriels de leur Chancellerie, ainsi
que le prescrit l'art. 16. Malgré ces dispositions formelles, un grand
nombre d'agents se dispensent de rendre compte au chef de l'arrondissement dont ils dépendent, des droits qu'ils appliquent, et il en
résulte que l'administration centrale se trouve privée de renseignements qui lui seraient d'une grande utilité, soit lorsqu'elle est appelée
à légaliser un acte délivré par un de ces agents dispensé du visa consulaire, soit lorsqu'il s'agit d'apprécier l'importance et les ressources
de telle ou telle de ces résidences. Vous remarquerez, en outre, que
ces agents trouvent ainsi le moyen de soustraire leurs actes au contrôle
que les règlements, et notamment la circulaire du 2 septembre 1833,
recommandent à leurs chefs d'exercer avec d'autant plus de soin que
la responsabilité des erreurs commises pourrait, jusqu'à un certain
point, retomber sur eux. Je désire donc, monsieur, que vous transmet-
tiez à tous les agents compris dans les limites de votre arrondissement,
et principalement à ceux qui se rattachent plus directement au service
consulaire par la jouissance d'un traitement fixe, l'invitation formelle
de vous transmettre exactement le relevé de leurs perceptions dans les
formes établies par l'ordonnance précitée du 23 août 1833.

Ce qui vient d'être dit de la responsabilité des chefs de mission et
Consuls, en ce qui concerne les actes des agents soumis à leur direction, s'applique avec plus de raison encore aux opérations effectuées
dans leur propre Chancellerie, et je ne saurais vous recommander avec
une trop vive instance de tenir à l'entière observation des règlements
qui régissent la comptabilité des Chancelleries, à surveiller par vous-
même tous les détails, notamment la rédaction des états, de manière à
éviter, autant que possible, les erreurs qui nuisent à la marche régulière du service et donnent lieu à des frais considérables de correspondance.

Je profiterai de cette occasion pour vous rappeler encore quelques
dispositions de ces règlements qui ne sont pas toujours exactement
observées.

La circulaire du 22 mars 1834 a tranché la question de savoir si,
en présence de l'art. 999 du Code civil, les Chanceliers pouvaient recevoir les testaments des Français dans la forme solennelle. En déci-
dant que ces agents rentreraient à cet égard en possession du droit qui
leur avait été conféré, dans l'intérêt des Français résidant à l'étranger,
par l'ordonnance de 1681, cette circulaire recommandait la stricte observation des formes prescrites par l'art. 24 (titre 1er, livre 1er) de cette
ordonnance, c'est-à-dire la présence du chef de mission ou Consul, assisté de deux témoins qui doivent signer avec lui et le Chancelier.

Cependant il est parvenu à ma connaissance que souvent les agents
négligent l'accomplissement de ces formalités, et se dispensent d'as-

sister le Chancelier quand celui-ci est appelé à recevoir, par acte public, le testament d'un de nos nationaux. En agissant ainsi, les chefs
de mission et Consuls engagent leur responsabilité d'une manière grave,
car cette inobservation des formes prescrites, pour un acte de cette
importance, pourrait avoir pour effet d'en entraîner la nullité en France
et de compromettre de respectables intérêts. Je vous signale donc,
Monsieur, tout particulièrement cette partie de vos attributions.

Je dois aussi vous inviter à ne pas perdre de vue les recommandations énumérées dans la circulaire du 9 novembre 1842, relativement aux taxations du tarif (1). Il en est une, surtout, sur laquelle j'ar-
rêterai un instant votre attention, c'est celle qui se rapporte aux
précautions qu'il est du devoir des Consuls de prendre pour que le
nombre des actes inscrits au tarif ne devienne pas, sans nécessité, la
cause de frais multipliés. Cette recommandation acquiert une valeur
toute spéciale dans les pays où les Consuls sont appelés à remplir des
fonctions judiciaires, et j'éprouve le regret d'avoir à constater ici qu'il
n'en est pas toujours tenu compte. M. le Ministre de la justice m'a,
en effet, signalé une coutume abusive qui paraît exister dans un grand
nombre de Consulats du Levant, et qui consiste à retenir, après le jugement d'une affaire par le tribunal consulaire, toutes les pièces déposées à la Chancellerie dans le cours de l'instance, pour contraindre
la partie qui veut interjeter appel, à demander des copies de ces pièces,
qui leur sont alors délivrées sur des feuilles séparées de manière à
multiplier les signatures et les droits de légalisation, en même temps
que les rôles d'expédition. Vous comprenez, Monsieur, combien de pa-
reils abus sont préjudiciables aux intérêts des plaideurs, et quelle grave
atteinte ils sont de nature à porter à la considération de la justice consulaire. Ils vous démontrent la nécessité d'exercer une surveillance
active et constante sur tous les actes dressés dans votre Chancellerie.

Enfin je rappellerai à votre souvenir la circulaire du 28 mars de
l'année dernière (2), qui renferme des éclaircissements sur certaines
dispositions du tarif dont l'application présente quelque difficulté et
donne lieu à des erreurs assez fréquentes.

J'ajouterai une dernière considération. La Cour des comptes, tout en
reconnaissant que la comptabilité des Chancelleries consulaires a subi,
dans ces derniers temps, de notables améliorations, pense qu'elle est
encore susceptible de perfectionnements complémentaires, et exprime
le désir de lui voir atteindre le plus promptement possible un degré
d'exactitude et de régularité égal à celui que présentent les autres
branches de la comptabilité publique. Le Département des affaires
étrangères doit s'associer à ce désir et en préparer la réalisation ; mais
il a besoin, pour parvenir à son but, du concours sérieux de tous ses
agents. Je ne doute pas, Monsieur, qu'en ce qui vous concerne, vous
ne fassiez tout ce qui dépendra de vous pour seconder ses efforts. Quant
aux Chanceliers, auxquels la part la plus considérable est dévolue dans

---

(1) V. cette circulaire ci-dessus, p. 178.
(1) V. Idem, p. 259.

ce service spécial , je crois également pouvoir compter sur leur zèle et leur aptitude. Mon Département est, d'ailleurs, animé pour cette classe intéressante d'agents, de sentiments de bienveillance et de sollicitude qui le portent à rechercher, en ce moment, les moyens d'apporter à leur position toutes les améliorations compatibles avec l'esprit et les principes qui ont dirigé l'institution des Chancelleries diplomatiques et consulaires.

Vous voudrez bien, Monsieur, faire enregistrer cette circulaire dans votre Chancellerie et m'en accuser réception.

Signé : J. BAROCHE.

N° 58.

Circulaire des affaires étrangères du 1ᵉʳ juin 1851, sur le remboursement des frais de voyage.

Monsieur, les frais des voyages qui s'effectuent par les voies postales ou les chemins de fer ont été l'objet d'un nouveau tarif en date du 25 avril 1849. Une circulaire ministérielle du 19 mai suivant a notifié ce tarif aux agents politiques et consulaires (1).

Les voyages exécutés soit par mer ou par navigation fluviale, soit par terre dans des pays qui exigent des moyens spéciaux de transport, ont dû appeler aussi l'attention du Département en ce qui touche la justification régulière des dépenses qu'ils occasionnent. En effet, ces dépenses, *qui sont remboursables sur état et pièces probantes*, ont si souvent donné lieu, par la manière insuffisante dont elles sont justifiées, à des difficultés de liquidation et à des rejets de payement, qu'il importe de mettre un terme à cet état de choses.

J'ai fait, en conséquence, dresser un modèle de l'état à produire pour ces sortes de frais de voyages, et je l'ai fait suivre d'une note indicative des pièces justificatives à joindre à l'appui.

J'ai l'honneur de vous envoyer ci-joint ce double document (2), en date de ce jour 1ᵉʳ juin 1851.

Evidemment, le modèle d'état, dans les articles supposés de dépense qu'il renferme comme exemples, ne devait pas prévoir tous les divers faits qui peuvent se présenter : car ces faits varient selon la nature et les accidents de voyage, de même que selon les pays et les moyens de transport ; mais le cadre de cet état répond à tous les besoins, et l'analogie indiquera parfaitement comment chaque article de dépense quelconque doit y être porté.

Je vous recommande, Monsieur, de faire transcrire ce modèle d'état,

(1) V. ce tarif et cette circulaire ci-dessus, p. 255 et 257.
(2) V. ce modèle au tome 1ᵉʳ du Formulaire, n° 15, p. 30.

avec la note qui l'accompagne et la présente circulaire, sur les registres de votre Chancellerie, de les notifier à tous les agents et employés sous vos ordres, et de leur prescrire de s'y conformer rigoureusement, ainsi que vous devrez le faire vous-même, dans le cas où des voyages de cette catégorie, exécutés par eux pour le service de l'État, leur donneraient droit à réclamer le remboursement de leurs dépenses.

Veuillez m'accuser réception, sous le timbre de la direction de la comptabilité et du contentieux, de la présente circulaire et du document qu'elle vous transmet.

Signé : **J. BAROCHE.**

N° 59.

Circulaire de la marine du 22 juillet 1851, sur les rapports de mer des capitaines de navires marchands.

Messieurs, mes prédécesseurs se sont occupés, à diverses reprises, d'obtenir l'accomplissement des obligations imposées aux capitaines du commerce, en ce qui touche la rédaction et la remise de leurs rapports de mer (ordonnance de 1681, livre Ier titre x, art. 4, 5, 6 et suivants ; loi du 22 août 1791, titre II, art. 4, et titre VI, art. 1er ; articles 242, 243 et 245 du Code de commerce).

Ainsi, les circulaires (*police de la navigation*) des 7 mai et 4 août 1834, n°s 9 et 12, notificatives de la dispense accordée aux capitaines *étrangers* de remettre en France leurs rapports aux tribunaux de commerce et aux juges de paix, ces circulaires, dis-je, ont développé les considérations d'intérêt général aussi bien que d'intérêt particulier sur lesquelles repose l'obligation maintenue à l'égard des capitaines français, quelle que soit la nature du voyage.

La circulaire du 27 novembre 1844, n° 3157, prescrit l'indication, sur les rapports, des quartiers et numéros d'inscription des signataires ; elle recommande, en outre, aux capitaines de mentionner toujours le taux détaillé des droits étrangers de douane et de navigation contre lesquels ils croient avoir à réclamer.

Ces prescriptions sont reproduites : la première dans la circulaire du 4 janvier 1850 (*Bulletin officiel de la marine*, n° 1, p. 1) ; la seconde dans celle du 25 novembre 1845 (*Annales maritimes de 1846*, partie officielle, p. 256).

Cette dernière circulaire a signalé, d'ailleurs, les points principaux sur lesquels il est essentiel que nos marins dirigent leurs investigations.

Malgré ces recommandations multipliées, le but que l'on poursuivait n'a point encore été atteint. Les rapports ne présentent pas toujours les indications nécessaires : plusieurs sont libellés avec une concision presque dérisoire.

Certains capitaines, et ceci est plus grave, livrent à la presse des faits qu'ils n'ont point mentionnés dans leurs rapports et qu'ils accompagnent d'attaques plus ou moins vives, dirigées, soit contre des autorités étrangères, soit contre des agents français.

Nos navigateurs ont cependant ressenti maintes fois les heureux effets de l'activité et de la persistance du Département de la marine, à l'occasion des réclamations fondées qui lui étaient transmises ; son intervention ne saurait s'exercer à l'égard de celles dont il n'a pas été régulièrement et directement saisi. La publicité donnée à ces dernières diminue, d'ailleurs, leurs chances de succès, en ce qu'elle peut indisposer les gouvernements étrangers contre les agents desquels sont dirigées des imputations souvent exagérées.

J'ajouterai qu'en se livrant, *à priori*, dans les journaux, à des plaintes contre les autorités maritimes, coloniales ou consulaires, les capitaines dont il est ici question méconnaissent complétement les règles de subordination et de déférence rappelées, en dernier lieu, par la circulaire du 18 juin 1850 (*Bulletin officiel de la marine*, n° 19, p. 526).

Nul ne saurait être juge dans sa propre cause, et lorsque, cédant trop précipitamment aux suggestions de l'intérêt ou de la passion, on confie l'énonciation de ses griefs aux journaux, l'on s'expose à émettre des assertions inconsidérées ou inexactes dont on peut se repentir ensuite, mais qui n'en ont pas moins porté une atteinte funeste à la considération qu'il est si nécessaire de conserver à tout homme revêtu d'un caractère public.

C'est au Ministre de la marine seul, dont l'équité ne leur a jamais fait défaut, que nos marins doivent transmettre les réclamations et les plaintes qu'ils croiraient devoir former contre les autorités dont il s'agit. Je vous invite donc à adresser, à cet égard, les recommandations nécessaires à nos capitaines, en les prévenant que je n'hésiterai point à sévir contre ceux qui manqueront désormais à celui de leurs devoirs que je signale aujourd'hui.

Je saisis cette occasion pour vous inviter à tenir la main à la stricte exécution des diverses prescriptions rappelées dans la présente circulaire.   *Signé :* P. DE CHASSELOUP-LAUBAT.

N° 60.

Décret du 15 août 1851 sur le service à bord des bâtiments de la flotte (extrait).

ART. 39. Lorsque des officiers ou des officiers mariniers appartenant à divers bâtiments se trouvent appelés à concourir à un même service, ou sont réunis par une circonstance qui nécessite leur coopération, le plus élevé en grade, ou le plus ancien à grade égal, prend de droit le commandement, quand bien même il n'est porteur d'aucune commission ou ordre spécial à cet effet.

40. En pays étranger, tout officier doit donner avis à ses chefs de tous les faits qui parviennent à sa connaissance, qui seraient de nature à leur être utiles dans l'intérêt de l'État ou de la mission qu'ils ont à remplir.

49. Il est expressément interdit à toute personne appartenant à un bâtiment d'embarquer aucun objet dans un but de spéculation commerciale. — Il est interdit à toute personne appartenant à l'état-major ou à l'équipage d'un bâtiment de se livrer à aucun commerce. Il lui est également interdit d'avoir aucun intérêt direct ou indirect dans les marchés relatifs aux fournitures ou aux travaux entrepris pour le service du bâtiment.

80. Lorsque le prévenu d'un crime ou d'un délit commis à bord, ou lorsqu'un déserteur a trouvé asile en pays étranger ou à bord d'un bâtiment étranger, le commandant en chef ne peut exiger par la force que ce prévenu ou ce déserteur lui soit remis par les autorités étrangères ; mais s'il existe entre la France et le pays de refuge des traités d'extradition, le commandant doit former et suivre, par la voie diplomatique, la demande d'extradition. — Si le prévenu ou le déserteur s'est réfugié en pays français, le commandant en chef doit requérir les autorités civiles de le remettre entre ses mains. En cas de refus, il se pourvoit auprès du Ministre de la marine.

86. Dans les ports de France, le commandant en chef veille à ce qu'il ne soit embarqué sur les bâtiments qu'il commande aucun passager, si ce n'est en vertu d'une autorisation du Ministre de la marine. — Hors des ports de France il ne reçoit sur les bâtiments placés sous ses ordres que les passagers dont l'embarquement est requis par les gouverneurs des colonies, par les officiers généraux de terre ou de mer investis d'un commandement en chef, ou par les agents diplomatiques et consulaires de France. Dans les pays étrangers où il n'y a pas d'autorités françaises, le commandant en chef peut, sous sa responsabilité, recevoir sur ses bâtiments toute personne dont l'embarquement est justifié par les règles du service ou par des circonstances graves. Le commandant en chef peut se refuser à obtempérer aux réquisitions qui lui sont faites par les autorités et agents désignés ci-dessus, lorsque sa mission ou la situation de ses bâtiments est de nature à ne pas permettre l'embarquement des passagers. Il rend compte au Ministre des motifs de son refus. Il défend expressément qu'aucune femme, autre que les passagères, ne s'embarque pour séjourner à bord ou pour faire campagne.

106. Hors des ports français, le commandant en chef a droit de visite et de police sur tout corsaire, navire de commerce ou bâtiment de pêche français. Dans les rades étrangères, il exige que les capitaines de navires de commerce français le préviennent de leur arrivée ou de leur départ, et lui communiquent les avis qui peuvent intéresser

le service. Il punit d'un à huit jours d'arrêts à leurs bords, les capitaines de commerce qui se refuseraient à remplir ces devoirs. Toutefois, si les intérêts qui leur sont confiés ne permettent pas l'application immédiate de cette punition, elle ne sera infligée auxdits capitaines qu'à l'époque de leur retour en France. Dans ce cas, la condamnation aux arrêts est inscrite sur le rôle d'équipage. Le commandant en chef rend compte de la conduite de ces capitaines au Ministre de la marine, qui statue sur les peines plus graves qu'ils auraient pu encourir. Il prend connaissance, en ce qui lui appartient, des plaintes portées par les capitaines ou par leurs équipages, et il fait rendre justice à qui de droit, sans préjudice de la juridiction des agents des affaires étrangères. Il fait rechercher et arrêter les déserteurs des bâtiments de l'Etat qui se trouvent sur les navires de commerce français. Il peut également y faire rechercher et arrêter tout autre marin dont l'embarquement n'aurait pas été légalement autorisé. Si, parmi ces hommes, il s'en trouve qui soient prévenus de crimes, il les fait détenir à son bord jusqu'à ce qu'il puisse les débarquer dans un port français, ou les traduire devant les autorités compétentes.

407. Lorsque le commandant en chef a fait fournir des munitions ou des vivres à des bâtiments français ou étrangers, il ordonne à l'officier chargé en chef de l'administration de faire dresser en double expédition un état des objets qui ont été fournis. Cet état est signé par les personnes qui ont reçu ces vivres ou ces munitions. Si quelque circonstance s'oppose à l'accomplissement de cette dernière formalité, l'officier d'administration du bâtiment qui a fourni le secours en dresse procès-verbal, conformément à ce qui est prescrit pour les objets perdus. Dans le cas où ces navires réclameraient l'assistance d'ouvriers des bâtiments sous ses ordres, le commandant en chef décide s'il y a lieu d'exiger une indemnité, dont il règle alors d'avance la quotité. La distribution de cette indemnité a lieu par voie de disposition intérieure. Lorsque, pour une cause quelconque, des officiers mariniers, quartiers-maîtres ou matelots, provenant des bâtiments de l'Etat, sont embarqués sur des bâtiments de commerce comme devant faire partie de leur équipage, le commandant en chef exige que ces hommes reçoivent dans cette nouvelle destination, une solde au moins égale à celle qu'ils recevaient, suppléments compris, sur le bâtiment de l'Etat qu'ils ont quitté. Cette stipulation est portée au rôle.

408. En cas de nécessité absolue, le commandant en chef peut requérir des navires du commerce, soit un service de remorque, soit des secours en hommes et en munitions. Il peut même avancer ou retarder momentanément leur départ ; mais il est tenu de justifier sans délai, envers le Ministre, de cette nécessité ; dans ce cas il fait dresser contradictoirement avec les capitaines de commerce dont il a requis les services, un état indiquant la nature et la durée des secours, l'espèce et la quantité des objets fournis, et le temps dont il a avancé ou retardé leur départ ; il remet à ces capitaines des copies certifiées dudit état, destinées à régler ultérieurement l'indemnité qui pourrait être due. Il adresse, dans le plus bref délai, une expédition de cet état

au Ministre de la marine. Il ne peut toutefois, dans aucune circonstance, requérir, pour les embarquer sur un des bâtiments placés sous ses ordres, des capitaines ou des subrécargues de navires de commerce.

110. Dans un port étranger, le commandant en chef s'adresse aux agents diplomatiques ou consulaires de France, ou, à défaut, aux autorités locales, pour obtenir des informations sur tout ce qui pourrait intéresser la mission dont il est chargé, et en général le service de l'État.

111. Sur une rade étrangère, lorsqu'un décès a lieu à bord d'un des bâtiments de l'armée, le commandant en chef en informe l'agent consulaire de France ou s'entend avec lui sur les dispositions à prendre pour l'inhumation du défunt. Il l'informe également des honneurs funèbres qui doivent être rendus à la personne décédée, et il ne permet le débarquement d'un détachement d'hommes, armés ou non, destiné à rendre ces honneurs, qu'après avoir reçu à ce sujet l'avis de cet agent. A défaut d'agent consulaire, il s'adresse aux autorités locales.

113. En pays étranger, le commandant en chef ordonne les achats de vivres, de munitions et de numéraire nécessaires aux bâtiments placés sous ses ordres.

114. Lorsque, dans le cours de la campagne, il devient nécessaire de compléter les équipages des bâtiments employés sous ses ordres, le commandant en chef s'adresse, dans les colonies françaises, aux gouverneurs et autres chefs supérieurs, pour qu'ils lui fassent remettre les marins français qui seraient disponibles par suite de débarquement, de désertion, ou pour toute autre cause. En pays étranger, alors même que les équipages sous ses ordres seraient complets, il s'adresse aux agents consulaires de France pour qu'ils lui fassent connaître les marins français qui se trouvent disponibles; et, s'il y a lieu, il requiert ces agents de prendre des mesures ou de faire les démarches nécessaires pour que ces marins soient remis à sa disposition. A défaut d'agents consulaires, il s'adresse aux autorités locales, en se conformant aux dispositions des traités existants. Lorsque par suite des démarches ci-dessus, il se trouve à bord des bâtiments placés sous son autorité des marins en excédant à l'effectif réglementaire, il les fait passer en France à la première occasion; il expédie d'abord ceux qui ont le plus de services à l'État.

115. Le commandant en chef ne peut débarquer et laisser à terre, en pays étranger, aucun homme à gages, sans s'être concerté à ce sujet avec l'agent consulaire de France et sans que cet homme ne produise en double expédition : un certificat constatant qu'il a des moyens d'existence ; un engagement de renoncer à tout droit de réclamer son rapatriement gratuit ; un certificat constatant que son débarquement a lieu sur sa demande ou avec son consentement. Une expédition de ces pièces reste entre les mains du commandant en chef, l'autre est remise à l'agent consulaire de France dans le port où le débarquement a lieu. A défaut d'agent consulaire, le débarquement ne peut avoir lieu sans le consentement officiel des autorités locales.

Les pièces mentionnées ci-dessus doivent toujours être produites et conservées par le commandant en chef.

116. Lorsque le commandant en chef trouve dans ses relâches ou à bord des navires qu'il rencontre à la mer, des marins français qui réclament sa protection, il les fait recevoir sur les bâtiments qu'il commande, après avoir constaté leur nationalité et s'être concerté avec les autorités compétentes. Il rend compte au Ministre des obstacles qu'il aurait pu éprouver dans ces circonstances.

117. Dans les colonies françaises, lorsque les intérêts du service de l'Etat lui paraissent exiger que les mouvements des bâtiments qu'il commande restent secrets, il peut requérir l'autorité supérieure d'ordonner l'embargo sur les bâtiments français et étrangers, en lui faisant connaître confidentiellement les motifs de sa demande, et quelle devra être la durée de l'embargo.

118. Dans les colonies françaises ou en pays étranger, si les circonstances ou la nature de sa mission le permettent, le commandant en chef, lorsqu'il pense que la mer peut ne pas être libre, fait donner avis de son départ aux capitaines des navires de commerce qui se trouvent en partance, afin qu'ils puissent profiter de son escorte.

119. Le commandant en chef protège le commerce, et donne aux navigateurs français toutes les indications qu'il a pu recueillir et qui sont de nature à les éclairer sur les intérêts commerciaux de la France. En cas de dangers, il leur donne, soit en hommes, soit en munitions, toute l'assistance qui peut se concilier avec la situation de ses bâtiments et avec la mission dont il est chargé, et il défend qu'il soit exigé aucune rétribution à raison de services rendus par ses ordres dans de telles circonstances.

134. En temps de guerre, le commandant en chef d'un convoi peut recevoir sous son escorte les navires des puissances alliées de la France qui demandent à s'y ranger, lorsqu'ils font la même route que lui.

183. Dans les ports de France, le capitaine d'un bâtiment ne reçoit à son bord comme passagères, que les personnes pourvues d'un ordre d'embarquement délivré par le Ministre de la marine ou le préfet maritime. Hors des ports de France, il ne reçoit que celles dont l'embarquement est requis par un officier de vaisseau commandant supérieur, par un gouverneur des colonies, par un officier général de terre commandant en chef, enfin par un agent diplomatique ou consulaire de France. Il défend expressément qu'aucune femme, autre que les passagères, ne s'embarque pour séjourner à bord ou pour faire campagne. Dans les pays étrangers où il ne se trouve pas d'autorités françaises, le capitaine peut, sous sa responsabilité, recevoir sur son bâtiment toute personne dont l'embarquement serait justifié par les règles du service ou commandé par des circonstances graves. Le capitaine peut faire des représentations motivées aux réquisitions qui lui sont faites par les officiers généraux de terre, les gouverneurs des colonies et les agents diplomatiques et consulaires, lorsque sa mission ou la situation de son bâtiment est de nature à ne pas permettre l'embarquement des passa-

gers. Il rend compte à son chef direct des représentations qu'il a faites, si elles ont fait suspendre l'embarquement demandé. Il fait inscrire les passagers sur le rôle d'équipage, avec mention de leurs qualités et de l'ordre en vertu duquel ils ont été embarqués.

186. En France et en pays étranger, le capitaine se conforme aux instructions qui lui sont transmises par les commandants des bâtiments stationnaires et par les agents de la santé relativement aux mesures sanitaires qui doivent être observées, et il tient la main à ce que ces agents ne soient point troublés dans l'exercice de leurs fonctions. Il fait également observer les lois et règlements relatifs aux douanes en ce qui concerne les bâtiments de l'État.

242. Lorsqu'il lui est rendu compte qu'il existe à bord des munitions navales de toute nature, des vivres ou des rafraîchissements avariés, le capitaine nomme une commission pour les examiner, et cette commission dresse procès-verbal de leur état. S'il s'agit d'examiner des munitions navales, la commission est composée de l'officier en second, d'un officier de vaisseau, du maître dans l'article duquel sont les approvisionnements à examiner, et de l'officier d'administration. Si ce sont des vivres ou rafraîchissements qu'il y a lieu d'examiner, la commission est composée des mêmes officiers, auxquels sont adjoints le chirurgien-major et le commis aux vivres, et, suivant la nature des denrées à visiter, le boulanger ou le tonnelier. D'après le procès-verbal de la commission, le capitaine ordonne les dispositions que le résultat de la visite exige. Si cette visite a lieu dans un port étranger où il existe un agent consulaire de France, le capitaine se concerte avec cet agent pour statuer sur l'emploi des objets avariés.

243. Le capitaine fait déposer à la Chancellerie du port où ils ont été passés, une copie des marchés qu'il a été nécessaire de faire pour approvisionner son bâtiment. Il inscrit sur cette copie ses observations sur la manière dont les conditions de ces marchés ont été remplies.

251. Le jour ou la veille du départ, le capitaine donne l'ordre au chirurgien-major de se munir d'une patente de santé.

609. Lorsque, dans les colonies françaises ou dans les ports étrangers, il y a lieu de faire des remplacements, fournitures ou achats, le commissaire d'armée ou de division en fait dresser un état, qu'il soumet au visa et à l'approbation du commandant en chef. En pays étranger, il procède à la passation des marchés, et il en rédige les conditions ; il dépose une copie de ces marchés à la Chancellerie du port où ils ont été passés, et il y inscrit les observations sur la manière dont les clauses qu'ils renferment ont été remplies. Il émet, après les avoir soumises à la signature du commandant en chef, les traites destinées à acquitter les dépenses faites en pays étranger.

623. L'officier d'administration prend part à la passation des marchés que le capitaine a ordonnés pour achats d'approvisionnements : il rédige et signe ces marchés. Il est tenu de produire les reçus des fournisseurs et ouvriers auxquels il fait des payements, et il soumet

ces reçus au visa de l'officier en second et à celui du capitaine. Il émet avec le capitaine et l'officier en second les traites destinées à solder les achats faits en pays étranger.

661. Dès que le chirurgien-major a connaissance du départ prochain du bâtiment, il prend les ordres du capitaine pour se munir d'une patente de santé.

734. Dans les ports étrangers, lorsque les personnes désignées ci-après se transportent à bord des bâtiments de l'État, elles reçoivent les honneurs suivants : Un ambassadeur de France est salué de 17 coups de canon ; il est reçu en haut de l'escalier extérieur par le commandant en chef ; la garde porte les armes et le tambour bat aux champs. Les envoyés extraordinaires et ministres plénipotentiaires de France sont salués de 13 coups de canon ; ils sont reçus en haut de l'escalier par le commandant en chef ; la garde porte les armes et le tambour rappelle. Les ministres résidents de France sont salués de 11 coups de canon ; ils sont reçus en haut de l'escalier par le commandant en chef ; la garde porte les armes et le tambour rappelle. Les chargés d'affaires de France sont salués de 9 coups de canon ; ils sont reçus en haut de l'escalier par le capitaine du bâtiment ; la garde porte les armes et le tambour fait un rappel de trois coups de baguettes. Les consuls généraux de France sont salués de 9 coups de canon ; ils sont reçus en haut de l'escalier par le capitaine du bâtiment ; la garde a l'arme au pied et le tambour est prêt à battre. Les consuls de France sont salués de 7 coups de canon ; ils sont reçus sur le gaillard d'arrière par le capitaine du bâtiment ; la garde est formée en haie et sans armes. Les vice-consuls et agents consulaires de France nommés directement par le Département des affaires étrangères sont salués de 5 coups de canon ; ils sont reçus sur le gaillard d'arrière par l'officier en second du bâtiment ; la garde ne s'assemble pas. Les vice-consuls et agents consulaires de France nommés par les agents diplomatiques, par les consuls généraux et par les consuls, peuvent être également salués de 5 coups de canon ; ils sont reçus sur le gaillard d'arrière par l'officier en second du bâtiment ; la garde ne s'assemble pas. Toutefois, les officiers commandant les bâtiments de l'État se conforment, quant au nombre de coups de canon, aux usages des pays où ils se trouvent pour les saluts à faire aux agents diplomatiques ou consulaires de France. Le Ministre de la marine, de concert avec le Ministre des affaires étrangères, peut, à raison des circonstances, déterminer les honneurs extraordinaires à rendre aux agents diplomatiques français.

735. Ces honneurs sont rendus aux agents diplomatiques et consulaires désignés dans l'article précédent, lorsqu'ils font une visite officielle à bord des bâtiments de l'État, lorsqu'ils s'embarquent pour revenir en France, lorsqu'ils quittent le bâtiment qui les a conduits à leur destination en pays étrangers, et lorsqu'il n'y a pas sur les lieux un agent d'un rang supérieur dans le même service public. Il ne leur est rendu aucun des honneurs mentionnés en l'article précédent au

port de leur embarquement ou de leur débarquement en France, et enaucun cas lorsqu'ils ne sont pas en uniforme.

736. Aucun salut ne peut être de plus de 21 coups de canon.

737. En cas de rencontre à la mer ou sur une rade française ou étrangère, les saluts dus aux officiers généraux et chefs de division par les officiers commandants qui leur sont inférieurs de grade ou d'ancienneté sont réglés conformément au tableau suivant:

GRADES ET FONCTIONS.	Nombre de coups de canon	
	En France.	Hors des ports de France.
Amiral pourvu d'un commandement en chef..........	17	19
Amiral non pourvu d'un commandement, mais annoncé officiellement par le Ministre...............	15	17
Vice-amiral pourvu d'une commission de commande- ment d'amiral..........	15	17
Vice-amiral commandant en chef...................	11	15
Vice-amiral employé en sous-ordre.................	9	13
Contre-amiral commandant en chef................	9	13
Contre-amiral employé en sous-ordre	7	11
Chef de division commandant en chef..............	5	9
Chef de division employé en sous-ordre...	3	7

Toutefois, en pays étranger, les officiers commandant les bâtiments de l'Etat se conforment, quant au nombre de coups de canon, aux usages des pays où ils se trouvent pour les saluts à faire aux marques distinctives françaises.

739. Lors des fêtes et solennités nationales des puissances alliées ou amies de la France, les bâtiments français participent à ces fêtes et solennités par des salves et pavoisements, lorsqu'il leur en a été préa- lablement donné avis officiel. Lorsque, en pays étranger, il y a lieu de célébrer des fêtes et solennités nationales françaises, le comman- dant supérieur français s'entend avec l'agent diplomatique ou consu- laire de France pour informer l'autorité locale de son intention de célébrer ces solennités. Il en fait avertir directement la veille le com- mandant supérieur de la rade où il se trouve, et, s'il le juge conve- nable, les commandants supérieurs des forces navales étrangères qui sont au même mouillage. Lorsque les commandants étrangers s'asso- cient par des salves et pavoisements à ces fêtes ou solennités, le com- mandant supérieur français envoie un officier leur adresser des re- merciments.

Dans tous les cas, le commandant supérieur se conforme, autant que possible, pour ces cérémonies, aux usages reçus dans le pays où il se trouve, ou dans le pays dont une solennité est célébrée. Dans tout pavoisement, la flamme nationale, ou la marque distinctive, reste ar- borée.

740. Les souverains étrangers reçoivent les honneurs attribués à l'Empereur.

741. A la mer et en pays étranger, tout officier commandant un ou

plusieurs bâtiments de l'Etat peut saluer la marque distinctive des commandants en chef des bâtiments étrangers; il se conforme pour ces saluts aux usages suivis dans la marine militaire à laquelle appartiennent ces bâtiments étrangers; il s'assure préalablement de la réciprocité. Cet officier peut également saluer les agents supérieurs des puissances étrangères qui viennent à son bord; il règle ces saluts selon le rang de ces agents et en se conformant aux usages de leur pays.

742. Les commandants en chef des bâtiments de l'Etat, en arrivant au mouillage en pays étranger peuvent saluer la place, après s'être assurés que le salut sera rendu immédiatement et coup pour coup. Ils peuvent saluer ensuite les bâtiments de la rade, s'il est d'usage de le faire dans le port où ils se trouvent. Dans le premier cas, les voiles sont serrées; dans le second cas, une ou plusieurs voiles sont déferlées.

743. Toutes les fois qu'un bâtiment français est salué par un bâtiment de guerre étranger, le salut est rendu coup pour coup, quels que soient les grades respectifs des officiers commandants et soit qu'ils aient traité ou non du salut, pourvu toutefois que ce salut n'excède pas 21 coups de canon. Si un bâtiment est salué par un navire de commerce étranger, il rend le salut par un nombre de coups de canon qu'il fixe suivant les circonstances, mais qui est toujours inférieur de deux coups au moins au salut qui a été tiré.

744. Les saluts personnels ne se rendent pas. Toutefois, on suit, à cet égard, les usages et les précédents du pays où on se trouve.

745. Lorsqu'il y a lieu de saluer une puissance étrangère, soit en arrivant dans un port, soit en partant d'un port sous sa domination, ou lorsqu'il y a lieu de fêter une solennité nationale d'une puissance étrangère, le bâtiment étant pavoisé ou non, le pavillon de cette puissance est hissé en tête du grand mât. Lorsqu'il y a lieu de hisser un pavillon étranger pendant un salut personnel, ce pavillon est hissé au mât de misaine; toutefois, lorsqu'on rend un salut, ce pavillon est arboré au mât auquel le pavillon français a été hissé à bord du bâtiment qui a salué le premier. Si une marque distinctive de commandement est arborée au grand mât ou au mât de misaine, les pavillons étrangers sont hissés au mât où ne flotte pas cette marque distinctive.

748. Les bâtiments armés de moins de 10 canons sont dispensés de faire des saluts. Le capitaine ne doit s'écarter de cette règle, qu'autant qu'il jugerait qu'il peut en résulter des inconvénients pour les relations établies ou à établir avec une puissance étrangère ou avec ses agents. Dans ce cas, il rend compte à son chef direct.

750. Les officiers généraux et les officiers commandants doivent la première visite aux ambassadeurs, aux envoyés extraordinaires et ministres plénipotentiaires, aux ministres résidents et aux chargés d'affaires dans le port de la puissance auprès de laquelle ces agents sont accrédités. Toutefois, les vice-amiraux commandant en chef attendent la visite des chargés d'affaires. Les contre-amiraux commandant en chef attendent la première visite des chargés d'affaires intérimaires

dans les ports qui se trouvent dans la limite de leur commandement ou pour lesquels ils ont une mission ; lorsqu'ils arrivent éventuellement en relâche dans le port de la résidence d'un chargé d'affaires intérimaire, les contre-amiraux commandant en chef doivent la première visite à cet agent, les officiers généraux et les chefs de division, commandant en chef, attendent la visite des consuls généraux et des consuls. Cette visite est faite aux consuls généraux et consuls par tout officier commandant un bâtiment ; si cet officier est capitaine de vaisseau : les officiers du consulat le reçoivent au débarcadère. La visite officielle n'a lieu de part et d'autre qu'à la première arrivée des bâtiments dans la rade ou dans le port de la résidence des agents diplomatiques et consulaires. Cette visite est rendue dans les 24 heures, toutes les fois que le temps le permet.

751. Toutes les fois qu'un bâtiment étranger arrive sur une rade française ou étrangère où se trouvent un ou plusieurs bâtiments français, le commandant supérieur des bâtiments français envoie un officier au capitaine du bâtiment arrivant pour le complimenter. Ce commandant supérieur attend ensuite la visite du commandant arrivant, si ce dernier est du même grade ou d'un grade inférieur au sien ; s'il est d'un grade supérieur, le commandant supérieur français va lui faire la première visite dès que le commandant qui arrive lui a envoyé un officier lui porter ses remercîments. Si le bâtiment étranger arrivant porte une marque distinctive, le commandant supérieur français, si son bâtiment n'en porte pas, va faire la première visite sans attendre qu'un officier du bâtiment étranger soit venu à son bord. Lorsque le capitaine d'un bâtiment français arrive à un mouillage faisant partie du territoire d'une puissance étrangère, il ne fait de visite au commandant supérieur des bâtiments de guerre de cette puissance qui se trouveraient au même mouillage, qu'autant qu'à son arrivée un officier lui aurait été envoyé pour le complimenter. Il se conforme au même principe relativement aux commandants supérieurs des bâtiments d'autres puissances qui se trouveraient au même mouillage. Néanmoins, il fait toujours la première visite au commandant supérieur de la place. Un officier général peut dans cette circonstance se faire représenter pour cette visite par un chef d'état-major, ou par un officier de l'état-major général, selon le grade de ce commandant supérieur. Dans tous les cas, le capitaine d'un bâtiment français arrivant ne fait aucune première visite officielle à des autorités étrangères, maritimes ou autres, avant d'avoir consulté à ce sujet le commandant supérieur des bâtiments français qui sont au mouillage au moment de son arrivée, et, à défaut, sans s'être concerté avec l'agent diplomatique ou consulaire de France.

756. Lorsqu'un agent diplomatique ou consulaire, ou un chef de service à terre, manque d'une embarcation convenable pour faire ou rendre une visite officielle à bord d'un bâtiment, le capitaine de ce bâtiment, en met une à sa disposition tant pour l'amener à bord que pour le reconduire à terre.

762. Il n'est pas rendu d'honneurs aux personnes qui ne sont pas en uniforme.

764. Les officiers qui commandent pendant l'absence des officiers titulaires, ou qui remplissent des fonctions intérimaires, n'ont droit qu'aux honneurs militaires attribués à leur grade.

N° 61.

Décret du 25 octobre 1851, sur les droits de Chancellerie pour les paquebots à vapeur.

ART. 1er. Il ne sera perçu, à l'avenir, dans les Chancelleries diplomatiques et consulaires de la République à l'étranger, pour l'expédition des paquebots à vapeur français affectés à un service régulier de transport de marchandises et de passagers, que la moitié des droits spécifiés par l'article 22 du tarif annexé à l'ordonnance du 6 novembre 1842 (1).

2. Le Ministre des affaires étrangères est chargé de l'exécution du présent décret.

N° 62.

Décret du 29 décembre 1851, sur la pêche de la morue. (Extrait.)

EXPORTATIONS DIRECTES DES LIEUX DE PÊCHE.

ART. 8. Tout armateur qui expédiera d'un port de France aux lieux de pêche un navire non pêcheur, à l'effet d'y prendre une ou plusieurs cargaisons de morue de pêche française pour une destination donnant droit à la prime d'importation, devra, avant le départ de France du navire, en faire la déclaration par-devant le commissaire de l'inscription maritime du port d'armement, qui lui délivrera une expédition de sa déclaration.

Les chargements de morue faits aux îles de Terre-Neuve ou de Saint-Pierre et Miquelon par des navires pêcheurs ou non pêcheurs, devront être accompagnés d'un certificat délivré, savoir :

---

(1) Par suite de ce décret, le droit fixe par tonneau se trouve abaissé de 10 francs à 5 francs, et le droit proportionnel par tonneau de 10 centimes à 5.

A Saint-Pierre et Miquelon, par le commandant de ces îles, et sur les côtes de Terre-Neuve, par un des capitaines ou officiers des bâtiments de l'Etat composant la station de ces parages ; ou, à défaut, par le capitaine prud'homme du havre où le chargement aura été effectué ; ou, enfin, dans le cas d'impossibilité, par trois capitaines de navires pêcheurs appartenant à d'autres armateurs que celui du navire chargeur.

Ce certificat indiquera le nom du navire, ceux de l'armateur et du capitaine, le poids net de la morue et le nom du ou des navires français qui l'auront pêchée ; il attestera en outre la bonne qualité de la morue.

EXPORTATIONS DE FRANCE.

9. Tout armateur qui expédiera d'un port de France un chargement de morue pour une destination susceptible de prime sera tenu de déclarer à la douane du lieu d'expédition :

1° Le nom du navire, du capitaine et de l'expéditeur ; 2° la destination ; 3° la quantité de morue à embarquer ; 4° la saison de pêche dont elle provient et le lieu où elle a été séchée.

Cette déclaration devra être accompagnée d'un certificat délivré concurremment par deux courtiers, et, à leur défaut, par deux négociants désignés par le président du tribunal de commerce et deux employés des douanes, et attestant que ladite morue est de bonne qualité et bien conditionnée : ce certificat sera visé par le président du tribunal de commerce et par le chef du service des douanes.

L'administration des douanes, après avoir fait constater le poids brut et le poids net de la morue, délivrera à l'armateur une expédition de sa déclaration, qui devra accompagner le chargement.

10. Si l'exportation aux colonies des morues entreposées n'a pas lieu directement du port d'entrepôt, la morue ne pourra être dirigée sur le port de départ qu'après avoir été emboucautée, et sous la garantie du plombage et d'un passavant.

Dans ce cas, la douane du port d'escale constatera, à la suite du certificat de chargement délivré au port d'entrepôt, l'identité des colis représentés, la date de leur départ pour la colonie, et, s'il y a eu transbordement, le nom du navire exportateur et celui du capitaine.

Le séjour à terre des boucauts de morue non vérifiés à fond ne pourra avoir lieu au port d'escale que sous la double clef de la douane et du commerce, dans un magasin fourni par ce dernier et agréé par elle.

Les mêmes dispositions seront applicables aux morues non extraites d'entrepôt, c'est-à-dire à celles qui auront été séchées en France, dont l'exportation pour les colonies ou l'étranger ne devra s'effectuer qu'après escale dans un autre port de France. Dans ce cas, les boucauts contenant les morues devront être revêtus par l'expéditeur de marques à feu ou autres qui seront reproduites sur les expéditions de douane.

11. L'expédition des morues par mutation d'entrepôt pourra avoir

lieu par mer, sous la garantie d'un passavant contenant les indications nécessaires pour la rédaction des soumissions d'entrepôt au lieu de destination.

DÉBARQUEMENT DES MORUES DANS LES COLONIES FRANÇAISES ET A L'ÉTRANGER.

12. A l'arrivée à leur destination des morues expédiées, soit directement des lieux de pêche, soit des ports de France, les directeurs des douanes dans les colonies et dans les possessions françaises en Afrique, sur les côtes de la Méditerranée, et les agents consulaires de France dans les pays étrangers, procéderont à la reconnaissance et à la vérification des chargements; ils se feront, à cet effet, représenter :

Pour les morues expédiées directement des lieux de pêche, 1° le certificat prescrit par l'article 8 ci-dessus, et dont l'exactitude devra être attestée par le capitaine et les trois premiers officiers ou matelots de son équipage ; 2° le journal de bord ;

Et pour les morues venant de France, le certificat du port de départ.

Quelle que soit d'ailleurs la provenance, la morue devra être reconnue en totalité, pesée avec soin, et les poids bruts et nets indiqués en kilogrammes; son état de conservation et sa bonne qualité seront, en outre, scrupuleusement vérifiés ; et il devra être formellement constaté, à peine de perdre tout droit à la prime, qu'elle est propre à la consommation alimentaire.

13. La vérification de la bonne qualité de la morue sera faite dans les colonies par une commission nommée par le gouverneur, et composée :

D'un officier de l'administration de la marine ; d'un agent de l'inspection coloniale ; d'un fonctionnaire de l'administration municipale; d'un sous-inspecteur ou vérificateur des douanes ; d'un membre de la chambre ou du bureau de commerce ou, à défaut, d'un négociant notable ; d'un officier de santé de la marine ou d'un pharmacien avec voix consultative.

Dans les pays étrangers, les agents consulaires se feront assister, dans cette vérification, par deux négociants, choisis, autant que possible, parmi les négociants français établis dans le lieu de leur résidence (*Modèle n° 12*) (1).

14. Un certificat énonçant les résultats de cette vérification sera remis aux parties intéressées pour servir ce que de raison, et les pièces produites par elles leur seront restituées, après qu'il en aura été fait l'usage convenable (*Modèles nos 9, 11 ou 12*) (2).

15. Les directeurs des douanes dans les colonies et dans les possessions françaises en Afrique, sur les côtes de la Méditerranée, et les agents consulaires de France dans les pays étrangers, tiendront, pour les chargements de morue reconnus par leurs soins, un registre énonçant toutes les circonstances nécessaires pour délivrer, au besoin, un *duplicata* des certificats qui viendraient à se perdre dans la traversée.

_____

(1) V. ce modèle au tome 1er du Formulaire, chap. X.
(2) Id.,   id.,   id.,   id.

Ils adresseront tous les mois au Ministre de l'agriculture et du commerce, par l'entremise des Ministres de la marine, de la guerre et des affaires étrangères, un relevé sommaire de ce registre, pour servir de contrôle aux pièces fournies par les armateurs.

Il sera tenu également dans les ports de France, par les administrations de la marine et de la douane, un registre des déclarations et certificats qu'elles sont appelées à recevoir ou à délivrer.

N° 63.

Décret du 13 février 1852, sur la retenue au profit de la caisse des Invalides de la marine (1).

ART. 1er. Il est établi au profit de la caisse des Invalides une retenue de *un et demi pour cent*, sur les dépenses inscrites au budjet du Ministère de la marine et des colonies pour *achats de matériel*. Cette retenue sera mentionnée dans tous les marchés à passer désormais pour les divers services de ce Département. Les marchés en cours d'exécution continueront d'avoir leur effet aux clauses et conditions qui y sont stipulées.

2. Le Ministre de la marine et le Ministre des finances sont chargés, chacun en ce qui le concerne, de l'exécution du présent décret.

N° 64.

Circulaire de la Marine du 19 février 1852, sur la gestion des naufrages.

Messieurs, la circulaire du 31 août 1848(2), insérée au *Bulletin officiel*, 1848, 2e semestre, page 263, qui traite du service des Consuls comme suppléant les administrateurs de la marine et les trésoriers des Invalides à l'étranger, ayant été appliquée avec le discernement que l'on devait attendre des fonctionnaires chargés de son exécution, a produit d'heureux résultats sous le double rapport de la célérité des opérations matérielles et de la régularité des écritures, et si la remise des produits éprouve encore quelques lenteurs, ces retards, je le recon-

---

(1) La loi des finances du 8 juillet 1852 a élevé cette retenue à 3 pour 100.
(2) V. cette circulaire ci-dessus, p. 226.

nais, doivent, dans le plus grand nombre de cas, être attribués à l'éloignement et à des difficultés locales.

Cependant, quelques-unes des dispositions de cette circulaire paraissant n'être pas bien comprises partout, et pour en assurer d'autant mieux l'exécution, j'ai jugé utile d'adresser de nouvelles explications.

Ainsi, on n'a pas généralement attaché une importance suffisante à la recommandation consignée à la page 17 de ces instructions : *Mode de justification des dépenses,* non plus qu'à la note de la page 20 sur le même objet ; et, dans quelques Consulats, les pièces justificatives contiennent en bloc les dépenses du bâtiment et celles qui se rattachent à la cargaison. Cette confusion est toujours un grand embarras pour les commissaires de l'inscription maritime des ports d'armement chargés de dresser l'état définitif de la liquidation du sauvetage, et parfois l'absence de documents clairs et précis place le trésorier public dans l'obligation de repousser le remboursement des sommes qui lui sont réclamées au titre du navire.

Je recommande donc de former désormais deux dossiers distincts des pièces transmises au Ministère, à l'appui de la comptabilité des naufrages, et de donner à chacune d'elles, d'après le classement des dépenses de l'état de liquidation, un numéro d'ordre, qui sera reporté sur un bordereau indicatif, de façon que l'on ne puisse confondre les deux natures de dépense. Je rappelle à ce sujet que les comptes, factures ou reçus, écrits ou traduits en français, doivent toujours être arrêtés en argent de France et accompagnés d'un certificat constatant le cours du change.

Pour faciliter la reddition des comptes de sauvetage, un modèle d'état a été annexé à la circulaire du 31 août 1848, avec invitation d'avoir à s'y astreindre. De nouveau, j'exprime le désir que cette prescription soit toujours observée ; ce même modèle ayant été également ordonné pour l'usage des ports, il en résulte que les opérations du Consulat se trouvent naturellement contrôlées par la liquidation définitive.

Comme il est conservé à Paris un dossier spécial par bâtiment naufragé, je recommande de ne jamais traiter dans la correspondance qu'une seule affaire dans une même lettre.

L'article 38 de l'ordonnance du 29 octobre 1833, d'accord en cela avec la déclaration du 18 décembre 1728, défend de payer les gages des marins débarqués en pays étranger, quel que soit le motif du débarquement, et veut que ces loyers soient déposés dans la caisse de la Chancellerie. Cependant, en matière de sauvetages, et pour peu qu'il y ait un produit net, il est passé en habitude, dans quelques localités, de payer les décomptes qui peuvent revenir aux capitaines et seconds des navires naufragés, de sorte que ceux-ci touchent l'intégralité de leurs salaires dans le Consulat, tandis que les autres marins de l'équipage ne reçoivent en France qu'une part proportionnelle à ce qu'ils ont gagné, et d'autant plus faible que la somme prélevée pour satisfaire aux exigences des officiers a été plus forte.

C'est là, il faut le dire, un usage abusif, contraire à l'équité, et qu'il importe de faire cesser le plus promptement possible, les règlements en vigueur devant être appliqués à tous et sans acception de grade. Si, par des circonstances imprévues, qui ne peuvent être bien appréciées que sur les lieux, l'autorité consulaire est amenée à faire quelques payements partiels, ces à-compte ne doivent jamais atteindre le chiffre de ce qui peut revenir au marin dans la répartition des fonds libres applicables aux loyers.

Il est d'ailleurs toujours facile aux Consuls de connaître exactement la somme revenant à chaque homme, puisqu'en même temps qu'ils ont à remettre en France le net produit du bâtiment, ils doivent joindre à cet envoi un état nominatif portant décompte des salaires acquis.

Pour effectuer la remise du net produit des sauvetages, il est des Consuls qui ont fait parvenir au Ministre des traites de commerce tirées directement par un négociant du pays ou même par le capitaine naufragé, à l'ordre du trésorier général des Invalides. Ces effets, privés de l'endossement du Consul, devenaient irréguliers, puisque le tireur était sans intérêt direct avec l'établissement des Invalides, et que, par ce fait, la valeur exprimée n'avait pas un motif réel. Ils offraient, en outre, le double inconvénient d'amoindrir les garanties et de placer le comptable à Paris en présence de correspondants avec lesquels ses rapports ne sont pas autorisés.

Les Consuls devront donc, à l'avenir, en continuant à n'accepter que des traites de négociants d'une solvabilité notoire, ne recevoir lesdites traites *qu'à leur ordre*, eux seuls ayant qualité pour les transporter régulièrement au trésorier général des Invalides.

Il a été remarqué que, dans certains Consulats, l'économie désirable n'était pas toujours apportée dans la gestion des naufrages, et des frais frustratoires, résultant de gratifications à divers, de commissions allouées sans motifs suffisants, ou de l'intervention d'agents non autorisés, ont été, de la part du Ministère de la marine, l'objet de redressements qu'il est d'une bonne administration de savoir éviter.

Le rapatriement des marins naufragés dans les contrées lointaines doit aussi, de ma part, être le sujet d'une recommandation spéciale. Il arrive fréquemment que des capitaines négligent, dans un but tout personnel, de profiter de l'embarquement qui leur est assigné sur un navire en retour direct; puis, à peine le bâtiment est-il sous voiles qu'ils demandent à être rapatriés par la voie des Etats-Unis ou de l'Angleterre. En cédant désormais à de semblables obsessions, les Consuls s'exposeraient à voir rejeter de leurs comptes l'excédant des frais résultant de ces passages de faveur, l'ordonnance du 12 mai 1836 ayant, d'ailleurs, pourvu largement aux besoins des marins du commerce disgraciés, dont le grand nombre devient une charge onéreuse pour le Trésor public. Ce n'est donc qu'en l'absence de bâtiments français que les équipages naufragés doivent être rapatriés sur des navires étrangers, et il convient d'y apporter toujours la plus stricte économie. La même recommandation s'applique également aux frais de nourriture et d'entretien des marins.

Depuis que la circulaire du 19 mai 1848, fondée sur des principes de droit et d'humanité, en modifiant celle du 23 octobre 1824, sur l'imputation des loyers des marins, a fait passer le payement des salaires avant les frais d'entretien et de rapatriement, il en est résulté qu'un certain nombre de liquidations de naufrages présentent un excédant de dépense au compte du navire, et que, par suite, ces excédants se traduisent en sommes plus ou moins importantes qui retombent définitivement à la charge de l'Etat.

Il était du devoir de l'administration de rechercher les moyens d'atténuer les dépenses de cette nature, et elle n'en pouvait trouver un plus efficace que celui qui consiste à porter en recette un produit jusqu'alors négligé. De là la disposition qui prescrit de prélever le fret pour la distance parcourue, sur les marchandises sauvées, soit qu'elles aient été vendues, soit qu'elles aient été remises en nature aux réclamateurs, cette prescription, d'ailleurs conforme à l'article 296 du Code de commerce, pouvant, dans beaucoup de cas, rétablir l'équilibre entre la recette et la dépense.

Mais, comme c'est aux tribunaux de commerce qu'il appartient, en France, de prononcer sur la question du fret, il m'a paru opportun de rappeler succinctement ici comment, en semblables circonstances, on procède dans nos ports.

Chaque fois qu'il y a lieu, le commissaire de l'inscription maritime adresse une requête au président du tribunal de commerce à l'effet de faire fixer le fret sur les marchandises *dans la proportion de ce que le voyage est avancé*, et il joint, à l'appui de sa demande, un certificat de deux courtiers maritimes, ou, à défaut, de deux négociants, constatant le degré d'avancement du voyage et la distance qui reste à parcourir jusqu'au port de destination.

Ce mode d'opérer, à la fois simple et rapide, satisfait à tous les intérêts engagés, et je ne vois aucun inconvénient à ce qu'il soit appliqué aux naufrages survenus à l'étranger.

Toutefois, les Consuls devront se bien pénétrer que c'est comme juges commerciaux, qu'après s'être entourés de tous les éléments utiles, ils sont appelés à prononcer sur la fixation du fret; c'est, en un mot, une ordonnance à rendre, et pour laquelle les droits seront perçus d'après les tarifs en vigueur dans leur Chancellerie, le rôle de suppléant des administrateurs de la marine ne devant commencer qu'avec l'exécution de la sentence rendue. Cette distinction est d'autant plus essentielle à établir qu'elle place la décision consulaire en dehors des discussions que pourraient vouloir soulever les réclamateurs de la cargaison.

Dès lors, et pour mieux marquer la qualité dans laquelle les Consuls doivent agir, il convient qu'ils se fassent présenter, par le capitaine du navire naufragé ou tout autre ayant droit, une demande en règlement du fret, et ce n'est qu'en l'absence des intéressés qu'ils auront à le fixer d'office. Cette dernière circonstance devra être mentionnée dans l'ordonnance qui interviendra.

Il a été généralement remarqué que, dans les comptes dressés pour les bâtiments condamnés comme innavigables, on portait en liquidation une somme représentant les quinze centimes par cent francs attribués au Chancelier, par l'article 8 de l'arrêté du 17 floréal an IX, sur toutes les sommes déposées dans la caisse du Consulat, et provenant de la vente des prises ou des bâtiments naufragés. Les condamnations pour cause d'innavigabilité n'étant point comprises dans les deux catégories ci-dessus, il n'y a pas lieu de percevoir cette allocation.

Tels sont les points principaux du service des bris et naufrages, sur lesquels j'ai cru devoir m'expliquer de nouveau, pour faciliter l'application des règles en cette matière.

Je vous invite à vous conformer exactement aux dispositions de la présente circulaire, que vous devrez faire enregistrer dans votre Chancellerie. Veuillez aussi m'en accuser réception.

Signé : Th. DUCOS.

———

N° 65.

Décret du 20 février 1852, sur les frais d'établissement.

Louis-Napoléon, etc.

Sur le rapport du Ministre des affaires étrangères, Décrète :

ART. 1er. Les ambassadeurs, ministres plénipotentiaires, ministres résidents, chargés d'affaires en titre, Consuls généraux et Consuls, ont droit à recevoir une indemnité pour frais d'établissement.

2. Cette indemnité est égale au tiers du traitement accordé à l'agent.

3. L'indemnité de frais d'établissement s'acquiert par trois années de résidence. Dans les comptes à intervenir, chaque mois représentera un trente-sixième.

Les fractions de mois seront comptées pour un mois entier en faveur de l'agent.

4. En cas de destitution ou de démission, l'agent doit restituer au trésor le montant des trente-sixièmes qui ne lui sont pas acquis.

La restitution a lieu sur la simple demande du Ministre des affaires étrangères.

5. En cas de rappel, si l'agent est considéré comme ne devant pas être réemployé, la restitution de la partie de l'indemnité non acquise sera également exigée.

Toutefois, une compensation de dix-huit trente-sixièmes lui sera accordée, si le rappel a eu lieu pour des causes étrangères au mérite de ses services.

L'effet de cette compensation cessera s'il est remis en activité, mais il lui sera alors tenu compte d'un trente-sixième par chaque mois écoulé depuis son rappel.

6. L'agent mis en inactivité continue d'acquérir l'indemnité qu'il a reçue lors de sa dernière nomination.

Après dix-huit mois d'inactivité, elle lui appartient définitivement.

7. Lorsqu'un agent est nommé à un nouveau poste avant d'avoir acquis entièrement l'indemnité qui lui a été accordée, il y a lieu d'imputer sur l'indemnité nouvelle qu'il reçoit une somme égale au montant des trente-sixièmes qu'il lui reste à acquérir.

8. Lorsqu'un agent, après avoir reçu l'indemnité allouée pour un poste, est remplacé avant son départ,

S'il est nommé à une résidence donnant droit à une indemnité moindre, il doit restituer immédiatement la différence ;

S'il est remplacé sans être envoyé à une destination nouvelle, il reversera au Trésor toute la somme qu'il aura reçue.

Toutefois, si son remplacement provient de causes qui ne puissent lui être imputées et qu'il ait déjà fait de bonne foi des dépenses d'établissement, le Ministre appréciera la somme qui pourra lui être laissée en compensation de ses pertes. Cette somme ne pourra dépasser les deux cinquièmes de l'indemnité.

9. Après huit ans de résidence consécutive dans le même poste, tout agent politique ou consulaire pourra obtenir une seconde indemnité de frais d'établissement si le Ministre des affaires étrangères juge convenable de la proposer au Président de la République.

La proportion de cette indemnité sera du sixième du traitement. Elle sera soumise aux mêmes conditions de précompte et de restitution que la première.

10. En cas de décès d'un agent, l'indemnité appartient définitivement à sa succession.

11. Sont abrogées toutes les dispositions contraires au présent décret.

12. Le Ministre des affaires étrangères est chargé de l'exécution du présent décret.

N° 66.

Rapport adressé le 3 mars 1852 par le Ministre de la marine au Prince Président de la République française, sur l'organisation de l'administration centrale du Département de la marine et des colonies (1).

Monseigneur, Je viens soumettre à votre haute approbation un projet destiné à réorganiser l'administration centrale de la marine et des colonies.

La puissance maritime d'un peuple consiste essentiellement dans le

---

(1) Nous avons d'autant moins hésité à reproduire le texte de ce rapport et du décret réglementaire qui le suit sous le n° 67, que les agents du Département des affaires étrangères y trouveront les données circonstanciées dont ils ont besoin pour la répartition et le timbre marginal de leur correspondance officielle avec le Ministère de la marine.

nombre et la qualité des vaisseaux ou des canons qu'il peut opposer à l'ennemi.

La véritable fonction de mon Département est de créer ou d'entretenir une flotte capable de faire respecter sur les mers l'indépendance ou la dignité de notre drapeau.

La simplicité des rouages administratifs, la promptitude des mouvements d'exécution, l'unité de la direction centrale sont les conditions indispensables de toute bonne organisation navale.

La multiplicité des chefs ralentit l'activité des ordres, paralyse l'autorité du commandement, et disperse la responsabilité de la décision.

Les employés trop nombreux et mal rétribués ne produisent que peu de travail et ne lui donnent que peu de soin. La régularité et la discipline des bureaux se relâchent quand les agents secondaires perdent, dans de stériles loisirs, une partie du temps qu'ils doivent à leurs devoirs.

Des agents bien rétribués et en petit nombre parlent moins et agissent davantage.

Telles sont les considérations qui ont inspiré mon projet.

Les ordres supérieurs et la direction immédiate de la flotte doivent émaner directement du Ministre, qui est seul responsable et qui seul connaît la pensée intime du Chef de l'État.

Les mouvements des forces navales, les opérations maritimes, les armements, les désarmements, les instructions à donner aux commandants (qui forment actuellement une des dépendances de la direction du personnel), seront désormais concentrés *dans le cabinet du Ministre*, où devra se rencontrer à la fois l'*unité* de commandement qui ajoute à la force, et le *secret* qui est souvent une des meilleures conditions de son exercice.

Le Ministre saura à chaque instant où sont les forces dont il dispose. Il tiendra, en quelque sorte, dans sa main toute la flotte active et connaîtra incessamment toutes ses ressources, sans être obligé de recourir à des bureaux hors de portée.

L'ancien bureau des mouvements prendra, dans la direction du personnel, le nom de bureau de la *justice maritime*. Il conservera donc une partie de ses attributions précédentes, que je me propose de développer ultérieurement.

J'ajoute une autre attribution à la direction du cabinet : c'est celle de l'*enregistrement et de la répartition des dépêches*.

Aujourd'hui le Ministre ignore quelles sont les dépêches qu'il a reçues, et parvient très-difficilement à savoir quelle est la suite qui leur a été donnée dans les diverses directions de son Département.

Pour imprimer au mouvement des affaires l'activité, l'ordre et l'unité désirables, il faut un enregistrement sérieux, indiquant la date de l'entrée et la date de la sortie, afin que l'œil du Ministre s'étende sans effort sur toutes les branches du service et puisse avec facilité exercer son contrôle sur tous les mouvements de l'administration.

Le Département de la marine comprend aujourd'hui un trop grand nombre de directions. Le Ministre travaille directement avec huit chefs

. supérieurs, y compris celui de son cabinet. Ce sont là des rouages multipliés, inutiles et dispendieux. Leurs inconvénients se révèlent par la complication et la contradiction de leurs mouvements.

L'administration doit être faite à l'image de la flotte pour laquelle elle est instituée.

L'idée la plus simple est celle qui a prévalu dans des temps où le pouvoir était grand et n'avait pas besoin d'emprunter sa puissance à des considérations ou à des influences personnelles.

La flotte se constitue avec des hommes, des vaisseaux et de l'argent.

En dehors de ces trois nécessités de premier ordre, il n'y a que des besoins secondaires ou accessoires.

La constitution de trois grandes branches administratives correspondant à chacune de ces nécessités fondamentales satisfera donc facilement et complétement à toutes les exigences du service, sous les noms, rationnels et simples comme elles, de Direction du *personnel*, Direction du *matériel*, Direction de la *comptabilité générale*.

Dans la marine, toutes les affaires ont entre elles un enchaînement inévitable. Elles doivent se coordonner, et exigent un concours absolu d'idées communes entre les chefs de service. Pour peu que cet accord cesse d'exister, le Ministre, qui résume en définitive toutes les décisions, se voit condamné aux plus grands efforts d'intelligence ou de mémoire pour maintenir l'unité de vues, de règles et de principes, et pour ne pas donner sa signature à des ordres essentiellement divers ou contradictoires. Il faut qu'il se tienne constamment en garde contre ce défaut d'entente, qui provient quelquefois de la nature même des choses, et plus souvent, il faut bien le dire, de l'antagonisme de l'uniforme ou de la rivalité de la fonction.

La direction actuelle des *services administratifs* est une institution d'origine assez récente, qui a emprunté ses attributions aux autres directions du Département. Elle forme une administration complexe, participant à la fois du *personnel* et du *matériel*. Son utilité a été contestée de tout temps. Elle me paraît compliquer, sans avantage véritable, l'action commune. Il est difficile de poser des règles précises à la limite de ses prérogatives et de ses pouvoirs. La plupart des affaires qu'elle traite, en entrant dans son domaine, prennent un caractère mixte et indéfini qui nuit à la promptitude et à la simplicité de la décision. Le Ministre qui veut disposer d'un bâtiment ou transmettre un ordre immédiat d'expédition urgente a besoin d'appeler auprès de lui le directeur du personnel, le directeur du matériel, et quand c'est déjà trop peut-être de confier à deux l'exécution de son œuvre, il est obligé de recourir à un troisième chef de service, qui, sous le nom de directeur des services administratifs, peut seul réaliser, en la complétant, la mesure prescrite ; heureux encore si des conflits d'attributions ou des interprétations diverses et opposées données aux ordres transmis ou reçus n'ajoutent pas à des retards préjudiciables des embarras ou des difficultés de premier ordre.

La suppression de la direction des services administratifs me paraît donc utile. Elle permet d'ailleurs de réaliser une économie assez important dans la dépense de l'administration centrale.

Une troisième modification essentielle est apportée dans la répartition des attributions respectives du *personnel* et du *matériel.*

Aujourd'hui, chacune de ces deux directions, ainsi que celle des *services administratifs*, administre elle-même un personnel spécial. Il en résulte que les parties homogènes ou semblables de l'administration sont scindées et soumises à des règles ou des influences qui ne sont pas toujours uniformes. Je trouve logique et rationnel que la direction du personnel administre réellement tout le personnel, de même que tout ce qui appartient au matériel soit administré effectivement par la direction du matériel.

La direction des *colonies* constitue une administration spéciale dans les mains de laquelle se concentre l'élaboration de toutes les questions et de toutes les affaires coloniales. La pensée d'unité et de central isation qui préside à mes réformes me détermine à ne vous proposer, quant à présent, aucune modification dans l'administration centrale des colonies.

La direction des fonds conserve ses attributions, sous le nom déjà consacré de la direction de la *comptabilité générale.*

L'administration des invalides de la marine n'est pas rétribuée par le chapitre 1er de l'administration centrale. Aux termes de la loi, ses dépenses sont imputées sur les fonds de la caisse dont la gestion lui est confiée. Il importe de respecter cette institution vraiment nationale, patrimoine des gens de mer, dont les ressources se composent de l'épargne du matelot et dont le budget rappelle dans chacune de ses pages quelques prises sur l'ennemi.

Elle demeure placée sous la protection immédiate du Ministre. Son chef travaille directement avec lui, et pour mieux définir son caractère spécial et indépendant, ce chef prend le nom d'*administrateur de la caisse des invalides.*

La question du *contrôle* a été longuement débattue et soulève encore de vives controverses.

Je ne perds pas de vue que les nécessités de la flotte sont supérieures aux nécessités du contrôle, et que toute action ayant pour effet de ralentir ou de paralyser le rapide mouvement de nos forces porterait une grave atteinte à notre puissance maritime. Je me propose donc d'apporter dans l'institution actuelle du contrôle toutes les simplifications conciliables avec le respect de la règle et la réforme des abus.

Dès ce moment, je crois convenable de maintenir auprès du Ministre le chef principal qui centralise le service. Ce fonctionnaire, assisté de deux ou trois agents seulement, entretiendra des rapports verbaux ou écrits avec le Ministre et conservera son titre de contrôleur en chef de la marine.

J'ai eu l'honneur de vous exposer, Monseigneur, que des employés trop nombreux nuisent au service administratif. J'ai déjà opéré quelques réductions ; je compte en effectuer de nouvelles, au fur et à mesure que les circonstances me le permettront. Dans ce but, je m'attacherai surtout à réduire la masse d'écritures de toute forme et de toute sorte qui accablent, sans nécessité réelle, les agents administratifs secondaires ou supérieurs. Les affaires y gagneront en célérité, les détails n'absorberont plus les choses principales, et les deniers du Trésor recevront une affectation véritablement digne d'eux : car je ne peux oublier que les sommes consacrées à des emplois ou à des dépenses parasites constituent un détournement au préjudice de la flotte, et que toute atténuation inutile des ressources de notre marine produit inévitablement une réduction proportionnelle dans la puissance navale de l'État.

Les diverses combinaisons que je viens de vous soumettre me permettront de réaliser une économie de 52,400 francs.

A l'aide de cette ressource, qui ne provient que d'une meilleure organisation, je crois pouvoir, à l'exemple de ce qui s'est déjà fait dans tous les autres Départements, vous proposer de fixer à 15,000 francs, au lieu de 12,000, le chiffre du traitement de mes directeurs. En augmentant l'importance de leurs attributions, je réclame de leur dévouement un nouvel effort : vous trouverez juste que leur position soit améliorée. Si vous accédez à ma demande, le budget de mon Département présentera, en définitive, une économie de 40,400 francs, qui sera très-prochainement réalisée.

J'ai l'honneur d'être, etc. *Signé :* Th. DUCOS.

N° 67.

Décret du 3 mars 1852 sur l'organisation des bureaux de la marine.

Louis-Napoléon, etc.

Vu l'arrêté du 8 juin 1848, portant organisation de l'administration centrale du Département de la marine et des colonies ;

Considérant que, dans l'intérêt du service et pour la prompte expédition des affaires, il est devenu urgent d'introduire dans cette organisation les simplifications que l'expérience a fait reconnaître nécessaires;

Sur le rapport du Ministre Secrétaire d'État de la marine et des colonies,

Décrète :

Art. 1er. L'administration centrale du Département de la marine et des colonies est constituée ainsi qu'il suit :

Le Ministre,

L'état-major du Ministre.

CABINET DU MINISTRE.

LE CHEF D'ÉTAT-MAJOR DU MINISTRE, DIRECTEUR.

1er. *bureau*. — Ouverture et enregistrement des dépêches. — Leur répartition dans les divers services. — Centralisation du travail avec le chef de l'Etat. — Expédition des affaires secrètes et réservées. — Affaires qui ne rentrent dans les attributions d'aucun bureau. — Audiences. — Correspondance particulière du Ministre.

2e *bureau*. — Mouvements des forces navales et opérations maritimes. — Armements et désarmements. — Instructions aux inspecteurs généraux de tous les services, aux commandants des forces navales et aux officiers envoyés extraordinairement en mission par le Ministre.

1re DIRECTION. — PERSONNEL.

1er *bureau*, personnel militaire et civil ; — 2e, corps organisés ; — 3e, inscription maritime, police de la navigation et des pêches ; — 4e, justice maritime ; — 5e, solde, habillement et revues.

2e DIRECTION. — MATÉRIEL.

1er *bureau*, constructions navales et travaux hydrauliques ; — 2e, artillerie ; — 3e, approvisionnements généraux ; — 4e, subsistances, hôpitaux et chiourmes.

3e DIRECTION. — COLONIES.

1er *bureau*, régime politique et commerce ; — 2e, législation et administration ; — 3e, personnel et services militaires ; — 4e, finances et approvisionnements.

4e DIRECTION. — COMPTABILITÉ GÉNÉRALE.

1er *bureau*, fonds et ordonnances ; — 2e, dépenses d'outre-mer ; — 3e, comptabilité centrale des fonds ; — 4e, comptabilité des matières ; — 5e, service intérieur ; — 6e, archives et bibliothèques.

Le service central de la marine comprend, en outre :

1o L'établissement des invalides ;

2o Le contrôle central.

L'établissement des invalides, composé de deux bureaux et d'un trésorier général, est dirigé par un fonctionnaire prenant le titre d'*administrateur*.

Le contrôle central est exercé par un contrôleur en chef de la marine, conservant son titre et ayant sous ses ordres des officiers et agents du corps du contrôle.

2. Un arrêté ministériel déterminera les attributions de chacun des dix-neuf bureaux composant, aux termes de l'article qui précède, les quatre directions de l'administration centrale de la marine.

3. Les traitements annuels du personnel de l'administration centrale de la marine sont fixés ainsi qu'il suit :

Directeurs.. 15,000 f.
Chefs de bureau.................................... 5,000 à 7,000
Sous-chefs de bureau. .... 4,000 à 5,000
Commis principaux 3,500
Commis de 1re classe.............................. 2,700 et 3,000
Commis de 2e classe............................... 2,100 et 2,400
Commis de 3e classe............................... 1,500 et 1,800

Surnuméraires. Sans traitement. (Leur nombre ne peut excéder celui de deux par direction).

4. L'administrateur de l'établissement des invalides reçoit un traitement annuel de *douze mille francs*. Le traitement de cet administrateur, ainsi que celui des chefs et employés placés sous ses ordres, sont, aux termes de la loi du 13 mai 1791, imputés sur les fonds de la caisse des invalides.

Le traitement des officiers et agents du corps du contrôle employés à Paris est imputé sur les fonds généraux de la solde.

5. Les directeurs sont nommés par le Président de la République, sur la proposition du Ministre de la marine et des colonies, qui pourvoit directement à tous les autres emplois.

Nul ne peut être admis dans les bureaux, s'il n'a été employé pendant trois ans au moins dans l'un des services du Département de la marine et des colonies, ou s'il n'a travaillé, pendant deux ans au moins, dans l'administration centrale, en qualité de surnuméraire.

Un second arrêté ministériel déterminera les conditions de l'avancement dans le personnel de l'administration centrale de la marine.

Ces conditions seront communes aux chefs et employés des deux bureaux de l'administration des Invalides.

6. Toutes dispositions contraires au présent décret sont et demeurent abrogées.

7. Le Ministre de la marine est chargé de l'exécution du présent décret.

N° 68.

Arrêté ministériel du 4 mars 1852 sur les attributions par service spécial.

CABINET DU MINISTRE.

1er *bureau.* — Ouverture et enregistrement des dépêches. — Leur répartition dans les divers services. — Centralisation du travail avec le chef de l'État. — Expédition des affaires secrètes et réservées. —

Affaires qui ne rentrent dans les attributions d'aucun bureau, et centralisation de celles qui concernent plusieurs directions. — Audiences. — Correspondance particulière du Ministre.

2e *bureau.* — Mouvements des forces navales et opérations maritimes. — Armements et désarmements. — Instructions aux inspecteurs généraux de tous les services, aux commandants des forces navales et aux officiers envoyés extraordinairement en mission par le Ministre.

DIRECTION DU PERSONNEL.

BUREAU DU PERSONNEL MILITAIRE ET CIVIL.

(État civil, nominations, promotions et mouvements du personnel.)

Conseil d'amirauté. — Préfectures maritimes. — Officiers, aspirants et aspirants auxiliaires de la marine — Génie maritime et école d'application dudit corps. — Commissariat de la marine.—Comptables du matériel. — Personnel administratif des directions des travaux dans les ports, et des établissements de la marine hors des ports. — Agents de manutention des subsistances. — Ingénieurs des ponts et chaussées affectés au service des ports. — Conseil des travaux. — Aumôniers. — Officiers de santé. — Agents divers de l'établissement d'Indret, des forges de la Chaussade et des usines de l'artillerie.

Maîtres entretenus de toutes professions. — École de maistrance et écoles élémentaires des apprentis. — Divers agents. — Gardiens de magasins et de bureaux, portiers, rondiers et canoliers.

École navale : Examinateurs d'admission et de sortie de l'école. — Dépenses des élèves : trousseaux et premières mises, etc. — Concessions de bourses dans les colléges des ports militaires.

BUREAU DES CORPS ORGANISÉS.

État civil, organisation, recrutement, mouvements et inspections des divers corps organisés du Département de la marine : équipages de ligne, artillerie, compagnies d'ouvriers mécaniciens, gendarmerie, infanterie, compagnies de discipline et gardes-chiourmes.

Escouades de gabiers de port. — Escouades de gardiennage des vaisseaux.

Compagnies de pompiers.

BUREAU DE L'INSCRIPTION MARITIME ET DE LA POLICE DE LA NAVIGATION ET DES PÊCHES.

Immatriculation et levée des gens de mer et des ouvriers des professions maritimes. — Syndics des gens de mer et gardes maritimes. — Capitaines du commerce et pilotes lamaneurs.

Police de la navigation commerciale et du pilotage. — Règlements concernant les armements en course. — Neutralisation et navigation des neutres. — Naturalisation des marins étrangers domiciliés en France.

Police des pêches qui se font en mer, sur les côtes et dans les rivières affluant à la mer, jusqu'au point où les eaux cessent d'être salées.

Subventions aux écoles des mousses. — Récompenses pour faits de sauvetage.

Examinateurs et professeurs d'hydrographie. — Matériel des écoles de navigation.

BUREAU DE LA JUSTICE MARITIME.

Personnel des commissaires rapporteurs et des greffiers des tribunaux maritimes.

Frais de capture et de justice militaire. — Conseils de guerre. — Amnisties, grâces et commutations de peines. — Surveillance des marins et des militaires détenus dans les prisons civiles et dans les maisons d'arrêt des ports. — Habillement et effets de couchage. — Frais de procédure.

Dépôts des cartes et plans : Personnel du dépôt et de la section historique. — Ingénieurs hydrographes. — Reconnaissances hydrographiques. — Objets d'art et d'instruction relatifs à la navigation. — Publications de voyages, etc.

BUREAU DE LA SOLDE, DE L'HABILLEMENT ET DES REVUES.

Solde et indemnités de toute nature des états-majors et des corps de toutes armes. — Administration des dépenses de l'habillement et du casernement. — Comptabilité intérieure des corps. — Vérification des revues de liquidation des corps organisés à terre et embarqués. — Contrôle de la dette flottante des marins. — Délégation des officiers. — Frais de voyages, conduites et vacations. — Frais de passage et de rapatriement. — Frais de pilotage. — Indemnités et gratifications diverses (service général).

Préparation des éléments relatifs à la formation du budget, en ce qui touche les dépenses du personnel.

DIRECTION DU MATÉRIEL.

BUREAU DES CONSTRUCTIONS NAVALES ET DES TRAVAUX HYDRAULIQUES.

Solde des contre-maîtres, ouvriers et journaliers dépendants des directions des constructions navales, des mouvements du port, de l'artillerie, des travaux hydrauliques et des établissements hors des ports. — Agents divers des directions des travaux hydrauliques.

Secours à la classe ouvrière. — Musée naval.

Travaux de construction et d'entretien de la flotte, tant à voile qu'à vapeur. — Travaux de construction et d'entretien des ouvrages fondés à la mer, et des édifices de toute nature des ports militaires et autres établissements de la marine.

Passation des marchés relatifs aux entreprises de main-d'œuvre, aux machines, à l'outillage et aux bâtiments construits par l'industrie privée, ainsi qu'aux objets fournis à titre d'essai ou qui ne sont pas adoptés réglementairement pour l'approvisionnement de la flotte. — Marchés concernant les objets spéciaux au service des travaux hydrauliques

BUREAU DE L'ARTILLERIE.

Matériel de l'artillerie dans les arsenaux et à bord des bâtiments de la flotte. — Armes portatives. — Marchés relatifs aux matières et objets spéciaux à ce service.

Matériel des forts et batteries desservies par la marine dans les ports et rades militaires. — Matériel des écoles d'artillerie.

Fabrication des bouches à feu en fer et en bronze et des objets accessoires au matériel d'artillerie dans les fonderies de canons de la marine. — Marchés pour les matières et objets relatifs à cette fabrication.

Inspections des fabrications de projectiles pour la marine.

BUREAU DES APPROVISIONNEMENTS GÉNÉRAUX.

Approvisionnement des ports, de l'établissement d'Indret, des forges de la Chaussade et des stations navales. — Passation de tous les marchés concernant le matériel naval, à l'exception des machines, de l'outillage, des bâtiments construits par l'industrie et des objets spéciaux tant au service de l'artillerie qu'à celui des travaux hydrauliques. — Questions relatives à l'exécution desdits marchés.

Répartition entre les divers services des crédits alloués au Département sous le titre des budgets ordinaires et extraordinaires, pour les approvisionnements généraux de la flotte. — Centralisation des dépenses afférentes à ces services.

Préparation des éléments constitutifs des budgets, en ce qui touche les approvisionnements généraux.

Affrétements et transports par mer.

Chauffage des bureaux et corps de garde. — Éclairage des postes et corps de garde. — Achats de cachets, timbres, cartons, etc. — Emballage et transport de papiers de comptabilité et frais divers.

Frais d'insertion et d'annonces dans les journaux ; frais de bannies, de publications et d'affiches.

BUREAU DES SUBSISTANCES, DES HOPITAUX ET DES CHIOURMES.

Approvisionnements et marchés relatifs au service des vivres, des hôpitaux et des chiourmes. — Manutention de denrées.

Agents non entretenus du service des subsistances.

Solde des contre-maîtres, ouvriers et journaliers de ce service.

Administration du service des hôpitaux. — Personnel des sœurs hospitalières, des infirmiers et agents divers. — Règlement des dépenses concernant les marins, les militaires, agents et ouvriers de la marine admis dans les hôpitaux civils et militaires en France et en pays étrangers.

Administration et police des chiourmes.

DIRECTION DES COLONIES.

BUREAU DU RÉGIME POLITIQUE ET DU COMMERCE.

Affaires politiques. — Indemnité coloniale ; conversion en inscriptions de rente des certificats de liquidation. — Exécution des lois et des traités concernant la répression de la traite des noirs. — Régime du travail agricole et industriel. — Questions de colonisation et d'immigration. — Missions et voyages. — Régime commercial. — Tarifs et service des douanes. — Régime des impôts. — Banques coloniales. — Statistique générale.

BUREAU DE LÉGISLATION ET D'ADMINISTRATION.

Législation civile et criminelle. — Administration de la justice. — Statistique judiciaire. — Régime administratif et municipal. — État civil. — Enregistrement et hypothèques. — Domaine. — Successions vacantes. — Instruction publique. — Cultes et administrations de charité. — Travaux publics. — Presse. — Police générale. — Régime sanitaire. — Régime électoral.

BUREAU DU PERSONNEL ET DES SERVICES MILITAIRES.

Personnel de l'ordre civil, judiciaire et ecclésiastique. — États-majors. — Officiers et employés du commissariat de la marine et officiers de santé détachés aux colonies. — Service des troupes d'artillerie et d'infanterie employées aux colonies. — Gendarmerie. — Gardes nationales. — Matériel de l'artillerie et du génie. — Budgets des services militaires aux colonies.

BUREAU DES FINANCES ET DES APPROVISIONNEMENTS.

Budgets et comptes coloniaux. — Administration des finances des colonies (l'ordonnancement des dépenses excepté). — Achat et envoi des approvisionnements demandés par les administrations coloniales. — Monnaies.

DIRECTION DE LA COMPTABILITÉ GÉNÉRALE.

BUREAU DES FONDS ET ORDONNANCES.

Centralisation des crédits alloués pour le personnel de l'administration centrale. — Répartition du fonds commun entre les directions. — Visa des propositions soumises au Ministre par les directeurs. — Matricule du Ministère.

Ordonnances de délégation aux ordonnateurs secondaires du Département, tant pour le service *marine* que pour le service *colonial*. — Envois de fonds aux colonies sur les différents chapitres législatifs du budget, soit en numéraire, soit en traites du caissier central du Trésor public.

Ordonnancement direct de toutes les dépenses des deux services *ma-*

rine et *colonies,* payables à Paris et dans les départements de l'intérieur, moins la régularisation des dépenses acquittées en traites, le
remboursement des avances faites par les Consuls, et le mandatement
spécial des dépenses portant sur les fonds du service intermédiaire
des colonies. — Comptes ouverts avec les fournisseurs et comptes
analogues pour les dépenses du personnel. — Contrôle de l'agent comptable du Ministère. — Archives et suites contentieuses de l'arriéré.

BUREAU DES DÉPENSES D'OUTRE-MER.

Apurement et ordonnancement de toutes les dépenses du service *marine*, acquittées par traites de bord et traites coloniales et consulaires.
—Ordonnances de remboursement pour les avances faites par les Consuls. — Comptes ouverts avec les Consuls et les colonies pour les avances à la marine. — Contrôle de l'agent comptable des traites de la
marine.

Mandatement des dépenses imputables sur les fonds du *service intermédiaire* des colonies. — Envoi de valeurs sur ces fonds spéciaux. —
Centralisation de toutes les opérations d'ordre qui s'y rattachent, les
comptes exceptés. — Contrôle de l'agent comptable des colonies. — Vérification et présentation à la Cour des comptes, des comptes de gestion
des trésoriers des établissements coloniaux non soumis à la loi du 25 juin
1841, sur le régime financier des colonies.

BUREAU DE LA COMPTABILITÉ CENTRALE DES FONDS.

Centralisation du budget et des demandes de crédits supplémentaires
et extraordinaires. — Répartition des crédits législatifs. — Instructions
relatives au compte financier du service *marine*. — Formation des
comptes de ce service. — Centralisation des communications à faire
aux commissions de finances.

Vérification et enregistrement de toutes les ordonnances de payement
et de délégation aux ordonnateurs secondaires. — Tenue des livres en
partie double. — Recouvrement des avances faites aux autres ministères. — Opérations d'ordre et situations financières. — Correspondance
avec le Ministère des finances pour toutes les opérations de comptabilité. — Communications avec la Cour des comptes. — Questions générales de comptabilité. — Règlements et instructions sur la matière.

BUREAU DE LA COMPTABILITÉ DES MATIÈRES.

Vérification et centralisation des comptes de mouvement et des comptes d'emploi des matières dans tous les services de la marine. — Tenue
du grand livre des mouvements de matières et des comptes ouverts
aux divers bâtiments et services pour l'application des dépenses en matières et en main-d'œuvre.

Formation des comptes généraux en matières du Département.

Rapports avec les administrations des ports, la Cour des comptes et
les directions administratives du Ministère.

Surveillance de l'agent comptable du Ministère, en ce qui concerne
la comptabilité des matières.

BUREAU DU SERVICE INTÉRIEUR.

Départ des dépêches et contre-seing. — Abonnements aux journaux pour l'administration centrale, pour les ports et les stations. — Publication, par la voie des journaux, des avis administratifs.

Impressions pour tous les services du Département de la marine.

Fournitures et travaux de réparation des bâtiments et hôtels dépendant de la marine à Paris. — Dépenses du matériel de l'administration centrale.

Personnel des gens de service. — Estafettes.

BUREAU DES ARCHIVES ET DES BIBLIOTHÈQUES.

Formation et publication du Bulletin officiel et de l'Annuaire de la marine.

Conservation et classement de tous registres, dossiers et papiers constituant les archives de la marine, des colonies et des anciennes colonies françaises.

Dépôt des lois et des actes émanant du pouvoir exécutif; expédition aux services compétents et insertion au Bulletin des lois des ampliations de ces actes.

Expédition, sur demande, du relevé des services des anciens officiers de marine et marins; officiers, sous-officiers et soldats des troupes de la marine; officiers civils et agents de tout ordre ayant servi dans la marine ou aux colonies; des prisonniers de guerre.

Dépôt colonial comprenant les registres de l'état civil, les arrêts et jugements des cours et tribunaux, les actes des notaires des colonies. (*Les intéressés obtiennent, sur demande, expédition des actes déposés.*)

Personnel et matériel des bibliothèques de la marine. — Achats de livres; dépôts et distribution de livres achetés.

AGENCE COMPTABLE DU MINISTÈRE.

Payement des dépenses imputables sur les avances autorisées pour les services régis par économie (art. 72 de l'ordonnance du 31 mai 1838, portant règlement général sur la comptabilité publique) — Payement des appointements des chefs, commis et divers agents de l'administration centrale, ainsi que des menues dépenses relatives au service des hôtels et bureaux du Ministère de la marine. — Payement des frais de route et autres dépenses ayant un caractère d'urgence.

Recette et expédition du matériel acheté à Paris pour le service des ports et pour celui des colonies.

AGENCE COMPTABLE DES TRAITES DE LA MARINE.

Visa et prise en charge, après acceptation du Ministre, des traites tirées en acquit des dépenses effectuées à l'extérieur pour le service de la marine. — Centralisation, après régularisation par voie d'ordonnances imputées sur les crédits législatifs, des justifications relatives auxdites dépenses. — Compte annuel de gestion à rendre à la Cour des comptes (ordonnances des 13 mai 1838 et 7 novembre 1845).

ÉTABLISSEMENT DES INVALIDES DE LA MARINE.

Les dépenses de cet établissement sont imputées, d'après la loi, sur les fonds de la caisse des Invalides.

BUREAU CENTRAL DES INVALIDES ET DES PENSIONS.

Formation du budget et du compte de la caisse des invalides. — Administration et comptabilité de cet établissement. — Liquidation des pensions de toute nature de la marine et des colonies. — Matricule des pensionnaires. — Secours sur les fonds des invalides. — Nomination aux emplois de trésoriers des invalides.

BUREAU DES PRISES, BRIS ET NAUFRAGES, ET DU SERVICE DES GENS DE MER.

Liquidation et contentieux des prises et des naufrages. — Service administratif de la caisse des gens de mer.

TRÉSORIER GÉNÉRAL DE L'ÉTABLISSEMENT DES INVALIDES DE LA MARINE.

Centralisation de toutes les opérations de recette et de dépense des trois services *prises, gens de mer* et *invalides.*

CONTROLE CENTRAL.

Le personnel de ce service fait partie intégrante du cadre constitutif du corps du contrôle de la marine.

Examen et visa de toutes propositions à soumettre à l'approbation du Ministre par les directeurs, au sujet de concessions de traitements et d'allocations pécuniaires ou autres, et de marchés, contrats ou engagements de toutes sortes. — Vérification et visa des décomptes et rapports de liquidation, des répartitions de fonds, et des ordonnances de payement. — Examen, avant décision du Ministre, des questions relatives à l'interprétation des règlements, et de toutes affaires litigieuses ou contentieuses instruites par les directions, et à suivre par elles.

Assistance aux travaux des commissions chargées, à Paris, de procéder à des marchés et à des recettes.

Contrôle des pensions et des opérations de la caisse des invalides de la marine.

Vérification de la comptabilité centrale du matériel.

Correspondance du Ministre avec les contrôleurs des ports et des établissements maritimes, et avec les contrôleurs coloniaux. — Examen et suite des rapports des contrôleurs. — Discussion contradictoire des questions que peut soulever l'exercice du contrôle extérieur.

Travail de nominations et de mouvements dans le corps du contrôle de la marine.

Signé : Th. DUCOS.

N° 69.

Décret du 4 mars 1852, sur les engagements des marins
du commerce.

ART. 1er. Sont considérées comme dispositions d'ordre public auxquelles il est interdit de déroger par des conventions particulières, les
prescriptions des actes ci-dessous indiqués, savoir :

Articles 262, 263, 265 et 270 du Code de commerce ;

Ordonnance du 1er novembre 1745 ;

Article 37 de celle du 17 juillet 1816 (1) ;

Articles 1, 5 et 8 de l'arrêté du 5 germinal an XII (2), et 252, paragraphe 5, du Code de commerce ;

Paragraphes 2 et 3 de l'article 3 de l'ordonnance du 9 octobre 1837 (3).

Toutefois, le bénéfice des articles 262 et 263 du Code de commerce
n'est point acquis à tout marin délaissé, à compter du jour où il embarque avec salaire sur un autre navire.

Les dispositions de l'ordonnance du 1er novembre 1745 seront appliquées à tout marin faisant partie de l'équipage d'un navire du
commerce.

2. Les ordonnances, règlements et arrêts du conseil, concernant la
marine, antérieurs à 1789, et auxquels il n'a point été dérogé, seront
appliqués sans qu'il soit nécessaire d'administrer la preuve de leur enregistrement. La production par le Ministre de la marine, le cas
échéant, d'une copie authentique de l'un de ces actes, suffira pour en
assurer la validité.

3. Le Ministre de la marine est chargé de l'exécution du présent décret, qui sera inséré au Bulletin des lois et au Bulletin officiel de la
marine.

N° 70.

Rapport du 19 mars 1852, au Prince Président de la République
française, suivi d'un décret concernant les rôles d'équipage et les
indications des bâtiments et embarcations exerçant une navigation
maritime.

Monseigneur, La Cour de cassation a reconnu, par ses arrêts des
17 janvier 1850 et 22 août 1851, que l'obligation du *rôle d'équipage* pour

---

(1) Huitième série, Bull. 328 *bis*, p. 23.
(2) Troisième série, Bull. 357, n° 3735.
(3) Neuvième série, Bull. 540, n° 7125.

les bâtiments et embarcations de mer résulte *implicitement* des articles, 10 et 16, titre 1er, livre II, de l'ordonnance d'août 1681 ; — 18 et 22, titre 1er, livre VIII, de l'ordonnance du 15 avril 1689 ; — 1er et 3 du règlement du 8 mars 1722 ; — 1er et 3 du règlement du 31 août suivant, spécial aux bateaux de pêche ; — 5, 8, 14 et 16 du règlement du 23 janvier 1727, spécial à la Guyenne, la Saintonge, l'Aunis, le Poitou et îles dépendantes ; — 7 de la déclaration du 18 décembre 1728 ; — 4, titre x, 1 et 15, titre xiv, de l'ordonnance du 31 octobre 1784 ;

Et *explicitement* des articles 4 à 11 du règlement du 13 août 1726, spécial à la Provence et au Languedoc.

Confirmée, d'ailleurs, par l'ordonnance du 18 octobre 1740 sur la navigation du petit cabotage, ainsi que par l'article 226 du Code de commerce, cette obligation a été sanctionnée depuis par la pénalité qu'édictent les articles 13 du règlement international du 23 juin 1813 et 6 de la loi du 23 juin 1816, pénalité spéciale aux bateaux de pêche exerçant leur industrie dans la portion de mer située entre les côtes de France et d'Angleterre.

Cette obligation, sur laquelle j'insiste, n'a rien que de normal, si l'on considère que le rôle d'équipage peut seul constater valablement la navigation donnant lieu à l'inscription des gens de mer et leur ouvrant des droits à la pension dite demi-solde ; les conventions passées entre eux et les armateurs (art. 10, titre 1er, livre II, de l'ordonnance de 1681 ; 9, titre xiv, de celle du 31 octobre 1784 ; 192 et 250 du Code de commerce) ; que cette pièce acquiert plus d'importance encore en ce qu'elle offre un supplément aux registres de l'état civil pour tout individu embarqué, et un contrôle signalétique de toutes les personnes confiées au capitaine et dont il doit compte à l'État.

Or, la multiplicité des actes que j'ai mentionnés et dont certaines dispositions sont rédigées en termes peu précis, il faut le reconnaître ; le caractère spécial de plusieurs d'entre eux par rapport au genre de navigation ou aux limites territoriales de leur application ; toutes ces causes ont produit de fréquentes difficultés judiciaires par suite desquelles sont intervenues, pour des délits semblables, des condamnations différentes.

Il importe, dans un intérêt d'humanité tout autant que de bonne administration, de faire cesser un état de choses aussi regrettable ; car si l'arrêt de cassation du 13 février 1852 (1) et le décret du 4 mars suivant (2) mettent maintenant à l'abri de toute contestation l'emploi des diverses dispositions non abrogées de l'ordonnance du 31 octobre 1784, le Département de la marine hésite naturellement à réclamer, en matière d'embarquement et de débarquement clandestins (3), contre de pauvres marins, patrons de chétives embarcations, l'application d'une

---

(1) Bulletin officiel de 1852, , 1er semestre, p. 184.
(2) Id., id., p. 242.
(3) Voir le paragraphe 14 du rapport du 4 mars 1852 au Président de la République (Bulletin officiel, 1er semestre, p. 237), rappelant les prescriptions sur la matière, et mentionnant le mode et les circonstances du débarquement des marins en cours de voyage.

amende aussi élevée que celle (300 francs) édictée par les articles 1er et 15, titre xiv, de l'ordonnance précitée.

Une circonstance survenue tout récemment nécessite, au reste, la révision immédiate de ce point essentiel de notre législation maritime.

S'appuyant sur une interprétation peut-être trop littérale de certains termes de l'article 4, titre x, de l'*ordonnance concernant les classes*, lesquels ne constituent point, à mon avis, la reconnaissance d'un droit, mais seulement la mention d'une tolérance administrative, la Cour de cassation, dans un arrêt du 19 février dernier, a admis que les bâtiments naviguant exclusivement sur les rivières, même situées dans les limites de l'inscription maritime, ne sont point soumis, en ce qui concerne le rôle d'équipage, à l'obligation résultant des prescriptions du règlement du 23 janvier 1727 et de l'ordonnance du 18 octobre 1740.

Cette doctrine est de nature à porter une trop grave atteinte au service de police et de surveillance qui incombe à mon Département pour que j'hésite à soumettre à votre approbation le décret ci-joint, qui, en établissant nettement le caractère obligatoire du rôle d'équipage pour tout bâtiment ou embarcation accomplissant une navigation maritime, permettra néanmoins le maintien de certaines dispositions administratives, depuis longtemps en vigueur, qui concilient les nécessités d'ordre public et les intérêts individuels.

En ce qui touche le renouvellement des rôles des navires armés au long cours, on n'entend point apporter de modifications aux conditions particulières qui, dans l'article 194 du Code de commerce, déterminent le voyage de mer ; le mot *voyage* a, dans l'article 2 du présent décret, la même signification que dans les articles 11 de la loi du 27 vendémiaire an ii, et 5, no 1, de la loi du 3 brumaire an iv. On comprend, par cette locution purement administrative, le temps qui s'écoule entre le départ d'un navire expédié de France pour une destination de long cours et son retour dans un port de la métropole.

L'article 6 du décret maintient les dispositions de l'article 21 de la loi du 6 mai 1841 exigeant l'apposition, à l'arrière des bâtiments et embarcations, de leur nom et port d'attache ; mais, comme pour le rôle d'équipage, il réduit et proportionne les pénalités.

Voici, d'ailleurs, pourquoi les préposés de l'administration des douanes figurent parmi les agents habiles à constater les infractions de l'espèce.

L'article 21 de la loi du 6 mai 1841 a abrogé, en les remplaçant, les articles 4 et 19 de celle du 27 vendémiaire an ii. Bien que ces deux lois concernent principalement les intérêts confiés au Département des finances, cependant les articles ci-dessus énoncés offraient, pour la police de la pêche et de la navigation maritimes, un moyen d'action trop naturel et trop efficace pour que l'emploi en fût négligé par le Département de la marine, sur la poursuite duquel de nombreuses condamnations ont été depuis longtemps prononcées.

Si la répression des infractions dont il s'agit intéresse le Département des finances, elle intéresse encore plus le service que je dirige, en raison de son caractère particulier d'ordre et de sûreté publics. On concilie toutes les nécessités en maintenant aux agents des douanes la faculté de verbaliser à cet égard seulement, afin de faire disparaître les divergences d'application ; la répression des infractions de l'espèce ne sera plus poursuivie, comme pour celles en matière de douane, devant les tribunaux de paix, mais bien devant les tribunaux correctionnels.

Après ces observations indispensables, je soumets à votre approbation le décret ci-joint, qui doit assurer un facile exercice à l'un des services les plus importants du Département de la marine.

Je suis, etc.

TH. DUCOS.

N° 71.

Décret du 19 mars 1852, concernant les rôles d'équipage et les indications des bâtiments et embarcations exerçant une navigation maritime.

ART. 1er. Le rôle d'équipage est obligatoire pour tous bâtiments ou embarcations exerçant une navigation maritime.

La navigation est dite *maritime*, sur la mer, dans les ports, sur les étangs et canaux où les eaux sont salées, et, jusqu'aux limites de l'inscription maritime, sur les fleuves et rivières affluant directement ou indirectement à la mer.

2. Le rôle d'équipage est renouvelé à chaque voyage pour les bâtiments armés au long cours, et tous les ans pour ceux armés au cabotage ou à la petite pêche.

3. Tout capitaine, maître ou patron, ou tout individu qui en fait fonctions, est tenu, sur la réquisition de qui de droit, d'exhiber son rôle d'équipage, sous peine d'une amende de 500 francs si le bâtiment est armé au long cours, de 200 francs si le bâtiment ou embarcation est armé au cabotage, de 100 francs s'il est armé à la petite pêche.

4. L'embarquement de tout individu qui ne figure pas sur le rôle d'équipage est punissable, par chaque individu embarqué, d'une amende de 300 francs, si le bâtiment est armé au long cours ;

De 50 à 100 francs, si le bâtiment ou embarcation est armé au cabotage.

De 25 à 50 francs, s'il est armé à la petite pêche.

5. Est punissable des peines portées à l'article 4, et sous les mêmes conditions, le débarquement, sans l'intervention de l'autorité maritime ou consulaire, de tout individu porté à un titre quelconque sur un rôle d'équipage.

6. Le nom et le port d'attache de tout bâtiment ou embarcation exerçant une navigation maritime seront marqués à la poupe, en lettres blanches de 8 centimètres au moins de hauteur, sur fond noir,

sous peine d'une amende de 100 à 300 francs, s'il est armé au long cours;

De 50 à 100 francs, s'il est armé au cabotage;

De 10 à 50 francs, s'il est armé à la petite pêche.

Défense est faite, sous les mêmes peines, d'effacer, altérer, couvrir ou masquer lesdites marques.

7. Les commissaires de l'inscription maritime, consuls et vice-consuls de France, officiers et officiers mariniers commandant les bâtiments ou embarcations de l'Etat, les syndics des gens de mer, gardes maritimes et gendarmes de la marine concourront à la recherche et à la constatation des infractions prévues dans le présent décret.

Les agents de l'administration des douanes concourront seulement à la constatation de celle que prévoit l'article précédent.

8. Ces infractions, auxquelles ne seront point appliquées les dispositions de l'article 365, paragraphe 2, du Code d'instruction criminelle (1), seront poursuivies, en France et dans les colonies françaises, devant le tribunal correctionnel du lieu où elles auront été constatées.

Si la constatation a eu lieu en pays étranger, le procès-verbal dressé par le consul ou officier commandant un bâtiment de l'Etat sera transmis au tribunal correctionnel dans le ressort duquel est situé le port d'attache du navire en contravention.

Cette transmission aura lieu par l'intermédiaire du commissaire de l'inscription maritime compétent, qui consignera sur le procès-verbal la date de sa réception.

9. Les procès-verbaux feront foi jusqu'à inscription de faux; ils devront être signés; ils devront, en outre, et à peine de nullité, être affirmés dans les trois jours de la clôture desdits procès-verbaux par-devant le juge de paix du canton ou l'un de ses suppléants, ou par-devant le maire ou l'adjoint, soit de la résidence de l'agent instrumentaire, soit de celle où le délit a été constaté.

Ne sont point, toutefois, soumis à l'affirmation les procès-verbaux dressés par les commissaires de l'inscription maritime, consuls et vice-consuls de France, officiers et officiers mariniers commandant les bâtiments ou embarcations de l'Etat.

10. Les poursuites ont lieu à la diligence du ministère public et aussi des commissaires de l'inscription maritime. Ces officiers, dans ce cas, ont droit d'exposer l'affaire devant le tribunal et d'être entendus à l'appui de leurs conclusions.

Les poursuites seront intentées dans les trois mois qui suivront le jour où la contravention aura été constatée ou celui de la réception d'un procès-verbal dressé en pays étranger.

A défaut de poursuites intentées dans ce délai, l'action publique est prescrite.

11. Toutes les amendes appliquées en vertu du présent décret seront

---

(1) Maintien de la disposition contenue dans les anciennes ordonnances, et relative au cumul des pénalités en matière maritime. —V. la circulaire du 8 avril 1851, paragraphes 11, 12, 13, 14, 15, 16 et 17 (Bulletin officiel, 1er semestre, p. 326).

prononcées solidairement tant contre les capitaines, maîtres ou patrons, que contre les armateurs des bâtiments ou embarcations.

Le montant de ces amendes sera attribué à la caisse des Invalides de la marine, et le cinquième en sera dévolu aux syndics des gens de mer, gardes maritimes, gendarmes de la marine et agents des douanes qui auront constaté la contravention.

Cette allocation ne pourra, toutefois, excéder 25 francs pour chaque infraction.

12. Les receveurs de l'administration de l'enregistrement et des domaines sont chargés du recouvrement des amendes prononcées en vertu du présent décret. Ils verseront les fonds en provenant dans les mains des trésoriers des Invalides de la marine.

13. Sont et demeurent abrogées toutes dispositions contraires au présent décret.

14. Le Ministre de la marine et des colonies est chargé de l'exécution du présent décret, qui sera inséré au Bulletin des lois et au Bulletin officiel de la marine.

N° 72.

Circulaire de la marine du 20 mars 1852, transmissive du décret sur les rôles d'équipage.

Messieurs, je vous transmets ci-joint, précédé d'un rapport au Prince Président de la République, un décret, ayant force de loi (1), rendu le 19 mars courant, et qui est relatif aux rôles d'équipage ainsi qu'aux indications des bâtiments ou embarcations du commerce.

Cet acte, qui résume, en les précisant, les prescriptions des anciens règlements sur le caractère obligatoire du rôle, préviendra, je n'en doute pas, le retour des difficultés d'application qui se sont produites à cet égard; il ne vous échappera point que la loi entend néanmoins maintenir (2) les dispositions administratives, qui déjà suffisent à concilier les nécessités d'ordre public et les intérêts individuels.

Vous continuerez donc de tenir la main à l'exécution des prescriptions contenues dans les circulaires des 22 pluviôse an XIII (3) et 12 septembre 1849 (4), relatives à la navigation maritime intérieure; 26 juillet 1850 (5) et 30 août 1851 (6), concernant les bateaux de plaisance.

Je vous recommande particulièrement de ne point délivrer de permis de navigation intérieure aux embarcations exerçant la pêche maritime, non plus qu'à celles qui viennent dans la mer proprement dite; ces

---

(1) Articles 56 et 58 de la Constitution du 14 janvier 1852.
(2) Paragraphe 9 du rapport au Président de la République.
(3) Recueil des lois de la marine, t. XV, p. 61.
(4) Bulletin officiel de 1849, 2e semestre, p. 669.
(5) Id. de 1850, id., p. 39.
(6) Id. de 1851, id., p. 136.

permis sont spéciaux, en effet, aux bâtiments et embarcations naviguant exclusivement dans les canaux où les eaux sont salées, ou qui ne franchissent point la limite de séparation du rivage et de la rive dans les fleuves et rivières affluant à mer (1).

C'est ici le lieu de rappeler les observations contenues dans les paragraphes 28 et 33 de la circulaire du 31 octobre 1851 (2), sur la constatation des infractions en matière de rôle d'équipage, tant à l'égard des bâtiments qui doivent être munis de cette pièce qu'à l'égard de ceux qui reçoivent les permis spéciaux ci-dessus mentionnés.

Conformément au vœu du décret du 22 messidor an XII (3), vous continuerez de n'astreindre au rôle d'équipage que celles des embarcations des douanes qui sont à manœuvres hautes ; quant aux embarcations employées par l'administration des ponts et chaussées, je confirme aujourd'hui les prescriptions de la circulaire du 27 janvier 1852 (4).

J'ajouterai que les embarcations particulières qui ne naviguent que dans l'intérieur des ports pourront être exonérées de l'obligation du rôle, mais à la condition qu'elles n'auront ni mâts, ni voiles, ni gouvernail.

Il demeure, d'ailleurs, entendu que les chaloupes et canots ne sont point soumis à cette obligation lorsqu'ils se bornent à faire le service du navire auquel ils appartiennent.

En ce qui concerne le second point réglé par le décret du 19 mars, je crois utile de compléter les explications contenues dans les paragraphes 11, 12, 13 et 14 du rapport ci-dessus, par la communication d'une dépêche ministérielle adressée, le 22 avril 1851, au Ministre des finances, et que vous trouverez reproduite à la suite de la présente circulaire.

Les agents de la marine ne devront point perdre de vue l'observation contenue dans la circulaire du 3 novembre 1851 (5), à savoir, qu'ils n'ont point à constater l'absence de congé à bord des bâtiments de mer.

Il est important de remarquer que, l'article 13 du décret ayant abrogé toute disposition contraire, il n'y a plus lieu de requérir l'application de la pénalité édictée par l'article 6 de la loi du 23 juin 1846, contre l'infraction qu'avait prévue l'article 13 du règlement international du 23 juin 1843, et qui tombe aujourd'hui sous le coup de l'article 3 du décret.

Vous remarquerez aussi que les dispositions des articles 7 et 9 du décret ne s'appliquent qu'aux officiers mariniers commandant des embarcations isolées, et qui n'appartiennent point à un bâtiment de l'Etat.

Quant aux infractions constatées à l'étranger, les indications que présentent les rôles d'équipage suffisent à prévenir toute possibilité d'erreur par rapport au *port d'attache*, qui ne saurait être confondu avec le *port d'armement* ; j'appelle sur ce point essentiel l'attention particulière de MM. les Consuls et commandants à la mer.

---

(1) Paragraphes 7, 8, 9 et 10 de la circulaire du 3 avril 1851 (Bulletin officiel de 1851, 1er semestre, p. 288).
(2) Bulletin officiel de 1851, 2e semestre, p. 360.
(3) Recueil des lois de la marine, vol. XIV, p. 253.
(4) Bulletin officiel de 1852, 1er semestre, p. 59.
(5) Bulletin officiel de 1851, 2e semestre, p. 375.

Je maintiens également les dispositions de la circulaire du 23 janvier 1837 (1), relative aux bateaux à vapeur spécialement affectés au transport des passagers.

Signé : Th. DUCOS.

N° 73.

Rapport du 24 mars 1852 au Prince Président de la République, suivi d'un décret disciplinaire et pénal pour la marine marchande.

Monseigneur, parmi les causes qui entravent le développement de notre marine marchande, base essentielle de la puissance navale du pays, l'indiscipline des équipages n'est pas la moins sérieuse. Les rapports des capitaines constatent journellement leur impuissance à réprimer les excès des marins placés sous leurs ordres ; les plaintes des armateurs contre un esprit de révolte si préjudiciable au succès de leurs entreprises se multiplient de plus en plus ; enfin les doléances unanimes des chambres de commerce de nos ports prouvent combien il est urgent de remédier à un mal trop ancien déjà, qui, en frappant la fortune commerciale, atteint, par contre-coup, la fortune publique, et menace dans son principe vital la force maritime de l'Etat.

La loi est la base de l'autorité du chef et de l'obéissance du subordonné ; elle est la source naturelle de l'ordre dans toute réunion d'hommes. Ce principe, d'une vérité générale, s'applique particulièrement à la grande famille des marins.

La vie de l'homme de mer est une vie d'exception. Renfermé entre les étroites murailles du navire qui le transporte d'un point à l'autre du globe, à travers les solitudes de l'Océan, au milieu des dangers de tous genres, le marin ne peut sortir victorieux de cette lutte incessante s'il n'obéit aveuglément aux ordres du capitaine. L'ascendant moral ne suffit pas toujours pour obtenir cette obéissance si nécessaire ; il faut que la loi assure au chef des moyens de répression en rapport avec les impérieuses exigences de sa situation difficile.

Il n'est pas de nation maritime qui n'ait compris cette nécessité et qui ne s'y soit soumise. A toutes les époques et chez tous les peuples les lois maritimes ont eu pour base commune des juridictions spéciales, des pénalités exceptionnelles.

---

(1) Voici le dispositif de cette circulaire, timbrée : Police de la navigation, et qui ne figure point dans le Recueil des Annales maritimes :

« Les capitaines de paquebots à vapeur spécialement affectés à ce genre de transport seront tenus de clore, au moment d'appareiller du port de départ ou de relâche, et de faire remettre au bureau de l'inscription maritime, à la Chancellerie du Consul ou de l'agent consulaire de France, dans les vingt-quatre heures au plus tard qui suivront leur départ, une liste des passagers embarqués à leur bord, indiquant les noms, prénoms, âge, qualité, lieu de naissance et domicile des passagers, de laquelle liste ils affirmeront l'exactitude en y apposant leur signature. »

Aussi longtemps que la France est restée dans cette voie, la discipline, strictement maintenue parmi les équipages des navires du commerce, a prévenu les déplorables excès dont ces navires sont aujourd'hui si fréquemment le théâtre.

L'ordonnance de la marine du mois d'août 1681 avait réglé l'action des juges d'amirauté dont la compétence s'étendait à « tous crimes et « délits commis sur la mer, ses ports, havres et rivages. »

Cette juridiction spéciale atteignait immédiatement, et par conséquent d'une manière efficace, les gens de mer employés dans la marine marchande.

La même ordonnance a, en outre, investi les capitaines de navires d'un droit de juridiction disciplinaire envers les hommes de leur équipage, et les a autorisés à faire donner la cale, mettre à la boucle, et « punir d'autres semblables peines, pendant le cours du voyage, les « matelots mutins, ivrognes, désobéissants et ceux qui maltraitent « leurs camarades... »

Le 7 septembre 1790, l'Assemblée constituante enleva aux juges d'amirauté la connaissance du contentieux administratif, et, le 13 août 1791, supprimant ces juges spéciaux, elle répartit leurs diverses attributions entre les tribunaux de commerce, les juges de paix et les tribunaux ordinaires. La loi du 22 août 1790, concernant l'armée navale, régla la discipline et la pénalité particulières aux bâtiments de la flotte, mais n'y assujettit point les équipages des navires marchands.

Toutefois, l'article 61 de cette loi ne s'appliquant qu'à la marine militaire et ne s'étendant point aux autres lois maritimes, les cours de la République ont maintenu, en ce qui concerne les marins du commerce, le droit de correction disciplinaire inscrit à l'article 22 précité de l'ordonnance de 1681.

Un décret impérial du 22 juillet 1806, abrogeant le titre 1er de la loi du 22 août 1790, créa des conseils de justice et des conseils de guerre pour la flotte. Le 12 novembre 1806, un autre décret fit pour les arsenaux ce que celui du 22 juillet de la même année avait fait pour l'armée navale ; mais tous les deux s'abstinrent de prescrire aucune disposition relative à la marine marchande.

Le décret du 15 août 1851, qui a remplacé l'ordonnance du 31 octobre 1827, sur le service à bord des bâtiments de l'État, enjoint, il est vrai, aux commandants de ces bâtiments de veiller au maintien de l'ordre et de la discipline à bord des navires du commerce ; mais c'est là un simple droit de surveillance et non un droit de juridiction.

En résumé, avant 1790, la législation de la France concernant la marine marchande était complète et très-efficace ; elle procurait à une classe d'hommes voués à l'existence la plus exceptionnelle, ayant des mœurs, des habitudes toutes spéciales, des juges compétents pour apprécier leurs actes en pleine connaissance de cause. L'Assemblée constituante, en supprimant, le 13 août 1791, cette précieuse juridiction pour faire rentrer les gens de mer dans le droit commun, a porté un coup fatal à la discipline, sans laquelle toute marine est impossible.

Les capitaines des navires du commerce n'ont plus d'action sur leurs équipages; ils ne peuvent user du droit correctionnel que leur réserve l'ordonnance de 1681, parce que les pénalités qui les sanctionnent sont ou trop rigoureuses pour l'époque actuelle ou inexécutables à bord de navires montés par un petit nombre d'hommes, et que, d'ailleurs, ce droit est limité à quelques fautes et délits commis pendant le cours du voyage. Dans les ports de France, ainsi que dans les ports étrangers, il y a absence totale des moyens de répression ; car, depuis l'arrêt de cassation du 13 décembre 1828, le pouvoir des commissaires de l'inscription maritime est borné à la punition des fautes relatives au service de l'Etat et à la police des classes, et ne s'étend plus aux manquements qui intéressent la marine marchande.

Et pourtant, à bord d'un navire de commerce comme sur un bâtiment de l'Etat, la vie de l'équipage et des passagers dépend de l'ensemble et de la précision des manœuvres, de l'obéissance ponctuelle aux ordres donnés, de la soumission absolue envers celui qui commande, et la vindicte publique ne doit pas laisser impunis des actes qui compromettent la fortune et la vie des citoyens.

En mer, les moindres fautes sont graves par les funestes conséquences qu'elles peuvent entraîner. Si ces fautes ne sont pas réprimées sur-le-champ, la punition est illusoire ; elle équivaut à l'impunité qui devient un encouragement pour l'insubordination. De là résulte l'inefficacité de poursuites judiciaires tardives devant les tribunaux ordinaires pour des faits qui, le plus souvent, se passent à des distances lointaines, dans des parages étrangers et presque toujours sans que l'on puisse produire des témoins au retour ; pour des faits, d'ailleurs, qui ne sont point prévus par le Code pénal ordinaire et que les capitaines préfèrent laisser impunis, plutôt que d'entamer une affaire dont la lenteur est incompatible avec leur mission commerciale.

En présence de ce désastreux état de choses, votre Gouvernement, Monseigneur, ne peut demeurer spectateur indifférent. Il lui appartient de rajeunir une législation réduite à l'impuissance, de combler les lacunes nombreuses qu'elle présente, de répondre aux vœux du commerce maritime, qui a si longtemps attendu déjà et qui compte principalement sur votre haut esprit de justice pour obtenir un remède aux maux dont il souffre.

L'un de mes prédécesseurs, M. l'amiral Duperré, pénétré, comme je le suis moi-même, de l'urgente nécessité d'une réforme dans les lois applicables à la marine marchande, fit élaborer, en 1834 et en 1836, deux projets d'un code disciplinaire et code pénal qui, malheureusement, n'obtinrent pas l'adhésion du conseil d'Etat. En 1850, le Ministre de la marine confia la même tâche à une commission dont l'œuvre, après avoir été communiquée aux chambres de commerce de nos principaux ports, a servi de base au décret que j'ai l'honneur de soumettre à votre sanction et qui résume le fruit de vingt années d'études.

Pour concilier autant que possible les exigences du droit commun avec les nécessités auxquelles il fallait impérieusement pourvoir, ce décret a laissé à la justice ordinaire son action dans un grand nombre de cas et, notamment, dans ceux qui sont de nature à entraîner l'application de peines afflictives ou infamantes. Il ne s'est écarté de cette règle générale que pour la répression des actes purement maritimes rangés dans la catégorie des fautes ou des délits contre la discipline.

La plupart de ces actes ne sont, en effet, ni des contraventions, ni des délits ordinaires; il faut, pour les définir, avoir recours à un langage inusité dans la loi commune, qui ne les a pas prévus, qui ne pouvait pas les prévoir, parce que ce ne sont en réalité que des faits maritimes, échappant naturellement à la connaissance des tribunaux correctionnels pour tomber dans le domaine d'un pouvoir disciplinaire exercé par des hommes parfaitement aptes à en apprécier la nature et l'importance. Les tribunaux maritimes commerciaux institués par le décret dont il s'agit présenteront, sous ce rapport, toutes les garanties désirables. Quant à la sanction pénale des dispositions réglementaires que contient cet acte, elle est empruntée tout à la fois au Code et à celles des dispositions de nos lois maritimes restées en harmonie avec les mœurs du siècle et conformes aux justes exigences de l'humanité.

Les faits à réprimer constituent des fautes de discipline, des délits maritimes ou des crimes. Tout ce qui compromet l'ordre du service ou la sûreté du navire n'est pas, on le répète, du domaine de la justice; tout délit commun non prévu par le décret appartient aux tribunaux ordinaires; la connaissance des crimes est, sans exception, laissée au jury.

Ainsi le décret ne soumet à une juridiction spéciale que les faits purement maritimes contre lesquels les tribunaux ordinaires sont impuissants.

Les dispositions préliminaires renferment quelques règles générales relatives à la classification des infractions prévues et aux diverses catégories de personnes assujetties à la police du bord.

Les infractions sont classées suivant les pénalités qu'elles entraînent, à l'instar du système adopté dans le Code pénal de 1810.

Les personnes inscrites sur le rôle d'équipage et employées à bord à quelque titre que ce soit, les marins naufragés, déserteurs ou délaissés que l'on rapatrie, les passagers même sont soumis aux règles d'ordre et de discipline du bord.

Ces dispositions se justifient seules: tant que dure le voyage, le pouvoir du capitaine doit être scrupuleusement respecté. Les passagers ne sauraient être affranchis de cette obligation essentielle; mais il a été apporté à leur égard d'équitables tempéraments dans la nature ainsi que dans le mode d'application des peines.

En ce qui touche quelques-unes des matières restées dans le domaine des tribunaux ordinaires, il a paru opportun soit de déterminer une pénalité sanctionnant certains cas prévus par le Code de commerce et qui, jusqu'à ce jour, ont échappé à la justice, soit d'adoucir des peines déjà portées contre plusieurs actes de baraterie, par la loi du 10 avril 1825, dont la sévérité n'a que trop souvent engendré des acquittements regrettables.

Après ce rapide exposé des considérations générales destinées à faire saisir dans son ensemble l'économie du décret, il me reste, Monseigneur, à appeler votre attention sur les plus importantes des prescriptions de détail qu'il renferme.

Outre les dispositions préliminaires, il est divisé en quatre titres, savoir : 1° De la juridiction ; 2° de la forme de procéder ; 3° de la pénalité ; 4° dispositions diverses.

Le premier titre se décompose en quatre chapitres :

Le chapitre 1er règle l'ordre des juridictions pour l'exercice du pouvoir disciplinaire.

Dans les ports, sur les rades de France et dans les ports des colonies françaises, ce pouvoir appartient au commissaire de l'inscription maritime.

Sur les rades des colonies françaises, ainsi que dans les ports et rades des pays étrangers, le droit de discipline appartient au commandant supérieur du bâtiment de l'État présent sur les lieux, ou, en son absence, soit au commissaire de l'inscription maritime, soit au consul de France.

En mer et dans les localités où il ne se trouve aucune de ces autorités, le même droit incombe naturellement aux capitaines de navires, qui sont tenus toutefois de rendre compte, à la première occasion, des peines de discipline par eux prononcées.

Ils sont dispensés néanmoins de cette obligation en ce qui concerne les trois pénalités légères prévues par l'article 53, qu'ils ont la faculté d'appliquer en quelque lieu qu'ils se trouvent.

Cette reconstitution du pouvoir disciplinaire est l'une des mesures les plus utiles du décret, et sera suivie des meilleurs résultats.

Le chapitre II institue le tribunal maritime commercial et renvoie devant cette juridiction toute personne prévenue d'un délit maritime.

La nécessité de cette création ressort suffisamment des considérations générales qui précèdent, et je crois superflu d'insister à cet égard.

Le chapitre III détermine l'organisation du tribunal maritime commercial, qui doit toujours être composé de cinq membres. Il est présidé, suivant le lieu où il siége, par un commissaire de l'inscription maritime, le commandant d'un bâtiment de l'État ou un consul de France. En aucun cas la présidence ne peut être confiée à un vice-consul ni à un agent consulaire.

Le tribunal compte toujours un maître d'équipage parmi ses membres, à moins qu'il ne se trouve pas sur les lieux d'autre navire du commerce que celui où le prévenu est embarqué.

Bien que le tribunal ne puisse être permanent, la composition n'en est pas laissée à l'arbitraire : le grade, l'ancienneté ou l'âge régleront, en effet, le choix des personnes appelées à en faire partie.

Les mesures protectrices des intérêts de l'inculpé ne se bornent pas là.

Le capitaine qui a porté plainte et la personne offensée, lésée ou plaignante ne peuvent siéger dans le tribunal.

Quant aux autres causes d'incompatibilité et de récusation énoncées aux articles 20 et 21, elles sont empruntées au Code de procédure civile.

Le chapitre IV dispose que les crimes prévus ou non par le décret restent dans le domaine des tribunaux ordinaires.

Le titre II se subdivise en trois chapitres qui déterminent les mesures de précautions à prendre pour assurer la constatation des faits et la marche des diverses juridictions appelées à statuer.

S'il s'agit d'un fait de discipline, le capitaine le constate, ainsi que la décision qu'il a rendue.

S'il s'agit d'un délit de la compétence du tribunal maritime commercial, le capitaine le constate également, en dresse procès-verbal, entend les témoins, et porte plainte à l'autorité appelée à présider ce tribunal.

Lorsque les faits sont de la compétence des tribunaux correctionnels ou des cours d'assises, le capitaine les constate encore et accomplit les premiers actes de l'instruction.

Les décisions rendues en matière de fautes de discipline sont sans appel, et les jugements des tribunaux maritimes commerciaux en matière de délits, également sans appel, ne peuvent motiver un pourvoi en cassation.

Dans le premier cas, il s'agit d'une pénalité légère qui atteint instantanément le coupable.

Dans le second cas, les éléments nécessaires pour former un tribunal de révision feraient presque toujours défaut; on ne peut, d'une autre part, accorder dans l'espèce le droit de pourvoi qui entraîne la suspension de l'exécution, sans perdre le salutaire exemple d'une punition immédiate. Cette disposition essentielle pour le maintien de la discipline est une des nécessités qui dominent la législation maritime.

Toutefois, le Ministre de la marine pourra, dans les cas prévus par l'article 441 du Code d'instruction criminelle, transmettre au Ministre de la justice, pour être déférés à la Cour de cassation dans l'intérêt de la loi, les jugements qui violeraient les dispositions du décret relatives à la composition du tribunal, à la publicité des séances, à la prestation de serment, à la défense et à la rédaction des procès-verbaux. Les tribunaux maritimes auront ainsi un régulateur et leurs actes n'échapperont pas à tout contrôle.

Les peines prononcées contre les capitaines en cours de voyage ne pourront être subies par eux qu'à leur retour en France. Cette exception est indispensable pour sauvegarder les intérêts considérables confiés aux navigateurs qui commandent les navires du commerce.

Le titre III, traitant de la pénalité, se subdivise en deux chapitres. Le chapitre 1er détermine les peines applicables aux fautes de discipline, aux délits maritimes et aux crimes.

C'est dans l'ordonnance de 1681, dans loi du 22 août 1790 et dans un décret du 16 nivôse an II, qu'on a surtout puisé les pénalités en matière de fautes de discipline et de délits. Les peines pour les crimes ont été empruntées, sauf quelques modifications reconnues nécessaires, au Code pénal de 1810 et à la loi du 10 avril 1825.

Les peines disciplinaires varient suivant qu'elles frappent les matelots, les officiers du bord ou les passagers. Les positions différentes de ces trois catégories de personnes ne permettent pas de leur appliquer des pénalités communes. Certaines punitions très-convenables pour les matelots auraient l'inconvénient grave de porter atteinte à la dignité de l'officier et seraient trop sévères pour les passagers. D'autres châtiments, efficaces envers les passagers et les officiers, sont inapplicables aux matelots. De là des distinctions dans les pénalités que nécessite la nature même des choses.

Ce n'est pas sans regrets que l'on a dû comprendre au nombre des peines l'embarquement sur un bâtiment de l'État pour une campagne plus ou moins longue ; mais l'expérience prouve que le service de la flotte, qui devrait être pour les marins un objet d'ambition, inspire encore au plus grand nombre une appréhension très-vive. Quoi qu'il en soit, la pénalité résidera surtout dans les réductions de solde infligées aux gens de mer levés disciplinairement. Il est naturel, d'ailleurs, d'assujettir à des règles de stricte obéissance celui qui a manqué à ses devoirs et de lui donner ainsi, pour l'avenir, l'habitude de s'y conformer.

L'interdiction ou la suspension de la faculté de commander est l'une des peines les plus efficaces qui puissent frapper les capitaines des navires du commerce ; elle devait, à ce titre, figurer dans le décret qui, s'il protége ces navigateurs contre l'esprit d'indiscipline de leurs équipages, n'a pas entendu assurer l'impunité à leurs propres délits.

Le chapitre II traite des infractions. La première section de ce chapitre énumère les fautes de discipline et comprend les déviations auxquelles le marin est le plus enclin.

La récidive communique à ces fautes un caractère assez grave pour les faire classer au nombre des délits énoncés à la deuxième section du même chapitre. La nécessité reconnue d'assurer le maintien de la discipline et de l'obéissance parmi les équipages des navires du commerce a dicté la définition des actes punissables de peines correctionnelles ; il serait trop long d'en reproduire ici la nomenclature, et je me bornerai à mentionner ceux qui méritent une attention particulière.

Le Code pénal (art. 376 et 471) punit l'injure simple d'une amende de 1 à 5 francs. Dans la vie ordinaire, à terre, cette pénalité peut suffire ; mais il n'en est pas de même à bord d'un navire, où l'injure adressée par un matelot à son capitaine ou à un officier emprunte à la situation une incontestable gravité. Ce délit, très-fréquent aujourd'hui, appelle impérieusement une répression énergique.

Il en est ainsi de la menace verbale, contre laquelle la loi commune ne porte aucune punition ; les marins abusent de cette lacune pour braver leurs capitaines.

L'article 61 du décret permettra de remédier à ces abus.

L'article 309 du Code pénal prononce la réclusion quand il est résulté des voies de fait une incapacité de travail de plus de vingt jours. La difficulté de constater à bord d'un navire, en l'absence d'un chirurgien, la durée véritable de la maladie, et surtout l'incapacité de travail provenant de sévices, m'a déterminé à élever à trente le terme de vingt jours prévu par le Code pénal. J'ai cédé en cela aux vœux unanimes des capitaines et des armateurs.

La désertion blesse à la fois l'ordre public et les intérêts du commerce : l'ordre public, parce que le marin déserteur se soustrait, pendant toute la durée de son absence illégale, aux obligations que lui impose le régime des classes; les intérêts des armateurs, par la perturbation qu'elle jette dans les équipages qu'il est souvent très-difficile et très-onéreux de compléter, lorsque surtout le navire se trouve dans les colonies françaises ou à l'étranger.

La loi du 22 août 1790, en maintenant en vigueur les dispositions de l'ordonnance du 31 octobre 1784, contre la désertion, a substitué aux campagnes extraordinaires, avec solde réduite, des campagnes à la basse paye, et elle a chargé de prononcer cette peine un conseil composé de fonctionnaires de la marine. Quant à la peine de l'emprisonnement que portait aussi l'ordonnance de 1784, l'application devrait en être faite par les tribunaux ordinaires que la loi du 13 août 1791 a investis de cette attribution, autrefois dévolue aux amirautés. Mais le Ministère de la justice a refusé de reconnaître ce droit aux tribunaux de première instance; d'où il résulte que les marins des navires du commerce, n'ayant à redouter qu'une punition insuffisante, se font un jeu de violer leurs engagements, et cet abus est l'un de ceux dont les armateurs réclament la répression avec le plus d'instances. Les peines prévues par le décret sont graduées suivant la gravité de chaque fait de désertion; quoique peu sévères, elles suffiront, je pense, pour remédier au mal dans la limite du possible.

La rébellion est prévue par le Code pénal, mais seulement envers les agents de la force publique. Il est rationnel sans doute d'assimiler à ces agents le capitaine d'un navire; mais, comme en matière pénale tout est de droit étroit, il y avait nécessité d'exprimer formellement cette assimilation.

De même que le Code pénal, le décret distingue la rébellion armée de celle qui ne l'est pas, et punit l'une plus sévèrement que l'autre. La rébellion armée de plus du tiers de l'équipage constitue un crime qui est de la compétence des tribunaux ordinaires.

Les délits commis par les officiers et les capitaines ne doivent pas, je le répète, échapper plus que les autres à une juste punition. Les articles 74 à 87 du décret renferment spécialement à cet égard des dispositions propres à maintenir dans le devoir ceux dont l'exemple exerce naturellement une grande influence sur les hommes qu'ils commandent. L'abus de l'autorité est un élément destructeur de l'ordre et de la discipline : le décret a voulu qu'il ne restât pas impuni.

L'ivrognerie est un vice malheureusement trop commun dans la marine marchande, et surtout parmi les équipages des navires qui fréquentent les climats froids : ce vice prend des proportions très-dangereuses quand il se manifeste chez les personnes chargées de la conduite du navire ; des pénalités sévères contribueront à les en préserver.

Les délits contre lesquels le décret ne porte pas une peine déterminée sont punis, au choix du juge, de l'une des pénalités prévues par l'article 55.

La même latitude a été laissée pour les fautes disciplinaires, afin que l'on puisse tenir compte, dans une certaine mesure, des circonstances du délit ou de la faute de discipline, et pour que la pénalité prononcée soit toujours exécutable. C'est là encore une nécessité résultant de la spécialité de la matière.

La section III prévoit les crimes maritimes dont les capitaines, officiers et marins peuvent se rendre coupables, et que les tribunaux ordinaires sont appelés à juger par continuation.

Les dispositions de la loi du 10 avril 1825, en matière de baraterie, avaient besoin d'être complétées ; les pénalités portées par cette loi demandaient à être adoucies : le décret y a pourvu.

Le titre IV renferme diverses dispositions qui définissent l'autorité du capitaine sur les gens de l'équipage et sur les passagers ; lui permettent d'employer la force pour que l'auteur d'un crime soit mis hors d'état de nuire ; énoncent qu'en cas de révolte de l'équipage la résistance du capitaine sera considérée comme un acte de légitime défense, et fixent à cinq années les délais de prescription de l'action publique et de l'action civile pour les délits prévus par le décret.

Telle est, Monseigneur, l'analyse d'un acte qui, j'ose l'espérer, corrigera les marins sans les frapper de peines trop sévères, les contiendra dans les limites d'une juste subordination, tout en les protégeant contre les abus de l'arbitraire, et, en restituant la sécurité à la marine marchande, rendra au pays un immense service.

Je suis, etc.

Le Ministre de la Marine et des Colonies,

Signé : Th. Ducos.

N° 74.

Décret du 24 mars 1852, sur la discipline et le régime pénal de la marine marchande.

DISPOSITIONS PRÉLIMINAIRES.

Art. 1er. Les infractions que le présent décret punit de peines disciplinaires sont des fautes de discipline.

Les infractions qu'il punit de peines correctionnelles sont des délits.

Les infractions qu'il punit de peines afflictives ou infamantes sont des crimes.

2. Les fautes de discipline et les délits énoncés dans le présent décret seront jugés et punis conformément aux dispositions qu'il renferme.

Seront jugés par les tribunaux ordinaires, et punis conformément aux dispositions du présent décret, les crimes y énoncés ;

Seront jugés et punis conformément aux lois ordinaires, les contraventions, délits ou crimes non énoncés dans le présent décret.

3. Les dispositions du présent décret sont applicables à tous les navires et bateaux français, appartenant à des particuliers ou à des administrations publiques, qui se livrent à la navigation ou à la pêche dans les limites de l'inscription maritime. Toutefois, sont exceptées les embarcations des douanes à manœuvres basses.

Restent soumis aux mêmes dispositions les équipages des navires et bateaux qui ne sortent que momentanément des limites de l'inscription maritime.

Sont, en conséquence, soumises aux règles d'ordre, de service, de discipline et de police établies sur les navires et bateaux marchands, et passibles des peines déterminées par le présent décret, pour les fautes de discipline, les délits et crimes y énoncés, toutes les personnes embarquées, employées ou reçues à bord de ces navires et bateaux, à quelque titre que ce soit, à partir du jour de leur inscription au rôle d'équipage ou de leur embarquement en cours de voyage, jusques et y compris le jour de leur débarquement administratif.

4. Les personnes mentionnées dans l'article précédent continueront d'être placées sous le régime qu'il prescrit en cas de perte du navire par naufrage, chance de guerre ou toute autre cause, jusqu'à ce qu'elles aient pu être remises à une autorité française.

Toutefois, cette disposition n'est pas applicable aux passagers autres que les marins naufragés, déserteurs ou délaissés, qui, sur l'ordre d'une autorité française, auront été embarqués pour être rapatriés, à moins que ces passagers ne demandent à suivre la fortune de l'équipage.

TITRE 1er. — DE LA JURIDICTION.

CHAPITRE PREMIER. — DE LA JURIDICTION EN MATIÈRE DE DISCIPLINE.

5. Le droit de connaître des fautes de discipline et de prononcer les peines qu'elles comportent est attribué sans appel ni recours en révision ou cassation,

1° Aux commissaires de l'inscription maritime ;

2° Aux commandants des bâtiments de l'Etat ;

3° Aux consuls de France ;

4° Aux capitaines de navires du commerce commandant sur les rades étrangères (1);

---

(1) Article 23, § 3, du décret du 15 août 1851.

5° Aux capitaines de navires.

6. Ce droit s'exerce de la manière suivante :

Lorsque le navire se trouve dans un port ou sur une rade de France, ou dans un port d'une colonie française, le droit de discipline appartient au commissaire de l'inscription maritime à qui la plainte est adressée par le capitaine.

Sur les rades d'une colonie française, le droit de discipline appartient au commandant du bâtiment de l'État présent sur les lieux, ou, en l'absence de celui-ci, au commissaire de l'inscription maritime.

Le capitaine du navire adresse sa plainte à l'un ou à l'autre, suivant le cas.

Les gouverneurs des colonies françaises détermineront, par un arrêté, les limites entre la rade et le port.

Cet arrêté sera soumis à l'approbation du Ministre de la marine.

Dans les ports et rades des pays étrangers, le droit de discipline appartient au commandant du bâtiment de l'État, ou, à son défaut, au consul de France.

Le capitaine adresse sa plainte à l'un ou à l'autre, suivant le cas.

En l'absence de bâtiments de l'État et à défaut de consul, le droit de discipline appartient au plus âgé des capitaines de navire.

Les capitaines au long cours auront toujours, à cet égard, la priorité sur les maîtres au cabotage.

En mer et dans les lieux où il ne se trouve aucune des autorités mentionnées ci-dessus, le capitaine du navire prononce et fait appliquer les peines de discipline, sauf à en rendre compte dans le premier port où il aborde, soit au commissaire de l'inscription maritime, soit au commandant du bâtiment de l'État, soit au consul.

7. Dans tous les cas, et en quelque lieu que se trouve le navire, le capitaine, maître ou patron, peut infliger les peines de discipline prévues par l'article 53 du présent décret, sans en référer préalablement à l'une des autorités énoncées en l'article 5, mais à charge par lui de leur en rendre compte dans le plus bref délai possible.

8. En cas de conflit sur la compétence en matière de discipline, il sera statué dans les ports et rades de France par le préfet maritime de l'arrondissement, et dans les ports et rades d'une colonie française par le gouverneur.

L'autorité saisie du conflit renverra l'affaire devant le fonctionnaire qui devra en connaître.

CHAPITRE II. — DE LA JURIDICTION EN MATIÈRE DE DÉLITS MARITIMES.

9. Il est institué des tribunaux maritimes commerciaux.

Ces tribunaux connaissent des délits maritimes prévus dans le présent décret.

10. Lorsque le navire se trouve dans un port ou sur une rade de France, ou dans un port d'une colonie française, la connaissance des délits appartient au tribunal maritime commercial présidé par le commissaire de l'inscription maritime du lieu.

Sur les rades des colonies françaises, la connaissance des délits appartient au tribunal maritime commercial présidé par le commandant du bâtiment de guerre présent sur les lieux, et, en son absence, au tribunal présidé par le commissaire de l'inscription maritime.

Dans les ports et sur les rades des pays étrangers, la connaissance des délits appartient au tribunal maritime commercial présidé par le commandant du bâtiment de l'Etat présent sur les lieux, et, en son absence, au tribunal présidé par le consul.

En cas de conflit sur la compétence, il sera statué comme il est dit à l'article 8.

11. La connaissance des délits communs non prévus par le présent décret appartient au tribunal correctionnel de l'arrondissement où se trouve le navire, ou du premier port français où il aborde.

CHAPITRE III. — ORGANISATION DES TRIBUNAUX MARITIMES COMMERCIAUX.

12. Sur un bâtiment de l'Etat, le tribunal maritime commercial est composé de cinq membres, savoir :

Le commandant du bâtiment, président ;

Juges : l'officier de vaisseau le plus élevé en grade après le second, ou, à défaut, le second lui-même,

Le plus âgé des capitaines, le plus âgé des officiers, et le plus âgé des maîtres d'équipage, des navires du commerce présents sur les lieux.

Le tribunal ne se réunit qu'avec l'autorisation du commandant de la rade.

13. S'il n'y a pas sur les lieux d'autre navire du commerce que celui à bord duquel se trouve l'inculpé, le tribunal sera composé de la manière suivante, savoir :

Le commandant du bâtiment de l'Etat, président ;

Juges : les deux plus anciens officiers de vaisseau après le commandant ; le plus ancien second maître ; un officier ou un matelot du navire où le délit a été commis.

14. Dans un port de France ou d'une colonie française, le tribunal maritime commercial sera composé de cinq membres, savoir :

Le commissaire de l'inscription maritime, président ;

Juges : un juge du tribunal de commerce, ou, à défaut, le juge de paix ; le capitaine, le lieutenant ou le maître du port ; le plus âgé des capitaines au long cours valides présents sur les lieux, et le plus âgé des maîtres d'équipage des navires du commerce, ou, à défaut, le plus âgé des marins valides présents sur les lieux, et ayant rempli ces fonctions.

Le juge du tribunal de commerce sera désigné par le président de ce tribunal.

Dans les colonies où le capitaine de port sera supérieur en grade au commissaire de l'inscription maritime, ou plus ancien que lui dans le même grade, ce capitaine sera remplacé par l'agent qui le suivra immédiatement dans l'ordre du service.

Le capitaine au long cours et le maître d'équipage seront désignés par le commissaire de l'inscription maritime.

Le tribunal ne se réunit qu'avec l'autorisation du chef du service maritime présent sur les lieux.

15. Dans un port étranger et en l'absence d'un bâtiment de guerre français, le tribunal maritime commercial sera composé de cinq membres, savoir :

Le consul de France, président ;

Juges : le plus âgé des capitaines au long cours présents sur les lieux ; le plus âgé des officiers des navires du commerce présents sur les lieux ; un négociant français désigné par le consul, et le plus âgé des maîtres d'équipage des navires du commerce présents sur les lieux.

16. Le président désigne le membre du tribunal qui doit remplir les fonctions de rapporteur.

17. Les fonctions de greffier sont remplies, sur un bâtiment de l'État, par l'officier d'administration ;

Dans un port de France ou d'une colonie française, par le commis, ou, à défaut, par l'écrivain de marine le plus ancien ;

Dans un port étranger, par le chancelier, ou, à défaut, par un employé du consulat.

18. Ne peuvent faire partie d'un tribunal maritime commercial : 1° le capitaine qui a porté la plainte ; 2° toute autre personne embarquée sur le navire, si elle est offensée, lésée ou partie plaignante.

19. Le président du tribunal maritime commercial devra être âgé de vingt-cinq ans, et les autres membres de vingt et un ans au moins.

20. Les parents ou alliés, jusqu'aux degrés d'oncle et de neveu inclusivement, ne peuvent être membres du même tribunal maritime commercial.

21. La parenté, aux degrés fixés par l'article précédent, de l'un des membres du tribunal avec le prévenu ou l'un des prévenus, est une cause de récusation.

CHAPITRE IV. — DE LA JURIDICTION EN MATIÈRE DE CRIMES MARITIMES.

22. Les tribunaux ordinaires connaissent des crimes maritimes prévus par le présent décret.

TITRE II. — DE LA FORME DE PROCÉDER.

CHAPITRE PREMIER. — DE LA FORME DE PROCÉDER EN MATIÈRE DE FAUTES DE DISCIPLINE.

23. Le capitaine tiendra un livre spécial, dit *livre de punition*, sur lequel toute faute de discipline sera mentionnée par lui ou par l'officier de quart. L'autorité qui aura statué inscrira sa décision en marge.

Le capitaine annotera de la même manière, sur le livre de punition, toutes les peines de discipline infligées pendant le cours du voyage.

Le livre de punition sera coté et paraphé par le commissaire de l'inscription maritime du port d'armement du navire. Il sera remis au commissaire de l'inscription maritime du port où le navire sera désarmé administrativement.

Le livre de punition sera présenté au visa du commissaire de l'inscription maritime ou du consul, suivant le cas, lorsqu'une faute de discipline aura été commise dans l'intervalle compris entre le dernier départ et l'arrivée ou la relâche.

CHAPITRE II.—DE LA FORME DE PROCÉDER EN MATIÈRE DE DÉLITS MARITIMES.

24. Aussitôt qu'un délit a été commis à bord, le rapport en est fait au capitaine par le second ou l'officier de quart. Si le délit a été commis hors du bord, le second en fait le rapport au capitaine. Si le délit a été commis en présence du capitaine et en l'absence du second et de l'officier de quart, ou s'il parvient à la connaissance du capitaine sans qu'il lui ait été signalé par un rapport de l'un de ces deux officiers, il constate lui-même ce délit. Les circonstances du délit sont toujours mentionnées sur le livre de punition.

25. Le capitaine, assisté, s'il y a lieu, de l'officier qui a fait le rapport et qui remplit les fonctions de greffier, procède ensuite à une instruction sommaire, reçoit la déposition des témoins à charge et à décharge, et dresse procès-verbal du tout.

Le procès-verbal est signé des témoins, du capitaine et de l'officier faisant fonctions de greffier. Mention de ce procès-verbal est faite sur le livre de punition.

26. Si les faits se sont passés dans un port ou sur une rade de France, ou dans un port d'une colonie française, le capitaine adresse sa plainte et les pièces du procès au commissaire de l'inscription maritime, dans les trois jours qui suivent celui où le délit a été constaté ; s'ils se sont passés sur la rade d'une colonie française, il l'adresse dans le même délai au commandant du bâtiment de l'État présent sur les lieux, ou, en l'absence de celui-ci, au commissaire de l'inscription maritime ; s'ils se sont passés à l'étranger, il l'adresse au commandant du bâtiment de l'État présent sur les lieux, ou, à défaut, au consul de France. Si le délit a été commis soit en mer, soit dans une localité étrangère où il n'y ait ni bâtiment de l'État ni consul de France, le capitaine remet sa plainte, dans le premier port où il aborde, soit au commissaire de l'inscription maritime, soit au commandant du bâtiment de l'État, soit au consul, suivant qu'il y a lieu, en se conformant aux dispositions du présent article.

Lorsque les faits rentrent dans la catégorie des délits communs non prévus par le présent décret, et sont en conséquence réservés aux tribunaux ordinaires, le commissaire de l'inscription maritime ou le commandant du bâtiment de l'État qui a reçu la plainte la transmet au procureur de la République du lieu.

27. Lorsque le prévenu d'un des délits énoncés dans le présent décret sera le capitaine du navire, les poursuites auront lieu, soit sur la plainte des officiers et marins de l'équipage ou des passagers, soit d'office.

Dans le premier cas, la plainte sera portée dans les délais prescrits par l'article 26 au commissaire de l'inscription maritime, au commandant du bâtiment de l'Etat ou au consul, suivant les circonstances prévues par cet article.

28. L'autorité saisie de la plainte nomme le tribunal maritime commercial qui doit en connaître, désigne le rapporteur, qu'elle charge de prendre immédiatement les informations nécessaires, et convoque le tribunal dès que l'affaire est suffisamment instruite.

29. Les séances des tribunaux maritimes commerciaux sont publiques. Leur police appartient au président.

A terre, le tribunal s'assemble, soit au bureau de l'inscription maritime, soit au bureau de la chancellerie, suivant qu'il y a lieu.

A bord, le tribunal se réunit dans le local affecté aux séances du conseil de guerre.

30. A l'ouverture de la séance, le président fait déposer sur le bureau un exemplaire du présent décret.

Il dit ensuite à haute voix aux membres du tribunal, qui sont comme lui debout et découverts :

_ « Nous jurons devant Dieu de remplir nos fonctions au tribunal maritime commercial avec impartialité. »

Chaque membre répond : « Je le jure. »

Mention de cette formalité est faite au procès-verbal.

31. Le président fait donner lecture par le rapporteur de la plainte et des différentes pièces de la procédure, tant à charge qu'à décharge.

L'accusé est ensuite introduit devant le tribunal ; il y comparaît libre et assisté, s'il le désire, d'un défenseur à son choix.

32. Le président fait connaître à l'accusé, après constatation de son identité, le délit pour lequel il est traduit devant le tribunal.

Il l'avertit, ainsi que son défenseur, qu'il lui est permis de dire tout ce qu'il jugera utile à sa défense, sans s'écarter toutefois des bornes de la décence et de la modération, ou du respect dû au principe d'autorité.

33. Le président est investi d'un pouvoir discrétionnaire pour la direction des débats et la découverte de la vérité.

L'accusé peut faire appeler toutes les personnes qu'il désire faire entendre. Toutefois, le retard d'un témoin ne peut arrêter les débats.

34. Le président interroge l'accusé et reçoit les dépositions des témoins.

Ne peuvent être reçues les dépositions des ascendants et descendants, des frères ou sœurs ou des alliés au même degré, du conjoint de l'accusé ou de l'un des accusés du même fait.

Chacun des membres du tribunal est autorisé à poser des questions à l'accusé comme aux témoins, après en avoir fait la demande au président.

L'accusé présente sa défense, soit par lui-même, soit par l'organe de son défenseur.

Le président, après avoir demandé à l'accusé s'il n'a rien à ajouter dans l'intérêt de sa défense, résume les faits sans exprimer son opinion personnelle.

35. Après la clôture des débats, le président fait retirer l'accusé ainsi que l'auditoire pour délibérer.

Les membres du tribunal opinent dans l'ordre inverse des classifications mentionnées aux articles 12, 13, 14 et 15. Le président émet son opinion le dernier.

36. Toutes les questions de culpabilité posées par le président sont résolues à la majorité des voix.

Si l'accusé est déclaré coupable, le tribunal délibère sur l'application de la peine.

37. Le tribunal, si le fait lui paraît rentrer dans la catégorie des fautes de discipline, peut prononcer seulement une des peines prévues par l'article 52 du présent décret.

38. Si le tribunal reconnaît que le fait est de la compétence des tribunaux ordinaires, il déclare et motive son incompétence.

Dans ce cas, on applique les dispositions du chapitre III du présent titre.

La déclaration du tribunal est jointe au dossier de l'affaire.

39. Le jugement est rédigé en trois expéditions, dont une servant de minute, par le greffier, et signée par le président et par les membres du tribunal.

Il mentionne l'observation des dispositions prescrites par les articles 12 à 21, et par les articles 30, 31, 32 et 36 du présent décret.

Il indique, s'il y a lieu, les quartier et numéro d'inscription de l'accusé.

40. Le président écrit au bas du jugement : « Soit exécuté selon la « forme et teneur, » et il prend les mesures nécessaires pour en assurer l'exécution.

41. Lorsque le jugement est rendu en France et emporte la peine d'emprisonnement, le coupable est remis sans délai, par le président du tribunal, avec une expédition du jugement, à la disposition du procureur de la République du lieu, qui fait exécuter la sentence.

La peine d'emprisonnement prononcée hors de France est toujours subie dans la métropole lorsque la durée de cette peine excède trois mois. Dans ce cas, le coupable est renvoyé le plus promptement possible et remis, à son arrivée dans un port français, au procureur de la République du lieu, par l'autorité maritime locale.

Lorsque la peine d'emprisonnement prononcée hors de France n'excède pas trois mois, le coupable peut la subir, soit en France, soit dans la colonie française, soit dans le pays étranger où le jugement a été rendu.

42. Les peines prononcées hors de France contre les capitaines de navires ne seront subies par eux qu'à leur retour dans la métropole.

Les jugements portant ces pénalités seront inscrits, à cet effet, sur le livre de punition, par le président du tribunal maritime commercial qui aura rendu la sentence. Mention en sera faite, en outre, sur le rôle d'équipage du navire.

43. Le payement des amendes prononcées en vertu du présent décret est poursuivi, dans les formes ordinaires, par le receveur des domai-

nes du lieu où désarme le navire à bord duquel le coupable est embarqué ou du lieu d'inscription du délinquant. Cette poursuite est faite à la requête de l'autorité maritime locale.

Si le coupable est débarqué en cours de voyage, le payement des amendes est poursuivi par le receveur des domaines du lieu où le débarquement s'opère.

Si le débarquement s'effectue à l'étranger, le consul est chargé de poursuivre le payement des amendes.

Les poursuites peuvent aussi avoir lieu, dans tous les cas, par voie administrative, à la diligence des commissaires de l'inscription maritime ou des consuls.

44. Une expédition du jugement est adressée au Ministre de la marine.

45. Les jugements des tribunaux maritimes commerciaux ne sont sujets à aucun recours en révision ni en cassation.

Toutefois, le Ministre de la marine pourra, dans les cas prévus par l'article 441 du Code d'instruction criminelle, transmettre au Ministre de la justice, pour être déférés à la Cour de cassation, dans l'intérêt de la loi, les jugements des tribunaux maritimes commerciaux qui seraient susceptibles d'être annulés pour violation des articles 12 à 20, 29, 30, 31 et 35 du présent décret.

46. La procédure devant les tribunaux maritimes commerciaux ne donne lieu à la perception d'aucuns frais ni d'aucunes taxes quelconques.

47. Le greffier mentionne au bas du jugement si la sentence a ou non reçu son exécution. Le capitaine fait transcrire le jugement sur le livre de punition, auquel il reste annexé pour être remis au commissaire de l'inscription maritime du port du désarmement. La transcription ainsi faite est certifiée par le greffier.

48. Le capitaine, maître ou patron qui aura négligé de se conformer aux prescriptions des chapitres i et ii du titre II, sera puni d'une amende de 25 à 300 francs.

CHAPITRE III.—DE LA FORME DE PROCÉDER EN MATIÈRE DE CRIMES MARITIMES.

49. Aussitôt qu'un crime a été commis à bord d'un navire, le capitaine, maître ou patron, se conforme, pour constater les faits et pour procéder à l'instruction, aux articles 24 et 25 ci-dessus.

Il saisit, en outre, les pièces de conviction et fait arrêter le prévenu.

50. Immédiatement après son arrivée dans un port ou sur une rade de France ou d'une colonie française, le capitaine, maître ou patron remet le prévenu et les pièces du procès au commissaire de l'inscription maritime du lieu.

Ce fonctionnaire complète au besoin l'instruction, transmet les pièces dans les vingt-quatre heures au procureur de la République de l'arrondissement, et pourvoit au transport du prévenu devant l'autorité judiciaire.

51. Si le navire aborde dans un port étranger, le capitaine, maître ou patron, remplit envers le consul français les dispositions prescrites par le premier paragraphe de l'article précédent.

Le consul complète, au besoin, l'instruction dans le plus bref délai possible, et, s'il le juge nécessaire, fait débarquer le prévenu pour l'envoyer au port d'armement avec les pièces du procès.

A défaut du consul, le capitaine, maître ou patron agit de la même manière à l'égard du commandant du bâtiment de l'Etat présent sur les lieux. Celui-ci procède comme l'eût fait le consul.

TITRE III. — DE LA PÉNALITÉ.

CHAPITRE PREMIER. — DES PEINES.

52. Les peines applicables aux fautes de discipline sont :

Pour les hommes de l'équipage, 1o la consigne à bord pendant huit jours au plus; 2o le retranchement de la ration de boisson fermentée pour trois jours au plus; 3o la vigie sur les barres de perroquet, dans la hune, sur une vergue ou au bossoir pendant une demi-heure au moins et quatre heures au plus; 4o la retenue de un à trente jours de solde, si l'équipage est engagé au mois, ou de 2 francs à 50 francs, s'il est engagé à la part; 5o la prison pendant huit jours au plus; 6o l'amarrage à un bas mât sur le pont, dans l'entre-pont ou dans la cale, pendant un jour au moins et trois jours au plus, à raison d'une heure au moins et de quatre heures au plus par jour; 7o la boucle aux pieds pendant cinq jours au plus; 8o le cachot pendant cinq jours au plus. La boucle et le cachot peuvent être accompagnés du retranchement de la ration de boisson fermentée, ou même de la mise au pain et à l'eau.

S'il s'agit d'un homme dangereux ou en prévention de crime, la peine de la boucle ou du cachot peut être prolongée aussi longtemps que la nécessité l'exige; mais, dans ce cas, il n'y a lieu qu'au retranchement de boisson fermentée.

Pour les officiers, 1o la retenue de dix à quarante jours de solde, s'ils sont engagés au mois, ou de 20 francs à 150 francs, s'ils sont engagés à la part; 2o les arrêts simples pendant quinze jours au plus avec continuation de service; 3o les arrêts forcés dans la chambre pendant dix jours au plus; 4o la suspension temporaire des fonctions, avec exclusion de la table du capitaine et suppression de solde; 5o la déchéance de l'emploi d'officier, avec obligation de faire le service de matelot à la paye de ce grade jusqu'à l'époque du débarquement.

Pour les passagers de chambre, 1o l'exclusion de la table du capitaine; 2o les arrêts dans la chambre.

Pour les passagers d'entre-pont, la privation de monter sur le pont pendant plus de deux heures chaque jour.

Ces peines ne pourront être appliquées pendant plus de huit jours consécutifs.

53. Les peines que peut infliger le capitaine, maître ou patron, aux termes de l'article 7 du présent décret, sont : 1° la consigne pendant huit jours ; 2° le retranchement de boisson fermentée pour trois repas ; 3° la vigie pour une heure ou la boucle pour un jour.

54. Les officiers et les passagers de chambre ou d'entre-pont qui, condamnés à une peine disciplinaire, refuseront de s'y soumettre, pourront être mis aux arrêts forcés pendant dix jours au plus.

Ces peines pourront être prolongées autant que la nécessité l'exigera, s'il s'agit d'un homme dangereux ou en prévention de crime.

55. Les peines correctionnelles applicables aux délits sont : 1° l'amende de 16 francs à 300 francs ; 2° la boucle pendant vingt jours au plus, avec ou sans retenue d'une partie de la solde qui ne pourra en excéder la moitié ; 3° l'embarquement sur un bâtiment de l'État, à moitié solde de leur grade pour les officiers mariniers, ou à deux tiers de solde pour les quartiers-maîtres et les matelots. La durée de cet embarquement correctionnel ne comptera ni pour l'avancement, ni pour les examens de capitaine du commerce ; 4° la perte ou la suspension de la faculté de commander ; 5° l'emprisonnement pendant six jours au moins et cinq ans au plus.

56. Les peines en matière criminelle sont les mêmes que celles qui sont énoncées dans les lois ordinaires, sauf les cas prévus par le présent décret.

57. Sont compris sous la dénomination d'officiers : le capitaine, maître ou patron ; le second ; le lieutenant. Le subrécargue et le chirurgien sont assimilés aux officiers pour l'application des peines seulement.

CHAPITRE II. — DES INFRACTIONS ET DE LEUR PUNITION.

SECTION PREMIÈRE. — Des fautes de discipline.

58. Sont considérés comme fautes de discipline : 1° la désobéissance simple ; 2° la négligence à prendre son poste, ou à s'acquitter d'un travail relatif au service du bord ; 3° le manque au quart, ou le défaut de vigilance pendant le quart ; 4° l'ivresse sans désordre ; 5° les querelles ou disputes, sans voies de fait, entre les hommes de l'équipage ou les passagers ; 6° l'absence du bord sans permission, quand elle n'excède pas trois jours ; 7° le séjour illégal à terre, moins de trois jours après l'expiration d'un congé ; 8° le manque de respect aux supérieurs ; 9° le fait d'avoir allumé une première fois des feux sans permission, ou d'avoir circulé dans des lieux où cela est interdit à bord, avec des feux, une pipe ou un cigare allumés ; 10° le fait de s'être endormi une première fois, étant à la barre, en vigie ou au bossoir ; 11° enfin, et généralement, tous les faits de négligence ou de paresse qui ne constituent qu'une faute légère ou un simple manquement à l'ordre ou au service du navire, ou aux obligations stipulées dans l'acte d'engagement. Ces fautes seront punies de l'une des peines spécifiées à l'article 52, au choix des autorités désignées par l'article 5 du présent décret. Seront également considérées comme fautes de discipline les infractions au

décret du 9 janvier 1852 et des règlements sur la pêche côtière, qu'en raison de leur peu de gravité les commissaires de l'inscription maritime ne croiront pas devoir déférer aux poursuites du ministère public. Ces officiers d'administration prononceront, dans ce cas, contre les délinquants, un emprisonnement ou une interdiction de pêche d'un à cinq jours.

59. Les marins qui, pendant la durée de la peine de la prison, de la boucle ou du cachot prononcée en matière de discipline, sont remplacés dans le service à bord du navire auquel ils appartiennent, supportent, au moyen d'une retenue sur leurs gages, les frais de ce remplacement.

SECTION II. — Des délits maritimes.

60. Les délits maritimes sont : 1° les fautes de discipline réitérées ; 2° la désobéissance, accompagnée d'un refus formel d'obéir ; 3° la désobéissance avec injures ou menaces ; 4° les rixes ou voies de fait entre les hommes de l'équipage, lorsqu'elles ne donnent pas lieu à une maladie ou à une incapacité de travail de plus de trente jours ; 5° l'ivresse avec désordre ; 6° l'emploi, sans autorisation, d'une embarcation du navire ; 7° la dégradation d'objet à l'usage du bord ; 8° l'altération des vivres ou marchandises par le mélange de substances non malfaisantes ; 9° le détournement ou le gaspillage des vivres ou des liquides à l'usage du bord ; 10° l'embarquement clandestin d'armes à feu, d'armes blanches, de poudre à tirer, de matières inflammables ou de liqueurs spiritueuses. Ces objets seront saisis par le capitaine et, suivant qu'il y aura lieu d'après leur nature comme d'après les circonstances, détruits ou séquestrés dans sa chambre, pour être, dans ce dernier cas, confisqués au profit de la caisse des Invalides de la marine à l'expiration du voyage ; 11° le vol commis par un officier marinier, un matelot, un novice ou un mousse, quand la valeur de l'objet n'excède pas 10 francs, et qu'il n'y a pas eu effraction ; 12° la désertion ; 13° les voies de fait contre un supérieur, lorsqu'elles ne donnent pas lieu à une maladie ou à une incapacité de travail de plus de trente jours ; 14° la rébellion envers le capitaine ou l'officier commandant le quart, lorsqu'elle a lieu en réunion d'un nombre quelconque de personnes sans excéder le tiers des hommes de l'équipage, y compris les officiers.

Ces délits seront punis des peines énoncées dans l'article 55, au choix du juge, excepté dans les cas prévus par les articles suivants :

61. Tout marin coupable d'outrage par paroles, gestes ou menaces, envers son capitaine ou un officier du bord, sera puni d'un emprisonnement de six jours à un an, auquel il pourra être joint une amende de 16 francs à 100 francs.

62. Tout officier coupable du même délit envers son supérieur sera puni d'un emprisonnement d'un mois à deux ans et d'une amende de 50 francs à 300 francs,

63. Toute personne coupable de voies de fait envers le capitaine ou un officier du bord sera punie d'un emprisonnement de trois mois à trois ans. Une amende de 25 francs à 500 francs sera, en outre,

prononcée. Si les voies de fait ont déterminé une maladie ou une incapacité de travail de plus de trente jours, les coupables seront punis conformément à l'article 309 du Code pénal.

64. Tout marin qui aura formellement refusé d'obéir aux ordres du
capitaine ou d'un officier du bord pour assurer la manœuvre sera puni
de six jours à six mois de prison. Une amende de 16 francs à 100 francs
pourra être jointe à cette peine. Toute personne qui aura formellement
refusé d'obéir aux ordres donnés pour le salut du navire ou de la cargaison, ou pour le maintien de l'ordre, sera punie d'un emprisonnement de trois mois à cinq ans. Une amende de 100 francs à 300 francs
pourra, en outre, être prononcée.

65. Les gens de mer qui, dans un port de France, s'absentent sans
permission pendant trois fois vingt-quatre heures de leur navire ou du
poste où ils ont été placés, ou laissent partir le navire sans se rendre à
bord après avoir contracté un engagement, sont réputés déserteurs et
punis de six jours de prison. Cette peine sera de quinze jours à deux
mois pour les novices et les mousses. Les officiers mariniers et les matelots sont, en outre, levés pour le service de l'Etat et embarqués pour
une campagne extraordinaire de six mois à un an, comme il est dit à
l'article 55. Toutefois, le capitaine, maître ou patron du navire sur lequel le déserteur était embarqué pourra obtenir sa réintégration à bord,
en cas d'arrestation opérée avant le départ du navire ; mais alors ses
gages seront réduits de moitié à partir du jour de la désertion jusqu'à
l'expiration de l'engagement.

66. Sont également réputés déserteurs, punis d'un mois de prison et
condamnés à faire une campagne d'un à deux ans sur un bâtiment de
l'Etat, comme il est dit à l'article 55, les officiers mariniers et matelots
qui, sur une rade étrangère ou dans un port étranger, s'absentent sans
permission, pendant deux fois vingt-quatre heures, de leur navire ou
du poste auquel ils ont été placés. Les novices et les mousses seront
condamnés à un emprisonnement d'un à trois mois. Si le déserteur est
arrêté et remis au capitaine, il achève le voyage à demi-gages ; mais
il n'en est pas moins passible des peines portées ci-dessus.

67. Tout inscrit maritime trouvé sur un navire appartenant à une
puissance étrangère, s'il ne peut présenter une permission en règle
d'une autorité française, ou prouver que son embarquement est résulté d'un cas de force majeure, sera puni conformément aux dispositions de l'article précédent. Les gens de mer coupables de désertion
dans les colonies françaises seront punis des mêmes peines.

68. Sont aussi réputés déserteurs, punis de deux à six mois de prison,
et tenus de faire une campagne de trois ans sur un bâtiment de l'Etat,
comme il est dit à l'article 55, les officiers mariniers et matelots de la
marine marchande trouvés à bord d'un navire de commerce naviguant
sous pavillon d'une puissance en guerre avec la France. Dans ce cas,
les novices et les mousses seront condamnés à six mois de prison.

69. Tout déserteur perd de droit la solde par lui acquise sur le bâtiment auquel il appartenait au jour du délit. La moitié de cette solde re-
tourne à l'armement ; l'autre moitié est versée à la caisse des Invalides

de la marine. Si le déserteur est redevable envers l'armement à l'époque de sa désertion, il sera pourvu à l'acquittement de cette dette par voie de retenues sur sa solde au service de l'Etat.

70. Les gens de mer complices de la désertion sont punis des mêmes peines que le déserteur. Les autres personnes également complices sont punies d'une amende de 16 francs à 500 francs et d'un emprisonnement de dix jours à trois mois.

71. Les gens de mer qui, à l'insu du capitaine, maître ou patron, embarquent ou débarquent des objets dont la saisie constitue l'armement en frais et dommages, sont punis d'un mois à un an de prison, indépendamment de l'amende par eux encourue à raison de la saisie, et sans préjudice de l'indemnité due à l'armement pour les frais que la saisie a pu lui occasionner.

72. Tout officier qui, hors le cas de nécessité absolue, maltraite ou frappe un marin ou un passager, est puni d'un emprisonnement de six jours à trois mois. La peine pourra être doublée s'il s'agit d'un novice ou d'un mousse. Si les voies de fait ont occasionné une maladie ou une incapacité de travail de plus trente jours, le coupable sera puni conformément à l'article 309 du Code pénal.

73. Tout officier qui s'enivre habituellement ou pendant qu'il est de quart est puni de quinze jours à un mois de prison et d'une amende de 50 francs à 300 francs.

74. Tout capitaine, maître, patron ou officier qui, volontairement, détruit, dégrade ou vend un objet utile à la navigation, à la manœuvre ou à la sûreté du navire, est puni de quinze jours à trois mois de prison.

75. Est puni de la même peine tout capitaine, maître, patron ou officier qui, hors le cas de force majeure, a volontairement altéré les vivres, boissons et autres objets de consommation destinés aux passagers et à l'équipage, lorsqu'il n'y a pas eu mélange de substances malfaisantes. Une amende de 16 francs à 300 francs pourra, en outre, être prononcée.

76. Tout capitaine, maître ou patron, qui, hors le cas de force majeure, prive l'équipage de l'intégralité de la ration stipulée avant le départ, ou, à défaut de convention, de la ration équivalente à celle que reçoivent les marins de la flotte, est tenu de payer, à titre de dommages-intérêts, 50 centimes par jour pendant la durée du retranchement à chaque personne composant l'équipage, et peut, en outre, être puni de 50 francs à 500 francs d'amende. Les cas de force majeure sont constatés par procès-verbaux signés du capitaine, maître ou patron et des principaux de l'équipage, et alors même il est dû à chaque homme une indemnité représentative du retranchement auquel il a été soumis.

77. Est puni de trois mois de prison tout capitaine, maître ou patron qui, en faisant ou autorisant la contrebande, donne lieu à une amende de moins de 1,000 francs à la charge de l'armement. La peine de la prison sera de trois mois à un an, indépendamment de la suspension de commandement pendant deux ans au moins et trois ans au plus,

sans préjudice de l'action civile réservée à l'armateur, si la contrebande donne lieu soit à la confiscation du navire ou de tout autre partie de la cargaison, soit à une amende de plus de 1,000 francs.

78. Tout capitaine, maître ou patron qui s'enivre pendant qu'il est chargé de la conduite du navire, est puni d'un emprisonnement de quinze jours à un an. Il peut, en outre, être interdit de tout commandement pendant un intervalle de six mois à deux ans. En cas de récidive, l'interdiction de commander peut être définitive.

79. Tout capitaine, maître ou patron qui se permet ou tolère à son bord des abus de pouvoir, ou qui, hors le cas de nécessité absolue, exerce des voies de fait envers son inférieur ou un passager est puni de six jours à trois mois de prison. Le coupable peut, en outre, être privé de commander pendant six mois au moins et deux ans au plus. La peine pourra être doublée s'il s'agit d'un novice ou d'un mousse. Si les voies de fait ont entraîné une maladie ou une incapacité de travail de plus de trente jours, le coupable sera puni conformément à l'article 309 du Code pénal.

80. Tout capitaine qui, en présence d'un péril quelconque, abandonne son navire à la mer, hors le cas de force majeure dûment constaté par les officiers et principaux de l'équipage, ou qui, ayant pris leur avis, néglige de sauver l'argent ou les marchandises précieuses avant d'abandonner le navire, est puni d'un emprisonnement d'un mois à un an (1). La même peine peut être prononcée contre le capitaine, maître ou patron qui, forcé d'abandonner son navire, ne reste pas à bord le dernier. Dans l'un et l'autre cas, l'interdiction de commandement peut, en outre, être prononcée pour un à cinq ans.

81. Tout capitaine, maître ou patron qui, hors le cas d'un danger quelconque, rompt son engagement et abandonne son navire avant d'avoir été dûment remplacé, est puni, si le navire se trouvait en sûreté dans un port, d'un emprisonnement de six mois à deux ans ; si le navire était en rade foraine, la peine d'emprisonnement sera d'un an au moins et de trois au plus. Dans l'un et l'autre cas, le coupable peut, en outre, être privé de commander pendant un an au moins et trois ans au plus.

82. Tout capitaine ou maître qui favorise par son consentement l'usurpation de l'exercice du commandement à son bord, en ce qui touche la manœuvre et la direction nautique du navire, et consent ainsi à n'être que porteur d'expéditions, est puni d'un emprisonnement de quinze jours à trois mois, et de l'interdiction de commandement pendant un an au moins et deux ans au plus. En cas de récidive, l'interdiction de commandement peut être définitive. La même peine d'emprisonnement sera prononcée contre toute personne qui aura indûment pris le commandement du navire. Le coupable sera, de plus, passible d'une amende de 100 francs à 500 francs.

83. Est puni d'une amende de 25 francs à 300 francs tout capi-

_____

(1) Code de commerce, art. 241.

taine, maître ou patron qui ne se conforme point aux mesures prescrites par les articles 224, 225 et 227 du Code de commerce (1). La même peine peut être appliquée au capitaine, maître ou patron qui, hors le cas d'impossibilité absolue, vingt-quatre heures après son arrivée dans un port français, dans une colonie française ou dans un port étranger où réside un consul de France, ne dépose pas son rôle d'équipage, soit au bureau de la marine, soit à la chancellerie du consulat (2).

84. Est puni d'une amende de 25 francs à 100 francs, à laquelle il peut être joint un emprisonnement de six jours à un mois, tout capitaine, maître au patron qui, à moins de légitimes motifs d'empêchement, s'abstient, à son arrivée sur une rade étrangère ou à son départ, de se rendre à bord du bâtiment de guerre français commandant la rade ; tout capitaine, maître ou patron qui, sans empêchement légitime, ne se conforme pas aux règles établies pour la police de la rade, après qu'il lui en a été donné connaissance.

85. Est puni d'une amende de 50 francs à 300 francs, à laquelle peut être ajouté un emprisonnement de dix jours à six mois, tout capitaine, maître ou patron qui refuse d'obéir aux ordres relatifs à la police de la navigation émanant des autorités militaires de la marine, des commissaires de l'inscription maritime, des consuls, des syndics et autres agents maritimes, ou qui outrage ces officiers, fonctionnaires et agents, par paroles, gestes ou menaces, dans l'exercice de leurs fonctions ou à l'occasion de cet exercice.

86. Tout capitaine, maître, patron ou officier qui refuse ou néglige de remplir les formalités prescrites aux titres Ier et II du présent décret, est puni d'une amende de 50 francs à 500 francs. Il pourra, en outre, être prononcé un emprisonnement de six jours à un an.

87. Indépendamment des cas de suspension ou de retrait de la faculté de commander, prévus par le présent décret, le Ministre de la marine peut, par continuation, infliger cette même peine, lorsqu'il le juge nécessaire, après une enquête contradictoire, dans laquelle le capitaine est entendu.

88. Toutes les sommes provenant des amendes et des réductions de solde ou de rations prononcées aux termes du présent décret seront versées dans la caisse des Invalides de la marine. Le prix de la ration retranchée sera déterminé par le commissaire de l'inscription maritime du port de désarmement.

SECTION III. — Des crimes.

89. Tout individu inscrit sur le rôle d'équipage qui, volontairement et dans une intention criminelle, échoue, perd ou détruit par quelque moyen que ce soit, autre que celui du feu ou d'une mine, le navire sur

---

(1) Art. 224, livre timbré ; — 225, visite du navire ; — 227, présence du capitaine à bord, à l'entrée et à la sortie des ports.
(2) Art. 242 et 244 du Code de commerce.

lequel il est embarqué, est puni de dix à vingt ans de travaux forcés. Si le coupable était, à quelque titre que ce soit, chargé de la conduite du navire, il lui sera appliqué le maximum de la peine. S'il y a eu homicide ou blessures par le fait de l'échouement, de la perte ou de la destruction du navire, le coupable sera, dans le premier cas, puni de mort, et, dans le second, puni des travaux forcés à temps.

90. Tout capitaine, maître ou patron qui, dans une intention frauduleuse, détourne à son profit le navire dont la conduite lui est confiée, est puni de vingt ans de travaux forcés, sans préjudice de l'action civile réservée à l'armateur.

91. Est puni des travaux forcés à temps tout capitaine, maître ou patron qui, volontairement et dans une intention criminelle, fait fausse route, ou jette à la mer ou détruit sans nécessité tout ou partie du chargement, des vivres ou des effets du bord.

92. Est puni de la réclusion tout capitaine, maître ou patron qui, dans une intention frauduleuse, se rend coupable de l'un des faits énoncés à l'article 236 du Code de commerce, ou vend, hors le cas prévu par l'article 237 du même Code, le navire dont il a le commandement, ou opère des déchargements en contravention à l'article 248 dudit Code (1).

93. Les vols commis à bord de tout navire par les capitaines, officiers, subrécargues ou passagers sont punis de la réclusion. La même peine est prononcée contre les officiers mariniers, marins, novices et mousses, quand la valeur de l'objet volé excède 10 francs, ou quand le vol a été commis avec effraction.

94. Sont punies de la même peine toutes personnes embarquées, à quelque titre que ce soit, qui altèrent volontairement les vivres, boissons ou autres objets de consommation, par le mélange de substances malfaisantes.

95. Tout acte de rébellion commis par plus du tiers de l'équipage est puni de la réclusion. Si les rebelles étaient armés, la peine des travaux forcés à temps sera prononcée. Les rebelles sont réputés armés s'il se trouve parmi eux un ou plusieurs hommes porteurs d'une arme ostensible. Les couteaux de poche entre les mains des rebelles sont réputés armes par le fait seul du port ostensible.

96. Tout complot ou attentat contre la sûreté, la liberté ou l'autorité du capitaine, maître ou patron, est puni de la réclusion. La peine des travaux forcés à temps sera prononcée contre tout officier impliqué dans le complot ou l'attentat. On entend par complot la résolution d'agir concertée et arrêtée entre deux personnes au moins, embarquées à bord d'un navire.

_____

(1) Art. 236, emprunts sans nécessité ; — 237, défense de vendre le navire hors le cas d'innavigabilité ; — 248, défense de décharger le navire hors le cas de péril imminent.

TITRE IV. DISPOSITIONS DIVERSES.

97. Le capitaine, maître ou patron a, sur les gens de l'équipage et sur les passagers, l'autorité que comportent la sûreté du navire, le soin des marchandises et le succès de l'expédition.

98. Le capitaine, maître ou patron est autorisé à employer la force pour mettre l'auteur d'un crime hors d'état de nuire, mais il n'a pas juridiction sur le criminel, et il doit procéder à son égard suivant les prescriptions des articles 49, 50 et 51 ci-dessus. Les marins de l'équipage sont tenus de prêter main-forte au capitaine pour assurer l'arrestation de tout prévenu, sous peine d'un mois à un an de prison, indépendamment d'une retenue de solde d'un à trois mois.

99. En cas de mutinerie ou de révolte, la résistance du capitaine et des personnes qui lui restent fidèles est considérée comme un acte de légitime défense.

100. Dans les cas prévus par le présent décret, l'action publique et l'action civile se prescrivent après cinq années révolues, à compter du jour où le délit a été commis. La prescription pour les crimes reste soumise aux règles du droit commun.

101. Sont et demeurent abrogées toutes dispositions contraires à celles du présent décret.

102. Le Ministre secrétaire d'État de la marine et des colonies et le Garde des sceaux, ministre secrétaire d'État de la justice, sont chargés, chacun en ce qui le concerne, de l'exécution du présent décret, qui sera inséré au Bulletin des lois et au Bulletin officiel de la marine.

N° 75.

Circulaire de la marine du 27 mars 1852, transmissive du décret disciplinaire et pénal pour la marine marchande.

Messieurs, c'est avec un sentiment de vive satisfaction que je vous annonce la promulgation d'un acte, ayant force de loi (1), rendu le 24 mars courant, et dont le seul énoncé permet d'apprécier l'importance pour les intérêts maritimes.

Cet acte est le *Décret disciplinaire et pénal pour la marine marchande* (2) que je vous transmets ci-joint, précédé d'un rapport au Prince Président de la République.

Je vous invite à pourvoir immédiatement, chacun en ce qui vous concerne, à l'exécution de la nouvelle loi, qui, en raison de son ca-

(1) Art. 56 et 58 de la Constitution du 14 janvier 1852.
(2) V. le texte de ce décret ci-dessus, p. 348.

ractère explicite, ne me semble point susceptible d'instructions complémentaires. Le rapport qui la précède suffit à en faire exactement apprécier la portée, et si, ce que je ne suppose pas, des doutes ou des difficultés d'application venaient à se produire, vous auriez à me les exposer sous le timbre : *Personnel, bureau de l'inscription maritime, de la police de la navigation et des pêches.*

C'est également sous ce timbre que devront m'être adressés les arrêtés délimitatifs mentionnés dans les paragraphes 5 et 6 de l'article 6 du décret, ainsi que les envois prescrits par son article 44.

Le pouvoir disciplinaire constitué par l'article 5 devra être exercé avec la plus grande réserve. Les commandants des bâtiments de l'État, les Consuls et les capitaines de navires de commerce commandant sur les rades étrangères recueilleront préalablement tous les renseignements propres à les éclairer sur les faits soumis à leur appréciation. Quant aux capitaines qui, sous leur responsabilité, appliqueront en cours de voyage les peines disciplinaires prévues par l'article 52, ils devront être interrogés avec soin par l'autorité maritime ou consulaire du lieu d'arrivée, et punis conformément aux dispositions de l'article 79, s'ils se sont rendus coupables d'un abus de pouvoir.

Il ne vous échappera pas que les articles 6, § 7, et 10, § 3, font disparaître la distinction établie jusqu'ici par les articles 19 et 20 des ordonnances des 19 octobre et 7 novembre 1833 (1), aux termes desquels, en pays étranger, les commandants des bâtiments de l'État n'exercent que sur les rades la police des navires du commerce français, tandis que les Consuls demeurent investis de ce droit à l'égard des navires placés dans les ports.

Désormais les commandants à la mer useront exclusivement de ce droit dans les deux cas : cette disposition a été dictée par une appréciation rationnelle de la nature des choses ; car si, en France, en Angleterre, et sur plusieurs points situés dans les mers du Nord, on détermine facilement la séparation de la rade et du port, cette délimitation est presque toujours impossible dans la majorité des autres parties du monde.

L'article 14 veut que les capitaines et maîtres d'équipage appelés à siéger comme juges soient choisis dans le *personnel valide* ; il est presque superflu de faire remarquer qu'on comprend exclusivement sous cette dénomination les inscrits qui ne sont pas cinquantenaires : en conséquence, les demi-soldiers pour ancienneté de service, et les hors de service à cause de leur âge, ne pourront faire partie des tribunaux maritimes commerciaux, dont cette mesure contribuera à assurer la bonne composition.

---

(1) Annales maritimes de 1833, partie officielle, p. 494 et 517. — Cette distinction, invoquée dans les circulaires des 18 juin 1850 (Bulletin officiel, 1er semestre, p. 526) et 26 novembre 1851 (note 2 de la page 735 du 2e semestre du même recueil), a été confirmée par l'article 106 du décret du 15 août 1851 (même volume, p. 487), ainsi qu'il résulte de la dépêche du 14 février 1852 (Bulletin officiel, 1er semestre, p. 259).

Quant au terme *chef du service maritime*, employé dans le pénultième paragraphe de l'article 14, il s'applique : 1º au chef du service de la marine dans les chefs-lieux de sous-arrondissements, tels que Dunkerque, le Havre, etc., qui sont en même temps siéges de quartier ;

2º Aux commissaires de l'inscription maritime dans les quartiers obliques ;

3º Aux gouverneurs dans les colonies françaises.

J'appelle votre attention sur le paragraphe 2 du nº 3 de l'article 55, qui interdit de compter le temps de l'embarquement disciplinaire, soit pour l'avancement, soit pour les examens de capitaines du commerce. Sur ce dernier point, cette recommandation complète les instructions contenues dans la circulaire du 14 juin 1850 (1) et dans les circulaires antérieures (2).

Les commissaires de l'inscription maritime sauront, je n'en doute pas, apprécier l'efficacité du moyen d'action que leur réserve, pour la police de la pêche, l'application des deux derniers paragraphes de l'article 58. Cette disposition complète le pouvoir disciplinaire que leur avait attribué l'ordonnance du 31 octobre 1784 en matière de police des classes, et que le décret du 24 mars leur a reconnu en matière de police de navigation. Ces officiers d'administration devront toutefois renvoyer devant les tribunaux correctionnels toutes les infractions commises par les détenteurs de pêcheries: les très-rares exceptions qui pourront être faites à cette règle ne devront être consenties qu'en faveur de ceux appartenant à l'inscription maritime qui paraîtront dignes d'indulgence en raison de leur pauvreté, de leurs antécédents et de leurs services.

L'article 65 du décret pénal range au nombre des déserteurs les marins qui laissent partir leur navire, après avoir contracté un engagement. Il doit être entendu que l'engagement ne saurait être considéré comme contracté qu'après que la revue de l'équipage a été passée au bureau de l'inscription maritime (3).

Il faut, en outre, pour qu'il y ait culpabilité dans le sens de cet article, que le marin ait été dûment prévenu du jour du départ et se soit volontairement abstenu de se rendre à bord.

On ne sera point surpris de voir que, dans les articles 66 et 68, la peine de l'emprisonnement est plus forte pour les mousses et les novices que pour les autres marins, puisque dans ces deux cas les premiers ne sont point envoyés au service.

J'espère que le paragraphe 2 de l'article 70 offrira aux commandants à la mer et aux Consuls le moyen de sévir contre ceux de nos nationaux non inscrits établis à l'étranger, et qui participeraient au trafic de l'embauchage des marins du commerce.

---

(1) Bulletin officiel, 1er semestre, p. 490.

(2) 25 août 1842, nº 2058, non imprimée. — 24 mai 1848 (Bulletin officiel, 1er semestre, p. 256). — 13 septembre 1848 (id., 2e semestre, p. 194). — 28 février 1849 (id., 1er semestre, p. 100). — 26 février 1850 (id., 1er semestre, p. 172). — 19 avril 1851 (id., 1er semestre, p 349).

(3) V. §§ 1 et 2 du rapport du 4 mars 1852 (Bulletin officiel, 1er sem., p. 237).

Je dois aussi vous faire observer que l'article 82 n'ayant statué qu'à l'égard des personnes qui commandent indûment un navire, les armateurs complices de ce délit demeurent passibles, suivant le cas, des peines édictées par les articles 2, titre 1er, livre II, de l'ordonnance d'août 1681 (1), et 8 de celle du 18 octobre 1740 (2).

Enfin, vous ne perdrez point de vue que si l'article 84, § 2, du décret a confirmé les prescriptions des articles 106, no 2, et 194 du décret du 15 août 1851, en ce qui concerne la visite des capitaines du commerce aux officiers de marine commandant les rades ou les stationnaires, cet article a substitué une autre pénalité à celle qu'édictait le no 3, article 106, du décret précité de 1851.

Il y aura lieu, le cas échéant, de tenir compte de cette modification.

Les administrateurs de la marine s'attacheront à donner, soit par la voie de la presse locale, soit autrement, toute la publicité désirable au décret du 24 mars 1852, et tout capitaine de navire devra être muni d'un exemplaire au moins de cet acte important : une apostille portée sur le rôle d'équipage mentionnera l'accomplissement de cette dernière disposition.

Recevez, etc. *Signé :* Th. DUCOS.

N° 76.

Extrait de la loi des finances du 8 juillet 1852, en ce qui concerne la retenue du 3 p. 0/0 des Invalides de la marine.

ART. 23. La retenue de un et demi pour cent rétablie au profit de la caisse des Invalides de la marine par le décret du 13 février 1852, sur les marchés à passer pour les dépenses du matériel de la marine et des colonies, est portée à *trois pour cent* à compter du 1er juillet 1852.

---

(1) Valin, t. 1er, p. 382.
(2) Id., t. 1er, p. 379. — Se reporter d'ailleurs au rapport du 20 mars 1852 (§§ 2 à 7) sur le bornage (Bulletin officiel, 1er semestre, p. 332), et ne point perdre de vue qu'aujourd'hui, excepté en ce qui concerne les armateurs, la répression des infractions en matière de commandement de navires appartient exclusivement aux tribunaux maritimes commerciaux.

N° 77.

Loi du 8 juillet 1852, relative à la juridiction des Consuls de France en Chine et dans les états de l'iman de Mascate.

TITRE Ier. — JURIDICTION CONSULAIRE EN CHINE.

CHAPITRE PREMIER. — JURIDICTION CIVILE.

1. Les contestations en matière civile et commerciale qui s'élèveraient, en Chine, entre Français, seront jugées par les tribunaux consulaires, conformément à celles des dispositions de l'édit du mois de juin 1778 qui sont encore en vigueur dans les échelles du Levant et de Barbarie, sauf les dispositions contenues aux trois articles suivants.

2. Les tribunaux consulaires jugeront en dernier ressort :

1° Toutes les demandes dans lesquelles les parties justiciables de ces tribunaux, et usant de leurs droits, auront déclaré vouloir être jugées définitivement et sans appel ;

2° Toutes les demandes personnelles ou mobilières dont le principal n'excédera pas 3,000 francs ;

3° Les demandes reconventionnelles ou en compensation, lors même que, réunies à la demande principale, elles excéderaient 3,000 francs.

Si l'une des demandes principales ou reconventionnelles s'élève au-dessus des limites ci-dessus indiquées, le tribunal ne prononcera sur toutes qu'en premier ressort. Néanmoins, il sera statué en dernier ressort sur les demandes en dommages-intérêts, lorsqu'elles seront fondées exclusivement sur la demande principale elle-même.

3. L'appel des jugements rendus en premier ressort par les tribunaux consulaires sera porté devant la cour d'appel de Pondichéry. Il y sera procédé conformément aux lois et ordonnances qui régissent l'administration de la justice dans les établissements français de l'Inde.

4. Le recours en cassation contre les jugements en dernier ressort rendus par les tribunaux consulaires n'est ouvert aux parties que pour cause d'excès de pouvoir.

5. Les contestations entre Français et Chinois seront réglées conformément aux dispositions de l'article 25 du traité du 24 septembre 1844 (1).

---

(1) Cet article est ainsi conçu :

Lorsqu'un citoyen Français aura quelque sujet de plainte ou quelque réclamation à formuler contre un Chinois, il devra d'abord exposer ses griefs au Consul, qui, après avoir examiné l'affaire, s'efforcera de l'arranger amiablement. De même, quand un Chinois aura à se plaindre d'un Français, le consul écoutera sa réclamation avec intérêt, et cherchera à ménager un arrangement amiable. Mais si dans l'un ou l'autre cas, la chose était impossible, le Consul requerra l'assistance du fonctionnaire chinois compétent, et tous deux, après avoir examiné conjointement l'affaire, statueront suivant l'équité.

CHAPITRE II. — JURIDICTION CRIMINELLE.

6. La loi du 28 mai 1836 (1), relative aux contraventions, délits et crimes commis par des Français dans les Echelles du Levant et de Barbarie, est applicable aux contraventions, délits et crimes commis par des Français en Chine, sauf les modifications résultant du présent chapitre.

7. Les jugements par défaut en matière correctionnelle pourront être attaqués par la voie de l'appel, après les délais de l'opposition.

8. Les attributions conférées par la loi de 1836 à la cour d'appel et au tribunal de première instance d'Aix appartiendront à la cour d'appel et au tribunal de première instance de Pondichéry, lesquels procéderont et statueront, suivant les cas, conformément aux lois ou ordonnances concernant l'organisation de l'ordre judiciaire et l'administration de la justice dans les établissements français de l'Inde, en observant, néanmoins, les dispositions des articles 62 (§ 2), 66 (§ 3 et suivants) et 68 de ladite loi du 28 mai 1836.

9. En cas de contumace, l'ordonnance de contumace sera notifiée tant au domicile de l'accusé qu'à la chancellerie du Consulat, où elle sera affichée.

10. Ne pourront être cités comme témoins devant la cour ou le tribunal de Pondichéry que ceux qui seraient présents sur le territoire de Pondichéry.

11. Les prévenus et condamnés qui, dans les cas prévus par les articles 58 et 64 de la loi du 28 mai 1836, devront être transférés à Pondichéry pourront, à défaut de navires français ou dans le cas où les capitaines refuseraient de les embarquer, en vertu du paragraphe 2 de l'article 80 de ladite loi, être embarqués sur bâtiments étrangers, à la diligence du Consul. En matière correctionnelle, le prévenu, s'il demande à n'être pas transféré, demeurera, en état, au lieu de sa détention. En matière criminelle, la même faculté pourra être accordée au prévenu, sur sa demande, par le Consul. Néanmoins, le procureur général et la cour pourront toujours ordonner que le prévenu soit transféré.

12. Les Consuls, indépendamment de l'extrait de leurs ordonnances et jugements, qu'aux termes de l'article 78 de la loi du 28 mai 1836 ils doivent adresser au ministre des affaires étrangères, enverront directement pareil extrait au procureur général près la cour d'appel de Pondichéry, qui pourra réclamer l'envoi des pièces et procédures.

TITRE II. — JURIDICTION CONSULAIRE DANS LES ÉTATS DE L'IMAN DE MASCATE.

13. Les dispositions des articles 1, 2, 3 et 4 de la présente loi sont applicables aux consulats de France dans les Etats de l'Iman de Mas-

_____

(1) V. le texte de cette loi ci dessus, page 144.

cate. Néanmoins, la juridiction en dernier ressort du tribunal consulaire, dans les cas prévus par les paragraphes 3, 4 et 5 de l'article 2, est fixée à 1,500 francs. La cour d'appel de l'île de la Réunion remplira, pour ces Consulats, les fonctions attribuées par lesdits articles à la cour d'appel de Pondichéry.

14. Sont également applicables aux contraventions, délits et crimes commis par des Français dans les États de l'Iman de Mascate, les dispositions du chapitre II de la présente loi. Les attributions conférées par les dispositions qui précèdent aux autorités judiciaires de Pondichéry seront exercées par celles de l'île de la Réunion et du tribunal de Saint-Denis, conformément aux règles de leur organisation. Ne seront cités comme témoins que ceux qui seront présents dans l'île de la Réunion.

15. Les contestations entre les sujets de l'Iman de Mascate et les Français, dont les consuls de France sont appelés à connaître par l'article 6 du traité du 17 novembre 1844 (1), seront jugées conformément aux dispositions des articles 1, 2, 3 et 4 de la présente loi. .

TITRE III. — DE L'EXERCICE DU DROIT DE HAUTE POLICE.

16. Les consuls de France en Chine et dans les États de l'Iman de Mascate seront investis du droit de haute police conféré aux consuls de France dans les Echelles du Levant par les articles 82 et 83 de l'édit de 1778.

17. En cas d'urgence, et s'il y a impossibilité absolue de renvoyer directement en France le Français expulsé en vertu de ce droit, le Français pourra être embarqué sur bâtiments nationaux ou étrangers, pour être dirigé, suivant les circonstances, sur l'un des établissements français dans les Indes ou dans l'Océanie, ou sur un lieu de station navale française.

TITRE IV. — DISPOSITIONS GÉNÉRALES.

18. Les fonctions attribuées aux Consuls par les articles qui précèdent seront remplies, à Canton ou à Macao, par l'officier de la mission diplomatique en Chine que le Président de la République désignera. En cas

---

(1) Cet article est ainsi conçu :
« Les autorités relevant de Son Altesse le sultan de Mascate, n'interviendront point dans les contestations entre Français, ou entre des Français et des sujets d'autres nations chrétiennes. Dans les différends entre un sujet de S. A. et un Français, la plainte, si elle est portée par le premier, ressortira au Consul français, qui prononcera le jugement; mais si la plainte est portée par un Français contre quelqu'un des sujets de S. A. ou de toute autre puissance musulmane, la cause sera jugée par S. A. le sultan de Mascate, ou par telle personne qu'il désignera. Dans ce cas, il ne pourra être procédé au jugement qu'en présence du Consul de France, ou d'une personne désignée par lui pour assister à la procédure. Dans les différends entre un Français et un sujet de S. A le sultan de Mascate, la déposition d'un individu convaincu de faux témoignage dans une occasion précédente sera récusée, soit que la cause se trouve appelée devant le Consul de France, soit qu'elle soit soumise à S. A. le sultan ou à son représentant. »

de vacance des Consulats, d'absence ou d'empêchement des Consuls, en Chine ou dans les États de l'Iman de Mascate, les officiers ou autres personnes appelés à remplacer, suppléer ou représenter les Consuls exerceront les fonctions qui sont attribuées à ces derniers par la présente loi.

N° 78.

Rapport adressé le 17 août 1852, par le ministre de la marine au Prince Président de la République sur les feux de position des navires de guerre et de commerce français.

Monseigneur, les navigateurs de toutes les nations se sont toujours préoccupés des nombreux sinistres résultant des abordages des navires entr'eux, et ont constamment recherché des moyens efficaces pour les prévenir.

Le développement progressif de la marine à vapeur avait surtout appelé l'attention générale sur la nécessité de certaines dispositions propres à écarter les dangers de la navigation pendant la nuit. Un système uniforme d'éclairage pour tous les bâtiments à vapeur fut adopté par plusieurs puissances maritimes, à l'imitation de la France et de l'Angleterre qui, dès l'année 1848, avaient admis d'un commun accord un règlement sur cet objet important.

Sans doute, la généralisation d'une semblable mesure, si utile à bord de tous les navires à vapeur, était déjà un véritable progrès; mais ce système d'éclairage ne s'applique qu'à la marine à vapeur, et les navires à voiles restent exposés aux mêmes dangers pendant leur navigation de nuit, notamment ceux qui fréquentent les côtes ou des parties de mer resserrées.

Afin de combler une telle lacune et d'astreindre tous les marins à l'exécution rigoureuse des dispositions relatives aux feux que les navires de l'État et du commerce doivent porter pendant la nuit, j'ai l'honneur de soumettre à votre approbation le projet de décret ci-joint.

Je suis, etc.   Signé : Th. Ducos.

N° 79.

Décret du 17 août 1852 sur les feux de position des navires de guerre et de commerce français.

Louis-Napoléon, etc.

Sur le rapport de notre ministre secrétaire d'État de la marine et des colonies,

Décrète :

Art. 1er. A l'avenir, tous les navires à vapeur et à voiles de l'Etat porteront, depuis le coucher du soleil jusqu'à son lever, des feux dont la couleur et la disposition sont indiquées ci-après pour chaque espèce de bâtiment.

2. Les navires à vapeur, à roues ou à hélice, lorsqu'ils feront route soit au large, soit près des côtes, soit dans l'intérieur des ports, des rades, des baies et des rivières, porteront :

1° Un feu blanc en tête du mât de misaine ;

2° Un feu vert à tribord ;

3° Un feu rouge à bâbord, et, lorsqu'ils seront à l'ancre, un feu blanc ordinaire en tête du mât de misaine.

Le feu de tête de mât devra être visible de nuit, avec une atmosphère claire, à une distance d'au moins 5 milles, et le fanal sera construit de telle sorte, que sa lumière soit uniforme et non interrompue dans un arc de vingt rumbs de vent (225°), c'est-à-dire depuis le cap du bâtiment jusqu'à deux quarts en arrière du travers de chaque bord.

Les feux de couleur devront être visibles d'une distance d'au moins 2 milles, par une nuit claire, et les fanaux construits de manière à ce que la lumière embrasse, sans interruption, ni variation d'éclat, un arc de l'horizon de dix quarts (112° 30′), c'est-à-dire depuis le cap du navire jusqu'à deux quarts de l'arrière du travers du bord où ils sont placés.

Les fanaux de côté seront construits de telle sorte qu'on ne puisse apercevoir leur lumière à travers le bâtiment.

Le fanal employé au mouillage devra donner une bonne lumière tout autour de l'horizon.

3. Les bâtiments à voiles de l'Etat, marchant à la voile, ou à la remorque, ou à la toué, ou s'approchant d'un autre navire, ou en étant approchés, seront tenus de porter, entre le coucher et le lever du soleil une lumière brillante placée de façon à être aperçue par tout autre navire, et en temps suffisant pour éviter un abordage.

Les navires à voiles de l'Etat étant à l'ancre, sur une rade, seront aussi tenus de hisser en tête de mât, entre le coucher et le lever du soleil un feu clair et continu, excepté dans les ports où des règlements particuliers prescriraient d'autres feux de position.

Toutefois, lorsque les bâtiments de guerre, mouillés sur une rade, auront besoin de signaler leur position d'une manière plus complète ou suivant l'ordre de service établi dans une division navale, à laquelle ils appartiendraient, ces bâtiments se conformeront aux instructions générales de la tactique navale (art. 51, p. 309 et 310).

Le fanal à l'usage des navires à voiles, quand ils seront à l'ancre, devra être installé de façon à éclairer tous les points de l'horizon.

4. Tout navire de commerce à voile et à vapeur sera tenu de se conformer rigoureusement aux dispositions applicables aux navires à voiles et à vapeur de l'Etat, excepté en ce qui concerne les feux de position prescrits par la tactique navale.

5. Tous les règlements antérieurs relatifs aux feux que doivent porter les navires à vapeur, sont et demeurent abrogés.

6. Des instructions spéciales détermineront l'emploi des feux dont il est fait mention dans les articles précédents.

7. Le ministre secrétaire d'Etat de la marine et des colonies est chargé de l'exécution du présent décret.

N° 80.

Circulaire des affaires étrangères du 25 septembre 1852 sur les importations en droiture par les navires venant de contrées situées au delà des îles de la Sonde.

Monsieur, vous savez qu'en vertu de la décision rendue par le Ministre des finances, le 23 février 1843, et notifiée aux agents de mon Département, le 20 avril suivant, les navires français venant des pays hors d'Europe, *autres que les colonies françaises et les contrées situées au delà des îles de la Sonde,* jouissent de la faculté de faire escale dans les ports d'Europe et d'y débarquer une partie de leur cargaison, sans perdre, pour le reste du chargement, le bénéfice de *l'importation en droiture.* Deux autres décisions, des 20 octobre 1846 et 17 avril 1848, ont accordé la même faculté à ceux de nos navires venant des colonies et des établissements français d'outremer. Pour jouir, dans ces divers cas, de l'avantage dont il s'agit, les capitaines doivent produire à l'arrivée, un état général de chargement visé par l'agent consulaire de France au port de départ et indiquant la provenance des marchandises et, en outre, des certificats des agents Consulaires dans les ports d'escale, attestant qu'il n'y a été effectué aucun embarquement de marchandises (1).

Une nouvelle décision, en date du 14 juillet dernier, vient d'étendre le bénéfice de ces dispositions aux navires français venant des pays situés au delà des îles ou détroits de la Sonde, moyennant l'accomplissement des mêmes formalités.

J'ai l'honneur, Monsieur, de vous donner avis de cette décision, à l'exécution de laquelle vous êtes appelé à concourir, et de vous transmettre, ci-contre, (2) la circulaire adressée à ce sujet, par l'administration des douanes de France à ses agents.

Recevez, etc.

Signé, DROUYN DE LHUYS.

---

(1) V. le modèle de ce certificat au tome I du Formulaire, n° 336, p. 430.

(2) Cette circulaire des douanes, en date du 11 août 1852, est ainsi conçue :

« Une décision ministérielle du 23 février 1843, transmise par la circulaire

N° 84.

Circulaire des affaires étrangères du 3 octobre 1852, sur les primes
pour la pêche de la morue.

Monsieur, la loi du 22 juillet 1851, sur les encouragements à la
pêche de la morue, dispose que des décrets du président de la République détermineront les conditions à remplir pour l'obtention des
primes accordées tant à l'armement des navires qu'à l'exportation des
produits de la pêche : elle réserve également au pouvoir exécutif le
soin de régler la nature et la forme des pièces à produire pour la liquidation des primes. La nouvelle législation a repris et coordonné les
dispositions des lois antérieures, en y introduisant les modifications de
détail que l'expérience et les besoins de l'industrie de la pêche avaient
rendues nécessaires. Malgré ces modifications, les prescriptions des
ordonnances réglementaires rendues en exécution de la législation
précédemment en vigueur sur la matière n'ont pas cessé d'être appli-

---

n° 1962 de l'administration des douanes, a permis aux navires français venant des
pays hors d'Europe, *autres que les colonies françaises et les contrées situées au-*
delà des îles et passages de la Sonde, de débarquer, dans les ports d'Europe où ils
font escale, une partie de leur cargaison, sans être privés, pour le surplus resté à
bord, du bénéfice de l'importation en droiture. Indépendamment de la justification
dans la forme ordinaire des circonstances de la navigation, deux conditions spéciales
ont été imposées par cette décision pour l'obtention des avantages qu'elle confère,
savoir : 1° à l'arrivée, les capitaines doivent être porteurs d'un état général de
chargement dûment visé par l'agent consulaire de France au port de départ, et indiquant la nature et la destination de chaque partie de marchandises ; 2° ils doivent produire des certificats des agents consulaires, dans les ports d'escale, constatant qu'il n'a été embarqué dans ces ports aucune marchandise.
    « Par deux autres décisions, l'une du 20 octobre 1846 (circulaire, n° 2131), l'autre
du 7 avril 1848 (circulaire, n° 2239), ces dispositions ont été étendues aux bâtiments venant des colonies et des établissements français d'outre-mer. On a demandé
qu'elles fussent également appliquées aux navires français venant des pays situés
au-delà des îles ou détroits de la Sonde ; et sur mon rapport, de l'avis conforme de
son collègue chargé du département de l'intérieur, du commerce et de l'agriculture, le ministre des finances a, sous la date du 14 juillet dernier, rendu une décision en ce sens.
    « En conséquence, les navires français venant de la zone déterminée par l'ar-
ticle 1er de la loi du 6 mai 1841 sont autorisés à rapporter des marchandises
destinées pour les ports étrangers d'Europe, et à en opérer le débarquement dans
ces ports, sans perdre à l'arrivée en France, pour le surplus de la cargaison resté à
bord, le bénéfice du transport direct ni celui de la réduction du cinquième des droits
d'entrée pour les produits naturels susceptibles de jouir de cette réduction.
    « Cette facilité restant d'ailleurs subordonnée à la condition qu'il ne sera fait
dans les ports d'escale aucune autre opération de commerce que celle de débarquement, les capitaines seront tenus de produire les pièces et certificats indiqués par
la circulaire n° 1962, indépendamment des justifications exigées par les règlements
généraux, quant à l'origine des marchandises.
    « J'invite les directeurs à donner des instructions dans le sens de ces dispositions,
qu'ils porteront à la connaissance du commerce.

                                        « Signé : Th. GRÉTERIN. »

cables, et il a suffi, pour satisfaire au vœu de la loi du 22 juillet 1851, de rassembler dans un seul et même acte, les dispositions éparses dans ces ordonnances. C'est dans ce but que le prince-président a rendu, le 29 décembre dernier, un décret qui ne contient, d'ailleurs, aucune prescription nouvelle, quant à l'intervention des agents consulaires de tout grade, soit pour prévenir les fraudes, soit pour constater les droits à la prime ; je n'en crois pas moins devoir vous transmettre ci-joint, Monsieur, un exemplaire de cet acte qui devra être déposé dans les archives de votre poste (1).

Je profite de cette occasion pour appeler votre attention sur un point essentiel. Aux termes de l'article 18 dudit décret, qui ne fait que reproduire les dispositions de l'article 14 de l'ordonnance du 26 avril 1833, les intéressés doivent fournir, entre autres pièces, pour la liquidation de la prime en France, lorsqu'il s'agit de morues directement expédiées à l'étranger, soit des lieux de pêche, soit de France, l'*original* du certificat de chargement ou du certificat de la douane française au départ. Or, il arrive que dans quelques ports étrangers, notamment en Espagne, les agents de la douane retiennent cette pièce. Dans ce cas, le département de l'intérieur, de l'agriculture et du commerce, chargé de la liquidation des primes, consent ordinairement à considérer le défaut de certificat original comme résultant d'une circonstance de force majeure et se contente *d'une copie dudit certificat délivrée et dûment certifiée par les Consuls ou agents consulaires du lieu où s'opère l'importation.* Mais comme ce certificat doit être libellé dans la forme prescrite par notre législation, il importe que la copie qu'en délivrent les Consuls soit la reproduction parfaitement exacte de l'original. Cette nécessité n'ayant pas toujours été suffisamment comprise par quelques uns de nos Consuls, M. le Ministre de l'intérieur, de l'agriculture et du commerce a rappelé l'importance que son département attache à une conformité rigoureuse entre la pièce originale et la copie. Il me suffira, je n'en doute pas, Monsieur, de vous avoir donné ces explications pour que vous veilliez à ce que, dans l'occasion, cette condition soit scrupuleusement observée dans votre résidence, ce qui sera, d'ailleurs, facile puisqu'il ne s'agit que de reproduire littéralement les modèles annexés aux documents que j'ai l'honneur de vous transmettre ci-joint.

Signé : DROUYN DE LHUYS.

_____

(1) V. cet acte ci-dessus, page 311.

N° 82.

Circulaire de la marine du 16 décembre 1832 sur l'interdiction aux personnes de tout grade, appartenant à la marine, de faire quelque publication que ce soit, sans l'autorisation du ministre (1).

Messieurs, différents journaux de Paris et des départements publient souvent, sur les mouvements du personnel et du matériel de la marine, sur l'état des constructions, sur les armements, désarmements, missions et opérations des bâtiments de l'Etat, des renseignements qui, j'ai tout lieu de le supposer en raison de leur nature et de leur précision, sont fournis par des personnes appartenant au service de la marine.

---

(1) Les prescriptions réglementaires que rappelle cette circulaire sont également imposées aux Agents du département des affaires étrangères ; elles découlent pour ceux-ci de l'arrêté du Directoire exécutif, du 18 octobre 1798, dont nous ne croyons pas inutile de reproduire ici le texte.

Arrêté *du directoire exécutif en date du 18 octobre 1798 (26 vendémiaire an vii) sur la responsabilité des agents du service extérieur en ce qui concerne la publicité donnée à leur correspondance.*

Le directoire exécutif, considérant que l'article 329 de la Constitution l'a investi du pouvoir de maintenir les intérêts extérieurs de la république, et que les agents qu'il choisit pour le représenter au dehors, sont spécialement chargés du soin de veiller à tout ce qui pourrait porter atteinte à ces intérêts, et de lui transmettre le résultat de leurs opérations ; considérant que les agents extérieurs de la République sont les organes des intentions du gouvernement, et les instruments de sa surveillance ;

Considérant, que ces agents, en communiquant dans des correspondances privées, leurs observations, leurs opinions, leurs conjectures, et les faits même qui seraient à leur connaissance, pourraient, à leur insu, contrarier ses mesures ; que ces révélations, en éveillant la malveillance et la jalousie, les aideraient à pénétrer ses desseins, ou les exposeraient à être mal interprétés ;

Considérant que la publicité qui pourrait résulter de ces communications, mettrait à découvert le caractère personnel, les penchants et les vues des agents de la République ; qu'en jetant un jour souvent faux et toujours dangereux sur les ordres dont ils sont chargés, elle pourrait préparer des entraves à leur exécution, et nuirait à la dignité de la représentation nationale, en éloignant d'elle cette sorte de considération qu'on n'accorde jamais qu'à la prudence ;

Considérant que, si ces publications n'étaient pas le résultat simple de l'irréflexion, elles pourraient avoir pour objet de proclamer des opinions dans telle ou telle circonstance et à telle époque donnée, ou celui de faire passer des opinions individuelles pour des maximes de gouvernement ; que devenant ainsi, à quelques égards, un appel à l'attention publique, elles ne feraient que servir des ambitions privées ou des intérêts de parti, et seraient toujours une offense à la sagesse ou à l'impartialité du gouvernement ;

Considérant enfin que la surveillance du gouvernement, étant générale, ne laisse qu'à lui la faculté d'apprécier l'importance des faits isolés qui lui sont transmis, et que pouvant seul apprécier les rapports qui lient ces faits

Indépendamment de ce fait, des officiers, fonctionnaires ou agents des divers corps de la marine paraissent se croire libres de livrer à la publicité, par la voie des journaux, revues, livres, etc., des relations de leurs campagnes, d'opérations militaires ou des missions officielles, enfin des controverses et des appréciations approbatives ou critiques sur les matières de leur service ou sur des projets d'organisation attribués ou conseillés par leurs auteurs au département dont ils relèvent.

Dans le premier comme dans le second cas, une semblable manière d'agir n'est pas moins contraire à la réserve et à la discrétion impérieusement commandées à ceux qui ont l'honneur de servir l'Etat, qu'aux règles élémentaires de la hiérarchie et de la discipline.

Je vous invite à interdire formellement à l'avenir toute publication de faits, d'observations, d'éloges, de critiques, de documents relatifs au service, de la part de toute personne appartenant à la marine, quel que soit son grade, et à quelque titre que ce soit, à moins qu'elle n'en ait préalablement obtenu mon autorisation.

Recevez, etc.   Signé, Th. Ducos.

N° 83.

Décret du 3 janvier 1853, sur l'organisation des bureaux du Ministère des affaires étrangères (1).

Napoléon, etc., etc.

Sur le rapport de notre Ministre des affaires étrangères,

Vu l'ordonnance royale en date du 13 août 1844 (2);

Vu le décret du 19 juin 1852;

Avons décrété et décrétons ce qui suit :

Art. 1er : L'administration centrale du Ministère des affaires étrangères est organisée ainsi qu'il suit :

Le cabinet du Ministre et le secrétariat;

La direction des affaires politiques et du contentieux

La direction des affaires commerciales et des consulats;

La direction des archives et chancellerie;

La direction des fonds et de la comptabilité.

2. Le cabinet du Ministre est chargé de la réception des dépêches, de

à la grande chaine des événements politiques, il peut seul juger des dangers ou des avantages de leur publicité;

Arrête ce qui suit :

Art. 1er. Les agents extérieurs de la République seront responsables de la publicité de tout article imprimé qui pourrait être rédigé d'après leur correspondance privée sur des objets politiques.

2. Le présent arrêté sera imprimé dans le bulletin des lois, et le ministre des relations extérieures est chargé de son exécution.

(1) V. ci-contre, n° 84, l'arrêté ministériel du 18 janvier 1853.
(2) V. ci-dessus, page 181.

la correspondance personnelle du Ministre, de la centralisation des états, notes et registres relatifs au personnel, des audiences et des travaux qui lui sont délégués par le Ministre.

Il comprend : 1° le bureau du protocole; 2° le bureau du chiffre; 3° le bureau du départ et de l'arrivée de la correspondance et du courrier; 4° le bureau de statistique; 5° le bureau des traducteurs.

3. Toutes les dispositions de l'ordonnance du 13 août 1844, sont maintenues en tant qu'il n'y est pas dérogé par le présent décret.

4. Le secrétariat général est et demeure supprimé.

5. Notre Ministre secrétaire d'État au département des affaires étrangères est chargé de l'exécution du présent décret.

N° 84.

Arrêté ministériel du 18 janvier 1853 sur l'organisation des bureaux du département des affaires étrangères.

Le Ministre secrétaire d'État au Département des affaires étrangères,
Vu l'ordonnance royale en date du 13 août 1844 (1),
Vu le décret de l'Empereur en date du 3 janvier 1853 (2),
Arrête :

La direction politique (3), se compose de quatre sous-directions, dont les attributions respectives, sont déterminées et réglées comme il suit :

1° La sous-direction du Nord est chargée de la correspondance et des travaux concernant la Grande-Bretagne, la Russie, la Prusse, l'Autriche, les divers États Allemands, la Belgique, les Pays-Bas, la Suède et le Danemark.

2° La sous-direction du Midi et de l'Amérique est chargée de la correspondance et des travaux concernant l'Espagne, le Portugal, les États Italiens, la Suisse et les États de l'Amérique du Nord et du Sud.

3° La sous-direction du Levant est chargée de la correspondance et des travaux concernant l'Empire Ottoman, la Grèce, les Régences Barbaresques, le Maroc, la Perse, les Indes Orientales, la Chine et les pays d'Afrique.

4° La sous-direction du Contentieux traite les affaires contentieuses qui doivent être appréciées d'après les dispositions des actes diplomatiques et celles qui résultent des réclamations des Français contre les Gouvernements étrangers et les réclamations des étrangers contre le gouvernement Français. Les conventions postales et les traités d'extradition rentrent dans ses attributions, ainsi que les affaires qui en dépendent.

Signé : DROUYN DE LHUYS.

(1) V. ci-dessus, p. 181.
(2) Id., id., p. 177.
(3) Id., id., p. 181 et 182, les explications sur la subdivision du service dans les trois autres directions du Ministère des Affaires étrangères.

N° 85.

Circulaire de la marine du 28 janvier 1853, sur les feux de position à bord des bâtiments à vapeur et à voiles.

Messieurs, un décret du 17 août 1852, (1) rendu sur mon rapport a déterminé, en vue de prévenir, autant que possible, les abordages des navires entre eux, les feux que les bâtiments à vapeur et à voiles de l'État sont tenus de porter, depuis le coucher du soleil jusqu'à son lever.

Déjà un certain nombre de navires à vapeur du commerce se sont pourvus d'appareils satisfaisants aux conditions fixées par l'article 2 du décret; mais il importe que des prescriptions édictées dans un but d'humanité et d'intérêt général reçoivent partout, sans plus de retard, leur stricte exécution, aussi bien en ce qui concerne les bâtiments à voiles, qu'en ce qui touche les navires à vapeur.

En conséquence, les experts préposés à la visite des navires du commerce, devront dorénavant mentionner dans leurs certificats si les bâtiments visités sont pourvus de fanaux établis de manière à remplir les obligations imposées par le décret du 17 août 1852, et l'autorité maritime ne procèdera à l'expédition du rôle d'équipage qu'autant que les certificats dont il s'agit contiendront à cet égard, une déclaration affirmative.

Afin, d'ailleurs, de mettre les experts visiteurs en mesure d'apprécier si les appareils qui leur seront présentés satisfont aux conditions requises, j'ai accueilli la proposition que m'ont soumise MM. Sautter et Cie, constructeurs de phares lenticulaires, domiciliés à Paris, avenue Montagne, n° 27, fournisseurs de fanaux destinés à l'éclairage des bâtiments de la marine impériale, de déposer dans les principaux ports de commerce, entre les mains de ces experts, des fanaux types, soit pour les navires à vapeur, soit pour les navires à voiles.

Je n'ai sans doute pas besoin d'ajouter qu'il ne saurait être question en aucune manière d'obliger ou même d'inciter, les armateurs et les capitaines des bâtiments de commerce à se pourvoir chez MM. Sautter, plutôt que chez tout autre fabricant, des feux prescrits par le décret du 17 août 1852. Il s'agit uniquement, je le répète de donner aux experts visiteurs les moyens de s'assurer que les fanaux soumis à leur examen ne sont pas inférieurs au type admis comme satisfaisant à l'importante et nouvelle obligation imposée à la navigation marchande.

Je vous invite à notifier immédiatement ces dispositions aux chambres et tribunaux de commerce, armateurs et capitaines de votre circonscription maritime.

Recevez, etc.   Signé, TH. DUCOS.

---

(1) V. le texte de ce décret ci-dessus, p. 372.

N° 86.

Circulaire des affaires étrangères du 5 mai 1853, sur la comptabilité des agences consulaires, et sur la forme des certificats de change.

Monsieur, mon département a eu plusieurs fois déjà l'occasion de rappeler aux consuls les dispositions des règlements qui imposent aux agents consulaires et vice-consuls l'obligation de rendre compte des recettes effectuées par eux dans l'exercice de leurs fonctions.

La circulaire du 30 avril 1851 (1), renferme notamment sur ce point les instructions les plus précises.

Cependant un grand nombre d'agents ne se conforment pas à ces prescriptions, et par suite de cette négligence, le Département des affaires étrangères se trouve dans l'impossibilité de contrôler leurs actes.

Il est urgent de prendre des mesures sévères pour mettre un terme à cet abus.

Je vous renouvelle donc, Monsieur, de la manière la plus formelle, l'invitation d'enjoindre à tous les agents consulaires ou vice-consuls placés sous votre direction, rétribués ou non, de vous adresser exactement, à la fin de chaque mois, un relevé certifié par eux de leur registre de perception ainsi qu'une déclaration de retenue conformément à ce qui est établi par l'art. 15 de l'ordonnance du 23 août 1833. Ceux qui sont spécialement autorisés à recevoir des dépôts devront joindre à cet envoi des états de dépôts réguliers et dressés dans la forme prescrite par l'art. 9 de l'ordonnance du 24 octobre 1833. De votre côté vous voudrez bien, aussitôt leur réception, soumettre ces documents à une révision scrupuleuse et aux termes de l'art. 16 de l'ordonnance du 23 août 1833, faire dresser dans votre chancellerie un état récapitulatif des recettes et dépenses effectuées dans toutes les agences, dépendantes de votre consulat, pendant le trimestre précédent (2). Cet état certifié par vous et accompagné des déclarations de retenue des agents doit m'être envoyé avec la comptabilité de votre Chancellerie. Vous aurez en outre, à vous assurer : 1° que ces agents n'ont opéré que des perceptions conformes à la lettre du tarif ; 2° qu'ils n'ont fait que des actes de leur compétence ; et 3° que la situation des dépôts dont ils sont chargés ne laisse rien à désirer. Ceux qui ne font aucune recette devront vous envoyer des états pour *néant*. Il importe en un mot, Monsieur, que vous exerciez sur cette partie du service la plus rigoureuse surveillance. Vous me signalerez immédiatement toute contravention à ces règles, et dès à présent je vous invite à déclarer à vos agents que ceux d'entre eux qui, trois mois après l'expiration du terme auquel ils sont tenus de vous transmettre les pièces dont il s'agit, n'auraient point satisfait à

---

(1) V. ci-dessus, p. 288.
(2) V. le modèle de cet état au tome I du Formulaire, n° 34, p. 54.

cette obligation, seront, sur l'avis que vous m'en donnerez, considérés comme démissionnaires.

Il est une disposition des règlements relatifs au service des Chancelleries que l'on applique généralement d'une manière inexacte.

Je veux parler des formalités à observer pour la conversion des monnaies étrangères en monnaies françaises. Le mode qui doit être suivi dans cette matière est indiqué par l'instruction du 9 novembre 1842 (1). Le Consul, aux termes de cette instruction, est tenu de prendre au commencement de chaque trimestre, un arrêté déterminant le taux du change d'après les cours moyens officiels du trimestre précédent. Une expédition de cet arrêté doit être constamment affichée en Chancellerie et le taux de la conversion mentionné sur l'état de comptabilité du trimestre dont il aura réglé les perceptions aussi bien que les dépenses. Quant au certificat du cours du change dont les instructions ministérielles prescrivent l'envoi à la fin de chaque année, il devra être désormais rédigé d'après le modèle ci-annexé (2). Cette pièce, que quelques consuls s'abstiennent encore d'envoyer, est indispensable et forme un des éléments importants du contrôle que la Cour des comptes exerce sur la comptabilité des Chancelleries.

Pour les postes qui ont reçu de mon Département l'autorisation d'adopter un taux uniforme et invariable, il suffira, que le Consul transmette à la fin de chaque année une déclaration constatant que les perceptions ont été faites d'après ce taux pendant tout le cours de l'exercice (3).

Recevez, etc.   Signé, DROUYN DE LHUYS.

N° 87.

Circulaire des Affaires Étrangères du 17 mai 1853 sur les dépôts de Chancellerie.

Monsieur, l'ordonnance du 24 octobre 1833 (4), relative aux dépôts effectués dans les Chancelleries consulaires, reçoit son application dans le plus grand nombre des Consulats; mais ayant eu à constater dans ces derniers temps des irrégularités graves commises par quelques agents, il m'a paru nécessaire de prendre des mesures pour en prévenir le retour.

Je crois devoir d'abord vous rappeler les principales dispositions de cette ordonnance.

Conformément à l'article 4, un lieu de la maison consulaire fermant

----

(1) V. ci dessus, p. 178.
(2) V. tome I du Formulaire, n° 26 bis, p. 449.
(3) V. tome I du Formulaire, n° 26 ter, p. 450.
(4) V. le texte de cette ordonnance ci-dessus, p. 56.

à deux clefs différentes, dont l'une demeure entre les mains du Consul, et l'autre entre celles du Chancelier, sera spécialement affecté à la garde des marchandises ou effets déposés. L'article 5 porte que les valeurs en dépôt seront renfermées dans une caisse fermant également à deux clefs différentes. Je ne doute pas, Monsieur, que vous ne vous conformiez avec soin à ces prescriptions nécessaires, non-seulement dans l'intérêt des déposants, mais encore au point de vue de votre responsabilité qui, s'il en était autrement, serait gravement compromise.

D'après l'article 7 de la même ordonnance, vous devez, lorsque les intéressés se trouvent en France, et qu'il n'existe aucune opposition entre vos mains, transmettre immédiatement à la caisse des dépôts et consignations à Paris, par l'intermédiaire de mon département, la valeur des dépôts opérés d'office dans votre Chancellerie. Par des motifs que je ne saurais m'expliquer, quelques agents ont gardé dans la caisse de leur Chancellerie des dépôts de cette nature. D'autres ont même cru devoir appliquer ces valeurs soit à des soldes de traitements, soit à des remboursements de dépenses faites pour le compte de l'État. Cette manière de procéder est contraire à tous les principes. Les dépôts ne doivent recevoir d'autres destinations que celles résultant de la volonté du déposant, et des prescriptions de l'ordonnance du 24 octobre 1833. En conséquence, Monsieur, je vous engage à ne rien négliger pour opérer la transmission immédiate à mon département des dépôts opérés d'office en vertu de l'article 7 précité.

L'art 9 prescrit aux agents d'envoyer tous les trois mois, en double expédition, un état des dépôts existant dans leur Chancellerie. Cette obligation est généralement remplie; mais son but, qui est la constatation officielle des dépôts, affirmée par les signatures du Consul et du Chancelier, n'a pas toujours été atteint. Des exemples récents et fâcheux ne l'ont que trop attesté. Comme il importe, au plus haut degré, d'en empêcher le renouvellement, vous voudrez bien, toutes les fois qu'un dépôt sera effectué dans votre Chancellerie, m'en donner immédiatement avis, sous le timbre de la *Direction des Archives, bureau de la Chancellerie*, et me transmettre, en même temps, une expédition de l'acte de dépôt que vous devez dresser, d'après l'article 3 de l'ordonnance sus relatée.

Je vous invite, Monsieur, à tenir d'autant plus rigoureusement la main à l'exécution de ces prescriptions dans votre Chancellerie, qu'il me serait impossible de ne pas rendre tout agent responsable de la moindre négligence qu'il pourrait apporter dans cette partie délicate du service.

Eu dehors des modifications que je viens d'indiquer, il n'est rien changé, d'ailleurs, aux dispositions des diverses circulaires de mon département concernant les dépôts, notamment à celle du 1er janvier 1837. Je vous recommande de communiquer la présente circulaire aux agents vice-Consuls placés sous vos ordres et autorisés à recevoir des dépôts, de la faire enregistrer dans votre Chancellerie et de m'en accuser réception.

Recevez, etc.   Signé : DROUYN DE LHUYS.

BIBLIOGRAPHIE

DIPLOMATIQUE ET CONSULAIRE.

SOMMAIRE.

BIBLIOGRAPHIE

DIPLOMATIQUE ET CONSULAIRE (1).

CHAPITRE PREMIER.

HISTOIRE DU DROIT DES GENS.

BURLAMAQUI. — Préface de sa traduction du Droit de la nature et des gens, de Puffendorf. *Amsterdam*, 1706 (réimprimé plusieurs fois depuis lors).

HUBNER. — Essai sur l'histoire du droit naturel. *Londres*, 1758, 2 vol. in-8.

POELITZ. — Comment. de mutationibus quos systema juris naturæ ac gentium, a Grotii temporibus huc usque expertum fuerit. *Vitemb.*, 1805, in-4.

WARD. — Inquiry into the foundation and history of the law of nations. *Londres*, 1795, 2 vol. in-8.

WHEATON (HY). — Histoire des progrès du droit des gens en Europe et en Amérique. 2e édition, *Leipzig*, 1846, 2 vol. in-8.

CHAPITRE II.

SOURCES DU DROIT DES GENS. — TRAITÉS. — RECUEILS GÉNÉRAUX ET SPÉCIAUX.

CASTILLO. — Tratados, convenios y declaraciones de paz y de commercio que han hecho con las potencias estranjeras los monarcas españoles de la casa de Borbon, desde 1700 hasta el dia. *Madrid*, 1843, in-8.

DUMONT. — Corps universel diplomatique (800 à 1738). 9 vol. in-folio.

---

(1) Nous indiquons à ceux de nos lecteurs qui désireraient une bibliographie plus complète les ouvrages suivants :

BRUNET. — Manuel du libraire et de l'amateur de livres.

ENSCH. — Litteratur der Jurisprudenz und Politik; nouvelle édition par Koppe. *Leipzig*, 1825. Un vol. in-8.

KLUEBER. — Bibliothèque du droit des gens, à la suite du second volume de son Traité du droit des gens. *Paris*, 1831.

MARTENS (Baron Charles). — Guide diplomatique. *Paris*, 1850, in-8.

Enfin les Catalogues des livres d'Histoire, de Commerce, de Géographie et de Voyages des librairies Amyot, Guillaumin et Arthus Bertrand.

D'Hauterive et de Cussy. — Recueil des traités de commerce et de navigation de la France avec les puissances étrangères, depuis la paix de Westphalie en 1648, suivi du recueil des principaux traités de même nature, conclus par les puissances étrangères entre elles depuis cette époque. *Paris*, 1833 et suiv., 10 vol. in-8.

Herstlet. — A complete collection of the treaties, conventions and reciprocal regulations at present subsisting, between Great-Britain and foreign powers. *Londres*, 1827 et suiv., 8 vol. in-8.

Martens (baron) et Cussy. — Recueil manuel et pratique de traités, conventions et autres actes diplomatiques, depuis l'année 1760 jusqu'à l'époque actuelle. *Leipzig*, 1846-49, 5 vol. in-8.

Martens et Murhard. — Recueil des traités, conventions, etc., etc. (1751 à 1851). *Stuttgardt*, 44 vol. in-8.

Portiez. — Code diplomatique de la république française. *Paris*, 1802, 2 vol in-8.

Schœll. — Actes du Congrès de Vienne. 6 vol. in-8.

Vega (Garcia de la). Recueil des traités et conventions du royaume de Belgique. *Bruxelles*, 1850, 1 vol. in-8. Supplément, 1851, in-8.

Wenck. — Codex juris gentium (1735 à 1772). *Leipzig*, 1795, 3 vol. in-8.

CHAPITRE III.

HISTOIRE ET INTERPRÉTATION DES TRAITÉS PUBLICS.

Arnould. — Résultats des guerres, négociations et traités qui ont précédé et suivi la coalition contre la France, pour servir de supplément à Mably. *Paris*, 1807, in-8.

Barbeyrac. — Histoire des anciens traités, depuis 1496 avant Jésus-Christ, jusqu'en 813 après Jésus-Christ. *Amsterdam*, 1739, in-folio. (Cet ouvrage forme aussi le tome 1er du supplément au *Corps universel diplomatique*, de Dumont).

Bouchaud. — Théorie des traités de commerce entre les nations. *Paris*, 1777, in 8.

Bougeant. — Histoire du traité de Westphalie. 6 vol. in-12.

Flassan. — Histoire de la diplomatie française jusqu'en 1792, *Paris*, 1809, 7 vol. in-8.

Flassan. — Histoire du Congrès de Vienne. *Paris*, 1829, 3 vol. in-8.

Garden. — Histoire générale des traités de paix, de 1648 à 1850. *Paris*, 20 vol. in-8 (en cours de publication).

Koch et Schœll. — Abrégé de l'histoire des traités (1648 à 1815). *Paris*, 15 vol. in-8.

Kluber. — Acten des Wiener Congresses. *Erlangen*, 1815-1819. 1 vol. grand in-8.

MABLY. — Droit public de l'Europe, fondé sur les traités, avec supplément de Rousset. *Amsterdam*, 1773, 3 vol. in-8.

MARTENS. — Cours diplomatique. *Berlin*, 1801, 3 vol. in-8.

SAINT-PRIEST (J. YVES DE). — Histoire des traités de paix, depuis la paix de Vervins jusqu'à la paix de Nimègue, et depuis celle-ci jusqu'à la paix de 1693. *Amsterdam*, 1735, tome I et II, in-folio (tome XIV du *Corps diplomatique universel*, de Dumont).

CHAPITRE IV.

DROIT DES GENS.

§ 1. — Ouvrages élémentaires et systématiques.

BELLO (ANDRÉ). — Principios de derecho de gentes. *Santiago de Chili* et *Paris*, 1840, in-8.

BURGE. — Commentaries on colonial and foreign laws genera lly, and in their conflict with each other and with the law of England. *Londres*, 1838, 4 vol. in-8.

BURLAMAQUI. — Principes du droit de la nature et des gens, édition publiée par M. de Felice. *Paris*, 1820-21, 5 vol. in-8.

Elementos de derecho publico de la paz y de la guerra, illustrados con noticias historicas, leyes y doctrinas del derecho español. *Madrid*, 1793, 2 vol. in-8.

FELICE. — Leçons du droit de la nature et des gens. *Paris*, 1830, 2 vol. in-8.

GARDEN. — Traité de diplomatie. *Paris*, 1833, 3 vol. in-8.

GROTIUS (HUGO). De jure belli ac pacis. *Paris*, 1625, in-4. (Le droit de la guerre et de la paix, traduit en français par Courtin, *Paris*, 1687 ; par J. Barbeyrac, *Paris*, 1724. Souvent réimprimé et traduit dans toutes les langues.)

GUNTHER. — Vœlckerrecht. *Altenbourg*, 1787 et 1792, 2 vol. in-8.

KLUBER. — Droit des gens moderne de l'Europe. *Paris*, 1831, 2 vol. in-8.

MACKINTOSH. — Discourse on the study of the law of nature and nations. *Londres*, 1799, in-8 ; traduit par Royer Collard. (Introduction à l'édition de Vattel, par Hoffmans).

MAILLARDIÈRE (DE LA). — Précis du droit des gens. *Paris*, 1783, 2 vol. in-12.

MARTENS. — Principes du droit des gens moderne de l'Europe, édition annotée par M. S. Pinheiro-Ferreira. *Paris*, 1831, 2 vol. in-8.

PUFFENDORFF (SAM.). — De jure naturæ et gentium libri VIII, *Londini*,

1672. (Le Droit de la nature et des gens, traduit en français par J. Barbeyrac, *Amsterdam*, 1706. Il en existe de nombreuses éditions ; la dernière est celle de *Londres*, 1790, 3 vol. in-4.)

RAYNEVAL (GÉRARD DE). — Institutions du droit de la nature et des gens. *Paris*, 1803, in-8 ; 2e édition, 1832, 2 vol. in-8.

SCHMALZ. — Das Europaïsche Vœlkerrecht. *Berlin*, 1817, in-8. (Le droit des gens européen, traduit en français, par le comte Léopold de Bohm. *Paris*, 1823, in-8.)

SCHMELZING. — Systematischer Grundriss des europaïschen Vœlkerrechts, Rudolstadt, 1818, in-8.

VATTEL. — Le Droit des gens, ou Principes de la loi naturelle, nouvelle édition, publiée par M. de Hoffmanns. Notes et table générale de l'ouvrage, par M. S. Pinheiro-Ferreira. *Paris*, 1835-38, 2 vol. in-8.

WHEATON. — Éléments du droit international public , édition française. *L-i zig* et *Paris*, 1848, 2 vol. in-8.

WOLF (CHRIST.). — Institutiones juris naturæ et gentium. *Hal*, 1750, in-8. Le même, traduit par Formey, 3 vol. in-8 (abrégé du grand ouvrage de Wolf, en 8 vol. in-4.)

§ 2. — Ouvrages séparés sur les matières principales du droit des gens. — Monographies et dissertations.

APPELES (D'). — Cours de style diplomatique, rédigé d'après les cahiers de M. d'Appeles, par H. Meisel, *Dresde*, 1824, et *Paris*, 1826, 2 vol. in-8.

CALLIÈRES. — De la manière de négocier avec les souverains. *Amsterdam*, 1716, 1 vol. in-8 ; *Londres (Paris)*, 1750, 2 vol. in-12.

CHITTY. — Treatise on the law of nations and on the trade of neutrals. *Londres*, 1812, in-8.

CUSSY. — Dictionnaire du diplomate et du consul. *Leipzig* , 1846, in-12.

GARCIA DE LA VEGA. — Guide pratique des agents politiques du ministère des affaires étrangères. *Bruxelles*, 1852, 1 vol. in 8.

HAUTERIVE (D'). — Conseils à un élève du ministère des relations extérieures. — Conseils à des surnuméraires. — Conseils à un jeune voyageur *Paris*, 1811, 1825 et 1826, in-8.

HOFFMANS. — Conseils à jeunes diplomates. *Paris*, 1841, in-8.

KAUTER. — Dissertatio de juribus peregrinorum in Belgio. *Leyde*, 1828, in-8.

LA SARRAZ DU FRANQUESNAY. — Le Ministre public dans les cours étrangères, ses fonctions et ses prérogatives. *Amsterdam*, 1742, in-12.

MARTENS (Baron CH.). — Guide diplomatique , ou Traité des droits, des immunités et des devoirs des ministres publics, des agents diplomatiques et consulaires dans toute l'étendue de leurs fonctions, nouvelle édition , revue par Hoffmans. *Paris*, 2 vol. en 3 t., in-8.

MARTENS. — Causes célèbres du droit des gens. *Paris*, 1827 et 1843, 2 vol. in-8.

PECQUET. — Discours sur l'art de négocier. *Paris*, 1763, in-8.

ULICH. — Les droits des ambassadeurs et autres ministres publics. *Leipzig*, 1731, in-4.

UNTERHANDLUNGSKUNST. — Die politische. *Leipzig*, 1811, in-8.

VERA Y CUNIGA. — Le parfait Ambassadeur, traduit de l'espagnol en français, par Amelot. *Leyde*, 1709, 2 parties in-8.

WIQUEFORT. — L'Ambassadeur et ses fonctions. *Cologne*, 1679, 2 vol. in-4, (l'édition de 1723, comme celle de 1746 (la 5e et dernière), renferme le *Traité du juge compétent des ambassadeurs* de Bynkerschœk, traduit par Barbeyrac et le *Mémoire sur le rang des souverains et de leurs ministres par Rousset*).

WIQUEFORT. — Mémoires touchant les ambassadeurs et les ministres publics (L. M. P.). *Cologne*, 1676, in-12.

§ 3. — Ouvrages spéciaux sur les Consulats.

BOREL. — De l'origine et des fonctions des consuls. *Saint-Pétersbourg*, 1807, in-8 ; 2e édition, *Leipsig*, 1833, in-8.

BURSOTTI. — Guide des agents consulaires. *Naples*, 1838, 2 vol. in-8.

CLERCQ (DE). — Formulaire à l'usage des consulats , suivi d'un appendice contenant le tarif des chancelleries consulaires, et les principales lois et ordonnances relatives aux consulats. *Paris*, Guillaumin et comp., 1848, 1 vol. in-8 ; 2e édition, 1853, 2 vol. in-8.

CLERCQ (DE) et DE VALLAT. — Guide pratique des consulats. *Paris*, Guillaumin et comp., 1851, in-8.

CUSSY. — Règlements consulaires des principaux États maritimes de l'Europe et de l'Amérique. *Leipsig* et *Paris*, 1851, in-8.

FYNN. — British consuls abroad. *Londres*, 1846, in-8.

GREEN. — On the nature and character of the consular service. *Londres*, 1848, in-8.

HENSHAW. — A manual for United States consuls. *New-York*, 1849, in-18.

LAGET DE PODIO. — De la Juridiction des consuls de France à l'étranger. *Paris*, 1826, in-8 ; 2e édition, *Marseille*, 1841, 2 vol. in-8.

LAREYNIE-LABRUYÈRE. — Manuel des commissaires des relations commerciales. *Paris*, 1803, in-8.

LETAMENDI. — Tratado de jurisprudencia diplomatico consular. *Madrid*, 1843, in-8.

MAGNONE. — Manuel des officiers consulaires sardes et étrangers. *Marseille*, 1847, 2 vol. in-8.

MEISSLER. — Ébauche d'un discours sur les consuls. *Hambourg*, 1751, in-4.

MENSCH. — Manuel pratique du consulat. *Leipsig*, 1846, in-8.

MILTITZ. — Manuel des consuls. *Londres* et *Berlin*, 1837, 1842, 2 vol. en 5 t., in-8.

MOREUÏL. — Manuel des agents consulaires français et étrangers. *Paris*, Videcoq, 1850, in-8. |

RIBEIRO DOS SANTOS. — Traité du consulat. *Hambourg*, 1839, 2 vol. in-8.

STECK. — Essai sur les consuls. *Berlin*, 1790, in-8.

TANCOIGNE. — Le Guide des chanceliers. *Paris*, 1847, in-8.

VIVÒ (BUENAVENTURA). — Tratado consular. *Mexico*, 1850, in-8.

WARDEN. — On the origin, nature, progress and influence of consular establishments. *Paris*, 1813, in-8. (Traduit en français par Bernard Barrère, de Morlaix. *Paris*, 1815, in-8.)

§ 4. — Ouvrages spéciaux sur les prises et les neutres.

ABREU (D'). — Traité juridico-politique sur les prises, traduit de l'espagnol par Bonnemain. *Paris*, 1802, 2 vol. in-8.

HAUTEFEUILLE. — Des droits et des devoirs des nations neutres en temps de guerre maritime. *Paris*, 1849, 4 vol. in-8.

HAUTERIVE (D'). — Mémoire sur la neutralité maritime. *Paris*, 1810 et 1812, in-8.

HAY AND MARRIOT. — Report of admiralty's cases. *Londres*, 1801 , un vol. in-8.

HUBNER. — De la saisie des bâtiments neutres. *Londres*, 1778, 2 vol. in-12.

JACOBSEN. — Handbuch des practischen Seerechts der Englænder und Franzosen. *Hambourg*, 1803, 2 vol. in-8.

LAMPREDI. — Du Commerce des neutres en temps de guerre. *Florence*, 1782, 2 vol. in-8. Édition française par Peuchet, *Paris*, 1802, in-8.

LEBEAU. — Nouveau Code des prises. *Paris*, an VIII, 3 vol. in-4.

MARTENS. — Essai concernant les armateurs, les prises, et surtout les reprises. *Gœttingue*, 1795, in-8.

ROBINSON. — Reports of admiralty's cases. *Londres*, 1801 et années suivantes, 7 vol.

TETENS. — Considérations sur les droits réciproques des puissances belligérantes et des puissances neutres sur mer. *Copenhague*, 1805, in-8.

VALIN. — Traité des prises. *La Rochelle*, 1763, 2 vol. in-8.

Voy. aussi chap. VII, droit maritime.

CHAPITRE V.

DROIT INTERNATIONAL PRIVÉ.

FOELIX. — Traité du droit international privé, ou du conflit des lois de différentes nations en matière de droit privé. *Paris*, 1843, in-8.

FOUCHER (VICTOR).— Collection des lois civiles et criminelles des États modernes. *Paris*, 1840 et suiv., 12 vol. in-8.

GASCHON. — Code diplomatique des aubains, ou du droit conventionnel entre la France et les autres puissances, relativement à la capacité réciproque d'acquérir ou de transmettre les biens, meubles ou immeubles, par actes entre-vifs, par disposition de dernière volonté et par succession ab intestat. *Paris*, 1818, in-8.

LEBARON. — Le Code des étrangers en Angleterre. *Paris*, 1849, in-8.

LEGAT. — Code des étrangers, ou traité de la législation française, concernant les étrangers. *Paris*, 1832, in-8.

LOBÉ. — Guide aux droits civils et commerciaux des étrangers en Espagne. *Paris*, 1821, in-8.

MAILHER DE CHASSAT. — Traité des statuts personnels et réels ou du droit international privé. *Paris*, 1846, in-8.

MASSÉ. — Le droit commercial dans ses rapports avec le droit des gens et le droit civil. *Paris*, Guillaumin, 1846, 6 vol. in-8.

OCKEY. — A concise digest of the laws, usage and custom affecting the civil and commercial intercourse of subjects of Great-Britain and France. *Paris*, 1842, in-8.

SAINT-JOSEPH. — Concordance entre les codes civils étrangers et le code Napoléon. *Paris*, Hingray, 1845, in-4.

— Concordance entre les codes de commerce étrangers et le code de commerce français ; nouv. édit. *Paris*, 1851, in-4.

— Manuel des droits de l'étranger en Angleterre. *Paris*, 1852, in-12.

SALINAS. — Manuel des droits civils et commerciaux des français en Espagne et des étrangers en général. *Paris*, 1830, in-8.

STORY. — Commentaries on the conflict of laws, foreign and domestic, in regard to contracts, rights and remedies, and especially in regard to marriages, divorces, wills, successions and judgments. 2e édit. *Boston*, 1841, in-8.

CHAPITRE VI.

DROIT PUBLIC.

§ 1. — Droit public général.

EGGER. — Das natürliche œffentliche Recht, d'après Martini. *Vienne*, 1809, in-8.

MACHIAVEL. — Le livre du Prince, traduit par Artaud, *Paris*, 1835, in-8.

ROUSSEAU. — Contrat social, in-12.

§ 2. — Droit public français.

a) Constitutionnel.

ORTOLAN. — Cours public d'histoire du droit politique et constitutionnel. 1836, in-8.

ROSSI. — Cours de droit constitutionnel. *Paris*, 1839, 2 vol. in-8.

VALLETTE. — Mécanisme des grands pouvoirs de l'État, suivi des textes réglementaires et législatifs. 2e édition. *Paris*, 1853, in-8.

b) Administratif.

CORMENIN. — Questions de droit administratif. *Paris*, 1826, 2 vol. in-8.

DOUANES. — (Voy. chapitre XI, § 3.)

GÉRANDO. — Cours de droit administratif. *Paris*, 1832, in-8.

MACAREL et BOULATIGNIER. — Droit administratif. *Paris*, 18 , in-8.

PRISES. — (Voy. chapitre IV, § 4.)

RECUEIL général des arrêts du conseil d'État.

VIVIEN. — Études administratives. *Paris*, 1853, 2 vol. gr. in-18.

§ 3. — Droit public étranger.

BLACKSTONE. — Commentaire sur les lois anglaises, traduit par Chompré. *Paris*, 1823, 6 vol. in-8.

BRUMQUELL. — Staatsrecht des teutschen Bundes. *Erfurt*, in-8.

CAMPENHAUSEN. — Elemente des Russischen, Staatsrecht. *Leipsig*, 1792, in-8.

DELOLME. — Constitution d'Angleterre. *Paris*, 1822, 2 vol. in-8.

DUFAU, GUADET et DUVERGIER. — Recueil des constitutions, chartes et lois fondamentales des peuples de l'Europe et des deux Amériques. *Paris*, 1828, 7 vol. in-8.

GORDON.— Digest of the laws of the United States. *Philadelphie*, 1827, in-8.

JEFFERSON. — Manuel de droit parlementaire ou précis des règles suivies dans le parlement d'Angleterre et dans le congrès des États-Unis.

KLUBER. — OEffentliches Recht des Deutschen Bundes. *Francfort*, 1817, 3 vol. in-8.

KLUBER. — Staatsrecht des Rheinbundes. *Tubingen*, 1808, 2 vol. in-8.

MARINA. — Théorie des Cortes espagnoles. *Paris*, 1822, 2 vol. in-8.

MARTENS (G. F. von.) — Sammlung der wichtigsten Reichsgrundgesetze (1 vol. in-8, contenant les lois constitutionnelles du Danemark, de la Suède et de la Grande-Bretagne). *Gœttingue*, 1794.

MOZAMBANO. — De statu Imperii Germanici. *Genève*, 1667, in-32.

MOZER.—Erste Grundlehren des Deutschen Staatsrechts. *Ulm*, 1776, in-8.

SARTORI. — Reichsvicariatisches Staatsrecht. *Augsbourg*, 1794, in-8.

WANOSTROCHT. — Tableau de la constitution, etc., de la Grande-Bretagne. *Paris*, 1824, in-8.

CHAPITRE VII.

DROIT MARITIME.

§ 1. — Droit maritime public.

(Voyez chap. IV, § 4.)

AZUNI. — Droit maritime de l'Europe. *Paris*, 1805, 2 vol. in-8.

AZUNI. — Origine et progrès du droit maritime. 1810, in-8.

BALDASSERONI.—Dictionnaire raisonné de jurisprudence maritime. *Livourne*, 1811, 4 vol. in-4.

JOUFFROI. — Droit des gens maritime, universel. *Berlin*, 1806, in-8.

LUCHESI PALLI.—Principes du droit public maritime, traduit par J. Armand de Galiani. *Paris*, 1842, in-8.

ORTOLAN. — Règles internationales du droit de la mer. *Paris*, 1845, 2 vol. in-8.

RAYNEVAL (GÉRARD DE). — De la liberté des mers. *Paris*, 1811, 2 vol. in-8.

SELDEN. — Mare clausum. *Londres*, 1636. 1 vol. in-12.

§ 2. — Droit maritime privé et administratif français.

BEAUSSANT.— Code maritime, ou lois de la marine marchande. *Paris*, 1840, 2 vol. in-8.

BOUCHER. — Institutions au droit maritime. *Paris*, 1803, in-4.

LEBEAU (SYLVAIN).—Code des bris, naufrages et échouements. *Paris*, 1844, in-8.

PARDESSUS. — Collection des lois maritimes antérieures au XVIIIe siècle. *Paris*, 1828 à 1845, 6 vol. in-4.

VALIN. — Commentaire sur l'ordonnance de la marine du mois d'août 1681. *La Rochelle*, 1760, 2 vol. in-4.

CHAPITRE VIII.

DROIT COMMERCIAL.

ALAUZET. — Traité général des assurances. *Paris*, 1845, 2 vol. in-8.

BRAVARD. — Manuel de droit commercial. *Paris*, 1846, in-8.

DUBERNAD. — Traité des principes d'indemnité en matière d'assurances maritimes. 2 vol. in-8.

DUJEUX. — Lois et règlements sur les brevets d'invention en différents pays. 1 vol. gr. in-8.

GASSE. — Manuel des juges de commerce. *Paris*, 1845, 6e édit., in-8.

GASTAMBIDE (ADRIEN). — Traité théorique et pratique des contrefaçons. 1 vol. in-8.

GOUJET et MERGER. — Dictionnaire de droit commercial. *Paris*, 1852, 2e édit., 4 vol. in-8.

LABORDE. — Traité des avaries particulières sur marchandise. 1 vol. in-8.

LAFOND (GABRIEL). — Guide de l'assureur et de l'assuré en matière d'assurances maritimes, 1 vol. in-8.

LEMONNIER. — Commentaire sur les principales polices d'assurances usitées en France. *Paris*, 1843, 2 vol. in-8.

PARDESSUS.— Cours de droit commercial. *Paris*, 1852, 6e édit., 6 vol. in-8.

RENOUARD (CH.). — Traité des faillites et banqueroutes. 2e édit., 2 vol. in-8.

RENOUARD. — Traité des brevets d'invention, 2e édit., 1 vol. in-8.

Voy. aussi chap. XI, § 2.

CHAPITRE IX.

HISTOIRE POLITIQUE ET MÉMOIRES.

ANCILLON. — Tableau des révolutions du système politique de l'Europe, depuis la fin du XVe siècle. *Paris*, 1806, 7 vol. in-8.

Annual register de 1758 à 1852. 94 vol. in-8.

Annuaire des Deux-Mondes, 1850-51. 2 vol. gr. in-8.

Annuaire historique (par Lesur et Tencé de 1818-1850. *Paris*, 33 vol. in-8.

Avaux (comte d'). — Mémoires sur le traité de Westphalie. *Cologne*, 1648, 3 vol. in-12.

Avaux (comte d') et Servien. — Lettres sur leur ambassade en Allemagne. *Cologne*, 1650, 3 vol. in-12.

Bignon (baron). — État comparatif de la France et des puissances de l'Europe. *Paris*, septembre 1814, 1 vol. in-8.

Bignon (baron). — Histoire de France (1800 à 1815). *Paris*, 14 vol. in-8.

— Les cabinets et les peuples de 1815 à 1822. *Paris*, 1822, in-8.

Capefigue. — L'Europe pendant le Consulat et l'Empire, *Paris*, 1840, 10 vol. in-8.

Carné (vicomte de). Tableau de l'histoire de l'Europe, depuis 1815 jusqu'à 1830. *Paris*, 1834, 3 vol in-8.

Chateaubriand. — Congrès de Vérone. *Paris*, 1838, 2 vol. in-8.

Dresch. — Uebersicht der politischen Geschichte ins besondere Europens. *Weimar*, 1814, 3 vol. in-8.

Flassan. — Histoire du congrès de Vienne, in-8.

Hardenberg. — Mémoires d'un homme d'État (1790 à 1815). *Paris*, 1838, 12 vol. in-8.

Haussonville (vicomte d'). — Politique extérieure de la France (1830 à 1848). *Paris*, 1852, 2 vol. in-8.

Hauterive. — État de la France à la fin de l'an VIII. *Paris*, 1800, in-8.

Heeren. — Manuel historique. — *Paris*, in-8.

Jeannin. — Mémoires et négociations du président ***, 4 vol. in-12.

Kluber. — Uebersicht der diplomatischen Verhandlungen des Wiener Congresses. *Francfort*, 1816, in-8.

Koch. — Tableau des révolutions de l'Europe. *Paris*, 1814, 4 vol. in-8.

Lefebvre (Armand). — Histoire des cabinets de l'Europe (1800 à 1815). *Paris*, 6 vol. in-8.

Marcellus. — Politique de la restauration (1822-1823). *Paris*, 1853, 1 vol. in-8.

Martens. — Tableau diplomatique des relations des principales puissances de l'Europe. *Berlin*, 1801, in-8 (forme aussi le tome 3 du Corps diplomatique).

Mazarin. — Lettres sur la paix des Pyrénées, 1 vol. in-12.

Napoléon. — Mémoires de l'empereur par le général Gourgaud. *Paris*, 1822-25, 8 vol. in-8.

Noailles. — Ambassade du duc de ***, 2 vol. in-12.

Ossat. — Lettres du cardinal d****, 5 vol. in-12.

Ségur. — Politique des cabinets de l'Europe (1740 à 1792). *Paris*, 1793, 2 vol. in-8.

Ségur. — Tableau historique et politique de l'Europe (1786 à 1796). *Paris*, 1801, 3 vol. in-8.

Thiers. — Histoire de la Révolution française, 10 vol. in-8.

Thiers. — Histoire du Consulat et de l'Empire, 11 vol. in-8.

Torcy. — Mémoires sur les négociations depuis la paix de Ryswick jusqu'à la paix d'Utrecht. *Paris*, 1758, 2 vol. in-12.

CHAPITRE X.

GÉOGRAPHIE POLITIQUE.

Balbi. — Abrégé de géographie politique. *Paris*, 1837, in-8.

Buchon. — Atlas géographique et historique des deux Amériques. *Paris*, 1826, in-fol.

Fabre d'Olivet. — Carte politique de l'Europe et de ses colonies, en 1740 et 1840. *Paris*, 1841, in-fol.

Guibert. — Dictionnaire géographique et statistique universel. *Paris*, 1850, in-8.

Haxo (général). — Carte politique de l'Europe. *Paris*, 1838.

Lapie. — Atlas géographique universel. *Paris*, 1833, in-fol.

Lavallée. — Géographie politique et militaire de l'Europe. *Paris*, 1841, in-8.

Lesage (Las Cases). — Atlas géographique et historique. *Paris*, in-fol.

Madoz. — Diccionario historico, politico y geografico de España y sus colonias. *Madrid*, 20 vol. in-8.

Maltebrun. — Abrégé de géographie. *Paris*, 1838, 1 vol. in-8.

Picquet. — Dictionnaire de géographie universelle. *Paris*, 10 vol. in-8.

CHAPITRE XI.

ÉCONOMIE POLITIQUE. — COMMERCE. — DOUANES. — FINANCES
ET STATISTIQUE.

§ 1. — Économie politique.

Blanqui. — Histoire de l'Économie politique. 3e édition, 2 vol. in-8.

— La même, 2 vol. grand in-18.

— Cours d'Économie industrielle, 4 vol. in-8.

Bastiat (Fréd.). — Cobden et la Ligue, 1 vol. in-8.

— Harmonies économiques. 2e édition, 1 vol. grand in-18.

CHEVALIER (MICHEL). — Examen du Système commercial connu sous le nom de Système protecteur, 1 vol. in-8.

— Cours d'Économie politique, 3 vol. in-8.

COLLECTION des principaux économistes. *Paris*, 1840 à 1848, 16 tomes en 15 vol. grand in-8, comprenant les œuvres des financiers du dix-huitième siècle, des physiocrates, de Turgot, de Malthus, Ricardo, J. B. Say et Adam Smith.

COLLECTION des économistes contemporains. *Paris*, 1852, 15 à 20 vol. in-8 (en cours de publication), comprenant les œuvres de MM. Banfield, Mac Culloch, John Stuart Mill, etc.

COQUELIN (CH.). Du Crédit et des banques, 1 vol. grand in-18.

DICTIONNAIRE de l'Économie politique, 2 vol. grand in-8 raisin, à deux colonnes.

DROZ. — Économie politique, 1 vol. in-8.

ELLIS (W.). — Leçons progressives d'économie sociale, traduit par Terrien. 1 vol. in-18.

GARNIER (JOSEPH). — Éléments d'économie politique. 1 vol. in-18.

GOURAUD. — Essai sur la liberté du commerce des nations. *Paris*, 1853, 1 vol. in-8.

LIST. — Système national d'économie politique, traduit par Richelot. *Paris*, 1851, 1 vol. in-8.

MAC CULLOCH. — Principes d'économie politique, traduit par Planche, 2 vol. in-8.

MALTHUS. — Principes d'économie politique, traduit par A. Fonteyraud, 1 vol. in-8.

PINHEIRO-FERREIRA. — Éléments d'économie politique. In-8.

RICARDO. — Principes de l'économie politique et de l'impôt, traduit par A. Fonteyraud. 1 vol. in-8.

ROSSI. — Cours d'économie politique, 3 vol. in-8.

SAY (J. B.). — Traité d'économie politique, 6e édition. 1 vol. in-8.

— Cours complet d'économie politique, 3e édition, 2 vol. in-8.

SISMONDI. — Nouveaux principes, 2e édition, 1827, 2 vol. in-8.

SMITH (ADAM). — Recherches sur la nature et les causes de la richesse des nations. 2 vol. in-8.

JOHN STUART MILL. — Principes d'économie politique, traduit par MM. Dussart et Courcelle Seneuil. 2 vol. in-8.

WOLOWSKI. — Études d'économie politique. 1 vol. in-8.

§ 2. — Commerce.

COURCELLE-SENEUIL. — Traité des opérations de banque, Paris, 1852, 2e édition, 1 vol. in-8.

DÉGRANGE. — La tenue des livres rendue facile. 23e édition, 1 vol. in-8.

DICTIONNAIRE du commerce et des marchandises. 2 vol. grand in-8, jésus (Guillaumin).

DOURSTHER. — Dictionnaire universel des poids et mesures. 1 vol. in-8.

FILLIOL (ÉTIENNE). — Barême et intérêts, ou quatre millions de comptes faits. 2 vol. in-8, oblong.

Tome I et tome II , de 1 à 100 jours.
—   —   1 à 200 jours.
—   —   1 à 365 jours.

HACQUIN-LABOUREAU. — Manuel général de comptabilité financière, administrative, civile et commerciale. 1 vol. in-4.

HOFFMANN. Histoire du commerce, de la géographie et de la navigation, traduite par Duesberg. *Paris*, 1849, in-8.

JULLIANY. — Essai sur le commerce de Marseille. 3 vol. in-8.

JUVIGNY. — Traité théorique et pratique sur les monnaies. In-8.

LORRAIN. — Dictionnaire universel des comptes d'intérêt. 1 vol in-4.

MAC GREGOR. — Commercial statistics. *Londres*, 1846, 5 vol. in-8.

PORTER. — Progress of the nation in trade. *Londres*, 1847, in-8.

NELKENBRECHER. — Nouveau manuel des monnaies, poids , mesures, cours des changes, etc., traduit par Deschamps. 1 vol. in-8.

RICHELOT. — Histoire du Zollverein. *Paris*, 1842, in-8.

SCHERER. — Algemeine Geschichte des Welthandels. *Leipzig* et *Paris* , 1853, 3 vol. in-8.

§ 3. — Douanes.

BOURGAT. — Code des douanes, ou Recueil des lois et règlements de douanes. *Paris*, 1848, 2 vol. in-8.

1er Supplément, par Delandre, 1848 à 1850, in-8
2e Supplément, 1851, in-8.
3e Supplément, 1852, in-8.

LAJONKAIRE (DE). — Tarif des douanes d'Angleterre, in-8.

MAC GREGOR. — Commercial tarifs and regulations of the United States. *Londres*, 1846, 2 vol. in-fol.

SAINT-FERRÉOL. — Examen du système des douanes en France. In-8.

Tarif officiel des douanes françaises, 1844, 1 vol. in-4.

    1er Supplément, 1845, in-4.

    2e Supplément, 1851, in-4.

Tarif des droits de navigation. In-4.

§ 4. — Finances.

Audiffret (d'). — Système financier de la France. 5 vol. in-8. (*En cours de publication.*)

Bailly. — Histoire financière de la France. 2 vol. in-8.

Gandillot. — Essai sur les finances. *Paris*, 1836, in-8.

Macarel. — De la fortune publique et de son administration. 3 vol. in-8.

§ 5. — Statistique.

Moreau de Jonnès. — Éléments de statistique, comprenant les principes généraux de cette science et un aperçu historique de ses progrès, suivis d'une *Bibliographie de la statistique*. 1 vol. in-18.

— Statistique générale de la France, format grand in-4. 12 vol. publiés.

Porter. — Progress of the nation. Londres, 1850, in-8.

Schnitzler. — Statistique de la France, 4 vol. in-8.

Tableau décennal du commerce de la France, années 1827 à 1836, 2 vol. in-4; années 1837 à 1846, 2 vol. in-4.

Tableau général du commerce de la France, 1 vol. in-4 par année.

Tableau des mouvements du cabotage, 1 vol. in-4 par année.

ERRATA :

Page 75	au lieu de	n° 14	*lisez:*	n°	16.
Id. 131	Id.	n° 17	Id.		20.
Id. —	Id.	n° 18	Id.		21.
Id. —	Id.	n° 19	Id.		22.
Id. 142	Id.	n° 20	Id.		23.
Id. 143	Id.	n° 21	Id.		24.
Id. 144	Id.	n° 22	Id.		25.
Id. 158	Id.	n° 23	Id.		26.

TABLE

PAR ORDRE ALPHABÉTIQUE

DES MATIÈRES CONTENUES DANS LE SECOND VOLUME.

I

J

L

M

N

FIN DU SECOND ET DERNIER VOLUME.

Corbeil, typ. et ster. de CRÉTÉ.

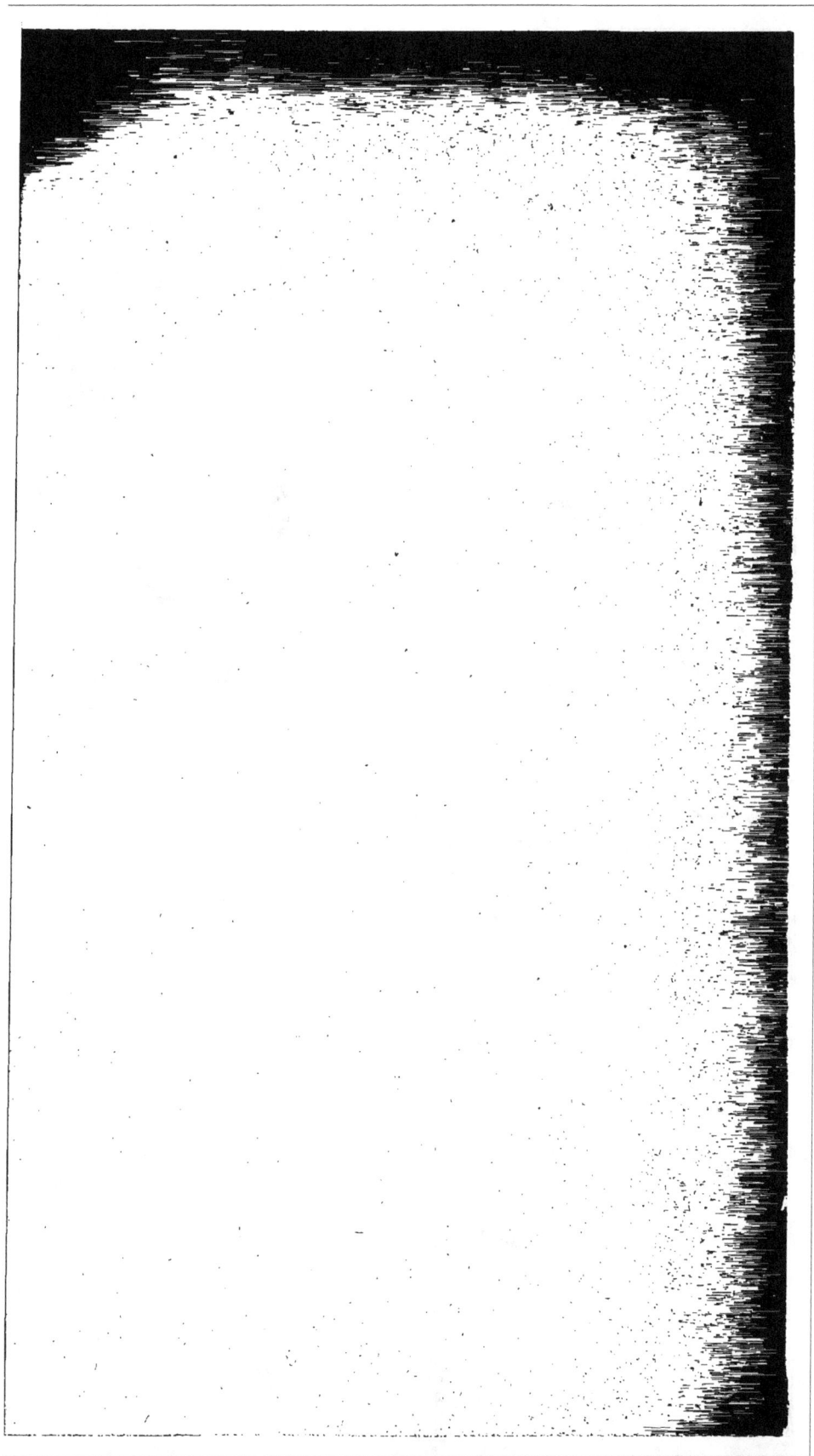

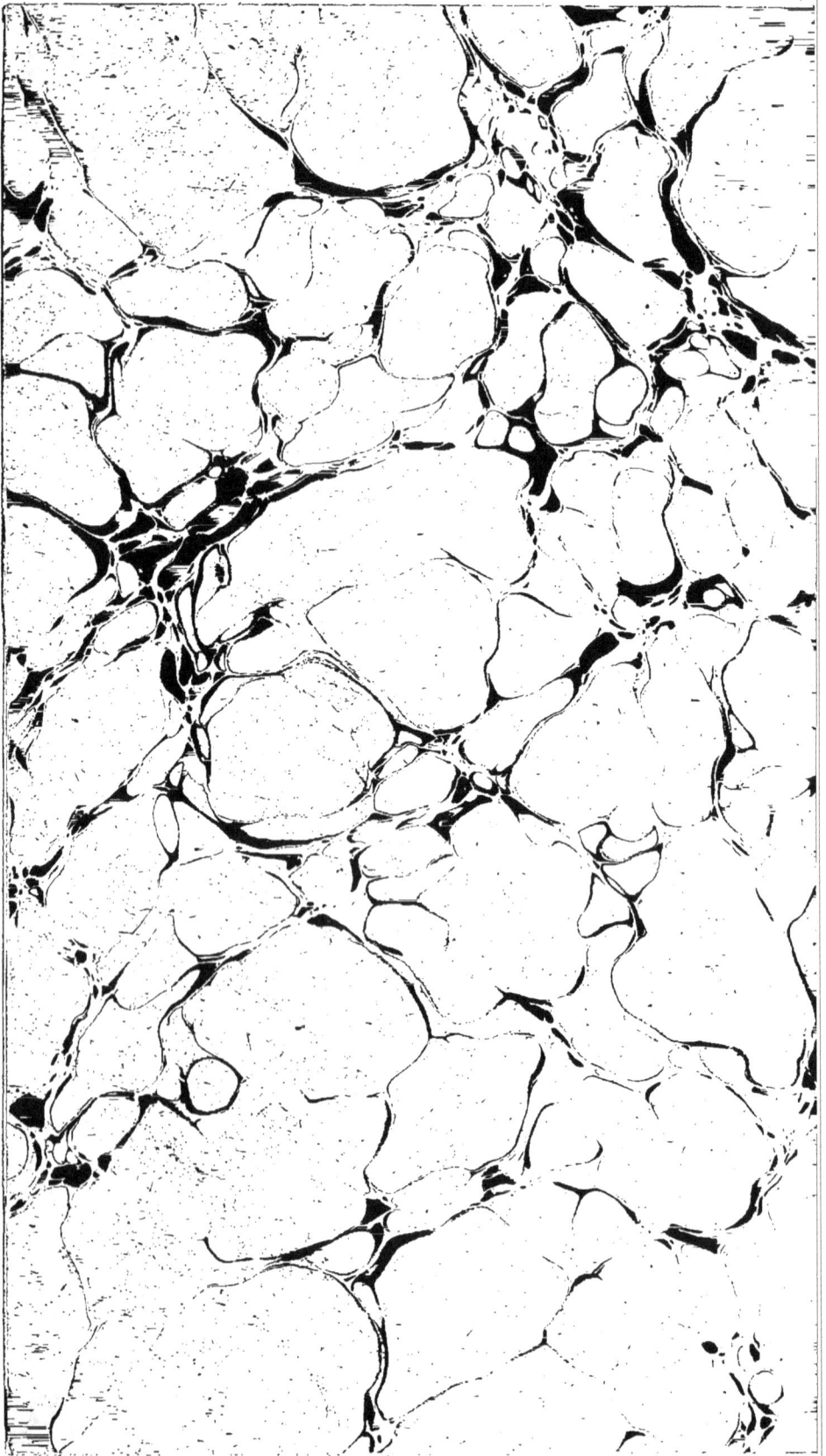

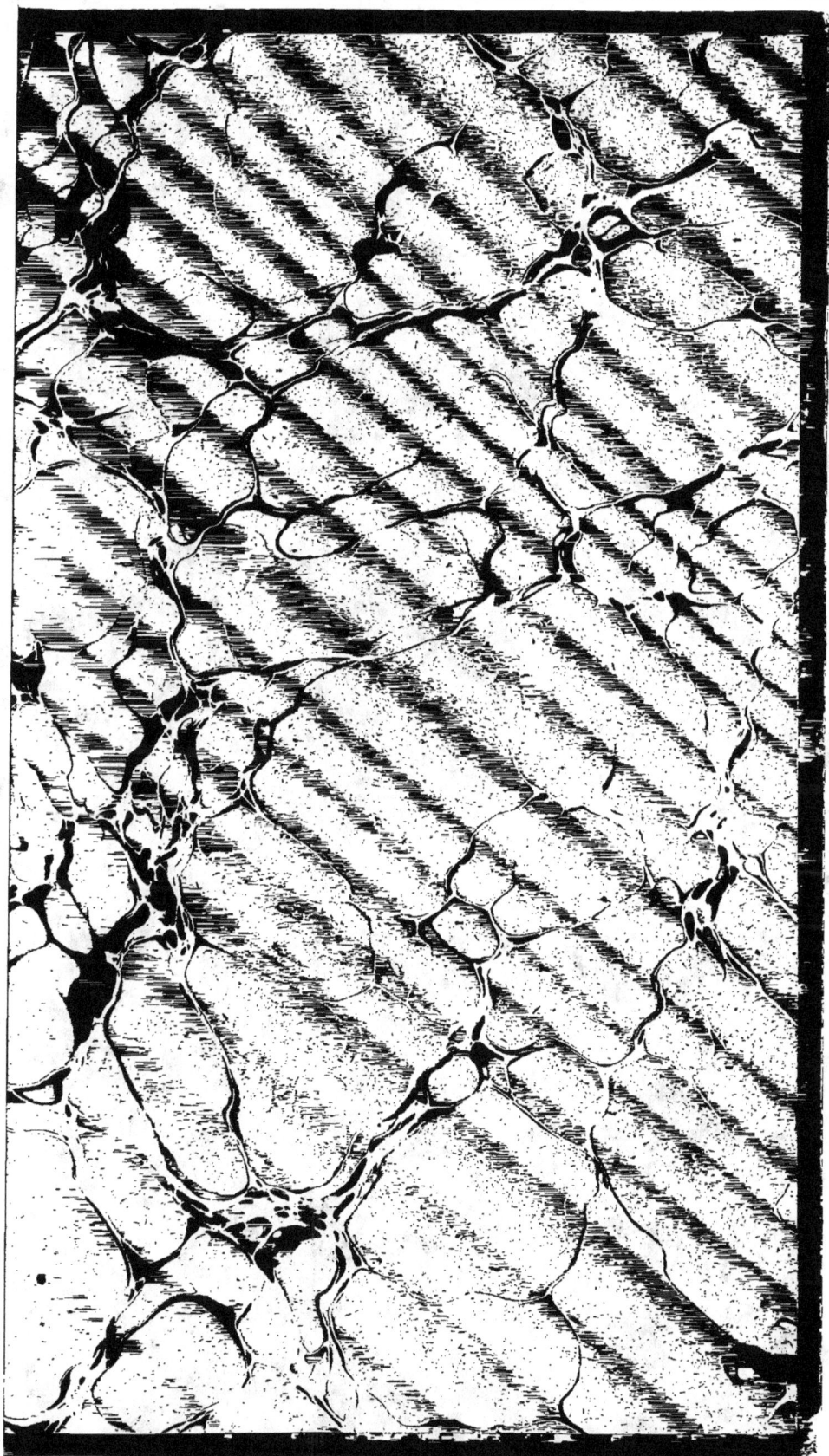

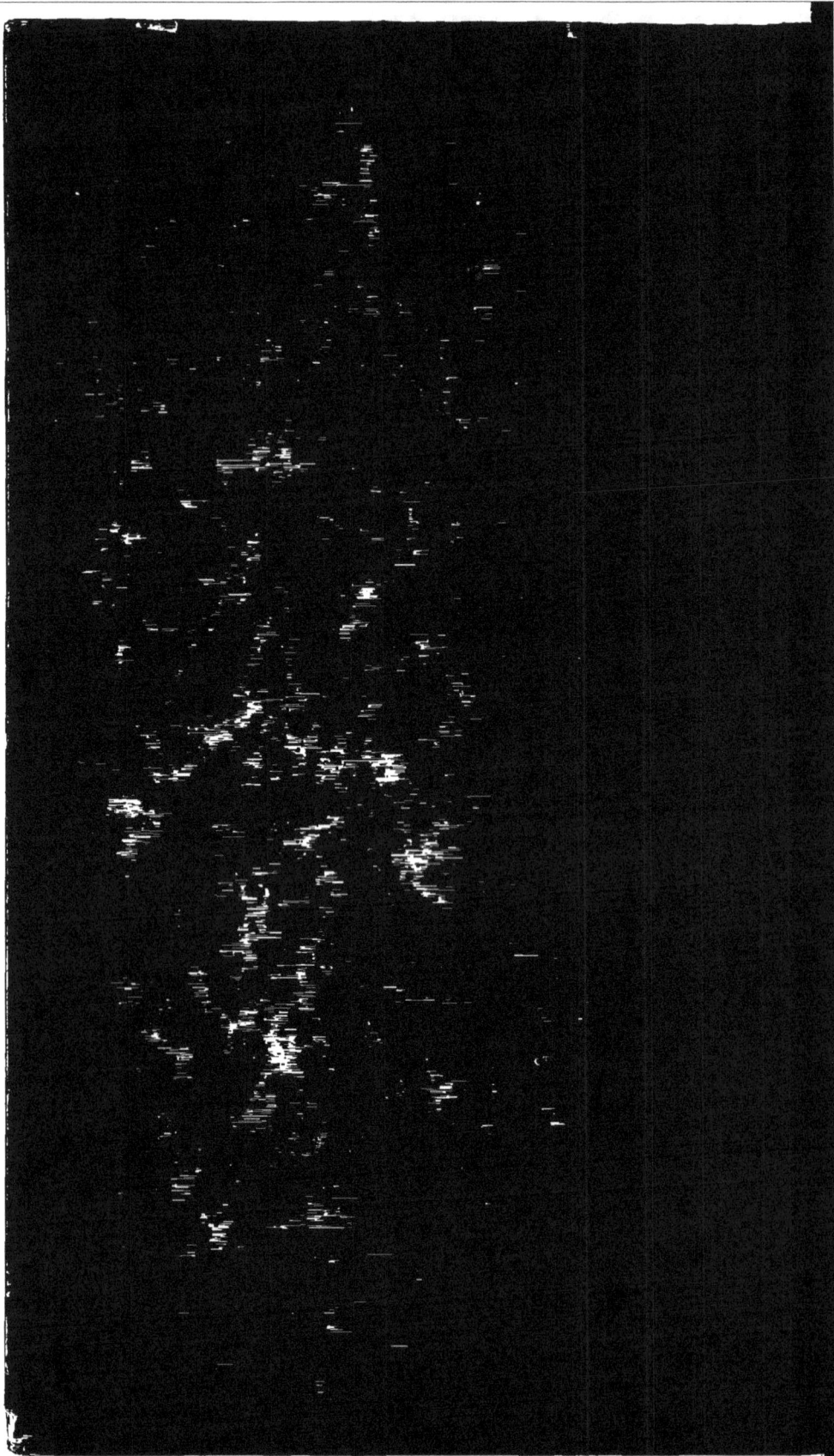

* 9 7 8 2 0 1 1 3 4 6 5 0 6 *